2011

SHANGHAI INFORMATIZATION

上海信息化年鉴

《上海信息化年鉴》编纂委员会

上海文化出版社

畅快操控，智能公交尽在

中国联通数字公交体系，随时调控与监管公

中国联通智能公交系统，以全球领先的WCDM

运营调度：领先的3G智能调度手段，实现线网规划、

视频监控：安全可靠的车载监控设备，实时记录车辆

信息发布：快速便捷的信息发布，延伸产业链条，方

系统管理：充分考虑系统实用性，实现用户管理、设

中国电信
CHINA TELECOM
助力智慧城
打造城
光纤到家 增速免费
家庭存
百兆到户 20兆起步
公众热
用户至上 用心服务 Customer First Service Foremost

MONET 城市光网
光网
G赠送
IFI免费
中国电信上海公司
客户服务热线
Customer Hotline
10000

《2011 上海信息化年鉴》编纂委员会

2010年,举世瞩目的上海世博会在黄浦江畔隆重召开。盛会期间,丰富多彩的高科技展示和先进高端的信息化应用成为最大亮点。

信息通信馆让参观者体验了一个无限沟通的神奇世界，信息技术使任何人、任何事物随时随地都能相互连接。

2010 年，飘浮在世博园上空的“车载系留气球监测系统”利用图像监控功能实现昼夜连续监测，能观测地面、低空、水域的移动目标和人群活动情况。被拍摄到的图像通过光纤、微波传到地面指控车，并传送到上海市政府应急指挥室、应急联动中心（110）、世博会总控中心、民防指挥中心等单位。

“世博手机票”是全球首次把RFID技术与移动SIM卡相结合并予以规模推广的创新之举，用户不换手机也不用换号码，只需更换一张具有非接触通信功能的(U) SIM卡片，就能在世博会期间享受“一机在手，购票无忧，园区畅游”的服务。图为世博会期间，游客轻松刷机入园。

在2010年上海世博会上，TD-LTE技术成功服务7 300多万世博游客，赢得普遍好评，成为世博会的一大科技创新亮点。

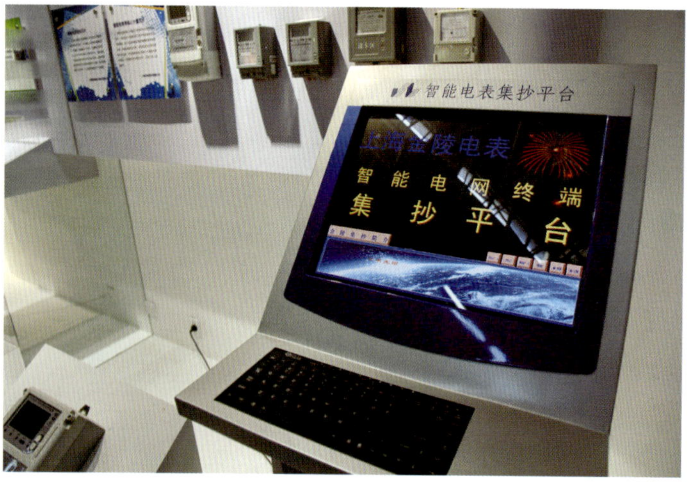

上海市电力公司与中国电信签署合作协议，合作推出的智能电网终端集抄平台，以实现智能化管理远程抄电表。

崇明东滩建设的视频监控系统“电子眼”，系统包括在湿地核心区部署的三套高倍摄像机，在湿地五个道口及保护区管理处部署的7套云台摄像机，视频图像数字化后经无线网络传输到管理中心。

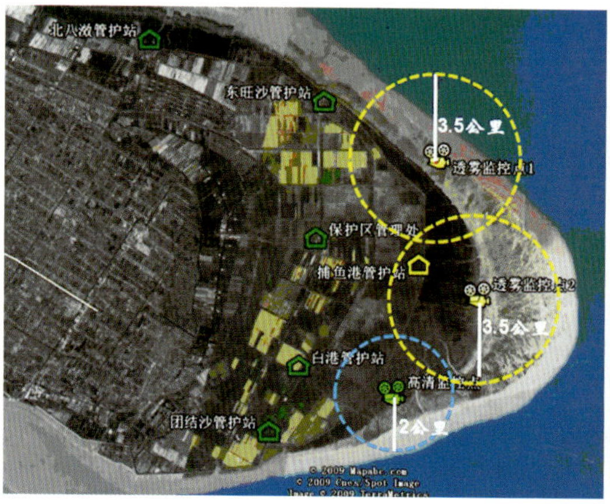

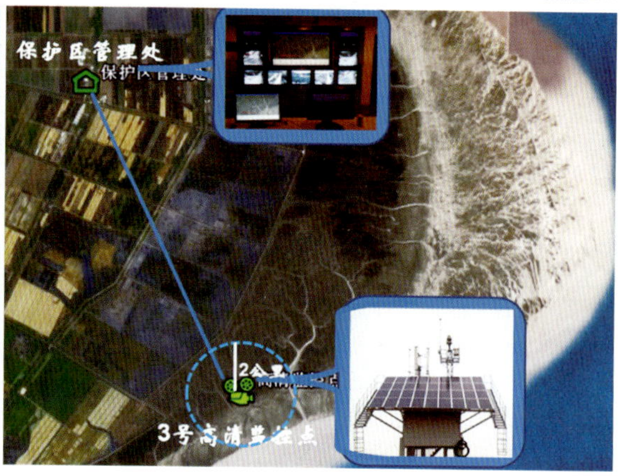

图为 2010 年上海市研发、使用的部分民生信息产品。

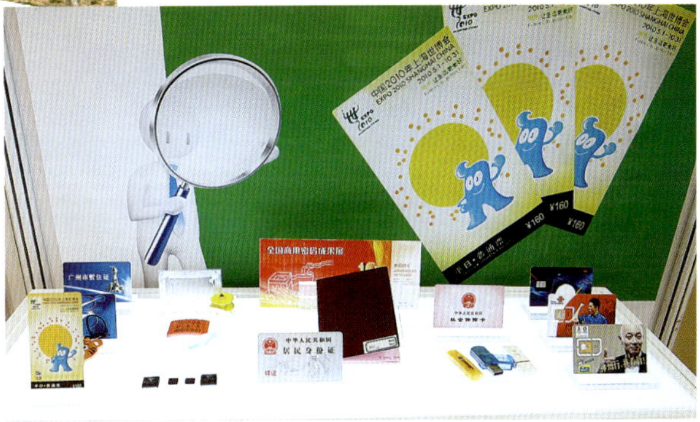

逸仙敬老院是上海第一家数字化敬老院。用 IPTV 看各种想看的电视，在宽带网上浏览天下大事，全球眼监控每个角落。图为老人们在 IPTV 上一遍遍地重复观看越剧节目。

上海的华为研发中心基地，可容纳9 000位研发人员，是华为全球研发战略发展的重点。

上海贝尔网络终端制造自动化生产线。

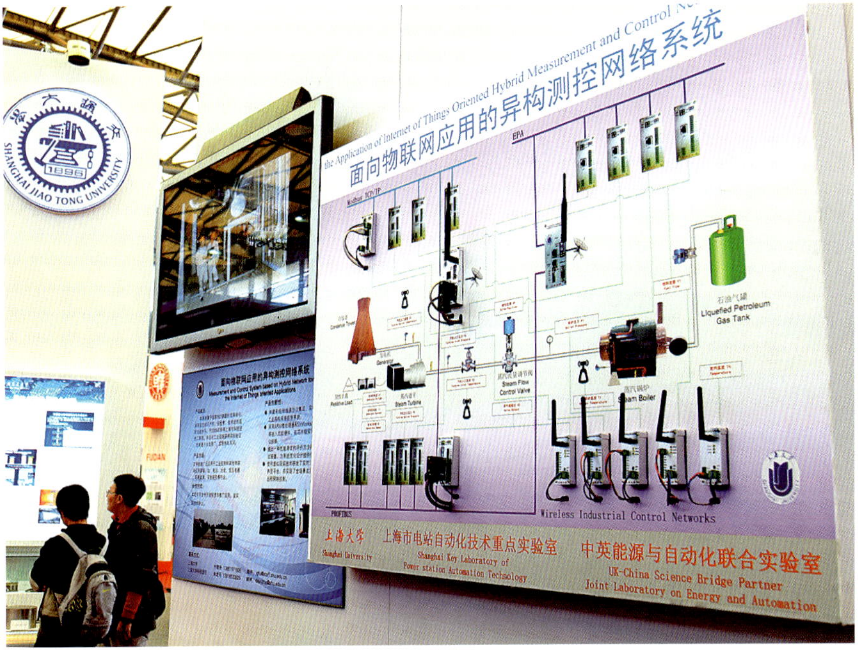

2010年11月9日，中国国际工业博览会在上海隆重开幕。本届工博会中设立了六大展区，汇集了1 653家的参展企业，逾10万专业观众，并同期举办60多场系列论坛、会议活动。

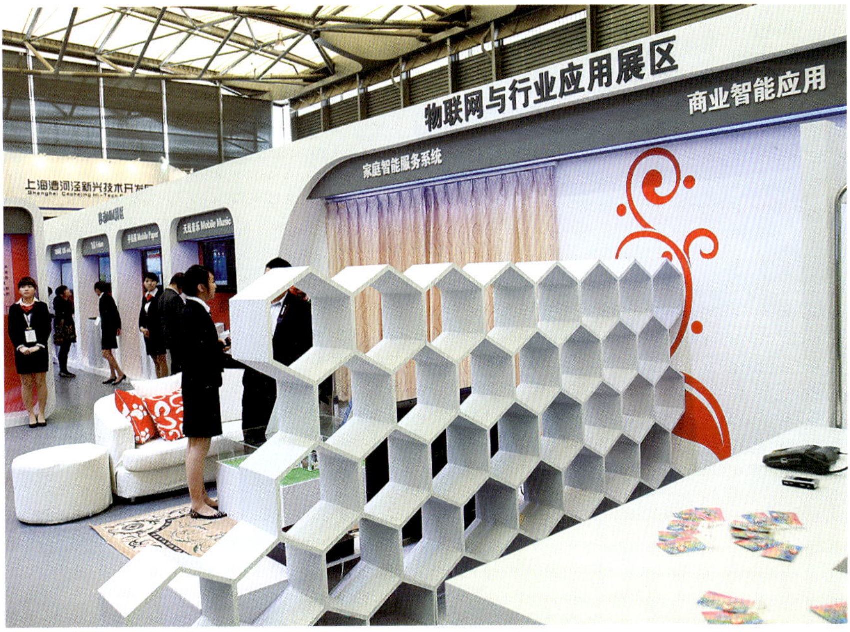

2010年6月22日，2010年中国国际物联网大会在上海国际金融中心召开，本次大会由上海市通信管理局与中国国际贸易促进委员会上海市分会共同主办。

2010年2月5日上午，上海电信和黄浦区政府在新世界城举行“中国电信‘翼支付’服务南京路”新春发布会，南京路步行街50余家商户成为RFID非接触式移动支付首批特约商户。

为助力“世博之旅目的城市”建设，松江区于2010年5月份正式启动无线城市建设，建设覆盖城市主要地区的宽带接入网，为公众、企业、政府乃至整个社会提供了宽带无线接入服务。

Contents

目　录

特　载

要论摘录

提高认识　明确目标　加快推进三网融合建设

………………………………………………………………上海市副市长　艾宝俊　4

有序推进三网融合工作　促进通信服务和产业能级提升

市经济信息化委主任　王　坚…………………………………………………… 7

总　述

2010 年上海市国民经济和社会信息化工作综述 ……………………………… 9

上海产业发展和信息化建设 2010 年工作总结和 2011 年工作要点（摘要）………………12

第一编　信息基础设施

综　述

第一章　专业规划与重大工程

概　述…………………………………………………………………………19

一、信息基础设施专业规划 ……………………………………………………19

二、世博园区信息基础设施建设 ………………………………………………20

三、市重大工程信息基础设施配套建设 ………………………………………22

上海未来宽带技术及应用工程研究中心有限公司 …… 61
上海博达数据通信有限公司 …… 62
上海瀚讯无线技术有限公司 …… 63
龙旗科技(上海)有限公司 …… 64
三、新型元器件产业 …… 64
四、数字音视频产业 …… 66
概况 …… 66
东方有线网络有限公司 …… 67
上海东方明珠广播电视发展研究有限公司 …… 67
上海全景数字技术有限公司 …… 68
天柏宽带网络科技有限公司 …… 69
上海高清数字科技产业有限公司 …… 69
上海数字电视国家工程研究中心 …… 70
上海文广互动电视有限公司 …… 71
上海索广映像有限公司 …… 71
上海索广电子有限公司 …… 72
上海易狄欧电子科技有限公司 …… 72
上海三鑫科技发展有限公司 …… 73
上海力保科技有限公司 …… 73
上海松下等离子显示器有限公司 …… 74
上海联合光盘有限公司 …… 75
上海敏达网络科技有限公司 …… 75
五、计算机产业 …… 76
长江计算机(集团)公司 …… 76
六、新型显示产业 …… 78
概况 …… 78
半导体照明 …… 78
平面显示 …… 78
特种光电材料和装备 …… 79
七、汽车电子产业 …… 81
概况 …… 81
企业与产品 …… 81

第三章 信息服务业

概 述 …… 83

一、软件产业……83
概况……83
上海启明软件股份有限公司……83
上海启明星辰信息技术有限公司……84
二、互联网服务业……84
概况……84
重点项目……84
三、电信服务业……85
概况……85
中国电信股份有限公司上海分公司……85
中国移动上海公司……88
中国联合网络通信有限公司上海分公司……89
四、信息服务外包业……91

第三编　政务领域信息化

综　述

第一章　政务信息资源与基础支撑体系

概　述……97
一、政府信息公开……97
二、政府门户网站……97
“中国上海”政府门户网站……98
区县政府网站与市政府部门网站……99
“上海市城乡建设和交通委员会”门户网站……100
三、重要公共服务热线……101
“962020”上海旅游热线……101
“12365”产品质量投诉热线……101
“110”报警电话……102
“12348”法律咨询专线……102
“962200”社区服务热线……102
“9682000”信息化服务热线……102
“12319”城建服务热线……103

第二章 重点业务系统建设和机关信息化

概 述…… 104
一、重点业务系统信息化建设…… 104
社会保障卡…… 104
电子政务灾难备份中心系统…… 104
党组织信箱…… 105
二、市级机关信息化…… 106
上海市人民代表大会常务委员会…… 106
中国共产党上海市委组织部…… 107
上海市人民政府外事办公室…… 109
上海市国有资产监督管理委员会…… 109
上海市经济和信息化委员会…… 111
上海市工商行政管理局…… 113
上海市财政局…… 114
上海市税务局…… 116
上海市统计局…… 119
上海市审计局…… 120
上海市民政局…… 121
上海市质量技术监督局…… 123
上海市教育委员会…… 123
上海市新闻出版局…… 126
上海市文化广播影视管理局…… 126
上海市公安局…… 127
上海市国家保密局…… 129
法院系统…… 130
检察系统…… 131

第四编 经济领域信息化

综 述

第一章 信息化与工业化融合

概 述…… 137
一、“十二五”规划…… 137

"十二五""两化融合"的环境与趋势 …… 137
"十二五""两化融合"发展目标 …… 138
"十二五""两化融合"主要任务 …… 138
二、基础研究 …… 138
三、支持机构 …… 139
研究中心 …… 139
重点实验室 …… 141
四、人才培训 …… 143
人才培训基地与实训点 …… 143
举办高级人员培训班 …… 143
开展应用人员培训系列工作 …… 143
五、"两化融合"实践区 …… 144
浦东新区 …… 144
宝山区 …… 145
松江区 …… 146
杨浦区 …… 147
六、产业园区信息化 …… 148
临港产业园区 …… 148
漕河泾开发区 …… 148
七、企业信息化应用 …… 152
上海汽车工业(集团)总公司 …… 152
中国石化上海石油化工股份有限公司 …… 155
宝钢集团有限公司 …… 157
上海纺织(集团)有限公司 …… 162

第二章　农业信息化

概　述 …… 165
一、深入推进为农信息服务 …… 165
二、信息技术在基层管理中的应用 …… 166
三、信息技术在农业生产经营中的应用 …… 166

第三章　金融信息化

概　述 …… 167
一、重点项目 …… 167
上海地区金融 IC 卡发展情况 …… 167

交通银行金融IC卡支付手段创新 …… 167
金融服务 …… 168
二、证券业信息化 …… 168
三、保险业信息化 …… 170
重点项目 …… 170

第四章 电子商务应用推广与产业集聚

概述 …… 172
一、重点项目 …… 172
2010年电子口岸建设情况 …… 172
二、行业信息化 …… 172
中国电信上海理想信息产业(集团)有限公司 …… 172

第五章 旅游和会展信息化

概 述 …… 175
一、行业信息化 …… 175

第六章 企业信息化公共服务体系

概 述 …… 177
一、企业信息化服务机构 …… 177
上海市企业信息化促进中心 …… 177

第五编 社会事业与公共服务领域信息化

综 述

第一章 市政府实事项目

概 述 …… 183

第二章 社会事业领域信息化

概 述 …… 185

一、教育领域信息化 …… 185
上海远程教育集团 …… 185
上海交通大学 …… 187
二、文化领域信息化 …… 189
东方信息苑建设 …… 192
数字新媒体发展 …… 193
数字出版 …… 194
解放日报报业集团 …… 195
文汇新民联合报业集团 …… 197
上海文广新闻传媒集团 …… 202
上海图书馆上海科学技术情报研究所 …… 204
上海博物馆 …… 206
三、卫生信息化建设 …… 208

第三章　社区信息化

概　述 …… 209
一、社区管理信息化 …… 209
二、社区公共服务信息化 …… 209

第六编　城市建设管理领域信息化

综　述

第一章　城市建设管理业务信息化

一、水　务（海洋）…… 213
二、环境保护 …… 216
三、民　防 …… 217
四、港口交通 …… 219
五、市容环卫绿化 …… 221

第七编　信息安全

综　述

一、行业(专业)协会发展 …… 279
上海市通信制造业行业协会 …… 279
上海信息服务业行业协会 …… 281
上海市信息家电行业协会 …… 282
上海信息安全行业协会 …… 284
上海市信用服务行业协会 …… 285
上海市信息系统质量技术协会 …… 287
上海信息化发展研究协会 …… 289
上海市计算机用户协会 …… 290
二、民办非企业单位发展 …… 291
上海市信息服务外包发展中心 …… 291
上海东方互联网络交换中心 …… 292

第六章 信息化合作交流及重要会展

概 述 …… 293
一、国内外合作交流 …… 293
国际合作交流 …… 293
国内合作交流 …… 293
二、信息化会展活动 …… 294

第九编 区县信息化

综 述

第一章 浦东新区信息化建设

概 述 …… 299
一、政务领域信息化 …… 299
二、社会领域信息化 …… 304
三、经济领域信息化 …… 306
四、城市建设管理领域信息化 …… 306
五、信息产业发展 …… 308
六、信息基础设施建设 …… 309
七、信息化环境建设 …… 310
八、社会诚信体系建设 …… 311

第二章　徐汇区信息化建设

概　述 …… 313
一、政务领域信息化 …… 313
二、经济领域信息化 …… 314
三、城市建设管理领域信息化 …… 314
四、信息产业发展 …… 315
五、信息基础设施建设 …… 315
六、信息化环境建设 …… 316
七、社会诚信体系建设 …… 316

第三章　长宁区信息化建设

概　述 …… 317
一、政务领域信息化 …… 317
二、社会领域信息化 …… 319
三、经济领域信息化 …… 320
四、城市建设管理领域信息化 …… 321
五、信息产业发展 …… 321
六、信息基础设施建设 …… 322
七、信息化环境建设 …… 322
八、社会诚信体系建设 …… 323

第四章　普陀区信息化建设

概　述 …… 324
一、政务领域信息化 …… 324
二、社会领域信息化 …… 325
三、信息产业发展 …… 325
四、信息基础设施建设 …… 325
五、信息化环境建设 …… 326

第五章　闸北区信息化建设

概　述 …… 327
一、政务领域信息化 …… 327
二、社会领域信息化 …… 328

三、经济领域信息化 …… 328
四、城市建设管理领域信息化 …… 329
五、信息产业发展 …… 329
六、信息基础设施建设 …… 329
七、信息化环境建设 …… 330
八、社会诚信体系建设 …… 330

第六章 虹口区信息化建设

概 述 …… 331
一、政务领域信息化 …… 332
二、社会领域信息化 …… 332
三、城市建设管理领域信息化 …… 332
四、信息产业发展 …… 332
五、信息基础设施建设 …… 333
六、信息化环境建设 …… 333

第七章 杨浦区信息化建设

概 述 …… 335
一、政务领域信息化 …… 335
二、社会领域信息化 …… 336
三、经济领域信息化 …… 336
四、城市建设管理领域信息化 …… 337
五、信息产业发展 …… 337
六、信息基础设施建设 …… 338
七、信息化环境建设 …… 338
八、社会诚信体系建设 …… 339

第八章 黄浦区信息化建设

概 述 …… 340
一、政务领域信息化 …… 340
二、社会领域信息化 …… 341
三、经济领域信息化 …… 342
四、城市建设管理领域信息化 …… 342
五、信息产业发展 …… 343

六、信息基础设施建设 …… 344
七、信息化环境建设 …… 344
八、社会诚信体系建设 …… 345

第九章 卢湾区信息化建设

概　述 …… 347
一、政务信息化 …… 347
二、社会领域信息化 …… 350
三、经济领域信息化 …… 352
四、城市建设管理领域信息化 …… 352
五、信息基础设施建设 …… 352
六、信息化环境建设 …… 353
七、社会诚信体系建设 …… 353

第十章 静安区信息化建设

概　述 …… 354
一、政务领域信息化 …… 354
二、社会领域信息化 …… 355
三、经济领域信息化 …… 356
四、城市建设管理领域信息化 …… 356
五、信息产业发展 …… 357
六、信息基础设施建设 …… 357
七、信息化环境建设 …… 357

第十一章 宝山区信息化建设

概　述 …… 360
一、政务领域信息化 …… 360
二、社会领域信息化 …… 363
三、经济领域信息化 …… 366
四、城市建设管理领域信息化 …… 366
五、信息产业发展 …… 368
六、信息基础设施建设 …… 369
七、信息化环境建设 …… 369
八、社会诚信体系建设 …… 372

第十二章 闵行区信息化建设

概 述 375
一、政务领域信息化 375
二、社会领域信息化 375
三、城市建设管理领域信息化 376
四、信息基础设施建设 376
五、社会诚信体系建设 376

第十三章 嘉定区信息化建设

概 述 377
一、政务领域信息化 377
二、社会领域信息化 378
三、城市建设管理领域信息化 378
四、信息产业发展 378
五、信息基础设施建设 379
六、信息化环境建设 379

第十四章 松江区信息化建设

概 述 380
一、政务领域信息化 380
二、社会领域信息化 381
三、经济领域信息化 382
四、信息产业发展 382
五、信息基础设施建设 382
六、信息化环境建设 382
七、社会诚信体系建设 383

第十五章 金山区信息化建设

概 述 384
一、政务领域信息化 384
二、社会领域信息化 385
三、经济领域信息化 386
四、城市建设管理领域信息化 387

五、信息产业发展 …… 388
六、信息基础设施建设 …… 389
七、信息化环境建设 …… 389
八、社会诚信体系建设 …… 390

第十六章　奉贤区信息化建设

概　述 …… 392
一、政务领域信息化 …… 392
二、社会领域信息化 …… 393
三、城市建设管理领域信息化 …… 394
四、信息产业发展 …… 394
五、信息化环境建设 …… 394
六、社会诚信体系建设 …… 395

第十七章　青浦区信息化建设

概　述 …… 396
一、政务领域信息化 …… 396
二、社会领域信息化 …… 397
三、经济领域信息化 …… 398
四、信息产业发展 …… 398
五、信息基础设施建设 …… 399
六、信息化环境建设 …… 399
七、社会诚信体系建设 …… 399

第十八章　崇明县信息化建设

概　述 …… 400
一、政务领域信息化 …… 400
二、社会领域信息化 …… 401
三、经济领域信息化 …… 401
四、城市建设管理领域信息化 …… 401
五、信息产业发展 …… 402
六、信息基础设施建设 …… 402
七、信息化环境建设 …… 402

第十编 社会诚信体系

综 述

第一章 社会信用制度建设

概 述…… 407

一、法规规章政策性文件建设 …… 407

二、信用制度安排 …… 408

三、相关课题研究 …… 409

第二章 信用服务行业发展与规范

概 述…… 410

一、信用服务行业 …… 410

二、行业规范与自律 …… 410

第三章 社会诚信创建活动

概 述…… 411

一、诚信创建活动 …… 411

二、长三角区域合作 …… 411

附 录

2010 年上海信息化建设大事记

评优表彰

2010 年度上海明星软件企业、优秀软件企业家及上海十强软件企业名单…… 420

2010 年度明星软件企业（经营型）获奖名单 …… 420

2010 年度明星软件企业（出口型）获奖名单 …… 420

2010 年度明星软件企业（创新型）获奖名单 …… 421

2010 年度明星软件企业（成长型）获奖名单 …… 421

2010 年度优秀软件产品获奖名单…… 422

2010 年度优秀软件企业家获奖名单 ······ 425
2010 年度软件收入二十强企业 ······ 426

统计报表

软件及相关服务业调查表 ······ 427
信用服务企业基本情况 ······ 428
信用服务企业财务状况 ······ 429
信用服务企业业务情况 ······ 430

软件企业认定和产品登记名单

2010 年度上海市认定软件企业名单 ······ 432
2010 年上海市登记软件产品名单 ······ 437

特别鸣谢

《2011 上海信息化年鉴》组稿与撰稿单位 ······ 527

特载

算应用示范；加快云计算研发与服务公共平台、亚太数据港云计算基础设施建设。物联网，突破传感器、控制芯片等核心技术，实施领域应用示范工程，探索突破商业模式、管理模式和相关政策；在嘉定区、浦东新区等区县建设物联网产业基地，促进传感设备、通信设备产业化与信息服务业协同发展。智能电网，突破新能源接入与控制、电力电子等关键技术；在世博会智能电网综合示范工程的基础上拓展应用，启动智能电网示范建设；加快国家电网上海研发中心等项目建设。三网融合，推进数字电视、网络电视、手机电视的融合型业务发展，探索业务和商业模式创新，建立应用与产业联盟，完善数字内容产业链，继续保持三网融合工作在全国领先。

加快推动重点应用工程。"融合强业"行动，聚焦航空、汽车、先进重大装备，精细化工等重点领域，推动信息技术全面渗透应用；深化实施节能控制与综合利用、中小企业信息化应用推广、公共服务平台支撑等专项工程；实施万人培训宣传计划，健全企业信息化评估和指标体系；推进数字园区、数字工厂示范建设。"电子商务"行动，建设完善装备、物流、金融、商业流通、国际贸易领域的行业性电子商务平台，推进中小企业应用第三方电子商务平台，完善电子支付，强化信用管理，争取电子商务交易额达到 4 800 亿元。"数字城管"行动，城市网格化管理向郊区新城和新市镇延伸，推进上海市地理信息公共服务平台建设，加快"数字海洋"上海示范区建设；完善交通综合信息平台功能，运用信息技术提升应对突发公共事件的能力。"数字惠民"行动，围绕公众关注度高、生活关联度大的公共服务需求，加快启动基于市民电子健康档案的卫生信息化工程，研究民生服务热线整合建设的相关方案，开展数字化课程试点建设；推动面向残疾人、老年人的信息无障碍建设，完善为农综合信息服务体系。"电子政务"行动，推进实有人口信息共享和法人信息共享，拓展系统应用，建设完善行政审批办事平台和电子监察系统，扩大政务信息资源目录备案试点，推进法人网上身份统一认证系统、房屋状况信息查询系统、食品安全管理平台建设。

加快完善政策环境配套。强化信息安全保障，推进国家级信息安全综合服务平台建设，完善上海网络与信息安全应急指挥平台，推进网络与信息安全应急管理中心建设，提高信息安全监测预警和应急能力；加强等级保护、安全测评、信息系统安全检查、信息安全人才培养等基础性工作，提升基础网络和重要信息系统的安全防护能力；加快信息安全技术研发和产业化，推进数字证书应用和跨区域交叉认证工作，进一步完善全市信息安全保障体系。加强信息化法制建设，开展信息化促进条例的立法调研，为信息基础设施规划建设、信息技术应用、信息安全保障等提供法律支撑。推进信息资源开发利用，加大政府信息公开力度，探索全市统一的信息资源管理和应用促进模式，鼓励行业组织、专业机构运用各领域信息资源提升服务能级；发布政府部门个人和企业信用信息目录（2 011 版），推动个人、企业信用信息依法主动或依申请公开，加强信用信息服务平台建设，提高信用信息采集、比对、共享的便捷程度。加强专业规划管理，编制本市信息基础设施布局专项规划，落实本市公用移动通信基站布局专项规划。加快标准规范制订，加快物联网、云计算、下一代网络、智能电网等领域技术、应用、管理标准规范的建立；试点示范，分步实施，探索住宅小区光纤集约化建设模式。

第一编
信息基础设施

综 述

2010年，上海以“十二五”专项规划编制、世博会信息基础设施保障、3G网络建设、三网融合工作为重点，加大力度推进市重大工程配套建设和高新技术产业化工作，确保了全市信息基础设施能级持续提升，确保了世博园区信息基础设施建设工作按时保质完成；确保了全市主要公共场所2G/3G移动信号畅通稳定；确保了相关通信运营企业安保反恐工作平稳有序开展；确保了世博期间全市信息基础设施未出现重大事故和突发事件。充分体现了上海信息基础设施综合服务水平，超额完成了“十一五”既定目标，实现了“十一五”信息基础设施规划的圆满收官，为实现“十二五”良好开局打下了坚实基础。

信息基础设施集约化建设不断推进。2010年，新建集约化信息管线约467沟公里。截至2010年底，历年累计敷设集约化信息管线5 821沟公里；累计接入商务楼宇、基站、小区3 451个；微波占有信道累计达967波道公里，数字微波线路总长2 832公里；卫星站点累计达770个。圆满完成迎世博600天行动任务，完成信息通信架空线综合整治，推进通信基站的景观化和集约化设置工作。全力推进本市TD-SCDMA等3G网络建设和应用，完成TD三期工程建设。协调推进新亚太海底光缆系统(简称APG系统)的建设工作。(见后面)

信息网络和功能型服务设施实现按需提供。截至2 010底，全市固定电话交换机容量达1 338.6万门，比上年末减少47.8万门；固定电话用户达935.9万户，其中住宅电话574.5万户；移动电话交换机容量达3 995万户，比上年末增加507万户；移动电话用户达2 361.6万户，比上年末增加255.3万户，其中3G用户数达197万户；互联网用户达1 335万户；宽带接入用户达517.4万户，其中家庭宽带接入用户达440万户；有线电视用户达570万户；光纤宽带网建设在国内率先启动，光纤到户覆盖用户达120万户。长途光缆线路总长累计达4 670公里。高性能计算机应用领域不断拓展，曙光5 000A主机系统全年平均使用率达71.72%。上海互联网络交换中心全年总交换流量达2 900TB，总交换互联带宽达 到720Gbps。

(吴南竹)

第一章 专业规划与重大工程

概 述

2010年，信息基础设施规划扎实推进，覆盖范围不断扩大。2010年，完成《上海市“十二五”信息基础设施专业规划》（征求意见稿）编制。配合编制《上海市国民经济和社会信息化“十二五”规划》。完成浦江、华新等6个市保障性住房基地信息基础设施专业规划编制及临港万祥社区信息基础设施规划修编工作。完成《上海市公用移动通信基站站址布局专项规划》。启动本市信息基础设施总体规划研究，提出信息基础设施规划体系建议，形成规划布局场景及相关配置标准，初步构建了全市信息基础设施规划模型。完成《布宜诺项目信息基础设施专业规划》编制和评审工作。

加快进行重大工程信息基础设施配套建设。推进虹桥综合交通枢纽、沪崇苏越江隧桥、东方体育中心、保障性住房基地等市重大工程信息基础设施配套建设。完成信息通信架空线综合整治工作，共计完成2 600皮长公里信息通信架空线入地，完成7 000多皮长公里信息通信线路“黑线圈”整洁梳理，使本市中心城区主要道路、景观道路上信息通信架空线大部得到入地或整治。推进通信基站的景观化和集约化设置工作。组织市无线电管理局协调推进通信基站的景观化和集约化设置工作，减少通信基站对市容环境的影响。经过不懈努力，目前，增量基站已全部实现景观化建设，重要景观区域实现存量基站已实现景观化的全面改造。完成TD三期工程建设，保障了世博会顺利召开。完成3G基站建设共计1 500个。规范3G建设管理流程。完成《移动通信室内信号覆盖分布系统设计与验收规范》修订和送审工作。完成《住宅小区移动通信配套设施设计和验收规范》送审稿。推进闵行、普陀等区的“TD网络建设和应用试点示范区”建设，形成试点示范区建设方案。

（吴南竹）

一、信息基础设施专业规划

【信息基础设施“十二五”发展规划】 2011年，为更好的指导未来五年本市信息基础设施发展，编制完成《上海市信息基础设施“十二五”发展规划》。以加快提升信息基础设施服务水平和普遍服务能力为主线，优先、领先发展信息基础设施，助力城市功能提升，为上海建设“智慧城市”、提升城市国际竞争力奠定坚实基础。

规划由“前言”、“发展回顾”、“发展环境和趋势”、“指导思想、原则和目标”、“发展重点和主要任务”、“重大工程”、“对策措施”七个部分组成。对“十一五”期间，本市信息基础设施发展作了回顾总结，同时提出“十二五”信息基础设施发展的总体思路、原则、目标和主要指标，提出三大类十五方面任务、七大工程以及六个方面的配套措施。

【上海市公用移动通信基站站址布局专项规划（2010—2020）】 2011年，发布《上海市公用移动通信基站站址布局专项规划（2010—2020）》，旨在通过系统统筹，实现本市通信业与城乡联动发展；通过倡导多制式、多运营商的集约设置，实现空间资源的集约利用；通过推动基站设置的精细化，实现人居生活和谐。

在全面调查和综合评判现状及站设施开展电信服务的适应能力以及与城市空间的相容水平基础上，通过对行业发展趋势及由此带来的设施布局调整要求，预测与本市公用移动通信事业发展相适应的基站分布态势，探索建立与上海城乡空间体系和关键资源要素配置相适应的基站设置密度分区标准，统筹多运营商、多技术体制下的基站设置需求，形成本规划。规划对象主要是室外宏基站站址，规划范围覆盖全市，总面积约6 340平方公里。规划期限从2010年到2020年。

【布宜诺项目信息基础设施专业规划】 2010年，编制完成《布宜诺项目信息基础设施专业规划》。布宜诺

三、数据通信网

总体建设情况

【基础数据专线网】 中国电信上海公司建有完善的国际国内本地数据专线网，包括INTERNET、ATM、FR、DDN等，CHINANET上海节点的INTERNET国际出口带宽达150.92G；CHINANET上海节点连接国内各省核心的国内数据通道基本都升级到POS10G，并少量测试POS40G技术，物理总带宽达到1 100G；上海本地城域网连接全国各省的直联中继也有40G。CHINANET为用户提供各类国际、国内互联网访问服务。上海本地基础数据专线网（简称数据专线网）是一种以ATM交换为核心，以多种业务接入设备为接入层的数据传输网。数据专线网核心层是由15台7 470设备、4台7 670T组成，以ATM155M互连，构成网状网；接入层是由阿尔卡特36系列、百灵达MUX等设备组成，36系列与7 470以34M、2M互连，MUX以ATM 155M与上海本地宽带骨干网互连，多种接入设备满足用户不同业务和速率的接入需求。目前已建成上海本地最大的数据网络，已基本覆盖全市。数据专线网的特点是速率高、距离远、网络时延小、连接方式灵活、电路质量和可靠性高、网络运行管理简便。数据专线网适用于信息量大、实时要求高、保密性强的客户需求，适合数据传输、图像传输和话音传输。可提供点对点、一点对多点的业务，便于金融证券公司、科研教育系统、政府部门租用数据专线组建自己的专用网；提供帧中继业务；提供语音、G3传真、图像等通信。截至年底，共有各类数据专线网节点1 200余个，端口能力近50 000余个，共提供ATM骨干带宽交换能力45G左右。

【国际转接】 中国电信上海公司是中国电信行业国际通信最大的出入口局，建有国际海缆登陆站和国际卫星站，是TPE（跨太平洋高速）、APCN2（亚太二号）、CUCN（中美）、SMW3（欧亚3号）、FLAG（环球）国际大容量海光缆系统的登陆点，也是欧亚、中俄、中越、中印等大容量国际陆地光缆系统的终端站。同时，拥有7个具有高可靠性的国际卫星传输系统，分别对应着Intelsat和Jsat的5颗卫星。截至2010年底，上海的国际电路已通达236个国家和地区，同时和中国电信海外分公司（美洲、香港、欧洲）开通了众多10G或2.5G高带宽互联电路，并为中国联通、中国移动等公司提供国际通道。作为亚太互联网中心，上海公司主要向各大运营商提供宽带接入和流量交换，同时也提供逻辑上全透明的国际转接。

【国际通信业务】 上海公司还负责汇接中国电信网络内华东、中南、西南各省的国际通信业务。同时，上海公司也是中国电信国内长途电信网的重要枢纽节点，负责汇接福建、江西、浙江等省的电信业务，传输方式有光缆、微波、卫星等，已建成以DWDM和SDH为主的大容量传输系统。上海公司建有7万多路端的国际程控/软交换机，具有SSP、ISDN等智能功能，还具备了完善的国际数据专线网，包括INTERNET（CHINANET和CN2）、ATM、FR、DDN、IP/VPN、MSTP等，可以为电信客户提供各种方便快捷高质量的国际通信业务。截至2010年底，上海公司本地电话交换机总容量达到917万门。

【城市光网络建设】 2010年上海电信公司城市光网的建设工作已在全市范围内铺开，为城市光网总计投入约45亿。完成百万户家庭的光纤覆盖改造，新建3G基站1 300个，NGB完成中心城区100万用户覆盖，初步完成有线电视网络市郊整合，已完成覆盖用户172万户，20%左右上海家庭已具备光纤到户能力，远远高于其它城市比例。截至2010年12月17日，共发展城市光网用户40万线。全面启动了"二免一赠一极速"智慧城市宽带大提速计划。这个计划包括"光纤到家，增速免费；百兆到户，20兆起步；家庭存储，百G赠送；公共热点，WiFi免费"四项具体内容。

（上海电信）

无线宽带网络建设情况

【无线网络】 中国电信上海公司全年新建宏站365个，宏站扩容2 200个，完成入网室内覆盖629个，WiFi热点覆盖3 807个。加大集约化建设的力度，全年实施建设牵头集约化项目148项；共建共享工作在历年铁塔、基站、杆路、传输线路等基础通信设施共建共享外，积极开展以铁路、地铁、高速公路沿线、机场、国家级和省级风景名胜区、大型场馆等六类重点场所基础设施的共建共享工作，全年共建宏基站项目建设197个，共享宏基站项目建设178个。重大工程的无线建设围绕世博主体，完成了13个数字集群项目新建站、一轴四馆的室内分布系统建设、世博园区13个宏站、102个临时场馆的无线工程、确保园区无线信号覆盖正常；为应对突发客流，又增设了18个信息亭，确保万无一失；积极拓展新技术、新业务，完成覆盖LTE演示路线点33个。积极配合市政府完成世博会相关无线配套的建设，在地铁方面，完成轨道交通2号线东延伸8个站、西延伸3个站、7号线31个站、9号线二期10个站、10号线27个站、11号线11个站、13号线一期3个站的开通；在机场方面，开通浦东T2航站楼的无线信号；在隧桥方面，共完成西藏路隧道、人民路隧道、新建路隧道、打浦路隧道及其复线、外滩东西通道、龙耀路隧道、电力隧道覆盖工程；在虹桥枢纽方面，完成西航站楼、东交通中心、西交通中心、磁浮虹桥站、高铁虹桥站的覆盖工程。

【IP网络】 中国电信上海公司的IP承载网是世界上最大的IP承载网网络之一，承载着庞大的NGN语音、宽带接入、IPTV和VPN等业务，具备网络拥塞控制、流量控制和质量控制能力，具备ADSL、光纤、FTTB+LAN和PON等丰富的综合接入手段。上海IP城域网连接CHINANET骨干多个核心节点及部分省节点。截至年底，CHINANET上海节点的INTERNET国际出口带宽达228.29 G；CHINANET上海节点连接国内各省核心的国内数据通道以POS10G和POS40G技术为主，物理总带宽达到1 247G；上海本地城域网连接CHINANET骨干网各节点中继端口能力1 600G，12月实际开通1 120G。2010年，上海IP城域网A平面配合城市光网的建设，大幅提升城域网骨干的中继带宽，并试行宽带BRAS 10GE上联的技术；IP城域网B平面拓展多业务承载能力，满足200万户IPTV用户的接入以及IMS等新技术的试验。IP城域网核心出口层目前由武胜、民生、斜土、云莲四个节点构成，每个节点都已实现MULTI-CHASSIC多机框功能，单节点交换能力超过1个T。年内进行了业界领先的JUNIPER TX至TXP的升级工作。截至年底，上海城域网连接CHINANET的出口端口能力达到1 600Gbps，连接CN2的出口物理带宽120G；汇聚上海本地8个区局、7个郊县，中继带宽达到1 680G；各IDC机房上联至城域网骨干节点总带宽达到562G。上海公司开展IDC业务的机房遍布全市，核心机房有15处，各机房的业务带宽达到562G以上。在网络结构上，上海本地的IDC业务主要服务全国各地，直接连接到核心出口层可以确保网络的冗余、冗灾性。

【IPTV平台】 IPTV是以中国电信上海公司宽带网络为传输通道，以电视机为终端，集互联网、多媒体、通讯等多种技术于一体，向家庭用户提供多种交互式服务的业务。IPTV平台分为1.0平台和2.0平台。截至年底，IPTV平台容量为150万户，总体支持30%*0.75用户同时在线，核心平台出口总带宽A平面流量12G，B平面68G，边缘节点出口总带宽A平面80G，B平面1 420G出口带宽，用户总体并发能力目前实际为197 980路，总体设计单播并发能力为312 252路。自IPTV正式商用以来，用户数量一直稳步增长中，用户数超过130万。

【无线数字医疗】 “无线数字医疗行业应用项目”是中国电信整合先进的通信网络、医疗行业应用软件以及医疗专业ICT服务资源，为医疗行业客户提供的无线数字医疗行业应用的整体解决方案。项目采用规范化接口、基于医疗事件驱动的协同工作流平台，将需协同的应用嵌入到医院信息系统、社区卫生信息系统中，实现与医院业务流程的有机融合、协同工作，体现了医院管理者所希望的“让医疗过程触手可及，使有效服务随手可得”这一理念。2010年，中国电信上海公司先后与44家医院签订“无线数字医院”合作协议，签约终端达12 400余部，其中三级医院6家，二级医院13家，一级医院25家；同时推出了集各种品牌的22款无线数字医疗终端，具有2.8寸以上视屏、支持WiFi及EVDO高速上网等功能。上海公司面向医院信息系统（HIS）厂商招募SI合作伙伴，借助优秀的HIS厂商在行业应用、内容运营和客户渠道等资源优势，开展多种形式的合作。同时，上海公司对各家SI开发的无线数字医疗产品进行有效整合，形成适合普遍需求的电信标准产品，主要包括计划管理、危重病人管理、会诊管理和药品使用管理等9个产品系列。

（上海电信）

四、有线电视网

总体建设情况

2011年，作为上海市有线网络运营商，东方有线网络有限公司(以下简称“东方有线”)，以上海市中心城区有线电视数字化整体转换和中国下一代广播电视网（NGB）上海示范网建设为契机，全面启动三网融合试点工作，大力发展增值业务，取得长足进步，有力地推动了上海广电网络的快速发展。

东方有线全年实现权责收入已超14亿元规模，公司竞争性增值业务实现收入近7亿元，主营业务收入和增值业务收入比重继续保持增长势头，公司收入结构进一步得到优化；特别是全年新发展NGB高清互动用户超10万户，新发展与移动、联通合作高速宽带接入用户约3万户，发放了百万张具有支付功能的实名制数字电视卡，发展了20万户交互用户；公司企业数据业务也继续保持快速增长、超额完成任务，实现收入近3亿元，同比增长11.37%，再创历史新高。

【基本完成市中心城区整体转换】 2010年，在举办世博会的大背景下，克服时间紧、任务重等诸多困难，平稳推进各项工作，完成了约160万户有线电视用户的数字化整体转换，加上2009年以前的60万户整体转换试点用户，全市整体转换用户已超过220万户，共计安装机顶盒400余万台，其中互动型机顶盒超200万台；组织安装队伍近2 000人，上门累计达250万人次。目前，上海市中心城区整体转换已基本完成，互动整体转换获得了绝大多数用户的认同、理解和接受，积极配合机顶盒安装工作，仅有少数市民暂不接受。

用一年不到的时间完成了国内其他兄弟城市需两至三年时间才能完成的建设任务，且确保了平稳，社会反映和评价总体较好，创造了"上海速度"，得到了国家广电总局领导、市委市政府领导的高度肯定。

数字化整体转换以后，上海有线数字电视服务的内容得到了极大的丰富。目前，上海有线数字电视用户可收看到近80套免费标清数字电视节目，收听到20套数字广播节目；拥有高清电视机的用户，可以选择高清机顶盒收看近20套高清电视节目；还可选购50余套付费数字电视节目，以及视频点播、节目回看、家庭金融等互动服务。

通过整体转换，上海的有线数字电视网络完成了更新换代，网络承载能力得到了大幅提升，为上海三网融合试点以及建设"智慧城市"奠定了扎实的网络基础。

下一代广播电视网(NGB)

中国下一代广播电视网(NGB)是以有线电视数字化和移动多媒体广播(CMMB)的成果为基础，采用自主创新的国家"863计划"和国家科技支撑项目"高性能宽带信息网"核心技术，将有线网络骨干网速率提升到每秒1 000千兆，接入网用户端速率提升到每秒100兆，具有高带宽、强互动、可管控的优点，能够满足未来20年每个家庭"出门就上高速路"的信息服务需求，同时可开展交互式高清数字电视、医疗、教育、家庭金融等服务应用。

NGB充分利用了现有有线网络资源，在不改变网络结构和入户电缆的条件下，对用户影响较小。通过实施NGB上海示范网建设，极大地推动了全国的广电网络全面升级换代，为广电全面实施三网融合创造了良好条件。全国其他11个三网融合试点城市都积极学习研究上海示范网建设和发展三网融合业务经验，大力推广部署NGB建设和三网融合业务试点，同时也同上海一样，极大地带动了当地的相关产业。NGB上海示范网建设的完成，标志了NGB项目中试获得成功，并有效验证了NGB网络平台、业务应用和安全控制的创新模式，发挥了引领示范作用。

【上海示范网】 根据2009年7月31日签署的部局市(科技部、广电总局、上海市政府)示范合作协议要求，上海将中国下一代广播电视网(NGB)上海示范网建设作为中试项目，率先在全国启动，并由上海广电网络的主要运营商——东方有线作为项目建设和运营主体。上海在完成市中心城区互动整体转换的基础上，选择了其中约100万户，用一年左右的时间即完成了NGB示范网建设，并以市场化方式大力推进基于NGB的三网融合业务，共发展NGB业务用户近20万户，其中发展高清互动电视用户超10万户，NGB宽带用户约9万户，NGB业务渗透率约25%。

此次NGB上海示范网建设，从网络架构层面，核心网采用了成熟先进的T级交换技术，城域网以国家自主创新的ACR汇聚路由器实现T级交换，并构建了由独特的业务保障机制和安全管理模式支撑的T级高性能接入网，实现了对用户业务、流量的点到点控制和管理，家庭网则继续采用同轴电缆扩展双向接入，不需要改变用户家庭内部网络布线方式，对用户影响较小，"不扰民"即实现了百兆到户。从业务应用层面，在开放式的NGB业务平台上，可为用户提供"高清、实时互动"为标志的一系列三网融合服务应用，同时可支持无线宽带或超宽带接入方式，实现了面向三网融合业务的全业务管理和运营。

NGB上海示范网区域已实现百兆到户，平均每户保证带宽可达到30M以上。NGB用户除了可收听看到近百余套标清数字电视节目和电台节目、近20套高清数字电视节目、节目导航等基本公共服务外，还可以享受到海量的高清视频点播和录制、高清电视证券、高清电视金融、高清视频电话、互动教育、极速游戏、电视短信、高速宽带上网等服务应用，真正实现了“足不出户看高清大片、炒股票、支付水电煤账单、进行家庭通讯、娱乐、教育、百兆上网”等三网融合服务，实现了由“看电视变为用电视”。后续还将有更多、更新的三网融合业务开发上线。NGB区域丰富的节目内容、多样的节目选择、简明的收视指导，给老百姓带来全新的收视体验，尤其是高清互动电视的功能和内容越来越受广大用户欢迎。

【创新与效益】 NGB坚持了国家自主创新技术与广电网络特性相结合。通过NGB网络改造后，有线数字电视网络升级成为一张国家信息专网，不仅承载了文化信息的传播功能，为满足公众日益增长的文化需求与信息文化产业的大繁荣大发展做出更多贡献，同时在对接电信、移动等其他运营商的网络及业务方面，还能够继续发挥广电网络的喉舌作用，确保国家信息安全，真正实现网络运营的可管可控。

经验统计数据表明，在信息通信设备和系统上的投资可以带动相关产业3-5倍的经济效应。根据上海广电网络三网融合实施方案，未来十年三网融合整体产业链总体投资预计将近400亿元（其中东方有线直接投资约需150亿元）。到2020年下一代广播电视网建设预计共可为上海信息、制造、服务等产业带来约1 600亿元的产业收入。

【多方参与】 从目前整转和NGB设备采购情况看，经公开招标，上海全景公司、上海大亚公司、天柏（上海）公司、浪新（上海）公司分别中标整转机顶盒设备，上海贝尔公司、上海博达公司等分别中标NGB骨干网设备，上海未来宽带技术中心公司等中标NGB接入网设备，上海全景公司、天柏（上海）公司中标NGB机顶盒设备，另外还有上海国响公司、上海国讯朗讯公司、上海思华科技公司等均参与到三网融合平台建设和应用开发中，也基本符合产业带动的预测情况。

【启动并推动广播电视网络整合】 2010年，上海正式启动全市广播电视网络整合，正在加紧推进相关整合工作。目前已明确整合范围、整合方式等，将以东方有线为整合主体，绝对控股各郊区县网络资产；并以资产租赁等创新模式加快整合进度，将于近期完成挂牌，实现上海全市共600万户网络整合；同时按照“统一规划、统一管理、统一业务、统一标准、统一运营”的原则，真正实现上海广播电视网络的“一城一网”、“全程全网”。

另外，2010年东方有线完成了崇明有线网络的资产转让，初步建立起崇明有线网络的新运营服务模式。

积极推进三网融合试点

按照国务院、国家广电总局和市委市政府的总体要求，在市三网融合工作协调小组的统一指导下，东方有线在近年利用有线网络特性和优势资源、开展三网融合相关业务探索和实践的基础上，已于2010年6月中旬完成了东方有线三网融合试点方案申请，经由市经济信息化委、市文广局上报市政府和国家广电总局，全面启动了三网融合试点工作；并以此为基础，完成了具体实施方案编制工作。

东方有线以NGB为平台，坚持创新合作，圆满召开了NGB高峰论坛，并为国家级NGB应用实验室和业务体验中心揭牌，积极发展以“高清、互动”为标志的高速宽带接入、家庭文化娱乐、家庭金融商务、互动教育等各类应用服务，与SMG等签订了战略合作协议，初步尝试了EPG广告、购物频道等B2B业务，努力构建广电互联网内容中心，为东方有线2011年全面推进三网融合试点做好了网络、技术和实施准备。

【合作、开放、共赢】 东方有线坚持“合作、开放、共赢”，依托NGB建设，先行先试，提前开展了各类三网融合业务的探索和尝试：与上海移动、上海联通合作，开展以高速宽带接入为代表的电信增值业务，目前已推出高带宽接入业务联合品牌“E家通”和“宽视通”，并积极准备与铁通合作开展基础电信增值业务IP语音的试点运营。与上海文广等内容商合作，开展以高清、互动等为主要特征的家庭文化娱乐服务；与东方亿付合作，开展以“电视金融平台”和实名制数字电视卡为载体的家庭金融商务服服务；与知名游戏厂商合作提供电视游戏服务；与健生公司等在开展互动教育、远程医疗等方面合作；以及与新兴媒体等在B2B业务方面的外包合作；并正在积极探索基于NGB的互联网内容和物联网应用服务。依托国家级NGB应用实验室，采用实体化运作模式，不断推动三网融合创新主体建设和关键应用技术研发。目前联合思科、中兴、华为、海尔等国内外一流企业，突出自主创新，积极开展NGB相关技术、应用和服务的研究和实践。

另外，东方有线还积极跟踪和研究智慧城市发展，探索城市无线宽带网和城市光网合作建设模式，大力开发基于NGB平台的物联网应用，推广多媒体综合网关、社区安防、智能管家服务，培育和形成相应的业务运营模式。

完成世博安全保障任务

2010年,世博会在上海隆重召开。东方有线克服了时间紧、任务重的困难,把世博安全保障工作作为公司的"生命线",高质量地完成了世博园区各类场馆的有线电视接入和信号传输,有力地保障了世博公众信息发布系统的稳定运行,确保了党和国家的声音安全地传到千家万户,做到了世博期间全市有线电视网络的安全运营,使得"电视,让世博更完美"成为现实,为这届"成功、精彩、难忘"的上海世博会作出了有线网络应有的贡献。2010年,东方有线世博保障团队共获得市政府、世博局等外部单位奖励共计80余个,其中先进集体表彰20个,先进个人表彰60余人次。

【世博公众信息发布系统建设】 公司主要负责世博公众信息发布系统的总集成和信息传输。已有170余块信息屏完成安装调试工作。

【有线电视接入】 公司根据世博有线电视建设的要求,为世博园区内的参展商、参观者及广大上海市民,提供了个性化、多功能的数字信息服务。已完成69处场馆的有线接入覆盖,其中35处场馆内的终端接入,共计接入终端4 453端,完成场馆内机顶盒安装共计4 274台。

【数据业务接入】 现已完成530项目、消防局及交通银行等项目,共计48个接入点;机房建设方面,现已完成浦东区域新建机房13处,浦西区域新建机房2处。完成近2 380根架空光缆的入地工作,完成世博展区内新敷设光缆皮长达近180公里。

有线网络建设

2010年,东方有线进行了中国下一代广播电视网(NGB)上海示范网建设工作,完成骨干网的光传输平台(OTN)、T比特骨干路由平台(TSR)、大规模接入汇聚路由平台(ACR)、智能交换平台以及接入网局端平台等的建设,并完成骨干网优化扩容任务;完成了NGB骨干网项目中ASON/MSTP配套项目规划及实施。提供网络建设技术支持,完成MSTP & ASON网络架构,大幅提高了企业用户业务提供能力;进行了下一代广播电视网上海示范网接入网网管系统的技术需求的确定,并组建了试验开发环境,完成了系统主体开发工作。

同时,还完成CMTS设备扩容、IP交换网扩容项目的建设,并对流量优化系统进行扩容,保证了接入网平台足够的扩展性和用户容纳量。

【机房建设】 2010年的机房基础建设范围涵盖了核心、分中心、街道站、远端、末端等各级机房。2010年新建成张江2楼IDC机房,同时结合原3、4楼核心机房的配电系统现状完成了张江大楼低压供电系统的整体优化。配合中国电子口岸托管项目,完成了张江3楼IDC机房vip区域的改造工作。配合保险同业工会托管项目,完成了广纪路核心机房的vip区改造建设工作。

【有线电视网络优化】 2010年共计完成73个光节点拆分整改工作,进一步提升了网络服务质量;完成2个中心机房有线电视业务的全面搬迁;完成100万户NGB网络改造;完成15个分中心CMTS扩容;完成923次光站、1 913次放大器的主动运维工作。

【管道、光缆】 2010年累计采购约250孔公里通信管道以及部分楼宇接入。且自建完成浦东中环线(上中路隧道口–申江路)段通信管道建设。2010年采用集约化建设方式完成打浦路、龙耀路、军工路、仙霞西路下穿机场四条隧道光缆敷设,进一步丰富了越江光缆资源。2010年完成张江核心机房至崮山分中心机房、开鲁分中心机房、上南分中心机房等核心机房与分中心机房间超干线光缆建设,进一步完善了公司光缆网络结构。

【电视频道及网络设备扩容】 2010年,东方有线通过优化有线网络、更新传输设备,大力提高了电视节目的传输质量,并通过双向视频服务平台扩容建设,更好的支持各类新业务的开发和部署,同时提供更稳定的运行支撑。2010,东方有线完成了"搏击高清"、Sitv 4套高清(都市剧场高清、劲爆体育高清、点播影院高清、娱乐前线高清)、"欧洲足球"、"家有购物"、"央视9套"等频道落地。至年底,数字频道已提供144套视频和20套音频节目。

【项目奖项】 2010年5月,"下一代交互式数字电视服务试验平台"项目被上海市科学技术委员会认定为上海市科学技术成果。(登记号9312010Y0215)。2010年5月,"交互式数字电视服务平台"被评为上海市五一巾帼创新奖(成果)。2010年6月13日,《下一代广播电视网上海市示范网中间件平台技术规范》通过专家评审。2010年5月,"下一代交互式数字电视服务试验平台"被中华人民共和国科学技术部批准为国家火炬计划项目(项目编号2010GH010265)。

重大项目建设

【330 项目】 截至 2010 年底，东方有线负责接入的 330 节点数达 387 个，光纤使用长度为 13 451.871 芯公里。330 可实现的应用包括：由上海市市委、市府向各个区县委传达机密文件和命令，再由区县委向相关委办局下发；为市委、市府召开各项视频会议提供平台；为应急指挥、各条线局级单位实现涉密域和非涉密域的应用等。

【530 项目】 截至 2010 年底，东方有线共接入政务外网的节点数达 938 个。政务外网目前已实现与中央政务外网平台的对接和互联，基本覆盖所有市级委办局、市财政拨款单位，与 19 个区县实现联网，支持市区两级政务网互联互通，并为应急指挥、医疗系统等跨部门高带宽实时应用提供网络支持。可为跨部门、跨行业的信息交换和协同业务提供工作平台，为门户网站和各部门网站网上办事提供后台业务支撑，为中国上海门户网站提供互联网主备出口，为市政府办公厅等 13 家单位提供互联网出口。同时，也为各部门构建各自的业务专网提供公共网络服务，已经为航务等 10 余家条线应用提供网络支持等。

【架空线入地】 2010 年，东方有线分别完成了中环线浦东段(上中路隧道 - 申江路)，沪杭铁路客运沿线车亭公路、南亭公路、成毛路段，杨高南路上南路、东长治路桥、浦建路、青浦华科路华青路、青浦城中北路、沪青平公路嘉松公路、龙东大道张东路、南奉公路林海公路、M2 龙阳站至张江站、M12 长阳路宁国路、M7 高科西路站、M10 号线天潼路站、M12 长阳路江浦路架空线入地建设工作。累计完成约 84 根光电缆，168 皮长公里的架空线入地。承担起了一个网络运营商应尽的责任。

【其他项目】 东方有线积极参与了上海市多项市政工程的有线网络配套工作。2010 年重点跟踪、参与的市政配套项目包括世博园区内场馆信息基础网需求、虹桥交通枢纽信息基础设施需求、临港地区相关住宅区及城镇社区信息基础网络需求、沪崇苏桥隧项目相关机房(陈家镇、长兴岛、五号沟)需求、长兴岛风丰东路管线建设的跟踪落实、浦东耀华路地块规划的实施、闸北中部地区管线规划的落实。

(东方有线网络有限公司)

五、无线电管理

【概况】 2010 年，上海市无线电管理局(以下简称“市无管局”)按照国家工业和信息化部、上海市委和市政府的部署，在国家无线电管理机构的指导和上海市经济和信息化委员会的领导下，紧密围绕大局工作，以中国 2010 年上海世博会无线电安全保障、无线电管理“十一五”建设收官、“十二五”发展谋划为主线，通过进一步加强管理队伍和设施建设，促进机制体制及法规政策完善，使无线电的管理能力及服务水平得到不断提升、为城市建设和经济发展、以及各类重大活动开展提供了重要的支撑作用。

【世博会的无线电安全保障】 市无管局牵头江、浙及军队无线电管理机构，组成长三角军地联合保障力量，发布中国 2010 年上海世博会无线电管理规定，实施世博会期间重点时段的无线电管制，形成陆、海、空位一体的监测管控体系，开展全时态的无线电安全保障工作，圆满完成了中国 2010 年上海世博会的无线电安全保障任务。

市无线电管理局紧密围绕开幕式、开园日、中国国家馆日、闭幕式等重大节点，聚焦焰火燃放、电视转播、文艺演出、重要人物及安保用频安全，按照军地统筹、园区内外统筹、长三角区域统筹的原则，集江苏、浙江和南京军区的无线电保障力量确保了重点时段、重点无线电应用的万无一失。4 月 20 日至 10 月 31 日，累计出动无线电保障力量 4 252 人 / 天，监测车辆 859 车 / 天，启用固定监测站 1 365 站 / 天，监测时间超过 43 685 站(车)/ 小时。共处置违规用频、非法设台、干扰申诉等事件 151 起，重大事件 12 起，办结率 100%，保证了军地涉博无线电通信的畅通。

【成员单位】 在上海市市政府的关心支持下，对上海市无线电管理委员会的成员单位进行了调整，并组织召开了 2010 年度上海市无线电管理委员会全体会议，为指导全市无线电管理工作开展、加强无线电管理工作协同夯实了基础。

【《上海市无线电管理办法》】 进一步加强无线电管理法规体系的建设，以政府规章形式发布实施，主要从六

敬园、祖冲之园、三林世博分园以及昆山浦东软件园四大园区联动发展的格局。

2010年,园区共有注册企业1 086家,实现经营总产值达257亿元,园区入驻企业476家,从业人员2.5万人,总产值、入园企业数量和从业人数分别是"十五"末的3.67、2.30和2.08倍。上海浦东软件园的空间产品和服务受到广泛认可,已经形成了软件与信息服务产业集群。

【上海市云计算产业基地】 2010年8月,上海市云计算产业基地正式落户市北高新技术服务业园区。基地将形成"一个基地四大功能区"的科学空间布局,即上海云计算产业基地包括了"核心区,拓展区,功能区和配套区";重点发展云基础架构层(基础架构即服务),大力拓展应用层(软件即服务),积极探索和适当发展中间件层(平台即服务);着力打造十大工程,如亚太数据港工程,"海量电视云计算"工程,基于云计算的国产基础软件工程,云平台开发工程,云计算技术攻关工程,云计算应用示范工程,云计算中小企业孵化器工程等。

【上海市云计算创新基地】 2010年10月,上海市云计算创新基地在杨浦区创智天地园区揭牌。基地通过搭建技术创新、金融创新、人才创新平台,集聚云计算技术与商业模式创新企业,提升上海云计算产业综合竞争力,促进产业结构调整、率先实现经济发展方式转变的重要举措。大力提高自主创新能力。充分利用区域内现有的公共科技资源,整合形成面向企业开放的技术创新服务平台,为基地内企业提供分析检测、委托研发、合作研发等服务。形成一批创新能力强、带动效应明显、具有国际竞争力的领军企业;扶持和壮大一批具有创新能力和自主知识产权的中小企业。以领军企业为龙头,带动中小企业技术和产品创新,完善云计算产业技术创新链和应用创新链。

(杨立哲)

二、信息产业公共服务平台建设

【上海集成电路研发中心】 上海集成电路研发中心(以下简称"研发中心")成立8年来,已建有3 000平方米净化厂房和"8+12"技术设备平台,具备开发65-45nm成套工艺技术能力,并拥有高压、Flash、RF等多种特色工艺技术,是国内生产线建设的主要来源之一。研发中心具备完善的单元库、模型IP开发及测试能力,是国内主要的公共设计工艺服务平台。

研发中心现可提供每月1 000片以上的全铜流程研发片,同时也具备了芯片测试和可靠性评价实验室等基础研发设施,为国内的集成电路生产线、设备研制单位、材料厂商提供大量的技术转移和技术服务。同时,研发中心已取得了近500项技术发明专利,目前掌握了65nm-45nm关键工艺技术,在存储器、微波器件、传感器、高压器件等特色产品领域开发完成了一批工艺技术模块和产品技术,并积累了一批超过100个面向无线通讯、消费等芯片设计的IP核。

先进工艺模块开发公共平台建设 以研发中心工艺设备为基础、适当利用华虹NEC、宏力部分生产设备建成的8寸研发及中试线,已具备了SOI、高压、MEMS、IGBT等特色工艺技术开发能力,并建了战略安全产品的开发和小批量加工条件和能力;同时,与国际先进集成电路设备厂商合作,利用其捐赠(或试制)的12英寸工艺设备,开始45-32nm及以下CMOS工艺技术的铜互连/Low—K、光刻/双重图形、离子注入、3-D器件工艺等关键工艺模块的研发工作。

特色工艺技术研发平台建设 与国内8-6英寸生产线合作,面向智能功率集成电路、智能电源管理等特种器件的设计和生产,建立特种工艺的研发平台;产生的技术已成功进行转移,扭转了依赖海外进口成套工艺技术的局面;现已具备运营8寸特种工艺、多批量生产线的能力。

IP核库和设计服务公共平台 已初步建成芯片和电路级分析测试中心,每年约为设计公司的20个新产品提供服务,同时取得了一批IP核并获得生产线验证,为展讯、联芯的2.5 G/3 G等无线通讯产品设计提供服务;现已具备较强的模型提取和PDK能力,是华虹NEC、宏力、中芯的设计服务伙伴;初步建立了和设计公司的IP核共享机制,通过共建IP核库降低工艺流片成本。目前正在开发65nm-55 nm、45nm-40nm工艺代的P核,并开展了可制造性设计DFM的研究,以解决国内设计企业在生产线上流片的接口问题。

启动12寸国产设备示范线工程建设 与2011年启动的国家"十二五"重大专项相结合,对中微、盛美、上海微装、北方微、睿励、沈科仪等国产设备厂商的12寸工艺设备开展测试和评估，为其提供工艺优化和中试服务；并将国产设备厂商自主研发的设备进行整合，建设12英寸铜互连国产设备工艺示范线，以期建立12寸铜互连国产半导体设备工艺中试平台，对国产新设备进行配套工艺开发和评价，协助设备优化和产业化。

【集成电路测试技术公共服务平台】

公共服务平台基本情况 集成电路测试技术公共服务平台依托于上海华岭集成电路技术股份有限公司。上海华岭集成电路技术股份有限公司成立于2001年，专业从事集成电路测试技术研究开发、芯片设计验证分析和产业化测试，是第一批国家鼓励的集成电路企业和高新技术企业。集成电路测试公共服务平台，是国家科技重大专项和工业与信息化部集成电路研发专项支持的集成电路公共服务平台。

公共服务平台技术团队由一批20多年从事集成电路技术研究的高级技术人员组成，掌握集成电路测试核心技术，拥有国内先进的集成电路测试软硬件环境和技术服务体系，装备一流，具备自主技术创新研发和持续发展能力，面向上海和国内外集成电路企业，提供设计验证测试分析和产业化测试。平台拥有45 nm、12英寸先进测试系统设备100多台套，主要技术指标达到：最大独立数字测试通道1 024pin，测试矢量深度128M；配备全套混合信号测试装备；12GRF测试部件；通用EDA设计VCD，EVCD，WGL，STIL等文件到ATE测试向量的自动提取和转换；网络控制。

可以适应高性能芯片和先进极大规模集成电路设计验证分析和大规模生产测试需要，品种覆盖目前国内85%以上集成电路产品类型的测试。

平台实行每天24小时运行，为集成电路产业界提供不间断的测试技术服务，同时建立了与设计企业、芯片制造企业和封装企业国际接轨的产业链技术，平台运行机制与集成电路设计、制造、封装和应用等产业链上下游在测试数据、质量控制、处理流程和海关物流等方面全面兼容，可以实现一站式服务。

对科技创新的和产业的推动作用 几年来，集成电路测试技术公共服务平台已完成国家和上海市十几项集成电路测试共性技术研究开发，2009年承担国家重大科技专项"极大规模集成电路测试技术开发及产业化应用"和"XXX核心电子器件评价与检测技术"的研发。平台开发了一系列集成电路测试共性技术和500多种产品测试技术，申请专利和国家计算机软件著作权等60多项自主知识产权，为上海和全国100多家企业的500多种集成电路产品提供了本土、本地化技术服务，为上海和国家集成电路产业科技创新和发展做出了积极的贡献。

上海华岭集成电路技术股份有限公司积极推进国内先进的超大规模集成电路测试平台建设，不断自主技术创新，持续快速提升平台技术和能力，针对集成电路产业技术升级，研究开发了可测性设计测试验证分析、结构测试、稳定性测试、测试误差补偿等产业化测试共性关键技术，在此基础上研究开发了信息安全、数字音视频、移动通讯、网络、蓝牙应用、汽车电子、RFID、电源管理和多种高性能SoC芯片测试技术，产品实现了产业化测试；国内先进的12英寸集成电路测试平台也已投入产业化运行，为中芯国际、宏力、华润上华、富通微电子、长电、华虹、展讯、鼎芯、捷顶、创毅视讯、国腾、国微、复旦微、Renesas、Fujitsu、Esilicon等提供了测试服务。目前平台联合上海集成电路产业资源，正在积极推进新一代高性能极大规模集成电路测试技术开发和产业化应用，努力实现建设国内先进和最具优势的集成电路测试公共服务平台的目标。

技术服务和生产测试能力。45 nm—65 nm—90nm集成电路设计测试验证分析和产业化测试；12GRF、1Ghz 1 024pin以内数字、数模混合芯片测试；SOC、RFID、RES OC与SIP芯片验证分析；高性能ADC、DAC芯片验证分析；12''、8''、6'' Wafer测试；超大规模集成电路芯片应用环境（高低温）测试分析；测试软件程序设计、调试、优化；测试码转换；测试程序移植；高速、高精度测试探针卡设计制造；高速高精度测试负载板、接口板设计制造；* 快速可靠性与环境试验。

（王　雷）

三、行业管理

【软件企业认定工作】 "十一五"期间，随着国民经济信息化深入发展和创业环境的不断优化，上海新认定软件企业不断增加，其中2006年270家，2007年292家，2008年282家，2009年308家。2010年上海新认定软件企业再创新高，达到327家，较2009年增长6.2%。截至2010年，上海共累计认定软件企业2 839家，全国排名第三。

【软件产品与著作权登记工作】 软件产品是软件产业和企业研发成果的重要表现。2010 年上海软件产品登记继续呈现快速增长态势，共登记软件产品有 2 920 个，较 2009 年增长 1 3.8%，其中，系统软件 23 个，支持软件 202 个，应用软件 2 689 个，其他类 6 个。截至 2010 年，上海累计登记软件产品已达 13 169 个。

2010 年上海软件著作权登记数达 7 905 件，同比增长 44.4%左右，占登记总量的 9.6%，排名全国第三。据国家版权保护中心统计，2010 年我国软件著作权登记量按软件登记人所在城市排名，北京、深圳、上海、杭州、广州五城市位列全国软件登记量前五位。

【软件活动周】 举办“2010 年上海推进软件和信息服务业高新技术产业化活动周”，以及基础软件、工业软件、汽车电子、云计算、网络游戏、网络视听、第三方支付、企业信息化等领域的行业交流活动。遴选出新模式新业态优秀企业、二十强软件企业、明星软件企业、优秀软件产品、优秀软件企业家等，予以表彰宣传。

（杨立哲）

第二章 电子信息制造业

概 述

2010年是国际经济形势纷繁复杂的一年，在工信部的指导下，在上海市委、市政府正确领导下，上海电子信息制造业全行业不断强化危机意识、大局意识和责任意识，通过政策聚焦和抢抓机遇，以重大项目落实为抓手，以高新技术产业化为契机，以产业优化升级为目标，全力以赴抓推进，努力完成全年各项工作，实现上海电子信息制造业平稳发展、聚焦发展、开放发展。

2010年，上海电子信息制造业领域认真贯彻中央和市委、市政府决策部署，紧紧围绕加快经济发展方式转变这一主线，着力推进高新技术产业化，进一步优化产业发展环境，促进产业经济运行质量提升，全年保持了较快的增长势头。

（一）规模扩大，运行质量提升

生产规模再创新高，运行质量上新台阶。2010年，上海电子信息制造业完成工业总产值7 061.3亿元，比上年同期增长34.7%，对全市工业增长的贡献率达到32.3%。生产规模比“十五”期末增长75%，五年年均增长35%。

实现利润200.2亿元，比上年同期增长402%，完成利税总额236.0亿元，对全市工业利税总额增长的贡献率达到15.2%。经济效益比“十五”期末增长100%，五年年均增长39.8%，人均销售收入突破128.7万元，比“十五”末提高29.3万元。

（二）产业结构调成效初显

出口持续增长，外向型经济特色明显。2010年上海电子信息制造业实现出口5 045.6亿元，比上年同期增长26.2%，出口占产值比为71.5%，出口、内需共同增长成为拉动产业发展的双动力。

企业转型升级提速。首次出现了利润增速大于收入增速，产值增速大于产量增速的现象。以代工企业为主的电子计算机制造业，利润比上年同期增长24.7%，销售收入比上年同期增长17.6%；工业总产值同比增长36.9%，笔记本电脑产量增长17%。代工企业逐渐向研发化、高端化发展，促转型成效初显。

（三）优势行业和重点产品齐增长

占据上海电子信息制造业半壁江山的电子计算机制造业在高基数基础上继续保持快速增长，2010年完成工业总产值3 873.8亿元，比上年同期增长36.9%，在电子信息制造业总产值中占比达到54.9%，对电子信息制造业产值增长的贡献率达到57.4%。重点推进的集成电路制造业完成工业总产值460.7亿元，比上年同期增长61%，集成电路设计业销售收入首次突破100亿元，达到113.2亿元，同比增长68.9%。

重点产品不断扩大增长的动因主要是随着需求的复苏，消费电子产品的升级换代周期加快，消费电子产品产量出现较大幅度增长，并连带电子元器件需求旺盛。2010年上海电子元件产量同比增长25%，半导体分立器件产量同比增长40%，集成电路产量同比增长36%，晶圆片产量同比增长49%。液晶电视机产量同比增长22%，笔记本电脑产量同比增长17%，打印机产量同比增长50%，传真机产量同比增长261%。

（王 雷）

一、集成电路产业

概况

2010年，上海集成电路产业在克服全球金融危机和全球半导体市场深度衰退等不利影响之后迅速复苏，并出现了快速增长。据上海市集成电路行业协会（SICA）对全市150家集成电路重点企业的统计，2010年上海集成电路产业的总销售额为537.9亿元，比2009年增长33.7%，占同期全国集成电路产业规模的37.4%，占全球半导体市场的2.7%。

2009年和2010年上海集成电路各行业的销售收入增长率及其在产业链中的比重如表2所示。可以看出，

表 1 2009—2010 年全球半导体市场、我国大陆和上海集成电路产业的销售收入、增长率及所占份额

地区	全球(亿美元)		我国大陆(亿元)		其中:上海(亿元)	
	2 009	2 010	2 009	2 010	2 009	2 010
销售收入	2 263	3 005	1 109	1 440.2	402.4	537.9
增长率	-9.0%	32.8%	-11.0%	29.8%	-12.0%	33.7%
占全球市场份额	100%	100%	7.2%	7.2%	2.6%	2.7%
占我国大陆份额	——	——	100%	100%	36.3%	37.4%

资料来源:SIA,CSIA,SICA,2011.03

表 2 2009—2010 年上海集成电路各行业的销售收入、增长率及产业链的比重

年份 行业	2009 年			2010 年		
	销售额(亿元)	增长率	占产业链比重	销售额(亿元)	增长率	占产业链比重
设计业	67.0	46.0%	16.6%	113.2	68.9%	21.0%
芯片制造业	92.8	-25.0%	23.1%	133.4	43.8%	24.8%
封装测试业	208.20	-21.1%	51.8%	250.0	20.1%	46.5%
设备材料业	34.3	43.7%	8.5%	41.3	20.4%	7.7%
合计	402.3	-12.0%	100%	537.9	33.7%	100%

数据来源:SICA,2011.03.

与 2009 年相比,2010 年各行业的销售收入都有 20% 以上的增长,其中设计业增长最快,因而在产业链中的比重迅速上升,从 2009 年的 16.6% 上升到 2010 年的 21.0%;芯片制造业保持了 24% 左右的份额;封装测试业的比重有所下降,从 2009 年的 51.8% 降至 2010 年的 46.5%;设备材料仍占 8% 上下。

2010 年,上海市集成电路行业协会(SICA)会员单位中集成电路企事业单位有 407 家,比 2009 年净增 15 家。从业人员总数为 10.64 万人,比 2009 年净增 7 294 人。其中专业技术人员 4.79 万人,比 2009 年净增 5 572 人,专业技术人员占从业人员总数的 45.1%。

据 SICA 对所有会员单位的统计,截至 2010 年底,上海集成电路产业的累计总投资为 223.04 亿美元,比 2009 年净增 29.66 亿美元。累计注册资金为 95.9 亿美元,比 2009 年净增 17.04 亿美元。2010 年,上海集成电路产业的重大投资项目有“909 工程”升级改造项目。上海华力微电子有限公司正式成立及其 12 英寸生产线开工建设,该项目总投资为 145 亿元,其中注册资金为 66 亿元。另一个项目是上海新进芯电子有限公司的功率、模拟和数模混合集成电路生产线二期工程,项目总投资为 3.9 亿元。

表 3 2010 年上海集成电路领域企事业单位及从业人员数量

行业	企事业单位数量(家)	从业人员总数(人)	其中:专业技术人员总数(人)	专业技术人员占从业人员的比例
设计业	187	21 797	16 073	73.7%
芯片制造业	10	15 818	7 041	44.5%
封装测试业	28	28 748	6 786	23.6%
设备材料业	78	14 533	7 286	50.1%
其他	104	25 514	10 770	42.2%
合计	407	106 410	47 956	45.1%

注:其他栏包括智能卡、行业配套服务、研究所及高校微电子专职教学单位
资料来源:SICA 统计及整理,2011.01.

芯片制造业

【概况】2010年，上海集成电路芯片制造业实现销售收入133.4亿元，同比增长43.8%，占上海集成电路产业比重为23.1%，占全国集成电路芯片制造业比重为29.8%。上海10家芯片制造企业的2010年销售收入及增长率见表4，所有企业全部实现扭亏为盈，取得了可喜的经济效益。

在2010年我国十大集成电路芯片制造企业排名中，中芯国际、上海华虹NEC、台积电（中国）和上海宏力半导体分别位居第2、4、5、6位。

【生产技术和生产能力】近年来，在国家科技重大专项"极大规模集成电路制造装备和成套工艺"专项（以下简称"02专项"）和上海市高新技术产业化项目的大力支持下，先进工艺技术开发取得了显著进展。

上海芯片制造业的大生产主流技术为0.18μm—0.13μm，0.11μm及90nm工艺技术的比例迅速上升，65nm工艺技术已进入量产，45nm工艺技术已开发成功。模拟集成电路及功率器件的特色工艺，如0.18μm—0.25μmBCD工艺、0.18μmSiGe BiCMOS工艺、0.18μm 45V LDMOS制程和汽车电子芯片工艺平台等技术在国内领先。上海已成为我国晶圆尺寸最为齐全、工艺类型最为全面、工艺技术最为先进的集成电路芯片制造基地。芯片制造企业的技术水平及产能规模见表5，上海芯片制造业的综合产能已近40万片/月（等效8英寸硅片）。

【微型芯片设计、制造及装备】

高分辨率遥感相机 上海海事大学研制的光纤耦合的高分辨率遥感相机，采用特殊排列的光纤束耦合图像、先进的数字信号处理器（DSP）实时处理图像。该成果适用于海上搜救、航天航空遥感、对地观测、地质监测等领域，也可用于高分辨率要求的监控场合。

全集成传感网节点SoC芯片 中科院上海微系统与信息技术研究所发布国内首款WSNS1_SCBR全集成传感网节点SoC芯片，集传感探测模块、无线通信模块、主控处理器及其外围模块等于单芯片上，具有传感探测、通信和信息处理等功能，仅需简单的外围配置即可实现基本的无线传感网节点功能，已基于该平台研发针对部分特定应用的中间件套件，并支持信息处理和协议的二次开发，是无线传感网节点的共性硬件平台，可支持多种物联网应用。

晶圆服务平台 上海集成电路技术与产业促进中心（ICC）、东南大学、杭州电子科技大学、中芯国际四家单位承担的市科委长三角联合攻关课题《长三角超深亚微米多项目晶圆服务平台建设》已通过验收。该课题为满足日益增长的无线通信、射频SoC设计需求而设立，旨在提升上海多项目晶圆服务平台的技术能级和本地集成电路工艺线的水平。通过联合长三角地区优势科研力量，以联合攻关模式，分别对高可靠性超深亚微米射频及混合信号工艺设计规则及其应用、超深亚微米电感、巴伦、可变电容等无源器件模型、PSP基RF-CMOS模型和模

表4 2010年上海集成电路芯片制造企业的销售收入及增长率

排序	企业名称	2010年销售收入（亿元）	2009年销售收入（亿元）	2 010/2 009增长率
1	中芯国际集成电路制造（上海）有限公司	54.50	40.62	34.2%
2	上海华虹NEC电子有限公司	24.83	16.41	51.3%
3	台积电（上海）有限公司	19.43	8.69	123.6%
4	上海宏力半导体制造有限公司	15.46	10.98	40.8%
5	上海先进半导体制造有限公司	9.78	6.46	51.4%
6	上海新进半导体制造有限公司	8.04	6.81	18.1%
7	凸版中芯彩晶电子（上海）有限公司	1.36	0.61	123.0%
8	上海贝岭微电子制造有限公司	1.32	0.99	33.3%
9	上海华力微电子有限公司	正在建设中，2011年4月投产		
10	上海新进芯电子有限公司	正在建设中，2012年7月投产		
	合计	133.40	90.58	

资料来源：SICA统计整理，2011.01

【重大项目】 2010年，宽带中心新申请21个科研项目，其中国家863计划2项、国家科技重大专项1项、国家科技支撑计划1项、市科委项目12项、市经济信息化委项目1项、张江高新区项目1项、上海浦东广电行业协会1项，并联合上海工程技术大学申请教育部项目2项。

宽带中心累计获得1项国家科技进步二等奖、1项上海市科技进步一等奖、1项上海市科技进步三等奖；2010年，共申请专利20项，其中发明专利10项，授予发明专利5项。新商标申请1个，新申请软件著作权8个。在标准制订方面，有14项标准正在主持或参与进行中。

下一代网络与业务国家试验床开发实施与规模试验 作为863计划"国家试验床二期"项目，"下一代网络与业务国家试验床开发实施与规模试验"以"十五"构建的3TNet、广电试验区、电信试验网等作为基本试验体系，建设一个先进、开放、共建、共享、可管控的试验床。按功能，国家试验床将完成三个重要组成部分：柔性试验床（Testbed-A）、区域性业务试验床（Testbed-B）、结合三网融合和下一代广播电视网NGB技术支撑试验床（Testbed-C）。

课题承担单位宽带中心会同各地合作单位，已经建成了连接北京、江苏、浙江、广东、海南等省份，覆盖百万真实用户区域的国家试验床，并完成了部分试验床长途骨干链路的建设和部分城市试验床业务的开通工作。柔性试验床也已完成各节点间光纤网络部署，正对5个核心机房的供电系统进行改建。NGB试验床已经对21个城市中的大部分的网络设备安装完毕，部分城市已经完成了业务开通。试验床全部建成后可开展几乎全部信息通信领域的现实环境试验示范，是我国唯一的国家级第三方试验平台和重大科学研究基础设施。

国家试验床还通过Internet国际出口，实现新加坡、韩国的国际试验床实现互联。并与新加坡ServTouch进行互动媒体技术与内容合作、与韩国KAIST等合作进行了IPTV试验，以及下一代网络技术研究。

iPON缆桥接入系统产业化 2010年8月，iPON缆桥接入系统产业化项目通过并正式立项，对iPON缆桥接入系统进行技术攻关，包括局端设备EOLT研制、楼道交换机设备HS研制、家庭终端设备研制、以及iPON缆桥系统接入网管理软件iPON Manager开发。通过建设产业化基地实现iPON缆桥接入系统的产业化，为国家下一代广播电视网产业升级提供接入设备。

宽带中心为上海50万户NGB双向改造提供了全面的技术支持和接入网设备，将范围拓展到100万户，并拓展了江苏、广东、辽宁、天津等国内市场。项目通过实现iPON缆桥接入系统产业化，制造下一代广播电视网接入设备，用于构建广电运营商的高带宽、强互动、可管控的下一代广播电视网，抓住了数字技术革命的机遇，促进了上海有线电视网络数字化，为下一代广播电视网建设提供了新产品、新技术，并带动了液晶显示屏、高清电视、网络设备、机顶盒、应用软件、信息服务等新兴产业发展。

下一代网络与业务国家试验床（上海）研究与应用。该项目于2008年9月立项实施。作为下一代网络与业务国家试验床的地方配套项目，主要服务国家下一代网络与业务试验床建设的需求，研究下一代网络与业务的前沿技术；研制核心网络设备、低成本宽带接入设备、互动媒体业务及运营支撑环境、支持三网融合的网管系统；在上海建成10万户的国家试验床，开展规模化应用示范，探索新的营运模式。

在新产品和新技术方面，能够支持300M带宽的新一代缆桥产品具备百兆独享入户能力，每个HS设备中集成4个头端，可最大同时提供4个物理信道，在1:16分配链路40dB衰减的情况下，每个物理信道可以提供高达320Mbps以上的IP数据吞吐性能，比原有性能提升3倍以上，且保持了与现有产品的兼容。该产品率先在国内通过广电总局的测试，并针对市场需求完成了单口HS和三口HMD等规格产品的研发。

上海博达数据通信有限公司

【概述】 上海博达数据通信有限公司（以下简称"博达"）座落于张江高科技园区，专注于网络数据通信产品的研发、生产、销售和服务，主营路由器、交换机、EPON、安全、网管等网络通信产品，是网络设备供应商和整体解决方案提供商。2010年，博达公司在下一代广电网、智能电网、运营商、政府、教育等行业领域取得了显著的市场业绩，运营情况始终保持着增长的态势。

【主要产品】 博达始终专注于网络技术的创新，已掌握了路由器、交换机、EPON等多种网络数据通信产品的核心技术，能够为我国三网融合、坚强智能电网等新一代网络建设提供有竞争力的产品和解决方案，其中最具代表性的主要产品有：

核心路由交换机 具有电信级高可靠性，在NGB建设中可适用于骨干层和汇聚层，能够满足网络核心层的建设需求。

EPON-OLT 实现了OLT与核心交换机的融合，具有大容量高密度的特点，可实现光纤到户，适用于NGB中接入网的建设，能够满足全业务组网应用的需要,是实现三网融合的关键。

汇聚交换机 能够提供多层交换能力、线速的路由转发能力及丰富的接入模式,在NGB建设中可部署在小区的楼道中。

BSR路由器 采用64位多核处理器,具有超强的处理性能,是一款交换式多业务路由器平台。

【市场业绩】

国内市场 在广电行业市场——NGB上海试点项目中,博达一举中标首批5万用户的全部核心交换机,用于上海NGB试点城域骨干网络建设;博达产品应用于华东长三角16个城市的NGB试验网中;在某省有线电视网络双向改造试点项目中,博达作为第一中标人,获得了近一万套二层网管交换机订单;在某省会城市的广电项目中,采用了博达的核心交换产品对市网络进行覆盖,以满足用户带宽的增加以及增值服务的拓展而带来的网络扩容需求。

在运营商行业市场,博达的POE系列以太网交换机在各大运营商的WLAN覆盖项目中广泛应用,取得了不俗的成绩。博达在全国各地已经服务了大批POE交换机,规模和销量都很可观。

在智能电网行业市场,博达已与各大电力行业用户开展了业务合作,大批量的博达工业交换机、EPON-OLT设备、ONU设备已在全国各地区的智能电网试点中广泛应用,为智能电网的通信系统提供大容量、多功能、多业务的服务。

除了上述行业市场,政府、教育等行业领域始终是博达关注和服务的重点。博达继中标某自治区兵团电子政务项目后,又成功中标该自治区的高法电子政务网络改造项目,再一次证明了博达在电子政务网络解决方案上的雄厚实力。此外,博达凭借出色的产品质量在某教育局网络改造项目中一举拔得头筹,中标超过80%的核心交换机设备,为实现校园信息与社会知识资源的高度融合作出了积极的贡献。

海外市场 2010年,博达重点开发了南美、东南亚和欧洲等区域,并承接了印度某铁路系统、印尼某电信运营商、墨西哥某无线基站、智利某大学教育网、越南某企业综合网等多个网络建设项目。博达产品在国际市场销售规模不断扩大,产生了良好的经济效益。

国内外展览及交流 博达公司积极参加各种国内外展览和交流,2010年先后参加了中国国际工业博览会、上海高新技术产业化展、Moscow Expocomm-2010(2010俄罗斯—莫斯科通讯展)等多个国内外通信展会,促使博达公司在电子信息领域的知名度不断提高。

【自主创新】 2010年,博达完成了BSR系列路由器的研发,该系列路由器采用64位多核处理器,具有强大的扩展性能;同时该系列路由器搭载博达具有自主知识产权的BDROS操作系统,可提供路由、交换、安全、VPN、语音、无线等丰富的软件功能,是真正意义上的多业务一体化平台,完全能够满足各行业的组网需要。

【自主知识产权】 博达已建立起覆盖绝大部分网络领域的全线产品,所有产品均由自主开发完成,拥有完整的自主知识产权,共申请了发明专利19项,取得计算机软件著作权38项。

【资质荣誉】 博达自成立以来,坚持走自主创新道路,始终致力于帮助各行各业在网络信息时代实现跨越式的发展。2010年,博达的R7600高端路由器通过了市科委的评审认定,被选入了2010年度新产品计划,并获得了上海市重点新产品证书;博达的多个系列产品均获得了工信部颁发的《电信设备进网许可证》;博达公司通过了国家工信部计算机信息系统集成三级资质的换证审批;经由上海软件行业协会审核批准,博达再次被评为了上海市明星软件企业(经营型、创新型)。

上海瀚讯无线技术有限公司

【概况】 上海瀚讯无线技术有限公司(以下简称"瀚讯")拥有新一代宽带无线移动通信系统核心技术的自主知识产权,是国家宽带无线多媒体标准制定小组的牵头单位,是国家未来十五年(2006—2020年)重大科技专项"新一代宽带无线移动通信系统"的主要承担单位之一。公司拥有丰富的科技储备,已经成功研发出适应不同需求的宽带无线移动通信基站、移动台和直放站等设备,并已在全国多个省市开通了商用网络。瀚讯的核心团队汇聚了海内外宽带无线通信领域的优秀人才,在核心技术研究、设备开发和网络建设方面有着深刻的理解和丰富的经验;同时在公司管理、产业运作、市场开拓等方面拥有成功的经验。

【主要产品】

MWE4001车载型基站 MWE4001车载型集成一体化基站保持了MiWAVE系列基站的性能,并针对应急指挥、车队通信、野外搜救、海上巡逻等业务进行了系统优化设计,具有自动扫频、一键恢复、动态资源分配等功好、充放电周期时间短(1秒钟)、瞬间放电,在高温下寿命可达到500万次充放电。该类电容器主要应用于飞机防撞灯及照相机和舞台等各类闪光灯配套。

高压宽温度长寿命级电解电容器 高压宽温度电解电容器运用了新型材料研制而成的,它的电压可达到550V,温度范围为-40 ~ +135℃,寿命可达50 000小时以上。主要应用于变频电路、UPS电路等大型设备中。

【上海尼赛拉传感器有限公司】 上海尼赛拉传感器有限公司,系中国科学院上海技术物理研究所德福光电技术公司与日本陶瓷株式会社于1986年创建的合资企业。总投资1.13亿人民币。中国科学院上海技术物理研究所提供红外滤光片科研成果、工艺技术和生产设备,日本陶瓷株式会社提供生产传感器的设备、工艺技术和管理经验。

公司依靠科技进步,不断开发传感器新品种,并先后引进热释电红外传感器和霍尔器件自动生产线等先进设备。公司主要生产热释电红外传感器,超声波传感器,霍尔器件,滤光片及各类传感器应用品,90%以上的产品出口,深受客户信赖。

【上海欧忆电子科技发展有限公司】 上海欧忆电子科技发展有限公司是上海电力公司等投资的高科技企业。专业从事光纤传感器产品的开发、生产以及销售,所生产销售的线型光纤温度监测系统,主要用于发电厂、变电站、煤矿、隧道、地铁等长距离、大空间,连续温度监测与火灾预警的场合。在上海众多的越江隧道火灾预警、东海风力发电测温等重大市政工程项目中欧忆产品卓有建树。

【上海雷迪埃电子有限公司】 上海雷迪埃(RADIALL)电子有限公司是法国雷迪埃集团与上海飞乐股份有限公司在中国的合资企业。主要从事各类高频同轴接插件、电缆组件、汽车接插件和各类微波无源器件等产品的研发、销售和生产,是高科技创新型公司,上海市高新技术企业,产品广泛服务于电信、汽车、交通、工业、国防、航空航天及专业设备市场。

公司近年在板对板射频同轴互连解决方案,全新复合材料同轴连接器,微型连接器,射频功率开关连接器,防水室外光纤组件等产品方面加大研发投入并获得丰硕成果,研制的产品达到了优异的性能,申请并获得多项发明专利。

公司秉承"追求卓越,合作共赢"的理念,与主要客户成功合作,成为本行业主要供应商之一。公司向客户提供的优良服务得到市场的认可并获得行业内的顶尖企业包括摩托罗拉、波音、空中客车在内的众多大客户的"最佳供应商"荣誉。公司产品中超过50%出口到欧美、日本等发达国家。在国内,"神舟飞船"、卫星,军用雷达、导弹等尖端领域都有雷迪埃的杰出产品。

【上海飞乐天和电容器有限公司】 公司由上海飞乐股份有限公司与经营者自然人共同投资的经营实体,专业生产电子元器件电解电容器。拥有"天和"、"TMC"两个注册商标和电解电容器专用进口生产设备和先进的生产手段,年生产能力180万只。"天和"牌电解电容器产品规格齐全,产品主要应用于通信电源、变频空调、UPS电源、汽车音响、变频调速、交流马达起动等配套领域,产品畅销全国各省市并远销东南亚及欧美市场。

公司依靠技术进步,不断研究电容器新技术、开发新产品。近年来,公司连续投资系列开发高压宽温度长寿命级电解电容器,专门为变频电路、UPS、电路、急速充放电电路、高压电缆保护电路、飞机高速频闪电路等高新技术产品配套。如,为飞机防撞灯配套的急速充放电电容器,可急速充放电、寿命长。在55℃环境中施加额定电压,用氙灯放电每一秒钟一次,进行50万次,性能优良,取代进口产品,达到国际先进水平。

"天和牌"电解电容器获得美国UL安全认证和中国质量认证中心CQC产品认证证书,通过SGS限制使用有毒有害物质的检测,达到[RoHS]指令要求,被评为上海市用户满意产品。

(王 雷)

四、数字音视频产业

概况

经历了2008—2009年的经济危机后,全球经济在2010年迎来逐步恢复的一年,上海数字音视频产业更借着"2010世博会"的东风,获得了一定程度的复苏。尤其在国家出台的"振兴彩电产业"、"家电下乡及以旧换新"等一系列具体政策刺激下,相关企业与市场双双迎来了新一轮发展机遇。

2010年,上海彩色电视机的产量约为2 381 698台(其中LCD液晶彩电的产量为1 540 812, PDP等离子彩电838 077台),销量为2 373 725台(其中LCD液晶彩电的销量为1 531 960台, PDP等离子彩电的销量为839 161台);摄录一体机的产量约为4 258 607台(其中数码摄录一体机的产量为4 255 252台),销量为4 313 766台(其中数码摄录一体机的销量为4 310 411台);机顶盒的产量约为243 276台,销量为243 276台。彩色电视机的产销率达到99.67%;机顶盒的产销率达到100%;摄录一体机的产销率达到101.3%。

综观2010年数字音视频产业及其市场:3D电视与智能互联网电视已逐步被消费者认可,家庭渗透正在扩大;NGB下一代广播电视网在基本完成50万户中试建设目标后正向更大目标进军;数字摄录一体机正加大投资扩大生产规模;电子书市场正在崛起。

东方有线网络有限公司

【中心城区有线电视数字化整体转换基本完成】 2010年1月7日,经市政府同意,由东方有线网络有限公司(以下简称"东方有线")作为实施主体,上海正式启动市中心城区有线电视数字化整体转换工作暨下一代广播电视网(NGB)示范网络建设工作。在市委、市政府的关心指导下,各区政府和居委等单位密切配合,并借上海世博会及三网融合东风,克服时间紧、任务重等诸多困难,于2010年12月底,基本完成了包括徐汇、长宁、普陀、闸北、虹口、杨浦、黄浦、卢湾、静安和浦东部分地区在内的上海市中心城区有线电视数字化整体转换工作,有线数字电视用户达250万户。上海有线数字电视用户可收看76套免费标清数字电视节目,收听20套数字广播节目,此外,用户通过购置高清电视机和高清机顶盒,还可以收看近20套高清电视节目。如再订购增值服务项目,还可以享受50余套付费数字电视节目,以及视频点播、节目回看、家庭金融等互动服务。

【中国下一代广播电视网(NGB)上海示范网建设完成中试目标】 在2010年1月7日正式启动NGB建设的一年时间内,东方有线基本完成50万户NGB中试建设目标,并计划将NGB示范网建设扩大到100万户规模。NGB可提供百兆到户,并为网内每个用户提供平均每秒30兆比特以上的应用带宽,能提供高质量的语音、宽带、视频为一体的综合服务,真正实现"三网融合"。作为广电实施三网融合试点的重要组成部分,东方有线将继续扩大NGB建设范围,并以国家级NGB应用实验室为平台,与国内外知名设备厂商和服务供应商合作,推动NGB国家技术标准的形成,开发更多的应用,让更多的市民得到实惠。

【郊区县有线网络整合工作启动】 经过多年的建设发展,我国广播电视有线网络已经形成一定规模,技术水平不断提高,覆盖人口和服务范围不断扩大,影响与作用日益增强,具备了进一步发展的良好基础。但是,由于历史的原因,当初自下而上由地方筹建的有线网络存在技术标准不一、运营机构分散的弱点。2009年10月,国家广电总局印发了《关于加快广播电视有线网络发展的若干意见》,明确要求各地加大有线网络整合力度,加快有线网络发展,确保2010年底前基本实现"一省一网"的目标。2010年8月31日,上海举行了"广播电视有线网络整合工作会议",全面启动广播电视有线网络整合工作,构建一个统一规划、统一管理、统一业务、统一标准、统一经营的有线网络新格局,实现业务的无缝对接、网络资源的优化配置和服务水平的更好保证。在市委、市政府统一领导下,在上海市文广局、东方有线、郊区县网络机构等相关单位和政府有关部门的共同积极筹备下,本市郊区县有线网络整合工作进入实质性推进阶段,各项工作有序进行。

上海东方明珠广播电视发展研究有限公司

【精心设计地铁电视覆盖系统】 上海地铁电视覆盖系统项目主要为上海12号线在施工中地铁电视提供所有地下线路数字电视信号覆盖的优化设计方案,并配合设备提供商完成系统的集成与调试工作。接到任务后,上海东方明珠广播电视发展研究有限公司(以下简称"东方明珠")积极组织研发团队进行技术攻关,拟定了最佳系统方案。

上海地铁电视覆盖系统总体设计方案综合考虑了系统覆盖效果、建设周期及建设成本等要素,采用了"控制中心近端覆盖系统+远端覆盖系统"的组网方式。该方案由控制中心近端机的室外天线将信号引入,通过光链路将近端机处理后的射频信号逐级传输至远端覆盖系统,再由远端机经过信号滤波和放大处理与移动通信信号进行合路,最后由共缆系统进行无线信号覆盖。该方案能有效保证地上地下信号的一致性,并为地上地下的覆盖网络无缝连接奠定了基础。

根据上海地铁电视发展要求,东方明珠设计的上海地铁电视覆盖系统已成功应用于上海所有在线运营的地铁电视业务中。截至2010年，移动电视信号已引入到了280个地铁站台和300列车厢中，有近2万个屏幕在工作。该地铁电视覆盖系统通过了2010年世博运营考验，运行稳定，信号覆盖效果良好，对外省市的地铁电视系统建设具有一定的借鉴意义。

【积极开发信号覆盖率高的优质软件】 中国地面数字电视标准GB20600—2006的颁布全面掀起了各地地面数字电视的组网浪潮。由于各地缺乏有效的组网指导方法，因此迫切需要一款规划软件对地面数字电视标准进行良好支持。为此，东方明珠在软件研发上狠下功夫，在研发人员的齐心协力下，于2010年自主研发了广播电视覆盖网规划软件。该软件实用性强、且完全符合国标相应条款，能够使用电子地图技术模拟各地海拔、建筑、地貌等地形环境，建立虚拟网络覆盖工程；可运用三种不同传播模型进行场强计算，绘制任意场强值的剖面环线；可进行干扰分析；可对单频网的构建进行模拟、添加并分析单频网测试台站；可实现频率、站址、功率、天线优化等诸多功能。同时，该软件还为各地地面数字电视组网提供了参考依据和指导方法，帮助营运商在建网前预测实际覆盖效果，为覆盖网络提供台站、频率、功率、天线选址等服务，为营运商节省资金和缩短工程周期，规避无效投资和电磁污染提供了有力保障。东方明珠还成功开发了用于GPS、Hitop机顶盒、安捷伦E系列频谱仪等路测设备自动进行数据采集、处理和记录的数字电视覆盖测量软件V1.0，并获得软件著作权一项。

【成功解决调频广播信号覆盖差问题】 现代城市钢混建筑的日益增多，对无线调频广播的传输覆盖提出了更高要求。为了提供广大驾车族所喜爱收听的优质调频广播，过江隧道、地下停车场等特殊场所信号覆盖差的问题必须彻底解决。2010年，东方明珠通过开发的调频隧道覆盖信号处理器成功解决了这一问题。该设备主要采用射频集成芯片技术、调频广播重调制技术、射频高隔离合路技术、嵌入式监控技术以及I2C总线的模拟技术，对开路接收的调频广播节目进行处理后重发射，通过后级线性功放放大后，最终实现过江隧道内多达16套无线调频节目信号的有效覆盖。该设备的研制成功为多频点的隧道调频覆盖提供了一种投入成本小、建设周期快、覆盖效果好的解决方案，并成功应用于上海地区大连、延东、复兴、翔殷等多条过江隧道的调频广播覆盖改造，覆盖改造的实际效果表明：该设备可以在全国同行业中推广。

上海全景数字技术有限公司

【倾力打造“上海市数字电视公共服务平台”】 2010年6月23日，上海全景数字技术有限公司（以下简称“上海全景”）与虹口区科学技术委员会签订了《“上海市数字电视公共服务平台”建设资助立项协议》。“上海市数字电视公共服务平台”是虹口区人民政府为配合有线电视数字化整转以及下一代广电网络业务发展，以扩大数字电视应用为目的而大力支持的项目，旨在解决数字电视增值服务的开发和应用发展的产业瓶颈问题，提供一个开放的、公共的数字电视增值服务开发平台。上海全景承担的开放应用支撑系统是公共服务平台的重要组成部分，2010年7月30日上午，国家新闻出版总署署长柳斌杰、副署长孙寿山等一行莅临上海全景视察，高度评价了全景公司在数字出版及版权保护领域的系列产品，并对上海全景在“上海数字电视公共服务平台”建设中所具有的关键地位和作用给予肯定。

【大力推进NGB示范工程，独家中标NGB中间件】 在中国下一代广播电视网上海市示范网建设项目中，作为专业的数字电视领域的系统提供商，上海全景参与了NGB中间件招标。此次NGB中间件招标涉及到头端、终端、开发工具和规范等多个部分；包含支持数字电视应用、浏览器应用、JAVA应用、FLASH应用等所需的各类引擎；提供应用管理器模块；可对应用下载、资源调度、消息通讯等进行统一管理等。经过角逐，由于上海全景提供的NGB中间件方案完全能满足需求，因而在竞标中独家中标。通过与其他方案的比照，上海全景提供的方案具有性能强悍、功能齐全、使用简便、成熟稳定以及可以在各类平台上进行移植的诸多优势。下一代广播电视网中间件平台包括业务前端和接收终端两部分，将利用下一代广播电视网网络融合广播电视网和互联网的技术优势，提供开放式的业务支撑架构。终端中间件平台可以向下屏蔽硬件平台或操作系统平台的差异性，向上可为应用层操作提供统一的标准接口，以便运营商在业务开展时引入多家终端供用户选择，并可提供标准的API接口供第三方内容提供商进行更多下一代广播电视网业务的开发。配套的前端互动业务平台可以为运营商提供业务开展的必要支撑，从而确保下一代广播电视网业务的快速部署和顺利开展。

【跨网络多媒体系统服务全球500强】 上海全景与全球500强企业之一、欧洲排名第一、世界排名第二的零售业大王家乐福集团之迪亚国际签订了技术服务协议，迪亚国际采用上海全景的跨网络多媒体信息系统方案为其全球门店部署终端，并通过统一的网络服务进行视音频、广告招贴、图文信息的编辑、录入、审核、播控与监测，一期工程已经涵盖了中国大陆近3 000家门店。通过该方案，迪亚国际得以安全、稳健、可靠地播放自有节目和转播音视频内容，灵活地组织广告平台，自定义业务规则，带来了理想的效益。

上海全景在该系统方案中实现了诸多技术上的突破，首先，独立开发的远程便捷式控制平台（具有分屏、合屏、单独操作等诸多特点）达到了更换及时，远程集成操作的目的；其次，全心打造的跨网络、多媒体、高安全性、高友好性的用户产品，具有适应未来跨地区机构之间的分布式特点，同时系统并发容量也能轻松达到上万用户级；第三，部署于大型超市及连锁超市（包括大型卖场）的信息发布显示设备，外观时尚新颖，内容精彩，为商业连锁店增色不少。同时，该方案还可弥补传统媒体广告形式单一、信息量少、不易被人注意，及DVD和SD卡方式不能满足信息的及时性、人工更换节目非常耗时耗力的缺陷。安装了蕴含着无穷广告商机的跨网络多媒体信息系统的商业连锁店，已经从这一系统的应用中成功开拓了自己的市场潜力。

天柏宽带网络科技有限公司

【以崭新理念研发新型服务系统】 2010年是思科宣布收购天柏宽带网络科技有限公司（以下简称“天柏宽网”）机顶盒业务后的第一年。一年来，除了妥善处理好业务分拆所带来的各种后续事务、平稳交接机顶盒市场业务外，天柏宽网将相当大的精力投入到了打造网络共享平台及提供相应服务的工作中，提出了研发数字电视网、互联网、手机网视频服务和视频搜索的整体解决方案。

该方案的宗旨是以创新的传输管理，创造最新、最安全的信息管理和发布模式，并借助全文检索、关键词检索两种检索技术和用户数据管理技术相结合，将用户的兴趣爱好记录，并应用到内容管理、广告发布等功能中，不仅可以对用户进行收视引导和推荐，还能够按照用户兴趣爱好，投递广告及营销其他的增值业务，形成一整条的产品服务链。这种技术在数字电视局域网内能够更加安全地进行传输，还为三网融合、数字电视省网改造的视频服务和网络整合提供了途径。通过搜索引擎技术和用户数据管理技术的结合，对于视频服务的最终用户，形成更加个性化的服务，打造行业新的业态模式。为配合国家三网融合的推进，在攻克了关键技术之后完成了ICAS（Interactive Conditional Access System）多网络共享平台不可缺少的交互式条件接收系统。

截至2010年底，天柏宽网累计申报技术专利69项，已获得批准授权13项（另有9项因业务分拆而转给思科公司）；获得中国电子报评选的“2 010最值得期待方案提供商”和“2 010最值得期待品牌”称号。2010年获得2009年度广电行业“十大民族品牌”（董事长吕品当选为2009年度广电行业“十大风云人物”）；2010年荣获由国家科学技术奖励工作办公室和中国广播电视工业设备协会联合颁发的“科技创新优秀企业奖”、“科技创新奖（两项产品）”和“科技创新优秀企业家奖（吕品）”。

【热心开展社会公益性工作，为拓展市场作铺垫】 为打破数字电视增值服务应用领域的神秘和封闭性，进一步开拓应用市场和开发创意源泉，鼓励大学生创业，2010年5月，天柏宽网和上海交通大学电子信息与电气工程学院共同举办了“首届DVN杯大学生数字电视应用创新创业大赛”，2010年12月2日，在上海交通大学电子信息与电气工程学院礼堂举行了隆重的颁奖典礼和闭幕式，《益家日历》、《童话梦工厂》、《百宝箱》等多个创意项目分别获得一、二、三等奖。这是天柏宽网首次和著名高校联合进行产品创意开发的竞赛活动。

上海高清数字科技产业有限公司

【市场开发稳步推进，主营业务快速增长】 2010年2月，上海高清数字科技产业有限公司（以下简称“上海高清”）战略重组协议正式签署，随后一年中持续进行的战略重组推进与实施不仅为上海高清下一步发展完成了重要的资金补充、资产结构、法人治理的调整，也实现了企业以芯片、系统销售经营为主体，以数字电视产业基地及数字电视工程中心为两翼的整体战略布局，最终为上海高清把握产业机遇、实现快速增长奠定了重要基础。

在“家家通”市场方面，上海高清利用产业链联动及运营商沟通优势，增强了对优势市场的控制力，积极挖掘正常发展区域的潜力，进一步拓展销售业务。截至2010年底，上海高清已经成功地在安徽、湖南、河南、四川、江西、新疆、黑龙江等全国十余个省市建成了满足各地广电不同业务需求的大面积固定覆盖“家家通”规模化覆盖网络，累计开通城市和地区超过60个。2010年，上海高清“家家通”芯片销售同比增长300%，系统集成销售增加300%，在国标单载波芯片市场继续保持垄断地位，市场份额达60%以上。

2010年，上海高清国标多载波芯片占领市场30%以上份额，荣居第一；激励器等专业系统设备销售居市场份额前三；一体机市场方面，上海高清也采取了多项措施，包括"保持和国外厂商的沟通与互动，为新产品的导入做好准备以及积极开发电视以外的新市场"等。

【芯片终端研发拓展，信道信源齐头并进】 2010年是上海高清实现产品线战略扩张的一年，企业研发成果硕果累累，公司的核心芯片产品实现了由地面数字电视向无线数字电视的转型。在直播卫星核心芯片研发方面，2010年上海高清取得重要成果，直播卫星的芯片、方案准备完成，企业具有自主知识产权的直播卫星解调芯片顺利量产，各项性能指标优异。在此基础上，进一步完成了直播卫星机顶盒的整机方案设计、"卫星＋地面"的整机方案设计，并通过了国家广电总局规划院整机测试及新疆实地现场测试。通过了NDS严格测试，方案已全面符合修改后的我国直播卫星新标准。

SoC芯片是数字电视芯片领域的核心环节，上海高清研发团队积极推动自主知识产权的数字电视SoC芯片的研制开发，并为2011年的量产作充分准备。该款产品的量产应用，将引领上海高清由传统的信道解调芯片转向进入更为广阔的信道信源全业务兼容的数字电视芯片市场。

为配合世博与亚运重大示范工程建设，上海高清还于2010年成功开发了人民日报电子阅报栏的室内及户外终端产品及业务软件。

上海数字电视国家工程研究中心

【概况】 国家发展与改革委员会于2009年12月31日下发《关于开展数字电视国家工程研究中心组建工作的通知》文件，通知同意上海高清联合上海交通大学、清华大学、工业和信息化部电子工业标准化研究所、上海东方传媒、上海文广科技、北广科技、四川长虹、青岛海信、海尔、深圳TCL、康佳、创维、深圳国微等单位共同组建数字电视国家工程研究中心。

根据文件要求，自2010年2月起，上海数字电视国家工程研究中心（以下简称"工程中心"）筹备组正式成立并开始加紧推进各项组建工作。

2010年6月10日，完成工程中心唯一法人实体——上海数字电视国家工程研究中心有限公司的工商注册登记、取得上海市工商局颁发的营业执照。

2010年8月7日，上海数字电视国家工程研究中心有限公司成立大会在浦东新区隆重召开，国家发展与改革委、科技部、工业和信息化部、上海市及浦东新区政府等单位有关领导以及工程中心的全体股东单位及国内数字电视产业相关三十余家企业、广播机构、研究单位的代表出席了成立仪式。成立之后，工程中心立即启动了申请数字电视国家工程研究中心的平台项目及授牌申请工作。

2010年12月，在上海市发展与改革委、浦东新区发展与改革委等各级领导的关心及支持下，申请通过新区、上海市两级发改委的审批，正式提交到国家发展与改革委高技术产业司。

【开展国家"十二五"数字电视规划研究】 2010年5—11月，根据国家发展与改革委要求，工程中心积极开展了国家"十二五"数字电视规划研究并就"十二五"我国数字电视产业发展规划、未来全球数字电视技术和产业发展、三网融合对我国数字电视发展带来的机遇和挑战等议题开展了研讨、汇报及交流活动，提出了我国实现数字电视大国向数字电视强国转变的发展思路和发展路径。2010年11月，工程中心形成了20余万字的《中国数字电视产业发展规划研究（2011—2015）报告》，提交给国家发改委高技术产业司并作专题汇报，报告得到了领导小组成员及与会产业专家的一致认可。此外，工程中心还向国家数字电视领导小组就数字电视产业发展及模/数转换提供了多项重要的政策建议。

【联盟、专利、标准建设多管齐下】 根据国家技术创新工程的战略部署，推动企业成为技术创新主体，实现科技与经济更加紧密的结合，上海高清、工程中心、上海交通大学、四川长虹电器、上海文广科技公司等单位联合组建了"新一代数字电视技术及产业创新联盟"。

围绕地面数字电视国家标准处置，工程中心联合中国地面数字电视知识产权联盟共同针对国标地面数字电视专利池组建、必要专利处置策略、任务分工及组织实施思路开展了多次讨论，并正在进行进一步的地面国标相关专利的分析、评估、甄别及国标必要专利处置方案设计，地面国标专利池的入池工作已启动。

2010年10月，工程中心参与了国际电联ITU-R SG6工作组2010年秋季会议，积极推进地面数字电视国家标准的国际化工作，并建立起了与国际电联、美、日、韩等国际标准机构的合作关系。

2010年11月，工程中心接待古巴数字电视代表团访华，推动地面国标在古巴的应用；此外，世博会期间工程中心还与芬兰Metropolia大学就电子阅读技术在数字广播领域的应用签署战略合作协议，共同开展未来在此领域的新技术开发合作。

上海文广互动电视有限公司

【积极拓展有增值前景的互动业务】 2010年,上海文广互动电视有限公司(以下简称"文广互动")围绕互动战略目标,启动基于NGB广播电视网的业务转型,制定与各地有线网络合力推进互动业务发展的经营策略,加大了互动内容生产和互动增值服务研发力度,促进了经营业绩的持续增长。

2010年,文广互动在多年积累的以电视平台为主经营游戏产业的基础上,创建了跨平台联合运营网络游戏的商业模式,推出了合作联运游戏达11款,并成功举办世界级OSL游戏大赛。另外,开播了国内首个游戏专业新闻资讯节目《每日游报》,并在2010CHINAJOY上创下中国游戏展会史上最长直播时间记录。

2010年,文广互动进一步加强与上海市委政法委的合作,倾力打造专业类法治频道,将每晚15分钟的《法治播报》扩版成每晚30分钟的《法治新闻》,还与上海市委政法委、市法学会组织成立了上海"法治天地"频道和"政法综治网"法学家顾问团。截至2010年底,文广互动的互动内容业务已经覆盖了50%的全国有线网络市场。为此,2010年文广互动荣获第二届中国传媒趋势论坛暨中国传媒学院奖之"2009年度最佳产业创新媒体",《礼赞祖国——新中国60周年专题》获中国广播电视协会主办的全国广播电视行业联合采访行动《解放中国》及同名百集系列节目创作联播评选一等奖。

【为世博盛况留下美好记录】 2010年上海世博会期间,文广互动作为世博合作媒体成立了世博3D拍摄小组,自4月30日第一次拍摄至11月1日设备离开世博会,真实记录了园区173天的世博盛况,所拍摄内容基本覆盖了世博会浦东、浦西所有区域。为了与电视观众分享世博盛况,文广互动还在其互动电视平台上推出了"世博专区",全面呈现世博盛景。与此同时,在技术上还率先在国内首次应用3D技术实现电视前后期制作的革新,使拍摄的3D效果获得提升。已完成所有3D素材的数字化工作,并对部分素材进行后期效果调节,以便让具有更好3D效果的世博3D专题片尽早上线,奉献给广大电视观众。

上海索广映像有限公司

【企业产销业绩创历史之最】 上海索广映像有限公司(以下简称"索广映像")将"以敏锐洞察力强力推进革新活动"和"齐心协力实现公司变革"作为2010年的经营方针,以创造全新的公司形象。经过与投资方多次的沟通与协商,索广映像经营团队的积极争取与精细运作以及中日员工的共同努力,终于实现了企业历史上最高产量与销售收入的佳绩。2010年,实现利润总额1.83亿元,销售收入65.84亿元,为2009年的140.44%;各类产品的总产量近200万台,主要产品的年产量与2009年相比增加88.96%;全年完成投影机主要核心部件光机的产量达60 920台。与此同时,为实现2010年公司的节能降耗目标,公司从生产计划制定、节能技术改造、全员参与以及节能制度建立等方面开展了各项节能降耗活动,取得显著效果。2010年节能降耗指标完成情况良好,综合能源消耗量为4 780吨标煤,万元产值综合能耗同比下降15%。

【经营管理与技术改造同步上新台阶】 2010年,索广映像进行了"打破科室、部门限制"的组织机构调整,在强化各科室职能专业性的同时,也增强了彼此间的沟通和协作,并使得公司在制造、品质、资材等各环节上的管理水准得到进一步的提升。通过调整完成了公司的重要课题——主要流程改革,包括新机种导入、收发货、制造、部品订购/管理、品质管理在内的各流程的改革。内部控制的体系建设,内部控制制度的部分修订,内部控制组织机构的优化等确保了管理上台阶的实现。通过实施"上海市重点技术改造项目",公司在2010年进行了多项技术改造,提高了公司的技术水平,增强了公司LCD液晶电视机和LCD投影机(仪)产品的整体制造实力;通过购置先进设备,自行开发计算机辅助系统,提升了基板加工能力;通过技术引进、消化吸收,提高了LCD投影机核心部件光机的制造技术和能力。

【计算机导入提升人力资源管理水平】 2010年,索广映像通过信息化管理技术,实现了更高的人才管理目标,其导入的OpusOne计算机辅助人力资源管理系统,使公司的人才竞争力明显增强。OpusOne系统可以对人员配置、薪资状况、考勤管理和相应历史信息进行多角度全方位的分析,将精确的数据和一目了然的图表展现给人事管理人员,达到减轻管理负担、提高管理效率的目的,并给经营者的决策提供了有利的参考依据。经过2010年9月试运行、10月的考核运行,结果表明该信息应用系统导入成功,起到了应有的作用。另一方面,通过完善考核与激励机制使大多数员工能够得到合理的评价,从而稳定了职工队伍,维护了正常生产。员工合理待

六、新型显示产业

概况

2010年，上海新型显示产业发展取得了长足进步，产业形成了一定规模，特别是在研发领域取得了丰硕成果。在一些重大单项领域中，已初步形成具有核心技术竞争力的体系，为提升先进制造业现代化水平做出了巨大贡献。与2009年相比，2010年新型显示产业全年销售额同比增长了27%左右。

新型显示器件为第二代、第三代显示技术制作的新型信息、视频显示器包括：TFT-LCD、LED显示屏、PDP等离子显示器以及OLED，是当今世界光电子产业体系发展最快、规模最大，市场占有最高的产业，也是平板显示器中代表发展方向的技术与产品。

已经结束的中国2010年上海世博会成为新型显示技术发展和应用的重要里程碑，各种新兴技术得到了广泛的应用，来自上海、全国乃至世界各地的新型显示企业在世博会这个大舞台上得到了展示风采的机会，在提升自身品牌的同时，也将世博会打造成了新型显示技术应用的巨大示范区。

半导体照明

【概况】 上海作为国家半导体照明工程产业化基地之一，已基本建立起完整的产业链，特别在产业链的两端即LED上游外延、芯片与下游应用环节具有一定优势。前端拥有映瑞、蓝光、博恩世通、蓝宝等外延和芯片企业，技术水平国内领先，但规模偏小。后端应用方面，三思，小糸车灯，亚明在国内具有领先地位。同时，较多国际领先的LED知名厂商如飞利浦、GE、达科等将总部、研发中心落户上海。但与国外企业相比，上海LED照明产业的国际竞争力仍有待提高。

【LED技术在的世博会应用】 本届世博会为LED技术的集中展现提供了广阔的平台。据初步估算，世博园区内共使用14.5亿颗LED芯片，世博场馆室内照明光源中约有80%采用了LED绿色光源。世博园区内永久性地标建筑——四馆一轴的景观灯光全部由上海光电子行业内的企业为主设计，制造与组装的。世博中心90%以上的夜景照明采用了LED技术，上海大晨光电科技有限公司在世博中心完成的近400平方米的超大型半透LED高清显示屏；中国国家馆通过2.3万个以上的LED灯具展现了夜幕下的中国红；世博主题馆外立面景观工程90%以上的灯具采用LED照明技术，共计6 000余套LED灯具；在一公里长的世博轴上用了200多万颗LED，9万多套各种不同类型的全彩灯具和灯带，部分灯具还与太阳能光伏电池结合，将世博轴景观灯光与照明进行了完美结合。

【半导体照明论坛】 “LED与城市照明”论坛于2010年11月10日召开，针对在后世博时代可持续性的LED行业发展策略，共同探讨技术发展、展示创新产品，推广绿色照明，促进海内外的合作交流，建立了一个互相沟通的渠道和机制，促进上海LED照明产业全面、快速、健康、发展。

【《LED半导体照明工程用器件、部件规范》】 上海市光电子行业协会协助上海市政府完善了上海市光电子产业标准体系，在市经济信息化委指导下，组织编制了《LED半导体照明工程用器件、部件规范》，该标准在编写组成员的共同努力下，经过多次评审、严格把关，于2010年12月22日通过验收。该标准的制定对照明工程用的半导体器件、部件提出具有较高可行性、符合行业发展趋势的标准指标。

【映瑞光电】 映瑞光电科技（上海）有限公司落户上海2010年5月在临港重装备产业区举行奠基仪式，迎来“十二五”电子信息产业发展开门红。项目一期投资10亿元，生产内容主要涵盖LED产业外延片及芯片生产、封装测试等，此项目以形成LED“衬底—外延片—芯片一封装一应用”完整产业链，打造国家级LED产业化示范基地为目标，将有利于加强上海市LED上游产业关键技术研发与产业化，带动上海市LED产业中下游应用产业的规模化发展，形成产业集聚，对上海LED产业发展具有一定拉动作用。

（王 雷）

平面显示

【概况】 平板显示（FPD）逐渐成为未来电视主流是大势所趋，但国际上尚没有严格的定义。一般这种显示屏厚度较薄、看上去就像一款平板，平板显示的种类很多，按显示媒质和工作原理分，有液晶显示（LCD）、等离子显示（PDP）、电致发光显示（ELD）、有机电致发光显示（OLED）、场发射显示（FED）、投影显示等。

上海平板显示产业在经历了上广电重组风波后，开始呈现回暖的趋势，重点项目得以落实。2009 年，上海光显产业增长约为 20%，产业规模为 337.4 亿元，而 2010 年，由于上海天马、中航的接手，上海 TFT-LCD 产业有了“回暖”现象，比 2009 年提升 22% 左右，约为 397.8 亿元。

上海大学承担的“3D 立体视频节目制作与显示系统”项目通过验收。该 3D 系统采用裸视 63 英寸 9 视点柱透镜光栅式 PDP 多视角自由立体显示系统，最大立体视角可达 120 度，为国内外同类立体显示器中屏幕尺寸最大、立体视角范围最大，在可测视域范围内立体效果明显、稳定。该系统在裸眼观看的立体屏幕尺寸、可观看的立体视角、节目制作软件的高效性等方面达到了国际先进水平。

上海云罡同汇视觉艺术设计有限公司承担的市科委重点科技攻关项目“基于虚拟展示的多点触控技术及互动集成系统的研制”通过验收。根据面向大尺度互动展览展示的交互需求，项目提出了高灵敏度的红外触控投影、基于方向模板的多点识别和基于手势的 3D 多点反馈新技术，研制出考虑虚实互动的多点触控互动集成系统，实现了灵敏度更高、操作更方便的体验性式互动。

PDP 显示屏的主要供应商为松下，其供应 PDP 显示屏数量超过 100 块。松下 PDP 项目近期开工，项目一期投资约 30 亿元，此项目的引进将使上海松下达到国内一流，国际先进水平，为后续发展提过了机遇。投影方面，世界顶尖的比利时巴可公司独占鳌头，供应了超过 20 多个场馆的投影设备。在激光投影方面，上海三鑫的 Laseno 微型激光投影机作为特许产品进入世博会，是国际上第一款进入量产的微型激光投影机。

在起步较晚的 OLED 方面，除了技术领先的日本馆外，其他场馆鲜有应用，不过随着 OLED 技术越发成熟，更多的机会逐步展现。

（市科委）

【动态】 中国第一条 4.5 代 AM-OLED（有源矩阵有机发光二极体面板）中试线正式动工，上海天马微电子有限公司新增投资近 5 亿人民币对该项目进行布局。该项目自 2009 年以来已组建了技术团队、拟定净化间等设施改造方案、设备选型与招标等任务；2010 年进行设备安装、连线、调试、打通关键工艺等。项目投产后，将形成玻璃基板 1 000 张、2.5 英寸 OLED 面板 15 万片的能力。布局 AM-OLED 加速推动了天马跻身全球一流企业。天马已是全球规模最大的小尺寸面板供应商，且拥有核心知识产权，这一项目也是“上海市高新技术重大项目”。

广电重组并未打垮上海的显示产业，TFT-LCD 始终不是显示技术的终点，未来的 AM-OLED 在反应速度、对比度、视角、材料等多个方面较 TFT-LCD 更具有优势，被称为下一代显示技术，该技术正逐步进入成熟阶段，国际上相关的应用产品不断出现，在国内，上海已开始提前进行布局。

现由上海天马微电子有限公司托管的上海中航光电子有限公司（原上海广电 NEC 液晶显示器有限公司）以 5 代线 TFT-LCD 为主营业务，并且推出了以 LED 为背光源的产品，现阶段共有两款、尺寸分别为 23.6 英寸和 19 英寸的产品，受到了多方关注。

特种光电材料和装备

【概况】 随着光电子和信息技术的发展，要求发展具有高度可控、快速和大面积的微纳结构制造技术。聚焦离子束、电子束、极紫外、甚至软 x- 射线等均较难同时满足微纳结构的高速大面积制造。基于可见光波段的远场激光直写技术能够实现可控、快速、大面积的微米亚微米图形结构的制造，但由于受到光的衍射极限的制约，可见光波段的远场激光直写技术很难达到纳米尺度的特征尺寸，从而不能进行具有纳米特征尺寸的任意结构制造。

材料方面：上海主要依靠大学院所进行研发，华东理工大学精细化工研究所以及上海有机所从事有机电致发光材料的研发与制备。

设备方面：MOCVD 作为 LED 最核心环节的外延片生长关键设备，也是制造环节中单项投资最大的设备。现阶段可以提供工业化生产 MOCVD 设备的制造商有限，集中程度较高，主要在欧美和日本，MOCVD 国内主要还是依赖进口。目前，上海的中微半导体、蓝宝光电、理想能源正进行 MOCVD 研制。

【动态】 2010 年 9 月 5 日 ~ 9 日，第十届中红外光电子材料与器件国际会议 (2010) 在中国科学院上海微系统与信息技术研究所举行。来自美、英、法等 16 个国家和地区的 150 多位专家学者参加了会议。近年来，中国科学院在中红外激光器材料和器件以及探测器材料和器件领域均处在国内领先行列，这次国际会议由中科院上海微系统与信息技术研究所信息功能材料国家重点实验室主办，这也是该国际系列会议首次从欧美移师亚洲召开。

【代表企业与产品】

上海三鑫科技有限公司 上海三鑫科技发展有限公司是一家专注于激光显示领域的高科技企业，拥有国际化的管理和研发团队，具备强大的激光微显示引擎及终端消费产品研发、设计、生产能力。公司产品以“激光多媒体显示终端”为核心定位，产品线覆盖独立型微型投影机、嵌入式微型投影显示模块（主要应用于手机、数码相机、游戏机等手持式电子产品）、嵌入式小型投影显示模块（主要应用于数字机顶盒、DVD播放器等多媒体设备）。

上海三鑫科技是国内在激光微显示领域中唯一一家科研能力及产业化成熟度处于全球领先的企业，三鑫科技的Laseno系列微型激光投影产品是全世界范围内第一个进入量产并进行销售的产品，该产品基本解决了光学引擎的散热问题，解决了激光对人眼的安全问题，显著抑止了显示图像中的相干噪声，经上海市质量检测技术研究院认证，和国家光学仪器产品监督和检验中心测试，其输出光通量超过25流明。经上海市浦东科技信息中心检索及专家讨论，本项目微型激光显示仪的分辨率，最高亮级，单位功耗效率及视觉安全等技术指标达到国际先进水平。

2010年4月22日，上海三鑫科技发展有限公司被批准成为上海世博会特许商品，公司成为上海世博会特许产品生产商；

2010年5月8日，上海三鑫科技发展有限公司通过上海市高新技术企业认证办公室审核，成为上海市高新技术企业；

2010年6月15日，由上海三鑫科技发展有限公司生产的世博特许商品SMP-101微型激光投影机获得“迎世博纪念品全球华人设计大奖赛”最佳科技创新奖；

2010年9月3日，Laseno SMP-102微型激光投影机成功实现批量生产。

上海天马微电子有限公司 天马微电子股份有限公司成立于1983年，1995年在深交所上市，是专业生产、经营液晶显示器（LCD）及液晶显示模块（LCM）的高科技企业。拥有STN-LCD、CSTN-LCD、TFT-LCD及CF生产线及模块工厂。营销网络遍布全球，产品广泛应用于移动电话、MP3/MP4、车载显示、仪器仪表、家用电器等领域。在技术水平、产品质量、产品档次及市场占有率等方面均居国内同行业前列，已成为中小尺寸显示领域的领军企业。

上海天马AM-OLED中试线在建中，产品规划为2.0—3.5英寸AM-OLED产品，此项目为高新技术产业化项目。

上海天马拥有国内第一条4.5代TFT-LCD生产线，自主掌握TFT-LCD设计与制造等关键技术。

2010年7月28日，上海天马接到了劳氏质量认证（上海）有限公司颁发的ISO/TS16 949：2002证书，这标志着其正式进入汽车行业供应链。

上海中航光电子有限公司 上海中航光电子有限公司（下称“中航光电子”）由中国航空技术国际控股有限公司（下称“中航国际”）和中国航空技术深圳有限公司（下称“深中航”）共同出资组建，于2009年12月11日在上海市闵行区莘庄工业区注册成立，注册资本10亿元人民币，其中中航国际以现金出资4.9亿元，所持股权比例49%；深中航以现金出资5.1亿元，所持股权比例51%。中航光电子总投资30亿元收购并运营广电NEC五代生产线。

中航光电子拥有一条五代TFT-LCD（薄膜晶体管液晶显示器）生产线。专业从事液晶显示屏及模块的设计、研发、制造、销售及售后服务。项目总投资30亿元，生产用于液晶显示器、笔记本电脑、液晶电视、手机、数码影音、车载GPS、工控医疗产品等多种型号的显示屏及模块。

中航光电子自年初恢复生产以来，积极高效进行团队建设、设备修复（共修复4 000多台/套）、供应链重建、市场营销拓展等多方面工作，在2010年5月下旬开始实现满产满销，产能和良率都恢复到历史最高水平。

上海蓝宝光电材料有限公司 上海蓝宝光电材料有限公司创建于2000年9月，注册资金2.8亿元人民币，专业从事GaN LED外延生长、芯片制备、照明应用领域的技术研发及产业化生产。公司装备国际先进的生产设备及配套设施近300台（套），蓝、绿光LED年产能达到10万片外延片以上。实行ERP资源系统管理，专业批量生产、销售神光系列GaN LED蓝、绿光外延片，功率型高亮度芯片及普通芯片产品，年产芯粒2 000KK以上。

2010年4月20日，蓝宝光电自主开发的神光大功率LED芯片被认定为“上海市高新技术成果转化项目”，相关产品可享受5年减免税等扶持鼓励政策。项目等级为A级、技术贡献系数为0.90，具有较高的技术含量和良好的产业化前景，标志着蓝宝LED产业技术又上三个新台阶。

2010年9月16日，公司与中科院上海技术物理所合作的“高可靠氮化镓基半导体发光二极管材料技术”项目荣获“上海市技术发明一等奖”。

上海蓝光科技有限公司 上海蓝光科技有限公司成立于2000年4月，是国内首家从事氮化镓基LED外延片、芯片研发和产业化生产的企业，注册资金2.75亿元。主要产品有：氮化镓基高亮度蓝、绿光外延片及芯片。上海蓝光科技有限公司实施的氮化镓基高亮度发光材料产业化项目，是国家发展与改革委员会确定的新材料专项产业化示范工程项目，也是上海市高新技术成果转化项目。

上海蓝光科技有限公司具备月产100KK芯片的生产能力，可为用户提供高抗静电、低衰减的标准芯片和功率型照明芯片。

截至2010年底，上海蓝光科技有限公司拥有MOCVD生产线18条，年产芯片60亿颗。其自主研发的第三代高亮度蓝光LED芯片，可用于封装白光LED的标准型号芯片亮度已达到了100mcd。

（尤奕璐）

七、汽车电子产业

概况

2010年是"十一五"发展规划的收官之年。全国汽车工业持续快速增长，助推了上海汽车电子产业的集聚与发展。综合市场数据分析，2010年上海汽车电子产业规模为662亿元，同比增长16.1%，占全国市场的30.3%，成为业内的排头兵。

【产业结构布局完整】 2010年，汽车电子产业初步形成了完整的汽车电子产业结构性布局。上海共有汽车电子企业180余家。围绕上海大众、上海通用、上海荣威整车企业，在嘉定国际汽车城和浦东金桥、张江高新技术开发区已开始形成上海汽车电子产业的集聚区，将上海主要汽车零部件制造厂商、汽车电子跨国公司在沪独资或合资的技术中心和生产企业大都齐集在这两个产业园区。在嘉定专设了"上海市新能源汽车及关键零部件产业基地"，依托嘉定区和浦东新区协同推进汽车电子产业新一轮的发展。

【同步研发配套模式】 汽车电子跨国公司已经把上海作为全球同步研发的基地。除了先期合资的上海大众技术中心、泛亚技术中心外，上海本土汽车电子技术的研发亦步入同步设计趋势。如上汽技术中心对自主品牌"荣威"系列的研发，已经实施上海、南京（名爵）、英国（罗孚）三地技术团队联手同步设计模式。上汽技术中心的二期建设"汽车电子工程中心"，将对包括"荣威"新能源轿车在内的汽车电子关键零部件实施同步研发。在对汽车电子产品基础科研、试验和检测技术条件方面，上海创建有上汽技术中心、同济大学的"国家燃料电池汽车及动力系统工程技术研究中心"、"新能源车及动力系统国家工程实验室"、"上海地面交通工具风洞中心"，上海交通大学的"汽车电子控制技术国家工程实验室"，上海质监局的"国家汽车质量检测认证中心"，上海微系统所的"上海汽车电子工程中心"等，发挥产、学、研、用结合的整体优势。

【综合服务功能与平台建设】 在政府指导、企业参与和上海相关行业协会积极发挥作用下，为汽车关键芯片设计、制造、模块化应用专业服务的"汽车电子关键芯片制造产业化平台"已开放运营。上海软件测评中心对汽车电子嵌入式软件逐步开展检测服务，对产品技术专利和著作权评测登记。上海硅知识产权中心有关汽车电子技术知识产权方面的评审认证，在国内处于领先。上海国际汽车城国际汽车零部件中心建有汽车电子零部件在内的电子商务平台，处于行业领先，为公共服务体系进入汽车电子产业领域开创了先河。上海为开展第三方检测认证服务，建立了"国家汽车检测中心"，为整车、零部件及汽车电子产品研发、制造提供质量控制与产品性能保障。上汽打造安吉品牌现代信息服务业，应用网络信息工具开展汽车物流等服务。上海汽车电子产业已纳入了统计体系。

企业与产品

【概况】 上海汽车电子产业链相对完整，几乎涵盖所有汽车电子门类产品的研发、制造及应用领域，并有汽车与汽车电子跨国公司区域总部或研究中心16家，本土企事业汽车电子领域国家级技术中心8家，市级技术中心10家。

【跨国公司】 德国大陆、博世，日本电装、小糸、高田，美国德尔福、霍尼韦尔、飞思卡尔、伟世通、天合，法国法雷奥、现代莫比克以及德国海拉等相继在上海建设合资企业或研发中心。这些合资公司在高附加值关键零部件配套中占据了主导优势。

【本土企业】 上海实业交通、信耀电子、航盛电子、上海沪工、联创电子、航天汽车机电、科博达、德科电子仪表、航天电源、上海电驱动、上海瑞华、上海德朗能等一批具有自主创新能力的企业，逐步成长为上海汽车电子自主技术产业化骨干，在行业中的影响力稳步扩大。

【产品覆盖】 上海汽车电子产品覆盖面广、门类齐全，利于向外辐射。配套包括汽车半导体、传感器、控制模块、电动车窗、自动空调、智能灯光控制、电子组合仪表、车载娱乐系统、安全气囊、防抱死制动系统（ABS）、自动变速电子控制、汽车动力转向控制、发动机控制系统、胎压监测、嵌入式软件、汽车总线、动力电池、电机及驱动、信息服务等产业链环节。上海汽车电子企业已从单纯为上海大众、上海通用、荣威等本地车企配套，走向为国内外车企的配套发展，提供线束、半导体等元器件、HID 整流器、传感器、车身电子控制器、车载电子产品等配套及模块化供货。

【新能源车】 以节能、环保、安全为主线，新能源汽车用电池系统、驱动控制等在产品化、工程化方面取得了实效。2010 年，上汽等单位生产了一支包括 90 辆电池轿车、100 辆燃料电池观览车、300 辆纯电动汽车和 350 辆混合动力轿车等在内的新能源车，提供给上海世博会作为园内"零排放"的交通工具，这是我国新能源汽车继奥运后的又一次集中亮相。

【上海联合汽车电子有限公司 (UAES)】 上海联合汽车电子有限公司是中联汽车电子有限公司和博世集团投资的中外合资企业，注册资本 12 亿元人民币，本部位于上海市浦东新区榕桥路 555 号，另在无锡、芜湖设有分厂。其主要产品包括汽车发动机管理系统（引擎控制器，传感器，喷油器及油泵）、怠速调节器、步进电机等，面向全球市场。其生产的汽车发动机管理系统（简称 EMS）以其低排放、低油耗、高功率等优点在业内汽车配套应用中独占鳌头，2010 年度实现销售收入 96 亿元，荣获了上汽集团"2010 年度业绩优异奖"、上海大众"卓越开发表现奖"金奖、吉利汽车"2010 年度优秀供应商奖"、神龙汽车"2010 年度特别贡献奖"，以及 2010 年度东南汽车"特殊贡献奖"。

（王伟泰）

第三章 信息服务业

概 述

2010年上海软件和信息服务业实现经营收入2 532.02亿元，比上年同期增长20.1%，增速与上年同期基本持平。实现增加值903.52亿元，比上年同期增长15.2%，占第三产业比重达到9.4%，占全市国内生产总值的比重达到5.4%。截至2010年底，有规模以上信息服务企业3 900家，从业人员达到32.3万，其中2010年经营收入超亿元企业达到173家(不包括信息传输服务企业)，随着交技发展、华平股份和东方财富等企业的上市，上海累计有29家信息服务业企业在海内外上市。

（杨立哲）

一、软件产业

概况

2010年上海软件产业运营呈平稳增长态势，实现经营收入1 459.5亿元，比上年同期增长21%，增速比上年同期提高1个百分点。企业赢利能力进一步提高，利润总额达到211.63亿元，比上年同期增长25.1%，占营业收入的比重达到14.5%。软件企业的实力不断增强，全年新增认定软件企业327家，登记软件产品2 920个。截至2010年底，通过CMM/CMMI 3级以上国际认证的企业达到117家，其中5级的18家、4级的17家。有189家企业获得计算机信息系统集成资质认证，其中一级的12家、二级的33家、三级105家、四级39家。经营收入超亿元软件企业150家，其中经营收入超10亿元的软件企业16家，超千人软件企业24家。

（杨立哲）

上海启明软件股份有限公司

【概况】 上海启明软件股份有限公司(以下简称“启明软件”)以软件服务为主业、致力于为用户提供高质量的全面解决方案，2010年总产值1. 4亿元人民币。启明软件在日本东京、大阪设有子公司及分支机构，在深圳、济南、成都设有分公司，人员规模达700多人；“启明软件”获“上海名牌”称号。

启明软件是“2010年国家规划布局内重点软件企业”、“中国软件行业企业信用评价AAA级信用企业”，获2009—2010年度“上海市实施‘走出去’战略先进企业”称号、“2 010中国软件行业知识产权自主创新十大品牌”称号。

【通过CMMI5级评估】 作为2 009质量管理年的延伸，2010年启明软件高标准地通过了CMMI5级评估，顾客满意度进一步提高。启明软件按照ISO9001：2008版质量管理体系和CMMI5进行公司内部质量软件过程及优化管理管理，已建立了17份程序文件、200多个质量记录及面向国内项目和外包项目的作业指导书。在这些文件的指导下，公司的质量管理体系得到了有效的执行。

【继续保持对日嵌入式软件出口优势】 嵌入式软件离岸开发是启明软件的强项和优势所在，多年位居上海市对日嵌入式软件出口前茅。2010年，启明的研发团队充分发挥“基于ITRON的嵌入式开发支撑平台”的多平台、多目标机的支持特点，高效地开发出一系列对应各种终端的阅读平台；结合中国市场的特点，实现从内容制作、内容上传、内容管理、运营监控、认证、计费、用户管理、支付等一系列核心功能；通过XML、SVG、XMDF等描述性语言/格式实现动漫内容在不同终端上的完美适配展现；面向3G手机的动漫服务解决方案得到上海市2010年度服务业发展引导资金的立项支持。

【金融行业软件服务规模扩大】 启明软件为国内及海外客户提供海外信用卡结算业务上的系统解决方案，其服务规模也不断扩大，大型金融项目顺利开展。平均

日，由上海市通信管理局、中国国际贸易促进委员会上海分会、上海联通共同主办的“2010年中国国际物联网大会暨第三届上海通信发展论坛”在上海国际金融中心举行。上海联通在会上集中演示了农业大棚、安全监控、触动传媒、电子海报、手机沃导航、电子现金、防伪溯源、订奶签到、在线汽车、海宝机器人、电力抄表、护心甲等七大类十二项精彩、前沿的物联网应用体验，是中国联通集团已经成功商用的部分物联网应用的一次集中展现。

【多方展开战略合作】 2010年2月10日，上海联通与上海商投集团签署战略合作协议，双方确立了以2010年上海世博会为契机、以移动支付、联合推广、资源互换为核心的八大合作方向。

2010年2月25日，中国联通与上汽集团签署战略合作协议，双方将在以汽车车载信息服务为核心的汽车服务领域开展深入合作。

2010年7月16日，上海联通与“国家音乐产业基地(上海)”签署了合作框架协议，上海联通将为“国家音乐产业基地”全面提供一流通信服务。

2010年6月，上海联通与日本最大手机代理商T-GAIA公司成功签署战略合作协议；9月中旬，上海联通与上海市电力公司签订了合作协议，上海联通成为上海电力在智能电网、小区光纤入户等项目上的首选电信运营商；10月13日，中国联通与中国商飞签署战略合作框架协议，从各方面助力中国大飞机建设百年梦想；11月11日，中国联通与大陆汽车亚太管理(上海)有限公司在上海签署战略合作框架协议，双方进一步加强在车载智能通讯(Telematics)业务领域的合作，从而将成熟的应用无线通信技术的车载电脑系统共同推荐给中国用户，推进汽车车载智能通讯业务领域的发展。

2010年5月18日，由上海联通、大陆期货、建行上海分行共同打造的创新理财产品“3G手机期货直通车”正式亮相；6月19日，上海联通与交通银行携手推出了以手机SIM卡实现银行支付功能的太平洋联通联名IC借记卡；此外，上海联通还与交通银行太平洋信用卡中心就“天机变”项目进行了合作，将3G网络技术推广到银行的“营销+移动办公”应用中；10月12日，上海联通与渣打银行签署了战略合作协议，就iPhone4的供应以及3G网络展开深入合作；11月9日，中国联通与海通证券在上海签署了《战略合作协议》与《手机证券业务合作协议》，双方将通过对资讯推送、无线理财、在线视频、空中营业厅等多个业务环节的全方位创新，打造海通证券“彩虹桥”手机综合服务平台，为全国超过180个证券营业部的投资者提供优质的手机证券服务。

【行业应用实验基地揭牌】 2010年5月27日，上海联通行业应用实验基地正式揭牌。行业应用基地的建设是融合后上海联通的一项战略性考虑，是着眼于上海联通未来管理发展的一项创新之举，是充分利用市公司现有资源，为员工培训、学习及重要会议提供服务的重要场所。实验基地所在的南汇FLAG登陆局于1974年建站，已经有30多年的历史，是中国最早的国际海缆登陆站。

【与上海市政府机构展开战略合作】 自2009年与上海市政府、部分区县政府展开一系列合作之后，2010年上海联通继续推进与市政府各机构的合作，分别与普陀区、闸北区、黄浦区、青浦区、虹口区科委、崇明县，以及上海市经济和信息化委员会、委组织部党员服务中心签署战略合作协议，建立合作机制，为上海市及各区的信息化建设贡献自己的力量。

【举办“雪域童年·爱心双城记”夏令营活动】 2010年，上海联通继续携手《东方早报》举办“雪域童年”公益活动。6月1日前夕，公司领导带队亲赴茂县叠溪镇小学，为优秀老师和学生颁发第二批“上海联通雪域年爱心基金”奖学金。8月8日，“雪域童年世博夏令营”活动正式开营。该活动为期10天，叠溪中小学的同学与上海的志愿者家庭结对，共同学习生活、参观世博等，进行双向互动体验。

8月25日，中国联通自2005年开始、连续6年冠名赞助的“中国高尔夫职业-业余配对锦标赛”开赛，联通以“精彩在沃”冠名本届大赛。赛事的成功举办进一步加深了精英高端客户对联通WCDMA3G业务的全面了解，为提升“沃”品牌形象提供了广阔平台。

9月10日~11日，“乒临城下”首届中国联通乒乓球挑战赛上海市选拔赛在卢湾体育馆张德英乒乓馆成功举办。联通在赛场内外展示3G业务为通信生活带来的革新改变和“精彩在沃”的非凡魅力，进一步提高了联通3G品牌的认知度。

【网络建设取得新突破】 上海联通通过抓寻址、优网络、强管理、兴会战，2010年新建2G宏站328个，3G宏站362个。新增3G室内覆盖分布系统1 100套，2G室内覆盖分布系统930套。完成浦东机场航站楼3G改造；为虹桥枢纽新开通近20个站；实现地铁全线、外滩地下通道、外滩滨水区等区域的全面覆盖。完成沪宁高铁上海段和沪杭高铁上海段沿线共计64个基站的调测开通，新增高铁覆盖里程87公里。

2010年9月17日到年底，上海联通展开了"珠穆朗玛"网络建设会战，寻址数累计达到261个。网络质量进一步优化，通信能力显著增强，实现了全市七大覆盖空洞的全面突破，截至2010年底，上海联通外环线以内3G全网平均覆盖率从年初的91.68%提升至93.77%，WCDMA系统接通率从94%优化到98.46%。GSM全网掉话率由0.55%优化到0.41%；WCDMA全网掉话率从1.15%优化到0.3%。

此外，上海联通2010年还完成了气象局3G视频项目、宽视界神眼平台、3G VPN组网、海宝智能机器人等多个重点项目的组网方案，高效完成了世博期间国际漫游业务、南非世界杯、嫦娥二号等重保任务。

【"沃商店"正式落户上海中国】 2010年11月10日，中国联通手机应用商店上市暨系列创意大赛启动发布会在上海国际会议中心隆重举行，标志着备受瞩目的"沃商店"正式落户上海。"沃商店"是一个跨平台的、开放的手机应用开发和推广平台，是手机应用软件的聚合、交易和服务平台，基于WCDMA成熟的产业链优势，"沃商店"为合作各方提高开放、透明的服务和收益，并为最终用户提供个性化的、内容丰富的应用和服务，真正具备开发者无门槛、应用无限量、流程全透明、应用自定价等核心特点，凸显了中国联通"信息生活的创新服务领导者"的理念，在为广大用户带来更为精彩的3G体验同时，对推进通信行业的健康、平稳发展起到了积极作用。

（应　燕）

四、信息服务外包业

【产业规模】 2010年，上海市信息服务外包发展进一步加快。据统计，2010年1—9月，上海信息服务外包合同金额12.26美元，同比增长43.2%；其中离岸外包执行金额为6.19亿美元，同比增长91.9%；软件出口6.08亿美元，同比增长66%。信息服务外包已逐渐成为上海率先实现产业结构优化和升级，率先实现经济发展方式转型，形成以服务经济为主产业结构的必经之路。

【企业数量】 截至2010年12月底，上海信息服务外包从业企业超过650家。其中，随着上海建设金融中心和航运中心步伐的加快，为金融和航运等重点领域提供BPO服务的企业呈快速增长趋势。

2010年，上海从事信息服务外包的企业业务仍然以IT咨询及IT服务为主，ITO企业占所有信息服务外包企业的比例较上年下降5个百分点，约45%左右。BPO业务显著扩大，占50%左右。在从事ITO业务的企业中，有65.1%的企业涉及软件开发业务，有47.4%的ITO企业提供软件测试服务。在BPO企业中，涉及财务管理外包业务的企业占18.1%，涉及人力资源管理外包业务的企业占19.3%，涉及客户关系管理外包业务的企业占10.2%，涉及物流外包的企业占8.4%。值得一提的是，随着信息服务外包业务融合与企业合并的不断加快，既从事ITO又从事BPO的企业数量有所增加，占企业数量的22%。

【人才规模】 2010年，上海信息服务外包从业人员约12万人左右，比2009年新增2万人，其中90%以上为大学以上学历。新增数量方面，2010年上海高校共有毕业生16.8万人，比2009年新增1万人，据调查，随着其他行业的复苏与增长，其中有意从事信息服务外包行业的人才数量略微减少，信息服务外包人才供应规模预期有所缩小。

人才需求方面，随着企业信息服务外包业务的不断增加，用人需求明显增加，其中对应届生毕业生等缺乏经验的普通信息服务外包人才需求没有显著增长，而对于有3—5年工作经验，或具备各种外语能力的人才需求猛增，约为30%左右，这也从侧面体现出了本市信息服务外包产业能级的提升过程。2010年本市引进了印度GTT、美国IAOP等国际知名的信息服务外包培训和认证机构，为高端人才培养和企业能级的提升打下基础。

【业务拓展】 2010年本市信息服务外包市场格局有所转变，日本市场基本与2009年持平，而随着欧美IT咨询行业与本市信息服务外包企业合作加快，欧美市场进一步开放，欧美业务比重明显增加。从发包市场比重来看，日本和国内市场份额相当，均在35%左右，欧美发包市场份额为25%，且有进一步扩大的趋势。

【代表企业、产品与服务】 **上海海隆软件股份有限公司** 上海海隆软件股份有限公司(原上海交大海隆软件股份有限公司)为上海市著名软件企业、国家规划布局内重点软件企业，主要股东为上海交通大学、日本欧姆龙 株式会社及经营管理层。公司一直致力于先进信息技术的研发和推广应用，在计算机网络系统设计和集成，计算机应用软件系统开发等方面具有相当优势，并具有技术，市场，资金，管理等方面的综合优势。特别是在对日软件出口方面，公司已成长成为中国重要的软件出口基地。公司软件开发领域涉及银行、保险、证券、手机内容、物流、交通控制、Internet 系统及业务应用系统等。

上海宝信软件股份有限公司 上海宝信软件股份有限公司（简称宝信软件）系宝钢股份控股的上市软件企业，于 2001 年 4 月上市。公司总部位于上海浦东张江高科技园区，是国家规划布局内重点软件企业。宝信软件秉承“IT 服务，提升信息价值”的经营理念，凭借服务宝钢 30 年的经验和技术积累，全面提供具有自主知识产权的钢铁企业信息化解决方案、自动化系统集成及运行维护服务；城市智能交通综合解决方案和路桥遂、轨道交通的综合监控；机电成套设备、机电一体化产品及运行维护等。产品与服务业绩遍及钢铁、交通、服务外包、采掘、有色、石化、装备制造（含造船）、金融、公共服务等多个行业。

上海中软资源技术服务有限公司 中软资源成立于 2004 年，总部位于北京，在北京、上海和深圳建立了大型研发交付中心，并在国内各主要城市以及美国、日本等地设有研发中心、分支机构和业务开拓团队。截至 2009 年底，中软资源拥有超过 4 000 名员工为遍及全球的客户提供专业、创新、安全的优质 IT 外包服务。作为业内最早开展 IT 外包服务的企业之一，中软资源积累了一系列技术领域的专业技能并建立了成熟的服务体系，为国内外客户提供高质量的解决方案。在此基础上，中软资源重视发展行业能力，已为包括资讯科技、通信、金融服务、交通运输、制造业、生命科学与制药等行业提供 IT 外包服务，具有深厚的行业积累和强大的技术服务能力。

安德普翰商务服务（上海）有限公司 安德普翰商务服务（上海）有限公司主要是以服务外包的方式从事员工工资、税收、福利的数据以及相关信息处理，并代表客户支付工资、福利和税收，工资及其他人力资源应用软件的研究开发，相关软硬件系统集成，销售自产产品；提供相关咨询服务及技术支持。

上海易方软件有限公司 易方客服中心专业提供外包呼叫中心服务和解决方案，是上海最大的外包式呼叫中心服务供应商之一。易方作为提供客户关系管理的专家，主要从事于外包呼叫中心及电话销售服务，公司业务立足于上海，面向全国及全球市场。本公司拥有一支强大的管理团队，在客户关系管理、市场营销和呼叫中心业务上累计拥有超过 10 年以上的从业经验，曾服务过诸多世界五百强企业。易方已在上海成功运营一个具有规模效应的呼叫中心平台，并已为五十多家国际国内的知名企业提供了互动呼叫中心服务，成功运营项目数以百计。近年来，易方依托自身的客户资源和管理优势，在服务外包领域不断创新，不仅局限于服务外包呼叫中心平台，而且扩大服务外包的业务内涵，拓展新的服务外包项目，最终成为以易方为品牌，涵盖多个服务外包园区的综合性服务外包提供商。

（陆　静）

上海国家现代服务业钢铁物流产业化基地 2010 年 1 月，由第一钢市市场股份有限公司申报的上海钢铁现代服务业基地的申报获得国家科技部授予“上海国家现代服务业钢铁物流产业化基地”的称号和铭牌（国科发高 [2009]695 号文），成为此次认定的国家现代服务业九大基地之一，也是上海唯一获得认定的基地。该基地的建设将加强上海国际钢铁贸易园区重点项目的建设，包括钢铁现代服务业电子商务平台（群）的构建、钢铁现代服务业规范标准与指数体系的研发与应用、钢铁金融服务模式创新及其电子化应用、上海钢铁交易所建设、上海钢铁服务产业联盟建设，形成国家钢铁物流产业化基地的聚集辐射效应。

《集装箱 -RFID 货运标签系统》标准 上海国际港务（集团）股份有限公司代表中国组织起草并由国际标准化组织 (ISO) 正式发布的《集装箱 -RFID 货运标签系统》标准，是由我国提出并推动制订的在物流和物联网领域的国际标准。该标准源于“集装箱物流全程实时在线监控系统”，是以集装箱为跟踪目标的一种物联网的雏形，主要是采用 RFID 技术，通过计算机互联网实现集装箱的自动识别和信息的互联与共享。系统可以实时记录集装箱运输中的箱、货、流信息，以及相关的安全信息，结合全球网络环境感知集装箱物流的全过程，从而提升为客户服务的能力。

面向汽车生产的制造执行（MES）系统 上海亚太计算机信息系统有限公司研制的“面向汽车生产的制造执行（MES）系统”，主要以汽车生产制造为功能主线，以物流配套和质量管理为业务支撑，通过强调制造过程中对生产计划与控制、物流计划与现场物流、生产执行、供应商管理与质量监控等整体优化来帮助企业实施完整的闭环生产，推进汽车制造过程中实现 JIT 拉动模式、Lean 精细生产、6 Sigma-TQM 全面质量管理等全新生产及管理理念，为实施企业敏捷制造战略和实现车间生产敏捷化提供技术手段。

新一代信函分拣机(MPS) 中国邮政集团公司上海研究院自主研制开发的新一代信函分拣机(MPS)，采用"地址库驱动的汉字地址识别"的新方法，将汉字识别技术与地址库信息相融合，在地址库的驱动下，实现了信封上汉字地址的高效识别，改变了我国十几年来完全依靠邮政编码进行信函分拣的现状。在5个月的试生产运行中，累计处理进、出口信函2 107.46万件，平均识别率达87.88%，平均卡塞率为0.0035%。新一代信函分拣机(MPS)突破了多项核心关键技术，成功解决了长期困扰我国邮政信函自动分拣面临的技术难题，具有国际先进水平。

以海铁联运为核心的多式联运作业系统 上海亿马物流系统有限公司构建一个适合于国内铁路集装箱场站进行以海铁联运为核心的多式联运的作业系统，通过与铁路作业系统的互联开展多式联运，辅助铁路中心站提高集疏运效率和港口吞吐效率，实现关联系统的信息共享服务。

（市科委）

第三编
政务领域信息化

“中国上海”政府门户网站

【概况】 在上海市委、市政府领导下，“中国上海”政府门户网站（以下简称“门户网站”）围绕服务公众宗旨，继续做好政府信息公开、网上办事与服务、政民互动等工作，以提供世博信息与在线服务、实施网站“无障碍改造”、强化网站社会监督机制等为重点，各项工作开展取得良好成效。

2010年，门户网站获得的荣誉主要为：上海职工迎世博窗口服务行业立功竞赛活动组委会颁发的“2009年下半年度上海职工迎世博窗口服务行业立功竞赛活动‘世博服务卓越奖’”；上海世博会主运行指挥部颁发的“世博会窗口服务先进集体”称号；中国社科院信息化研究中心、国脉互联联合举办的“第四届中国政府网站国际化程度测评”“优秀外文版奖”；中国社科院信息化研究中心、国脉互联开展的“第五届中国特色政府网站评选”“综合创新奖”；工信部科技情报所等单位组织颁发的2010年“中国互联网最具影响力政府网站”和“服务创新型政府网站”、“政府网站领先奖”；“中国上海”门户网站“网上领导信箱”、“网上政务大厅”栏目被《电子政务》杂志社等单位评为2010年中国政府网站“政民互动”、“在线服务”精品栏目；中国互联网协会、中国残疾人福利基金会颁发的“2010年度中国信息无障碍优秀建设单位”称号。

【网上办事与便民服务】 开通“主题服务直通车”，分列“教育、社保、就业、医疗、住房、交通”等12大类651项办事服务内容；调整“市民办事”、“企业办事”，新增“居家养老、纳税服务、归国华侨、港澳台事务、兵役服务、社会组织”等分栏内容。“网上办事”页面访问总量655.4万页（次）（含市民办事、企业办事、网上政务大厅栏目），居主要栏目页面访问量2.7%；“便民事项”页面访问总量5 402万页（次）（含查询平台、服务平台、便民问答、便民提示、服务导航、城市生活等），占主要栏目页面访问量22.3%。

【领导信箱与政民互动】 门户网站“在线访谈”栏目全年举办21期（累计56期）；开通“委办局、区县在线访谈预告”，当年发布预告信息104条；网上征询政府重大规章、草案和意见24次；互动类栏目（市委领导信箱、市长之窗、互动平台、在线访谈、征询平台）全年页面总访问772.9万页（次）。

【“迎博办博”，积极提升服务】 贯彻上海市委、市政府要求，门户网站“迎世博600天”专题（2008年9月下旬至2010年4月）共发布信息13000余条，页面访问120余万页（次），专题设有“新闻报道”、“区县、部门动态”、“参展、布展情况”等18个栏目；2010年上海世博会开幕期间（5月至10月），专题更新为“世博服务”，公布世博专题新闻发布会内容，发布政府通知公告，并链接上海世博专网“世博热线、观博指引”等相关内容。世博会184天期间，“世博服务”专栏发布信息近2 200条，总访问40.9万页（次）。

迎接世博会召开，门户网站英文版改版，提供购票、在线咨询等网上服务；为世博会提供配套服务，门户网站会同公安局开设“世博进沪车辆通行证”网上专栏，提供表格下载999 864次；“在线访谈”专栏邀请市旅游局、市绿化市容局、市卫生局、市交通港口局等领导，先后就世博主题诠释世博政策、便民利民服务举措以及迎博办博经验和后世博工作进行访谈。

【开通市委领导网上信箱，加大信息公开力度】 2010年5月1日，“市委领导信箱”在门户网站上开通，“市长之窗”（市长信箱）同时更新上线。半年来，“市委领导信箱”、“市长信箱”公开“最新回复”选登信件914封，公开“建言献策”557封、“最新来信选登”348封、“典型案例”33件，信箱办理情况统计每日更新；区县、委办局信件处理情况同时上网公布。“市委领导信箱”、“市长信箱”注册用户90 456人；后台处理平台，二级单位（区县、委办局、大学公司等）222家，三级单位（街道、处室等有权处理机关）2 701家。网上领导信箱已覆盖市、区县两级政府所有部门和全市所有乡镇街道。

【（1+3）无障碍改造走在全国先列】 在市经济信息化委、市残联“迎世博600天行动计划”倡议下，门户网站会同市民政局、市司法局和市人力资源社会保障局网站（1+3）进行网站“无障碍改造”试点工作，2009年10月正式启动，2010年4月上线并通过国家与地方两级相关部门验收。“无障碍改造”采用整网改造模式，其成果应用实现多项技术集成与服务创新，改造包含全网20多个主栏目、240多个子栏目及英文版，改造网页模板754个，重构页面50余万，基本达到国家信息产业部《信息无障碍身体机能差异人群网站设计无障碍技术要求》标准等级1及部分等级2的要求。市民政局、市司法局和市人力资源社会保障局网站“无障碍改造”采用增设“频道式”模式，内容页面主要涉及政策类等信息。

“中国上海”门户网站是我国第一个有组织、规范化完成无障碍改造项目的省级政府门户网站，在第七届信息无障碍论坛上，门户网站荣获由中国互联网协会、中国残疾人联合基金会颁发的《中国信息无障碍"优秀建设单位"》称号，并获工信部电子情报所颁发的"服务创新型政府网站"称号。上海政府网站(1+3)"无障碍"试点工作为"十二五"期间推进本市网站"无障碍"化和政府网站服务创新提供了示范，受到中国残联、中国盲人协会，上海残联、上海盲人协会以及盲人、弱视力者(老年)人的好评。

【"网上政务大厅"提供跨部门协同办事基础服务】 2010年7月，门户网站以政务外网应用为支撑，进一步整合全市政府部门网上办事服务资源，全新推出"网上政务大厅"，提供跨部门协同应用信息共享、数据交换、业务协同等基础服务，为实现政府各部门之间业务处理和并联审批提供窗口平台，方便市民和企业"一门进入、一口查询、一处办理"。"网上政务大厅"集聚了本市48个委办局669项行政审批事项和1 156项其他办事事项。其中，网上可直接受理审批事项384项，其他办事事项457项，并提供909项表格下载计1 044张表。"网上政务大厅"并联审批项目——"企业设立并联审批服务"提供内资公司、内资分公司等8类企业设立网上受理和办事指引，提供统一审批状态查询、结果反馈以及政府业务统一监管服务等功能。包括"网上政务大厅"的网上办事类栏目全年页面访问量655.4万页(次)。

【"啄木鸟"监督工作机制取得积极成效】 2009年10月，门户网站启动社会监督员工作机制，首次公开招聘50位监督员上岗，以"啄木鸟"方式对门户网站以及全市70个政府子网站(区县、委办局)开展全天候纠错、建议工作。截至2010年底，监督员共提交各类纠错信息2 719条、建议984条。社会监督员工作机制受到了各政府网站的高度重视，各单位均有专人负责，基本形成每个工作日上网获取信息、3天内响应、2周内处理回复的工作制度，并做到有错即改。2010年10月，门户网站召开监督员年度会议，对个人先进予以表彰；社会监督员进入新一轮聘用期。

【电子邮件、手机短信与检索服务继续发挥作用】 2010年8月，门户网站完成邮件系统升级改造，邮箱容量得到提升，功能更强大、界面更友好，用户历史数据完整保留，通过安全测评无安全漏洞。

【开展"优秀案例、世博奖"推选】 2010年11月，2010年政府网站测评工作启动，新设"优秀案例"和"世博贡献奖"。测评主要分三部分：当年重点工作、门户网站内容保障和2009年网站测评不达标指标落实整改情况。通过单位自评与自荐、专家组测评与推选、公众网上评选以及门户网站核查等综合方式，2010年测评工作进展顺利。最终有21个案例获网站建设优秀奖(区县6个、部门15个)，10个单位获世博贡献奖(区县3个、部门7个)。

【网站建设基本数据】 截至2010年底，门户网站数据库信息总量为72.01万条，静态页面数58.4万余张(比上年同比增7.59万，增幅14.9%)；图片13.53万余幅(比上年同比增1.44万，增幅11.9%)。其中，市政府公报1 322条，法律法规957条，各类办事规程1 877条，市政府各类文件878件，市政府规章139条，便民问答8 895条。累计发布要闻类信息33万条(比上年同比增11.94万，增幅56.7%)。2010年全年，门户网站总点击数28亿次，首页总访问人次2 019万(日均5.5万)，页面总访问量4.5亿页次(日均123万)，比上年增长11.6%。截至年底，门户网站"公务信箱"开户1.16万余，"企业实名信箱"用户1 630个，电子邮件订阅服务用户7 500余个；手机短信订阅服务用户数10.9万人，短信平台发送累计1 104万条；全网检索系统可检索数据122.4万条。

门户网站"上海要闻"(含部门信息、区县动态、便民提示、视频与图片)全年发布信息67 625条，日均185条(以日历日计)，其中选用市政府部门、区县报送信息51 344条，占发布总量76%；图片新闻3 083幅，日均8.4幅。"上海要闻"页面总访问全年1.4亿页(次)，较上年增82.4%，居主要栏目访问量首位。

区县政府网站与市政府部门网站

【概况】 2010年，上海市区县政府网站和市政府部门网站(简称"子网站")继续深入开展"政府信息公开、网上办事服务和互动交流"等工作，积极为门户网站内容保障提供信息与办事服务资源，网站安全管理工作取得积极成效，网站制度化、规范化、标准化建设得到进一步深化，并在"公共企事业单位信息公开"、规范和管理相关子网站建设等方面取得良好进展。全市63个政府子网站全年首页总访问人次约1.62亿(日均44.6万)，页面浏览总页次27.7亿(日均759万)，访问人次与页面浏览量比值约为1:17。

第二章 重点业务系统建设和机关信息化

概 述

2010年，建成社会保障卡三级业务管理系统，实现了市、区(县)、街(镇)社会保障卡日常业务信息化管理，共制发各类社会保障卡、居住证件421.48万余张。2010年，上海市电子政务灾难备份中心建设完成了集中式同城异地数据容灾信息系统，为全市电子政务信息系统提供电子介质异地备份的介质容灾服务。党组织信箱利用互联网和移动通信技术，借助市民信箱服务体系，高质量构建的“上海市党员党组织联系动员系统(邮件和短信发送平台)”。

市级机关电子政务工作积极推进信息资源平台建设，发挥网络优势，密切联系社会，服务大众，政务信息化工作取得新进展。

一、重点业务系统信息化建设

社会保障卡

【社会保障和市民服务信息系统进一步完善】 建成社会保障卡三级业务管理系统，实现了市、区(县)、街(镇)社会保障卡日常业务信息化管理，对社会保障卡从申领、制作到发放实施全程管理，为市民提供更方便快捷的服务，同时进一步提升区(县)社会保障卡管理办公室对街(镇)业务受理网点的管理效能。建成了社会保障卡统一安全保障监管平台，对网络设备、安全设备进行集中管理，通过信息系统统一安全策略，及时发现安全隐患和制止各类攻击行为，提高系统安全运行能力。

【社会保障卡发放范围不断扩大】 配合“2009年市政府实事800所村卫生室新农合实时报销项目”，社会保障卡发放开始面向新型农村合作医疗参加对象，2010年基本完成浦东、金山、闵行3区的制发卡工作。为贯彻70周岁以上老年人凭“敬老服务卡”免费乘车的政策，结合公共交通领域管理需要，配合做好2010年敬老服务卡两年一次的续期工作，平稳有序，续期率达70%以上。2010年，共制发各类社会保障卡、居住证件421.48万余张，其中社会保障卡(蓝、红、金卡)83.88万余张、学籍管理卡28.52万余张、儿童卡1.38万余张、敬老服务卡16万余张、居住证11.44万余张、临时居住证280.26万余张。962222呼叫中心全年提供来电咨询76.84万人次，接待来访6 200人次，处理来信2.22万封。

(邢 勤)

电子政务灾难备份中心系统

【概况】 上海市电子政务灾难备份中心(以下简称“中心”)是根据市信息安全体系要求，在浦东新区张江建设完成的面向全市范围的集中式电子政务信息系统灾难备份基地，通过提供容灾服务以保障全市党政机关重要信息系统的灾难备份需求，实现资源整合及集约化投资，提高灾备服务对象抵御灾难和重大事故的能力，减少灾难打击和重大事故造成的损失。由上海市人民政府办公信息处理中心负责信息系统建设并运行管理。2010年，上海市电子政务灾难备份中心建设完成了集中式同城异地数据容灾信息系统，主要包括信息系统基础设施、信息系统网络平台、信息系统容灾平台、信息系统管理平台等建设任务，实现了灾备中心介质容灾服务的初步推广和首批6家试点单位的数据容灾接入，为上海市全面推进灾备工作积累经验，奠定基础。

【信息系统基础设施建设】 在2008年6月底建设完成的建筑基础设施、机房及机电配套设施基础上，2010年中心建设完成机房、办公区域、辅助工作区域的结构化综合布线工程，保障了容灾信息系统基础链路可靠性；完善介质容灾业务库房、容灾数据机房、容灾监控机房等辅助配套设施，保障了容灾业务正常运行；完成中心办公、会议场所等相关办公环境建设，保障了中心工作人员的正常工作环境。

【信息系统网络平台建设】 作为容灾服务的基础平台，2010年中心建设完成灾备中心存储网、办公网、测试网、因特网四网一体的网络体系，承担不同的业务。存储网采用基于IP-SEC的VPN技术，通过核心交换机、防火墙等安全设备和用户单位接入路由器互联，实现灾备中心和用户单位的数据交换。办公网部署在核心业务网络之外，建立承载办公业务和带外管理业务的网络系统，与存储网逻辑隔离。因特网建立承载互联网浏览，为媒体发布和灾备中心对外联系沟通所用，与存储网和办公网物理隔离。测试网为用户在测试区自行组建测试系统提供网络平台服务，物理隔离于其他三个网络。

【信息系统容灾平台建设】 根据上海市电子政务信息系统的建设情况和对电子政务数据重要性的分析，2010年中心建设完成了以软件复制、硬件复制、虚拟化硬件复制及备份等技术路线为主导，可兼容多种异构平台的数据容灾系统，以VPN构建点对点单向传输通道为基础，并结合配备其他安全设备的数据安全保护系统。其信息系统平台运行维护管理能力以及灾难恢复预案等主要方面的服务等级均达到了国家标准GB/T 20988—2007《信息安全技术信息系统灾难恢复规范》第5级的要求。

【信息系统管理平台建设】 2010年，中心建设完成以容灾业务监控、业务调度、业务管理为核心的容灾业务应用系统平台，容灾业务监控主要通过预先制定的监控策略，预警/报警阀值，对各用户单位容灾作业进行全面的实时监控和预警、报警，保证故障处理高效性，从而为设备持续稳定运维奠定基础。容灾业务调度是通过基于RPO超时风险的控制手段实现容灾用户的RPO需求。容灾业务管理是以存储管理、变更管理、测试管理、恢复管理为核心，通过提供电子化流程为容灾用户需求变更提供解决途径。容灾业务应用系统平台从面向业务和服务的角度出发，实现了共享灾备用户从灾备服务发起、灾备业务执行、灾备业务恢复、灾备业务监控的全流程化管理，不仅降低了灾备系统的维护难度和成本，而且保障了灾备系统的有序运行和持续发展。

【介质容灾服务】 2010年，中心建设完成了为全市电子政务信息系统提供电子介质异地备份的介质容灾服务，10月1日起正式启用介质容灾系统，提供介质容灾服务。11月，针对来电咨询容灾业务的20家用户单位，中心举办了介质容灾业务培训。截至2010年底，申请介质容灾业务的单位共计11家，存放电子介质424件，容灾数据量6.6TB。

【数据容灾服务】 按照“中心统一规划，接入分步实施”的原则，2010年中心建设完成了通过电子政务数据远程传输实现异地灾备的数据容灾服务。7月，中心完成首批6家试点单位（市政府办公厅、市统计局、市水务局、市科学技术委员会、市经济和信息化委员会、市政府侨务办公室）数据容灾接入调研、系统集成方案设计等工作。9月，完成增补3家试点单位（市财政局、市税务局、市审计局）的数据容灾接入调研工作。12月，完成6家试点单位数据容灾设备安装、联调、数据容灾接入实施工作，数据容灾服务正式步入试运行阶段。截至年底，6家试点单位总计容灾数据存储量为36TB，每周增量约2TB。中心将不断积累经验，推广数据容灾服务，逐步形成数据级灾备服务全面化。

党组织信箱

【概况】 党组织信箱是利用互联网和移动通信技术，借助市民信箱服务体系，高质量构建的“上海市党员党组织联系动员系统（邮件和短信发送平台）”，目的是便于党组织采用短信和邮件进行信息交流，快速、便捷、免费地获得各种组织信息、政府信息和系统提供的其他服务。在市委组织部组织处、信息处的直接指导下，上海市市民信箱电子邮件系统管理中心负责党组织信箱的创建和日常维护工作。实际应用表明，党组织信箱发挥了预期作用。2010年、2011年春节期间，上海市委书记俞正声同志通过该平台向全体支部书记以及基层党员发送了慰问短信。

【功能特点与实施情况】 党组织信箱支持发送（群发）和回复短信，覆盖移动、电信、联通的所有号段手机，并可灵活选择发送电子邮件。短信的简洁、推送的优点与邮件的多媒体、大容量的优点得到有机结合。

党组织信箱可以拉近市委（书记）与基层党组织的距离。党组织信箱可以免去层层传达的繁琐，所有基层党组织与市委之间都是“一跨式”的等距离。除了节日问候，每年市委还经常利用这一便捷、安全的平台发送组织发动、贯彻落实、传达提醒等短信，起到了信息主动推送、保持紧密联系、上情快速下达、全市步调一致等作用。日常的“演练”确保了渠道的通畅性、活跃性、有效性，需要时可成为快速动员的手段之一。

此外，党组织信箱还可以为基层组织提供又好又快的沟通平台，为各级组织提供了与下级组织加强联系的渠道。2011年春节期间就有50多个组织发送了5 000多条次的信息。自2007年7月1日平台开通以来，市委机关共发送短信约200万条，收到回复近5 000条；越来越多的党组织开始利用平台的“短平快”优势，为组织建设、活动开展服务，共有169个基层党组织发送2 300次，约15万条。

党组织信箱包含了全市74 216个党组织的70 000多个手机号码和邮件地址，统一按照党组织的架构，根据市委组织部要求的组织编码命名规则来分别创建。党组织信箱分为八个级别：市级、区县大口、系统（党组）、局级、一级、二级、总支、支部。党组织信箱在发送邮件的时候，可以向下级党组织发送，同时抄送上一级党组织。由于系统是独立的邮件系统，只在各级党组织之间传递邮件，不与外界的邮件地址通讯，因而具有较高的安全性和保密性。

【“智信”信息互动平台】“智信”信息互动平台是上海市民信箱专为政府机构、社会团体及大型集团公司、企事业单位定制开发的短信及邮件收发互动平台。通过WEB方式登录www.smartms.cn，可以随时随地管理及收发信息，信息以邮件和短信方式发布和采集。智信平台已在黄浦区招生办、宝山区教委、上海市党史办、同济一附中、向明中学等单位得到应用，用户反响良好。

系统功能包括组织管理、邮件系统、短信系统和传真系统，具体可运用在党群、集团公司、行业协会、传媒机构、学校、工会、招生考试群、离退休人员、纳税申报体系等单位。通过“智信”信息互动平台，可以实现：为用户内部的员工管理提供通知群发服务；为各类机构面向公众提供信息传播服务；为跨部门跨机构之间的项目合作提供双向互动信息服务；为特殊集群提供群体消息公告服务。具有非常突出的可靠、安全、高速的特点，使用户能在内部管理、内部沟通、业务应用、新闻公告、民意采集分析等方面利用短信和邮件节省成本、提高效率、改善服务、创造价值。

安全性方面，“智信”信息互动平台充分考虑安全防护，具有防垃圾邮件系统和防病毒系统，保证系统的安全可靠；扩展性方面，系统可根据需要，方便地与Intranet/Internet挂接，且随着容量的增加，各子系统可以进行横向扩展，不需对系统结构进行重大改变；维护和升级方面，系统易于维护，且有良好的售后技术支持和完善的服务体系。

从用户反馈情况看，通过应用“智信”信息互动平台，可以进一步强化服务理念，改进服务方式，创新服务载体，提高服务效率，增进与组织之间的沟通交流，使组织与其下级组织能够借助网络进行信息交流，快速、便捷、免费地传达各种信息和服务。

（市民信箱）

二、市级机关信息化

上海市人民代表大会常务委员会

【概况】2010年上海市人民代表大会常务委员会（以下简称“市人大常委会”）优化信息资源平台功能，推进信息资源平台建设，利用网络媒体的资源和渠道优势，服务代表，联系公众，宣传人民代表大会制度和人大工作，用信息化手段推动上海民主法治进程向前迈进。

【持续推进信息资源平台建设】市人大常委会持续推进信息资源平台建设，凸显“五网并举、资源共享”的信息化建设理念。在发挥上海人大公众网、代表网、机关网等已有网络资源优势的同时，基本完成上海人大公务网和区县网的建设任务并进入网站测试阶段。

上海人大公务网集中反映上海市人民代表大会会议的有关情况；反映市人大常委会依照宪法和法律赋予的立法、监督、决定重大事项和人事任免四项职权履行职责的情况；反映市人大代表主要活动情况；反映市人大代表提出的议案、书面意见及办理情况。为市人大常委会监督、支持“一府两院”工作提供一个便捷、高效的网络平台。已设置的主要栏目有“市人大工作动态”、“上海要闻”、“法院新闻”、“检讯快递”和“市人大文件资料”。

上海人大区县网宏观展示上海市各区县以及区县人大的各项工作，体现区县人大在发挥职能方面的作用，为上海市各级人大相互学习、交流和互动提供工作平台。区县网将由市人大常委会和各区县人大常委会的有关部门共同发布各类信息，开展学习交流活动。已设置的主要栏目有“市人大工作动态”、“市人大文件资料”、“区县人大概况”、“区县人大要闻”和“区县人大代表风采”。

上海人大公务网、区县网正式上线后，用户可以接入上海市公务网浏览这两个网站的内容。

上海人大公众网自改版上线以来，充分发挥网络平台优势，不断提升人大工作的公开性和透明度，已经成为宣传人民代表大会制度和人大工作的前沿阵地。

2010年4月，上海人大公众网英文版建设工作正式启动。公众网英文版整个建设过程始终贯彻人大宣传主旨，注重稿件的质量与时效性。市人大常委会主要抓好公众网英文版选稿和译稿两个关键环节：选稿时，按照《市人大常委会上网信息安全管理规定》要求，突出市人大常委会年度工作，遴选公众关注热点的信息；译稿时，按照人大系统的翻译规范，贴近国外友人阅读习惯，在文字上力求“信、达、雅”。截至2010年底，上海人大公众网英文版的建设工作已经基本完成，进入试运行阶段。正式上线后的上海人大公众网英文版将成为市人大常委会开展国际交流、对外宣传的重要窗口。

【发挥平台效能，加强代表履职工作】 市人大常委会在信息资源平台的使用过程中，充分发挥平台的灵活性优势，及时响应代表和使用部门的反馈意见，对已经上线的上海人大代表网不断进行功能调整。2010年5月，市人大常委会完善了代表履职信息管理系统功能，加强了对系统的监管与维护，使系统不断贴近代表的使用习惯，提高了系统的使用效率。完善后的代表履职信息管理系统不仅方便了代表，也使得市人大常委会能够更好地了解代表的履职情况。

市十三届人大三次会议期间，市人大常委会通过上海人大代表网及时发布大会信息，推送大会文件，报道媒体动态，通过网络与代表保持密切沟通。2010年，上海人大代表网共发布2 568条各类信息，推送文件820件。代表履职信息管理系统共登记代表活动619批，计9 261人次。上海人大代表网这一信息资源平台不仅方便了代表履职，也提高了市人大常委会代表工作的信息化水平，充分体现了服务代表的工作理念。

【发挥网络优势，宣传、联系公众】 网络媒体不受时间、地域限制，覆盖面广，影响力大，是联系公众、宣传人民代表大会制度和人大工作的重要阵地。市人大常委会通过上海人大公众网这一宣传阵地，以专题网页、品牌栏目、追踪报道、图片新闻等多种形式，全方面立体展示和宣传人大工作，普及民主法治知识。2010年，上海人大公众网发布5 672条各类信息，网站页面浏览量超过3 700万次，日益增强的公众影响力凸显了网络媒体的传播优势。

2010年，市人大常委会还不断完善“人大网议日”活动的组织与运作机制，注重与公众的互动交流，强化与人民群众的联系。全年举办24期“人大网议日”活动，邀请62位人大代表及专家做客演播室，参加互动活动。活动期间，网友提出各类问题1 450条，人大代表及专家现场回答了624条具有代表性的问题。问题涵盖了法规草案、代表工作、上海世博会和公众热点等各个方面，为市人大常委会开展年度工作提供了参考依据。

【加强信息化基础建设】 2010年，市人大常委会继续推进阅文电子化，注重会务信息化设备维护，保障市人代会、常委会和主任会议等重要会议顺利召开。市十三届人大三次会议期间，市人大常委会精心组织，集中信息资源平台力量，确保电子会议系统精准运行，为全体市人大代表提供信息服务和技术支撑，完成了上海人大公众网、上海人大代表网和上海人大机关网市人代会专题网页的信息发布工作。

2010年9月，市人大常委会根据常委会议事规则，对常委会会议厅会务系统进行了修改，增加了“专题询问”功能。当会务系统进入“专题询问”功能预设程序后，常委会组成人员可以就某一问题向答询人问询及追问，会场大屏幕显示与“专题询问”相关的提示信息，会场摄像机将自动追踪询问人和答询人，会场话筒也将进入预设程序模式。“专题询问”功能的增加，使得常委会会议厅会务系统更加适应常委会会议的要求，更加适应民主法治进程的要求。

市人大常委会在推进信息资源平台建设的同时，还做好信息网络的安全管理工作，在加强信息安全的前提下充分利用资源、共享资源，为人大工作提供可靠的信息化支撑服务。2010年，市人大常委会依据有关规定，运用多种信息安全技术手段，对系统进行了加固，有效增强了信息系统的安全性。

（宋　兵）

中国共产党上海市委组织部

【概况】 2010年，中国共产党上海市委组织部（以下简称“市委组织部”）信息化建设以服务组织工作大局为中心，围绕基础网络建设、基层党建信息化工程、干部管理信息系统应用、“千人计划”网站等重点内容，大力推进信息共享和业务流程信息化，增强了信息化工作与业务工作的结合度。

【基础网络建设稳步推进】 按照中组部要求，2010

年要完成“大组工网”在市委组织部和各区县的全面建设，形成全网接入中组部“大组工网”的网络格局。在市发改委、公务网管理中心、保密局等单位的支持下，顺利完成了项目报批、方案设计论证、工作督导和现场验收等一系列工作，并于2010年9月上旬顺利通过中组部的检查验收，11月底，全市18个区县全部接入“大组工网”。在“大组工网”实施过程中，探索形成了市公务网和中组部专网“两网融合”的接入模式，使网络资源充分共享；在建设模式上，形成了独具特色的“民主集中”建设模式，得到了中组部的充分肯定。同时，配合“大组工网”建设，为部内局域网增配了网络防火墙、设置网络安全策略等，局域网的安全性和稳定性得到了全面提升。经沟通协调，12月，市政务外网中心为组织部机关新增20M的互联网带宽，提高了部内访问互联网的速度和质量，有效缓解了网络拥堵问题。

【基层党建信息化工程取得新成果】 2010年8月，上海基层党建网完成改版工作，已有10万党员实名注册，新设立的“党员设限平台”等专栏，以网络方式进一步畅通了党员实现知情、参与、监督和选择权的渠道，受到了广泛好评。依托新颖的网络环境，3 000余位党员为上海市“十二五”规划建言献策，建议稿已报送市委有关部门参考；向基层组织书记和市第九次党代会党代表就《关于进一步推进区域化大党建工作的意见》征求意见、向全体党员公示中管、市管党费使用情况和援建四川特殊党费考察报告等，受到了党员热烈回应；开辟了“百万党员践行文明行为准则”承诺专栏，号召本市党员共同做出文明承诺。活动得到了本市党员、积极分子的热烈响应，共有106万党员、积极分子网上承诺，成为本市参与规模最大、人数最多的一次网络活动。

【进一步深化领导干部管理信息系统应用】 干部信息库建设取得显著成绩。开发建设“领导干部信息综合查询系统”，将“局档库”、“干部教育培训系统”、“白头文件处理系统”和“后备干部系统”等干部应用系统进行整合，体现最大限度的信息共享。另外，通过业务过程中的信息服务来优化和规范业务，使业务工作与信息化服务双促进。如开发“部务会上会系统”贯穿部务会的材料准备、过程反馈和上会演示全过程；开发“白头文件系统”贯穿文件起草、投箱管理、文件利用和归档全过程。

部内办公门户建设取得新亮点。部内办公门户建设聚焦日常服务应用，旨在增强与用户的互动性和提供更多的个性化服务，通过信息共享和信息服务提升工作便利。新建设的“白头公文”系统具有拟文、交换箱流转、网上流转、领导批示、意见建议、统计分析等功能，可让用户在不改变操作习惯的前提下，将操作痕迹自然而然地保存于信息系统中，并沉淀为相应可供利用的知识。办公门户上新增的“图文台”栏目体现出内容更加丰富、形式更加活泼、功能更加齐全等特点，通过电子书和音、视频资料的互动交流，营造出机关良好的文化氛围。

党内统计和干部统计工作继续保持良好势头。根据中组部、国家公务员局有关党内统计年报、干部统计年报的工作要求，严把统计工作的“源头关”、“审核关”，按时、高质地完成了党内统计和公务员统计工作。经中组部、国家公务员局年报综合评审，上海市委组织部报送的党内统计和干部统计年报均获“全优报表”通报表扬，继续保持干部统计连续30多年全优、党内统计连续3年全优的好成绩。另外，探索网络环境下党内统计年报工作的新做法，首次组织全市各级党组织通过网上“党管系统”进行了2010年党内统计半年报工作，完善党员网上组织关系转接工作机制和交换平台软件。为配合新版党统软件的使用，确保统计工作质量，通过编制新教材，运用新技术，采取分类分层、互动交流等多种培训方式开展各种统计培训，全年累计培训人员达850人次，较2009年培训人次翻了近3倍。通过高质量的培训有效提高了工作人员的工作水平，得到了基层单位的一致欢迎和认可。

设计建设“上海市领导班子领导干部绩效考核测评系统”。为促进考核工作的规范化、标准化和科学化，对考核通知下发、信息上报、测评表打印、测评表下发、测评会召开、测评表回收、测评表读卡、考核结果统计等环节进行全程跟踪，基于网络化工作平台设计建设的考核测评系统，于2010年底开发完成并投入试运行。通过该系统，可提高领导班子领导干部考核工作的效率，减少人为操作错误的概率，同时又能直观地反映考核结果。

研制“干部档案流程管理软件”。为提升领导干部档案管理科学化、规范化水平，按照业务全过程流程管理的设计思路，进行了“干部人事档案管理信息系统”的系统设计和软件开发工作。干部档案统一采用条形码管理，信息系统涵盖档案“转入－审核－日常材料收集－扫描－入库－复核”全过程。

【“上海千人计划”网站开通】 “上海千人计划”网站为“千人计划”专家之间、职能部门和专家之间，搭建了一个高效互动的沟通交流平台。包含了新闻中心、最新公告、人才基地、人才政策、服务窗口、部长信箱、专家博客、网上沙龙、支持计划和重大工程等栏目的“上海千人计划”网站于2010年8月开发完成并顺利开通。通过该平台，各有关职能部门可以及时发布相关政策，实时了解“千人计划”专家在创新、创业发展方面的进展以及面临的困难和意见建议等。通过该平台，建立了网上“千人计划”服务窗口，在原有“一站式”实体服务窗口的基础上，进一步提高服务效率和水平。同时，网站还特别开设了“部长信箱”和“网上沙龙”，在专家和领导之间以及专家和专家之间搭建了便捷的网上互动沟通桥梁。

（窦忠秋　凌旭峰　朱　磊）

上海市人民政府外事办公室

【政府信息公开工作】 根据《中华人民共和国政府信息公开条例》和《上海市政府信息公开规定》要求，上海市人民政府外事办公室（以下简称“市政府外办”）积极主动开展政府信息公开工作。2010年，主动公开和依申请公开政府信息87条、约15万字，全文电子化率达99%。

在政府信息公开方面，市政府外办对有关政府信息公开内容进行梳理，对应该公开的行政审批程序予以公开，加大全办行政管理的有效性。修订补充了政府信息公开的指南和目录，在“上海外事”网站上及时发送涉及上海经济和社会发展的信息，让更多的人了解最新的政府公开信息。

2010年是世博外交年，市政府外办加大世博会相关信息公开力度。主动向外国驻沪领事机构、新闻机构等公开有关信息，通过召开“世博国际贵宾接待情况通气会”等形式，介绍世博外事各类信息，为这些机构做好服务工作。组织、安排外国驻沪机构和相关人员参与世博会的开、闭幕式、中国国家馆日和“上海周”等各项重大活动。世博期间，市政府外办负责接待重要贵宾团组和协办一系列重大活动，并牵头处置和指导参展方所展示内容政治敏感问题以及各类涉外突发事件，在此过程中，通过“上海外事”网站及时向社会公开信息。与此同时还开发了世博外事管理信息系统，向本市有关部委办和区县通报有关信息，形成了统筹协调、运行有效的指挥体系和工作网络，为全市世博外事工作的有序推进和落实奠定了基础。

为了做好政府信息公开工作，市政府外办组织领馆官员列席上海人大、政协“两会”开、闭幕式，让他们了解市政府一年的工作情况和下一年工作规划；邀请领馆官员参加“第22届上海市市长国际企业家咨询会议”，邀请领馆官员出席市政协举办的“2010年市政协情况通报会”，会同有关单位为领馆官员通报本市“人口与计划生育情况”等。

【办公信息化二期项目建设】 2010年，市政府外办办公信息化二期项目基本开发完成。项目在继承一期成功的基础上，采用先进、成熟的计算机技术与通信技术，整合现有的网络主机和应用系统资源，打破各个业务处室信息孤岛壁垒，实现市政府外办信息资源共享。根据项目建设目标，系统平台以应用为核心，以业务为向导，实现“一个网络、两个门户、七大系统”的规划体系。

一个网络：即建设一个服务于市政府外办的核心局域网，建设标准遵循国家公安部颁布的3级等级保护。整合现有的网络资源，包括网络体系、服务器及储存体系、安全保障体系。在物理上实现全办的网络连通，改变各个处室间“信息孤岛”的现状。两个门户：即开发一个机关内部对内的门户和面向社会对外的门户。其中，对内门户集成全办各个应用系统，实现单点登录，实现处室间信息共享，并同时实现和对外门户信息交换，充分解决政务公开技术瓶颈、提高外事服务能力和水平。七大系统：根据市政府外办的业务职责，本期建设的应用系统包括：办公审批系统、外宾接待管理系统、突发事件处置系统、外事事务管理系统、机关事务管理系统和资源共享管理系统。

【公务网建设与应用工作】 市政府外办认真做好公务网网站的建设工作，做到目标明确，推进积极。2010年，对公务网网站的栏目做了调整，新增了近期信息等栏目，加大在网站上发布的信息量，特别重视对网站内容的更新与调整，做到专人负责、及时、准确。同时，做好公务网上各项应用工作。市政府外办积极落实市政府及市有关部门在公务网上推出“文、会、报”和信访系统等应用工作，分别指定专人负责。针对信访系统的应用，市政府外办结合实际工作情况，按照要求，确保信访系统正常运行。

（袁孟俊）

上海市国有资产监督管理委员会

【概况】 2010年，上海市国有资产监督管理委员会（以下简称“市国资委”）紧紧围绕提高国资监管信息化水平、推进企业管理信息化这一主题，结合国资监管工作实际，积极推进国资监管信息化建设。一年来，全面落实“制度加科技”的工作要求，探索新的工作模式，履行新的职能，根据本市国资国企改革发展“十二五”规划编制工作的总体部署和要求，研究编制信息化建设规划，协调推进企业信息化建设，进一步提高企业信息化管理水平，完善国资委门户网站建设，认真做好信息化服务工作，不断提升国资监管信息化建设，着力推进制度规范建设和机关信息化保障工作。

【推进国资监管信息化项目建设】 根据国资监管信息化推进目标，充分利用已建信息系统及监管数据，实施数据整合与应用集成，进一步突出企业财务监控、产权信息、土地数据管理和风险预警等内容，优化国资监管信息系统框架，建设和整合统一的国资监管网络平台。

系统项目建设全面推进。在充分调研的基础上，对系统方案做了进一步调整，充实了功能性内容。通过加强对项目的跟踪协调，及时解决了项目建设中的门户界面、系统功能确认、网络开通、调试场地、接口衔接，以及系统试运行期间用户意见反馈收集汇总和系统总体框架的优化完善。

网络建设基本到位。积极组织协调国资管理网络建设，协调解决市公务网非涉密域的应用问题，并会同市公务网管理中心，明确国资委系统各单位应用系统接入公务网和网络安全保密要求，有 41 家出资监管企业接入公务网非涉密域，基本实现网络全覆盖，为国资监管信息系统的运行奠定基础。

重点业务应用扎实推进。根据年度纪检监察重点工作需要，配合土地资产核查，重点开发了土地管理信息系统项目，对国资委系统所有企业的土地信息进行数据库管理，实现查询、汇总分析以及重大变化提示等功能。2010 年年内，系统通过试运行。

【研究编制信息化“十二五”专题规划】 2010 年，根据本市国资国企改革发展“十二五”规划编制工作的总体部署和要求，对本市国资国企信息化建设“十二五”专题规划进行课题研究，在调研和反复讨论的基础上，编制形成了本市国资国企信息化建设“十二五”专题规划。

开展信息化课题调研。为全面掌握上海国资国企的现状和发展趋势，把编制“十二五”信息化规划与课题研究结合起来，组织了信息化建设情况调研。在市国资委系统 50 多家出资监管单位中开展问卷调研，针对部分出资企业和单位信息化工作情况进行了汇总和分析，形成了市国资委系统信息化工作情况简要分析报告及信息化工作情况调研报告。

组织座谈听取建议。在国资委系统分三批召开了信息化建设规划座谈会，交流出资企业信息化建设情况，走访了市政府相关委办局，组织召开了专家座谈会，听取了企业和企业信息化工作专家学者对市国资委信息化工作以及“十二五”信息化专题规划的意见和建议。在了解上海国资国企信息化发展情况和未来企业信息化发展趋势的基础上，充分吸收机关处室、企业和专家各方意见，进一步完善本市国资国企信息化建设“十二五”专题规划。

指导出资企业制定信息化规划。为了配合本市国资国企信息化建设“十二五”专题规划，进一步加强对出资企业的信息化规划指引，印发了《关于市国资委出资企业编制信息化工作专项规划(2011—2013)的通知》，指导出资企业编制信息化工作专项规划。督促出资企业编制信息化工作三年专项规划，对出资企业信息化建设进行汇总分析。

【协调推进企业信息化建设】 总结交流企业信息化工作典型案例。把总结典型经验、促进交流、提供相互借鉴的机会，作为加强企业信息化工作的主要抓手。2010 年年内，开展了市国资委系统企业“十一五”信息化优秀案例征集活动，并遴选 23 个企业信息化案例，汇编成《市国资委系统企业信息化案例选编》，展示信息化成效，明确国资国企信息化目标任务；规范国资国企信息化工作。联合市经济信息化委、市社科院就推进上海市国有企业信息化现状、瓶颈问题、发展动向进行了专题调研，形成调研报告。同时，研究制定《关于加强上海市国资国企信息化工作的意见》(初稿)，提出加强国资国企信息化工作的重要意义、指导思想、总体目标、主要任务和措施要求，将国资国企信息化工作逐步纳入制度化轨道；探索建立企业信息化水平评价指标体系。为进一步提高企业信息化水平，引导企业信息化工作，建立科学的信息化工作体系，制定了《市国资委系统企业信息化水平评价工作方案》(征求意见稿)，编制了《20XX 年度上海市国资委系统企业信息化数据采集表》等相关制度，组织开发了网上数据采集系统，为全面推行企业信息化水平测评打下基础。

【积极推进企业软件正版化工作】 根据全市推进企业使用正版软件工作的各项要求，市国资委配合版权局协调和督查国有企业软件正版化工作，强化版权保护意识，执行版权管理制度。2010 年，市国资委对系统部分企业使用正版软件工作情况进行抽查，纠正存在的问题，在完成第一批 19 家企业正版化工作基础上，继续推进第二批 13 家企业的正版化工作，并在市企业使用正版软件工作领导小组办公室工作会议上，交流汇报了国资委所属企业使用正版软件工作情况。同时，会同市版权局组织召开"上海市国有大中型企业软件正版化工作交流会"，推介国产软件产品，督促企业自觉使用正版软件。

【国资委门户网站建设】 2010年，进一步加强市国资委门户网站的建设和管理，组成网站工作小组，制定了《市国资委网站管理暂行办法》，建立新的工作机制，积极推进国资委门户网站建设。主要工作包括：

加强网站内容维护。调整网站信息发布工作模式，发挥网站工作小组作用，实行采、编、发集中办公，较好地完成内网、外网、党建网信息的日常发布。截至2010年12月，国资委门户网站共编发信息2 800多条，内网网站编发信息2 100多条，主动公开信息40条，发布互动交流信息10条。上报中国上海门户网站1 300多条，录用1 000多条，网站内容、更新速度、质量均有明显提高；强化网站技术保障。拓宽机房网络带宽，解决外网维护远程登陆的安全问题，同时制定机房操作手册、应急处理办法、机房管理规定、值班制度等机房管理办法，网站安全保障得到加强，网站的运行更加顺畅；做好网站改版工作。根据国资监管业务工作的需要，反复调研、多次听取各处室意见，博采众长。通过组织专家咨询和网站管理小组讨论，认真细致地组织方案论证，制订《市国资委门户网站建设改版方案》，对网站进行全面改版，注重细节设计和把关，确保新版网站上线运行。通过改版，调整了栏目，完善了功能，优化了技术平台，使网站首页和栏目的设置更加合理、美观，安全性也有了较大提高。

【落实机关信息化保障工作】 做好机关信息化保障工作，确保机关办公的信息化需要和各处室业务应用信息系统的可靠运行，完成日常信息化应用系统的运维保障工作。

市国资委电子政务技术保障工作。做好市国资委电子政务内网需求调研，汇总上报市府办公厅，形成市国资委"十一五"电子政务建设情况报告；积极开展2010年度市政务外网安全检查，将安全检查情况报告报市政府公众信息网管理中心。按照业务需求，对信息化项目进行梳理、审核和汇总，申请上报了市国资委2011年度信息化项目预算。

信息系统安全保密工作。根据市国资委保密委要求，拟订《市国资委机关保密检查暂行规定》和《市国资委机关信息系统数据交换管理暂行规定》，修订《市国资委网络与信息安全保障工作方案》，提高政府应对突发公共安全事件中网络与信息安全事件的能力。配合委保密办，加强对涉密计算机户籍信息的管理，实施委机关信息系统、电脑设备的保密检查，保障世博会期间和日常工作的信息安全；调整委机关工作内网状态，改变密级文件流转方式，加强网络保密和信息系统的安全保密工作。

日常信息化服务保障工作。做好计算机、网络设施的调整、调试和维护保养，及时更新防病毒软件及设备。着手启动办公自动化升级改造，提出OA2 011版建设思路，组织了前期调研、方案设计、架构开发，完成了基础性工作。会议室网络会议系统的维护保障，确保了公务网直播视频会议等各种会议的正常使用。

诚信体系建设的相关工作。协调建立由委办公室牵头协调、相关处室根据职能分工推进、信息化管理处负责沟通协调的工作机制，制定了市国资委诚信体系建设的有关任务和分工。配合市经济信息化委，做好政协提案《关于在本市国企试行设立"信用管理部门"和"信用主管"的建议》的办理工作。

（赵 泉）

上海市经济和信息化委员会

【创建一流政府机关门户网站】 上海市经济和信息化委员会(以下简称"市经济信息化委")网站作为全市工业和信息化信息发布的平台，也是政府服务企业的有效网络。主要职能包括：产业发展、经济运行保障、技术创新、信息化建设等。2010年在网站建设上，以内容建设和管理保障为中心，按照市府办公厅对市政府各部门门户网站的要求，结合市经济信息化委的工作职能，整合资源，加强维护督查，不断提高网站内容的质量和水平。在2010年由市府办公厅举办的上海市政府网站测评活动中，涉及信息公开、网上办事、公共服务、互动交流、安全管理等方面的52项网站工作指标全部达标，卓越达11项，在委办类网站中名列前茅，并获得上海政府网站综合优秀网站称号。

以网站为信息公开主渠道，抓实主动信息公开事项：按照国家信息公开条例和市政府有关规定，市经济信息化委将最新公告、政策法规、信息公开事务等实时公布在门户网站上，2010年主动公开信息目录有172条，依申请公开网上受理件5件，公开的行政许可和非行政许可审批事项28项。同时为用户提供了便捷的检索功能，便于用户查询经济信息化委网站的信息公开内容。"信息公开"提高了市经济信息化委工作的透明度，网站已成为信息公开的主渠道。

网站突出服务功能，加强双向互动：市经济信息化委由专人预审、复审和分发网站上企业和市民提交的各类办事需求、咨询和投诉等,网站提供了直通渠道,提高了企业对政府服务的满意度。"网上办事"、"网上咨询"、"网上面对面"等是市经济信息化委在网上为企业和个人服务的重要手段,它改变了原有的单向服务方式,集聚了委内所有资源,"一个口子、一种声音"服务企业。企业的咨询、建议、提问、需求和其他需要市经济信息化委办理的事项都可以经由网上提出申请,这些申请流转到相关业务处室经过处理后,在外网及时将办理状态和结果告知申请对象。2010 年通过网上"主任信箱"、"企业呼声直通车"受理的事项有 630 件。

以并联审批平台为手段,提供便捷透明的办事方式:依托市经济信息化委内、外网并联审批协同平台,将要公开的信息经过内网流转审批后,通过安全性处理可以转到网站公布,保证了信息公开的及时性和准确性;同样,由外网受理的网上办事、咨询、投诉等事项,经由内网流转至相关业务处室处理后及时在外网网站上告知申请人,真正做到了信息处理的及时性和透明性。2010 年通过内外网并联审批平台共审批项目 2 000 多项。

网站是工业和信息化有关信息的资讯中心:网站及时发布全市工业经济运行最新动态、委内工作最新动态、国内主要经济要闻、工业动态、全国工业经济运行研究报告以及高新技术产业化最实时、最前沿的信息,及时发布全市工业经济运行数据,包括:全市工业、区县工业、都市产业、现代工业园区、产品数据库、行业协会等。网站每天更新各类咨询约 20 万字以上。

网站通过信息安全等级测评:市经济信息化委网站采用完全自主管理和发布的方式,2010 年对门户网站整个软硬件系统的安全性进行了进一步加固。对网络和网站系统已有的安全设备优化配置,如:防火墙、入侵防御、网页防篡改、网络监控等,在世博会和国庆等重要时段,市经济信息化委的链路经过 DDOS 防护后没有因攻击而阻塞,网站没有发生宕机、被篡改情况。2010 年底,网站通过了信息安全二级测评。

【完善市经济信息化委专项资金项目管理与服务平台】 完善服务平台各项功能。2010 年持续对专项资金项目管理平台进行了功能完善,形成了 10 个环节的信息化管理流程并明确了部门职责分工。重点明确项目评审、领导审核、项目公示、项目审批、请款支付等环节的工作流程,确定每个环节的工作时限;在继续完善管理平台外网申报受理、网上评审、统计汇总等功能的基础上,结合 OA 系统开发内网管理程序。

稳步推进专家库建设。明确专家分类标准、学科代码和专家推(自)荐表式,实现专家信息管理、统计分析及综合评估等功能;积极开展专家征集入库工作,已入库专家约 1 200 人,为网上评审工作提供有效支撑。

认真开展网上评审。市经济信息化委的所有专项资金都要纳入服务平台统一管理,2010 年积极开展了专项资金项目网上评审试点。截至 11 月底,共有中小企业发展、行业协会发展、信息化发展、节能技术改造等 14 个专项开展网上申报受理,其中有 12 个专项邀请了 560 人次专家进行网上评审,评审项目共计 1 833 个。

【启动市经济运行与产业安全监测网(二期)建设】 2010 年,在继续做好工业预测报送数据、产业损害预警报送数据、生产性服务业报送数据、成品油报送数据、煤炭报送数据、重点流通企业采集数据、煤炭资格审批企业数据、加油站企业数据、产业安全数据等各类数据报送和分析的同时,启动了"经济运行与产业安全监测网(二期)建设,对网站既有栏目进行了梳理,进一步梳理数据报送的内容、方式、频度等,结合 18 个区县、20 个集团和部分企业的数据报送实际,规划新增应用功能,调整了栏目设置,完成了网站改版升级工作。建立了委内 10 个处室参加的信息监测平台,明确了工业、服务业、转变发展方式、信息化建设等 4 个监测重点和 23 个监测项目,完善了监测协调的长效机制。按照国家发改委的要求,建立了新标准(国Ⅳ、沪Ⅳ)的成品油采集分析系统,并做好数据分析监控。

【建立上海市生产性服务业功能区平台】 为贯彻落实上海加快生产性服务业发展,逐步形成服务经济为主产业结构的要求,全面、客观、真实地反映全市生产性服务业的规模、速度和结构,2010 年市经济信息化委以推进生产性服务业功能区建设为抓手,以信息化为手段,引导企业集聚发展。建立了"上海市生产性服务业功能区平台"(www.shps.gov.cn),可以使全市 18 个区县 23 家生产性服务业功能区使用"生产性服务业重点领域监测系统"来采集、统计入驻企业的相关指标,生成季报和年报。指标包括了本市生产性服务业 33 个大类、90 个中类和 141 个小类,采用的统计口径包括总集成总承包、供应链管理服务、电子商务与信息化服务、研发与设计服务、检验检测、节能与环保服务、专业维修服务、非银行金融服务、专业中介服务和培训教育服务十大领域。系统不仅为生产性服务业功能区提供了有效的管理平台,也为市政府各级领导制定相关产业政策提供了很有价值的依据。

【完善信息化项目管理平台，规范归口管理】 为方便各市本级预算单位进行信息化项目预算申报，2010年对信息化项目管理平台进行了升级完善，开发了网上申报系统和评估审核系统，并实现与市财政局预算信息管理系统的对接。将市本级预算信息化项目、市建设财力信息化项目和委信息化发展专项资金项目纳入统一平台进行管理，实现数据的互联互通，大大提高了申报和审核效率，提高了项目的管理效率和规范化程度。2010年，共完成89家预算主管部门、314家预算单位、1 447个信息化预算项目的审核，以及18个信息化发展专项资金历年项目的验收。通过建立信息系统，一方面根据各预算申报单位的要求，建立网上申报系统，方便各市级财政预算单位申报信息化项目预算；另一方面建立信息化项目归口管理项目库、全过程管理子系统、绩效评估子系统，从原有的项目前置审核向信息化项目全过程管理转变，加强项目监管和绩效评估，从而提高信息化项目管理水平和管理质量，提高政府投资资金的使用效率。

【以党建网为载体，推出“世博特别专题”频道】 以市经济信息化系统党建网为载体，推出“世博特别专题”频道，为世博会召开进行专题宣传报道。在世博会倒计时30天之际推出“世博特别专题”，包含“观博指南”、“精彩看点”、“迎世博百千万”、“系统企业馆”、“志愿者风采”、“视频浏览”等板块，重点介绍世博会内容，宣传系统企业参与服务世博的精神，提供观博指南和开展“我最喜欢的场馆”和“我最喜欢的央企馆项目”投票等相关活动，让系统单位职工通过党建网了解系统参与世博的情况，收到系统单位党员职工DV作品44个；6个场馆、17个特色项目获提名，4 200余人次参与投票；其中石油馆4D电影《石油梦想》和中国航空馆模拟机体验飞行驾驶并列得票数第一。

（张舒敏）

上海市工商行政管理局

【概况】 2010年，上海市工商行政管理局(以下简称“市工商局”)信息化工作围绕着深入贯彻落实全国工商行政管理信息化建设工作会议精神开展，按照国家工商总局信息化建设的部署和上海市信息化建设的发展需要，开展了卓有成效的工作。

【全面评估“十一五”信息化效能，积极谋划“十二五”信息化规划】 “十二五”是我国全面落实科学发展观，加快经济增长方式转变，建立和谐社会的关键时刻。为适应工商行政管理改革创新的需要，满足上海电子政务发展的要求，全面提升工商行政管理信息化建设发展水平，按照国家工商总局和上海电子政务建设的统一部署，根据紧密围绕当前和今后一个时期工商信息化工作的总体要求，上海市工商局全面评估“十一五”期间上海工商信息化建设效能，积极谋划“十二五”上海工商信息化规划。

市工商局开展的“十一五”信息化效能评估，是以信息化效能评估理论和模型为依据，面向系统内各级工商部门业务人员、信息化管理人员和服务对象中的部分企业及代理机构、相关政府机关工作人员，结合上海工商信息化建设特点，采用定量的指标体系进行问卷测评，同时采用定性的座谈、访谈等评估方式，开展调研评估，分析现状与问题，提出对策与建议。

在“十一五”评估结论的基础上，市工商局积极谋划上海工商信息化“十二五”规划。以先进的信息化理论为支撑，结合工商业务的发展目标，初步形成“十二五”期间上海市工商行政管理局信息化发展方向，积极构建以市场主体为核心的新型数据模型、创新技术手段、全面覆盖业务应用，加强基层工商信息化建设、完善公众服务平台，使上海工商的服务效能、行政执法和监管能力得到全面提升。

【加强信息化项目管理，完成“金信工程改造项目”建设任务】 2010年是市发改委批准立项的“金信工程改造项目”进入全面建设阶段。在上海市工商局“金信工程改造项目”领导小组的领导下，加强了信息化项目的各项管理制度，保证各系统建设稳步推进。业务应用软件改造的“综合监管系统改造”、“应用支撑平台”基本完成开发；“广告监管系统扩展(广告检测)”完成开发、部署；“流通领域商品质量监测系统扩展(索证索票)”、“12 315消费者申(投)诉处理系统扩展(消费维权点)”进入上线试运行。系统平台改造的设备安装部署完成，运行正常；异地灾备系统升级调整完成，部分设备利旧完成。环境综合监控系统基本建设任务已经完成，“业务处理与数据中心”中心机房设计方案也已基本确定，施工建设有序进行。

【构建信息安全保障体系，确保世博期间上海工商信息安全】 根据《中国2010年上海世博信息安全保障工作责任书》、《上海市网络与信息安全协调小组办公室关

上海市新闻出版局

【概况】 2010年，上海市新闻出版局（以下简称"市新闻出版局"）开发的"上海印刷复制业备案管理系统"正式开通。系统由图书、期刊印刷委托书网上备案系统、境外出版物审批系统、境外包装装潢及其他印刷品备案管理系统、出版物条形码网上申请系统、教材质量监管备案系统、承接境外复制业务和复制委托书管理及五项制度备案系统七个系统组成。为企业申办有关事项提供了方便快捷的通道，也是政务公开、透明公正服务的体现。同时，为印刷复制管理部门提供了更加便捷的统计方式、更加全面的信息和有效的监管体制。

市新闻出版局开发的"互联网信息查处系统"于2009年下半年建成并投入使用，经过一段时间的磨合，并配之工信部相关软件，该系统日臻成熟、完善。一年多来，新闻出版局通过系统删除的违规信息达56条，通过系统的搜索引擎共搜索、检查非法政治性网络出版物246部（篇）。高效、快捷的互联网信息查处系统的运用，使新闻出版局的查处工作更趋规范化，工作效率显著提高。

为了更好地存储藏品数据，研究、开发和利用藏品资源，为社会公众服务，上海市新闻出版局下属单位上海韬奋纪念馆建设了"藏品信息管理系统"，并于2009年正式启用。系统分韬奋纪念馆和出版博物馆（筹）两个子系统，集藏品信息管理、藏品保管管理、多媒体信息管理、藏品信息编目查询、账务统计、用户管理、藏品信息发布功能于一体；其基本建设目标是利用计算机信息技术，达到馆内藏品合理分类、安全存储，规范藏品管理业务流程，提高藏品管理者工作效率的目的。在此基础上，实现馆内资源的数字化和网络化展示，以推动韬奋纪念馆数字信息化建设更上新台阶。

【图书、期刊印刷委托书网上备案系统】 图书、期刊印刷委托书制度是出版物印制管理的基本制度，以往全国各出版单位所使用的印刷委托书均为新闻出版总署监制发放的四联单，由出版单位、印刷单位和各自所在地省级新闻出版局盖章后做备案管理，但在具体业务办理过程中耗费了一定的人力物力，尤其是出版单位和印刷单位不在一个地区的委托印刷情况，往往耗费大量时间。

"上海印刷复制业备案管理系统"建立运行以来，图书、期刊委托书备案制度被列为审批事项备案中的一项，此项制度于2010年3月起实施，具体备案流程如下：出版社或杂志社填写信息；录入图书、期刊印刷委托书并提交；如果是委托上海印刷企业承印，上海印刷企业可以看见委托信息；如果是委托外地印刷企业承印，上海市新闻出版局可以看见委托信息；上海印刷企业确认委托业务并提交上海市新闻出版局；上海市新闻出版局加盖电子章，备案完成；外地印刷企业目前还必须填写纸制委托书，到新闻出版局备案。

此项制度一经实施，就受到各出版单位和印刷企业的欢迎。运行以来已经完成网上备案18 042条，减少了出版单位和印刷企业来新闻出版局办理备案业务的时间，同时也节省了出版单位购买印刷委托书四联单的费用。从行业管理角度来看，图书、期刊印刷委托书实行网上备案，更加有利于管理部门直观地掌握上海印刷企业承接印刷的情况，包括按照页数、开本、种类、字数、印数、印张、定价等分别统计，同时还能掌握上海印刷企业承接本地和外地印制委托比例、各出版单位委托印制的本地和外地印刷企业比例情况等。另外，可以更方便地用于印刷管理部门进行统计分析和产业管理。这些都是纸制委托书管理无法达到的。

（梁国奋）

上海市文化广播影视管理局

【概况】 2010年是上海市文化广播影视管理局任重道远、践行改革、提升发展的一年，也是信息化工作机遇与挑战并重的一年。从"平安世博"、文物局挂牌到办公迁址，无不渗透着信息化工作的有力支撑。上海市文化广播影视管理局的信息化发展水平逐步提升，开创了内外网统一管理、信息资源融会贯通、系统构建相辅相成、资产管理与采购相互联动、信息化诉求落实到位的新局面。

（符慧君）

【全市区县全面使用上海文广影视网上行政审批平台】 作为上海市文化广播影视管理局跨年度重点信息化项目，上海文广影视网上行政审批平台在深入调研的基础上，于2009年7月正式启动开发设计工作；平台受理中心系统于2009年11月开发完成并上线使用；区县受理子系统于2010年2月开发完成并开通试运行，开始对全市进行推广和安装部署，徐汇区、崇明县、长宁区、宝山区、青浦区、杨浦区等18个区县文化（广）局相继接入大平台，上海文广影视网上行政审批大平台于2010年8月23日全面推广使用，标志着上海市文化广播影视管理局成功运用技术手段再造审批流程、缩减报批事项、加强过程监管，把市、区两级文化主管部门的行政审批行为纳入同一体系，在局信息化发展道路上具有里程碑意义。截至2010年12月31日，平台受理中心共受理审批事项

上海市人民政府办公信息处理中心

上海市人民政府办公信息处理中心成立于1986年，长期从事政府系统办公自动化和政务信息化工作，先后建设了上海市政府办公厅办公自动化系统、上海市党政机关应急指挥无线集群调度系统、上海市行政机关办公决策服务系统等信息化系统。

近年来，信息中心在上海市电子政务建设中成绩卓越，相继完成上海市政府核心办公业务系统、国家重大科技专项及863项目《上海市电子政务试点示范工程》、“中国上海”门户网站、上海市电子政务网上办事支撑平台等一系列重大工程建设。编制了上海市电子政务协同工作数据标准，完成了上海市电子政务协同工作数据标准测试及示范应用、电子政务协同工作安全支撑平台关键技术研究及实现、信息安全公共服务关键支撑技术和系统研发及应用等课题研究。自2010年开始，信息中心全面开始了上海市电子政务灾难备份中心建设。在2010年上海世博会上，信息中心承担了上海世博会主运行指挥部信息系统的应急值守和技术保障工作，荣获了市委市政府颁发的“上海世博工作优秀集体”称号。

在1986年至2010年的办公自动化和政务信息化建设历程中，信息中心取得了优异成绩，十余次获得上海市科技进步二、三奖，蝉联上海市文明单位和上海市市级机关文明单位。

地址：上海市人民大道200号3区3F　　邮编：200003
电话：021-23112060　　传真：021-63291194

中国人民银行征信中心

中国人民银行征信中心是经中编办批准，于2006年在上海注册成立的中国人民银行直属事业法人单位，主要职责是依据国家的法律法规和人民银行的规章，负责全国统一的企业和个人信用信息基础数据库（简称企业和个人征信系统）和动产融资登记系统（包含应收账款质押登记公示系统和融资租赁登记公示系统）的建设、运行和管理。目前，征信中心在全国31个省（自治区、直辖市）和5个计划单列市均设有征信分中心。

征信中心主要致力于为信用交易和银行信用风险管理等活动提供征信服务，为社会各行业信用信息提供有效的传播渠道，依法保护信息主体权益，推动信用总量增加、信用风险管理行业发展、公众信用管理能力提高和社会信用体系建设。

目前，全国统一的企业和个人征信系统现已连接了所有商业银行、政策性银行、信用合作社以及大量的其他金融机构，服务网络遍及全国几乎所有金融机构的基层营业网点，在全国范围内为每一个有经济活动能力的企业和个人建立了统一的信用档案，涵盖其基本信息、信贷信息以及反映其信用状况的其他类型信息。截至2010年12月底，个人征信系统收录自然人数77 670.7万人，其中22 460.4万人有信贷记录；企业征信系统收录企业及其他组织共计1 691.0万户，其中790.9万户有信贷记录。

作为我国一项重要的金融基础设施，征信系统的建立为建设有中国特色的征信体系奠定了坚实基础，极大地推动了我国征信业的发展。征信系统建设牢牢坚持“立足金融、服务社会”的原则，坚持以客户需求为导向，积极为金融机构和信息主体提供方便、快捷、高效的信用报告查询等征信产品和服务，在防范金融风险、打击违法行为、维护金融稳定、提高社会信用意识方面发挥了重要作用。

同时，为落实《物权法》中关于应收账款质押登记的有关规定，征信中心建立了应收账款质押登记公示系统。该系统是我国首个基于互联网运行的、全国统一的、服务于应收账款融资业务登记、查询的管理信息系统。截至2010年12月底，我国应收账款质押登记量已经超过28万笔，累计查询近36万笔。此外，应租赁业界的要求，征信中心还依托应收账款质押登记系统平台建立了以公示各方当事人交易关系的融资租赁登记公示系统。在促进金融部门发展和改善中小企业融资服务方面，应收账款质押登记公示系统和融资租赁登记公示系统作为支持动产融资发展的重要金融基础设施，对防范交易风险、保障交易安全和当事人权利、预防和解决物权冲突等具有重要意义。

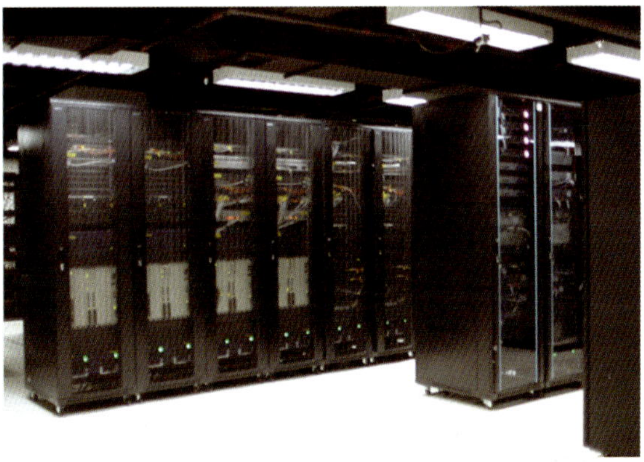

长城宽带网络

上海长城宽带网络服务有限公司（Great Wall Broadband Network Servic
Co.,Ltd.）公司成立于2000年4月，现由中信集团全资控股，是全国最大的驻地
运营商之一，辐射全国30多个大中城市。公司投资近三十亿元，以新世纪高科技
展为契机，以新一代以太网技术为基础，建设宽带网络。在3G大潮的策动下，
司更是全力打造EPON接入立体化运营技术系统，并逐步发展了基于多媒体技术
宽带产品和各种增值服务。目前，长城宽带除了提供优质网络，也专业为1 500
社区的440多万消费者提供零距离的家庭消费和生活服务解决方案，得到了上海
费者的一致好评。

地址：上海黄浦区西藏中路728号美欣大厦22楼

24小时服务热线：4001-001-001

服务有限公司

长城宽带网络服务有限公司（www.gwbn.net.cn 以下简称“长城宽带”）由长城科技股份有限公司、中国长城计算机深圳股份有限公司、深圳长城开发科技股份有限公司联合投资设立的高科技网络公司。2002 年 5 月，中国中信集团公司注资，成为长城宽带最大股东。公司注册资本达到 9 亿元人民币。2010 年 8 月，中信全资控股长城宽带。

长城宽带上海公司总经理徐巍在十周年答谢会上介绍相关产品

长城宽带以新世纪高科技发展为契机，以新一代以太网技术为基础的宽带网络建设，为用户提供从接入到骨干、从天空到地面的端到端宽带解决方案，并逐步发展了基于多媒体技术的宽带产品和各种增值服务。在3G大潮的策动下，致力于网络运营的长城宽带不惜重金拓展研发领域，全力打造EPON接入立体化运营技术系统，让人们看到了产业突围的曙光。EPON（以太网+无源光网络）接入方式率先应用于上海、深圳、武汉、北京等大城市，并逐渐辐射到全国的长城宽带用户。

长城宽带上海公司总经理徐巍接受新浪上海独家采访

2009年，长城宽带荣获中国互联网协会授予的“企业信用AA+级荣誉称号”；2010年，长城宽带荣获“中国互联网产业百强”称号，并荣获“最具人气宽带网络服务奖”。

未来，长城宽带将继续坚持“精诚服务，全网关怀”的企业经营理念，以更优质的网络，更先进的技术，更人性化的服务，向广大用户展示一个更全面“宽带专家”的形象，引领用户走向更美好的网络新生活。

上海市公安局

世博安保科技保障

在公安部和市委、市府的正确领导下，上海公安科技工作按照市局党委关于“世博安保，科技先行”的决策，围绕世博安保信息化项目建设和应用，在世博安保科技保障工作中取得了巨大成就，基本实现了实战指挥扁平化、交通管理智能化、治安防控可视化、警务工作数字化的既定目标。

同时，全局民警广泛参与世博安保信息化推进和应用，全局科技民警无私奉献和勇于克服困难的精神，为上海公安信息化工作的进一步发展留下了宝贵的经验和精神财富。

《华东地区公安机关信息资源共享应用章程》——签约仪式在上海市局举行

为充分运用华东六省一市公安信息化建设成果，服务2010年上海世博会安保工作和各地公安工作，2010年2月24日，上海、浙江、江苏、安徽、福建、江西、山东等华东六省一市公安厅（局）领导在上海市公安局举行《华东地区公安机关信息资源共享应用章程》签约仪式。

《华东地区公安机关信息资源共享应用章程》明确了华东地区公安机关信息资源共享原则、协作范围、共享内容、共享方式等内容。

上海市监狱管理局

上海市监狱管理局以信息化建设为突破口，着力构建全覆盖、全天候的警务运作模式，初步建成与“监狱指挥中心、监狱分控平台、现场管控点”三级警戒架构相适应的、信息互通、资源共享、标准统一、应用完备、效果辐射的监狱信息化管理体系。已经建成的数字化监狱、监狱指挥中心、监狱手机屏蔽系统、狱政管理系统、人力资源系统等，大大增强了监狱安全防范能力，提升了监狱现代化管理水平。

本着“先进、科学、合理”的原则，上海市监狱管理局先后建成了“上海监狱信息网”、“上海监狱公务网”和“上海监狱公众网”三大门户网站，先后开发了监管改造、行政办公、人力资源、后勤保障、狱务公开等五个一级业务应用系统，其中狱政管理、人力资源、档案管理、刑罚执行、生活卫生、教育改造、综合治理等应用软件，在全国监狱系统中居于领先地位。

通过制定与完善《数字化监狱建设标准》、《监狱指挥中心建设技术标准》、《监狱分控平台建设技术标准》、《监狱现场管控点建设技术标准》、《局网络与信息安全事件专项应急预案》等一系列标准和制度，有力地促进了信息化建设的集约化与规范化。

2010年，上海市监狱管理局积极参与世博、服务世博、奉献世博，为保障网络与信息安全，编制了《局信息与网络安全专项应急预案》、《局信息系统保密管理规范》，并组织各监狱开展应急预案演练活动，为上海世博会的成功举办做出了积极贡献。

地　　址：上海市虹口区长阳路111号
联系电话：021-35104888

华东工程软件测评中心

华东工程软件测评中心（以下简称“测评中心”）隶属于华东计算技术研究所，是根据原信息产业部信办科[2001]18号文件于2001年6月经原信息产业部授权成立的专业软件测评机构，以面向国防工业部门和社会各界提供软件工程与软件测试咨询服务，共同提高软件产品质量为宗旨。

2001年起，测评中心在不断完善体系建设与提高技术能力的同时，开展了各项实验室资质认证工作，分别于2002年1月通过国家质量技术监督局的计量认证，2002年12月通过CNACL国家实验室认可，2005年4月首批获得解放军总装备部软件测评实验室资格认可（并通过后续阶段复审），2008年5月通过CNAS国家实验室认可和DILAC国防实验室认可。此外，在安全保密方面，测评中心具备国家武器装备科研生产单位一级保密资格。多年来，测评中心顺利完成了上百项软件测试任务，涵盖从嵌入式设备软件、实时控制系统到大型信息系统等多种领域、多种应用形式，累计提交软件缺陷1万余处，具备丰富的实践经验。

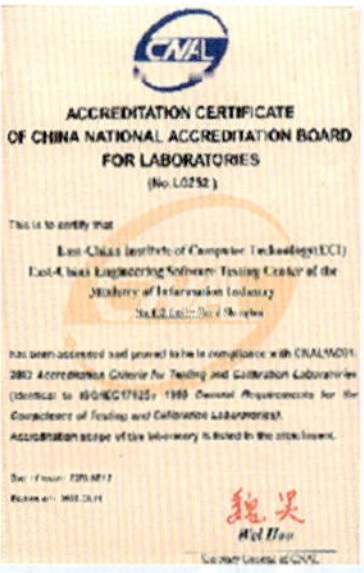

上海理工大学

公共信息服务建设

2011年是上海理工大学建校105周年，也是“十二五”规划的开局之年，信息化建设作为学校“十二五”重点发展和建设的主要内容，今年将着力推进信息化的跨越式发展、建设智慧校园。

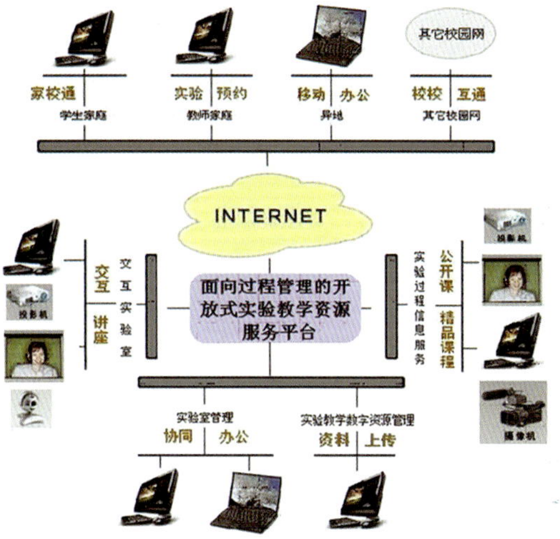

2011年我校信息化工作的主要建设项目如下：

1. 建立面向公共行政服务的“网上服务大厅”

“网上服务大厅”将配合学校的公共服务中心工程建设，实现业务规程导航及信息发布、服务大厅现场实时网上（手机）可视化查询和网上预约服务三大功能模块。长期困扰师生的公共服务排队问题通过该系统的预约和短信提醒等手段将得到大大缓解。

2. 实验教学开放式服务平台建设工程

通过使用该平台，实现实验室管理的规范化、流程化和信息化，提高实验室的使用效率、教学质量、管理水平和服务水平，以完善实验教学体系。它为实验室资源管理、项目管理、人员管理及设备管理提供了科学快捷的数据依据。为学校实验一体化教学管理建立起一种开放式的、网络化的、协同式的、高效率的办公新环境。

3. 校园无线网络建设工程

实现公共教学楼和办公区域的无线网络覆盖。届时广大师生将在这些区域享受到免费无线联网的服务。

4. 打造大学生“成长档案”

学生成长档案记录了每个学生在校期间的各类活动。包括学习、生活、社会实践等各方面。并通过对学生成长发展轨迹的跟踪，反馈学生参加各类活动给学生带来的影响，指导各学院及相关职能部处组织开展各类有针对性的校园活动。

地址：上海市军工路516号　　电话：021-55270597　　邮编：200093
学校网站： http://www.usst.edu.cn
信息办网站：http://net.usst.edu.cn

9 197 件，18 个区县共受理 5 327 件。

（符慧君）

【互联网上网服务营业场所计算机经营管理系统运行良好】 上海市文化广播影视管理局已建成的互联网上网服务营业场所计算机经营管理系统，是全国唯一一个能与全国网吧监管平台完成所有监管数据交换的地方网吧监管平台。2010 年，系统已覆盖全市 1 400 余家网吧的 26 万余台计算机终端，网吧文化服务器日常在线率达到 96%，客户端安装率达到 90%。

（潘　杰）

【上海非物质文化遗产网正式开通】 上海非物质文化遗产网（www.ichshanghai.cn）自 2009 年 6 月 13 日启动以来试运行良好，并于 2010 年 6 月 12 日“文化遗产日”当天正式开通。该网站定位为兼具传统中国元素和海派文化于一身，通过动画、图文、互动等形式，全面、完整、权威地反映本市非物质文化遗产及保护工作现状，实现对本市非物质文化遗产资源的合理利用和扩大传播。2010 年，网站基本形成了比较稳定的架构，并把建设重心放在了加强内容建设、提高更新频率、提升用户访问量、增加互动专题上。截至 12 月底，网站全年数据累计新增量近 2GB，其中图文新增约 0.6GB，音视频新增约 1.38GB，收录了本市 83 项市级非物质文化遗产名录项目、传承人、重要活动等大量图文信息。在内容的更新频度方面，网站坚持用新内容吸引用户访问，全年累计发布非物质文化遗产有关的新闻、可公开公文、学术文章 600 余篇，平均每天就有 2 篇更新内容。经统计，网站全年累计访问量达 104 800 次，平均访问时间 4:07 分钟，平均每位用户访问 5.5 个页面。网站着力加强用户互动，新增的互动专题有“网上民博会”、“文明盛会传统瑰宝”非物质文化遗产主题摄影比赛、“传承文化风情民间”上海市非物质文化遗产网上知识竞赛等，以上活动都受到网民的热烈响应和积极参与。

（葛永铭）

【上海市剧本创作中心网站开通】 2010 年 11 月底，上海市剧本创作中心建立了上海市剧本创作中心网站。网站内容涉及“中心介绍”、“信息动态”、“名家介绍”、“名作欣赏”和“剧本征稿”、“人才招聘”等，其中，“中心介绍”主要包括中心简介、中心定位、职能和中心主要工作任务；“信息动态”主要包括中心近期工作信息动态和中心最新创作情况；“名家介绍”主要介绍中心编创人员历年来的创作成果和获奖情况，以及他们各自的最新力作；“名作欣赏”专栏能点击浏览以上名家的代表作和最新创作的作品，提供在线浏览完整的剧本文本；“剧本征稿”发布《上海剧稿》征稿信息及其他各类活动内容。网站的建立进一步加强了上海市剧本创作中心与各级艺术团体和广电制作体之间的交流与合作，同时也方便了公众对上海专业高端艺术创作人才的检索与作品欣赏。

（市剧本创作中心）

上海市公安局

【概况】 2010 年，上海市公安局以世博安保工作为契机，科学规划全局信息化建设的总体框架，着力推进以一个基础、八大平台、五个系统为重点的新一轮信息化建设。经过此轮建设，上海公安信息化实现了跨越式发展，完成了从初级应用向高级应用的转变，具备了实战指挥扁平化、交通管理智能化、治安防控可视化、警务装备数字化的基本条件。在世博安保的实战应用中，各项信息化系统和通信设备运行稳定，有效保障了世博安保各项工作的开展，得到了公安部、上海市委、市政府主要领导的充分肯定。

【一个基础】 “一个基础”主要是建设“一个机房、两根光缆、三个网络”。其中，“一个机房”为市局武宁南路机房；“两根光缆”分别是世博安保 3 根越江光缆和崇明越江光缆；“三个网络”分别是公安信息网优化改造、视频信息 IP 网建设以及指挥网传输网络升级。通过“一个基础”的建设，上海公安网络已踏上新的台阶，继续保持国内先进行列。上海市公安局所有公安二级网单位均已使用自建光缆联网，网络的灵活性、安全性、可靠性得到有效保障。网络种类丰富，通过公安信息网、图像信息网和 SDH 传输网可提供多带宽、多种类、多接口的系统接入。联网带宽得到极大提升，各套网络的最低带宽已达到千兆，部分甚至达到万兆，消除了信息共享的传输瓶颈。

【八大平台】

“网上办案”平台　“网上办案”平台高度整合原有的“案事件信息管理系统”和“工作对象信息管理系统”，打破传统执法办案的手工模式。实现了行政、刑事两大案件的网上办理。全面达到案件网上受理、笔录网上制作、审批网上进行、签名网上完成和文书网上打印，从而真正实现统一办案操作流程，规范执法程序、提升办案效率、节约工作成本。截至 2010 年 12 月底，平台内共受理案事件近千万余起，全局已有2.5万余名民警通过平台开展案事件的办理工作。“网上办案”平台已成为基层民警执法办案过程中不可获缺的工作平台。

“网上办事”平台 “网上办事”平台依托上海公安政府网站建立“网上服务中心”和后台办理平台，将逐步实行100项左右行政审批办事项目的“外网受理、内网办理、外网反馈”的网上办事模式，实现“一次人工受理，全程网上服务”。“网上办事”平台已经开通了9类89项在线办理服务业务，并将事关群众生产生活、不涉及保密内容的243项服务事项的办事指南、表格下载、在线申报、状态查询、评价投诉、历史记录等全部在网上公开，方便群众查询。平台的日均访问量达到30万余人次，共受理办事申请1.5万余件，受理率为100%。

“网上办公”平台 “网上办公”平台建立了市公安局电子公文交换平台和电子公文传递安全保障系统，实现了市公安局与下属各单位之间的网上协同办公。平台主要解决文件、简报和信息的网上传输受阻问题，实现市局与各分县局、市局各单位之间纵向和横向兼备的传输功能，提升市局公文处理和全流程管理的智能化程度。“网上办公”平台自2010年4月18日试运行至12月31日期间，通过系统传递各类公文近2万件。

信息研判平台 信息研判平台依托公安网，汇集、整合公安内部资源和相关社会信息资源，满足各类警务信息研判和实战应用需要。通过该平台建设，进一步推动了上海公安工作体制和机制的改进和完善，逐步向操作流程规范化、应用服务实战化、信息平台综合化的方向发展。

警务信息综合应用平台 “警务信息综合应用平台”是在现有系统基础上，调整优化模块功能，完善应用软件，把需要派出所采集的各类信息纳入平台，实现与相关系统的关联共享，满足派出所日常业务的信息化应用需求。该平台既是一个实现业务信息采集、办理的工作平台，又是一个具备综合查询、比对分析、数据统计等多项功能，可满足公安机关各警种、各部门实际工作需要的应用平台，做到了基础信息一次采集、全警共享。“警务信息综合应用平台”数据日均增量约26万条，日均访问平台4.5万人次。该平台已成为上海市公安局信息最全、用户最多、应用最广的公安基础信息采集和综合应用平台。

实有人口信息应用平台 “实有人口信息应用平台”是以政务网为依托，以公安人口信息为基础，逐步融合政府各部门相关的信息资源，建立以全市人口信息为基础的，包含各委、办、局关联信息的战略性实有人口信息库。通过数据交换中心，实现与各委办局人口相关信息的交换、共享，并形成人口信息的采集、维护、交换、共享机制，为市政府和各职能部门提供人口综合信息服务，为提高政府监管能力、工作效率和公共服务水平奠定基础。“实有人口信息应用平台”已经汇集了各类数据3亿多条。平台在辅助人口管理、人员查控、追逃破案等警务工作中起到了积极的支撑作用。

警用地理信息应用平台 “警用地理信息应用平台”利用地理信息技术的空间分析能力和可视化展现能力，直观展现案（事）件、人员、重要设施、重点场所、道路交通情况等公安基础信息和实时警力分布，为实施扁平化指挥、提高应急反应能力提供支撑。平台包含强大的地图显示功能，包括地形图展示、航空影像展示、三维场景展示、模拟飞行，并实现二维和三维的平滑切换。同时，在二维和三维地图平台的基础上开发GPS、图像监控应用。此外，平台兼具辅助决策分析功能，可对各类业务信息进行分析，为决策者提供直观可视化的决策参考。平台包含了包括警用基础地理信息、警用公共地理信息、警用专业地理信息共计386个图层，其中基础信息图层39个、业务信息图层324个，满足了各类警务实战的需求。

跨部门关联共享平台 公安信息化是国家信息化的重要组成部分，信息共享和综合利用是公安信息化的重要目标，公安机关在执法过程中采集、处理、加工的公安信息是国家信息资源的重要组成部分。根据“金盾工程”二期建设的规划和部署要求，坚持统一接入渠道、统一共享策略、统一运行管理的原则，上海市公安局建成了“跨部门关联共享平台”。该平台用于实现各部门在互联网、政务网、公安网等网络之间的信息共享和交换，为开展信息交换共享和整合应用信息资源提供支撑、保障，并为公安网内警务综合类业务提供安全可靠的信息来源。“跨部门关联共享平台”已为市公安局门户网站网上办事等19个业务系统开通数据交换通道，日传输数据量达到20G。

【五大系统】

市应急联动指挥信息系统 为做好2010年上海世博会安全保卫工作，进一步提升上海公安工作信息化水平，推进上海平安建设，2010年市公安局完成了对“市应急联动指挥信息系统”的升级完善，包括将网络带宽由10兆提升至100兆、将系统日接警能力从5万次升级到8万次、增加系统容灾备份设备、升级改造无线调度等内容。“市应急联动中心指挥信息系统”升级改造以来，系统运行平稳，没有发生任何故障，为全市各级公安机关的日常指挥调度提供了可靠的运行平台。

交通指挥调度、事故应急处理智能化系统 为改变模糊型和粗放型交通管理模式，逐步向精细化管理和扁平化指挥的交通管理模式转变，使上海公安交通管理工作在指挥协调能力、单警作战能力、智能诱导能力、专业管理能力、辅助决策能力上得到明显提升，2010年，市公安局建设了“交通指挥调度、事故应急处理智能化系统”。系统是一个以门户形式提供“一门式”信息服务的窗口，登录这个门户，便可了解全市交通管理方面的静态、动态、文字、图形、图像等各类实时和非实时信息，查询各类信息和业务统计报表，办理各种交警业务，快速发现和处置交通突发事件。系统于2010年4月投入使用，在世博安保和日常交通管理工作中发挥了重要作用。

上海公安350兆数字集群系统 “上海公安350兆数字集群系统”采用最新的Dimetra IP系统平台。系统除具有系统级的容灾备份和基本语音调度功能外，还提供了GPS全球定位系统单兵定位业务、短数据业务、分组数据业务、外部用户数据网络互联、用户鉴权等高级功能。另外，还实现了与原有公安800兆TETRA系统的系统级互联互通，实现了同组跨频段的无缝呼叫。系统75个基站已安装开通并接入中心系统运行，共下发3万余部电台，为70部开道车安装具备GPS定位功能的350兆数字电台，并实现2秒定位一次的实际需求。

完善重点目标图像监控系统 “完善重点目标图像监控系统”通过新建一定数量的监控点，进一步扩大对全市重点目标、要害部位图像监控的覆盖面，实现中心城区和次中心城区部分区域监控点布设数量达到“平安城市”建设要求的目标，以实现社会治安防控的可视化。全市公安自建监控点数量达到了数万个。

上海公安信息移动接入平台及应用系统 “上海公安信息移动接入平台及应用系统”通过建立一套基于公用移动网络、符合公安部技术规范要求的安全接入平台，解决公安移动终端用户通过公共通信网络的安全接入问题；同时，依托现有公安业务信息系统资源定制开发移动终端应用系统和应用服务管理平台，为广大基层民警通过手机、PDA、笔记本电脑等移动终端查询警务信息、采集基础数据、处置交通违章等公安业务，提供安全、高效的系统平台。应用本系统，基层一线民警能够随时随地查询、录入、发送信息和获取各类警务指令，提高现场执法执勤的信息化应用水平。

（柴 珏）

上海市国家保密局

【概况】 2010年上海市国家保密局(简称“市国家保密局”)抓好保密科技“十一五”发展规划的完成落实，结合上海实际情况，以保障世博会信息安全保密为重点，加大经费投入，组织技术攻关，自主研发了一批保密技术产品，并积极推进配备应用，全市保密技术防护和管控能力得到明显提升。

【加强世博会信息安全保密】 成立了上海市世博保密工作领导小组，由市委常委、市委秘书长丁薛祥同志担任组长，市委副秘书长、市政府秘书长、市政府办公厅主任姜平同志和市委保密委副主任、市国家保密局局长巢文健担任副组长。对世博局使用的计算机信息系统及办公自动化设备，严格落实保密管理措施，派出技术小组定期开展保密检查，确保了办博工作运行过程中涉密信息的安全。成立了6个世博保密督查工作组，对全市重点涉博单位开展分片督查，增强了保密技术管控能力。

【配备“保密技术防护专用系统”】 为加强世博期间上海市涉密计算机的保密防护，在中央保密委员会的关心支持下，国家保密局为上海紧急调拨了2 000套“保密技术防护专用系统”设备，在部分重点涉密单位进行了配备。

【积极推行涉密设备户籍管理】 为改变上海市涉密计算机以及涉密设备保密管理“底数不清、责任不明”的状况，组织研发了涉密设备户籍化管理软件和相关硬件设备，在全市大力推行涉密设备“户籍化”管理，对全市涉密计算机、办公自动化设备以及移动存储介质统一实行户籍化管理，做到“人机绑定、责任到人”。

【研发“网页访问监控审计系统”】 为进一步增强互联网泄密的预警与阻断能力，组织技术力量研发了“网页访问监控审计系统”，可对政府门户网站违规登载涉密信息的情况进行实时报警和处置。该系统已在全市104家单位进行了配备。

【开发建设违规外联监管平台】 市保密局投入300多万元资金，建成了“安全保密监督管理平台”一期——互联网违规外联监管平台项目。同时，还组织开发了“保密管理工作数据库”和“保密工作综合管理平台”，有效整合全市保密管理基础数据，进一步规范基层单位保密管理口。

【健全政府信息公开审查机制】 积极指导各级政府部门进一步健全完善政府信息公开保密审查制度，并对政府信息公开保密审查中的具体问题加强协调。

（郑小翔）

法院系统

【概况】 2010年上海法院信息化工作按照既定的工作目标和任务，以科学发展观为指导，以服务审判工作，保障平安世博，深入推进社会矛盾化解、社会管理创新、公正廉洁执法三项重点工作为主题，不断强化主动服务大局意识，不断提高信息技术保障能力，不断完善信息技术规章制度，不断提升技术队伍素质，确保了全市法院网络、通信的安全畅通，确保了审判、执行、信访、档案、会议、庭审等应用的正常运行，确保了门禁、安保、消防、广播、电视等楼宇设施的正常使用。

【建立健全上海市高级人民法院信息管理机构和机制】 2010年5月，上海市高级人民法院信息管理处（以下简称"信息管理处"）正式成立。在高院党组和分管院长的领导下，信息管理处厘清了全市法院信息化资产、项目建设、应用现状和技术队伍现状；梳理了2010年在建与改造项目；制定和修订了上海法院信息化管理相关制度；理顺了信息化日常运维管理规程和常驻法院技术服务人员管理规则；建立了上海法院一站式技术服务热线；健全了信息化项目采购管理工作程序；开通了《上海法院信息化工作动态》沟通平台；开展了全市法院信息化课题调研和信息化业务培训。

【优化审判信息系统，实现办案与管理科学高效】 2010年，信息管理处认真落实上海法院审判管理新要求，完善并优化审判信息管理相关软件，促进审判管理的创新和审判效率的提高。首先，完善审判质量效率评估系统，促进审判管理科学化、精细化。根据审判工作的发展，及时调整审判质量效率评估系统的指标重心，为领导决策提供翔实科学的数据，促进审判管理的科学化、精细化。其次，优化整合审判执行管理软件，提升法官工作效率。针对广泛使用的审判执行软件进行了多方面优化，使信息输入更方便，文书生成更快捷，预警提醒更及时，同时为减少信息输入的差错，开发了全流程的信息差错核对提醒平台，构筑起了由庭长、承办法官、内勤、书记员、司法统计员等共同参与的多层信息差错监督体系，确保数据准确一致。最后，拓展法院内外信息共享交换平台，提高办案工作效率。2010年，信息管理处进一步完善了三级法院之间的案件信息移送、案件当事人信息查询、电子卷宗调阅、庭审数据点播等共享应用软件，建立了高院与最高法院针对二审、申诉、请示等案件的上诉移送信息交换平台。同时，不断拓展法院与关联单位的信息共享与协同，先后开发了上海法院矛盾排查督解系统与市联席办数据共享；案件当事人报备边控系统与边防局信息共享；当事人银行信息查询与上海商业银行信息交互共享；刑事案件庭审录音录像与检察院信息共享；诉讼费移退与市财政局国库处、农业银行数据共享。

【着力推进庭审装备标准化建设与应用】 2010年，上海法院完成高院、中院及11家基层法院的510个法庭的庭审装备标准化、信息化建设，建立了庭审同步录音录像系统、庭审直播系统、庭审查询和点播系统、庭审信息存储系统、多媒体证据展示系统等。上海法院充分利用庭审系统产生的庭审光盘开展了百例庭审评比活动，评选出"2010年度十佳庭审"。庭审装备标准化、信息化建设对规范法官庭审行为，培养良好审判作风；组织庭审观摩教学，提高法官庭审驾驭能力；加强庭审现场实时监控，保障庭审安全；树立法院权威，保护法院和法官权益等方面发挥了积极作用。

【拓宽为民服务平台，使司法为民更便捷、更全面】 2010年，信息管理处充分运用信息技术，不断拓宽司法为民渠道，取信于社会，服务于公民。主要包括：借助上海法院互联网努力扩大在线司法服务的覆盖面。2010年8月，上海法院推出了三级法院同步实施的"在线诉讼服务平台"，实现了网上立案审查、案件材料收转、网上文书送达、联系法官、办案进度查询、网上信访等"一站式"在线服务。第二中级人民法院建立了"司法公开"手机互联网站，长宁区人民法院建立了当事人电话接听提醒与回复管理系统，杨浦区人民法院开通了司法公开互联网站等，有效拓宽了为民服务的渠道，拉近了法院与当事人和社会公众的距离，受到了百姓的好评；依托网络信息技术开展视频庭审应用，拓展司法便民功能。2010年，上海法院利用网络和信息技术开展了492件远程审判，与新民网联合进行了336件互联网庭审直播，协助最高法院开展了4次远程提讯；开发司法救助管理系统，促进司法人文关怀健康发展。针对司法救助，开发了专门的管理系统，加强司法救助统计与管理功能，促进了司法救助工作规范有序开展。

【积极为大局服务，促进社会管理创新】 完善上海法院网上司法建议库。继续完善网上司法建议库系统，增加了“审判白皮书”、反馈信息管理、查询分析等应用功能，为以审判管理促进社会管理创新服务，截至2010年底，已收录司法建议和“审判白皮书”共992份；为“2010年上海世博会”开发上海法院网上司法服务系统。为服务和保障2010年上海世博会，开发了司法服务世博专窗，以动态即时公布全市法院涉世博案件的审理动态、司法建议、司法分析、典型案例、相关法律等信息，为平安世博提供即时司法信息支持；完善涉金融案件的管理平台。为配合上海金融中心的建设，建立了金融案件管理平台，实时汇集全市法院在审在执的金融案件，包括收结存数量、质效评估、案件类型分布等情况，及时提供金融案件态势；开发完善诉前调解系统。诉前调解系统为“调解优先，调判结合”的能动司法创新服务，实现了与审判管理立案流程的无缝对接，提高了诉前调解工作的管理效率。

【建立司法廉政风险网络监控系统】 为落实高院党组提出的依托“科技＋制度”来加强法院廉政建设的要求，建立了一套涵盖全市法院、法院全部工作、工作的全部环节的风险点以及风险点的管控措施的网络监控平台，实现了对各法院全面全程有效的廉情动态监控。

（陆 诚）

检察系统

【概况】 2010年，上海市检察机关信息化工作认真贯彻最高人民检察院(以下简称“高检院”)关于加快实施科技强检战略的要求和市检察院党组对信息化工作的总体部署，坚持牢固树立为大局服务、为检察工作服务的发展理念，应用软件开发与应用、网络建设与管理、安全保障体系建设等各项工作稳步推进，以信息化为主导的科技保障能力不断增强，队伍的技术保障能力和综合素质有了显著提高，为上海检察机关全力服务保障世博会、加强法律监督、加强自身监督和队伍建设提供了有力的技术支撑。一是围绕服务保障世博，大局意识和服务保障自觉性进一步增强。为检察工作服务大局、加强法律监督、提高办案质量效率提供了良好的网络环境和信息技术手段，圆满完成了各项涉博保障任务。二是围绕检察机关重点工作，信息化保障能力得到进一步加强。为建立案件集中管理制度、实现三级院办案信息的互联互通和流程监控，提供了信息技术保障；建设了执法档案管理系统，促进了执法工作和队伍管理的有机融合；开通了全市检察机关门户网站，完善了涉检网络舆情收集研判机制，拓宽了检察机关法律监督和自身监督的渠道。三是围绕“强素质、增能力”强化培训，队伍自身的能力素质得到进一步提高。培养了一批信息技术骨干和专门人才，队伍的综合素质、专业能力、服务保障的工作水平有了新提高。

【完善《市、分院办案辅助软件》并全面部署应用】 为实现检察办案业务数据信息的上下联通，在深入调研的基础上，针对市、分院的业务特点，开发了《市、分院办案辅助管理软件》。2010年4月初在软件基本完成开发的基础上，进行了多次数据迁移、数据上下交换的测试，进一步完善了《市、分院办案辅助管理软件》的各项功能。6月22—25日，对市、分院相关业务人员进行操作应用培训，6月底投入试运行，从而建成了市院、分院、基层院三级信息互联互通、案件管辖与审级完整的办案辅助管理系统。

【深化开发《办案辅助管理软件》的未检特殊功能】 针对未成年人检察工作中诉中考察、落实法律援助和心理测试等特殊需求，充分发挥模块化开发的优势，在《办案辅助管理软件》中增加了未检的特色模块。同时，市院信息中心和未检处一起组织宝山、闵行、长宁三家试点单位召开调研会，讨论制订了《未检办案辅助管理软件》的录入规范。2010年4月底对全市未检干部进行了应用操作培训，5月初《未检办案辅助软件》在全市未检条线全面应用。

【分步推进全市案件管理系统建设，构建统一案管平台】 为配合全市案管工作改革，实现案件的统一受理、移送和流程监督，形成内部监督制约机制，市院信息中心根据案管工作业务需求与整体推进部署，确定了分步开发、先易后难的建设方案。2010年8月10日，完成了首期部署，全市检察机关实现了所有案件的统一受理与移送。在积极跟踪一期运行情况的同时，深化完善案件管理系统，2010年12月24日，二期开发基本完成并投入试运行，进一步加强了对录入案件的信息利用，做到了流程监控、期限预警、查询统计、重要办案指标与重点关注案件分析等功能；完成了业务部门工作台的开发工作，实现了与《办案辅助管理软件》的信息流转与共享，完成了各项统计与监控功能。

【着力推进"刑事诉讼案件庭审音视频资料点播系统"研发】 为推进信息跨系统共享，市院积极与市高级法院沟通，并先后赴市高级法院和闵行区法院实地了解刑事诉讼案件庭审音视频资料的建设情况及该系统的各项功能。市院公诉处、市院信息中心和部分区院信息技术部门多次认真讨论和研究，拟定了从法院获取刑事诉讼案件庭审音视频资料的技术方案，与市高级法院会签了关于庭审录像系统信息共享的意见，同时研发了"刑事诉讼案件庭审音视频资料点播系统"，为市院、分院、基层院公诉部门开展庭审监督、查阅、考核和评审提供详细客观的视频信息，也为进一步提高上海检察机关公诉出庭质量，加强法律监督，提供了强有力的技术支撑。

【完成队伍建设管理系统(二期)建设】 为进一步提高队伍管理的科学化、规范化水平，在已完成队伍建设管理系统(一期)的基础上，2010年研发了队伍管理系统(二期)，开发了领导查询与决策支持、套餐式培训管理、表彰管理、网上调查测评、统计分析、信息录入质量检查等功能。为推进检察队伍管理信息化建设，为各级领导提供及时、准确的信息，为干警提供个性化的信息服务提供了技术支持。

【全面开通"上海检察"门户网站】 为充分发挥互联网在检察机关检务公开、法制宣传、受理举报和接受社会监督的窗口建设中的重要作用，切实把互联网宣传阵地建设好、利用好、管理好，2010年11月，通过对本市各级院互联网网站进行整合联调，拓展功能，改善布局，全面开通了"上海检察"门户网站，提升了网站的及时性、便捷性和互动性，为研判涉检舆情等提供了信息支持，畅通了检察机关与代表、委员及社会各界的联系，拓宽了检察机关加强法律监督和自身监督的渠道。

【制定下发《上海检察机关视频会议系统建设规范化标准》】 为进一步规范本市检察机关二级专线网电视电话会议室的建设，保障电视电话会议系统应用效果，市院依照高检院《省级检察院电视电话会议系统标准》，结合本市检察机关实际情况，制定并下发了《上海检察机关电视电话会议室建设标准》。在此基础上，全市各级院视频会议室和相应软硬件的达标工作顺利完成，视频会议收听、收看效果明显提高。

【建立上海检察机关信息技术人才库】 为贯彻落实高检院检察人才工作的战略部署，加快检察信息化人才队伍建设，充分发挥检察机关信息技术优秀专业人才在检察信息化工作中的作用，市院制定了《上海市检察机关信息技术人才库暂行管理办法》和《2010年上海市检察机关信息技术人才考察考核方案》。全市各级院积极贯彻落实高检院和市院关于检察人才工作的部署和要求，推荐业务骨干申报上海市检察机关信息技术人才库成员。经资格审查、专家评审和网上公示，龚永荣、翁美华、李劲、张勇、尚珂全、陈军标、王滨？、高峰、梁海堂、陈荔、朱慧、吴涛、徐海清、许朝晖14名同志被评为首届上海检察机关信息技术人才库成员，为形成上海检察信息技术中坚力量，实现人才资源的共享，发挥专业人才作用拓展了新的发展空间。

【浦东新区检察院建成数字化控申接待中心】 为了更好地促进规范执法行为，提升检务公众服务能力，浦东新区检察院经过历时半年的建设，建成了一个符合浦东区位特点，全程监督、安全防护、服务及时的数字化控申接待中心，并全面投入使用。主要具备以下功能：构建多媒体举报宣传系统，加大检务公开力度。接待中心配有触摸屏式电脑和液晶电视，滚动显示《最高人民检察院举报工作规定》和《信访条例》等法律法规，进入该系统能自主选择查阅检察职能、相关法规政策、办案流程、各阶段来访人权利义务、检察长接待日程安排等检务公开内容，提高服务效率；加强安保技防建设，实现区域联动配合。根据高检院《办案用房和专业技术用房建设标准》和《上海市检察机关信访接待室安全防范工作意见》的要求，接待中心各部门各司其责、联动配合，有效提高及时控制和处置公共突发事件的能力，确保来访群众安全和接待中心秩序井然；实现控申接待网络一体化管理，提升控申接待工作的科技含量。通过网络视频控制系统将控申接待现场呈现在院领导和干警的桌面计算机上，从而实现信息管理系统和办公自动化系统的融合。

【闵行区检察院检察工作网上考核，实现信息化管理新体制】 打开电脑，动动鼠标，就知道今年做了哪些工作，和其他部门相比还有哪些差距，柱形图、饼状图，工作成绩一目了然，这就是闵行区检察院研发的网上绩效考核系统可以快速实现的特点。考核初期采用手工统计得分排名，按月形成纸质报表，随着时间的推移和数据的不断积累，手工操作的繁琐性和滞后性日渐显现。为了解决这一问题，闵行区检察院开辟新路，积极探索符合本院信息化发展的新机制，应用信息化手段实现检察工作的科学化管理，开发了网上绩效考核系统。

系统采用JAVA开发，应用JFC/Swing内建的图像组件实现图形模块，按照软件开发规范进行层次开发，不仅在技术上体现实用性，而且提供良好的人机互动接口。系统具备以下几个显著特点：一是考核效率明显提高，被考核者只要按要求输入各加分项，考核人员网上审核，通过软件运行由计算机进行汇总计分、自动排名。二是实现数据动态利用，信息一次输入，分级使用，动态变化。任何人都能随时查看当月和年度的得分及排名情况，而且排名和得分在不断变动。三是考核过程公开透明。考核内容既有当月和累计得分数，又有得分的内容和减分的理由，信息完全公开，使得考核的过程更透明，考核的结果更公正。

【宝山区检察院依托网络督查模式推进督查工作深入发展】 宝山区院针对新形势下督查工作任务更重、要求更高、责任更大的实际状况，召开专题检办会，就如何改进督查方式、提高督查实效进行深入讨论研究，明确推行网络督查模式来提升督查效率、提高督查质量，保证领导重大决策、重要工作部署顺利贯彻落实。

依托网络办公自动化系统，在“行政管理”栏目增设督查项目，绘制网络督查工作流程图，严格规定流程每一环节的操作权限，理顺从立项、审批、分转、承办到反馈的整个工作流程，保证网络督查高效流畅运转。一是将网络督查与中心工作紧密结合，实现世博维稳工作信息化管理。制定“突发事件应急预案”、“涉检信访矛盾突发事件应急处置演练”。二是将网络督查与重点工作紧密结合，实现重点工作项目化管理。构建检察长、分管检察长、办公室主任、督查员对于部门重点工作层层督查的工作模式，并形成规范的重点工作网络督查流程。三是将网络督查与“三链接”工作紧密结合，实现疑难信访全流程监控。针对当前日益严峻的信访维稳形势，在对上级交办信访件开展督查的基础上，将自行排摸的涉检疑难信访件也纳入网络督查范畴，并增设监察部门网络督查权限，充分发挥区院“首办－督办－效能监察”三链接工作模式作用，确保疑难复杂信访化解工作的实效性。

（翁美华）

部应用将转变为全面高水平应用；深度上，单个企业信息化将转变为整个产业链的协同应用，进而不断推动产业链整合和产业集群发展。

“十二五”“两化融合”发展目标

到“十二五”末，基本确立以“两化融合”为主要特征的产业发展模式，实现信息技术在先进制造业和现代服务业重点领域的全面渗透和高水平应用，“两化融合”对产业结构优化升级和经济发展方式转变的助推作用明显增强，“两化融合”整体水平继续保持国内领先，“两化融合”发展指数达到85，基本形成适合特大型城市发展的现代产业体系，上海在新型工业化道路上走在全国前列。

“十二五”“两化融合”主要任务

“十二五”期间，围绕“促应用、育新业、攻技术、造环境”的基本思路，上海“两化融合”要着重推进六方面的工作。

【分类推进企业信息化应用，夯实“两化融合”实践基础】 充分发挥企业主体作用，按照企业不同规模、不同发展阶段、不同生产环节，分类分层推进企业“两化融合”实践，提高和深化企业信息化应用水平，提升企业核心竞争力，为“两化融合”向广度、深度拓展奠定坚实基础。针对企业特点分类推进企业信息化建设，大力推进信息技术在制造业各环节中的普及应用。

【重点推进制造业信息化改造，加快上海工业转型提质】 结合国家产业调整和振兴规划的贯彻落实，立足支柱产业，着眼骨干企业，带动全行业“两化融合”发展。以研制和发展大型客机重大专项为牵引，围绕大型客机、支线飞机、商用飞机发动机和主要机载设备的设计研发、生产制造和客户服务，着力提升上海民用航空制造业信息技术应用水平；提高钢铁生产过程的自动化和工艺集成水平，利用信息技术推进节能环保的钢铁生产体系建设；以发展精细化工为目标，加快工艺、装备和管控信息化，提高安全生产、节能生产、绿色生产水平；以自主品牌和新能源汽车为重点，支持利用信息技术开展汽车研发生产，发展汽车电子，提高汽车产业信息技术应用水平；聚焦国家和本市装备制造业发展重点，以发展新能源装备和先进重大装备为重点，推动装备制造业向集成化、信息化方向发展；以长兴岛造船基地建设为重点，推进数字化船厂建设和海洋工程现代化；以提高产品设计、品牌服务、质量控制能力为重点，促进信息技术在轻工、纺织、食品工业的广泛应用，推进消费品产业向高端化、品牌化发展。

【全面推进服务业信息化升级，加快构建服务经济为主的产业结构】 围绕“四个中心”建设需求，以发展生产性服务业为重点，推进信息技术在重点服务行业的应用，促进制造业与服务业融合发展，加快发展现代服务业。重点促进金融服务业信息化应用，推进现代物流业发展，提升生产性服务业信息化水平。

【加快推进信息技术自主创新，培育壮大新兴产业】 对接高新技术产业化和战略性新兴产业发展工作，通过“两化融合”带动信息技术自主创新及产业化，推动信息产业朝国际化、规模化、专业化方向发展。同时，以促内需和新应用带动新增长，培育发展新兴产业，促进经济新业态的发展。重点促进电子信息产品制造业发展，加快软件产业发展，推进信息服务业发展，支撑战略性新兴产业发展。

【积极推广信息技术在节能减排中的作用】 通过信息技术支撑传统产业节能减排，优化企业能源管理，减少污染排放，增强节能型产品的研制能力，提升工业生产效益，促进节能减排新兴产业发展，推动资源节约型和环境友好型社会发展。重点推进节能减排信息技术应用示范，利用信息化手段完善能效监测、能效评估和节能管理。

【不断优化“两化融合”基础支撑和保障体系】 围绕“两化融合”各层面的需求，持续提升信息综合服务能力，不断提高信息安全保障水平，为“两化融合”提供信息化应用的有力条件和基础支撑。重点提升信息基础设施能级，加强信息安全保障，开展人才培训，完善政策标准和法规体系。

（陆　森）

二、基础研究

【上海“两化融合”发展水平评估】 针对企业的“两化融合”水平抽样调查工作，自2010年12月份启动，至

2011年2月下旬结束，共发放企业问卷超过4 000份，回收有效问卷1 216份，其中回收大型企业问卷111份，中小企业问卷1 105份。汇总分析企业调查的结果，同时采集与评估指标体系相关的2010年上海有关的经济、产业、社会方面的宏观数据，带入评价体系，进行测算。上海2010年“两化融合”发展水平得分为72.3分，其中社会“两化融合”水平得分83.29分，大型企业“两化融合”水平得分72.05分，中小企业“两化融合”水平得分61.63分。

【开展大型国有企业“两化融合”状况分析研究】 与市国资委联合开展面向本市国有企业的信息化发展现状研究，从信息化体制、信息化投入、信息化人员配置、信息化硬件设施、网络和网站、应用普及水平、信息化集成应用等方面对上海国有企业信息化发展现状进行了全面分析。在信息化的投入不足、信息化建设发展不平衡、信息化管理机制不完善等方面存在问题，提出了增强信息化建设的紧迫感、完善企业IT治理结构、建立科学有效的两化融合制度等建议。此外，联合市国资委共同发布《关于加强上海市国资国企信息化工作的意见》（沪国资委信息化【2011】101号）。

【开展数字园区建设和管理标准研究】 产业园区是“两化融合”的重要载体，而数字园区建设是国家新型工业化示范基地的重要内容。依托临港产业基地，编制了涵盖园区信息化基础设施规划、建设、服务、评估等内容的《数字化产业园区建设与管理标准》，并作为企业标准在临港集团下属的洋山港等产业园区中进行了试点推广。主要成果包括：形成了《数字园区建设和管理标准》，对临港保税物流园区、漕河泾开发区以及张江浦东软件园等园区信息化建设水平开展了园区试评估，对园区智能监控、电子报关、公共服务平台等部分重点建设项目予以了支持。

【开展基于物联网应用的“两化融合”推进研究】 在分析物联网在产业信息化过程中的应用现状和趋势，以及本市“两化融合”对物联网引用的迫切需求的基础上，围绕物联网相关技术的应用，以及在物料全生命周期跟踪、大型设备远程智能监控与维护、生产过程智能管理与控制、生产环境监测与动能源管理、第三方智能化物流、食品安全监控与质量追溯等重点领域的推进策略进行了重点研究。同时，对上海推进物联网应用提出了保障举措和建议。

（陆 森）

三、支持机构

依托高校、研究咨询机构以及企业技术中心组建的4个“两化融合”研究中心和10个重点实验室继续发挥重要作用，逐步形成全社会推进“两化融合”合力。

研究中心

【上海市互联网经济咨询中心】 上海市互联网经济咨询中心作为研究中心之一，以服务本市“两化融合”为总体目标，利用中心现有各方研究资源，计划用三年左右时间，将中心打造成为本市“两化融合”的研究咨询中心、人才培训中心，形成“两化融合”的可持续发展机制。

理论技术研究 编制“两化融合”每月动态：2010年全年共发布8期“两化融合信息动态”，主要包括近期要闻、业界动态、国内外动态等专栏。

发布两化融合发展水平指数：通过对“两化融合”理论背景、应用体系等方面的研究，通过对已有的城市信息化、企业信息化、产业信息化评估评价体系及有关抽样调查成果的归纳、总结与借鉴；以座谈交流、咨询走访、专家评审会等形式，广泛征求并汇总企业、行业协会、有关研究机构等多方面意见建议，建立起上海“两化融合”发展水平评估体系。

梳理并解读两化融合相关政策：梳理国内产业发展与投资、信息产业、科技创新、人才扶持、促进中小企业发展等方面的相关适用政策，并重点将上海市有关部门出台的相关政策及其配套政策进行阐释解读，深入详解政策条款、办事流程等，完成国家和上海市的“两化融合”相关政策法规汇编和解读。

开展重点项目跟踪及评估：对2010年度支持的航空、钢铁、石化、汽车、装备制造、船舶、消费品、电子信息等产业领域的重点项目进行跟踪，从项目实施过程、应用情况和创新情况等方面对项目建设情况总结，调研了宝钢、商飞等10多家重点企业，并完成项目评估分报告。

两化融合数据采集平台建设：为便于企业填报和数据统计分析工作，项目组组织开发了网上数据采集平台，实现了网上注册信息、问卷管理和分类，历史信息查询和统计等功能。样本企业可以采用网上填报，丰富了企业填报手段，提升了数据统计和分析效率。

"园区信息化建设和管理标准"研究：为规范产业园区信息化建设和管理过程，提升产业园区信息化建设和服务水平，启动了"园区信息化建设和管理标准"研究和制定的系统工程

应用项目研究 推出中小企业信息化应用示范企业：2010年5月，中心联合上海市小企业综合服务所，启动了"推出中小企业信息化应用示范企业"工作。针对成长型中小企业，收集和查阅了大量的企业信息化评价相关资料，完成了中小企业信息化水平评价指标体系的初步设计；2010年8月，选择上海明凯照明科技有限公司等十几家代表性的中小企业开展了试点工作，通过对试点工作的总结和分析，完善了指标体系、优化了评价问卷和评选流程，已形成了完整的以一套科学的评价指标体系为支撑的推进工作方案。

企业信息化项目全生命周期咨询服务：2010年中心共为包括电气集团、上港集团在内的数十家提供了企业信息化规划的编制、项目建议书的编制、可行性研究的编制、项目监理服务、项目管理服务、系统评测服务及项目绩效评估服务等工作。

搭建工业软件测试与验证平台：2010年开展了工业软件测试与验证环境的需求调研、嵌入式软件单元测试工具及嵌入式软件测试支撑环境采购、平台网站和平台测试流程的搭建工作。

开展工业软件测试业务：在工业软件公共测试与验证平台的建设过程中，积极开拓工业软件测试宣传推广服务。截至2010年年底，共完成工业软件登记测试374个，工业软件成果鉴定34个，工业软件系统验收项目12个。服务行业遍布装备制造、轨道交通、汽车、船舶制造、航空航天、智能电网、钢铁和节能环保等。

（王颖东）

【复旦大学】 复旦大学两化融合研究中心在上海市经济信息化委的指导下，从企业经营管理和市场营销的角度出发，立足于消费品、物流和生产性服务业，围绕着理论研究与企业实践两个方向展开主要工作。在为各级政府和企业组织提供两化融合辅导与项目支持的同时，在实践中总结与升华两化融合的理论研究，取得了不俗的成绩。2010年复旦大学"两化融合"研究中心的主要工作：

理论技术研究 两化融合理论研究：理论研究取得了阶段性突破，对两化融合的概念、执行模型以及演进路径进行深入的探索。

两化融合案例研究：伴随案例研究的不断深化，研究中心逐步缩小案例研究范围，针对重点行业选取典型企业进行深入分析与研究，同时研究中心计划完成《上海市企业信息化与工业化融合》系列丛书的前两辑编写工作，即《上海市企业信息化与工业化融合——实践与探索》和《上海市企业信息化与工业化融合——上海烟草集团物资采购供应链管理实践》。

应用项目研究 上海烟草集团物资供应链管理与决策支持系统研究：本项目重点研究集团化管理背景下供应链管理思想与实现技术。建设以供应商战略管理、采购管理、质量链管理、物流管理为核心业务，信息化建设为重要支持手段的采购供应链系统。

新经济与新技术环境下上海电信移动业务发展研究：本项目立足于上海市社会经济发展的实际，分析在新一代移动通信技术环境下移动产业的发展趋势，为上海电信能准确把握基于3G移动业务的发展趋势和规律，实现新的经营模式创新和发展提供依据，从而研究现代新兴技术对两化融合的影响。

（俞东慧）

【上海交通大学】 研究中心着力在"两化融合"领域建设成国内一流的应用基础研究、关键技术攻关、应用产品开发、成果转化与推广的基地；开放性优秀人才培养、聚合的高地；为企业实践"两化融合"提供专业咨询服务，同时为推进产学研联合科技创新体系提供示范。2010年，上海交通大学"两化融合"研究中心主要工作：

理论技术研究 选项驱动的模块化产品开发模式关键技术研究：针对复杂产品定制化和个性化需求，面向新产品开发模式转变过程，进行模块化产品开发关键技术研究。将模块化设计与产品开发模式相结合，提出了创新的模块化产品开发理论及框架。提出了模块化产品开发表达模型及表示择方法以及复杂产品选项开发模型与规划方法。

精益产品开发：在"开发正确产品"的过程中，在产品开发周期初期(市场调研阶段、需求分析阶段，初步设计阶段)，将相关利益方的价值融入，进行准确的收集、优秀的分析和合理的平衡的产品设计，提高产品开发的满意度，降低产品开发成本，加快产品开发速度，形成贯穿相关利益方、产品开发组织和产品开发流程的价值流，并不断地进行优化和持续的改进，达到企业产品开发的精益化目标。

应用项目研究 大型复杂装备产品单一数据源建设：针对中国商用飞机有限公司现有ARJ21型飞机目前仍需提升的问题，面向未来发展，进行单一数据源规划建设。力图消化和借鉴波音(含麦道)的产品数据管理

的原理、方法和实践,为中国民航飞机走出一条产品数据管理的新路。

汽车产品全生命周期统一数据源调研研究:就“汽车产品全生命周期统一数据源”方面作了完整的调研分析,包括汽车整车开发产品数据管理的现状,工程数据相关的理论、总体架构、产品结构及文档数据管理、变更管理、系统实现的平台、工具、国内外企业最佳应用实践、后续发展趋势等。并根据上海泛亚汽车研究中心关于“汽车产品全生命周期统一数据源”方面目前存在的问题,提出相关实施建议。

FMEA方法在核电项目再热阀研制中的应用研究:主要将FMEA方法应用到核电再热阀的设计过程中,找出风险序数最大的失效模式进行改进,提高了核电再热阀设计可靠性,同时,开发核电再热阀FMEA系统工具。

(明新国)

【同济大学】 同济大学两化融合研究中心围绕“两化融合”促进企业节能减排的工作重心,开展了两化融合促进企业节能减排的理论框架研究、企业生产与能耗耦合建模技术、能源综合优化技术和能效综合评估系统等方面的研究开发及示范应用。主要研究工作:

理论技术研究 企业生产与能耗耦合模型:生产制造过程是一个开放的复杂系统,生产制造过程伴随着能源消耗,表现为生产制造过程与能源消耗过程的“两程耦合”。涉及材料、能源、设备、信息、组织等多个组成要素,这些要素相互作用、相互影响形成了围绕产品制造的能源流、物料流、信息流和排放流(简称:四流)。四流紧密关联,强耦合交织在一起,表现为“四流合一”。在工业企业中,能源消耗系统是以生产系统为核心,由能源设备、能源介质、物料、中间产品和最终产品相互作用构成的有机整体。企业生产与能耗耦合模型能够反映企业生产制造过程与能源消耗过程的耦合关系,展示能源流、物料流、信息流和排放流协同运行机制,是一种“两程耦合”、“四流合一”的集成化模型。

企业生产和能耗过程仿真技术:企业生产和能耗过程仿真是以控制论、系统论和信息技术为基础,以计算机和生产现场专用信息采集设备为工具,利用企业生产与能耗耦合模型,对实际的生产过程及能源消耗过程进行动态模拟,包括:模拟能耗设备的启停和运转、反应物料的转化、产品的生成,即仿真物料流;模拟能源的消耗、二次可利用能源生成、能源综合消耗和利用情况,即仿真能源流;模拟生产和能耗过程中各种来自生产现场仪表的计量信息、手动和自动对能耗设备的控制信息以及生产和能耗耦合信息,具体表现为温度、流量、压力等生产状态信息,即仿真信息流;模拟生产和能耗过程中产生的排放过程,即仿真排放流。

企业能源综合优化技术:企业能源综合优化技术主要包含两个方面的内容:综合调度技术。在生产调度周期内,对企业生产过程中的设备、工具以及可再生资源进行优化安排与合理调配,即在调度周期内,建立节能减排优化目标,通过优化调度算法,实现满足生产任务要求的企业综合能源消耗量和排放量最低值;综合优化技术。将生产制造过程与能源消耗过程按照能源流、物料流、信息流与排放流分别解耦并能集成反映生产与能耗过程的运行机制。针对“四流合一”的耦合过程,用信息流(如:温度、压力等的控制信号)调整物料流、能源流和排放流,优化企业生产和能耗过程,实现节能减排。

应用项目研究 “氯碱化工企业生产过程能源综合优化与节能潜力分析”:研究中心与上海氯碱化工股份有限公司合作,针对公司高能耗的生产特点,分析公司氯产品链生产过程,深入开展氯碱化工企业生产过程中氯产品生产过程与能耗过程耦合模型、生产与能耗过程仿真、能源综合优化及节能潜力分析的研究与应用。

“高温气冷堆核电站氦气压缩机组多学科优化支持平台研制及应用”:研究中心与上海鼓风机厂有限公司合作,通过研发核电装备中的高温气冷堆核电站燃料球输送用氦气压缩机组多学科优化支持平台,实现高温气冷堆核电站氦气压缩机组叶轮与转子的配合公差以及机壳壁厚的全局设计优化分析,规范多学科优化过程,提高研发知识重用的深度,大幅提高企业在核电装备产品方面的自主研发能力。

(赵荣泳)

重点实验室

【网络化集成控制技术重点实验室】 依托上海电器科学研究院的网络化集成控制技术重点实验室重点围绕以下三方面开展技术攻关:(1)网络化集成控制,按照预定的产品研发目标,顺利完成20点PLC主机晶体管型的研发、32点/60点高性能PLC产品的研发,该产品运用FPGA技术,支持6路脉冲输出、3路高速脉冲输入(100KHz),圆弧插补,凸轮控制功能、完成16点继电器模块的研发。除了产品研发之外,深入研究底板高速串行总线通信技术,已经达到20MHz,正在研究100MHz的通信技术。(2)智能家居:经过一年的示范应用和改进,形成了智能家居系统、智能会议室系统、智能办公室系统等几种典型的应用系统,并且对智能小区也提供了完整的解决方案。(3)智能电网:在原有的网络通信产品、可编程控制产品的基础上,新增开发了检测产品、无线通信产品,并承接了楼宇能源管理系统的示范工程。搭建智能电网用户端演示系统,用于上海高新技术展。

(蔡忠勇)

【工业过程测控技术重点实验室】 上海工业自动化仪表研究院工业过程测控技术重点实验室2010年工作是推进工业企业运营协同管理平台(OMP)开发,提升企业运行管理水平和效率,形成集成企业资源计划调度、生产过程智能监管、质量控制与追溯等功能的综合性信息集成运行管理平台。开展无线传感器网络技术、基于网络的企业自动化信息管理技术、核电站仪控系统验证技术研究,重点在基于自主协议的无线传感器网络系统研究方面形成若干技术突破。

(卞爱民)

【冶金生产过程自动化技术重点实验室】 上海宝信软件作为上海市"两化融合"冶金生产过程自动化技术重点实验室,2010年的重点工作如下:(1)工业软件体验中心建设:立足宝钢信息化建设历程和发展经验,集中展示和推广两化融合成果。(2)面向冶金行业应用的可配置MES平台及全流程优化管控关键技术的研究与产品开发:以宝信在冶金行业信息化建设的经验为基础,研究了复杂制造系统的建模技术和冶金优化排程调度方法等关键技术。(3)基于VME总线的PLC产品应用研究:形成一个基本完备的系统,成功打通了各模块插件的通信,构成一个简单的三电系统,可以进行简单的逻辑控制和设备操作。(4)热轧应用、数模和PLC总集成的研究:利用宝钢1 580热轧三电改造总承包的机会开展热轧应用,数模和PLC方面的研究和开发。(5)烧结、高炉、热轧、EMS等方面的数模研究:不仅在关键模型控制技术研发领域取得了丰硕成果,技术创新能力也显著增强。

(吴毅平)

【电驱动及控制信息技术重点实验室】 依托上海电气中央研究院建立的"电驱动及控制信息技术"两化融合重点实验室主要以信息技术应用为手段,以提升装备制造业信息化水平为目的,围绕装备系统发展所需的电机驱动及控制技术进行研究,建立相关实验平台和研发队伍,为上海地区、乃至国家装备制造业发展提供技术支撑。2010年度,上海电气中央研究院电气传动室作为上海市推进"两化融合"重点实验室,紧紧围绕"两化融合"主题,重点开展了永磁同步电机驱动器开发研制及产业化、工业控制软件平台开发研究及产业化推广、智能控制器等自动化基础产品开发及产业化、风力发电并网技术研究和重型装备零件热加工温度场测试技术研究等工作。

(齐 亮)

【汽车先进技术现实及虚拟的开发和应用重点实验室】 2010年泛亚公司不仅按时按质按量完成了众多项目的开发,继续加大在信息化领域的投入,坚定不移地贯彻虚拟开发的能力发展方向,不断加强与完善虚拟开发能力,大力推广虚拟技术在整车开发过程中的应用,以通过信息化来不断促进能力的快速提升,目前泛亚已经基本具备了支持新架构开发的信息系统。2010年,泛亚承担的《虚拟技术在车辆架构优化设计上的应用》专项课题,综合提高安全、NVH、结构和架构配置能力,统一提高各个主要功能块(整车、车身、底盘等等)的技术水平,并加强相互间协调合作。

(王育英)

【工业领域高性能计算应用重点实验室】 作为上海市推进两化融合重点实验室之一,"工业领域高性能计算应用"重点实验室紧密依托超算中心,研发攻关方向是高性能计算服务技术及其在关键工业产业创新中的应用,即如何通过高性能数值仿真计算促进工业产业尤其是关键领域的科研创新。实验室所涉及的核心技术包括:超级计算机系统技术、并行程序开发和优化技术、工业工程领域的高性能计算应用技术和高性能计算服务平台技术等。2010年,重点完善面向工业企业的高性能计算应用环境,构建了通用工业仿真和优化设计网格社区,开展了基于GPU的高性能并行计算技术、面向工业企业的云计算技术等研究。

(李根国)

【民用飞机数字化协同研制与服务重点实验室】 2010年,中国商飞两化融合实验室围绕大型客机初步设计阶段数字化研制和新支线飞机交付工作需要,以大型客机协同研制及产品数据管理平台(IDEAL)建设为抓手,加快数字化研制平台建设,开展民机数字化关键技术研究,保障大型客机数字化并行协同研制。重点开展了大型客机供应商研制符合性管理、大型客机全球协同研制平台、民机数字化关键技术研究攻关及应用、质量信息管理系统、数字化客户服务等研究及应用。

(李云峰)

【海洋重工装备工程研制信息化重点实验室】 2010年重点实验室的工作主要是围绕海洋重工装备300英尺水深自升式钻井平台工程研制和信息化开展技术攻关。目前,已对300ft自升式钻井平台的主要关键技术进行研究,这一工作的成功解决,标志振华重工已经攻克并掌握了本项目的核心技术,为全面完成本项目任务奠定了基础。300ft自升式钻井平台的基本设计,标志着振华重工突破了工程研制的关键瓶颈,使振华重工有能力开展自主知识产权的自升式钻井平台设计。

(王　宁)

【煤化工企业能源优化信息技术重点实验室】 根据煤化工企业能源优化信息技术重点实验室2010年度工作计划安排,至今年12月底,实验室累计完成投资991.05万元,并在能源优化信息技术平台方面的研发取得阶段性成果,主要完成两套生产装置自动化控制系统新建和改造以及对生产工艺、设备运行数据的采集、煤化工工艺生产过程模拟仿真培训系统、生产调度预警及应急预案处置等系统的投入运行,并初步完成三套甲醇装置全局性生产流程的物料平衡建模。

(李　锋)

【PDM平台开发技术重点实验室】 在电梯产品设计中,基于PDM系统研究产品开发过程中的平台技术具有现实的意义。上海三菱电梯有限公司是中日合资,中方控股的电梯设计、制造、销售的企业。从合资10年之后,在引进技术消化的基础上,就自行开发了具有上海三菱自主知识产权的与国外水平同步的HOPE电梯。并相继开发了4—6m/s的中高速电梯,设计技术正在向中高速电梯的方向发展。基于PDM的产品开发平台技术的研究和应用正是在这个需求下产生的。2010年度实验室的研究和实施围绕上述的目标展开。

(孙　华)

四、人才培训

人才培训基地与实训点

2010年,上海申请成为国家“两化融合”人才培训基地,构建了首批4个联合培训机构成员单位及5个人才实训点。其中,4个联合培训机构包括:上海市信息化培训协会、上海亚太地区经济和信息化人才培训中心、中共上海市经济工作委员会党校、上海市人力资源和社会保障局职业培训指导中心,5个“两化融合”人才实训点包括:上海临港经济发展(集团)有限公司、上海汽车工业(集团)股份有限公司、上海电气(集团)股份有限公司、上海华谊(集团)公司、上海宝信软件股份有限公司。2010年针对本市2 000名以上的企业管理和技术人员开展“两化融合”培训,开设培训19期,培训人员2 152人。

(陆　森)

举办高级人员培训班

成功举办了3期“两化融合”高级研讨班,共有200名来自企业和政府机关的领导干部参加了培训班,培训主要面向本市各区县工业和信息化分管区长;区县经济发展和信息化建设主管部门负责人;区县政府工业经济和信息化相关推进机构主管,以及大型企业集团高级管理人员以及行业协会主管。其中,7月1日举办的开班仪式专门邀请了工信部杨学山副部长、国家信息化专家委周宏仁常务副主任讲课,得到了学员的普遍认可。

(吴玉刚)

开展应用人员培训系列工作

【开发课程】 聘请包括同济大学、市小企业生产力促进服务中心、上海电信培训中心、IBM公司、宝信软件公司、信息安全行业协会、软件测评中心等单位的资深专家,开出了“面向节能减排的企业能源模型与能效评估”、“业务流程管理与应用案例”、“现代产品设计方法”、“中小企业扶植政策解读”、“未来通信技术与物联网”、“智慧的云计算”、“打造数字化制造企业,实现工业化与信息化的完美融合”、“冶金自动化三电控制技术”、“中小企业信息安全”、“工业软件测试”等课程。授课专家深入浅出的讲解,使学员们深感受益匪浅。

【编写教材】 为配合“两化融合”培训,组织专家编撰了“两化融合”培训辅助讲义《创建中国特色的工业化之路——信息化与工业化融合》,印刷2 500册。这本培训辅助讲义从“两化融合”的内涵、意义到目前实现“两化融合”的主要技术及实践,一一作了介绍,对学员

一是通过政府各部门、各街镇园区、行业协会推荐，企业自荐和各种调研掌握的情况，建立宝钢设备检修、标五紧固件、朝晖药业、淘大食品等20多家“两化融合”项目储备库，初步构建了产业、企业和项目三层面相结合的“两化融合”示范体系；二是积极为4家企业申请上海市信息化发展专项资金，并形成示范效应，使更多企业关注利用信息化促进节能减排、改造传统流程、提高产品智能化水平。同时，积极梳理区现有的“两化融合”扶持政策，形成政策叠加效应，全方位调动企业推进信息化建设的积极性，推动技术融合、产品融合、业务融合和产业衍生。

【加大宣传力度，努力营造“两化融合”发展氛围】 区积极发挥新闻媒体和网络宣传的引导作用，通过宝山电视台、宝山政府门户网站、宝山报等媒体，宣传区“两化融合”相关知识以及区“两化融合”工作进展情况；编制《宝山区推进信息化与工业化融合发展专报》，报送区四套班子主要领导和分管副区长，以便领导及时全面地了解“两化融合”工作动态，支持“两化融合”工作。通过大力宣传，全区基本形成了政府、企业、社会共同推进“两化融合”的良好氛围。

（林必德）

松江区

2010年，松江区根据《市政府批转关于推进信息化与工业化融合促进产业能级提升实施意见》文件的要求，通过对全区各行业中的部分企业进行信息化项目的推进，通过整合内部资源，逐步降低运营成本，从而促使企业快速稳定发展，不断提高效益，积极探索松江可持续发展的新型工业化道路。

【积极开展前期调研，全面了解松江产业情况】 一方面从2009年起，对全区软件和信息服务业企业以实地走访企业、发放调查问卷、开展座谈讨论等形式，了解企业的基本情况，经营状况、人力资源和建议等方面，全面剖析了区软件和信息服务业企业当前存在的困难以及急需解决的问题。另一方面深入开展工业化和信息化融合工作的调研活动，通过点面结合，点上重点调研区高新技术企业、小巨人企业的信息化建设情况，面上调研区中小企业、工业企业的信息化基本情况，全面了解和掌握工业企业的整体经营、发展现状，内部信息化建设水平。

【精心谋划，落实“两化融合”实践区申报工作】 区政府领导十分重视信息化与工业化融合工作，将松江区信息化与工业化融合示范工程列入了本年度的重点工作之一，安排专项资金，并将此项工作列入2010年区135重点工程项目之一。制订了《松江区2010年推进工业化与信息化融合项目实施意见》，明确工作目标，通过技术指导、业务培训、政策扶持等形式，以政府补贴，企业主导的原则，在全区各支柱产业中部分有基础、有需求的企业中，开展企业信息化项目的建设。

【严格把关，组织做好松江“两化融合”实践区项目申报工作】 在上级有关部门的重视和关心下，根据松江区“两化融合”工作开展的方案，针对市“两化融合”实践区项目申报工作，通过企业自主申报和项目征集两种方式相结合的途径，选择符合上海市“两化融合”政策资金扶持方向的企业项目，做到宁缺毋滥，并坚持“以企业为主导，政府做好服务”的理念，指导好企业的项目申报工作材料编写，保隆ERP与胎压监测系统自动化生产集成项目、金陵信息化智能技术在电能计量领域的应用及终端研发、回天集团ERP集成管理项目、来一份客户关系海量数据管理等4个项目获得市级项目资金扶持（共计209万），同时，根据松江区“两化融合”实践区建设的有关要求及专项资金情况，积极做好相应的资金配套工作，目前全部配套资金已经拨付企业。

【多方借鉴，制定松江区“两化融合”资金项目的管理和验收办法】 松江作为全市首批首个“两化融合”实践区，积极营造“两化融合”的政策环境，探索建立“两化融合”的资金项目扶持管理办法，通过借鉴和学习上级部门和其他条线已有的各类专项资金管理办法，主动与上海市互联网中心、软件评测中心等第三方咨询机构沟通，引入项目管理第三方机构参与管理的机制，充分利用第三方机构已有的专家资源、人才资源，制定了《松江区信息化和工业化专项资金管理办法》和《松江区信息化和工业化扶持资金项目验收实施细则》。

【积极探索建立中小型企业信息化公共服务平台】 为进一步摸清松江区中小企业信息化应用现状、面临的问题以及对信息化尤其是政府和园区公共服务的现实需求，具体了解企业在政府服务、公共服务、社会服务、中介服务、外包服务方面的需求，找到切实有效推动中小企业实现信息化，并通过信息化推动企业自身的发展的方法和策略，积极开展松江区建立中小企业信息化公共服务平台的调查研究。立足发挥公共服务优势，体现区位发展特色，对全市以及松江区中小企业信息化服务的成功案例和做法进行分析、总结和提炼,在此基础上,形成进一步推进中小企业信息化建设和应用的创新性机制和模式,理清松江区中小企业信息化推进总体思路的同时,为区域“两化融合”实践区提供抓手,为全市“两化融合”推进工作提供经验。

【认真组织松江“两化融合”实践区宣传培训工作】 为了进一步宣传“两化融合”国家战略、扶持政策、企业信息化建设案例及云计算、物联网等先进的技术,专题组织了两场松江区“两化融合”人才培训班,近250人次参加了培训。在组织企业参加培训的基础上,积极主动走下去,进园区,进企业。在漕河泾松江园区成立15周年系列活动中,区科委、漕河泾松江园区管理公司专门组织企业沙龙,宣讲科委及两化融合政策,园区内企业管理人员热烈响应,通过互动式的政策宣讲,一方面企业了解了政策,另一方面政府也了解了企业的需求和实际操作过程中存在的困难。通过多方面的宣传和培训,营造了良好的“两化融合”氛围,提升了企业信息化的意识。

【积极开展“两化融合”水平指标评估】 为把握松江区企业“两化融合”的现状水平,了解企业在信息化规划、研发、应用等方面的基本情况。在配合上海市“两化融合”发展水平评估工作开展的同时,为松江区“两化融合”实践区建设工作提供基础支撑。通过区经委、区科委及区统计局等多种途径,发动全区200余家各类企业作为样本企业参与到水平指标评估工来。

(胡 伟)

杨浦区

2010年,杨浦区以提升城区自主创新能力、优化产业结构、推进国家创新型试点城区建设为总体目标,以《上海市经济信息化委关于同意杨浦区建设上海市推进信息化与工业化融合实践区的复函》(沪经信推(2010)758号)的要求为着眼点,扎实推进杨浦“两化融合实践区”建设,取得了阶段性成果。

【把握区域优势产业,推动高新技术产业发展】 结合区域现代设计等优势产业,以高新技术产业化为新一轮产业机构调整的重要抓手,逐步推进“两化融合”实践区建设。以环同济现代设计产业基地建设为核心加快发展现代设计产业,逐步加强信息技术的渗透应用,着手建设“环同济”现代设计公共服务平台。加速发展电子信息产业,2010年全区电子信息产业总产值约117亿元,其中信息制造业总产出50亿元,信息服务业总产值约67亿元;编制完成《杨浦区电子信息产业“十二五”规划》,明确了以特色园区为依托优化产业布局等产业发展任务。通过加快功能开发和载体建设、加强招商招租与功能服务平台建设,推进创智天地产业园上海市高新技术产业化(软件和信息服务业)产业基地、上海市云计算创新基地建设;积极打造以创智天地为核心,辐射江湾五角场地区的杨浦区高新技术产业发展集聚区,通过成功举办2010上海软件与信息服务业投融资洽谈会,进一步扩大区域产业品牌效应。

【依托创新城区建设,培育战略性新兴产业】 以国家创新型试点城区建设为依托,在不断促进区域主导产业集聚发展的同时,发挥区校融合发展优势,依靠科技企业研发力量,积极培育物联网、智能电网、云计算等战略性新兴产业,年内召开了战略性新兴产业发展研讨会。加快信息化领域的产学研用结合,召开区物联网创新技术战略联盟发起人会议,成立物联网创新技术战略联盟;提供产业发展资本支持,在“上海市云计算创新基地”揭牌时同步推出3亿元的产业发展基金“云海创业基金”支持云计算产业发展;创新公共服务平台形式,“云海创新沙龙”正式落户创智天地,为云计算产业发展提供了一个集信息交流、信息沟通、创业投资为一体的平台;拓展新兴技术应用空间,以示范应用项目为突破,带动产业整体发展,组织企业申报2010年度上海市高新技术产业化物联网、智能电网专项,并以专题调研会等形式研究符合杨浦实际的新兴技术应用示范项目。

【深化信息技术应用,探索数字化园区建设】 加强与基础电信运营商在无线城市、园区信息化、企业信息化等方面的合作,在推动网络基础设施升级改造的同时深化信息技术应用,尝试物联网、云计算等新兴信息技术在产业园区管理服务中的应用。按照“创建一个服务平台、探索云服务模式、培育一批数字化产业”的总体目标,推进杨浦科技创业中心数字化园区整体建设,完成IDC数据中心一期约1 200平方米的项目建设,300个机柜已经安装完毕,相关测试也在进行;推进以IT企业服务式办公为主的“云智汇”项目建设,为企业办公打造数字化管理系统和解决方案;加强公共服务平台建设,建立了“预孵化+创业孵化+加速孵化”三级孵化服务体系,为不同阶段的大学生创业企业提供专业化孵化服务,建立“数字化创业网络研发仿真联合实验室”,进一步提升园区服务水平,为创业者提供最有效、最迫切的服务。

【夯实区域创建基础，优化“两化融合”综合环境】加大“两化融合”宣传力度，组织开办信息化与工业化融合管理干部（第一期）培训班；依托“海外高层次人才创新创业基地”建设，推进“两化融合”人才扶持工程。开展区内企业信息化状况摸底工作，推荐上海电缆研究所等6家单位申报上海市中小企业信息化应用示范企业，其中3家单位入选全市50家中小企业信息化应用示范企业。积极对接市经济信息化委信息化推进处，共同优化区域“两化融合”社会环境，合作确立题为“创新杨浦区产学研体系建设、知识输出及企业应用的研究”的软课题调研。努力营造科技金融创新环境，探索建立“投贷联盟”融资模式，采取积极措施解决中小科技企业融资难、改制上市等问题。积极推进复旦软件园工程建设，加大园区信息化载体建设力度，拓展产业发展空间。

（陆军霞）

六、产业园区信息化

临港产业园区

2010年是临港产业园区“两化融合”工作稳步推进并逐步取得成果的一年。在市经济信息化委指导下，临港集团以临港信息公司作为实施载体，完成了“数字化产业园区建设及管理标准”的编制工作，并顺利通过了评审验收。秉着“先行先试”的精神，临港产业区依托“标准”，全面指导各开发区域的信息化规划、建设、运维、服务和评估等各方面工作，积极进行“临港模式”的实践，落实产业区内洋山保税港区、奉贤物流园区等重点开发区域的市政道路配套信息管线和信息化功能配套核心设施的集约化建设。

在信息化应用领域，临港产业园区努力把握信息产业升级新机遇，与行业内有实力的企业和单位强强合作，推动了洋山保税港云计算机房、呼叫中心、临港地区智能电网等项目的规划建设，提升了整个区域的核心竞争力，努力创建智慧园区。

此外，临港集团积极开展上海市“两化融合”人才培训基地建设工作，以承担工信部、市经济信息化委委托的“两化融合”人才实训任务，为落实国家“两化融合”人才培训基地建设任务和完善上海“两化融合”培训环境提供了支持。

（上海临港信息科技发展有限公司）

漕河泾开发区

【概况】2010年，上海漕河泾新兴技术开发区（简称“漕河泾开发区”）实现销售收入2 188.9亿元，同比增长14.1%（其中第三产业收入809.7亿元，同比增长40.4%，三产占比上升至36.9%）；工业总产值1 253.1亿

2010年漕河泾开发区主要经济指标完成情况表

经济指标名称	计量单位	2010年	同比%
国内生产总值	亿元	670.3	15.8%
工业增加值	亿元	360.9	0.2%
第三产业增加值	亿元	308.5	40.5%
销售收入	亿元	2 188.9	14.0%
第三产业收入	亿元	809.7	40.4%
外商投资企业	亿元	1 673.3	6.4%
工业总产值（现价）	亿元	1 253.1	——
外商投资企业	亿元	1 110.2	-1.3%
税收收入	亿元	57.9	23.3%
外商投资企业	亿元	40.0	21.2%
出口总额	亿美元	127.3	-7.0%
进口总额	亿美元	52.9	32.6%

2010年漕河泾开发区各高新技术产业门类主要经济指标完成情况表

产业分类	企业数(家)	总产值(亿元)	销售收入(亿元)	利润总额(亿元)	出口总额(亿美元)	期末人数(万人)
总计	1 308	1 253.14	2 188.91	100.78	127.33	14.60
电子信息	404	947.44	1 246.00	46.29	110.90	6.50
生物医药技术	81	17.59	68.05	6.98	1.04	0.45
新材料能源及化工	74	72.85	93.15	4.85	1.31	0.55
电子器件及数字电子	236	28.20	77.83	4.14	2.44	0.90
仪表仪器及专用设备	123	43.79	155.82	10.86	0.55	1.38
航天航空	13	50.24	20.18	2.61	0.00	0.58
汽车	128	79.01	114.96	6.96	10.61	0.91
其他	249	14.03	412.93	18.10	0.50	3.33

元,与2009年持平;地区生产总值(GDP)为670.3亿元,同比增长15.8%(其中工业增加值360.9亿元,同比增长0.2%;第三产业增加值308.5亿元,同比增长40.5%);税收收入57.9亿元,同比增长23.3%;进出口总额180.3亿美元,同比增长1.9%。

2010年,漕河泾开发区获批工信部"国家新型工业化产业示范基地"。在商务部国家级经济技术开发区的投资环境综合评价体系中,漕河泾开发区位列第八,其中发展与效率指数蝉联第一。在首次开展的上海市56家开发区综合评价中,漕河泾开发区综合发展总指数排名第一,四个分项指数中,资源利用、创新发展、投资环境三项分指数排名第一,产业发展分指数排名第三。此外,还被评为"上海市企业服务优秀园区"、"上海品牌园区"。

【招商项目】 2010年,漕河泾开发区着力实施"大招商"战略,统筹本部、浦江、松江、海宁、盐城等区域,发挥联动效应,加快引进高品质项目,"一五一"产业(即电子信息支柱产业,已形成的新材料、生物医药、航空航天和正在形成中的汽车研发配套、环保新能源五大重点产业,以及现代服务业支撑产业)格局进一步形成。

漕河泾开发区本部2010年新引进项目362个,其中外资项目49个,新批准设立外商投资企业32家,新增外资合同2.5亿美元,新引进20个国内外重大项目,项目质量显著提升,如沃尔玛、甲骨文软件、富士康科技、泰森集团、泰克科技、泰科电子、标致雪铁龙、思科视频技术、柯惠等世界500强企业9家;美光半导体、英维思科技、艾利、都富集团、捷普科技等美国500强企业5家;以及研祥智能、金煤集团、瀚洋船舶、华创证券、上海市知识产权交易中心、淘米网络等国内知名企业6家。

浦江高科技园2010年新引进项目50个,新增内资注册资本1.45亿元,外资注册资本1.76亿美元,项目注册率及科技含量均有提升。目前国内唯一以建筑智能化为主业的上市公司延华智能、世界500强百事公司亚洲研发中心等一大批优质项目落户浦江。截至2010年底,浦江高科技园累计引进注册企业154家,总投资额17.73亿美元,园区先进制造业占闵行区工业比重达到了23%。

松江高科技园2010年新引进欧亚电气、联合路桥工程、海希工业通讯设备等近70个项目。

海宁分区启动第一年即取得招商突破,成功引进了宝捷机电、蓝晶科技、永大电气、丰源集团等多家高科技企业。其中,由法国博旭瓦集团投资的宝捷公司是海宁首家纯欧美外资高科技企业,也是海宁首家采用度身定制模式的项目。

【规划建设】 2010年,漕河泾开发区本部区域总建设面积达75万平方米,其中新开工项目4个,面积为25.1万平方米;续建项目2个,面积为13万平方米;竣工项目3个,面积为37.1万平方米。国际商务中心和现代服务业集聚区总部园区两项目被列为上海市重大工程。现代服务业集聚区总部区项目已通过"LEED美国能源与环境设计先锋"评价体系的认证,6幢办公楼中3幢获得金奖,3幢获得银奖。

浦江高科技园F地块三期3标项目竣工交房;新开工项目包括F地块三期4标和联星河疏浚项目;在建项目地铁广场一期项目所有单体完成结构验收,并分别荣获市、区优质结构奖,成为迎世博观摩工地。

【创新创业服务体系】 2010年,漕河泾开发区"聚

2010 年漕河泾开发区外商投资情况表

国别和地区	2010 年			累计		
	企业数(个)	总投资(万美元)	占总额(%)	企业数(个)	总投资(亿美元)	占总数(%)
美国	3	222	2.14%	165	11.72	16.09%
中国香港	10	5 169	49.81%	154	7.40	10.16%
日本				84	2.10	2.88%
中国台湾	2	65	0.63%	62	2.72	3.73%
英国(包括英属地)	5	4 071	39.23%	89	14.17	19.45%
新加坡	2	49	0.47%	30	7.73	10.62%
欧洲其他地区	5	340	3.28%	73	20.02	27.49%
北美其他地区				11	2.03	2.79%
东南亚其他地区	2	370	3.57%	19	0.22	0.30%
澳洲				4	0.05	0.07%
其他	3	91	0.88%	106	4.69	6.43%
合资企业	4	48	0.46%	110	14.97	20.55%
合作企业				4	0.24	0.33%
独资企业	28	10 329	99.54%	683	57.63	79.12%
生产型项目	8	4 218	40.65%	511	58.59	80.44%
非生产型项目	24	6 159	59.35%	286	14.25	19.56%
总计	32	10 377		797	72.84	

焦企业，聚焦服务”，进一步加大构筑“双创”服务体系和扶持自主创新力度，加快创新型科技产业园区建设。

完善“双创基地”建设　孵化联盟包括 7 家成员单位，在孵企业 360 家；大学生创业创新园入驻企业 82 家，入驻率达 100%，被认定为“大学生科技创业见习基地”，并成为中国青年创业国际计划（YBC）上海服务站，累计引进科技苗圃项目 50 个，其中 39 个项目成功转化，转化率达 78%；浦江双创园累计引进企业 100 家；开发区软件园获评“2009—2010 中国软件和信息服务业年度优秀服务机构”，成为上海唯一获此殊荣的软件园区。

加强“双创超市”建设　初步形成了包括企业辅导、项目申报、人事人才、企业融资、国际合作等 16 个服务模块、约 600 项服务的“双创服务超市”，涵盖了从预孵化企业、在孵企业、加速企业到规模企业等各个发展阶段的企业。并以获批上海市科技企业加速器建设试点单位为抓手，完善拟上市重点企业服务平台，围绕高成长企业提供全方位增值服务。已申报入驻加速器的企业达 20 家，年销售额超过 6 亿元，销售和利润增长率均超过 30%。同时还成立松江创新创业园，进一步拓展延伸双创服务。

优化开发区投融资环境，多渠道帮助中小企业解决融资难问题　中小企业融资平台贷款规模增至 1 亿元，8 家企业获批信用贷款 2 660 万元；与上海银监局、徐汇区政府等联合主办“送金融服务进园区”活动，45 个项目签约，授信金额 33 亿元；协调多家银行为 8 家企业提供贷款 6 525 万元；与专业机构合作，对拟上市重点企业开展个性化辅导服务，开发区现有拟上市企业 38 家。

依托大张江资金，加强开发区自主创新能力和环境建设　专项资金重点支持高科技项目引进、生态工业园建设、创新创业培训服务、中介咨询服务、中小企业融资平台及大学生创业园建设。2010 年度共申报项目 19 个，获批市级资金 3 983.5 万元。其中，松江高科技园首次参与，获批 612 万元。

大力推动高新技术企业、技术先进型服务企业以及软件和信息技术服务重点出口企业认定工作　截至 2010 年底，漕河泾开发区内经认定的高新技术企业 238 家，占全市总数的 7.64%；经认定的技术先进型服务企业17家，占全市总数的8%。经认定的软件和信息技术服务重点出口企业4家，占全市总数的17%。

推进公共设备和技术共享服务平台建设 汇集中国上海测试中心、微特检测、航空无线电电子研究所、大唐移动等企业资源，仪器共享服务平台加盟单位增至17家，共享仪器增至282台，服务次数1 626次，服务金额965万元，有效地提高了仪器设备利用效率，降低了中小企业研发成本。

积极争取政府资金支持，全面推进服务外包示范区和知识产权试点园区建设 推荐龙旗、理光等14家企业申报录用人才培训费和国际认证费等专项资金364万元；先后培训软件测试工程师、嵌入式软件工程师等各类服务外包人才656人次，认证考试通过率78.3%。

深入开展科技政策调研 首次编制完成开发区《2009年科技发展报告》及新一轮《创新创业三年行动计划》（2011—2013）、《漕河泾开发区金融集聚区建设研究》等研究报告，为开发区转型发展、进一步完善科技服务功能、建设金融集聚区奠定了基础。

【投资服务环境】 2010年是开发区“服务年”，继续坚持“以企业为本”的服务宗旨，以客户需求为导向，以创建“国家生态工业示范园区”为抓手，不断推进环境改善，创新服务方式，提升服务质量，推动区域经济朝着“高端产业，低碳发展”的节能高效方向迈进。

进一步加强区区合作，为企业发展创造良好的服务环境 包括开展政策咨询讲座、警企座谈会；推动医疗服务进园区，共建医疗保健平台；与徐汇区政府、虹梅街道共建开发区实验小学，解决区内企业员工子女上学问题；围绕宣传世博，开展以“节能减排、低碳环保”为主题的系列活动；围绕产业发展组织各类研讨会和论坛，如“2 010中国汽车安全系统技术与应用高峰论坛”、“汽车电子关键芯片产业链高层论坛”、“中国民营科技企业发展高峰论坛”、“新能源产业发展高峰论坛”等；充分利用公共服务平台进一步为企业提供服务，帮助区内企业解决在人才引进、融资发展、扩建选址、政策落实、户口、劳资纠纷、设备通关、商检质检、政务咨询等方面的困难，积极协调地方政府有关部门帮助企业处理劳资纠纷。

此外，启动“漕河泾开发区服务平台”筹建工作，研究形成《漕河泾服务平台建设方案》、《漕河泾开发区服务战略五年规划》等文件，为下一步建立服务平台及“客户服务中心”打下了基础。

按照“一带、三圈、五点”开发区商业布局规划，进一步完善园区配套项目建设 对密集度较高的小区配备银行、便利店、咖啡店等必备业态，对集聚区总部区等重点小区进行延伸业态配备，新引进招商银行、上岛咖啡、赛百味、啡城咖啡、爱果果汁吧、吉腾拉面、新食尚等项目，与公共餐厅形成互补，初步形成商业配套集聚的规模效应；绿洲商务会所二期实现整体开业，会所经营服务功能得到进一步完善和扩展；开发区“一卡通”扩展至55个商业网点联网运行。

整合各方资源，加快建设人才高地 人力资源公司继续做好人事代理、人员派遣、猎头服务、企业登记代理和人才培训等多元服务，新拓展人事快递、人事调解等特色服务，在复旦、交大等各高校举办校园招聘活动11场，区内554家企事业单位踊跃参会，推出1 874个招聘岗位，计划招聘8 685人，共收到求职简历10 735份，取得了良好的社会反响；开发区人才网7月改版以来，访问量超过150万人次，网上招聘会点击量超过23万人次；启动“国家级海外高层次人才创新创业基地”筹建工作，区内弘视通讯潘今一、澜起科技杨崇和、大郡动力徐性怡、裕隆临床检验中心穆海东、巨哥电子沈憧棐、尚德电力马晓光等6人入选国家“千人计划”创新创业人才，新推荐曹刚、张翌等2人申报国家“千人计划”，另推荐8人申报市“千人计划”；全面建设“漕河泾开发区双创培训服务平台”，漕河泾双创大讲堂共举办56场培训活动，累计657家企业、3 016人次参加；通过举办“人力资源沙龙”等活动，搭建区内企业人事经理信息交流互动网络；与交大联手打造“漕河泾开发区高级金融人才培训基地”，开展2次金融专题讲座，全力打造漕河泾开发区金融人才集聚高地。

继续大力开展“三大园区”建设 双优园区建设方面，年初编制完成《国家生态工业示范园区建设规划》，2010年9月获国家环保部、商务部、科技部批复同意，创建国家生态工业示范园区推进委员会同期成立，2010年11月30日召开首次会议。此外，在区内大力开展节能环保宣传工作，集中完成了一批低碳、节能、环保建设项目，重点推进贝岭等企业实施清洁生产审计，落实捷普、先进、3M、安普等企业开展节能减排技术改造，据单位统计共节约能源折合标煤约5 000吨。与此同时，积极落实《环境改进两年行动计划》项目，完成蒲汇塘、上澳塘和高门泾等河道整治，完成电梯、玻璃镀膜、LED灯等一批节能改进项目，搬迁桂菁路垃圾房等建筑，贯通上澳塘、桂菁路沿线绿地，园区环境进一步改善。

数字园区建设方面，持续做好ERP维护工作，完成开发区门户网及人才网改版；加强园区网络基础设施建设，开通公共区域无线覆盖，新一代城市光网覆盖基本到位，完成31幢楼宇光纤进楼到户的接入；加快推进平安园区建设，完成区内17个路口、75根车道高清智能监控系统建设；开展智能停车引导系统和办公大楼智能化建设。

国际园区建设方面，以世博会为契机，进一步加强与国际姐妹园区交流，加强与以色列、加拿大、乌克兰的技术转移与创新合作，"中俄乌科技园"已有10个项目入驻创业中心，其中2个项目获得国家科技部专项资金支持，2个项目将成立企业并落地开发区。物业公司进一步深化与英国莱坊在浦江地铁广场项目的合作，倾力打造具有国际水准的高端项目典范；华美达新园酒店于2010年9月完成升级并全新开业，成为华美达国际首家在运营期内成功实现品牌升级的酒店，继续保持了"亚太首席"的殊荣，并荣膺温德姆国际酒店集团旗下仅5席的"2010年度全球最佳进步酒店"称号；保华万丽五星级酒店建设项目进展顺利，将为国际园区提供高端服务配套。

【"走出去"工作】 在获评"上海品牌园区"、"上海市著名商标"基础上，2010年漕河泾开发区借力世博，进一步扩大对外宣传，扎实推进"走出去"工作。

借力世博，全力做好品牌宣传推广 2010年上海世博会的召开为开发区打开大门、扩大影响力带来了新的机遇。2010年开发区累计接待中外来宾240多批、3 600人次，其中世博来宾140多批、2 000余人。漕河泾开发区相关部门通力协作，圆满完成了世博接待任务。同时，与俄罗斯新西伯利亚州、意大利米兰及博洛尼亚工业家联合会、越南胡志明市、巴西圣保罗州、爱沙尼亚商会、泰国国家创新局、墨西哥蒙特雷科技大学等国外机构新建立了联络，为进一步扩大国际交流打下基础。

扎实推进"走出去"战略，加强与国内外兄弟园区联络交流 与南非比勒陀利亚创新园、中国—危地马拉合作商会、安徽铜陵开发区、内蒙通辽开发区、新疆喀什叶城工业园区签署友好合作协议。至2010年底，开发区共有国内外友好园区41家，其中国外16家，国内25家。为加强友好园区间的人才交流，新制订了交流挂职人员接待方案，从工作、生活、学习等方面为挂职人员提供便利服务。

以产业转移促进中心商务部上海基地为平台，切实推进项目合作 2010年共有24个项目落户中西部，投资额共计156.69亿元；达成先期意向项目31个，投资额38.36亿元。项目辐射省市和涵盖领域更为广泛。此外，配合江苏大丰、成都青羊区等召开推介会8场；组织代表参加各类专场项目推介会3次；联合世界银行等机构，组织招商人员主题培训3场，有200多人次参加；组织入驻商务代表与美国加州基金会、世界银行国际金融集团等机构沟通接洽并达成初步意向。

紧密合作，共建海宁分区 海宁分区的成立是漕河泾开发区实现"走出上海"的第一步。启动一年来，公司派出的工作人员不畏艰难，扎实有效推进各项工作，实现了招商引资的"开门红"。

【开发区文化】 2010年，漕河泾开发区以"瞩目漕河泾"创新文化节为主题，实现体育与文化相结合、企业员工业余文化生活与开发区创新文化相融合的良好氛围。长三角电子竞技大赛、迎世博专题摄影展、群众性广场文艺表演等活动的召开，增强了开发区凝聚力。在此基础上，"漕河泾开发区杯"上海市第十四届运动会于2010年10月举行，成为首家由园区冠名的市级运动会，成功展现了漕河泾开发区和企业员工蓬勃向上的风采，进一步扩大了开发区品牌影响力。"相约漕河泾"联谊活动逐渐形成品牌，2010年推出与会员单位联手举办活动、与张江合作举办"相约漕河泾——情系张江园"以及与市侨联合作开展联谊活动三项新举措，进一步扩大了参与者的社会接触面和交友渠道，全年组织4次活动，共160人参加。此外，继续开展"再生电脑公益行"活动，先后在浦江、松江、创业中心和物业公司建立捐赠站和捐赠联络站，初步形成捐赠工作网络，为长期开展"再生电脑公益行"活动奠定了良好的组织基础。截至2010年底，"再生电脑公益行"捐赠中心已回收各类电子产品4 510台(件)。

（王　晖）

七、企业信息化应用

上海汽车工业(集团)总公司

【概况】 2010年，上海汽车工业(集团)总公司(以下简称"上汽集团")、上海汽车集团股份有限公司(由上汽集团控股，以下简称"上海汽车")，围绕上汽自主品牌发展战略规划，以支持资源整合、业务协同、业务流程集成为目标，不断加快信息化建设步伐，充分发挥自主创新和自主开发能力，为提高上汽自主品牌建设速度和效能提供了有力保证。

【信息化提升集团财务管控能力】 为进一步加强集团财务管控能力，规范上汽财务信息编制的流程，提高编制的质量与效率，上汽实施了上汽财务信息系统（以下简称“SAICFIS”）建设项目。

SAICFIS 涵盖的范围包括上汽集团、上海汽车、华域汽车（三家联合简称为“上汽”）三个合并主体及其基层企业实体共计 441 个单体，根据规范的科目与统一的账务处理原则进行数据上报的企业实体共计 328 家，利用系统进行报表合并的企业实体共计 59 个。

SAICFIS 系统项目团队将甲骨文公司（Oracle）的 Hyperion Financial Management 和微软公司（Microsoft）的 Windows SharePoint Service 两大产品功能相结合，针对上汽对合并报表及往来核对的需求，开发出了会计及财务管理科目、预算预测分析，以及费用控制等相关财务信息的上传、映射、转换，往来账核对、报告与查询，编制合并报表、财务分析报告及灵活展现的九大主要功能模。SAICFIS 系统在成本最优化的前提下充分发挥了 HFM 作为专业报表合并系统的先进功能，又在其基础上提供了灵活而方便的数据提交接口，为基层企业高效快速地完成数据的提交、企业之间详细而精确对账提供了完善而方便的平台。

项目实施成果 上汽财务信息系统项目于 2009 年 7 月正式启动，项目实施团队由公司业务骨干与 IBM 项目实施顾问共同组成。项目实施持续近 15 个月，按计划依次完成了项目的需求调研、系统设计和配置、集成测试，并安排了对所有用户的首轮培训，确保了项目的成功实施和上线。项目组于 2010 年 2 月起进行系统试运行，实现了所有企业通过系统报送数据、编制合并报表。通过 SAICFIS 的建设，覆盖了上汽旗下 50 多家二层次企业及 300 多家二层次以下企业，企业通过使用专线及 VNP 连接方式，共同构建出了可靠、即时、安全的上汽信息传递平台（Intranet）。该平台不仅提高了上汽财务数据收集的效率，促进了上汽财务系统的整合工作，还为上汽今后的其他信息化工作夯实了基础，并且提供了有效的成果实施经验。

系统价值体现 建立了统一的数据报送、数据展示和信息发布平台。通过财务信息系统的建设，不仅为基层企业上报报表、往来对账、预算预测等工作提供了一个统一的数据报送及数据展示的平台，更为集团财务制度发布、财务流程控制和财务工作管理建立了有效的信息发布和信息沟通渠道。

建立了统一的内部往来对账平台。优化和统一了期末对账（包括内部往来和内部交易）的流程并用对账平台固化，实现了集团对内部交易，内部往来数据及对账差异的统一收集和管理。彻底改变了纸质对账信息分散，差异处理不规范等问题，从源头上保证了抵消数据的准确性。依托对账平台，构建了各类对账数据的分析使用模版，极大地提升了财务人员处理对账数据的效率，更好地满足合并抵消及报表披露的要求。

全方位梳理组织架构。梳理了 300 多家上汽合并范围内企业以及纳入系统的重要合营联营企业的股权结构、外币折算、数据报送要求、对账要求、合并要求、预算预测等一系列重要财务信息，并在系统内进行了固化。

统一会计科目、预算预测科目和会计信息披露要求。依据企业会计准则，结合上汽自身的会计核算、预算预测管理及披露要求，在系统中构建了统一的会计科目及相应的预算预测科目体系和一系列会计信息披露和财务分析框架，有助于规范所有企业会计和预算预测科目使用、明确业务核算要求、保证集团会计政策和财务管理要求的一致性以及各企业会计数据和预算预测数据的可比性。

推进财务数据标准化、规范化，提升财务数据质量。集团对财务数据的编报要求通过系统得以固化，并借助于校验规则、流程控制等系统手段保证这些要求的贯彻。合并报表编制及预算预测编制的时间较以往将有所缩减。通过财务信息系统的实施和大规模推广使用，有效地促进了集团财务数据标准化、规范化，极大地提升了财务数据的质量及分析能力。

规范了合并流程、合并方法，实现了复杂控股情况下的系统自动合并。通过财务信息系统的推进，梳理规范了合并流程、合并方法。对合并工作中的难点，如交叉持股下的合并、外币报表折算、金融业务关联交易事项等实现了系统自动计算、合并，对未实现毛利计算等实现了系统辅助取数，以及简化子公司合并方法实现了成本法替代权益法，极大的提高了合并工作效率和合并工作准确性。

梳理权限，保证信息披露的独立性。针对逐个用户、逐个企业梳理用户权限，通过建立实体纬度、流程再造、数据读写等一系列安全性矩阵，满足上市公司之间、集团与上市公司之间信息披露的独立性要求。

全面提升了财务人员技能。在大规模培训和系统推广过程中，对重要会计科目的使用、特殊会计事项（如长期股权投资等）的核算、合并会计报表编制逻辑等合并财务报表编制重点难点，从业务上进行了梳理讲解，帮助企业财务人员在最短的时间内掌握了系统操作，深化财务人员的相关财务知识，全面提升财务人员业务技能。

最佳实践。作为汽车行业的领军成员，上汽也成为第一家用信息系统实现合并报表及往来核对，将会计及财务管理科目的统一、预算预测分析标准化，以及费用控制等相关财务信息的上传、映射、转换，往来账核对、报告与查询，编制合并报表、财务分析报告及灵活展现等功能在系统层面实现的汽车集团。

【上汽集团各企业信息化建设】

延锋伟世通汽车饰件系统有限公司

2010年，延锋伟世通根据企业IT战略，在信息化人员保障、网络安全建设、IT外包、平台建设等方面取得了较大进展。

信息化人员保障 2010年初，公司正式实现了IT力量的整合，成立了延锋伟世通信息系统部，下设网络与规划科和系统应用科，精细化分管公司的软硬件环境，IT专业人员达二十余人，为企业的信息化建设提供了有力保障。

网络安全建设 公司在安亭，总部及金桥部署了网络准入NAC系统，有效避免了外来电脑非授权进入公司网络资源的现象，改善和加强了公司网络系统安全。

完善IT外包方式 建立了延锋伟世通统一HelpDesk报修平台，实现了7X24的最终用户服务支持，系统管理方面，对公司域环境及email系统进行了Exchange版本的升级，增强了内部信息交流途径的高效性及稳定性。

平台建设 公司经过论证和比较，选择K2、MOSS、Reporting Service、BizTalk，分别搭建了工作流引擎、企业门户和文档中心、报表中心、数据接口平台，这些平台将组成未来5年应用系统发展的技术框架。在ERP管理领域，建立了QAD的统一报修平台，通过问题集中管理和分析，建立QAD知识库；在PDM领域，建立了启动模板和标准件库，进一步规范了产品设计开发流程；在设备管理领域，对主要工厂的设备管理软件MAXIMO进行了版本统一和版本升级。

上海小糸车灯有限公司

2010年，上海小糸车灯围绕促生产、抓研发、降成本的主要目标，以信息化建设为手段，着力推进了以下几方面工作。

从产品研发管理向数字制造拓展 产品研发管理历来是上海小糸车灯最为主要的核心竞争力，继2008年顺利完成了产品数据管理（PDM）系统实施后，公司在2010年完成了数字制造系统（TCM）实施，将专机制造和工艺设计一并纳入系统，并完成了与PDM系统的完美整合。该系统有助于上海小糸车灯拓展研发管理的理念，从产品研发管理向实现数字制造的专机研发和工艺研发延伸。

围绕主营业务的辅助业务支持系统 ERP和PDM被视为汽车零配件企业的两大支柱系统，在完成了两套支柱系统的建设后，上海小糸逐步将信息系统深入到更为专业的领域。2010年，上海小糸以ERP\PDM为中心，在商务智能、容器控制管理、移动式仓储管理、采购入库质量管理方面分别建立了信息系统，并实现了与核心系统间的数据完美交互。

商务智能系统为上海小糸车灯在企业内部推广绩效考核以及完成上级公司绩效评审提供了充分的数据支持；容器控制管理系统使得容器的损耗降低了32.4%，容器准时配送率提高了10%，为容器周转率的提升提供了极大的帮助；移动式仓储管理系统使得仓库盘点正确率上升了5%，出货错误率降低为0.001%；采购入库质量系统使原材料入库质量得到了极大的保障，所有入库原材料摆脱了人为因素造成的“免检”和“漏检”现象，实现了100%按照质量要求进行检查。

“人人成为经营者”系统 为了推行“人人成为经营者”管理思想，2010年度上海小糸车灯整合管理理念，顺利部署了“人人成为经营者”系统，并成功上线运行。经过近半年的努力，上海小糸车灯已完全实现了SAP和“人人成为经营者”系统的无缝接口，每天有超过10万笔业务数据从SAP系统同步至经营者系统，不但节省了大量的人为工作量，还为经营者系统提供了更为准确和及时的数据支撑。

安吉汽车物流有限公司

2010年，安吉汽车物流有限公司根据信息化规划，结合业务板块特点，在整车物流、零部件物流、口岸物流业务中，紧密联系业务，不断提高信息系统的应用水平。

商品车电子签收系统 商品车电子签收系统运用物联网技术，整合射频识别(RFID)、全球定位系统、激光扫描器等信息传感设备和移动通信链路，建立商品车信息与互联网连接通道，进行信息交换和通信，实现商品车智能化识别、定位、跟踪、监控和管理。该系统经过研发、测试和试用，现已正式投入使用。经上海市经济和信息化委员会推荐，此项目已申报国家工信部物流信息技术创新应用工程物流信息化试点项目，并获得上海市2010年度服务业发展引导资金资助。

智能调度系统 智能调度系统通过梳理业务流程、业务规则基础数据，导入优化引擎工具，实现需求资源优化配置。目前，该系统处于研发阶段，项目团队已完成了对优化工具及解决方案适用性的评估、用特征数据模拟业务情景对优化工具进行比较测试，掌握了优化工具的基本性能，以及与业务的关联度和适用性。通过演示使用优化工具样例，结果显示：方案生成速度、平均装载量、单一目的地等对比指标均优于人工调度。该系统上线后将会严格遵守策略规则，杜绝人为因素干扰，快速高效生成指令，降低运输成本，提高客户满意度。

物流过程可视化系统 物流过程可视化系统采用视频、图形、图表、数据等多种形式展示汽车物流运营状况。该系统上线后，实现了重点作业现场态势、仓储运作态势、运输运行态势可视化；动态趋势预判；临界阀值警示。通过新办公地尚凯大厦装置的30多米宽大屏幕（大屏幕由84块46英寸液晶显示器拼接，通过矩阵控制器可以输出任意规格的画面，最高可以同时展示32路不重复信号源）的展示，最终实现物流状态数字化、采集自动化、展示图形化。

上海汽车工业销售有限公司

2010年，上海汽车工业销售有限公司根据IT规划，分层次、分阶段推进信息化建设，为企业发展提供了高效、可靠的信息系统支持。

租赁信息系统 在公司电子商务项目的推动下，重建了以B2C和B2B汽车租赁预订为核心的电子商务网站，实现了短租自驾、短租带驾和国际预订的预订整合。企业内部通过电子商务后台管理系统，可实时接收和处理网站订单，实现了从租车预订到执行的一体化。电子商务项目在项目初期就考虑了搜索引擎优化的要求，对网站的内容和结构做了必要的优化。2010年9月，该系统上线后已成为安吉租赁的短租业务核心管理系统。

安吉机动车检测评估系统 检测评估系统主要实现车源信息收集及车辆检测评估业务。系统实现了：按4等12级标准进行39项检测，提供标准化的检测评估报告；评估电子化运算，自动生成评估结果；按照时钟绕车方式合理分配评估内容；对收购和委托拍卖环节进行业务跟踪管控，形成CRM雏形；利用3G通信技术实现移动式全方位车辆评估检测。

安吉机动车拍卖管理系统 拍卖操作管理系统由车辆管理、会员管理、拍卖管理、车辆服务管理、结算管理和统计报表、后台逻辑及接口以及系统管理端等几部分构成，对平台拍卖业务进行全面流程控制实现了贯穿业务流程的增值服务管理系统。

现场/网络同步拍系统 该系统将现场的拍卖数据通过网络及时转播给远程的竞拍会员，同时将远程竞拍会员参拍的数据及时展现给参与现场拍卖的竞拍会员，以实现现场和网络同步进行拍卖。通过传统举牌、网络出价、现场触摸屏竞价这三种参拍方式，满足了不同拍卖人及委托方的个性化需求。

（夏　骏）

中国石化上海石油化工股份有限公司

【概况】 中国石化上海石油化工股份有限公司（以下简称“上海石化”）是上海石油化工的主要生产企业，是中国集炼油、化工、塑料和化纤生产经营于一体、高度综合的现代化大型联合企业。2010年，上海石化坚持“学习先进、精细管理”，深入开展“比学赶帮超”活动，牢牢把握市场机遇，坚定不移做大总量，凝心聚力加快发展，全力确保企业和谐稳定，不断提高企业经济效益，圆满完成各项生产任务和目标。

2010年，上海石化坚持信息化工作“六统一”原则，按照“信息化工作与加强企业管理、提升技术水平、提高经济效益紧密结合”和“建用结合、以用为主”的工作方针，加强信息系统深化应用，推进公司经营管理迈上新台阶；推进先进过程控制系统建设和保障稳定运行，推动公司生产装置节能降耗优质运行；以生产执行系统建设为主线，推动公司生产管理精细化、生产控制指标化、生产评估数据化、生产人员信息化。

（吕燕君）

【生产执行系统（MES）上线投用】 2009年10月，上海石化启动MES项目，2010年4月底完成了MES系统设计、流程差异分析、用户权限审核、系统部署、模型配置、用户培训、报表开发、集成测试等工作。5月20日，系统各模块分批投入试运行；8月23日，系统上线运行，MES运行支持体系同时成立。MES是以生产物流管理为核心，集物料移动、生产调度、生产统计、能源管理、生产绩效为一体的生产营运营指挥平台，可使业务流程规范化、标准化，实现物料“日平衡、旬确认、月结算”的目标，为经营管理层信息系统提供数据支撑。

（梅　松）

【设备管理信息系统（EM）建成投用】 2010年1月，上海石化启动EM建设项目，6月10日系统上线运行。EM是ERP系统PM模块的提升和扩展，在原有ERP设

心，为2万余家用户提供了电子商务的交易和协同服务。服务方面与银行共同建设供应链融资系统，使产融结合服务的规模化具备了条件，全年实现融资14亿元，为宝钢用户提供了新的服务手段。

集团共享系统：2010年，宝钢集团启动了集团共享系统工程项目管理系统和科技管理信息系统在多元产业的推广实施。截至2010年年底，宝钢发展新开基建项目、宝钢化工的宝山分公司和苏宝化项目已纳入工程项目管理系统进行管理中，科技管理系统的功能模块优化升级改造工作已完成过半，合理化建议和自主管理在宝钢金属的试点实施工作已基本就位。

探索集团层面的信息共享模式：宝钢集团信息共享平台于2010年6月底上线试运行，实现了对7个业务系统、超过25万篇文档的统一搜索和共享；宝钢特色的问答窗口"宝钢知道"在集团公司总部和宝钢国际上线试运行，为员工在工作中排解疑难问题搭建了一个沟通和获得支援的快捷通道。由宝钢股份研发的宝钢集团技术共享平台与集团信息共享平台一起，成为集团知识管理平台的重要发展基础和核心。

【宝钢集团子公司信息化建设】

宝钢股份

作为宝钢集团最大的子公司、宝钢集团最核心的企业，宝钢股份2010年围绕"以市场为导向，以客户为中心，以现场为重点，推进供应链管理，致力于为客户提供超值的产品、服务及信息，提升宝钢股份的核心竞争力"的目标，取得了以下几方面突破。

信息化建设情况 截至2010年年底，宝钢股份已经建成集成共享的一体化经营管理系统，为宝钢股份适应市场变化、支撑管理变革、配套工程建设，提供了集成共享的统一系统平台。绝大多数制造基地已建成纵向多级集成、横向贯通全制程的制造管理系统，主要制造基地建成了能源管理系统。

2010年，宝钢股份持续推进一体化管控系统的优化完善和推广实施，实现了一体化系统整体覆盖宝通钢铁并指导宝通钢铁制造管理系统的建设，把钢铁子公司B类项目纳入工程项目管理系统管理，实现需求与综合销售计划系统向不锈钢冷轧产品拓展。深化大客户通道及EDI应用、供应商协同，推广电子单据应用，改版宝钢在线营销电子商务门户。支撑事业部制、营销网络整合、原中厚板分公司整合。配合工程项目，推进硅钢L3系统建设；实现罗泾区域制造管理系统功能对罗泾二步工程新产线的覆盖；实现高强钢加工中心MIS与宝钢股份直属厂部制造管理系统直连项目；实现基于RFID技术的厚板供应链系统关键技术研究项目的试运行。促进固废资源化；完善环境自动监测、监视及管理系统。完善产品盈利能力、采购、营销价值、成本、能源分析及决策支持手段，实现直属厂部数据仓库技术升级。

为消除重大信息系统隐患、响应管理提升需求，2010年，宝钢股份启动了直属厂部制造管理系统升级改造相关项目的项目建议书和可行性研究报告的编制工作，完成了项目组织联络体系、例会沟通机制和项目文档资料管理体系的建立。同时，配合原中厚板分公司的管理整合，推进一系列管理信息系统过渡支持项目实施工作。

信息系统安全管理 完成了直属厂部制造管理系统安全测评工作。按照综合管理体系推进的要求，以设备部、制造部、硅钢部、财务部作为试点，开展直属厂部制造管理系统资产清册、分类分级、风险评估等基础工作，开展了制造管理系统安全与运行风险评价项目，取得了一定的经验和效果。同时，宝钢股份坚持管理与技术相结合，策划信息安全综合管理系统，完成了系统安全风险评估平台的搭建工作。

宝钢资源

作为宝钢集团资源开发产业的核心企业，宝钢资源2010年信息化建设成果主要表现在以下几方面。

海外信息化平台建设 为支撑海外总部成立后的经营运作，宝钢资源提出了海外信息化平台的总体解决方案，从建设思路、建设目标、建设内容等方面阐述了信息系统如何快速有效的支撑公司未来面向海外多组织多国家多地域的经营模式，方案涉及经营、财务、项目管理、协同办公、人力资源管理、系统及网络架构等多个领域。该平台系统覆盖了香港总部的所有贸易活动及财务管理，标志着公司多组织经营管理系统及集团管控系统正式覆盖至海外，是宝钢资源信息化、国际化的重要基础性工作，为宝钢资源下一步拓展海外业务、控制内部风险奠定了基础。

多组织经营管理系统(二期)建设 为配合对废钢板块业务模式的结构调整，宝钢资源组织了多组织经营管理系统(二期)即废钢标准版及矿山管理标准版的建设。该系统支持多组织多账套，至2010年年底，已覆盖公司废钢板块及矿山的所有分子公司。通过该系统的实施，宝钢资源规范了废钢基地及矿山管理的21个流程，从贸易、生产加工、客户供应商、财务等多纬度防范经营风险，实现各项业务的标准化功能63个，将废钢所有业务活动的关键风险点在系统中得到了控制和规范，使管理融于经营的各个环节，为业务运作及经营管理提供了高效的支撑手段。

岗位知识推送系统建设 2010年，宝钢资源针对员工岗位流动性大等特点，搭建了岗位知识推送系统平台，探索了一套基于岗位的知识管理推送体系及实施路径。完成了公司本部所有各职能及业务部门的系统覆盖实施工作，梳理并建设了岗位知识模版55套，将公司本部所有岗位的业务知识推送到每一位员工的协同办公平台上，提高了员工学习的主动性和便捷性，并在宝钢资源内部初步形成了知识共享、知识传承的良好氛围。

宝钢金属

作为宝钢集团钢材延伸加工产业的核心企业，宝钢金属2010年配合工程项目建设，同步完成了新建子公司基础网络建设，实施了系统及网络环境改造，提升了信息资产安全保障能力。同时，宝钢金属大力推进业务板块信息化建设，为板块经营和发展提供了有力支撑。

金属包装板块ERP系统建设 2010年4月，宝钢金属启动了制罐板块ERP系统版本统一工作，于2010年6月下旬完成。通过此项工作，实现了各罐厂业务流程的统一、备件料号的集中管理，并形成了统一的版本管理和程序发布机制。

武汉制罐于2010年3月动工兴建，其ERP系统于2010年10月开始实施，是一个在基建建设期间同步实施的ERP项目。在一个半月的时间里，完成了网络设备集成调试及ERP系统的实施，较好地支撑了武汉制罐在基建期间的大量物资采购和管理的业务。

2010年10月，北京印铁ERP系统上线，标志着印铁多工厂ERP覆盖实施的成功。截至2010年年底，系统已覆盖上海宝印和北京宝印两家公司，包括采购、销售、库存、成本和生产管理等各个方面，实现了多工厂物料统一管理、多工厂销售统一管理、采购统一管理、多工厂生产工艺标准管理、多工厂生产信息共享管理、多工厂财务报表合并管理。印铁多工厂ERP系统的实施，推动了管理模式的形成和固化，实现了印铁业务流程规范化和一致化，为实现印铁业务快速全国布局的战略目标提供了有力支撑。

气体板块ERP系统建设 气体板块ERP系统以支持整个气体营运中心采购及销售业务、同时支持未来各个子公司的运营为目标。项目于2010年4月份启动，至12月底完成项目结题。气体ERP项目的顺利实施，满足了气体营运中心及下属各子公司采购、销售环节业务的需求，同时为将来新建子公司业务的迅速有效开展提供了信息系统的保障，为气体板块统一管理、规范子公司运营提供了有力的手段和管控平台。

线材ERP系统建设 宝通线材ERP系统作为线材制品板块ERP的试点项目，涵盖了采购管理、销售管理、库存管理、质检管理、生产管理和成本等主要功能模块，于2010年年底与宝通工厂正式投产同步上线运行。由于宝通制品管理层直接参与项目开发全过程，有效地克服了管理流程不够确定、基础数据不全、人员配备变动大等不利因素，项目实施的经验对同类项目具有借鉴价值。

华宝投资

作为宝钢集团金融投资产业的核心企业，华宝投资2010年信息化工作集中为现有系统的完善和业务拓展，主要包括以下几方面比较有特色的工作。

华宝证券柜台系统升级项目在涉及点多（含公司总部和各营业部）、相关接口系统牵涉面大、系统间接口复杂的压力下，制订了周密的系统升级方案，顺利完成了切换工作。通过柜台系统升级，完善了整个业务系统的构建，整合了柜台核心系统、法人清算系统、风险监控系统、财务系统、客户关系管理系统、客户资料管理系统、外围交易系统等业务相关系统。通过整合，落实了以客户关系管理系统为核心的客户数据中心、以集中交易柜台系统为核心的业务处理中心、以风险监控系统为核心的管理平台中心，对公司各项业务起到了很好的支持作用。

华宝兴业立足信息技术和业务创新，2010年新投运了ETF、QDII、专户三大业务系统，为支持公司新业务的发展提供了信息化平台支撑。其中：新上线的首个国内QDII交易系统，整合了全球知名的FIX引擎Appia，通过全球标准的电子交易网络，实现全球化的电子交易。系统同时整合了全球知名信息提供商（路透）的金融数据电子化接口，能方便及时地获取境外投资所需要的相关金融信息，为国内的金融投资机构实现了境外电子交易功能。通过该平台，实现了客户的境内外资产的统一运作和管理，有效优化跨国投资流程，全面实现境内境外资产的统一风险控制。

宝钢工程

2010年是宝钢工程技术集团有限公司（以下简称“宝钢工程”）成立的第一年，在宝钢工程机构大量变动的背景下，宝钢工程总部各信息系统边运行边调整，在确保原有业务稳定运行的基础上，新转入机构逐步纳入系统管理。

2010年，宝钢工程大力推进三维软件非标模型库的建设，采用参数化、标准化的设计理念，实现了设备的模块化设计，缩短了产品设计周期，提高了设计质量和用户满意度。

宝钢工程目前已创建完成非标模型 2 080 个，三维出图率从 2010 年的 30% 提升到 2011 年的 34.5%，通过三维模型的重复利用，设计人员设计周期由传统的 30 天提升为 10 天。轧钢部设备配管采用三维设计和管路出图自动化，目前大项目出图率达到 100%。

宝钢化工

作为宝钢集团煤化工产业的核心企业，宝钢化工 2010 年信息化工作重点为信息化规划和相关项目的策划工作，暂缓了相关信息化项目的新建进程。

为推进电子商务平台的推广工作，宝钢化工于 2010 年 5 月份与武钢焦化厂达成初步合作意向，并于 9 月份实现了武钢焦化厂的产品上线竞拍。另外，还邀请旭阳化工集团实地观摩化工产品竞价和研讨电子商务应用，为进一步拓展客户打下基础。此外，“化工宝”网站正式上线，标志着宝钢化工在电子商务方面迈出了新的一步。

宝钢发展

宝钢发展是宝钢集团生产服务产业的核心企业，2010 年是宝钢发展全面展开信息化规划、建立信息化管理运行机制、策划重点信息化项目建设的关键年。在公司领导的亲自推进下，宝钢发展成立了信息化工作领导小组，完善了信息化管理相关制度，在公司已有的统一接入网络架构的基础上，进一步优化了网络的架构，提高了网络接入的覆盖面，强化了网络管理力度。截至 2010 年年底，包装材料 ERP 系统、物流仓储管理系统、食品原物料供应链质量安全监控系统已上线试运行；完成了采购供应链系统一期项目、不动产管理、网络基础平台环境项目的立项工作；启动了固定资产管理系统、资源再生管理系统、风险管理系统的可研报告编制及预评审工作。

（谢立群）

中国东方航空股份有限公司

【概况】 2010 年，面对用户井喷式增长、东航上航整合、世博保障的压力，中国东方航空股份有限公司（以下简称“东航”）的信息化工作在快速变革中有序运行，技术服务水平不断提升。

东航将“信息化”确定为公司“五大战略”之一，指出信息化是航空公司现代化建设的龙头，能够推动航空公司实现差异化与国际化发展，精简生产运营流程，开拓高效率低成本销售渠道，识别并发展高价值旅客，为旅客提供时尚高效的航空产品；信息化水平将决定航空公司核心能力的高低，信息化运输企业是航空公司发展的最高形态。

东航根据公司的总体战略部署，结合公司实际业务需求与发展目标，拟定了公司信息化建设的近期和中长期战略目标，即近期“打基础、保世博、创亮点”，通过建立 IT 先进管理流程和打造 IT 核心能力，最终建立起“具有 IT 智慧”的航空公司。

东航信息化倡导“产品创新”和“客户体验”的理念，以重大项目和亮点项目作为切入点，2010 年完成了一批支持业务发展、关注旅客服务体验的信息化项目，从而打赢了东航 2010 年“七场硬仗”之一的“快速提升信息化能力”，得到用户认可，为东航信息化的跨越式发展打好了基础。

【改革 IT 组织，快速提高信息化服务能力】 2010 年 3 月 4 日，由原东航信息技术管理部、东航运控中心通信管理部、上航信息技术部、上航机务部计算中心和上航地服部计算中心整合而成的东航信息部正式成立，IT 团队由原来的 20 人左右迅速扩展到 200 人左右，从而揭开了东航信息化发展新的一页。

改革 IT 组织流程，实现了 IT 管理的专业化　通过 IT 流程改革，东航建立了三大管理、六大功能的 IT 工作流程。其中三大管理包括：需求管理，供应管理和服务管理；六大功能包括：规划、需求、开发、交付、运营和供应商管理。通过改革，东航所有的 IT 工作都实现了基于流程进行水平协作，而非传统的“从头干到底”的垂直管理。根据业界的最佳实践并结合东航实际情况，东航建立了“以水平协作结合垂直管理”的新组织架构，组建了六大中心：需求中心、开发中心、运营中心、通信网络中心、电子商务中心和 IT 规划及基础设施管理中心。

加强 IT 团队建设，提高了 IT 人员的专业化程度　东航建立了业务专家派驻制度，从各个业务部门抽调了多名业务专家，充实到各个重大应用系统项目中，大大提高了对 IT 项目的需求管控能力；以“年薪制”的方式，从社会上招聘了一大批中高级 IT 技术人才，充实了技术团队；初步建立了“关爱、创新、协作、承诺”的东航信息化文化，极大地增强了 IT 团队的凝聚力和战斗力。

加强 IT 项目管理，提高了对 IT 项目的管控能力　东航通过完善 IT 项目管理制度，建立 IT 项目管理办公室，搭建 IT 项目管理平台，实现了对 IT 项目管理的标准化及全过程的监控。

【制定信息化“十二五”规划，确定信息化发展战略】 根据公司“十二五”期间的总体战略，制定了信息化“十二五”规划。

制定信息化战略 紧贴业务战略以新理念弥补信息化差距，大胆采用新技术创造东航差异化服务，以技术升级带动东航精益化管理升级，创造东航信息化杀手锏，成为“具有IT智慧”的航空公司。

确立信息化发展目标 信息化成为东航最有竞争力的产品组成部分，信息化成为东航服务的差异化品牌，信息部门成为业务部门实现精益化管理的合作伙伴，信息化成为东航走向国际化的桥梁。

确立了信息化的三个阶段及分阶段任务 完善阶段——实现组织创新，建立基础平台，完善业务系统，创立东航业务特色；加速阶段——继续业务系统建设，实现决策支持，建立促进业务创新机制，建立知识管理体系；超越阶段——提升核心竞争力项目，创立东航信息品牌，业务创新和变革。

【服务世博，保障世博信息安全】 作为中国2010年上海世博会首家全球合作伙伴及唯一航空客运承运人，东航紧紧围绕上海世博会“城市，让生活更美好”的主题，提出了“东航，让旅行更精彩”的世博口号，秉承“参与世博、宣传世博、服务世博”的理念，凭借优质的服务品牌、庞大的航线网络、先进的客货机队，用高品质的安全飞行、高效率的运行保障、高品位的运输服务为各国来宾架起“世博快线”。在信息化保障世博方面，东航的信息化工作重点体现在以下几方面。

为参观世博园区航空馆的旅客提供自助服务体验 在世博园区正式开放前，东航为浦西航空馆安装了1台自助值机和1台PC机，提供自助值机服务，给参观者以真实的自助值机办理、网上订座、网上销售和网上值机的体验。

实施了东航“远程值机”项目 为方便旅客在虹桥与浦东两大机场间转机，东航在虹桥机场T2航站楼10号门入口处的H岛推出了“远程值机”服务，转机转港旅客无需携带行李即可轻松完成乘机手续。

推出了自助值机服务 在世博前夕，东航在虹桥T2新候机楼安装了28台自助值机，大大减轻了现场值机柜台的压力；并将浦东候机楼内的自助值机升级至二维码，使持二维码登机牌的旅客可以大大节省通过安检和登机的时间，让旅客真正体验到东航服务的方便和快捷。

浦东枢纽港中转系统上线 东航为业务部门安装了中转信息系统，该系统能及时提供中转旅客的订座、值机，托运行李等信息。该系统的使用为业务部门提供了很好的信息支持，有利于东航更好地做好枢纽港的保障工作。

在虹桥机场推出高端旅客两舱双屏显示服务 东航的高端旅客两舱双屏显示服务于2010年9月13日在虹桥机场T2候机楼C1-C10的头等、公务旅客柜台正式推出。通过该服务，从上海出港的高端旅客可以看着柜台上的显示屏和工作人员交流、进行互动。该系统的应用极大地提升了东航的服务形象。

在虹桥机场推出手机值机服务 东航的手机值机服务于2010年8月16日在虹桥T2航站楼推出。在虹桥机场旅客流量井喷的世博期间，东航手机值机功能的适时推出使旅客出行更加便捷，个性化服务成为东航值机服务的新亮点。

明确世博保障机构，落实相关责任 世博期间，东航建立了以公司总信息师为组长的世博信息安全保障领导小组，负责明确保障目标，监督保障计划的执行，审核信息风险的评估，决策重大事项和发布重大信息。世博信息安全保障领导小组下设工作小组，负责制定保障行动计划、制定保障流程、落实各项保障工作、组织各项检查；同时建立了零报告制度，形成每日例会。

开展信息安全评估项目，提升世博保障的技术基础 东航与信息安全专业厂商合作，启动了信息安全评估项目。在评估中运用了入侵检测、渗透测试、社会工程学等技术，对主机房、网络、主机，及主要应用系统和信息管理制度进行了全方位评估，并对评估报告中指出的问题随即进行了改进，从而提升了世博保障的技术基础；对员工开展信息安全培训，提升了全员信息安全的知识和意识。2010年上海世博会期间，东航未发生一起重大的信息安全事件，圆满完成了世博信息安全保障任务。

【积极准备，促进入盟工作稳步推进】 东航加入国际航空联盟之举，顺应了世界民航业发展趋势。入盟一方面能大力拓展生存发展空间、增强企业实力，更好地服务于上海“两个中心”建设；另一方面也能提高全员素质，开拓国际化视野，提升国际竞争力。

用一年的时间加入联盟是东航2010年的主要战略目标之一。入盟工作任务繁重，并且至少有一半以上的任务与信息化相关。在东航信息化管理团队的带领下，入盟工作组在代码共享、积分兑换、联程值机、订座离港改造、呼叫中心、天合联盟网络建设等入盟信息化工作中克服重重困难，按计划有序推进。东航信息化团队还充分利用自身的技术优势，开发了入盟工作组门户，对入盟各项工作进行总控，并协助各入盟工作小组细化目标任务、制定工作计划、沟通协调、普及入盟知识。

【创新特色营销，打造直销品牌，拓展直销渠道】 在国外先进的航空公司，直销比例已经超过50%，东航的总部位于中国经济最发达的城市——上海，2010年，东航把“打造直销品牌、拓展直销渠道”作为公司营销创新的重点，并在信息化方面取得了若干成绩。

持续改进B2C网站，成为行业领跑者 2010年3月，东航推出了新版B2C网站，系统基于全新的架构、全新的设计，给客户带来了全新的体验，也帮助东航树立了全新的网络形象。新版B2C网站具有电子商务成行验证功能，使东航成为国内第一家将电子商务系统延伸到飞后阶段的航空公司，为电子商务多方位产品策划和服务拓展奠定了基础；借鉴FFP忠诚旅客计划理念，东航策划了电子商务忠诚购票客户计划产品，投产上线后取得了巨大的成功。为了扩大B2C涵盖的受众人群，新版B2C网站设计了东航电子商务套票产品，该产品的投产大大提升了公司对高端商务旅客的吸引力；针对不同的时段及客户群持续推出了世博特惠、中转联程、青老年专区、年票等一系列促销产品，使得东航2010年国内B2C网站的销售额在公司总电子客票销售量中的占比突破了10%，成为行业的领跑者。

推出了手机订票系统（移动E），拓展了直销渠道 东航手机订票系统是一款依托高效安全无线网络、应用于手机客户端的应用软件。该手机应用程序为东航的客户提供了更为高效、便捷的实现方式，其操作上的简约、快捷可以让用户切身体会时尚、自由、高效的生活便利，也让用户真正感受“弹指改变生活”的新方式。

东航手机订票系统为东航的广大客户提供了强大高效的服务功能，不但包括订票、查询、退票及改期升舱等主要功能，还细心考虑了用户的切身需求，为旅客提供了常用航线、乘机人、联系人维护等业务功能，从每个细节之处为用户每一次订票操作提供更为方便快捷的服务。东航手机订票系统是基于多种手机操作系统开发的应用软件，更大范围地扩充了支持的手机类型，为更多手机用户提供了方便。此外，东航订票系统数据传送全部采用加密技术，为用户的安全使用提供了良好的保障。

【优化资源配置，有效降低成本】 在2010年东航与上航两大航空公司整合（以下简称“东上整合”）过程中，信息化助力东上资源优化配置，成本下降明显。

实现了航线网络统一优化 通过实施航线网络优化项目，东航实现了东上航线网络统一优化，最大程度地提高了航空公司的生产资料——飞机的利用率。

实现了两家公司财务系统的整合 通过东上财务系统整合，东航实现了两家公司的财务科目在系统中进行了统一，财务数据可以非常方便地关联，在系统层面上率先实现了财务统一管理。

IT人力资源优化配置 东航在东上重组后成立了东航信息部，对IT人力资源重新进行了优化配置，有利于最大限度地发挥各人的特长。

数据整合，降低成本 通过东上整合，东航只需购买一份PAXIS（代理人出票数据）和MIDT（市场销售数据），并且可以使用一套数据分析系统，大大降低了数据分析的成本。

【建设关键应用，提升业务支持能力】 2010年，东航通过建设关键应用，提升业务支持能力。

实施决策支持系统，提高决策效率 东航的决策支持系统可以提供销售、财务、运营、VIP、服务、信息、指挥等重要数据，为公司领导实时决策提供数据支持。

建设移动客舱系统，提升旅客服务体验 东航的移动客舱服务通过3G手段，将包括天气信息、最新航班信息、客户喜好等信息上传到客舱，为旅客提供个性化服务，提高旅客满意度，进一步提升东航品牌形象和服务品质，有效提升客舱服务质量。东航的移动客舱服务每天可为50名VIP旅客、100—500名持有金银卡、白金卡和CIP旅客服务。

新机务系统建设，降低机务维修成本 东航新机务系统一期于2010年12月在上海总部正式上线，实现了航材的统一管理，解决了航空公司价值最大的固定资产之一——航材管理的难题，该项目的实施大大降低了飞机维修成本，为公司带来了巨大的经济效益。

联合办公系统建设，提供办公所需信息 东航的联合办公系统实现了移动办公、即时通讯、任务督办、共享日历、专项任务等八大功能，极大地方便了员工的日常办公及信息查阅；并运用单点登录技术实现了“1个用户名和口令登陆多套系统”的功能，极大地方便了用户对于信息系统的使用。

（虞寅岗　胡　敏）

上海纺织（集团）有限公司

【概况】 2010年，上海纺织（集团）有限公司（以下简称“上海纺织”）信息化工作重心是“盘整”和“冲刺”——“盘整”即巩固、优化和提升现有应用系统的功能和安全性;"冲刺"是比照"十一五"信息化专项规划,积极与相关部门和企业互动,加快"十一五"规划中未尽工作的推进。

【编制十二五信息化专项规划】 2010年,上海纺织信息技术部在走访重点企业的基础上,指导、督促主要投资企业编制符合发展规划的信息化专项规划,以上海纺织三年发展规划、"十一五"战略规划和"十二五"战略规划的精神为指导,认真总结了"十一五"期间集团信息化工作的成果和不足,提出了"十二五"期间上海纺织在信息化推进上的指导思想、基本原则、总体目标和三项具体目标,并将目标落实为重点工作计划。

【数据中心机房建设】 2010年,上海纺织完成集团数据中心机房建设并投入运行,该机房在电力净化、空调控温、空气净化、电力续航和运行监控等方面具备较高水平。中心机房迁入了集团各应用服务器,对各应用系统逐步进行应用和数据的分离,并集中对数据进行存储和备份,确保数据安全,同时还配备了刀片服务器机柜,为各应用系统的资源集约和能力扩展奠定了基础。

【光纤内网建设】 为提高内部信息往来的速度和安全性,上海纺织积极准备集团光纤内网建设,截至2010年12月31日,已完成内网在集团总部的核心设备选型、采购,并完成了与主要电信运营商的战略合作协议、技术方案和商务沟通。

【办公自动化系统】 随着办公自动化系统二期项目正式上线,上海纺织从2010年元旦开始在线贯穿集团本部各部门"预算制定—审批—报销"的全过程,实现了流程驱动和程序对预算报销额度的自动控制;搭建了具有逐级授权的知识管理体系,定制了集团和各部门的知识中心首页,加入了对知识文档查阅利用的统计功能和档案版本的历史过程管理功能。

2010年第四季度,上海纺织"档案管理系统"作为集团办公自动化系统的子系统正式启动,并完成了需求分析工作。负责OA与档案管理的两家软件商进入了系统开发阶段,以实现OA对档案系统的集成,构建既方便搜索、又符合档案管理的统一平台。

【财务GFIS项目】 2010年,上海纺织完成了外贸企业财务数据与集团数据中心的双向对接,实现了财务"核算数据集中"的既定目标。集团定期下发内部客户、币别、物料等管控类资料,供外贸企业引用,企业核算在企业本地服务器完成,每天将"增、改、删"的往来账目、固定资产折旧等信息以凭证(含其分录)上传集团,集团对上传数据进行合规性、合法性检验,经检验合格的进入集团数据中心相应账套,并双向生成数据交互日志,供集团和企业的财务人员查看和及时修改错误。同时,在核算数据集中的基础上,实现了集团报表的在线合并,包含内部往来抵消的报表合并。

【物业运营信息化平台项目】 2010年,在集团领导的支持和投资企业的大力配合下,上海纺织信息技术部与时尚产业事业部通力合作,完成了物业经营信息化的功能需求定义,在征得集团总裁办公会议同意的前提下,组织相关领导和部分企业管理层、具体工作人员共同完成了系统选型,并于2010年12月进入详细需求调研阶段。

【人力资源(劳动保障)信息化】 2010年,上海纺织信息技术部经与劳动保障部、人力资源部、党委工作部、团委、纺织工会、上海纺织劳动力置换分公司等反复沟通交流,形成了《集团人力资源(劳动保障)信息化初步建议》,并报总裁办公会议审议通过,明确了"劳动保障信息化先行,逐步扩展应用范围"的总体方案。

【移动总机】 2010年,上海纺织移动总机已推广到集团本部和部分投资企业,截至2010年年底,共有包括集团本部在内的12家单位使用,660名员工享受到集团提供的此项服务。2010年10月份统计数据显示:拨出电话占拨出总量的24.9%,接听内部电话占接听总量的19.4%,内部通话占通话总量的21.8%,其中40%的员工高于此平均数,10.6%的同事超过50%,达到了"降低总体成本、促进内部沟通"的目标。

【上海龙头(集团)股份有限公司】

针织事业部优化、扩展部署DRP系统 上海地区贸易部、国内贸易部、迪斯尼品牌运营部及25家分公司已全面使用该系统,全国有1 291家自营门店使用POS系统,有10个经销商、共53家加盟店纳入该系统。

国贸事业部业务一体化平台 经过近一年的实施,财务模块经过月底财务账套关账数据验证于2010年10月初正式上线使用。业务模块经过了数次单据预流,检验了业务流程和规范设置,强化了调研报告中所涉及的管理要求,最终于2010年11月30日起全部上线试运行,并使两者无缝对接，形成了一体化。

家纺事业部营销终端管理系统 经过严密计划、有效管理和艰辛实施，一期近30家专卖店（专柜）及总部后台管理全部上线运行，系统已进入常态化运行，并提升了作业效率：如日零售统计系统可用3分钟，完成人工30分钟的工作量；订单配货系统可以10分钟，完成人工2小时的工作量。

数据中心分析平台 该平台涉及十四个应用主题和多维分析(OLAP)，经过系统设计开发、数据采集、数据清理、数据整合等工作，于2010年7月份完成了整个平台建设并正式投入使用，初步形成了运营分析控制。该平台被市国资委、市经济信息化委、市科委联合评为“2010年度上海市十大信息技术优秀应用成果”。

三期弱电整体工程 2010年第一季度，三期弱电工程顺利完成，确保了通信网络的畅通，相关辅助功能也同步完成。

【上海新联纺进出口有限公司】 为了配合公司转型，即贸易结构由“主要以外贸出口为主”逐步向“进口、出口、内贸并举”转变，贸易方式由“传统线下贸易”向“线下为主、线上强有力补充”转变，贸易模式由“注重产品”向“注重服务”转变，新联纺公司信息化建设在已完成外贸内部业务与财务一体化ERP流程整合的基础上，于2010年完成了内贸进销存系统，顺利实现了与外贸业务的对接。公司在此基础上提出了“以服务品牌为核心定位，打造电子商务新模式”的设想，并将此建设目标纳入了企业“十二五”信息化战略规划。

（郁幼君）

第二章 农业信息化

概 述

2010 年，上海农业信息化工作着眼于应用、服务与管理，以“千村通工程”功能拓展与应用为重点，在为农综合信息服务、信息技术在农业领域中应用、提高现代农业管理水平等方面深入推进。

一、深入推进为农信息服务

【科技 + 制度，支农资金面向农民全公开】 为积极探索涉农补贴资金监管新办法、新途径，提高涉农补贴透明度，促进支农惠农政策的落实，市纪委、市监察局、市农委、市财政局于 2010 年 8 月联合下发了《关于推进涉农补贴资金监管平台建设工作的意见》，文件要求利用“农民一点通”平台，建设涉农补贴资金监管平台，对本市水稻种植补贴、农资综合补贴、农作物良种补贴、渔业油价补贴、农机具购置补贴等十三项普惠制涉农补贴实行公开政策、公开标准和公开结果的“三公开”。

上海市涉农资金监管平台经过软件设计、人员培训、数据导入、数据核对四个阶段建设，实现了：已开通“农民一点通”的行政村近 1 000 个，导入数据 66 万条，涉农行政村 1 634 个，涉及农户 25 万户，涉及农民专业合作社 2 016 个，导入补贴政策 58 条。涉农资金监管平台的建设提高了涉农补贴透明度，促进了支农惠农政策的落实，以“科技 + 制度”的创新模式为每个农户的切身利益提供了保障与支持。

【12316 农科热线】 上海农科热线遵循“一切为了农民，为了农民的一切”的服务宗旨，坚持“有求必应，有问必答；及时准确，满意为止”的服务承诺，为本市及全国农民、市民服务。

2010 年，农科热线以百姓的满意度为指标，不断更新业务知识，不断提高服务质量，齐心协力，开拓创新。据统计，2010 年 1 月 ~ 12 月，上海农科热线共接到全国各地的咨询来电共计 14 334 个（其中视频咨询 1 667 个）；网上提问 381 个；短信咨询 150 个；来信咨询 43 封；接待登门咨询 1 711 人次；组织专家下乡 3 477 人次；参与社区科普活动 26 次；发放宣传资料 9 139 份；发送手机短信 21 019 条。

农科热线还根据电话、短信和网络服务情况，筛选出一批实用的科技服务实例，编成了 12 期、总计 150 余篇的《百问百答优秀实例选编》和 12 期《每月动态》简报。此外，农科热线专家根据近年来的实际情况，对已出版的食用菌、畜牧、蔬菜、果树、粮油、水产等 8 个系列《百问百答》丛书进行了修改和充实。新版《百问百答》系列丛书秉承原版“易读易懂”的特点，扩大了篇幅，增加了新内容、新技术和新知识。

【上海农业信息化成“2 010 信息化与现代农业博览会”一大亮点】 2010 年 11 月 20 日 ~ 22 日，2 010 信息化与现代农业博览会在北京全国农业展览馆举办。上海参展团围绕信息化与“农业增效”、“农民增收”、“农村发展”、“农产品质量安全”、“政务管理”五大方面主题，全面展示了上海农业信息化工作的最新成果、主要成效以及下一步信息化发展和应用方向。上海展团以新颖的全电子屏展示形式、先进实用的展示内容、生动直观的展示效果受到了各级领导及广大参观者的好评，并获得了“优秀组织奖”、“优秀设计奖”、“优秀案例奖”、“应用推广奖”四项大奖。

上海还承办了“在探索中前行——农业电子商务发展形势与展望专题论坛”，邀请农业与信息化等行业专家围绕农产品电子商务发展现状、前景、运营案例、创新模式作了精彩演讲，在业内引起了广泛关注。

二、信息技术在基层管理中的应用

【农村土地承包经营信息管理系统规范农村土地流转与管理】 为了规范农村土地流转和承包行为，本市郊区在为农村土地建立“档案”的基础上建立了农村土地承包与经营信息管理系统。通过该系统，土地承包人、农民、相关单位可以实时查询与统计土地承包和流转信息，也可以上网办理农村土地承包合同登记、经营权流转合同登记、经营权证书变更等业务，满足土地流转信息的系统性、实时性、完整性和可追溯性要求。系统在乡镇土地交易中心和“农民一点通”的应用实现了土地流转信息的公开通明，全面提升了农村土地管理水平，对于维护农民土地承包权益和农村社会稳定意义重大。

2010年，农村土地承包与经营信息管理系统已在52个镇土地交易中心应用，建立了各级别权限账号1 374个，村组信息近2万条，录入承包合同数据42万份，承包农户数达32万余户，承包经营权人数达96万人次，承包经营权变更面积累计1 029万余亩，流转意向270份，流转合同9 580份，流转总面积51万余亩。

三、信息技术在农业生产经营中的应用

【世博蔬菜安全追溯管理系统】 2010年，为保障世博期间食品安全，市农委对蔬菜安全追溯管理系统进行了升级，将系统覆盖至全市郊区167家大型标准化园艺场，并为其中42家世博蔬菜生产特供基地配备了条码追溯设备，保证每一批次的供世博蔬菜都能进行追溯。升级之后，追溯系统在管理流程和操作上更加符合世博要求和上海地产蔬菜的习惯，提高了蔬菜重点生产基地的标准化水平，促进了规范、安全使用农药，确保了世博期间地产上市蔬菜质量安全、放心、可追溯。为确保系统发挥实效，全年累计对郊区园艺场上门培训280余次，远程维护327余次，全年上传有效数据1 150 043条。

【土壤检测系统】 基于网络系统的土壤检测系统于2010年建设完成，该系统对土壤中氮磷钾、微量元素及水分、重金属等指标进行快速检测，结合GIS系统，建立基于土壤养分速测设备的土壤数据平台，从而指导精量施肥和土壤改良。

系统建成了基于网络的土壤检测网络，汇集了土壤类型、质地、养分含量、历年施肥和产量情况等信息，能丰富地展示土壤中养分和微量元素的检测数据，为农事操作提供辅助决策依据。此外，该系统已通过了上海软件测评中心的系统测试，获得了软件著作权。

【农业GIS地理信息管理平台】 为强化上海基本农田保护，优化结构，落实最低保有量，形成布局合理、特色鲜明的现代农业空间格局，促进上海高效生态的都市型农业发展，2010年，市农委开发建设了上海农业布局地理信息系统。

该系统以上海市农业布局规划为基础，通过制定数据整理标准，对上海农业布局规划的CAD图形进行GIS数据处理，采用0.25米高清遥感图为背景，同时开发了基于GIS平台的数据浏览查询管理功能。查询管理的内容涵盖了种植业、养殖业、市场信息、农业旅游观光、现代农业园区和主要的农业生产基地，形成了上海农业产业布局的查询与追溯体系，提高了管理的效率和科学性，为上海三农工作的信息化管理提供了现代化科技平台。

【渔港渔船安全救助信息系统】 为充分发挥信息化技术在渔船管控工作上的应用，进一步提高渔船的防碰撞能力，提升本市渔业安全生产事故的救助应急能力，切实减少渔业安全生产事故发生，上海市稳步推进渔港渔船安全救助信息系统建设，全市已有686艘渔船安装了自动识别避碰系统（AIS）船载终端设备，328艘渔船上安装了卫星监控和通信终端设备，已完成了35个港口（码头）视频监控点的建设。同时，沿海拟建的4座AIS基站中，已建成移动基站2座；1个市级监控指挥中心和4个区（县）级监控分中心也已基本建成并投入运行。该系统自正式启动以来，边建设边受益，显示出了独特的优越性，为渔业安全监管和世博水上安保工作提供了强大的技术支撑和保障，并深受广大渔民的欢迎。

（贺凌倩）

第三章　金融信息化

概　述

2010年，上海在金融信息化以及金融技术加速创新上不断有新的举措。电子银行业务的发展、各种创新金融产品和金融工具的运用、证券网上交易系统更新、机动车保险理赔信息服务等信息技术在金融领域的应用，对上海国民经济的持续发展发挥了重要的促进作用。

一、重点项目

上海地区金融IC卡发展情况

【概况】 随着银行卡业务和技术的快速发展，金融IC卡以其安全系数高、存储容量大、功能扩展性强、支付速度快等优势，越来越得到金融行业的认同。上海地区按照人民银行总行推进金融IC卡应用的工作思路，稳步推进金融IC卡受理环境改善、金融IC卡多应用试点以及上海地区商业银行的发卡系统建设等工作，也取得了一定的工作成效。目前全市范围呈现出商业银行发卡积极、受理环境明显改善、业务应用稳步拓展的良好势头。

【发卡银行】 上海银行已完成其金融IC卡发卡系统建设，并正在接受人民银行相关审核，上海市发行PBOC2.0标准金融IC卡的商业银行增加至三家，截至2010年年底，发行金融IC卡111.52万张，全年新增47.46万张。

【受理环境】 上海地区可受理金融IC卡的特约商户已超过6.46万家，POS机具21.63万台，其中可受理非接触式金融IC卡的商户和POS终端分别为1.84万家和5.76万台；按照PBOC2.0规范要求完成改造的POS机具超过13.31万台。

【ATM终端】 工商银行上海市分行已于2010年全面完成其ATM机具改造；交通银行在上海地区布放的可受理PBOC2.0标准金融IC卡的ATM机也已超过100台；上海地铁沿线还布放了近1 000台自动售货机受理金融IC卡。

【综合应用】 金融IC卡在出租车付费、移动支付等领域的结合应用已有雏形，相关项目已进入实质性启动阶段。

交通银行金融IC卡支付手段创新

【自动售货机金融IC卡非接触支付项目】 具有银联IC卡非接触小额支付功能的新型自动售货业务的推出，凭借其新颖、便捷、安全、环保等特性，无论是对创新国内小额支付业务模式，还是对完善世博支付环境建设、推进世博金融服务创新、深化上海世博理念而言，都发挥了极其深远的意义。该项业务已基本完成了上海地铁二、三、四、七、九号等地铁线路的覆盖，同时还覆盖了部分高端写字楼、企业、汽车4S店，截至2010年底，投放总量已逾1 000台。这项业务的使用已开始真正深入人们的生活，体现着城市生活的又一旋律。

【银行卡小额支付交易免签单】 在人民银行上海总部、中国银联上海分公司的支持下，交行上海市分行针对2010年上海世博会游客众多，人流量大，快餐、便利店等小额支付或快速支付类型商户较多，且交易金额通常较小、收银效率要求较高的情形创新性提出了“银行卡小额支付交易免签单”业务模式，并把该项功能整合到了金融POS中。小额支付交易免签单业务在2010年上海世博会中投入使用后普遍节约银行卡支付时间约30%，提升了收银效率，节约了客户结算的时间，得到了快餐、便利店等商户的认可。

（侯文瑾）

金融服务

【工商银行】 工商银行上海市分行开发的个人理财终端项目,是集客户管理、产品管理、自助交易、销售过程管理、交易管理于一体的金融服务软件系统。

【上海农村商业银行】 上海农村商业银行通过客户关系管理系统(CRM)引入了具有国际先进水平的客户信息主数据管理模型,搭建了先进的客户预测模型,建立了业务自适应转换体系和"基于SOA先进技术架构的、以客户为核心"的营销服务体系,从而为高端客户提供精准营销服务。

【交通银行】 交通银行研发的新一代手机银行系统是国内第一家支持移动、电信、联通三大运营商,支持GPRS、CDMA、WIFI等多种上网方式的手机银行系统,支持所有大类移动设备,既满足普通WAP上网用户的使用需求,同时也提供了界面及功能更为丰富的客户端版本。

【浦发银行】 浦发银行上海分行研发推出了营业网点现场管理系统,有效地改善了窗口服务,破解了排队时间长、现场管理环节多、客户满意度低等诸多难题,并经受了2010年上海世博会期间高人流量的考验,网站服务能力明显提升。

【上海市财政局】 上海市财政局等单位联合开发了非税罚没收入项目,通过运用现代化信息技术手段,建立了涵盖罚没收入收缴过程的统一管理平台,将全市三千多家罚没单位纳入到统一的监管体系中,切实推动了罚没收入管理步入科学化、规范化和制度化的运行轨道。

【上海神计信息系统工程有限公司】 上海神计信息系统工程有限公司建设了基于互联网的、面向纳税企业涉税服务的数字服务平台,税务机关和涉税服务机构可对基于该平台的服务进行有效的监控,网上报税服务公司可为所服务的纳税人提供在线技术咨询服务。

（市科委）

【东方有线网络有限公司】 由东方有线网络有限公司牵头,上海东方亿付信息服务有限公司共同承担的"基于下一代广电网的数字家庭金融服务研究"通过验收。该项目研究了基于NGB网络的数字家庭金融服务平台架构及其关键技术,并通过"电视证券理财综合信息系统——金拐杖"示范应用,展现了NGB网络环境下数字家庭金融服务应用的内容丰富性和技术实现的先进性。

（东方有线）

二、证券业信息化

【概况】 2010年,在证监会的统一领导和组织下,各证券公司以"全力维护信息系统安全稳定运行,全面满足资本市场创新和业务发展需要"为目标,加强了系统安全检查、建设和保障,包括网站与网上交易系统、集中交易、灾备措施、运行监控保障、应急预案与演练等各个方面;完善系统基础设施、集中交易系统、网上交易系统的建设、扩容、功能升级等工作;深化IT治理,提升IT服务业务效力,落实重要信息系统等级保护工作,深化证券公司营业部信息化建设等工作,推进行业信息系统向安全、可靠、高效的方向不断发展。

【系统建设】

基础设施建设

2010年,中银国际对其信息化基础设施进行了大规模优化改造及开发。首先完成了漕河泾灾备机房的整体扩容搬迁;其次完成了中银大厦总部机房UPS改造和电话网络改造;另外根据上海、北京办公人员区域调整,完成了新增楼层综合布线系统的实施和调整;此外根据业务发展容量要求,调整网上交易的网络结构,提升交易线路带宽至4M,网上交易系统容量增加80%。

德邦证券完成了多项线路优化升级:2010年3月,和中海信托之间建立了电信2M SDH专线连接;4月和上海国际信托投资有限公司之间建立了电信64K DDN专线连接;5月和南华期货之间建立了电信2M SDH专线连接;6月将外高桥原网上交易的电信VIP-2M站点升级为3M、农行三方存管线路由北京总行迁移到上海分行;9月和联华信托建立了联通2M DDN专线连接、将上海地区的电话委托由模拟线路改为数字线路;10月工行备份线路改走深圳通模式,拆除工行联通备份线路。

光大证券对已运行5年的外高桥UPS系统进行了扩容,并对配电系统进行了同步改造。经过扩容改造的UPS配电系统,形成了两台UPS间的并联冗余,两台并联的UPS共同承担并均分负载，同时机房的两路配电让市电供应和配电线路也具备冗余性，大幅提高了机房供电系统的安全性、可靠性和可用性。

营业部标准化建设

华宝证券将原营业部与总部之间业务网络通信中电信SDH线路变更为MSTP线路，形成了电信MSTP线路连接证通主机房，联通SDH线路连接张江备份机房，通过主机房与备份机房间的双线路双供应商通道，完全实行无单线路单点故障。营业部与主机房柜台系统配置两台通讯中间件，与备份机房柜台系统配置两台通讯中间件，保证营业部现场与总部柜台系统之间的通讯中间件无单点故障。业务系统网络采用总部接入统一防火墙部署；操作系统补丁升级服务器SUS由总部统一部署，工作站升级模式采用手工与自动相结合的方式部署，两台手动升级，两台自动升级。公司营业部、通信中间件分别部署两套客户端，采用手动升级与自动升级相结合的方式。在各营业部部署网络督察系统，所有营业部上网记录汇总到总部进行统一保存，以便于监控管理。

申银万国根据《证券营业部信息技术指引》要求，完成了对营业部客户区25%设施使用UPS电源的达标工作。UPS改造后，有效缓解了在交易时段由于突然停电给现场客户带来的影响，使应急切换备用电源工作更加从容，保障了营业部各项业务的平稳开展。

集中交易系统建设

集中交易系统是证券公司核心业务支撑系统，承载着经纪业务、资金转账处理、集中客户资料管理等核心业务。2010年，各证券公司主要在硬件系统、融资融券业务、性能等方面进行了升级完善。

爱建证券公司将原顶点A.BOSS 1.5升级至顶点A.BOSS 2.0（硬件同步升级为HP高端服务器），采用了新的交易处理引擎、业务逻辑架构、权限控制流程、业务参数配置。

海通证券新建了快速交易系统并正式上线推广，完成了“一站式开户”的技术系统方案设计、系统测试和推广支持工作，新建了CACHE服务器，以分担集中交易期间主服务器所承担的性能压力。

网上交易系统建设

目前证券公司有70% ~ 80%的交易基于网上交易系统，2010年证券公司网上交易系统主要在系统扩容、功能优化、安全加强方面进行了升级。

申银万国2010年新上线了同花顺、通达信2个网上交易旗舰版和钱龙、通达信、恒生3个精英版软件产品。网上交易旗舰版产品集行情、委托、资讯于一体，功能完备；网上交易精英版产品主要为VIP客户设计，满足客户对行情速度、交易终端速度及策略化交易的特殊要求。

东方证券对投资交易系统进行全面升级，构建了新一代企业级投资交易平台，极大提高了账户结构的灵活性，增强了风险控制、业务审批、投资组合管理等功能。优化手机移动证券平台，开发网上营业厅。新版手机移动证券平台迎合了1 800多款手机，基本涵盖了市场各类型号。网上营业厅正式向客户开放，提供预约开户、账户管理、交易下单、开放式基金管理等多项服务。

国泰君安开拓了股指期货业务，完成了约定购回式证券交易、“君行天下”柜台一体化、特别股份转让“做市商”等专项创新工作；建设和完善了融资融券系统、跨境ETF项目、VIP网上交易系统、易阳指系统iPhone、Android等高端版本、高速和极速交易通道、E.T.卫士身份认证平台等创新系统；在服务创新上，重点支持分类分级服务和营销一体化体系建设，推进了君弘百事通、零售业务集中管理平台、分类分级支持平台和客户统一认证系统等系统的建设，实现了公司电子商务系统全面支持分类分级。

其他业务系统建设

中银国际完成新一代客服系统，整合了各营业部原有的电话委托系统，支持期货业务的接入。建设完成自营业务系统。完成总部邮件服务器、文件服务器、域控制器的升级，完成OA系统邮件与应用分离改造、邮件归档等。完成了数据备份项目建设。

申银万国完成了新网站、面向零售客户的操作型CRM系统、分析型CRM系统、Call Center二期扩容等的建设，初步建立了客户服务体系基础平台。建立了指纹身份认证平台，该平台提供统一接口，可与其他应用系统对接，实现用户身份的统一认证，进一步保障了业务操作的安全性。目前该平台已与人力资源管理系统和经纪人管理系统进行了试点对接。

爱建证券新上线了若干业务子系统，对业务需求提供了信息化支持，其中包括资管系统和证投系统。2010年1月，上线了恒生资产管理和证券投资系统；3月上线了CRM客户关系管理系统，此外还包括适当性管理系统、期货行情系统等。

国泰君安建设了新一代资产投资管理系统，设计了跨境ETF业务模式和技术方案项目开发和全网测试，启动了企业运作支持平台、OA系统、黑莓移动办公系统的升级工作，完成了公司电子档案系统三期主体开发工作。

海通证券完成了自营系统合并方案设计，并于2010年11月、12月分批完成了证券投资、衍生产品、固定收益等部门的自营系统合并工作。构建了完善的融资融券业务体系，完成了系统测试和上线工作；构建了完善的期货IB业务体系，完成了期货相关业务系统的规划和实施，完成了全日制营销人员考核系统建设，完成了投资顾问工作平台上线工作。配合融资融券、期货IB业务上线，在风险监控系统中实现了"融资融券"和"期货IB业务"的风险监控功能，并完成了客户回访系统建设。

【信息安全】 航天证券将网上交易和办公网的互联网接入采用冰峰系列防火墙；核心业务系统采用Juniper和Cisco系列防火墙并使用双机冷备方式；部署了入侵检测和漏洞扫描产品；建立了互联网出口接入与流量控制，实时对网络行为进行监控；通过病毒防火墙实时监控和对网络流量进行过滤，并定期进行检查和清除病毒。

光大证券建设了同城灾备系统，并于2010年4月正式投入使用，增强了公司核心系统安全稳定运行的保障能力。

长江证券在内网和外网段间设立了硬件防火墙，在防火墙各网段端口上加载了安全策略，实现了内网、外网间的安全隔离。使用Symantec AntiVirus 11.0企业版防杀毒软件对与互联网的通讯进行监测防护，对所有服务器、PC机部署了UniAccess桌面安全管理。

财富里昂为配合财务报销系统的更换，建设了VPN系统；对公司的防病毒软件(Symantec)进行了续期和升级；在公司域服务器系统升级后，启用了用户密码复杂性策略，所有密码需要符合Windows系统的复杂性要求、且每三个月更换；对北京办事处和长沙办事处接入公司域的VPN系统进行了优化，保证了两地办事处员工可以安全稳定地登录到公司域环境、共享公司的资源。

【等级保护】 根据国家及证券行业关于信息安全等级保护工作的要求，申银万国于2010年聘请上海市信息安全测评认证中心对公司22个信息系统、按照等级保护标准进行了全面检查，测评结果均基本符合等级保护要求。

上海证券于2010年2月完成了向公安局等级保护测评中心申报，并获得了五个核心系统的备案证书；3月申请开展对三级系统——"公司集中交易系统"的系统安全等保测评工作；4月份起，通过静态评估、现场测试、综合评估等相关环节和阶段，从物理安全、网络安全、主机安全、应用安全、数据安全备份恢复、安全管理制度、安全管理机构、人员安全、系统建设与管理、系统运维管理等十个方面进行综合测评，并在6月前顺利通过了测评。

海通证券完成了新意法人结算系统、门户网站、呼叫中心等三个应用系统等级保护第二级的自查、报备工作，完成了三个等级保护第三级的自查、测评工作。

【IT治理】 上海证券正式启用ITIL服务管理平台，通过事件管理、变更管理、发布管理、问题管理和配置管理流程和统一的服务台接入模式规范日常的操作流程，严格变更和发布的审批手续，同时为问题的排查提供了有效的数据。

国泰君安召开了公司IT治理委员会筹建和首次工作会议，正式建立了公司IT治理组织架构。初步建立了基于ISO 20000标准的IT运行服务管理体系，成立了统一对外的服务台，在行业内首家通过了IT运维管理ISO 20000认证，逐步形成了"事前有规则、过程留痕迹、结果可展示、事后可审计"的可持续改进的IT运维管理模式。

【信息化标准制定】 国泰君安根据交易所要求制定了《会员融资融券技术系统准备情况评定工作流程和标准》。根据证监会要求，国泰君安证券主持了《集中交易技术指引》的修改工作，参与了证券期货业标准体系建设、证券公司IT系统架构研讨等工作，同时作为行业代表参与了"十一五"国家科技支撑计划重点项目《证券期货行业信息服务安全保障与监管共性支撑技术研究与示范工程》，负责了"系统管理及监控构件示范工程"的研发。

（上海证监局）

三、保险业信息化

重点项目

【上海市机动车辆保险理赔信息服务系统上线】 上海市机动车辆保险理赔信息服务系统于2010年11月正式上线运行。该系统在现行上海市机动车辆联合信息平台运作模式下，通过整合行业内外数据资源，采用科技化、信息化、制度化的方法实现理赔数据实时对接，确保车险理赔流程中数据真实、定损准确、格式完整、交换及时，为经营车险业务的各保险公司提供全方位的理赔信息服务并实现对车险理赔的全流程监控。该系统的上线运行对促进上海市机动车辆保险业务健康发展，完善上海市机动车辆联合信息平台的服务功能，提高上海车险行业服务能力，降低行业经营风险，具有积极意义。

【上海保险客户需求分析系统上线】 上海保险客户需求分析系统于2010年11月1日正式上线运行，该系统的推出在全国尚属首次。该系统依托上海市保险同业公会网站作为统一平台，针对上海市场客户的实际需求，从家庭经济责任重心期、紧急预备金、子女教育规划、养老规划四个角度量化测算家庭财务中存在的风险缺口，根据个人偏好排序确定风险的"轻重缓急"，帮助客户从自身实际状况出发，找准寿险需求和保障额度，并根据自身经济条件，选择合适的寿险产品。该系统的推广和运用将有效促进寿险销售的专业化和标准化，为上海市民提供更科学的寿险服务。

（王　飞）

120家，监控点数达到4 673个；SaaS（即Software-as-a-service）套餐用户量达到8.5万个；PC延伸服务客户量呈爆发性增长，用户数达到9 694家，较2009年底增加221%。协同通讯（ECP）企业客户数达3 300多家（超过2.5万个License），累计通过ECP客户端发送短信近8万条，产品活跃度不断提升。

【号百信息经营增值平台加快新产品策划】 理想集团号百信息经营增值平台，支撑了各省号码百事通（以下简称"号百"）平台的优化和产品升级，发展规模保持稳定。配合上海号百在声讯、基础平台能力和业务支撑系统三大方面进行改造，建成随行通系统、世博百事通和世博信息汇聚平台，支撑了号百服务世博的需求。探索老人求助业务、IMS视频点餐业务等新业务，多媒体信息中心、营销门户、基于位置搜索与信息服务等在江苏、湖南、青海实现试点落地，信息搜索升级产品成为中国电信集团业务规范核心之一。

【电子商务融合支付平台取得进展】 理想集团的电子商城平台在多省的号码百事通商城和上海大虹桥电子商务等方面捕获了商机。上海融合支付平台完成规划并进入建设阶段，树立上海公司在全国的领先和样板形象。

【数字医疗应用实现市场突破】 理想集团成立了数字医疗虚拟融合团队，与行业内厂商开展多层次合作，开发数字医疗应用产品，产品应用形成了六大标准功能和一套标准接口，全国无线数字医疗协议签约客户71家，其中支撑上海签约60家，最终拉动终端12 400个；全国8省签约11家。

【自主创新多个行业应用】 理想集团自主培育专业市场、汽车后服务、呼叫中心等多个行业应用，以白马市场为基点，策划专业市场移动应用方案，开发汽配解决方案手机版应用。商务领航电子商务公共服务平台（即聚类专业市场）入选"中小企业信息化双推试点项目"。呼叫中心及通信增值应用形成了多个行业解决方案，包括：检察院举报平台解决方案、航空呼叫中心解决方案、政府信息咨询服务平台解决方案、汽车行业呼叫中心解决方案、社区关爱服务、实时交通信息服务、旅游景区位置服务、政务位置信息服务等，拥有上海东方有线、上海120急救调度、上海市社区服务中心、上海光明乳业、贵州检察院、北京昌平区政府等成功案例。

【支撑电信内部信息化建设不遗余力】 理想集团继续在计费、CRM、EDA、电子渠道等多方面全力支撑电信内部信息化建设。完成了Siebel升级改造、产品管理改造、终端渠道社会化等重要CRM项目，实现了上海电信对计费和CRM等核心系统的较大改造。在EDA领域，支撑上海电信企业数据门户优化改造、城市光网配套改造、各区局经营分析平台上线、客户维系挽留系统上线。在电子渠道建设方面，参与中国电信集团网上营业厅（简称网厅）咨询项目，在上海开展新版网厅试点，获"2 009服务创新项目奖"；在世博保障项目"统一认证"中圆满完成4次重要割接任务。在中国电信集团信息化支撑中，基于CRM二期项目，承担了三期工程实施，将原政企账务系统升版为政企客户一点收费系统；全力支撑了中国电信（美洲）公司签下玛氏食品公司巨单，服务外包合同总金额超过1 400万美金。

【形成一批自主知识产权的研发成果】 理想集团紧跟ICT领域技术发展，结合市场潜在需求，形成了一批拥有自主知识产权的科研成果：6个产品获得产品登记证书；14个产品获得软件著作权登记；理想固网支付软件V1.0、理想企业总机业务软件V1.0、理想电信大客户CRM软件V1.0、理想统一信息采编软件V1.0、理想电子政务协同办公软件V1.0等5个产品荣获"2010年度上海市优秀软件产品"。其中一批成果还被成功应用于实际项目中，获得了不错的经济效益。移动应用领域，基础平台研发完成，中间件、客户端、第三方定位等形成理想自主知识产权的研发成果。IT服务与云计算领域，参与了上海电信"云主机"、IT私有云应用、中国电信全球眼云计算应用等项目，实现了初步技术积累。物联网(M2M)领域，已积累M2M基础关键技术，完成了满足中国电信集团规范的相关应用产品开发；"楼宇节能系统"为用户提供楼宇能耗信息监测、节能控制、数据分析、远程报警等服务，实现了多个核心功能；M2M管理平台被成功应用于三菱电梯远程监控系统。

（刘　锋）

第五章 旅游和会展信息化

概 述

2010年,上海市旅游局为上海世博会提供旅游接待服务,以信息技术为支撑,通过旅游咨询服务中心、上海旅游热线962020、各旅游信息网站以及各旅游信息管理系统,做好旅游咨询服务和旅游市场管理工作,全面完成了世博会的游客接待任务。

一、行业信息化

【上海市旅游咨询服务中心】 2010年上海世博会在184天展期中接待了7 000多万游客,为更好地为来沪参观世博会的游客提供规范服务,2010年初,市政府将新建、改建40个旅游咨询服务中心(亭)列入"2010年为民办实事"项目,截至2010年4月23日,完成新建、改建旅游咨询服务中心(亭)45个(新建25个、改建20个),圆满完成了市政府实事项目,并在世博会期间正式投入使用。

旅游咨询服务中心(亭)的选址原则基于:突出以世博会园区及周边区域为核心,考虑市民游客的咨询需求;以上海主要交通枢纽为重点,满足大量游客到达上海后第一时间的信息需求;以新沪上八景等游客集中地为依据,兼顾环线内和市郊景区(点),方便世博游客在沪旅游的信息咨询。经实地调研论证,新建的旅游咨询服务中心(亭)具体分布在黄浦、浦东、徐汇、闸北、杨浦、卢湾、闵行、奉贤、青浦、松江、嘉定、金山、崇明等13个区县,主要集中在火车站、码头、主要道口和景区(点)以及机场、主要商业街区等人流密集场所。

为规范旅游咨询服务中心(亭)新建、改建工作,市旅游局明确以"五个统一"作为新建、改建的基本标准,即统一标志标识、装修标准和设备配置、统一服装、统一世博旅游咨询专区、统一配发宣传资料、统一设计,并设置了旅游咨询服务区、游客休息区、资料索取区、自主查询区等区域。新建的旅游咨询中心建筑面积均在100平方米左右,新建的旅游咨询亭面积在6至13平方米,均配置了旅游"E"点通自助查询触摸屏、查询电脑、资料架等,可供游客免费索取的资料包括世博会参观指南、旅游地图、景区(点)、旅游节庆活动信息等80余种材料。各中心联网上海旅游热线信息资源库,并更新收录信息12 000余条,工作人员可以统一准确地回答游客问题。其主要服务内容主要包括以下几方面。

城市旅游宣传 借助媒体播放、图片展示等形式,为旅游者全面展示了上海都市旅游情况、上海世博会有关信息和都市风貌等,让旅游者全面了解上海、了解上海世博会。

旅游咨询服务 依托多媒体和数字化技术,免费提供"吃、住、行、游、购、娱"等信息服务和旅游行业法规信息,为游客在旅游行程中发生的掉队等意外事件提供公益性援助,并设立世博旅游咨询接待区专门接待世博游客。

旅游投诉受理 协助旅游管理机构受理旅游者对旅游企业和旅游景点的投诉,向旅游者提供有关旅游法律法规问题的咨询,同时指导和帮助旅游者前往上海旅游质量监督所进行投诉。

旅游资料免费发放 在每个中心(亭)都统一设置了资料架,向游客免费发放中、英文及其他语种的各类涵盖上海、长三角地区、国内主要旅游城市的旅游宣传资料。

对旅游咨询服务中心的员工针对世博旅游的特点进行了全员系统培训,对新员工进行了严格的上岗培训和实习,提升了员工的素质,保证了旅游咨询服务中心的规范化标准服务。

新建改建的45个旅游咨询服务中心于"上海世博会"期间陆续投入运行,接受了国内外游客的旅游咨询服务。在184天的世博会展期,全市旅游咨询服务中心共接待国内外游客近300万人次,为187.2万人次提供了详尽的旅游咨询服务。其中入境游客约为37.26万人次,国内游客约为149.94万人次。发放了282.3万册旅游宣传资料，其中中文资料 197.6 万册，英文资料约 69.5 万册，其他语种资料 15.2 万册，全面展示了上海城市和旅游公共服务的崭新形象，提升了上海旅游公共服务的能级。

【上海会展旅游网】 上海会展旅游网 2010 年有超过 250 万人次的访问者，总点击量超过 7 500 万次。为做好世博旅游服务，向前来上海的旅游者，特别是参与会展事务的旅游者提供旅游信息和展会信息服务，中文、英文、日文和韩文的服务基本覆盖了前往上海的旅游者，提供了会展服务、酒店查询、旅游节庆等各项内容。

【上海旅游政务网】 上海旅游局为做好旅游接待服务工作，为来沪游客提供长三角世博旅游接待推荐单位，世博旅游长三角小语种导游员平台，为来沪的游客提供丰富的旅游信息。全年累计更新各类新闻信息 1 820 条，市民网上咨询和局长信箱回复率达 100%。

【旅游 e 点通触摸屏查询系统】 2010 年，在全市星级饭店和经济型连锁旅馆新增 100 台旅游多媒体触摸屏，使全市投入使用的触摸屏总数达到 400 台。在完成英、日文版面的改版任务基础上，完成了新平台的中文版数据整合和开发，同世博局交通组合作，在网站上提供世博交通信息，触摸屏网站总点击量约 3 300 万次。

【上海旅游团队管理系统】 世博会开幕前，配合管理处向全市各区县 800 多家旅行社和网点完成系统接入和用户培训。入境游信息动态监管系统旨在实时了解掌控外来入境团队在上海旅游动态信息，能够在第一时间了解到哪个旅游团在哪里旅游，组团社和导游是否合格，景区景点、餐厅、游客用车是否定点规范等。国内游信息动态监管系统可实时了解掌控上海市民在全国各地旅游过程中的动态信息，实现对国内游旅游团队数据的实时监控，做好世博相关预报及管理工作。世博期间团队管理系统与世博会接待预报系统对接，共计收录约 2 300 万参观世博园的团队游客信息。通过分析整合各世博旅游接待旅行社上传的信息，分别提前 1 天、3 天和 5 天预报进入世博园区的团队游客，并结合天气、节假日等因素进行世博旅游客流预报，为世博会的旅游接待工作提供了有力的决策依据。

【实现旅馆业数据共享和服务】 开发了“上海市旅馆业数据共享与服务平台”，共享上海市公安旅馆业治安管理信息系统的动态信息，实时掌握全市 6 000 多家宾馆和社会旅馆和 54 万张床位情况，记录全面、准确、实时的旅馆和旅客住宿信息，为世博旅游提供必要的支撑。在 2009 年系统开发和上线的基础上，开展数据查询、统计和分析等应用模块的适用性及具体化，及时掌握旅馆业入住动态和接待情况，为宏观调控和行业管理提供数据真实、基础状况全面的数据资料。

（刘　旻）

第六章　企业信息化公共服务体系

概　述

2010年,上海的企业信息化推进工作围绕"培训体验激发应用需求、咨询评价指导应用实践、宣传推广树立应用信心"的主线展开,依托上海市企业信息化促进中心,坚持以独立于传统企业和IT厂商的公益服务,全面开展企业信息化相关的培训体验、咨询评价和宣传推广工作,通过企业调研、宣传巡讲、项目测评、沙龙论坛、诚信建设、培训体验、合作交流、项目推荐和政策咨询等形式多样的方式为企业提供信息化服务,并在其工作过程中形成资源汇集,致力于面向企业信息化公共服务的标准规范建设,在营造公共服务环境过程中建立企业信息化推进长效机制。

一、企业信息化服务机构

上海市企业信息化促进中心

【概况】 2010年,上海市企业信息化促进中心围绕"高新技术产业化"专项,推动工业软件、航运、贸易信息服务业加速发展;以"国家信息服务标准验证和应用推广"为抓手,规范引领信息服务业发展;巩固"SEIP"公益品牌,服务企业信息技术应用;建立服务企业新体系,招商引资汇聚产业发展新格局,完成了以下几方面工作。

【《促进工业软件发展策略研究》课题】 通过完成《促进工业软件发展策略研究》课题,形成了工业软件内涵、典型应用、发展现状、应用重点及推进策略的系统性研究成果,发布了"上海市振兴工业软件专项行动方案(2010—2012年)",并在中国电子报、E制造等媒体开展了系列专项报道。

【航运、物流和城市智能交通信息服务领域研究】 通过开展航运、物流和城市智能交通信息服务领域的研究,以多式联运信息服务系统、电子海图系统开发、RFID集装箱管理系统、码头航运可视化管理系统等重点项目为突破口积极探索航运信息服务新模式。

【贸易资讯、电子商务和贸易结算领域研究】 通过开展贸易资讯、电子商务和贸易结算领域的相关研究,以易贸资讯、春宇供应链、连锁供应链公共服务平台、中小商贸企业信息化管理实施、电子商务支付结算平台等重点项目为突破口积极探索贸易信息服务新模式。

【国家信息技术服务标准验证与应用试点工作】 启动了国家信息技术服务标准验证与应用试点工作,完成了上海市相关的实施方案起草和专家评审,组织启动了以金融、航运、贸易信息服务业为重点的本市标准验证与应用试点工作。

【"双十佳"评选和优秀解决方案(产品)推荐】 开展"双十佳"评选和优秀解决方案(产品)推荐,以"夯实服务能力·承载产业提升"为主题,成功举办了"第四届SEIP企业信息化高峰论坛",编辑了"软件和信息服务业投资上海服务指南",在报纸杂志开设了信息服务业产业基地系列宣传报道专版。

【"需求导向、应用优先"公益服务】 先后举办了"云计算"研讨、信息服务业分类和统计研究、IBM绩效管理、协同管理高端论坛、虚拟化应用创造新价值等系列讲座、主题沙龙,通过形式多样的免费活动,激发企业的实际需求。

【2010上海市企业信息技术应用十佳解决方案(产品)】

Telematics信息服务系统解决方案——东软集团股份有限公司

MES特钢型材轧制工序合同排程系统解决方

案——宝信软件股份有限公司

电力企业图档管理系统 Webpower 产品——上海利驰软件有限公司

普华汽车电子实时嵌入式操作系统——普华基础软件股份有限公司

新一代综合船舶管理系统——上海中远资讯科技有限公司

金融交易终端机构版产品解决方案——上海大智慧股份有限公司

FLUX 集成物流管理解决方案——上海富勒信息科技有限公司

金融行业协同 OA 解决方案——上海泛微网络科技有限公司

PM2 工程项目管理系统解决方案——北京邦永科技有限公司(上海分公司)

全媒体数字社区 IPNEWS 电子阅报栏系统——上海狂龙数码科技有限公司

【2010 上海市企业信息技术应用十佳成功案例】

上海汉格自动化工程科技有限公司——邦永 PM2 项目管理系统应用

德斯兰压缩机(上海)公司——H6 000 系列矢量型变频器应用于空压机节能改造

上海春宇供应链管理有限公司——数字商务一站式平台

中国金融期货交易所——基于 i-Lock 电子文档管理系统的网间隔离数据交换系统

中国移动通信集团公司——中国移动车 e 行

上海无线电管理委员会——新一代移动通信基站射频自动测试系统

上海麦考林国际邮购有限公司——FLUX.WMS 仓储管理系统

太平保险有限公司——太平保险协同办公 OA 系统

上海医药工业研究院——医疗行业的持续数据保护

文汇新民联合报业集团——IPNews365 电子报栏

【《2010 年度上海市企业信息技术应用解决方案(产品)推荐目录》】

Telematics 信息服务系统解决方案——东软集团股份有限公司

H6 000 系列矢量变频器产品方案——上海众辰电子科技有限公司

宝信 MES 特钢型材轧制工序合同排程系统解决方案——宝信软件股份有限公司

电力企业图档管理系统 Webpower 产品——上海利驰软件有限公司

普华汽车电子实时嵌入式操作系统——普华基础软件股份有限公司

TATS-BTS 基站发射设备自动测试系统——上海创远仪器技术股份有限公司

钢厂物流供应链系统——上海速锐信息技术有限公司

件杂货码头作业管理解决方案——上海中远资讯科技有限公司

大智慧金融交易终端机构版产品解决方案——上海大智慧股份有限公司

FLUX 集成物流管理解决方案——上海富勒信息科技有限公司

泛微金融行业协同 OA 解决方案——上海泛微网络科技有限公司

啸傲移动幼教 3G 视频解决方案软件——上海啸傲网络科技有限公司

多项目建设投资控制系统解决方案——上海兴安得力软件有限公司

面向大型企业 IT 基础设施的外包服务平台——上海理想信息(集团)有限公司

全媒体数字社区 IPNEWS 电子阅报栏系统——上海狂龙数码科技有限公司

数据备份及恢复系统解决方案——上海信核数据科技有限公司

(顾伟华)

第五编

社会事业与公共服务领域信息化

综　述

2010年，社会事业与公共服务领域信息化坚持“以人为本，便民利民”的方针，依托各行业主管部门积极开展信息化应用，为市民带来便利和实惠。

市政府实事项目“千村万户”农村信息化培训普及工程、“540所村卫生室和145家社区卫生服务中心新农合实时结算”圆满完成，“家校互动”、市民信箱、付费通等历年实事项目继续深入推进。

社会事业领域信息化建设继续深入推进。在教育领域，初步建成上海市终身学习网百万市民学习资源系统，继续深入推进400所农村中小学校教育信息化应用，高校信息化建设稳步推进。在文化领域，文化信息资源共享工程、东方信息苑建设深入推进，上海市中心图书馆“一卡通”实现全市市、区县、街镇公共图书馆全覆盖，上海率先实现农村电影放映室内数字全覆盖。在卫生领域，基于市民电子健康档案的卫生信息化工程正式立项，市政府实事项目“手机呼叫120实时定位系统”圆满完成，“医联工程”智能提醒系统上线运行，各级医院的信息化建设稳步推进。在信息无障碍工作方面，2010年上海世博会官方网站、“中国上海”政府门户网站、市残联、市民政局、市人力资源社会保障局、民政局、司法局网站完成无障碍改造。

社区信息化应用不断深化，对社区管理和服务的促进作用日渐明显。在社区管理信息化方面，卢湾区社区信息化试点完成，形成全区统一的社区工作三级联动架构；虹口区完成行政事务综合管理系统（三期）建设，实现对社区事务的“前台一口受理，后台协同处理”；普陀区完成全区9个街镇的社区事务受理中心一门式服务平台建设。在社区公共服务信息化方面，长宁区推进有线电视数字化整体转换和下一代广播电视网（NGB）建设，金山区推进数字化社区卫生服务中心建设，社区服务网络平台形成由社区志愿服务网、社区公益招投标网与社区服务主网站组成的的平台架构。

（陈可乐）

第一章 市政府实事项目

概 述

市政府实事项目“千村万户”农村信息化培训普及工程2010年完成培训1.9万人、宣传普及29.4万人；在2009年完成800所村卫生室新型农村合作医疗实时报销的基础上，2010年继续以市政府实事项目形式，完成了540所村卫生室和145家社区卫生服务中心新农合实时结算工作。市民信箱、付费通、“家校互动”等历年实事项目继续深入推进。至2010年末，市民信箱注册用户累计达399万人，累计向用户发送各类信息8.79亿条次，累计开展网上调查253次，参与人次达107万；“付费通”平台累计交易达21 744万笔，累计交易金额达194.8亿元；“家校互动”系统共覆盖1 385所中小学、848所幼托机构，近10万名教师、127万名学生和131万名家长开通了“家校互动”系统。

【“千村万户”农村信息化培训普及工程】 2010年，“千村万户”农村信息化培训普及工程继续被列入市政府实事项目，主要开展两方面工作：

开展农村信息化培训 面向农村基层管理者、专业农民和有积极性的普通农民，按照“统一组织、统一教材、统一培训点认定、统一考核、统一发证”的要求开展信息化应用技能培训。采用分层教学的方式，开设入门班、提高班、应用班三个层级的培训班，入门班学员重点掌握“两会两能”，即会打字、会上网，能搜索信息、能收发邮件；提高班学员学习文档制作处理、电脑外设使用等更深层次内容；应用班侧重于互联网应用技能的培训。为方便农村居民就近学习，培训采取固定和流动培训点相结合的方式，固定培训点设在经认定的乡镇成人学校、农业技术推广中心等地；在出行不便的地区，由工业和信息化部赠送的配有教学设施的两辆“信息大篷车”送教上门。对通过全市统一考核的学员，由四个推进部门联合颁发合格证书。年内完成培训1.9万人，三年累计完成培训7.6万人。

开展农村信息化宣传普及 面向郊区县的农村居民，开展电脑、手机、互联网等信息化工具应用的知识普及。考虑到农村居住地比较分散的实际情况，为了增强宣传普及活动的效果，采用多种形式开展宣传普及活动：一是采用“信息大篷车”、“信息小篷车”进村、进厂、进集镇等方式，组织农村居民观看信息化知识宣传教育片、参加体验活动、阅读普及读本；二是组织创作以农村信息化为题材的上海滑稽戏《橘树下的婚礼》，并到各区县开展巡演，向农村居民普及信息化知识；三是结合文化科技卫生“三下乡”以及区县、乡镇组织的各类宣传教育活动，开展信息化宣传普及；四是利用上海白玉兰远程网，组织农村居民观看宣传教育片。年内完成宣传普及29.4万人，三年累计完成宣传普及71.2万人。

【新型农村合作医疗实时结算信息系统】 本市卫生主管部门借助信息技术手段，开发“上海市新型农村合作医疗实时结算信息系统”，全面实现计算机结报替代手工结算，方便本市新型农村合作医疗参保农民就医及时报销，提升新型农村合作医疗的管理水平。在2009年完成800所村卫生室新型农村合作医疗实时报销的基础上，继续以市政府实事项目形式，完成540所村卫生室和145家社区卫生服务中心新农合实时结算；开展新农合社保卡“一卡通”应用；组织开展村卫生室乡村医生使用村卫生室实时结算系统的培训工作。截至2010年底，新型农村合作医疗实时结算信息系统已覆盖全市郊区9个区县、145个乡镇、1 300余家村卫生室。

（陈可乐）

【付费通——打造便民服务第三方支付全国战略平台】 从2003年成立至今，上海付费通信息服务有限公司（以下简称“付费通”）在第三方账单代收道路上整整迈过了八个年头。公司从最初单纯地经营公用事业账单代收服务，到2010年，发展成以公用事业费和行政事业费账单代收服务为核心业务，以预付费卡的发行为主要经济支撑，以网上商城和网关商户等增值业务为服务外延的多元化一站式网上便民服务平台。

2010年的付费通，激情而忙碌着。第三方支付牌照的申请，三年全国战略的横空出世，全国平台的倾力搭安全、网络及通讯安全、物理安全方面对宣传系统各单位信息安全工作提出了具体要求。2010 年 4 月，市委宣传部组织召开了宣传系统世博信息安全保障工作责任书签约会，宗明副部长与宣传系统各直属单位信息安全责任人签订了《2010 年上海世博会信息安全保障工作责任书》，使世博信息安全工作进一步做到领导到位、人员到位、责任到位、措施到位。同时，建立了宣传系统世博信息安全应急响应平台，成立了世博期间应急响应小组，为宣传系统下属 43 家单位的 89 家网站提供 7×24 小时应急响应支持及首页面备份、服务器托管等服务。并部署 WEB 应用弱点扫描管理平台，定时对宣传系统 43 家直属单位的 89 个网站进行渗透性测试，及时查找和发现网站脆弱点和安全隐患或漏洞。组织开展信息安全检查，建立例会制度，编发工作简报，加强沟通、联系和协调，督促各单位及时整改发现的隐患和漏洞，确保了宣传系统各重要信息系统在世博期间的信息安全。市文广集团、解放日报报业集团、文新报业集团、中国福利会等单位结合本单位网络和应用系统特性和保障要求，从内容把控和技术防范两方面部署多项保障措施，强化信息安全责任制，严格内容审核把关，加强技术防范力度，合理安排值班、规范人员培训和应急演练、完善上下部门以及外单位之间的信息沟通机制，确保了网络和信息系统在重要保障期间安全平稳运行。

【世博项目建设】 2010 年是上海世博之年，宣传系统各单位全力以赴，充分运用信息技术，做好各项世博承建项目建设的支撑服务工作，为世博会的顺利召开做出应有的贡献。市文明办专题开展世博网上系列宣传活动，围绕世博主题内容，积极组织开展丰富多样的网上系列专题宣传活动，先后制作发布了 30 多个世博网络宣传特辑，连续报道转载各类世博新闻和服务信息，累计发布世博相关公告、通知和新闻超万余条，用信息化手段，掀起人人参与世博、人人奉献世博的良好文明新风尚。上海广播电视台认真做好上海世博会 IBC 新闻共享系统平台的建设和运维保障任务，切实保障 BOOKING OFFICE 办公网络和用于新闻采编播存的生产网络的安全与稳定，为世博会广播电视类注册媒体提供良好的广播电视公共信号与技术服务。上海博物馆认真做好世博会城市足迹馆和世博会博物馆的筹建工作，尤其是信息中心的同志为做好两馆的多媒体展项工作，不分白天黑夜，没有节假日，在现场跟踪管理，协调，积极做好大量投影机、显示屏、电脑的布线、安装到调试等一系列工作，保证了两馆顺利运营。上海印刷（集团）有限公司认真做好世博园区“留住回忆”服务的通讯保障工作，2010 年 3 月接到任务后，他们克服时间紧、任务重的困难，在一个月不到的时间内，完成了安装、调试等各项任务。文新集团成功开发了具有整合世博各类信息和热点新闻汇聚等功能的世博全媒体信息服务平台，世博期间，该平台累计安全发稿总量达到 32 114 篇，体现了“技术创新，让世博更美好”的理念。上海地方志办公室积极发挥地方志资源优势，在 5 月世博会开幕之际，开通了“上海通”网站英文栏目，将《上海年鉴》（英文版）和《上海历史上的今天》（英文版）全文发布上网，服务世博，为国内外友人了解上海、认识上海开辟了一条新途径。

【文化产业信息化发展】 2010 年宣传系统各单位根据自身业务特点，以高效创新为主线，积极探索信息技术对行业发展带来的契机，加强信息化应用对中心任务的服务，进一步提升工作质量和管理效率。2010 年 8 月 23 日市文广局全面推广使用上海文广影视网上行政审批大平台，运用信息技术手段把市、区两级文化主管部门的行政审批行为纳入同一体系，成功实现再造审批流程，不仅缩减了报批事项，更加强了过程监管。市新闻出版局采用政府部分资助的方式，鼓励传统出版单位开展数字化转型的基础工作，从面上推动全市数字出版发展。市新闻出版局开发建设了“上海印刷复制业备案管理系统”，借助信息技术为企业申办有关事项提供方便快捷的通道，为印刷复制管理部门提供便捷的统计方式和有效的监管途径。市文广集团积极探索为电视用户服务的新模式，由互动公司独立研发互动电视信息发布系统，并通过市级验收。该系统为电视用户提供了一种全新的信息门户形式，使用户在收看电视直播频道的同时获得丰富的信息资讯，并享受各类增值应用服务。自 2007 年启动至 2010 年，该项目已取得软件著作权 2 项，获得国家发明专利 1 件。上海世纪出版集团大力实施数字出版综合工程，做好基于内容对象的协同编纂和动态出版的技术研究与系统开发、数字出版内容资源管理及其跨介质动态发布的研究与运用、内容资源库的建设（包括三个子项目：“SKY”标准的生物医药资源数据库、当代中国经济学研究资源库、跨文本金字塔知库）和图书质量辅助保障系统等项目研发和建设。文艺出版集团以数字出版项目为抓手，以《上海数字出版业发展引导目录》为指南，积极申请科研经费，探索适合自身的数字出版商业模式，推动各有关单位数字出版的探索和转型。

【"全国文化信息资源共享工程"建设全力推进】 上海文化共享工程基层点已开通 2 364 个，资源服务覆盖了 18 个区县的四级公共文化服务网络，自 2003 年开通以来辐射人群累计达 6 950 万人次。已拥有国家管理中心下拨的"千里马"视频资源、上图讲座、上图展览等数字化资源，形成具有上海地方特色的八大类视频资源，共 4 925 个，558GB。上海市分中心共接收全国文化信息资源共享工程国家管理中心下拨的"千里马"资源 55 批，共 12.28TB，制作完成"千里马"资源光盘 451 个品种，计 19 万张，全部通过物流发放到各基层服务点。年内拓展了共享工程电子政务外网和上海党员远程教育网的资源传输渠道，通过政务外网从共享工程国家中心下载视频资源 900GB。

组织实施"文化共享世博行"网上活动，推出专题网站，结合世博电子书、世博讲座、音像资料视频点播等推出"我看世博、我听世博、我写世博、我讲世博、我为世博"系列文化共享工程网上活动。通过数字化资源共享，与东方航空公司合作推出了"文化共享东方万里行"活动。文化共享工程上海市分中心主站"上海数字文化网"对互联网发布的免费视频资源总量达到 4 696 部(集)，全年访问量逾 130 万人次，同比增长 36.8%。

积极参与文化共享工程的培训工作，先后在松江、嘉定、奉贤、崇明、浦东新区、宝山、闵行等 7 个区县开展农村基层点培训工作共 9 次，633 人次，制作用于培训工作的教材 5 套。上交国家中心"共享工程"数字化讲座 79 个。

（徐　强）

【上海市农家书屋网专栏】 2009 年 11 月底，上海市农家书屋工程完成了建设的阶段性工作，三年任务两年完成，全面完成行政村农家书屋工程建设，共建 1 514 家，提前实现农家书屋覆盖全市行政村的总目标。

上海市农家书屋网专栏是上海市新闻出版局网站的一个专栏，主要设置 11 个标题栏目，即首页、公告栏、新闻中心、书屋建设、书屋管理、农家书香、特色书屋、读书园地、社会捐赠、内部管理和在线服务。公告栏栏目主要发布新闻出版总署和本市关于农家书屋工程建设的有关通知等事项。新闻中心主要发布新闻出版总署和本市推进农家书屋工程在"建设、管理、使用"等方面工作的有关内容。农家书香栏目为探索和建立上海农家书屋工程建设的长效管理机制，专题介绍具有上海特色的农家书香"五个一百"活动、专题开展相关活动和发布专题文章，广泛发动和鼓励广大农民群众积极参与。特色书屋栏目主要下设学习园地、农民心声和人物介绍三个分支栏目，上海农家书香征文的学习心得，主要发布在学习园地栏目，人物介绍栏目主要介绍优秀农家书屋管理员的事迹，以进一步激励广大农家书屋管理员振奋精神作贡献，岗位建功当优秀。

上海市农家书屋网专栏的部分网页采用图文并茂的形式，提供最新的政务和其他信息，宣传政策和法规，展示各区、县农家书屋工程建设的推进情况，落实配合上海农家书香"五个一百"活动的实施情况，交流在工程"建设、管理、使用"中的经验和体会等等，把农家书屋工程建设的信息传递给负有农家书屋建设任务的各区、县农家书屋职能部门、农家书屋管理员和广大农民群众，起到了积极的作用。

（新闻出版局）

【农村电影放映室内数字全覆盖】 2010 年 10 月 19 日，中国电影发行放映协会农村电影院线东部地区会员工作交流会在上海举行，会议由上海电影集团所属上海东方永乐农村数字电影院线有限公司承办。会上宣布，上海率先实现农村电影放映室内数字全覆盖，胶片放映正式退出上海农村流动电影市场。上海同时率先实现了所有农村室内放映点每年免费放映 52 场数字电影的公益服务目标。"城市电影"和"农村电影"时间差距也在缩短。上海东方永乐农村数字电影院线放映的商业大片已与城区中心影院放映时间同步或者非常接近。

（林良敏）

【上海市文化市场行政执法指挥监管系统二期建设】 "上海市文化市场行政执法指挥监管系统"二期工程建设有序推进，基本完成项目的建设目标。目前已完成项目的功能包括举报管理、检查日志、案件审批、仓库管理、统计分析、信息交流、培训管理等七项以及总队和区县大队系统的集中式互连方式。经过半年多的运行，增强了总队执法工作的规范性、有效性和便捷性，提高了信息化水平，达到了预期的目的。

（陈　舸）

【上海文明网】 为不断提升本市精神文明创建层次和服务水平，拓展和创新精神文明创建领域的信息化应用，上海文明网围绕"四个重大"，聚焦和谐社会、科学发展观、公共文化服务体系等重大专题，以开展"全国百名优秀志愿者"、"上海市文明餐厅"、"上海市社会主义精神文明好人好事"等评选活动为载体，专门设计了包括世博知识、道德模范、交通文明、传统节庆、科普知识等10多项内容的网络配送工作，开通了在线创建、在线管理、在线培训、在线征订、在线询问留言等业务功能。2010年，全市220所社区学校、近5 000个分校教学点的校长、教务主任参加在线教务培训，三大类13多万册社区学校通用教材实现网上征订，近百万人次下载各类资料。

（文明办）

东方信息苑建设

【概况】 东方社区信息苑由中共上海市委宣传部、市文明办、市经济信息化委、市文广局等单位于2003年10月联合推出，是本市社区文化信息化综合服务工程的主体项目。它直接建在社区、面向普通群众，是基于互联网的新型公共公益文化设施和服务平台，是本市基层公共文化服务体系的重要组成部分。8年来，东方社区信息苑项目积极利用社会资源、政府资源、媒体资源、互联网资源及物理、设备等资源，深入开展面向社区居民的主流文化推送、公益培训及公益文化活动。截至2010年底，全市共建有东方社区信息苑369家（含在建），东方农村信息苑1 669家，初步完成“十一五”期间覆盖全面、遍布社区的信息苑点位建设目标。

2010年度，东方社区信息苑年举办各类公益活动22 313场，服务受众达554 147人次；举办各类公益培训及讲座13 763场，服务受众达195 185人次。年服务总人次达14 594 337人次。历年累计开展公益活动48 655项，公益培训41 555次，历年累计服务人次65 895 081人次，已逐渐成为广大社区居民尤其是中老年人、青少年、外来务工人员享受文化生活权利、丰富精神生活的公共文化重要阵地。

【eshanghai网站】 东方社区信息苑eshanghai网站运用异构数据整合发布等集成方式，为社区中老年人、青少年及外来务工人员提供宽带城域专网内容服务。

自2010年年初eshanghai网站改版上线以来，“社会万象类”、“民生关注类”热点专题受到了社区居民的追捧，累计用户参与互动50余万次。在增加网站互动功能的同时，东方社区信息苑继续不断整合宣传系统、科教体委系统及社会优质资源，持续引进、开发、集成内容，并对首页版式进行了新的布局和划分，保留了对用户影响力和吸引力较大的板块，精简和删除了弱势板块，更新了2T的视频节目。网站共提供政务服务、文化服务、便民服务、未成年人服务及培训服务等五大板块、25个频道、256个专栏。其中有10万册正版电子图书、4 700部百科视频讲座、5 300部电影电视、500份电子报刊、230 000个教育课件以及青少年多媒体天地、电子竞技等丰富资源。

网站改版上线以来，月用户访问页数突破5 000 000，全球网站排名21 851位，中国网站排名1 968位，成为最受广大社区百姓欢迎的内容服务平台。

【文化信息化活动】 2010年，东方社区信息苑继续以信息苑为依托，立足社区，服务基层，努力运用信息化手段，采用线上线下联动的方式，传播先进主流文化，保障百姓享有公共文化权利。

第四届庆世博“快乐天空”青少年公益活动 配合市教卫党委、市教委、市文明办、市网宣办举办第四届庆世博“快乐天空”青少年公益系列活动。活动在信息苑所有门店开展线下宣传推广，并设有专题网站http://happy. eshanghai.cn/，结合世博、低碳、创意等主题，开展了“我的文明行动”、“华夏小神笔我的创意展示”、“我的风尚日记”三大活动内容。青少年通过网络注册并将创意作品（如漫画、手绘等）及世博风尚日记上传到网站指定区域。活动共有数千人直接参与线下文明行动，数万人予以关注，并上传创意作品600多幅，上传世博风尚日记近100篇，大大丰富了青少年的课余文化生活，成为未成年人思想道德建设的重要抓手和有效载体。

首届老年数字化生活世博影像巡回展 联合市老年基金会举办“老年数字化生活世博影像巡回展”活动。活动通过为全市中老年人提供数码影像制作培训、影像上传服务、线上线下影像巡回展等服务功能，为全市老年人构建展示平台，真正体现了“老有所学，老有所为，老有所乐”的宗旨。本次活动约有13 000名中老年人参与其中，上传博客及照片作品共5 000余幅，得到了社区中老年朋友的欢迎。

“信息世博关爱老人”科技助老活动 联合市通管局举办“信息世博关爱老人”科技助老活动。活动以东方社区信息苑为载体，通过开展“公益通讯系列讲座”向社区中老年朋友普及手机急救、突发事件处理、账单指南、防范利用通信工具诈骗、话费查询渠道、助老科技卡、手机“三包”等相关知识。活动主要在静安区、宝山区、长宁区、浦东新区等信息苑展开，共举办10场，得到了社区居民的欢迎。

第四届庆世博社区公益美容大赛 配合市文明办、市网宣办、市妇联、市消保委举办“社区公益美容大赛”活动。活动通过信息苑门店及线上宣传相结合，专题网站为http://mrds.eshanghai.cn，以竞赛、培训、专家指导等形式，形成了虚拟社区及现实生活的联动效应，数万余人报名参加活动，数十万人予以全程关注，有效激发了社区居民对城市美好生活的热爱，以及对个体生命的尊重，取得了良好的社会效益。

【公益培训】 东方社区信息苑公益培训主要是为社区居民提供基础上网技能辅导等服务，为社区居民、尤其是社区中老年人扫清电脑入门技能障碍，消除城市信息鸿沟。开展电脑培训新课程研发及授课服务，在原有的电脑基础班、提高班、综合班培训之外，本着人性化、实用性、阶梯提高性的原则开发了绘声绘影、光影魔术手、Photoshop应用等11个新的课程，共形成了19个课程培训产品。2010年底，基于培训开发了"台历制作"的衍生服务内容，受到社区居民的欢迎。

【志愿者信息管理系统使用培训】 志愿者信息管理系统的建立，是市文明办、市世博会宣传及媒体服务指挥部和市志愿者协会借助科技手段强化志愿者队伍管理的重要举措。东方社区信息苑协助上海市志愿者协会为全市18个区县的6 000多名志愿者进行系统使用培训。东方社区信息苑选派了30多位优秀的专职培训讲师，依托遍及全市的300家信息苑电脑培训教室，历时40天，共培训街道、村居委、服务总队学员6 308人，录入信息达几十万条，配合市志愿者协会完成了志愿者系统使用培训、数据录入等系统建设任务。

【公共文化设施服务系统】 在对东方社区信息苑进行中央信息管理系统监管服务的经验基础上，东方社区信息苑经过为期6个多月的调研论证，研发了公共文化设施服务系统。该系统运用信息化手段，以活动中心信息化管理为核心，通过构建活动人群系统，整合社区公共文化服务信息及相关资源，建立一个有效服务于市民百姓、服务于基层文化服务阵地、服务于各级文化主管部门的信息服务系统，实现以服务促管理，以管理强服务，最终惠及市民百姓的目标。

（东方社区信息苑）

数字新媒体发展

【网络视听产业】 2010年，上海作为全国首批三网融合试点城市，首个国家级网络视听产业落户地，网络视听产业发展驶入快车道。上海市网络视听持证单位从2009年的19家增加到28家，上海广播电视台获得3G手机电视和互联网电视集成播控牌照，形成涵盖IP电视、手机电视、视频分享、视频门户和P2P流媒体等各种网络视听业态。

2010年2月广电总局正式批复上海市文广局与紫竹科技园共同建设中国（上海）网络视听产业基地。上海市委、市政府和市委宣传部大力推进网络视听产业基地建设。国家广电总局副局长田进实地考察了中国（上海）网络视听产业基地后，充分肯定了中国（上海）网络视听产业基地的筹建工作，并要求上海市文广局和紫竹科学园区紧密合作，加快推进基地建设，努力实现产值超百亿、国际一流的网络视听产业基地的奋斗目标。

2010年12月22日，上海市文广局主办的2 010中国（上海）网络视听产业论坛暨中国（上海）网络视听产业基地揭牌仪式在上海圆满举行。此次论坛由国家广电总局作为指导单位，以"三网融合·网络视听产业发展之路"为主题。国家广电总局副局长田进、中共上海市委常委、副市长屠光绍、中共上海市委常委、宣传部部长杨振武参加会议，共同为中国（上海）网络视听产业基地揭牌。国家广电总局副局长田进在讲话中指出，此次网络视听产业论坛的举办和中国（上海）网络视听产业基地的启动运行，对促进我国网络视听产业的进一步发展，推动文化产业大发展大繁荣必将发挥重要作用。本届论坛与会嘉宾和听众达300多人，中央台新闻联播、21世纪经济报道和搜狐网等国内主要媒体对论坛的情况及时进行了报道，有效地提升了上海网络视听产业和视听基地的全国影响力，为下一步网络视听形成部市合作机制打下了良好的基础。

（文广局）

【辞海电纸悦读器】"辞海电纸悦读器"是国内首次推出的适合电子阅读器使用的带排版版式的电子书，采用国际领先的EPUB格式，图文并茂、分章分节，还原了纸质图书的效果。阅读器以全新的数字形式，内置了中华第一辞书——《辞海》（第六版）。同时根据辞海电纸悦读器衍生了增值服务平台"辞海天下"，提供国内电子阅读器罕有的海量内容，18家出版社、44种期刊、5种报纸的优秀书籍、刊物，以及两岸三地众多出版社的优秀资源，涵盖人文、艺术、哲学、生活百科等，目前已有2万余本可供下载。"辞海天下"独具特色的客制化服务，更可根据各行业的特征，提供一对一的信息化资讯平台，量身内置专业书籍及资料，使辞海电纸悦读器成为真正可读、可查、可用的个性化阅读器。

（世纪出版集团）

【无线高清数字电视应用服务示范工程】 上海高清

数字科技产业有限公司牵头承担的课题“无线高清数字电视应用服务示范工程”顺利完成，并取得一系列的技术成果：一套基于国标的普适无线网络优化方案、一套网络规划软件、五套终端设计方案和一套新媒体终端及应用软件系统；本项目的完成，进一步加强网络建设和终端设计，建立“广播运营—核心芯片—方案设计—终端制造”产业链中各个环节间的互动关系，催化多项产业急需的创新产品产生，推动高清产业可持续发展。

（市科委）

【3D 巨幕双机放映亮相电影节】 为迎接第十三届上海国际电影节的到来，上海影城采用世界新科技装备第一放映厅。在该厅安装美国科视公司的最新产品——目前在国内仅有两台的“CP2230”数字放映机和杜比公司全球最新的 7.1 声道环境声，实现了 3D 双机 230 平方米巨幕数字放映。此次改建所用世界最新的 3D 双机巨幕数字放映，将避免一般影院用 3D 单机数字放映所带来长时间观影的疲劳和眩晕感。同时，在原有的世界顶级 JBL 单元扬声器和现代化的音视频硬件设施的基础上，又实现了中国首家拥有 7.1 声道环境声的影厅。这一技术的改进，将使坐在任何位置的观众，都能体验到极其清晰的音响效果，带来前所未有的绚丽视听感受。此外，上海影城还安装了按人体工程学原理设计的可摇动的座椅，为观众带来更为舒适的体验。

（郭　磊）

数字出版

【全国第一个国家数字出版基地延伸园区——虹口园区】 2010年5月14日，国家数字出版基地(虹口园区)授牌仪式暨中国出版集团公司上海数字出版大楼奠基典礼在中国出版蓝桥创意产业园举行。这是继 2008 年张江国家数字出版基地获批之后，上海向新闻出版总署争取到的又一项重大“先行先试”政策，标志着上海数字出版产业进入了新的发展阶段。目前，虹口园区依托中国出版集团、上外出版社等开展传统出版数字化转型的研究和探索，和中国出版集团保持密切联系，积极引进国家项目，同时积极引进数字出版技术企业，并切实开展电子书包试点研究。

【张江国家数字出版基地建设】 张江基地和虹口园区，利用资源优势和政策优势，努力吸引优秀企业、龙头企业入驻，取得了明显的成效。“方正”集团近期明确了将数字内容存储标准、文档内容分解与合成技术、数字内容管理三大复合出版核心技术的研发落户上海方正数字出版技术有限公司；“中文在线”以数字手段推动全民阅读，取得很好的社会效应，其数字阅读平台已走进上海 400 多家学校，全国 5 000 多家学校，并在浦东新区文广局的支持下，进入了农家书屋。

【部市合作第三次联席会议在上海召开】 新闻出版总署—上海市人民政府部市合作第三次联席会议 2010 年7月31日在上海召开。国家新闻出版总署署长柳斌杰，上海市委副书记、市长韩正出席会议并作重要讲话，并充分肯定了张江国家数字出版基地建设和上海推动数字出版产业取得的成绩。

会议重点研究了下一年度部市合作共同推进数字出版发展的重点工作的建议。上海市新闻出版(版权)局还分别与中国出版集团公司签订了数字出版战略合作协议书，与交通银行股份有限公司上海市分行签订了合作备忘录。会议期间，柳斌杰署长、孙寿山副署长、邬书林副署长以及多位司长视察了张江数字出版基地及虹口园区，给予了高度评价，并提出了新的要求。会议现场还设立了上海数字出版企业成果展示和体验馆，总署领导和市领导通过亲身体验的方式，了解了上海数字出版产业取得的最新成果，给予了充分肯定。

【上海数字出版产业发展规划】 上海数字出版产业发展规划被纳入市“十二五”重点专项规划，形成《“十二五”期间上海数字出版产业发展规划》(初稿)。“规划”在上海市数字出版各重要领域，如：网络游戏、网络文学、电子书、电子书包、传统出版企业向数字出版转型等指出了发展意见和建议，将进一步明晰数字出版产业发展思路，形成数字出版“十二五”规划的发展目标和指标体系，在产业规模、发展增速、领军企业、产业集群等方面出具定量或定性的目标。

【上海数字出版项目扶持资金申请和项目评审、跟踪】 2010 年在部市合作领导小组办公室各成员单位，特别是财政局、市科委、市经济信息化委等部门的大力支持下，分别从市科委和市经济信息化委的相关专项资金中确定了各 1 000 万元，定向支持上海的数字出版产业发展。2010 年 5 月，上海市新闻出版局在网上发布了《上海数字出版业发展引导目录》、《2010 年度上海数字出版项目扶持资金申请指南》及申报方法，年内共征集到数字出版项目 79 项，其中申报科技攻关项目 33 项、高新技术产业化项目 46 项。两方面的项目共经过 6 轮专家评审，2010 年上海数字出版共资助 19 个项目，2 000 万资助资金共带动社会资金近 11 098 万元。其中，传统出版转型项目有 15 个，民营项目 4 个；平台项目 9 个，数据库项目 8 个，数字出版相关技术研究项目 1 个，软件产品开发项目 1 个。

（新闻出版局）

解放日报报业集团

【概况】 2010 年是世博年，解放日报报业集团（以下简称"集团"）2010 年的信息化工作，核心任务是支持确保世博会宣传报道工作的顺利进行，服务好传统出报业务，力求在新媒体信息化发展上有新突破。

解放日报报业集团作为党报媒体集团，非常重视信息化安全保障工作，信息技术中心作为信息化系统的保障部门，在保证集团内部信息网络系统的安全运营的同时，还参与了全国省市党报世博稿件合作平台和集团世博新闻中心的信息化建设与维护等工作。2010 年也是 iPhone、iPad 和电子阅读器等新终端平台不断涌现和发展的一年，集团网站和新媒体部紧跟新技术，在报道内容和新业务的拓展上谋求新的发展，推出了"新新闻"、"新华 e 店"等基于新产品终端的应用，努力实现传统业务在新平台上的延伸和发展。

【传统出报业务和集团局域网络安全保障】 采编和图片系统是集团内重点保障的信息网络应用系统，为保证各报采编和图片系统的可靠性，系统均采用多台服务器分布运营模式。几台服务器之间采用系统软件级负载均衡技术和硬盘镜像冗余技术，当任何一台出现故障不会影响业务的正常使用。另外还准备有以冷备方式运行的服务器，随时准备在线服务器出现故障时实施硬件替换，从而保障主要办报业务系统的长期安全可靠运营。对于报纸版面文件向印刷厂的安全传送，集团建立了卫星传版、光纤专线传版和互联网传版等多种传版通道，保障了报纸版面的安全和有效传输。

解放日报报业集团局域网是集团内部网络、各类计算机和应用系统安全运营的基础设施。中心主机房部署了两台企业级 H3C 7 506E-V 核心路由交换机，构成了双机在线互备系统。楼层网络交换机也采用了企业级的 H3C 3 600 系列，企业级的网络设备提升了集团局域网络的性能和可靠性。

集团内联网的各类服务器有 100 多台，办公电脑机超过 1 500 多台，随着移动办公的推广，近年又有大量笔记本电脑通过无线方式接入集团局域网。为保障局域网络、服务器群和办公电脑的安全运行，根据市政府等级保护办公室的要求，对集团内信息网络系统实施分级管理，对重要信息网络系统采取多种措施提升安全等级。在国际互联网接入口，分别部署企业级防火墙、MCAFEE 的安全防御产品和上网行为管理设备等产品，有效阻隔和拦截了各类内外部网络攻击行为，规范了内部客户端用户的上网行为。

【全国省市党报世博稿件合作平台顺利上线】《解放日报》作为上海市委机关报，中国 2010 年上海世博会举办地的东道主媒体，为更好地服务于各省市党报，共同为上海世博会尽媒体责任，和全国 30 家省市自治区党报以及周边地区部分市级党报共建全国省市党报世博稿件合作平台。在世博期间通过合作平台，在全国省市党报之间实现稿件共享、联合报道、业务研讨和临时党支部活动等工作。并借此平台，建立全国省市党报联盟、党网联盟、手机党报联盟。为今后党报之间进行新闻报道联系奠定基础。整个平台还突出世博主题、党报特色和上海文化。作为 2010 年集团世博宣传的重点项目，解放日报报业集团信息技术中心利用 Visual studio 6.0 进行技术平台的开发，平台为建立在互联网上基于 IIS 6.0 的内容分享（文字和图片）网站，在软件开发、设备添置和网络运行等方面投入资金 50 多万元。平台设有以下功能：稿件上传与下载功能；图片上传与下载功能。为便于寻找所需稿件，该平台根据世博稿件内容区分为八个频道：《即时播报》、《省市区宣传周》、《馆日报道》、《展馆动态》、《人物专访》、《服务信息》、《精彩花絮》和《观点言论》。该平台运行稳定，得到各党报同仁的高度评价。世博会期间，平台共分享文字和图片稿件 3 000 余篇、各报下载使用稿件 1 000 多篇次。

【解放牛网世博宣传报道多渠道开展】 解放牛网在世博报道方面，推出了"世博频道"、"省市党报看世博"、"世博周周看"、"世博记者访谈"等一系列栏目。作为世博会公众参与馆合作网站，共同策划和参与了"海宝游历记"等大型网络世博宣传活动。世博期间，解放牛网"内容工场"栏目把直播间设到了世博园区里，用视频对话方式，邀请世博相关专家、记者、展馆代表、外国留学生等就网民关注的新闻热点进行互动对话。"内容工场"访谈栏目对《立体绿化营造宜居城市》的报道，荣获国务院新闻办公室颁发的上海世博会网络传播最佳报道二等奖，解放牛网荣获组织奖。解放日报报业集团 200 多名记者在解放牛网上发布即时新闻播报、开设博客，很受网

现无时无刻、随时随地的移动采编，这是文新集团又一次完成的标准化程度较高的业务流程的再造。

文新集团世博全媒体信息服务平台由文新集团技术团队与北大方正公司的专业队伍经过近一年研发而成。它整合了文新集团旗下18家报刊和出版社，以及12家网站、手机报等新媒体，在文新奥运联合行动平台基础上增加了新闻线索报料、智能搜索系统、采访策划平台、移动采编客户端、多通道发布系统、新媒体产品集中发布平台、世博新闻信息合作联盟发布平台、联合行动即时通讯系统（支持视频）等八大功能；提供了集中世博报料、跟踪热点新闻、突出项目服务、汇聚相关资料、共享新闻信息、提供策划平台、打造新闻中心、实现移动采编、整合新媒发布、展示传媒形象（拓展合作伙伴）等十类服务；实现了采、编、发全程支持全媒体，在前端，它可以把采集一直延伸到新闻线索的收集、实施稿件策划和采访任务的分配等环节上，并且支持所有媒介形式的采集，使得平台不但可以提供文字和图片信息，还能提供视频、音频、动画等多种类型的新闻素材，打造了一个“跨媒体”的联动平台。而在后端，发布形式也是全媒体的，能够为文新集团下属的所有新旧媒体提供各种所需要的媒体格式。因此，世博期间，文新集团在世博联合行动平台的支持下，可以充分利用报纸、期刊、图书出版，以及网站、视频、手机播报等出版链完整的优势，进行全媒体滚动报道，实现主流媒体新闻信息和权威声音的覆盖最大化。

文新集团世博全媒体新闻信息服务平台于2010年1月21日世博会开幕倒计时100天，由上海市委宣传部副部长、市委外宣办主任、市府新闻办主任宋超按下启动按钮，正式开通了该平台（一期），由世博局副局长朱咏雷点击屏幕向外发布。世博期间，文新集团以全媒体记者为核心的200多位持证记者通过该平台安全发稿，累计总量达到32 114篇。平台很好地为世博盛会的新闻宣传和文新集团媒体提供了优质服务，真正实现“技术创新，让世博更美好”的理念。

【搭建多媒体、多功能世博新闻工作区】 文新集团作为上海世博会媒体合作伙伴，为本次世博会的报道投入了大量的采编力量。为更好地服务于世博，更好地为一线采编人员提供工作平台，文新集团在世博园新闻中心内搭建了100多平米的新闻工作区暨文新新闻中心。

文新新闻中心集现场策划、远程采编、媒体形象展示、记者休息、呼叫服务、个性化印刷等功能于一体，为文新集团旗下17家媒体的200名世博持证记者提供前线采编平台服务和资料信息服务；为文新集团新媒体网站提供视频直播服务；为文新集团下属所有平面媒体和新媒体进行宣传和展示。

文新新闻中心里最具视觉效果的是一面高3米宽6米的感应墙，墙上的感应设备可以根据参观人的走动路线控制投影设备，向参观人员展示文新集团文汇报、新民晚报、上海日报、东方早报、东方体育日报等五大日报当天的版面内容。感应墙大幅面、整体的展示效果让人驻足。

文新新闻中心里最吸引眼球的是一套新媒体展示群，5个高清立式的触摸屏分别展示文新集团的网站、电子报、手机报、数码印刷和户外电子阅报栏。触摸屏的设计不仅可以全方位的展示新媒体，而且还能对新媒体的各功能进行现场体验。浏览各个网站、翻阅各个报刊当天的版面信息、下载手机报、现场制作宣传册印刷、查询生活服务类信息等，新媒体集中展示和体验功能让人耳目一新。

文新新闻中心里最受欢迎的还是环境舒适的全媒体工作区和休闲小屋，给采编人员提供工作之便和休息之用。全媒体工作区不仅配备了采编人员必需的、功能齐全的笔记本电脑、数码照相机、摄像机、3G手机等数码电子设备，而且专门提供了一条高速的互联网专线，可以极为方便地让世博园区内的采访记者通过专线进行发稿，避免他们往返奔波之苦，同时为前、后方采编人员提供了快速沟通的平台。工作区还包括一间新媒体视频直播室。在这儿，文新集团的网络媒体完成了一次次的网上现场访谈和直播。新闻中心里的休闲小屋，为忙碌的记者们提供了沙发、按摩椅、冰箱、食物等生活用品，被记者们亲昵地戏称为“记者之家”。

世博期间，国家新闻出版总署、上海市委、宣传部等领导，全国新闻机构及业内同行300余人参观了文新新闻中心，对新闻中心内的空间高效应用和联合行动平台的创新意识，给予高度评价，同时还充分肯定了文新世博全媒体联合行动平台促成的资源共享和跨域传播所带来的成效。

【落实制度确保世博期间信息安全】 文新集团作为2010年上海世博会的合作伙伴，必须确保世博期间的信息安全，树立平安世博的理念。为此，文新集团在世博会开幕倒计时50天之际，召开了保密信息安全技术检查专项工作会议。要求文新集团各部门对所使用的电脑进行一次认真全面的自查，检查范围覆盖全文新集团的3 000多台电脑。在此基础上，文新集团技术部门再对关键部门、重要岗位的1 300多台计算机进行了专项检查。同时对检查中发现的安全隐患及时采取有效措施，加以整改,确保了文新集团电脑设备的信息安全。

2010年4月,文新集团召开了网站安全工作会议。会上就如何规范网站信息安全管理制度、如何制定网站应急响应计划和方案、如何为网站制作信息系统安全等级保护作了辅导讲解,并下发了含有文新集团信息安全管理制度等文件模板的光盘和宣传系统世博期间信息安全应急小组联系卡,要求在世博期间如遇信息安全突发事件,及时向文新集团报告,确保网站的畅通和信息安全。上海世博会召开前期,文新集团对下属各网站的运行安全进行了突击检查。对检查中发现有安全漏洞的网站采取关闭整改的决定。同时,文新集团还一次性投入50万元专款采购安全防护设备,提升文新集团信息安全级别,实现人防+机防+物防的立体防范。

【平面媒体远程传版防篡改系统通过市科委评审验收】 2010年10月,由文新集团作为主课题单位的上海市科委科技攻关项目——《平面媒体远程传版中信息安全关键技术研究与应用》通过专家评审验收。来自高校、软件行业、媒体行业的信息安全专家和市科委信息处、财务处、审计处的专业人员组成的评审专家组一致认为该项目通过对数字信息隐藏的版权保护与防篡改保护技术、综合硬件识别和软件授权的自动识别认证技术的研究,建立了一套完整可靠的平面媒体远程传版内容保护体系。项目的八项考核指标全部通过上海市计算机软件评测重点实验室的测评,不但满足了平面媒体对远程传版内容保护的安全要求,而且提升了平面媒体在远程传版过程中信息的安全性、完整性、可靠性和时效性,项目成功通过评审验收。

《平面媒体远程传版中信息安全关键技术研究与应用》项目于2008年11月通过市科委科技攻关项目立项,由文新集团、上海东泽勤争网络科技有限公司、上海交通大学紧密合作,经过两年时间的研究、开发、测试和部署,成功完成了本项目对于现有平面媒体远程传版系统的无缝嵌入,填补了国内外远程传版过程中信息安全技术的空白。系统于2010年3月开始成功运用于新民晚报、文汇报、东方早报、东方体育报、读书周报、文学报等平面媒体的实际远程传版中,并在人民日报社、新华通讯社浙江分社、深圳报业集团、芜湖日报报业集团、华东信息日报社等全国25家报社和印刷厂正式投入实际应用。系统运行稳定,至今可靠性达到100%,得到了各用户单位的肯定。

平面媒体远程传版防篡改系统采用产、学、研一体的研究模式不仅保障了系统的技术先进性、新颖性,同时确保了系统的实用性,解决了平面媒体远程传版中信息安全问题,提高平面媒体的出版速度,强化平面媒体出版流程的可靠性、安全性,为报业发展夯实技术保障体系,促进平面媒体在创新发展中不断提升影响力和竞争力。

【"文新家园"顺利开通】 2010年,文新集团"文新家园"网站顺利开通。"文新家园"(www.wxjt.com.cn)是文新集团全体员工共同的网上家园,它以互动、沟通、民生、服务为特色,力求轻松、有趣、便捷、快乐。通过这一互动平台,让广大员工像打造自己的家园那样,共同参与、共同经营、共同管理、共同发展。通过轻松的氛围、有趣的设计,在不知不觉中达到让广大员工像关心自己的事情那样去关注文新集团的发展举措和发展态势,起到凝聚全体员工的意志,把个人发展与集团的事业更紧密地结合起来,并使文新集团未来发展拥有更强大的人力资源。因此,"文新家园"是文新集团推进企业文化建设的平台;是文新集团员工与管理层的沟通平台;是促进文新集团内员工人际交往的社区平台;是调动员工积极性的激励平台;是助推员工发展学习的平台;是平衡工作与生活的福利和便利的平台;是员工工作之余放松身心的休闲平台。

"文新家园"网站主要由两大部分组成:文新集团官方主页和"文新家园"关爱互动平台。文新集团官方首页设计精美、富有时代感,用文字、图片、视频等多媒体形式对外展示文新集团整体形象,介绍文新集团旗下媒体,是外界了解文新集团的一个窗口。此外,还具备公开发布文新集团各类信息,兼具招聘、报料等其他功能。"文新家园"关爱互动平台是为文新集团全体员工服务的一个网络平台,整个"家园"包括工作助手、共谋发展、职业生涯、真心关怀、便利生活、你我文新人、百宝箱等七个栏目,下辖37个功能模块。"家园"的七个栏目按功能分别划分到"工作区"、"服务区"、"员工社区"三个板块之中。在"工作区",员工能够方便地查询所需的各种报刊、电视新闻资料,并与一起工作的同事共享这些资源,为文新集团的发展献计献策。"家园"还精选300多个各种类别的网上培训课程,涵盖了职业培训和日常兴趣爱好等多个方面,供广大员工自由选择。在"服务区"员工可以享受体检、专家心理咨询、购物、订阅报纸杂志等各项服务,还能够方便地缴付水电煤等公用事业费、查看地图等等。在"员工社区",员工可以开设自己的博客,在BBS的各个板块上与同事畅所欲言,展示自己的风采,"晒晒"家里的宝贝,跟大家分享拍摄的照片,写下的文字,也可以为别人叫好喝彩,加油助威。文新集团在"家园”上举办了各种活动，如团购、摄影比赛等。

“文新家园”在文新集团领导的关心和指导下，在文新集团各单位、各部门的共同努力下，影响力稳步提升，用户群逐步扩大，形成了一批定期登录家园网站、参与家园活动、关心家园发展的核心用户和活跃用户。据统计，“文新家园”开通六个月来，就有1 200名左右的文新人登录过家园，日均点击率约为2 200次左右。

【公文管理系统实现对外推广应用】 由文新集团技术中心自主研发的文新集团OA公文管理系统于2007年开始在文新集团内部全面使用。系统利用文新集团现有的计算机网络资源及丰富的信息系统资源，完成了文新集团日常办文和办公信息的自动化、网络化和公开化，使文新集团真正实现无纸化办公。目前，该系统已平稳运行了近三年，不仅改进了文新集团的办公方式，提高办公效率，而且还获得全国报业同行、上海市宣传系统各单位用户的普遍好评。

文新集团公文管理系统的主要功能有：文新集团内部公文的流转、审批、统计和查询；公文审批的督办和提醒；外部公文的登记和下发；向指定用户发布文新集团内部的会议通知、业务活动以及领导日程安排等动态信息；记录会议与政务活动、来访接待、日常会议等活动纪要；文新集团一周会议安排；文新集团合同法务审批；文新集团零星工程审批；文新集团工作人员通讯录等。

2010年，宁波日报报业集团多次到文新集团进行现场考察和调研后提出购买意向。文新集团技术人员根据宁波日报报业集团提出的需求进行个性化的二次开发，仅用了短短二个月就完成了所有的开发任务，公文系统在宁波日报报业集团各部门开始试运行。2010年年底，上海文化执法总队在经过前期考察后，认为文新集团提供的OA公文管理系统能够完全满足总队办公的各项需求也与文新集团签订了系统购买合同。2010年，文新集团成功地迈出了推广自主研发项目的第一步，为文新集团创造了效益。

【文新集团经营管理系统研发完成】 2010年，文新集团根据报业“十一五”信息化的总体目标和要求，在文新集团现有的网络平台、信息化应用系统的基础上，进行规划和建设，启动了文新集团经营管理系统的研发。系统通过对文新集团内部各类应用系统和信息资源的整合，消除生产、经营及管理等业务间的信息孤岛，理顺信息流转通道，提高文新集团信息资源综合利用率，实现对文新集团异构信息系统的横向贯通，促进文新集团内部的信息沟通与交流，提供数据图形化的展示。系统将大大提升文新集团信息化应用水平，通过文新集团内部各部门的协同工作，实现资源共享、资产整合，提高整个文新集团的工作效率和管理水平，提升文新集团的综合竞争力。

文新集团经营管理系统通过先进的技术、标准化方式集成文新集团现有的财务、人事、物资、广告、印务等业务生产系统中各类数据与信息，形成统一的信息资源继承框架，不仅完成各系统间的数据共享，而且使后续信息系统只要符合信息资源整合平台的要求以及相关的标准规范，就能有机地集成到统一框架之中，从而降低复杂度和建设投资。系统用一个用户名和口令通过统一管理门户访问整合后的与经营管理相关的数据、公文、报表分析等信息，为日常经营管理和分析决策提供了支持。各类信息的聚合大幅度提升了内部沟通效率，缩减不必要的会议，提高决策效率，在提升管理水平的同时，降低成本，提高文新集团的经济效益。

【新民网有效调整IT管理模式成功完成三次改版】 2010年，新民网实行了比较适合IT领域的工作组管理模式，根据工作性质进行管理分工的明细化，设立了研发组和运维组，其中研发组主要负责新民网应用平台的技术研究和开发，实行岗定责、开发流程化等先进的管理模式，每个项目根据不同的规模程度，分别安排专人负责前端、后端、构架、监督等职能，从而做到责任到人工作到位。自实施此工作体系以来不管是专题制作、应用开发还是数据迁移、合作支持均能保质保量的按时完成工作。运维组主要负责网站的运行维护、网络保障、桌面支持等相关工作，实行7×24小时运维制度。自实施以来新民网的可用性得到了显著的提高，尤其夜间问题能够第一时间快速处理，充分提升了新民网的整体形象。新民网IT管理模式的调整使工作效率有明显提高。

2010年，随着新民网影响力的不断提升，网站应用的不断扩展，原先使用的Windows平台已无法适应新民网WEB 2.0动态化、重交互的发展方向，为此，新民网对网站的技术架构进行调整，所有服务器的基础操作系统陆续由Windows系统转向了Linux系统。由于Linux运行机制与Windows完全不同，操作方法及部署方法也风格迥异，而且在系统调整过程中一定要保证网站的正常运行，因此实现跨平台迁移是一个非常漫长而复杂的过程。经过4个多月的不断努力，新民网终于完成所有应用的迁移。转换后，在相同应用、相同访问量的情况下，服务器CPU占用率由原来的70%降至5%，在没有改变服务器配置的情况下大大提升了应用的执行效率。与此同时，随着新民网的应用服务器的数量逐步增多，为更好的做好服务器的监控工作，新民网搭建了一套运维监控系统，实现了通过短信以及邮件报警功能，提高监控效率，达到发生故障立刻报警的级别。

在完成了管理模式与技术架构的调整后，新民网在2010年成功完成了三次改版，实现了对SNS、微博及微新闻的高效、高并发的调用技术，完善移动终端新闻iPhone客户端的调用技术以及配合iPad客户端版本的开发。2010年6、7月份，新民网进一步优化网上查分系统，继续与上海教育考试院合作，实现了仅用3台服务器就承受住了高考、中考查分的高并发数据查询工作，得到上海教育考试院的认可。11月，新民网自主研发上海滩微博平台，实现了与iPhone、android手机、MSN、gtalk即时通讯系统以及手机短信、彩信的对接工作，并推出第一个产品“秒了吧”。该产品基于新民网通行证统一认证，依托上海滩微博平台，有着瞬时高并发的特性，因此，新民网采用了Memcached分布式缓存、MemcacheQ消息队列以及Amoeba for MySQL数据查询中间层等先进技术来解决高并发的可用性问题，即当秒杀平台出现网络拥堵情况也不会影响新民网的正常访问、新民网通行证的统一认证和上海滩微博的正常使用，将网络的运行故障风险降到最低。

【“文字作品互联网传播监测与版权保护关键技术研究”初见成效】 2010年，由上海市科委和上海市新闻出版局资助的“文字作品互联网传播监测与版权保护关键技术研究”项目初见成效。该项目旨在依照我国法律法规，从现有互联网版权保护的角度为电子出版物、著作权人以及相关机构提供完善的技术支持保护体系。通过技术手段，进行版权的被动保护，形成必要的监管和维权机制，为著作权利人提供维权渠道和帮助，建立和谐有序的良性竞争局面，为数字出版产业健康和持续的发展保驾护航，有力促进数字出版产业的发展。

项目通过对统计视图、监测对象采集、大数据源排错降噪、用户体验等各项功能的优化，为文新集团提供了新闻传播监测服务，并已基本甄别出新闻作品侵权嫌疑者，成功完成具有司法鉴定效用的网路电子证据取证交互服务模块，形成了完整的新闻作品事后版权保护链。

【文新传媒网“数字信息营销平台”初步建成】 2010年，由文新集团文新传媒网承担，上海市经济和信息化委员会及上海市新闻出版局提供资助的“数字信息营销平台”项目已初步建成，现已通过上海市软件评测中心的测试。该项目开通后，将为广大用户（个人或团体）在互联网上提供文新集团出版发行的各种报刊信息，涵盖文汇报、新民晚报两报创刊至今的历史数据，以及最新发布的各类电子报刊，并将逐步提供各种专题数据库及报告等信息产品服务。系统同时开通小额个人用户的网络支付功能和手机支付功能，最大限度满足个人对新闻信息资料查询服务的需求。“数字信息营销平台”系统按计划将在2011年正式上线提供服务。

【文汇网上线运营】 文汇报具有72年历史，是具有全国影响力的传统大报，但此前只有电子版并没有自己的网站，这在同类的大报中绝无仅有。因此，文汇网的建设得到文新集团的高度重视，列入文新集团2010年度成长基金重点资助项目。2010年5月，文汇报组建网站建设团队，在经过3轮招标评审后，最终选定聚力传媒（PPTV）公司为网站技术合作伙伴。2010年9月16日，文汇网正式上线运营，填补了文汇报长期没有网站的空白。与此同时，网站还组建了包括网络技术、社会学、经济学、国际关系研究等各个领域20人左右的专家智库。

与早期的文汇电子版相比，文汇网增加了新的频道和自采的内容，在表现形式上特别增加了视频内容，访问速度也更快。虽然文汇网起步比较晚，但是在网页设计、网站定位等方面，吸取了兄弟媒体的经验，起点较高。在推出不到3个月的时间内，文汇网单日最高访问量已经突破了7 000人次，在报社内外都得到了积极的反馈。

【印务中心进一步提升信息化应用水平】 2010年，文新集团印务中心进一步发掘各应用系统的亮点功能，除继续应用好“ERP印刷管理系统”的常用功能外，充分发挥ERP系统在跟踪印刷设备运行状况、生产绩效（节纸）考核等方面的积极作用，为印刷设备的监控、绩效决策管理提供了详细、准确的数据依据。同时，根据中心对设备维修、保养的新需求，对原设备维修管理模块进行了功能升级，使设备维修保养工作开始信息化管理。

2010年，“文新集团印务中心技术设备信息查询系统”的各模块功能也得到进一步完善。系统将所有固定资产按使用部门、存放地点在“固定资产”模块中进行统计分类，同时新增“网络及电脑”子栏目，为中心的计算机建立档案，方便地记录每一台计算机的硬件配置信息，使印务中心的几百台电脑的管理安全有序。

2010年，文新集团印务中心还新建了“印务中心经营管理信息查询系统”，整合中心内部各部门数据报表，实现资源共享。系统的建成标志着印务中心工作已经从完善制度、夯实基础阶段逐步走向系统化、规范化建设阶段。该系统将为今后推进整个中心管理工作，进一步提升管理水平发挥重要作用。

【财务管理系统成功整合历史财务数据】 2010年，文新集团在用友财务系统NC5.0稳定运行二年后，成功将文新集团从成立至2005年的历史财务数据全部转入目前运行的财务管理ERP系统中。文新集团从成立至今，先后使用了安易、新中大和用友三套财务软件。三套软件因使用不同的技术平台，各系统中的财务数据一直无法共享，给文新集团的财务分析工作带了很大的不便。为使历史数据安全保存、易于查询，文新集团与用友软件合作，开发导入接口、整理历史数据，将历年的财务数据全部由安易和新中大系统转入用友系统，全面整合了文新集团的财务数据。

文新集团财务数据实现统一后，原系统服务器已无法负载。而2010年年底，应市委宣传部要求，集团将从2011年起全面执行《企业会计准则》，因此，集团适时全面升级用友ERP数据库服务器、应用服务器集群和财务软件的科目调整，顺利将原应用服务器集群和1台主数据库服务器升级完成，为集团执行新会计准则做好充分准备，提高系统使用效率并有效保障数据安全。

（文新集团）

【新闻网站专题页面制作新技术】 文汇新民联合报业集团研究制作新闻网站专题页面所需富媒体信息的自动搜集分类、智能聚合分析及编辑向导技术，实现新闻网站专题页面制作方式从完全依靠人工到软件系统辅助的演进，提高工作效率、节省人力与时间，提升新闻网站专题的宣传与传播效果。

（市科委）

上海文广新闻传媒集团

【互动电视信息发布系统通过市级验收】 2010年4月1日，上海市经济和信息化委员会组织专家对互动公司承担的“面向宽带网络的互动电视信息发布技术及应用系统”专项资金支持项目进行了现场验收。经认真讨论，专家一致认为该项目文件资料规范、齐全，符合项目验收要求，项目完成情况达到计划任务书提出的考核指标，同意通过验收。

这套系统于2007年即开始启动，由互动公司独立研发，旨在通过完成一套实际可运营的互动网络电视信息发布系统，引导信息发布与交互功能引入电视直播频道播出中。这套系统的产生为电视用户提供了一种全新的信息门户形式，使用户在收看电视直播频道的同时获得丰富的信息资讯，并享受各类增值应用服务。自2007年启动至2010年，该项目已取得软件著作权2项，获得国家发明专利1件。

（李 隽）

【三屏融合战略合作】 2010年1月15日，东方传媒集团旗下百视通公司与法国电信Orange在沪宣布启动“三屏融合”战略合作，双方将在“三屏融合”技术开发、新媒体内容、投资与世博传播方面展开紧密合作。上海市委宣传部副部长张止静、上海广播电视台台长黎瑞刚、法国电信Orange董事长兼全球总裁迪迪埃·隆巴德出席并致辞。仪式上，黎瑞刚与迪迪埃·隆巴德分别代表双方签约三屏融合战略合作协议。

百视通与Orange的此次合作主要围绕电视、手机、电脑三屏融合核心技术领域展开。双方已就合作开发IP电视新技术共同投入了数千万元，多项技术已经领先全球，并在IP电视平台上实现了双方共同开发技术的商业应用。作为战略合作的一部分，Orange用三屏融合平台播出东方传媒集团优秀新媒体内容与上海世博会盛况。百视通、Orange的合作还包括在“下一代网络电视”技术领域展开更深层次技术应用合作。“下一代网络电视”将致力于互联网、人际网和电视内容的有机结合，传统电视媒体制作的内容将通过互联网新媒体技术和社区型人际传播形成二次增值，有利于提高用户体验，形成高互动的电视门户。

近几年，东方传媒集团与清华同方等技术合作伙伴强强联手，积极推进新媒体技术研发，在IP电视、手机电视、宽频电视领域获得了近30项国家专利，自主创新卓有成效。而与上海电信合作开展的“三屏融合”商用服务，IP电视用户规模全球领先。

【中国网络电视台与百视通携手报道世博】 世博期间，中国网络电视台与上海广播电视台新媒体旗舰BesTV百视通合作制作的世博节目全面开播，双方将携手为全球亿万新媒体用户奉献世博视听盛宴。这是继2008北京奥运联合报道之后，双方再度利用互动新媒体平台的聚合资源，携手投身长达180多天的世博联合报道。据悉，此次世博联合制作的节目量将是奥运会报道的数倍，作为上海世博媒体合作伙伴，百视通公司近300人投入了世博报道。

中国网络电视台、百视通历经一年的前期筹备，携手成立了世博联合报道工作组，在节目内容、市场推广、商务合作等方面展开共赢合作。双方致力于寻求内容创新，以新媒体的交互性充分体现出“三屏融合”看世博的特点。

由中国网络电视台与百视通联合主办的“世博寻宝拍摄计划”已于2010年3月份全面启动，得到了社会各界的热烈响应，数万群众踊跃报名参加。而双方合作的网络访谈类节目“筑梦上海滩”于4月29日正式开播，国际展览局秘书长洛塞泰斯应邀到上海世博会新闻中心“CNTV、BesTV新媒体联合演播室”，与新媒体用户畅谈世博精彩亮点。

（路世贵）

【上海警方世博交通信息英语发布平台启动】 为了在世博期间给大量外国游客提供最新最快的交通信息，上海广播电视台外语频道和上海市公安局共同携手，于世博会开幕之际正式启动“上海警方世博交通信息英语发布平台”。上海广播电视台领导卑根源、徐浩，市公安局领导程九龙、朱伟明等出席2010年4月26日举行的启动仪式。

上海警方世博交通信息英语发布平台的启动，是上海广播电视台和上海市公安局“参与世博、服务世博、奉献世博”的具体体现，也是广播电视台以切切实实的行动为上海和中国的对外宣传工作做出贡献，而且该平台将提升上海公安的整体形象、进一步拓展警方公共关系。更重要的是，通过这样的方式，能够加大上海警方与外籍人士之间的沟通。

世博会期间，外语频道的两档主打世博日播节目，包括每天中午12：00—12：15播出的《世博现场》和每周一至周五晚间20：00—20：55播出的《世博360》中，两位警方的主持人将运用熟练的英语，和外语频道的主持人进行直播连线，为广大外籍观众提供最新最快的综合交通信息和出行提示。这也是上海市公安局首次启用英语电视平台第一时间发布世博期间各种交通信息，从而进一步提升世博服务水平。

（谷一飞）

【东方明珠移动电视世博宣传效果显著】 东方明珠移动电视在世博会184天会期中，充分发挥优势，不间断、高密度滚动播出世博各类实时提示信息，为疏导人群、应对超大客流、极端天气等情况，发挥着重要作用，效果显著，上海市委常委、常务副市长杨雄表示：感谢移动电视为世博会信息发布作出了重要贡献。

东方明珠移动电视“短、频、快”的节目播出形式符合户外移动人群的收视习惯。市民及游客通过从东方明珠移动电视获取的世博实时动态信息、各类提示，可以合理安排参观时间、游园线路，避开客流高峰，做好观博的各项准备。客流提示播出方面如：园区实时入园人数、各出入口排队等候人数、热门场馆排队时间等，移动电视每天制作更新45次，首播135次/天，184天共播出24 840次。特别提示播出方面如：园区周边交通、极端天气、限流措施、儿童游园安全提示等，移动电视每天制作更新30次，首播90次/天，184天共播出16 560次。滚动字幕播发方面，每天滚动240次，184天共播发44 160次。

世博配套栏目播出方面，东方明珠移动电视共制作《世博气象》、《世博百问》、《世博快报》、《活动预告》、《世博场馆天天看》等10余档配套栏目，共计滚动播出572次/天，184天共播出105 248次，为宣传世博、引导客流服务做出了积极的贡献。

（华　巍）

【数字电影业务进展】 上海文广科技集团在数字电影设备营销和研发业务上取得新进展，成功中标国家电影事业发展专项资金管理委员会办公室的采购电影数字放映设备项目。文广科技集团凭借实力在众多竞争对手中脱颖而出，在总标120台1.3K中档数字放映播放器的采购项目中，一举中标100台。

为加强对数字电影流动放映设备的管理，完善其与运营平台间的数据通信，经过文广科技集团与中影新农村数字电影放映有限公司的共同研究及努力，相继完成了前期软件开发、模块设计、系统调测等工作，并于2010年3月顺利与中影新农村信息监管平台对接成功。放映设备信息监管功能的实现是通过在上海文广HDM—405数字电影播放器上增加GPS & GPRS模块，实时记录和传输放映设备所在位置、播放信息等状态，并将有关信息及时准确地回传到院线公司的管理平台上，是具有定位、监控、记录、警示、指挥调度、营运管理、信息、网络、通讯等综合性功能的数字电影放映设备记录和监控管理系统。这种监控模式的信息回传平台，使农村数字电影放映监管实现了可能。双方达成相关合作协议，在福建、河南、安徽、上海等地已安装的1 265套数字电影流动放映设备上安装了GPS & GPRS模块，并全部纳入

数字资源的远程服务和保障能力。继续扩展馆所自建数字资源的规模，2010年新增民国图书全文122万页、家谱全文95万页、民国期刊全文133万篇，古籍抄本全文34万页，转换字林西报4万拍，历史文献数字图书馆已渐成规模，典藏级、加工级和应用服务级三类的自建数字资源总量超过80TB。全年外购电子资源的更新量逾4TB，新增电子期刊和论文540余万篇、电子图书近1.5万种，电子资源总量达到25TB，全年访问量和全文下载量同比增长20%以上。在市经济信息化委支持下，启动“无障碍数字图书馆”项目建设，为残疾人和老年人提供馆所信息无障碍服务。

【手机图书馆建设】 手机图书馆新增手机续证、手机续借、逾期提醒、手机电子书等功能，在国内图书馆界第一个完整实现了手机书目检索、手机版“我的图书馆”、手机电子书、手机“一卡通”地图指引、图书续借、续证、索书短信提醒等较为全面的移动图书馆服务，在市民读者中产生了较大的影响力，已经走在全国图书馆界前列。正式发布上图Android手机客户端，推出iPhone手机和iPad APP客户端试用版，集成了手机图书馆的各类功能，全面提升馆所的移动服务能力。

【电子书服务启动】 经过调研和准备，2010年馆所启动了电子书服务，开通了新技术体验中心。外借电子书移动阅读器让海量的图书随身携带，轻松阅读，新载体和新服务让市民感受到了零距离的便捷阅读。“新技术体验中心”让读者感受绿色阅读，提供十多种中外最新型号的电子书阅读器的数字移动阅读体验，提供中外文150余个数据库馆藏电子资源的检索浏览，提供馆藏电子资源外借、软件自学课程和软件免费试用服务，并提供读者培训和免费课程。此外，组织了“上海市电子书产业联盟论坛暨电子书新品展”等4次读者活动，累计有653位读者参与了新技术的服务体验活动。

【“e卡通”远程服务】 2010年“e卡通”系统登录超过8万人次，资源使用超过10万人次。新增维普中文期刊全文系统的远程访问，极大满足了读者的需求。文献搜索系统完成与文献提供系统的无缝链接，实现集资源检索、用户管理、文献提供委托申请、委托管理、收费管理、物流管理等全流程管理于一体的系统，提升了文献服务的业务管理能力。

【开通馆域免费无线上网服务】 馆所无线局域网（WLAN）网络服务系统已建成，并在各楼层主要读者阅览区全面开通。该无线网采用WIFI无线网技术，支持802.11/a/b/g/n等国际主流无线网标准，采用企业级无线网络设备支撑和统一管理，与统一认证系统、上网行为管理系统、无线网络实时监控系统紧密结合实施网络安全监管，支持读者自带的各类无线移动终端设备，包括配备WIFI功能的便携式电脑、iPad及平板电脑、Kindle和电子书以及配备WIFI功能的手机，提供到馆持证读者的免费无线上网服务，是体现随时随地，无所不在的图书馆服务的重要手段。

【办公自动化系统持续改进】 2010年对OA办公自动化系统进行了升级换代，梳理公文流转、项目管理、公用经费、业务统计等模块，新增信息提醒模块，提供电子邮件和短信提醒功能。在馆所项目管理系统的基础上，增加了招投标管理、合同管理、固定资产管理三个子系统，真正做到全面展示馆所专项资金使用的生命周期，对资金使用的每个阶段进行监管。目前基本完成国有资产管理模块和招投标管理模块的开发，通过制度加科技手段，使馆所各方面的管理更加透明、科学、规范、有序。改进了上海市本级财政预算系统与OA系统的接口，完善国有资产管理系统批量数据导出接口开发，进一步规范项目管理、招投标管理和合同管理。

【网站群运行平稳有序】 系统网络和安全体系进一步加固。完善并新增了馆所网站群的内容管理、信息发布和访问量统计分析系统，完成漏洞修补及安全加固等措施，实行了信息安全通报制度，保证了馆所网站群在世博期间能够安全，有效的运行，未发生一起信息安全事故。主门户和iPac访问量超过2 300万人次，同比增长30%。加固优化了读者证管理系统和办证系统、自助索书系统和书标打印工具软件，梳理业务统计分析和挖掘系统的统计规范，继续推出借阅排行榜。完成了网站应用防火墙和入侵检测防护系统的调整以及新型防火墙的测试部署工作，通过多层次的立体防护措施，监控网内的高危行为，为提升馆所网络的整体安全性起到了明显作用，全年成功实现无故障运行的目标。

（徐　强）

上海博物馆

【概况】 2010年是上海博物馆信息化工作繁忙而紧张的一年，信息中心根据年初制订的工作目标，紧紧围绕世博这一中心，加大隐患排查工作力度，全面落实世博信息安全工作的各项措施。在此基础上，推进各项工作稳步发展，保证博物馆的信息化整体水平有一定的提高。2010年上海博物馆信息化所做的主要工作也主要以此为中心展开：做好世博期间世博相关场馆及上博本身的信息安全工作；内网交换机设备进行整体升级，保证基础网络的运转顺畅；藏品数据库实行新一轮升级改造工程，以提升信息化核心业务的功能和水平。

【为世博项目提供信息安全保障】 2010年是上海世博会年，信息中心按照馆领导的要求，全力以赴做好世博工作。由上海博物馆立项的两个世博会展馆——城市足迹馆及世博会博物馆在2010年进入了最后筹建和正式运营阶段，信息中心全体人员全身心投入，承担了其中的大量工作。信息中心为此专门成立了世博课题组，从工作初期开始就全力投入，参与了两个馆从方案设计到工程建设直至运营维护的全过程。在开馆期间，保障两馆的信息化设备安全运转。成为信息中心的头等任务。两馆展项的重头戏是多媒体展项，共有近二百台投影机，几十块显示屏，几百台电脑，从布线，安装，到调试，信息中心的技术骨干，不分白天黑夜，没有节假日，在现场跟踪管理，协调，及时解决问题，避免影响工期。世博举行期间，信息中心派遣了8名管理人员进入展馆，不分节假日，每天轮班，按时巡查，及时发现展项问题和故障，及时解决，从而保证了两馆运营的顺利。

【做好世博馆内信息安全工作】 按照市委宣传部的部署和要求，信息中心在全力为世博会项目服务的同时，也积极做好本单位在世博会期间的网络信息安全工作，完成了保证单位的网络信息系统在世博会期间安全运行的任务。

根据“谁主管谁负责、谁运行谁负责、谁使用谁负责”的原则，信息中心在馆内迅速落实了世博会信息安全保障工作责任制。并积极布置落实责任，建立信息安全保障组织，做到领导到位、人员到位、责任到位、措施到位。信息中心还组织开展以本单位信息系统为重点的安全自查，进一步完善和落实各项信息安全制度、制定相应的技术防范措施并编制应急预案。为增强工作人员的信息安全意识，信息中心对部门工作人员进行了世博信息安全专题教育，并切实提高部门人员处理信息安全事故的能力。

信息中心还特别强化了本馆的信息系统尤其是网站的系统安全防护，多措并举、扎实有效地开展世博信息安全工作。比如上博网站是博物馆的对外窗口，因建设较早，因此难免会产生一些安全漏洞，为此，信息中心积极采取了针对性的整改措施，在世博开幕以前及时消除了安全隐患。在世博期间，信息中心更是抓好网站及信息系统的日常监测，强化管理，以确保信息系统安全可靠运行，确保不发生重大信息安全事故。由于信息中心在这次世博信息安全工作中措施得当，执行坚决，圆满完成了保障世博期间信息安全工作的任务，得到了宣传部领导的好评，获得了“宣传系统世博信息安全先进集体”的光荣称号。

【做好ICOM大会网站的运营工作】 2010年11月，国际博物馆协会（ICOM）代表大会在上海举办，由上海博物馆承办的该年会接待着来自世界各地的文博专家与学者，这也是上博今年的重点工作之一。为保证该会议的顺利进行，信息中心从很早就开始筹划该年会的网站建设，并在2010年正式上网运营，保证了会议报名工作的顺利进行。在运营后期虽然将管理任务交给了其他专业公司负责，但信息中心也没有放任不管，而是继续做好监督保障工作，提出了许多有益的建议，保证了网站的正常运营。

【进行内网交换机设备整体升级工作】 为使上博内网系统在技术上继续保持着领先与先进性，为信息化系统的更进一步推广和扩展打下坚实的基础。2010年信息中心开始在内网交换机核心层使用H3C公司采用当前最新技术生产的S7 510E高端多业务路由交换机，在汇聚层和关键接入层均采用H3C公司所生产的最新型的交换机设备。新设备的引入，使得上博内网系统在网络架构方面更加合理，效率更高，可靠性更强。通过系统改造实现了真正的双核心结构最大限度的保证了应用系统的可靠性。通过使用新的交换机设备，也使得内网整个数据链路的带宽有了大幅度的提升。

【开展藏品数据库新一轮升级改造工程】 上博藏品数据库是上博信息化体系中的重中之重，目前已拥有的文物数据资源总量为124 553件，基本涵盖了上博的所有重要的等级文物。但由于该数据库建设时间较早，随着业务的深入展开，原有的数据库在功能性、扩展性上已经不能适应业务需求。另外，整个系统经过了长期的运行服务，系统硬件设备也已经达到的使用极限，需要根据新的情况予以更新升级。本次升级改造的主要目标是将现在使用的Infomix数据库准确、完整地移植到Oracle数据库上，在此基础上根据上海博物馆藏品管理业务上的需要,对原有的藏品系统进行移植和升级,比如采取先进的编程思想,对原有模块进行升级和重构,包括:编目信息管理模块,保管信息管理模块,系统管理模块等;同时根据目前博物馆的业务要求增加诸如多媒体统计、多维赏析等全新模块,并加强系统中基础数据的业务审批流程功能以及在数字博物馆中的研究和展示功能;从页面展示效果上讲,升级改造后的藏品系统将支持多种类型的图片格式,设计图片对比和文物比对功能,使得数据展示效果更加鲜明,以便提高系统可用性和易用性。预计工程将在2011年6月全部完成。

(刘 健)

三、卫生信息化建设

【概况】 2010年,全市卫生系统圆满完成世博会通信保障任务;第二轮三年行动计划中的公共卫生信息系统建设项目(先期启动)顺利推进;基于市民电子健康档案的卫生信息化工程正式立项;完成"实现郊区540所村卫生室和145家社区卫生服务中心新型农村合作医疗实时报销"和"手机呼叫120实时定位系统"两项市政府实事项目。

【完成全市卫生系统世博会通信保障任务】 编制《上海市世博会筹办工作领导小组卫生组通信保障工作方案》,召开全市卫生系统世博通信保障工作动员暨布置会,加强全市卫生系统重要信息系统的应急预案编制和应急演练。经过全体卫生系统信息管理工作人员的共同努力,世博期间本市卫生系统无信息安全事故发生。

【第二轮三年行动计划中的公共卫生信息系统建设项目(先期启动)顺利推进】 妇幼卫生统计信息网络报告系统建设顺利推进。其中,基于市民电子健康档案的妇幼信息系统平台已于2010年12月下旬完成验收。"上海市婚检系统"和"死因信息网络报告系统"已投入运行。

【继续推进"基于居民电子健康档案的卫生信息化工程"】 "基于居民电子健康档案的卫生信息化工程"先期启动项目已于2010年8月20日获市发改委批准立项。10月25日,市政府办公厅下发《上海市人民政府办公厅关于成立上海市健康信息化工程指挥部的通知》,正式成立以沈晓明副市长为总指挥,市发改委、市卫生局、市经济信息化委、上海申康医院发展中心等部门负责人为副总指挥的健康信息化工程指挥部,以进一步加强本市健康信息化工程的建设工作。

【市政府实事项目顺利完成】 在2009年完成800所村卫生室实时结算的基础上,2010年又完成了540所村卫生室和145家社区卫生服务中心新农合实时结算工作。5月,"手机呼叫120实时定位系统"投入使用,该系统实现"打一查一"定位功能,提高急救受理效率。

(范启勇)

第三章 社区信息化

概 述

2010年，社区信息化建设充分发挥信息化在社区“三个中心”建设中的支撑作用，全市社区信息化应用不断深化，对社区服务与管理的促进作用日渐明显。在社区管理信息化方面，卢湾区社区信息化试点完成；虹口区完成行政事务综合管理系统(三期)建设，实现对社区事务的“前台一口受理，后台协同处理”；普陀区完成全区9个街镇的社区事务受理中心一门式服务平台建设。在社区公共服务信息化方面，长宁区推进有线电视数字化整体转换和下一代广播电视网(NGB)建设，金山区推进数字化社区卫生服务中心建设；社区服务网络平台形成由社区志愿服务网、社区公益招投标网与社区服务主网站组成的平台架构。截至2010年年底，社区服务网络平台新发布社区动态信息7万余条，累计发布基层社区报道55万余条，13个区的居委会基本信息近2 800条，社区公共服务信息7 300余条，社区志愿者信息30.6万条，社区服务单位信息9万余条。

一、社区管理信息化

卢湾区社区信息化试点项目基本完成。构建覆盖社区基础工作的信息系统，形成全区统一的社区工作三级联动架构；开发完成五里桥街道社区办公子系统项目；建成打浦街道世博安保GIS精细化管理系统，叠加300项数据库，实现志愿者分布的每日动态更新，居民区防范岗位、实有人口信息和重点人群的可视化管理和世博安保预案、通讯录的网上查询。推进实有人口计生信息管理系统一期、民政“三网合一”帮困系统一期、区市民求助中心网站改版等系统建设，实现了业务部门日常业务处理中对人口数据的查询统计及人口信息追踪，提高了日常工作中的分析预测能力，促进了信息资源整合和再利用工作。

虹口区依托实有人口基础数据库和行政事务综合管理系统平台，整合民政救助、廉租住房、劳动就业、医疗保险、“两个实有”、计划生育等数据，完成行政事务综合管理系统(三期)建设，实现对社区事务的“前台一口受理，后台协同处理”。

普陀区完成全区9个街镇的社区事务受理中心一门式服务平台建设，并在石泉街道开展一口式受理试点工作。

(陈可乐)

二、社区公共服务信息化

【社区信息服务系统建设(含社区服务网建设)】 在对上海社区服务网进行分析和论证的基础上，市社区服务中心对上海社区服务网站的结构和内容进行了重大调整。目前社区服务网络平台已形成社区志愿服务网、社区公益招投标网与社区服务主网站信息共享、互为补充、各有侧重的架构。在社区服务网中，将社区公共服务和生活服务信息以电子地图的形式直观呈现，体现出多图层组合、多类别查询、地理半径限定的便捷特点，方便居民快速查找。上海社区服务网现有社区地图、社区新闻、社区文摘、服务单位、居委之窗、安康通、生活百事、区县通道等板块。上海公益招投网现开设招投指南、公告、项目、信息、组织、智库及管理等栏目；上海社区志愿服务网是根据迎世博社区志愿服务工作需要所开展的，整合了社区志愿者注册、项目发布、招募、评估等功能，为社区志愿服务和活动提供了枢纽平台。

(方廉志)

第六编
城市建设管理领域信息化

动化系统包括局办公自动化系统、信息中心办公自动化系统、受理中心办公自动化系统和执法总队办公自动化系统。行政许可网上办事系统围绕“外网受理、内网流转、协同办公、电子监察”的目标，由原46项行政许可减少为37项。系统具有内外网受理、附件上传、协同办公、补证通知、集中受理、电子(签名)签章、送达回执、GIS上图、电子监察等功能。截至2010年12月底，累计受理水务行政审批事项2 403项(水利628项、供水440项、排水1 335项)，办结2 035项。

【水资源系统地方配套部分全面完成建设】 上海市水资源实时监控与管理信息系统初步实现信息汇聚整合、地图统一发布、监测实时共享和统计网上流转。作为“城市水资源实时监控和管理信息系统”的试点之一，上海市水资源实时监控与管理信息系统全面完成地方配套部分建设。系统注重信息资源的汇聚整合和共享应用，基于水务公共信息平台建立了“一个平台、一张地图”的水资源应用，并通过水务统一门户建立了多行业、多部门、多层面的统计网上流转支撑。

【基本完成“数字水务”一期工程】 基本完成包括水务数据中心、水务公共信息平台和三个应用系统(防汛保安决策支持系统、水资源管理信息系统、基于WebGIS的水务信息服务系统)建设。自2008年12月启动以来，已完成工程形象进度92%。完成初步设计报告编制并通过局内专家评审；完成实施方案、需求规格说明书和设计方案编制；完成软硬件采购和系统集成；完成水务数据中心和水务公共信息平台数据交换平台架构设计与搭建；完成数据监控平台框架构建；接入整合了21家单位29套系统的实时数据；完成基于WebGIS的水务信息服务系统建设。

【构建苏州河综合管理信息平台框架】 分三年建设的苏州河综合管理信息系统已同步开展了两个年度的任务，完成了政府采购公开招标，接入整合了堤防巡查、污水厂监测、下立交积水监测数据，收集了河道、工程设施及综合整治数据，开发了具有监测监控、基础管理、巡查监管和信息服务功能的平台框架。2010年预算项目苏州河综合管理信息平台于11月完成政府采购公开招标和合同签订，完成实施方案设计，完成负载均衡集成；接入整合了下立交道路积水实时数据，并实现与市排水公司、排水处等单位的数据共享和双向交互；工程形象进度达到40%。完成区域相关信息的综合分析、数据挖掘与集成发布技术准备。下一阶段将进一步接入和整合区域有关水务信息资源和管理资源，优化完善用户使用界面，完善综合管理数据库，开展相关数据规范的编制工作。

【水务公共信息平台为水务行业信息化应用提供更好支撑】 上海市水务信息中心不断完善基于ArcGIS的水务公共信息平台，不断深化“一张图”多目标任务综合应用，不断提升市水务专网版、市政务外网版、国际互联网版和移动版等个性化服务，并在国内同行业及上海市率先升级到ArcGIS 10.0版本。开发中应用了地图服务、REST、地图熔享、高速缓存、时空GIS、协同GIS等新技术，并总结出应用驱动、技术跟踪、资源整合、系统集成、站在巨人肩膀上应用开发等好的经验和做法，为后续项目建设提供了新起点。2003年至今，水务应用经历了从ArcIMS 3.0、ArcGIS 9.0、ArcGIS 9.3直至ArcGIS 10.0的艰辛历程，市水务信息中心掌握了核心技术并促进了项目管理和行业指导，锻炼出一批技管并重、独挡一面的复合型人才，获得了多项科技成果和不断攀升的网站访问量。

【优化升级“上海水务”门户网站】 对上海水务网站界面进行了页面改版，提升了页面的个性化和便捷性。应用WebGIS技术完善了具有显著特色的“便民信息”栏目，丰富了信息内容和表现方式，简化了系统运维成本。基于Silverlight运用富互联网应用等技术，台风路径图实现了基于谷歌地图、ESRI地图的熔享，实现了卫星云图、雷达云图的解析和叠加。开发了网站页面统计模块。在网站安全方面，完成了网页访问监控审计系统安装。2010年网站共发布动态信息3 066条，其中采编并发布动态新闻1 361条，公示公告26条。全年上报“中国上海”门户网站动态新闻727条，被采用561条，采用率达77%，在全市47家委办局中排名第13，报送市建委网站183条。网站互动平台信箱全年共收到信件数310件，其中“局长信箱”95件，“网上投诉”71件，“网上咨询”144件，处理率达100%，并及时选取典型案例，在注意保护当事人隐私的基础上在外网上发布反馈信息，并且每月月初向“中国上海”门户网站报送互动平台信箱运行情况和案例反馈情况。紧紧围绕迎世博、防汛防台、世界水日等重点工作和关注热点，制作并更新相关专题，包括世博与水、上海市水务局2010年工作会议、2010年“世界水日”“中国水周”、水务海洋“十二五”规划大讨论、关注2010年7号台风“圆规”等7个专题。

【建成水务信息设施运维管理平台】作为标准化、规范化、精细化管理的工具和助手，水务信息设施运维管理平台通过一体化的网络管理策略和技术手段，实现了对政府行业信息化办公网络设备、服务器及应用的整体监测；通过对网络设备、服务器、系统、应用进行统一的数据采集和分析，实现了对政府行业信息化办公网络和信息系统的综合管理和安全管理，成为IT运维管理制度、规范标准、基础信息的承载体，使业务流程、操作规范、应急响应等管理要素实现"制度落地"。平台的建成有效克服了政府部门传统IT运维管理活动中信息分散和过于依赖个体的不确定性，将所有与运维相关的活动纳入一个统一、规范的轨道，实现了IT资源信息、业务流程和技术标准的统一。

【构建供水行业管理信息化平台】完成国家863项目《重大环境污染事件应急技术系统研究开发与应用示范专项》针对黄浦江移动风险源建立集预警预报、应急处置、分析决策于一体的信息化指挥平台的初步设计方案；完成供水管网GIS系统和管网建模，开发建设应急预警信息平台；在各供水企业新增和改造24个通信站点，为供水服务提供信息保障；《上海市郊区（县）供水调度监测系统》完成青浦、崇明自来水公司与供水调度监测中心调度信息系统的互连互通，实现供水信息行业全覆盖的建设目标；开展《供水管理信息系统（二期）》信息分类与编码标准编制；开展深井采灌远程监测系统建设；开发完成供水处电子政务系统二期（行政许可及OA改造项目）并通过评审；供水处《自来水计划用水管理信息系统》和《水资源征收管理信息系统（表务管理）》顺利通过信息安全测评认证中心的安全等级测评。

【推进排水行业信息化建设和应用】推进排水行业数据库和管理系统三期防汛排水数字化预案的建设，包括积水信息上报系统、短信发布平台、值班系统、防汛移动泵车GPS调度系统等。升级完善了排水行业数据库中的排水设施管理、排水规划管理、数据维护等子系统。完成养护报表上报系统并投入使用。组织实施了下立交积水自动监测系统建设，完成西藏北路、广中路、四平路等34个主要干道下立交（地道）和世博园区3个积水监测站设备安装建设，达到实时反映下立交（地道）内道路积水情况的目标，使市防汛指挥部及时掌握积水情况并做出精确的防汛调度与处置方案。

【提升堤防泵闸设施管理信息化水平】完善了项目管理模块；完成了基础数据库和GIS系统升级；完成了门户网站改版并通过安全测评；新建了车墩仓库自动化系统和物资管理模块、车载导航系统以及处理应用系统一次身份验证平台；启动了设施管理系统手机客户端软件开发。按照市管堤防、泵站的分布情况和通信需求，在管理范围内建设主干通信网络，已基本完成苏州河和黄浦江约172公里通信主干网络。完成了奉贤段、徐汇段潮拍门自动检测系统。完成了苏州河中心城区堤防安全监测系统。

【水务执法管理系统建设取得新进展】完成了排水执法档案及空间信息的采集入库，以及统一CA身份认证和多级分层授权，建设了绩效考核模块；完善了供水、排水行业的GIS辅助执法管理和水利、供水、排水三大行业的系统整合工作；完成了数字签章系统的建设；完善OA系统，逐步实现举报处理、公文办理等的网上流转。

【完善水文数据库】配合上海市信息安全测评认证中心完成了国家水文数据库信息系统和水情遥测系统的安全测评工作，并通过了市信息系统安全测评的二级保护测评。开发了相关预报软件和服务平台，完成了国家水文数据库中央节点（一期）数据建设工作，包括2个国家重要水文站的全部水文数据、全库目录索引以及补充完善后的全市水文测站一览表。完成了2009年度全市水文整编资料的装载入国家水文数据库工作，水文预测预报能力有了较大提高。

【完成水务项目评估协作平台建设】上海市水务规划设计研究院完成了水务项目评估协作平台的开通运行、项目管理系统的调研及软件开发商的确认、局域网服务系统的升级改造、数字地图拼图程序的优化完善等工作。

【市水务信息中心荣获全国水利技术监督先进集体】2010年11月16日，全国水利技术监督工作会议在北京召开，上海市水务信息中心荣获全国水利技术监督先进集体。近年来，市水务信息中心认真学习贯彻国家标准化、计量、认证认可和质量方面的法律法规和方针政策，为技术监督工作的开展创造良好条件、营造良好氛围。标准先行，面向应用，编制了分类与编码、数据属性定义、图式符号、元数据、河流（湖泊）编码等的水务信息管理标准体系；围绕职能，强化管理，编制了信息系统建设与运行管理办法、水务行业基础数据库及其管理系统建设导则、信息资源目录体系、网络与信息设施运行维护服务管理规范、电子政务系统权限管理规范、水资源信息统计报表规范等；加强培训，注重实效，多次举办贯标培训班，在水务系统进行了推广应用。应用水务信息标准开发的各类信息系统，在防汛减灾、水资源管理、万河整治、行政许可等领域初步发挥了社会效益和经济效益，成果形成4项地方标准。

（周　凡　蓝　岚）

二、环境保护

2010年，环保信息化建设紧密围绕上海市环境保护中心工作，力争做好两个转变：从环境管理业务工作与环境信息化脱节分离，向环境管理业务和环境信息化有机融合转变；从各业务板块自成系统向整体推进和业务协同转变。上海市环境保护局积极谋划未来五年上海环境管理信息化发展格局，以制订《上海市环境保护信息化“十二五”规划》为基础，以全面实施信息化建设为重点，推进环境保护电子政务和业务应用系统建设，提高信息服务质量和应用效能，并在此基础上全面整合、广泛共享和充分利用环境信息资源，提升环境保护监管体系的信息化水平。同时，上海市环境保护局还重点加强了重要信息系统的安全保障工作，确保世博期间环保局网络信息系统安全可靠运行。

（孙　瑛）

【编制《上海市环保信息化“十二五”规划》】 为规范上海市环保信息化建设工作发展方向及有序推进这一工作，市环保局制订了《上海市环境保护局信息化“十二五”规划》（以下简称“规划”）。规划依据《国家环境保护“十二五”规划要求》、《上海市电子政务“十二五”规划》、《上海市环境保护与生态建设“十二五”规划》、《上海市环境保护信息化三年行动计划（2009—2011）》等指导性文件，结合市环保局信息化建设现状及行业发展的特点和要求，在“环保信息化三年行动计划”确定的“一中心（数据中心）、二平台（综合业务平台和公众服务平台）、三应用（环境质量综合管理应用、污染源综合管理应用和环境政务综合管理应用）”的信息化建设总体框架基础上，以实现业务多元开放、管理精确定量、职能主动服务、决策科学智能为目标，以建设智慧环保为重点，以深化资源整合和综合分析利用、强化行政执法和社会化综合服务为主要任务，利用新技术、新思维，持续推进信息化在监测、监察、监管及固废、辐射、生态、应急等各领域的应用，全面促进市区两级环保信息化均衡发展，为实现“后世博”节能减排目标提供信息技术支持。

【环保建设项目网上审批系统日臻完善】 根据上海市委、市政府关于建设“服务政府、责任政府、法治政府和廉洁政府”的目标要求，2010年，市环保局大力推进环保建设项目网上审批工作，以稳定运行已有7年的建设项目审批系统为抓手，通过优化完善业务流程，进一步加强审批工作的规范化；通过在线服务，提升公众服务效能；通过协同办公和参与并联审批，提高行政工作效率。

优化业务流程方面，依据机构设置和部门职能变化，将一般建设项目审批和辐射类建设项目审批进行分离，保障了各自工作的独立性和完整性；建立环评专家库，加强对环评专家的动态管理，以规范环评市场行为；同时拓展环评机构等级评定功能，依据环评机构登记评定办法，实现对全市31家环评机构环评行为的实时跟踪监管和评估。在线服务方面，实现了服务引导、环评和试生产的预受理、环评报告书和审批结果公示、审批状态和结果查询、专家评审意见在线填报、审批结果通知和试生产到期提醒短信发送等功能，公众反映良好。协同办公和参与并联审批方面，实现市区两级审批联动和信息共享，并参与市发改委固定资产投资项目的并联审批以及与市法人库信息共享等工作。

【环保政务外网短信平台建成使用】 为进一步拓展环保管理部门内部沟通及对外公众服务渠道，市环保局充分利用信息化共享资源，依托市政府统一短信平台构建了上海市环保政务外网短信平台。平台具有多种服务功能，在设计上更着眼于实用性和便捷性。使用者可以进行短信批量群发，月发送量可达40 000条，最大并发接受用户可达到50 000个；可自由设置发送时间，完成定时发送工作；能自定义短信模板和保存操作，节约用户操作时间，提高工作效率；提供反馈消息管理功能，可对收到的反馈消息进行汇总统计，还提供了短信审核流程控制功能，发送责任明确，确保了短信内容的审核与监管。平台还可以广泛应用于环保管理工作的各个方面，包括市局各类会议通知、会议工作提醒、日常空气质量预报发布、秸秆焚烧警服以及节日问候等。2010年,市环保局建设项目审批工作的批文通知、试生产到期提醒等多项为公众提供的服务已有效使用政务外网短信平台功能,平台运行情况稳定。

(王 勤)

【上海市环境保护信息系统安全保障工作】 针对上海市环境保护局重要信息系统,2010年上海市环保局重点工作着眼于安全保障运行,特别是"上海环境"政府网站,在上海市网络安全办公室以及网络安全测评中心的指导下,上海市环境保护信息中心制订了包括物理安全、网络安全、系统安全、应用系统安全和运行安全等在内的具体安全管理要求,并开展相应的风险分析和安全性评估等风险管理,增加了网站内容监控等设备,安全体系得到加强。按照有关要求,2010年9月开展了"上海环境"政府网站应急演练等工作,保障了信息系统稳定运行。

2010年4—10月,根据上海市国家保密局等有关单位的要求,上海市环境保护信息中心每月对市环保局机关用户计算机进行安全保密检查,防范病毒、木马的入侵,规范移动介质的使用,确保信息安全管理。另外,指导市环保局直属单位进行安全制度的建设与管理,并对相关单位进行信息系统安全检查。同时,市环保局为适应机构工作调整的需要,对原弱电网络系统进行改造扩容。环保局所在的办公区域共增加信息点200个,铺设线缆11 400米,保障了办公人员基本的上网条件,实现了每个环保局工作人员均能在市政务外网平台办公的目标,为构建市环保局政务外网协同工作平台铺平道路。

【"上海环境"网站服务于上海世博】 为保障世博期间的环境空气质量,市环保局着力加强对工地、堆场及渣土运输的扬尘污染、秸秆露天焚烧控制,大力推行绿色出行活动,并开展了长三角区域大气污染联防联控工作,建立了区域环境空气质量预测预报和应急保障体系,并及时通过"上海环境"网站对外发布。主要工作包括:

配合环境综合整治,及时发布管理政策。市环保局对全市18个区县进行了全面巡查,江浙两省也同步对钢铁、化工、建材、船舶等行业进行了全面整治,"上海环境"网站及时对管理措施、实施方案进行公布,如《上海市加油站系统油气回收治理支持政策实施方案》,并整合相关信息,提供网站支持。如加油站改造施工申请表下载服务;每月公布加油站改造施工名单,提醒市民改道加油;并对按时完成加油站或油罐车油气回收治理任务的企业予以奖励前公示,接受社会监督和举报等。

提供信息查询服务,加强机动车污染控制。2010年,长三角区域内主要城市逐步推行机动车分类标志管理制度,自3月开始,要求进入世博核心区的外省市车辆获得国家机动车绿色标志,上海市环保部门在进沪的主要道口和世博园区周边的专用停车场开展了机动车"冒黑烟"检测工作,配合此项工作,"上海环境"网站提供机动车"国三"以及"国四"标准车型目录查询服务,以明示、晓喻广大市民和社会各界。

发布遥感信息日报,控制农田秸秆焚烧。秸秆焚烧是造成区域空气污染的元凶,控制秸秆焚烧是长三角区域世博会空气质量保障措施的一大重点。江浙沪两省一市的环保、农业部门遵循疏堵结合、奖惩共济、政府引导、市场运作原则,充分采取因地制宜的措施,推进秸秆禁烧工作。"上海环境"网站及时发布国家环保部秸秆焚烧卫星遥感信息日报数据,提醒各有关部门对发现的火点及时采取有效措施。网站发布机制对此项工作起到提醒、监督之责。

建立区域共享会商平台,开展联合监测预报。在环保部牵头协调下,长三角区域联合制定发布了"世博会期间长三角区域空气质量联动监测方案",由上海、南京、苏州、连云港、南通、杭州、宁波、嘉兴和舟山共9个城市的53个空气质量自动监测站组成长三角区域环境空气自动监测网络,"上海环境"网站及时跟进开设了"2010年上海世博会环境空气质量专栏",发布世博园区空气质量小时报,以及长三角部分城市的空气质量日报。

(刘 敏)

三、民 防

【全力以赴,精心组织做好世博安保工作】 上海世博会举办期间,根据上海市民防办公室(以下简称"市民防办")承担的世博安保工作任务,负责车载系留气球监测系统运行保障和民防应急指挥通信保障两大任务。

加强领导，精心准备。世博会前，组织对民防指挥中心、固定指挥所、机动指挥所以及相关通信信息要素进行了全面大检查和检修检测，使各系统和要素处于完好工作状态，真正做到应急情况下能“开得通、联得上、叫得应、看得着”。根据上级下达的世博安保信息资源共享的保障要求，组织研究制定了市民防指挥中心系统升级，实现了世博园区车载系留气球作业现场与世博主运行指挥部、世博运营中心指挥部、民防指挥中心和交通局等重要部门互联互通。

制定计划，严格制度。根据保障任务，制订了“世博会期间民防应急指挥通信和车载系留气球监测系统运行保障实施计划”，对任务进行了分解和分工。按照市民防办世博会期间值班备勤的时间表，从2010年4月16日至11月15日在民防指挥中心和世博园区车载系留气球现场建立了24小时值班备勤制度，成立了两支保障分队，严格按照世博安保等级和安保要求履行岗位职责。

园区保障，安全圆满。车载系留气球监测系统世博期间负责为世博运营指挥中心提供园区大视场高清实时监控图像的保障。于2010年3月底前完成了车载系留气球监测系统作业场地和值班用房的配套建设。3月30日夜间，车载系留气球监测系统进驻上海世博园区作业场地，4月6日组织了在园区的第一次升放作业和系统调试，4月底完成了车载系留气球监测系统的试运行，试运行期间针对可能发生的各种复杂突发情况，编制了详细的应急预案，并进行了模拟演练。7月23日，监测值勤人员对发生在世博园区和卢浦大桥的异常突发情况进行实时监控跟踪和录像，并将有关信息迅速提供给世博园区运行指挥中心，为领导能够在第一时间掌握园区现场情况研究并制订应急处置措施提供了及时保障。10月，世博会进入大客流和超大客流接待阶段，10月15日晚接到世博园区运行指挥中心的指令，要求16、17日早上提前到6时30分给予保障。保障分队立即将情况及时通告空管部门并积极做好充分准备，保证了这两天早上6时30分系留气球升空准时给予保障，将园区16日103.27万和17日74.49万超大客流情况下的现场监测视频图像及时提供给指挥中心。据统计，世博会期间共执行放飞任务67次，滞空保障时间累积221个小时。还根据世博局活动部请求为日本馆和波兰馆的开馆巡游活动提供了氦气保障，保障了两个国家巡游活动的顺利举办。

应急保障，及时有效。为世博会主运行指挥部交通组现场应急指挥提供机动指挥所保障是又一项重要任务。根据交通组要求，市民防办先后出动市民防机动指挥车6次，配合交通指挥中心承担了对世博园相关出入口的人流和车流进行实时监测和指挥控制的现场保障任务。2010年5月，市民防机动指挥车保障分队先后赴世博马当路出入口和后滩出入口配合交港局指挥中心开设现场临时指挥场所，并向主运行指挥部和交港局指挥中心及时提供了现场卫星图像。为了应对世博园超大客流出现的复杂情况，根据交通组的部署，10月22日至24日市民防机动指挥车又连续3天奔赴世博园后滩出入口，为指挥部领导现场指挥提供保障服务。在开设现场指挥部期间，上海市副市长沈骏曾先后3次蹬车进行现场组织指挥，民防机动指挥车的功能和保障得到了领导的充分肯定和表扬。

【完成演练任务】 根据国务院应急办关于组织开展移动应急平台报送现场图像信息演练的通知，2010年4月23日，上海市应急办组织了本市移动应急平台报送现场图像信息演练，根据演练要求先后3次出动机动指挥车赴铁路上海站、G50高速公路徐泾收费口、世博园区马当路出入口，将卫星图像通过市民防指挥中心传输到市政府应急指挥室，完成了将现场图像通过市政府信息中心报送到国务院应急办的演练任务。另外，还完成了由市民防办组织的市带区县民防机动指挥所应急开设演练的技术保障。通过卫星通信网建立了市民防指挥中心与各区县固定指挥所、机动指挥所之间的卫星信道。

【民防地下空间信息系统建设】 包括：地下工程视频监控系统。突击完成了世博场馆周边市属民防工程世博园区地下车库和董家渡地下车库监视系统联网建设，将地下工程的视频监控图像及时接入市民防总值班室；地下空间网格化管理信息系统试点建设。依托市网格化管理平台，在宝山区民防办完成试点工作，系统于2010年8月通过市民防办组织的验收，并已投入正式运行；上海市地下空间综合管理信息系统建设。完成一期平台系统的整体迁移，将平台系统整体迁移至政务外网。在对一期数据库结构进行梳理整合的基础上实施二期数据库建设。系统由建设初期仅能满足地下工程普查汇总的功能，逐步向满足地下空间综合管理需求转变，2010年10月正式在全市联网运行，12月完成了二期建设验收。制定完成了由六个子系统组成的系统总体框架建设需求方案，并在此基础上启动了三期建设。

【人防应急指挥应用软件建设】 2010年，实施了应急避险与疏散场所信息库二期建设，已完成三个区的试点建设，达到了预期目标，计划于2011年上半年完成二期建设。

【电子政务及政府信息公开建设】1. 网站工作。做好民防网站和公务网站日常信息更新与网站维护管理工作。截至 2010 年 12 月 21 日，上网信息达 2 398 条；及时按要求向中国上海门户网站上报信息 335 条，被采用 257 条；处理了咨询、投诉和领导信箱 245 件；网站首页访问量达 634 555 次，页面浏览量 达 7 207 111 次。同时，增设"民防新闻发布"和 2010 年市政府实事项目——"配发家庭应急包及开展相关培训试点工作"的二级栏目；开设"民防建设'十二五'规划网上意见建议征集"专栏、"上海市民防办公室世博会主题"专栏、全民国防教育日民防集中宣传周专栏和庆祝人民防空创立 60 周年专栏。另外，还根据市网安办要求，在世博会召开之前安装了"网页访问监控审计系统"设备，确保了门户网站的信息安全保密工作。

2. 民防行政审批管理系统。市民防办组织了 8 个区县的审批软件运行使用的检查和调研工作，并对 2010 年上半年新增的重要功能进行现场培训。根据检查和调研情况改进和完善了部分功能。同时，做好系统日常维护管理工作和每天政务外网与外网之间审批数据交换工作。

3. 办公自动化。2010 年 5 月 1 日，新版办公自动化系统正式运行。办公自动化系统的登录方式升级为数字证书认证方式。按照市网安办等部门的要求加强网络安全防范工作，确保世博会期间的网络安全。完成了市民防办信息安全应急预案的编制，按预案要求完成了两次针对性演练，从而确保了整个世博会期间市民防办网络信息安全工作达到了预期目的。

（陈奕平）

四、港口交通

【公交客运信息化建设】2010 年，中国电子科技集团公司第五十研究所研发的公交企业精细管理信息系统通过数据融合技术，根据需要接入公交各企业现有的系统数据，采用射频识别技术读取车辆运营数据生成车辆电子路单数据，能够自动、快速、准确采集公交车辆运行信息，实现公交企业各部门各类信息最大限度地相互共享、交换、集成和再利用；上海长途客运联网售票平台升级改造完成，并在全市主要客运站完成部署工作；上海市城市交通运输管理处、公安部第三研究所、上海公用事业自动化工程有限公司共同参与的"基于远距离 RFID 技术的城市交通电子证件适用技术研究与示范"项目通过验收。项目开展了基于远距离 RFID 技术在公交行业和出租行业的应用研究和示范，实现了营运公交车辆在进出场站的监控管理，以及出租行业车辆和驾驶员电子身份的有效识别。同时，课题组还起草了"基于远距离 RFID 的营运车辆电子证照"的技术规范建议。

【大型停车场管理软件投入使用】由上海市计算技术研究所承担的"基于 RFID 技术的大型停车场管理软件"项目基于 SOA 理念设计的系统框架，采用 RFID 技术，创新运用了分布信息化车位管理和 GIS 实时监控技术，可在 GIS 地图显示车位实时信息，系统地解决大型停车场寻车位难 / 寻车辆难的现实问题。该项目成果已在淞虹路 P+R 停车场投入正式使用。

【上海市机动车辆保险理赔信息服务系统上线运行】系统在现行上海市机动车辆联合信息平台运作模式下，通过整合行业内外数据资源，采用科技化、信息化、制度化的方法实现理赔数据实时对接，确保车险理赔流程中数据真实、定损准确、格式完整、交换及时，为经营车险业务的各保险公司提供全方位的理赔信息服务，并实现了对车险理赔的全流程监控。

【新一代自助式加油站】由上海亚太计算机信息系统有限公司研制的"新一代自助式加油站"，是集自助加油、远程监控、自动报警、安全、环保为一体的新一代智能化加油机。通过自助式加油站交易、自助充值、查询统计分析决策、基于 GPS/GIS 无线通信的运维管理等系统功能的实现，将会使国内的加油模式逐步由人工模式转向自助模式。

【工程车辆监控管理系统】由上海大潮电子技术有限公司承担建设的基于 CAN 总线的工程车辆监控管理系统平台，主要功能包含远程故障诊断和预警、机内状态数据监控和统计、工程数据智能专家分析和车辆客户服务、车辆配件管理等功能，实现了 CAN 通讯的智能识别技术、应用层协议中的数据远程动态挖掘技术和远程动态协议配置技术，将有效解决当前 CAN 技术领域由于复

重点区域累计发现案件70 496件，及时处置案件68 913件，及时处置率达到97.75%。

【绿化林业专业网格化系统全面建成】 在2009年完成的绿化专业网格化系统工程试点建设的基础上，2010年结合世博保障项目，开发完成了上海崇明东滩湿地视频监控系统、上海共青森林公园、上海植物园的视频监控系统建设和上海各区县处置平台建设及终端应用系统的建设；开发完成了林业病虫害监测管理系统、野生动植物资源保护管理系统和行政审批后监管系统；完善了绿化行业网格化管理各级平台功能；完成了所有绿化设施基础部件、事件和专业部件、专业事件（状况）和野生动植物数据调查，并实现系统应用覆盖上海市的绿化管理，以满足全市绿化的监管需求，从而初步构建了绿化行业全覆盖、全过程、全时段的行业网格化管理系统。通过绿化和市容专业网格化系统的建设运行，进一步完善和深化了绿化和林业网格化管理的发现机制和处置机制，提高了有害生物和野生动物的监测和监督能力，大大提升了市区二级绿化和市容管理部门的协同管理能力。

【城管综合执法信息化系统建设完成】 为利用信息化手段在上海市城管行业中加强综合整治管理、夯实基础、提高上海市城管执法工作水平，围绕世博会期间上海市城市管理的整体要求，2010年建设完成了"城管综合执法信息化系统"。依托上海市政务外网，实现从上海市城市管理执法局到全市各区县城管执法大队和分队的网络连接，建立覆盖全市的城管综合执法、案件上报、处理、勤务数据采集网络。通过信息资源整合，形成覆盖全市城管执法范围的执法勤务、执法处置、执法效能督察的全过程信息化管理。

【建筑垃圾和工程渣土处置管理系统建设完成】 上海市建筑垃圾和工程渣土处置管理系统采用集中建设和集中管理的模式，整合了原有渣土申报平台、车辆监管平台的功能，增加了卸点付费系统。利用RFID电子标签技术，结合渣土运输单位、车辆、建筑工地出土、渣土回填点（卸点）的申报、受理、审批、发证、监管等步骤，进行了统一管理，实现了建筑垃圾的全过程监管，构建了一个建筑垃圾和工程渣土处置管理的信息化综合平台。

【生活垃圾物流调度信息管理系统建设完成】 2010年，开发建设了上海市生活垃圾物流调度信息系统。系统可通过生活垃圾各称重点的称重数据实时上传接入及处置场所的日报表上报，形成生活垃圾物流调度模型，即最小垃圾量模型、最小物流量模型、最优经济模型，从而为上海市生活垃圾物流调度提供技术支撑平台。

【绿化和市容视频监控GIS系统建设完成】 随着城市电子监控系统的逐步完善，实时视频信息已成为现场数据采集、突发事件指挥决策的重要资源。利用GIS技术对视频进行监控，为视频信息的查询和显示提供了共享平台。为确保世博会期间城市管理突发事件现场视频的实时调用，利用上海市绿化市容三维GIS系统平台基础，通过对行业视频资源以及上海市其他行业公共视频监测资源的共享，在GIS系统中实现了现有视频监控资源的查询、视频的实时调用、信息发布、资源维护等功能。系统在世博应急保障期间，为领导远程指挥、监控提供了现场图像和实时位置信息，为应急指挥提供了直观的辅助信息。

【绿化和市容投诉受理系统平台成功整合】 投诉受理系统是绿化市容行业日常处理投诉受理事件的业务管理系统。绿化和市容行政受理事务种类多、数量大，为使投诉受理、处理、反馈效率进一步提高以及综合统计分析更加便捷，确保世博会期间绿化和市容行业应急事件的及时、高效处置，2010年在整合原绿化投诉系统和市容投诉系统的基础上，整合开发了绿化和市容投诉受理系统平台。通过这个系统平台，城市管理中各类投诉数据的采集和统计更为全面、准确、及时，为分析决策提供了业务信息源。同时，管理平台中完善的信息跟踪和信息督办流程，也为领导层监管提供了更好的保障。

【辰山植物园数字化建设项目顺利完成】 通过上海辰山植物园的数字化建设，建立了园区的智能化管理系统、办公自动化系统和植物信息管理系统，实现了植物资源基础数据管理的数字化，植物园基础数据采集和管理的规范化，以及园区管理的智能化。辰山植物园的数字化建设，为上海市数字化公园建设提供了很好的示范。

【绿化林业遥感解译工作顺利进行】 至2010年，上海市绿化林业遥感解译工作已进行了五年。通过2010年的绿化林地遥感解译工作，客观掌握了全市绿化林地覆盖面积、覆盖率等总体情况。同时，通过遥感解译工作，获得了各区县绿化林地分布图、各类绿地林地面积汇总统计数据、新增减少绿地林地2009年和2010年的对比图及列表等数据资料，为绿化林业数据更新、林木绿化率的考核提供了较准确的数据依据。

【开展门户网站建设与维护工作】 按照中国上海门户卓越网站标准的要求，上海市绿化和市容管理局启动了2010年门户网站改版工作。通过改版方案的起草、论证、首页面的设计等一系列工作，重点对网上办事栏目进行了功能提升和优化，实现了36项行政审批事项在线直接办理。

【加强队伍建设，完善计算机网络系统】 2010年，为了更好地迎博办博，上海市绿化和市容管理局在技术、人员、制度等多方面加强了管理，力求以最佳的服务保障世博。人员管理方面，组建了全行业多层次的人员队伍网络，实行逐一培训、逐级管理的方式，保证各个环节都有信息化骨干人员进行突发事件的处置。在计算机网络技术保障方面，采用了双机热备，对于突发故障及时热切换到备份设备，并设专人监控状态，保证正常运行；网络环境采取双链路备份，应用系统采用虚拟机技术进行主副备份。制度保障方面，建立了多项网络和信息保障制度，使管理条线延伸至底层职能部门，并落实到人，为各应用系统正常运行提高了保障，同时，要求各区县管理部门和本局直属单位结合各自情况，制定各单位在世博期间网络信息系统保障应急预案，确保全行业网络和信息达到"平安世博"的要求。

（市绿化和市容管理局）

第七编
信息安全

综 述

2010 年，是“十一五”收官之年，也是“世博年”。在市委、市政府的领导关心下，本市信息安全保障体系建设得到进一步完善，信息安全服务水平已能基本符合和适应上海特大型城市的实际需求，并经受住了 2010 年上海世博会网络与信息安全保障工作的严峻考验。全市信息安全态势总体平稳可控，未发生一起重大信息安全事故。

随着城市各方面对信息化依赖程度的日益提高，信息安全保障工作已与城市正常运转密不可分，成为保障经济又好又快发展、服务产业结构调整升级的重要支柱。2010 年，围绕保障世博会网络与信息安全和保障全市基础网络和重要信息系统安全稳定运行两项目标，根据《上海市信息安全“十一五”专项规划》和《上海市迎世博信息安全保障两年行动计划》，上海进一步加强信息安全保障体系建设，有针对性地开展世博会信息安全防范和应急工作，确保各项工作能落实到位。在全市各方面的共同努力下，顺利完成“十二五”各项任务和世博信息安全保障工作任务。

2010 年上海世博会信息安全保障工作成效显著，在工业和信息化部等国家相关部委和上海市委、市政府的直接指挥下，上海市网络与信息安全协调小组办公室（以下简称“市网安办”）协调本市公安、保密、密码等相关单位和行业主管部门开展信息安全保障和处置工作，在整个世博会期间未发生一起重大信息安全和失泄密事件，没有因信息安全问题影响世博运营，整个城域网安全态势总体可控。

信息安全协调管理机制不断完善，市网安办协调公安、保密、密码、信息化等主管部门，在各行业主管部门的配合下，有效开展了等级保护、应急演练、保密和密码管理等具体工作。一、信息系统信息安全等级保护工作不断深化，完成了本市重要信息系统的定级备案和调整工作，落实了三级和三级以上重要信息系统安全测评及整改。二、政府信息系统安全检查工作有序推进，形成制度化、常态化的一项工作。三、信息安全监测预警和应急处置工作深化落实。世博会前，全市信息安全重点单位完成了两次以上的信息安全应急演练工作，并针对重点网站等互联网业务系统开展了渗透性检测等安全检测。四、密码管理和信息安全保密工作也得到了进一步落实，全市未发生重大失泄密事件。

本市信息安全产业呈现出良性发展格局，并为全市及世博会信息安全保障工作的落实发挥了重要作用。入驻国家信息安全成果产业化（东部）基地的企事业单位规模、能力都得到了进一步提高，产业带动集聚和区域辐射效应进一步加大。同时，信息安全竞赛和全民信息安全教育工作得到有力落实，市民信息安全意识进一步提高。

（吴 昊）

第一章 信息安全管理

概 述

按照国家对信息安全保障工作的总体部署，在上海市委、市政府的领导下，市网安办组织协调本市公安、保密、密码、信息化、通信管理等多部门密切协同、有效配合，推动了本市信息安全保障体系的建设，对世博会信息安全保障工作进行了针对性部署并加以落实。根据《上海市信息安全"十一五"专项规划》中保障世博的具体目标，以及艾宝俊副市长在世博会信息安全专家咨询会上"要全力以赴做好世博会信息安全保障工作"的具体指示精神，全市信息安全工作以上海世博会信息安全保障为中心，同时抓好"十二五"信息安全规划、重要信息系统安全监管、应急管理体系建设、网络信任体系建设等重点工作的落实。在确保世博会信息安全的同时，完成了既定工作目标，保持了本市基础网络和重要信息系统的安全稳定运行，使本市未发生重大信息安全事故。

一、组织建设

【领导管理体制】 上海市网络与信息安全协调小组（以下简称"市网安小组"）作为全市信息安全保障工作的决策协调机构，在市国民经济和社会信息化领导小组的统一部署和领导下，对全市信息安全相关机构的设置、安全管理制度的建立、跨部门专项任务部署以及信息安全重大项目的投资等方面发挥领导决策作用，综合协调本市信息安全保障工作。市网安小组下设办公室，作为市网安小组的常设办事机构，设在市经济信息化委，具体承担全市信息安全的组织协调和管理工作，以及市网安小组交办的各项任务。2010年以来，市网安办积极开展2010年上海世博会信息安全保障工作的组织和协调，并负责组建了上海世博会主运行指挥部网络通信组信息安全工作部。上海市互联网舆论宣传领导小组下设办公室（以下简称"市网宣办"），设在市委宣传部，作为常设机构承担日常工作，是上海舆论宣传工作的统筹协调机构。

在网安、网宣两个平台协同管理的基础上，各信息安全相关部门密切协作，落实信息安全责任制，完善日常信息安全监管工作，有效实施本市信息安全各项工作。

【功能性机构建设】 上海市主要建有以下信息安全功能性机构和基础设施，为政府部门、企事业单位和社会公众提供服务。

上海市电子商务密钥管理中心 隶属于上海市国家密码管理委员会办公室，其主要职责是配合上海市数字证书认证中心有限公司进行工作，在政务外网、电子商务等网络服务中为用户提供密钥和加密技术，保证重要信息的安全保密。

上海市数字证书认证中心有限公司 按照政府指导、市场化运作的方式成立的第三方电子认证服务机构，主要负责构建全市性的数字证书认证服务平台，向政府、企事业单位和市民提供数字证书认证服务，推广数字证书应用，为构建统一的网络信任体系发挥基础性作用。

上海市信息安全测评认证中心 隶属于上海市经济和信息化委员会，主要业务包括信息安全产品测评、信息系统（网络）测评、计算机信息系统集成企业资质（三、四级）认证、信息系统安全方案评审和提供相关技术支持、咨询服务、技术开发和测试实验环境等。

上海市计算机病毒防范服务中心 隶属于上海市经济和信息化委员会，主要职责包括组织开展信息安全和计算机病毒防范服务工作，组织开展信息安全和计算机病毒防范技术的研发工作，组织开展信息安全知识的宣传、培训工作，协同建立信息安全防范体系工作，协调管理"9682000"信息化服务热线的运作等。

上海市信息安全行业协会 由上海地区从事信息安全产品研发、制造、经营和服务的企业和其他相关企事业单位按自愿、平等的原则组成，提供咨询和中介服务，组织调研、交流、合作、培训，开展会展、编辑出版以及政府

第二章 信息安全服务

概 述

为更好地提升本市信息安全服务能力，更快适应上海作为特大型城市的信息安全保障需求，并做好世博会信息保障工作，2010年本市相关主管部门、企事业单位共同积极努力，进一步完善了城域网网络和信息安全监测预警服务功能，并整合各方预警资源，提升预警处置能力；加强了计算机病毒预报及处置、电子证据鉴定等相关工作，全年为市民提供社会化的信息安全服务；推动本市已备案的信息系统，加强系统安全测评及风险评估；进一步夯实了全市统一的网络信任体系建设，形成了涵盖全市电子政务、电子商务的电子认证体系。在今年的世博会信息安全保障工作过程中，众多信息安全服务机构为相关基础网络和重要信息系统的信息安全保障工作提供了高质量的安全服务，为保障本市信息安全作出了突出贡献。

（吴 昊）

一、计算机病毒防范

【全市城域网骨干网安全运行状况】 2010年上海市计算机病毒防范中心（以下简称“中心”）继续对全市城域骨干网安全运行状况进行7×24的网络与信息安全事件监测。

2010年恰逢举世瞩目的世界博览会在上海举办，中心网络与信息安全监测预警组作为2010年上海世博会主运行指挥部通信网络组信息安全工作部成员，在世博期间，承担处置影响全市信息安全环境的突发事件的任务，每天分析可能面临的外部信息安全环境，7×24小时监测上海城域网络和世博重点信息系统的运行安全情况。在世博会194天展会期间，所有网络与信息安全事件数量均在正常波动区间内，各重要信息系统也运行正常，各重点信息安全单位未发生较大以上级别的网络与信息安全事件，全市整体信息安全态势良好。全市198个重点网站整体信息安全情况良好，各网站工作正常；2010年上海世博会官方网站、2 010上海网上世博会等提供互联网服务的上海世博会重要系统未发现异常情况；全市涉及国计民生的银行、证券、民航、电力、医保、电子政务等156个重点单位的网络系统整体运行情况良好；世博期间发现并处置各类网络与信息安全突发事件85起，相关单位及时修复了有关系统的问题，未造成不良后果。

全年共发布了365期上海市网络与信息安全监测日报，194期上海世博会综合监测情况日报，50期上海市网络与信息安全监测周报，49期宝山区政务外网网络与信息安全监测周报，50期崇明县政务外网网络与信息安全监测周报，49期虹口区政务外网网络与信息安全监测周报，50期金山区政务外网网络与信息安全监测周报，42期静安区政务外网网络与信息安全监测周报，48期闵行区政务外网网络与信息安全监测周报，27期普陀区政务外网网络与信息安全监测周报，49期松江区政务外网网络与信息安全监测周报，50期杨浦区政务外网网络与信息安全监测周报，48期闸北区政务外网网络与信息安全监测周报，34期长宁区政务外网网络与信息安全监测周报，12期上海市网络与信息安全监测月报，处置93起网络与信息安全事件。

【重点单位信息安全防范】 综合本年度12个月的月报表，本市信息安全问题有以下几点情况值得关注。

信息安全事件月平均发生率 就发生信息安全事件的单位数量而言，本年度信息安全事件月平均发生率与上年度的月平均发生率相比略有上升。信息安全事件发生率最高是2010年2月份，最低在10月份，总体变化不大。说明在“世博年”，上海吸引了攻击者的目光，但随着本市有关单位对信息安全问题越来越重视，各项安全措施不断落实和完善，特别是每星期一次的“本周计算机病毒预告”的发布，规范了人们的信息化工作的操作和管理

2010年全市城域骨干网安全运行状况监测数据(总事件:13826516 967起)

统计时间＼事件类型	病毒蠕虫事件	拒绝服务攻击事件	尝试入侵事件	被控主机事件	每月数据总量
1月	482 572	297 919	163 229 4 405	626	163 307 5 522
2月	448 424	3 278 620	112 608 3 983	22	112 981 1 049
3月	248 010	248 046	126 174 5 098	76	126 224 1 230
4月	269 317	488 369	124 429 0 583	68	124 504 8 337
5月	234 236	955 446	119 938 9 591	100	120 057 9 373
6月	165 687	1 346 893	105 467 8 829	106	105 619 1 515
7月	119 441	1 859 261	100 955 1 387	75	101 153 0 164
8月	94 002	773 676	887 318 207	72	888 185 957
9月	39 636	2 380 649	885 406 019	20	887 826 324
10月	43 069	2 424 844	100 632 6 998	30	100 879 4 941
11月	54 866	475 037	105 640 4 174	37	105 693 4 114
12月	274 853	382 834	144 564 0 651	103	144 629 8 441
全年	2 474 113	14 911 594	138 091 29 925	1 335	138 265 16 967

2010年重点单位信息安全事件发生情况一览表

月份＼信息安全事件	黑客攻击(次)		计算机病毒(台次)		由于自身原因造成的信息系统瘫痪(次)		收到反动及黄色内容邮件(封)	
	发生数量	发生单位数(家)	发生数量	发生单位数(家)	发生数量	发生单位数(家)	发生数量	发生单位数(家)
2010年1月	26 420	3	3 734	25	0	0	1 810	3
2010年2月	26 189	4	2 870	31	1	1	3 134	4
2010年3月	30 687	3	7 091	29	2	1	1 223	4
2010年4月	30 101	5	5 229	30	0	0	921	4
2010年5月	24 988	5	2 887	33	5	4	1 005	4
2010年6月	287 364	5	2 117	33	0	0	2 206	4
2010年7月	444 315	3	1 505	35	1	1	941	4
2010年8月	60 856	5	1 919	38	0	0	614	3
2010年9月	135 352	5	1 153	27	0	0	574	4
2010年10月	76 257	4	2 168	23	0	0	505	4
2010年11月	197 937	6	2 075	31	0	0	333	4
2010年12月	134 503	5	2 777	31	1	1	465	4

2010年各类信息安全事件单位发生率

信息安全事件	黑客攻击	计算机病毒	由于自身原因造成的信息系统瘫痪	收到的反动及黄色内容邮件
发生单位数所占总单位数比例	2.83%	19.93%	0.44%	2.51%

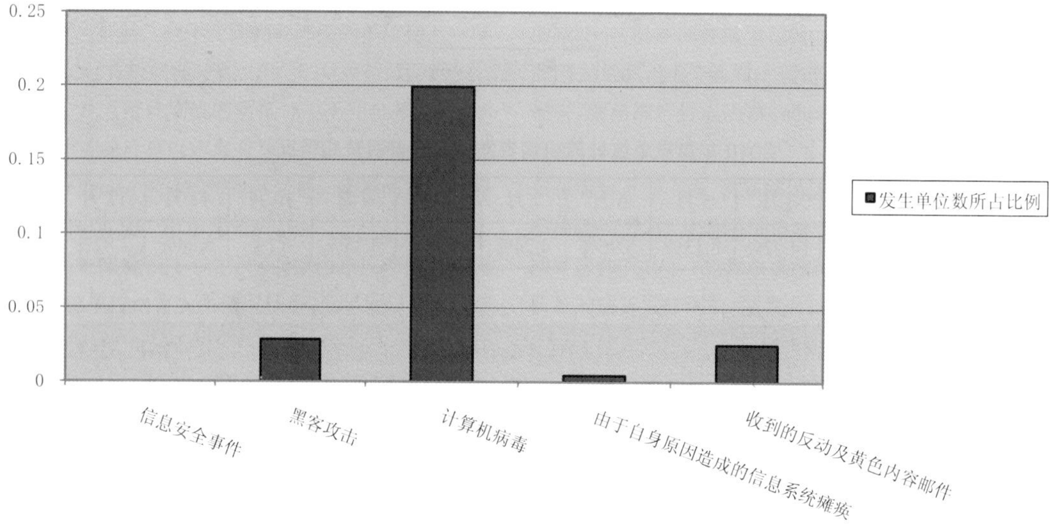

2010年重点单位信息安全事件重复发生分布表

事件类型＼发生次数	0(次)	1(次)	2(次)	3(次)
黑客攻击	95.42%	0.65%	0.65%	3.27%
计算机病毒	71.24%	3.92%	1.31%	23.53%
由于自身原因造成的系统瘫痪	96.73%	1.96%	0.65%	0.65%
收到反动及黄色内容邮件	96.73%	0	0	3.27%

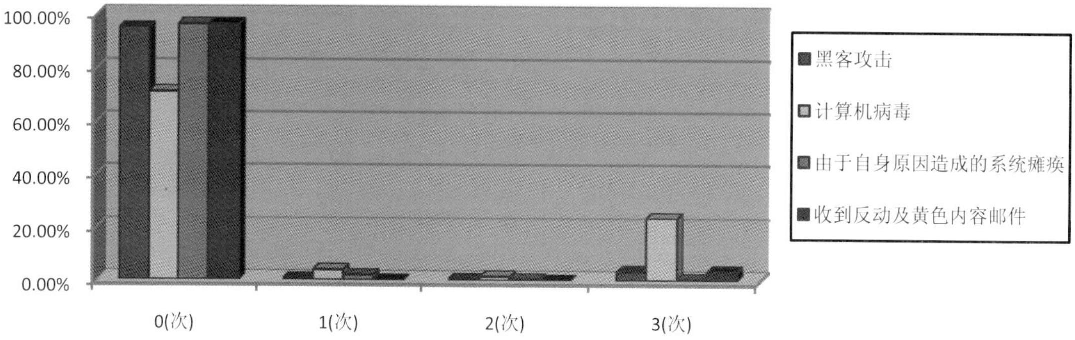

2010 年全年易发信息安全事件的单位分类

事件种类	易发单位
黑客攻击	金融类、通信网络类、政府机关
计算机病毒	工业企业类、通信网络类、高校、政府机关
由于自身原因造成的系统瘫痪	工业企业类、政府机关
收到反动及黄色内容邮件	新闻媒体、政府机关、高校

银用户。这样，要获取同样的经济利益，以前需几千人中毒，而现在只需偷或者骗一个支付宝账号。以“网银超级木马”为例，在某地的受害用户中，有人一次被骗达 60 余万元。此前“熊猫烧香”病毒感染数百万台电脑，其作者李俊最终获取的利益不过 14.5 万元，两者相比风险和收益相差巨大。在这种情况下，网民也许会产生“以前几个月中毒一次，现在好久没中毒，比较安全”的错觉。但实际上，黑客产业链的总体效益不断增加，有“三年不开张，开张吃三年”的特点。

据统计，2010 年遭遇过网游网银被窃、电脑系统被破坏无法启动等严重病毒问题的网民，约占中毒网民的 2%。但他们遭到的经济损失，却占 70% 以上。除了因病毒破坏电脑、木马窃取网银网游等带来的巨大直接经济损失，由于木马、钓鱼网站对于电子商务的威胁，很多人对使用网络购物存在疑虑而带来的间接损失更无法估计。

【十大病毒排名】

广告木马 该病毒从未终止流行，而且时间间隔很短即出现新变种。“广告木马”非单一病毒种类，而是许多广告类病毒的一个综合概括名称，其种类极其繁多。

快播伪装者极虎变种 是“快播伪装者”木马的一个新变种，2010 年共出现过两次变种。该病毒提供网页挂马、U 盘感染、局域网传播、替换系统 DLL、下载大量木马程序、全盘感染文件，让“快播伪装者”病毒变成了一个混合型病毒。

鬼影 主要通过一些钓鱼软件下载站捆绑的软件诱惑用户下载，从而进行传播。“鬼影”属于引导区病毒，它篡改硬盘引导记录 MBR，造成 BIOS 启动后加载该病毒早于操作系统。病毒运行后，会下载“AV 终结者”病毒以及进行各种破坏。只有重写 MBR 或者下载“鬼影”病毒专杀工具可以解决此病毒。

RPCSS 毒手 – 变种 b 主要通过感染大型下载站的“.exe”安装包进行传播，威胁大量下载网民。该木马仅替换一个系统重要服务需要加载的动态链接库“rpcss.dll”达到随机启动，而且全盘感染 exe 文件执行程序，只要运行被感染的 exe 文件就会使病毒死灰复燃。当检测到杀毒软件进程运行时会创建自救启动项，且连接黑客服务器随时快速变种，躲避杀毒软件的安全识别。

隐身猫 主要通过“兽兽门”视频欺骗用户下载，是一款远程控制木马，仅通过一个 DLL 利用服务项随机启动并插入到一个“svchost.exe”进程中，轻易监视受害用户的电脑屏幕、记录键盘操作来盗取网游、网银以及用户所装宽带的账号密码、随意查看和盗取中毒用户的资料，而且有强大的视频偷窥功能。

灰鸽子 主要通过 QQ 和 QQ 群的后门程序传播。由于免杀、变种的一再出现，绕过众多主流杀毒软件，使得灰鸽子持续对计算机用户造成危害。

我的照片 一个通过 QQ 或 QQ 群传播的“木马下载器”。其伪装成“美女图片”诱惑 QQ 好友下载，受害者打开“我的照片 .exe”会显示美女图片，同时病毒已开始在后台运行，通过替换“QQ.exe”盗取 QQ 号，然后连接黑客网站下载“DNF 盗号木马”、“魔兽世界盗号木马”、“武林外传盗号木马”、“梦幻西游盗号木马”等病毒。根据变种的不同，此病毒会呈现多种症状，其中比较明显的一种，是用户系统中的文件夹全部变为病毒的 exe 文件，用户必须点击病毒文件才可进入文件夹，这使得病毒得以多次运行。如果该变种所携带的执行模块是广告插件，那么就会弹出大量广告网页。

文件夹 .EXE 是 U 盘病毒的又一次变种，通过 U 盘传播。它通过全盘搜索文件夹并将原有的文件夹隐藏，并模仿这个隐藏文件夹的名称、图标创建一个病毒程序，并将文件夹属性设置为隐藏已知程序的扩展名。当受害者在不知情的情况下点击病毒伪装的文件夹后，就会弹出文件夹的窗口，同时运行病毒。

QQLive 伪装者 伪装成“QQLive”图标，通过 QQ 或 QQ 群传播，进行恶意破坏计算机程序，结束主流杀毒软件进程、篡改系统设置、篡改文件关联、删除安全模式、自动重启电脑等破坏活动。

金锁 主要通过网页挂马、钓鱼软件下载站进行传播。它利用金山网盾的设计缺陷篡改并锁定 IE 首页的

"广告木马",由于该木马程序便盗用"Kingsoft"的数字签名,导致大部分主流杀毒软件将其视为"安全文件"不报威胁,导致使用"金山网盾"的受害用户曾一度因为IE被篡改问题一筹莫展。

针对网银进行攻击的木马和钓鱼网站形成规模,目前无论是第三方支付公司、银行还是移动运营商,都没有应对大规模病毒攻击的专业经验,像"网银超级木马"病毒的出现,就已经让相关银行、手机支付公司难以应对;对于网民来讲,也没有相应的防范经验,更容易受到网银木马攻击。而智能手机、iPad等新型平台的出现,将给钓鱼网站和木马提供更多攻击机会。互联网的健康度仍然不足,信息安全形势不容乐观。

【计算机司法鉴定服务】 2010年上海上信计算机司法鉴定所的鉴定工作总体平稳,各项工作有序展开。由于是"世博年",作为对外窗口之一,上海市司法局对司法鉴定工作提出特别要求,以"维护社会稳定,创造和谐局面"为主导方针。上信计算机司法鉴定所在2010年做到零投诉,得到了上海市司法局有关部门的肯定。此外,鉴定所还在软硬件方面积极准备,不断完善内部管理制度,严格鉴定质量监督,使鉴定工作更好地开展,并为通过实验室认证打下基础。2010年,鉴定所共结案38件,比2009年增长了31%,其中公检法部门委托案5件,律师事务所委托案7件,企事业单位委托案15件,个人委托案11件,涉及民事诉讼36件,涉及刑事诉讼2件,鉴定人出庭作证5人次,每个案件的处理均得到了用户的认可。在市高级法院的支持下,鉴定所继续为全市法官开展了有关电子证据的培训。同时,在市公安局刑警总队的支持下,为全市刑警开展了有关电子证据的培训,提高了法官、办案警察对电子证据的认识,努力促进电子证据鉴定工作的开展。

(吴恩平)

二、信息安全测评

【概况】 2010年,随着国家信息安全保障工作的持续推进,上海市信息安全测评认证中心(以下简称"测评中心")作为本市重要的信息安全保障基础设施,继续发挥"一个平台、多方授权、服务各方"模式的优势,圆满完成了世博会信息系统安全等级测评及安全保障的重要任务,同时按照本市统一的信息安全测评战略布局,继续巩固强化产品认证检测、系统安全测评、安全评估服务等三大块的核心业务,特别是在智能卡检测、信息化项目测评等方面取得明显突破。测评中心全年累计完成各类测评服务项目逾500个。2010年6月,测评中心又通过了中国信息安全认证中心对从事风险评估专业机构的审核,成为国内首批获得风险评估一级资质的机构之一,这一级别是目前国内风险评估资质的最高级别。至此,测评中心已获得了国内、本市已知的所有安全测评业务授权,也是全国唯一一家集所有安全测评资质和业务授权于一体的检测机构,进一步加强了"服务本市、影响华东、辐射全国"的安全测评工作态势。

【基础网络和重要信息系统安全测评】 进入2010年,本市在2009年开展信息系统安全等级测评的基础上,继续深入贯彻国家信息安全等级保护周期性测评制度,结合《关于贯彻落实<上海市重要信息系统等级保护实施细则(施行)>的通知》(沪等保办【2010】9号)和《上海市公共信息系统安全测评管理办法》(上海市人民政府58号令)的政策要求,稳步推进本市重要公共信息系统动态安全测评的工作。

2010年1—12月,根据市经济信息化委、市等保办的统一部署,测评中心圆满完成了对本市241个重要信息系统的安全测评工作,其中122个属于公共管理信息系统,119个属于公共服务信息系统。从系统的具体类型分布来看金融服务类系统80个,占33.2%(如:上海浦东发展银行总行核心业务系统、上海银行网上银行、上海证券交易所核心业务系统、申银万国证券集中交易系统、国泰君安证券集中交易系统、中国太平洋保险(集团)股份有限公司集团财务系统等);电子政务类系统69个,占28.6%(如:上海市工商行政管理计算机信息系统、上海市人口与计划生育综合管理信息系统、上海城市交通综合信息平台、"校校通"主干网络系统、上海市各区县电子政务办公平台和网站等);世博类系统47个,占19.5%(如:网上中国2010年上海世博会BS系统、参观者预约管理信息系统、世博票务信息系统、园区能源与环境检测系统等);企业类系统25个,占10.4%(如:上海烟草(集团)公司的行业卷烟生产经营决策管理系统、宝山钢铁股份有限公司直属厂部制造管理系统、上海市私人、私企客车额度投标拍卖系统、SMG数字电视新播控平台等);轨道交通、基础网络、公共事业、社会保障、医疗卫生类系统 20 个，占 8.3%（如：上海公共交通中央清算系统、中国移动支撑网上海市业务运营支撑系统、上海石洞口第二电厂机组分散控制系统、上海市劳动保障管理信息系统、上海市医疗保险中心系统等）。

截至 2010 年年底，测评中心共计完成本市 600 余个公共信息系统的安全测评，测评范围涉及电子政务、社会保障、银行、证券、保险、电力、燃气、供水、轨道交通、医疗卫生等关系国计民生的主要信息系统应用领域，为上海市各类重要信息系统的安全稳定运行提供了重要的保障，保证了上海市信息化的持续、稳定和健康发展。

【信息安全测评认证系统建设】 测评中心作为国家认监委全国首批指定的七家信息安全产品 3C 强制认证检测实验室之一，2010 年共受理完成了 20 件产品的认证测评业务，检测产品覆盖了防火墙、入侵检测系统（IDS）、安全审计产品、数据备份与恢复产品、网站恢复产品、智能卡 COS、IC 卡芯片、身份鉴别产品、证券交易委托产品等类别。其中测评中心完成 6 款 IC 卡芯片的安全检测，检测数量和检测质量都在全国名列前茅。

测评中心根据国内 IC 卡芯片日益增长的检测需求，加快了芯片应用检测平台的建设，随着一系列代表国际先进水平的检测工具（如 Micropross TC3/TCL2 等）逐步部署和投入应用，测评中心的 IC 卡芯片及智能卡 COS 的检测技术能力得到了飞速提高，在协议检测、旁路功耗分析、注入攻击检测等方面达到国内领先水平。

作为专业性很强的第三方测评机构，测评中心坚持"业务发展，科技先行"，大力倡导科研氛围。2010 年在应用性能测试、源代码分析测试、系统渗透测试、网银客户端安全测试、IT 审计等方面进行了重点研究，获得了丰硕的成果。其中应用性能测试、源代码分析以及系统渗透性测试、网银客户端安全测试的研究成果已成功应用于测评中心的业务实践，在交通银行、浦发银行、上海烟草集团等单位成功实施模拟攻击、性能测试等项目，获得了用户的高度认可。测评中心还在国内信息安全权威杂志上发表《访问键盘芯片获取 PS/2 键盘按键信息》、《修改数据库用户权限防范 SQL 注入》、《一种新型的 Oracle 注入方法——游标注入》等 4 篇论文，同时自主研发的政府信息系统安全检查综合管理软件得到了主管部门和试点单位的一致好评，提高了中心在业界的知名度。

【保证世博会信息系统安全等级测评及部分安全保障任务】 2010 年上海世博会期间测评中心承担了世博信息系统安全等级测评及部分安全保障的任务，中心党政领导非常重视，精密部署，抽调中心精兵强将 20 多人成立世博信息安全测评保障小组，全面开展世博信息系统安全等级保护测评和保障工作，及时发现系统存在的安全隐患，提供漏洞修补建议，参与重大安全事件的应急响应、及时处置。经过多轮次"测评 - 整改 - 复核"的动态安全检测，测评中心共完成全部 47 个世博信息系统的等级测评及整改复核工作 133 次，发现安全问题（含漏洞）7 000 余个，提供整改建议 846 条，接受安全咨询 303 次。安全测评为及早发现世博信息系统高风险隐患、督促世博信息系统不断完善、加强世博运维团队安全意识，保障世博信息安全发挥了不可替代的作用。上海测评中心的工作得到了广泛好评，涌现出了一批先进人物和动人事迹，为办成一届"成功、精彩、难忘"的世博会提供了有力保障。2010 年 12 月，上海测评中心党总支光荣获得了中共中央组织部、中央创先争优活动领导小组命名表彰的"上海世博会创先争优先进基层党组织"，这也是全国 IT 领域中唯一获此殊荣的基层党组织。

（陈颖杰）

三、数字证书应用推广

【概况】 2010 年，在市经济信息化委等各主管部门的指导下，上海市数字证书认证中心有限公司（以下简称"上海 CA"）积极研究新领域新市场，参与了卫生部项目，促进工商项目转型。并完成了上海市电子政务外网电子认证系统建设，最终形成了全市网络信任体系的完整架构，进一步扩大了电子政务的应用，基本形成了全市统一网络信任体系。同时，上海 CA 抓住上海世博会的有利契机，针对世博会信息化的特点及其安全需求，承建并运维了由上海市电子政务外网电子认证系统保障的世博信息系统数字证书内外网验证系统，圆满完成世博运维安全保障任务。

2 010 全年上海 CA 发放各类数字证书 42.68 万张，比去年同期增长了 16.87%，累计发放数字证书 217.86 万张，继续为全国数字证书发放规模最大的地区性 CA 之一。

【基础平台建设】

通过国密局和工信部的检查 2010年市国家密码管理局首次实行现场日常年检,公司成立了专门的项目小组,针对电子认证服务密码使用许可证换证过程中涉及的关键问题,从各方面进行了准备。2010年5月,在国密局组织的检查工作中,专家组组长袁文恭将军对上海CA的运营管理工作给予了高度评价。在顺利通过国家密码管理局检查后,公司组成了整改小组,根据国家密码管理局的整改意见,有组织、有计划、有重点、有措施地开展了整改工作,促进了运营的规范,提高了服务质量。同时,上海CA顺利通过了工信部的年度检查,并申获得了国家密码管理局颁发的商用密码产品销售许可证。

通过WEBTRUST复审,将根证书植入FireFox 2008年公司通过了WEBTRUST审计,成功将数字证书植入了微软的操作系统。2010年公司顺利普华永道WebTrust认证的复审,并根据普华永道的审计结果进行了相应的调整,建立起符合国际标准的运营管理体系。

由于Firefox浏览器潜力巨大,上海CA积极与其沟通并于2010年上半年完成了测试,目前已进入公示阶段。根证书植入FireFox意味着公司数字证书已经基本实现了主流浏览器的全覆盖,为公司“万维信”品牌的市场推广夯实了基础。目前,上海CA已发展6家大代理商,取得初步效果。

提高代码质量 上海CA今年加大了对原有系统的研发力度,同时加快新产品研发投入,为提高运营系统稳定性、加快公司产品结构调整提供坚实的技术基础。今年,公司对UC3.0系统进行了改造和流程优化,达到国内领先水平。并成功的推出了时间戳系列产品,现已推向市场。与此同时,上海CA还合作展开了可信数据托管系统的开发,目前系统已经研发成功,填补了国内数字证书应用行业内的空白,并可保证公司在未来几年形成新的业务亮点。

2010年,上海CA对历年开发的程序进行了清理。同时,完成了自动更新系统的开发,2011年将正式对外运营,这也是国内首个认证机构实现证书软件的自动更新,为下一步多应用的推广创造了有利条件。

【电子政务领域的应用】

提高电子政务总体应用水平 2010年,上海CA通过政府引导、企业推进的方式,加大了数字证书在电子政务应用方面的推进。据统计,目前市级政府机构有60%以上已经采用了上海CA的产品和服务。上海CA主动与电子政务应用开发商加强沟通,完善了在市工商、市公安、市发改委、市委组织部、市编办、市药监局等委办中的数字证书应用开发。此外,市人保局完成了建设方案、市质监局进行了可行性研究,数字证书应用合作在今年取得较好的进展。2010年底,在市经济信息化委的组织下和相关应用部门的积极参与,启动了法人网上身份统一认证课题研究。

深化财税数字证书应用 由于上海市政府的机构调整,市财政局和市税务局改变了原有的合署办公模式,给公司财税应用项目的管理推进带来了很大的困难。公司多次召开专题会议研究讨论,同时对公司内部财税项目的管理方式进行了变革。终于取得了新的突破,顺利将原有的财税项目变成了财政与税务二个项目,2010年全年发放证书近8万张。在财政方面,政府采购中心全面推广和使用了电子印章,全年签发了1万4千余张数字证书,基本涵盖了采购单位和供应商。同时,上海CA加强了非税收入项目的市场推进力度,全年完成市、区两级证书申请和更新4 000余张。

促进工商项目向运维转型 2009年12月,卫生部发布了《卫生系统电子认证服务管理办法》,对卫生行业数字认证提出了具体的要求。根据卫生部的相关要求,2010年公司成立了资质申请小组,同时完成了上海中山医院、长宁区中山医院和桂林医学院项目。

在工商项目运作上,面对市场竞争,公司及时调整工商项目战略部署,保持了与市工商局原有的合作模式,而且顺利实现了工商项目由简单整合向运营维护的转型。2010年累计发放营业执照电子副本和数字证书超过19万张,并按照市工商局的要求完成了工商营业执照电子副本发放系统的改造实施,新系统将于2011年1月份正式上线运行。

推进市政务外网认证系统建设 由上海CA承担建设上海市电子政务外网电子认证系统年内已完成系统建设,并实现试运行。同时,公司也抽调技术骨干对市电子政务外网公务员数字证书发放、管理的业务流程进行了调研,并与市经济信息化委、市密码管理局和市公众网管理中心多次开会讨论,最终完成了电子政务公务员数字证书发放管理的建议方案。该方案得到了各职能部门的认可,使得数字证书应用服务与外网的业务管理得到了较好的结合。

【电子商务领域的应用】

加快行业解决方案整合 2010年,上海CA加大了中国电信WAPI项目的投入,并于2010年3月在泉州开展了证书应用试点工作。试点工作期间,公司投入力量牵头编写的《注册审核网关与 AS 的接口标准》,经过专家审定被确认为国家标准和电信企业标准。同时,通过 WAPI 试点项目的实施,培养了一批合作伙伴,丰富了公司在电信等行业的方案和相关认证技术以及相关产品。

参加长三角互联互通项目　在市经济信息化委的指导下,上海 CA 积极参与了长三角地区 CA 应用互通工作。2010 年 9 月,长三角电子认证服务联盟正式成立。12 月,四地 CA 机构签署了应用互通协议,并启动了证书应用交叉互认平台。长三角 CA 应用互通项目为进一步探索建立数字证书的跨区域互认机制,推动建设区域一体化的网络信任体系打下了基础。

推进可信数据保全、UTN 等项目　随着宝钢集团网上交易量的不断攀升,对保证交易过程电子数据传输、存储安全有着迫切的需求。为此,公司与宝钢集团信息化主要服务商东方钢铁公司共同策划,在可信数据托管领域双方展开了密切合作,该系统将于 2011 年 2 月上线运行。除上述项目之外,2010 年东方钢铁公司累计发放、更新数字证书近 5 000 张。

UTN 是格尔公司提出的"统一信任网络"的简称,其思路是通过提供一系列的安全服务,为网络构建安全可靠的环境,与公司推进的"万维信"项目有相似之处,都可通过"签章"的方式直观、简单的向访问用户展示网站的真实可信性。格尔公司在产品规划、市场策划推广等有一定的优势,为此公司与格尔公司开展合作,共同推进 UTN 项目。到目前为止,该项目的业务模型已基本确定。在整个项目的开展过程中得到了工信部、市经济信息化委业务主管部门领导的大力支持,进入到项目立项阶段。同时与市工商局、市公安局、浦东新区、商务委等应用支持部门和多家应用单位联络沟通,营造了较好的商业环境。

（崔久强）

【"实名制可信交易支撑技术体系及应用示范"项目】上海市民信箱信息服务有限公司牵头完成的"实名制可信交易支撑技术体系及应用示范"项目,建立了一套实名用户认证中心 SAC 系统,能够满足百万级规模用户认证能力,可以同时接入并服务于电子商务或电子政务网站;建立了数据电文固化中心 MAC 系统,能满足百万级规模用户服务需要;提供 3 种以上不同的异构系统用户认证接入方式;建立了实名制网络用户受理与注册体系,通过一套"网上"和"网下"实名用户受理流程,保障实名信息采集的准确、高效,能满足全市市民申请开通实名制账户的需要。

（市科委）

【承建并保障世博会信息系统数字证书内外网验证系统】　2010 年 10 月 31 日,上海世博会圆满落幕,由上海 CA 承建并运维保障的世博信息系统数字证书内外网验证系统也稳定可靠的运行了 184 天。世博运维安全保障任务对上海 CA 来说不仅是光荣而又重要的政治任务,而且对于公司的发展来说也是一次难得的发展机遇,同时也分展现了上海 CA 的技术和运营保障能力。

技术保障　上海 CA 根据世博信息系统的特点,有针对性的设计建设了世博信息系统数字证书内外网验证体系,提供了身份认证、访问控制、责任认定等信息化安全保障和支撑服务。同时还与世博局信息化部一起编写了《上海世博会信息系统数字证书使用管理办法》,对数字证书进行了规范管理。截止世博会闭幕,为上海世博会运营保障应用信息系统共计发放数字证书 1 800 余张,为 11 个世博应用系统提供数字证书身份验证服务,数字证书认证服务平台不间断服务近 4 500 小时。

组织保障　为做好世博保障任务,上海 CA 中心成立了专门的应急响应机构世博项目领导小组和世博项目工作小组。上海 CA 中心世博运维团队在世博局组织的"服务世博、奉献世博"的立功竞赛活动中获得了世博会信息化先进集体的荣誉称号。

应急保障　上海 CA 中心对世博信息系统数字证书内外网验证系统可能面临的风险进行了充分的预估和判断,制定了完善的世博证书验证系统业务连续性计划。同时,上海 CA 政府软件服务中心在市网安办的统一领导和部署下,为上海市 34 家政府重点门户网站提供了网站安全保障服务,确保了这些网站在世博期间的平稳运行。

（崔久强）

【上海众人网络安全技术有限公司】 上海众人网络安全技术有限公司(以下简称“众人科技”)于2007年9月注册成立于浦东新区张江高科技园区国家信息安全基地,是国家密码管理局正式批准的商用密码产品生产定点单位和销售许可单位。2009年1月,公司通过ISO9001质量管理体系和ISO27001信息安全管理体系认证。公司主要生产及销售拥有完全自主知识产权的“iKEY双因素动态密码身份认证系统”。2010年3月,经上海市经济与信息化委员会受理、联合审查通过“双软认定”。iKEY产品通过国家密码管理局安审,获得“SRT0 901动态口令系统”产品型号证书,成为国内首款使用国密算法的双因素动态密码产品。众人科技在上海总部设立了研发中心,在苏州建立了全自动化生产基地,在北京设立了营销中心,并在浙江、江苏、四川、深圳等地成立销售服务分支机构。公司总部拥有1 000平米的研发办公环境,研发团队成员70%以上具有硕士以上学历。公司与交通大学、武汉大学等国内著名高校建立了紧密的战略合作关系,并聘请中国人民解放军国家有突出贡献的多位国内著名信息安全专家,担任公司专家顾问团顾问。众人科技已申报国家发明专利7项,承担国家863基地的信息安全产品测试平台项目的筹备和搭建,并协助拟定动态密码产品相关技术标准。

【上海信息安全工程技术研究中心产品与服务】

SHS08 PSTN数字加密电话 SHS08 PSTN数字加密电话采用数字化技术,将通话语音信号通过声码器压缩后进行加密处理。系统加密技术采用1 024位的RSA公钥体制和国家密码管理局指定的128位分组加密算法,具有极高的加密强度,确保所有通话通过加密方式防止被窃听和监听,为政府机关,特别是公检法部门以及军事部门、企事业单位等集团用户,提供便携的实时语音保密通讯功能。

SJJ0908 GSM加密手机 SJJ0908 GSM加密手机是针对国内外不断出现的GSM移动电话话音窃听和监听设备,以及不断发生的GSM移动电话用户泄密事件而开发的移动电话保密设备。该产品利用GSM网络数据服务通道传送语音信号。采用1 024位RSA公钥体制和国家密码管理局指定的128位分组加密算法,可以与同类型的加密手机和数字加密电话进行加密通话,也可以与所有同类型的通话设备进行明文通话。

信息系统信息安全检测与评估服务 工程中心信息安全检测与评估实验室拥有先进的信息安全检测设备,一流的信息安全专业人才,以及多年的信息安全检测与评估项目经验,参与了多个党和国家重要部门的信息系统安全性检测与评估项目,以及银行等其他金融机构关键信息系统渗透测试和信息安全风险评估项目。承担了北京奥运会、上海世博会、大运会等大型活动的信息安全保障任务,具有高水平的信息安全服务能力。

涉密信息系统工程监理服务 工程中心具有涉及国家秘密的信息系统工程监理资质(甲级),中心监理部具有一流的工程监理专业人才,具有多类涉密信息系统工程监理项目经验,可为政府部门涉密信息系统建设提供高水平的工程监理服务。

【格尔软件产品】

格尔网盾桌面安全软件 格尔网盾桌面安全软件是唯一一个获得国家密码管理委员会办公室批号的软件加密系统,它采用多种先进技术,拥有多项专利。格尔网盾桌面安全套件用于个人计算机信息安全防护的安全软件,提供对个人资料、私密数据、电子邮件等重要信息的安全存储、安全访问、安全传输、安全删除等功能。

格尔签名验证服务器 格尔签名验证服务器(Sign & Verify Server)是一个提供数字签名服务以及对数据验证其数字签名的真实性和有效性的服务平台,是格尔软件股份有限公司的数字签名验证产品,该产品可以被广泛地在网上银行、网上证券和网上商户等电子商务和电子政务活动中,应用于验证用户身份、检验交易凭证和防止抵赖等方面。

【上海络安信息技术有限公司产品】 Webcare警戒365安全预警服务平台由络安信息自主研发,主要为政府和企业用户提供网站安全预警、内网性能预警、网页防篡改、舆情服务、反钓鱼服务以及信息安全评估等专项服务,在SAAS服务模式的基础上构建7×24小时不间断的监测、预警、响应、救援一站式服务架构体系,通过这些服务可以第一时间发现、解决用户网站、硬件安全设备等存在的风险漏洞和不安全隐患,并可以及时对互联网上存在的热点信息和危害用户利益的信息做出及时、准确的预警和响应。

(朱方园)

第四章 世博会信息安全保障

概 述

世博会信息安全保障对世博会的顺利运行有着重要意义。世博信息化建设主体众多,系统结构复杂。在世博会运行过程中,新的业务需求不断出现,信息化建设需求变更频繁,这些都给信息安全保障带来了极大的困难。世博会是全球参与的盛会,境内外各种势力和个人对世博会相关的信息系统的渗透和攻击一旦形成安全事件就会给世博会造成很大的负面影响。所以信息安全保障任务重,责任大。世博局信息化部在世博会主运行指挥部、市网安办和世博局领导的直接指导下,从管理和技术两个方面加强信息安全建设。建成了完备的信息安全管理责任体系和完善的信息安全技术防护体系。在展会期间,组织了一支近200人组成的信息安全运维保障团队,在世博园区、世博IDC机房、世博会信息化运营调度中心日夜监控值守,为世博会的运行提供全面的信息安全保障服务,成功保障了上海世博会的安全有序运行。

(刘 杰)

一、世博会信息安全保障工作

面临形势和工作成果

本次信息安全保障工作范围之大、历程之长、任务之艰前所未有。一、保障范围大。园区层面包括世博官网、网上世博会等世博信息系统47个,全市信息安全重点单位156家,三级以上重要信息系统274个,重要网站198个。二、持续时间长。从2010年4月20日世博会试运行起,保障工作持续195天,其中经历了上海的夏季主汛期。三、安全隐患多。从先期排查情况看,包括园区系统在内,城域内重要信息系统仍存在安全隐患,并不断出现新漏洞。四、被攻风险高。黑客等外来网络攻击源可能将攻击焦点集中世博。五、协调难度大。涉及世博信息安全保障的部门、单位涵盖园区参展方、运营方、国家行业部门、本市各相关单位,还有社会化的组织机构等,需要高度协调统一的管理机构和协同机制。六、缺乏保障经验。虽然上海也举办过大型活动,承担过重要信息安全保障工作,但世博会信息安全保障的大规模、高强度,以及面临的网络安全严峻形势,都是市网安办在以往工作中从未面对过的。

在复杂的情势下,参与世博信息安全保障工作的各机构和团队克服压力,顶住考验,整个世博会期间未发生一起重大信息安全和失泄密事件,没有因信息安全问题影响世博运营,整个城域网安全态势总体可控。首先,保障了世博官网、网上世博会等园区47个信息系统安全。在运维保障过程中,平均每天截获4 600条安全信息,最高值达9 832条,均平稳度过。第二,政府部门电子政务系统总体安全。市、区两级政务系统和网络安全稳定运行,未发生重大安全事故。第三,涉及国计民生的重要信息系统运行平稳有序,未对社会稳定产生影响。第四,净化了网络环境,维护了城域网的安全态势。城域网流量平稳,木马、僵尸网络等网络公害都较年初有所下降。世博信息安全保障工作的成功是各部门、各单位共同努力的结果,离不开国家相关部委、军队的支持帮助,离不开各职能机构的协同配合,离不开全市信息安全重点单位的职责落实,离不开一线工作人员的无私奉献。

具体做法

在国家有关部委和解放军的支持和帮助下,在市网安小组统一领导下,市网安办以规划为先导,构建了一套组织协同机制,一套责任落实体系,一套安全防护方案,一套应急管理平台。创新思路,周密布局,全力以赴,成功完成了"平安世博"的光荣使命。

【规划引导,分步推进】

纳入信息安全"十一五"规划 2006年,上海市首次制订并实施信息安全"十一五"专项规划,提出在建设适应特大型城市应急管理和信息化发展需求的信息安全

海关系统

世博会筹办以来，在海关领导高度重视和海关总署科技部门的大力支持下，上海海关切实加强信息网络运维工作，不断提升网络运维工作，不断提升网络运行安全等级，较好完成了各项技术保障和服务任务，保证了世博会期间信息网络稳定运行，为上海海关顺利完成世博安保和服务工作提供了有力保障。

【取得的成绩】 2010年5月1日至10月31日，上海海关共验放世博会进境物资1 929批，价值2.8亿美元；监管进出境飞机6.6万架次、进出境班轮103艘次、邮轮142艘次、进出境国际列车184车次；监管进出境旅客1 058.5万人次，监管运输工具服务人员119.7万人次；监管印刷品音像制品178.4万件，普通包裹262万件，EMS邮政快件375.4万件，监管非邮政快件1 808.4万件。海关通关业务的正常运转离不开信息系统的平稳运行，海关总署科技司将世博安全运维重点保障日期定为4月20日至5月10日和10月20日至11月10日封网运行阶段及5月至10月的会期保障阶段，在这204天重点保障阶段中，上海海关技术人员严阵以待，始终坚守在世博会信息安全保障的第一线，确保无重大信息安全事故发生。在世博会期间上海市窗口行业满意度6次评比中，上海海关除第一次获第二名，后5次均蝉联第一，成为名副其实的窗口文明标兵。以上每一项成绩的取得，都见证和记录了上海海关信息安全保障工作支持世博、服务世博的轨迹。

【经验与体会】

领导重视有保障 海关总署由科技司牵头设立海关世博会信息网络安全工作组，科技司司长任组长。上海海关比照总署成立世博会信息网络安全工作组，由分管关领导任组长。在各级领导的高度重视和强有力的组织保障下，各项安全保障工作开展有条不紊，井然有序。

建章立制是根本 上海海关研究制订了《世博期间上海海关网络安全服务保障方案》，并对外发布信息网络优质服务承诺。在开闭幕式和世博重大活动期间，在海关总署科技司、信息中心、数据中心的支持下，实行封网保障，严格控制新项目上线及任何原有项目的升级变更；建立世博信息网络运维日报、周报、月报和督办制度，并与海关总署信息中心协商形成信息系统重大变更确认机制，加强信息反馈和沟通；严格执行技术部门负责人带班制和信息网络岗位7×24小时值班制度，并征调43名技术骨干组建技术服务突击队，及时高效解决业务现场各类突发技术问题。

应急预案勤演练 研究完善信息系统应急预案，开通世博技术保障视频指挥协调系统，建立上海技术保障指挥中心与总署联系的专属渠道，进一步畅通应急联系通讯机制。按照海关总署和上海世博安保的相关要求，组织涉博重点部门开展信息系统世博安保应急演练，检查应急响应报告和处理流程的可行性、检验信息系统应急预案和保障措施的完整性和有效性，取得了良好的效果。

安全加固筑基础 一是与相关专业队伍完成了上海海关迎世博信息系统安全技术检测工作，以漏扫普查、随机抽查与重点检查相结合的方式，对各信息系统的服务器、客户端设备进行安全评估，全面加固安全策略、运行管理等环节。二是委托上海市信息安全测评认证中心对上海海关互联网每户网站进行远程渗透性测试工作，模拟黑客技术和漏洞发现技术，对网络、系统、主机、应用等各方面的安全性进行深入检测，对发现的薄弱环节及时进行整改。

监控巡检重预防 世博期间，树立确定H2000通关管理等20个涉博项目和12个涉博业务现场作为重点监控保障目标，累计排查硬件和软件层面单点故障和薄弱环节24项，积极采取措施予以解决。加强现场巡检，共对全关1 600余台H2000客户端、近1 000台卡口设备、10套视频监控系统进行全面检查，并在部分机场旅检通道加装音频和视频实录系统，强化与业务现场的紧密配合及协调联动。在世博前夕，开展海关内网客户端的外设外联和数据拷贝专项管控，禁用绝大多数内网客户端的USB接口和光驱，有效防范病毒入侵、敏感数据外泄等信息安全事件发生。

技术升级恒追求 上海海关将服务保障世博作为全面提升海关信息网络技术水平的良好契机。在硬件方面，首次在全国海关范围内将多业务传送平台（MSTP）和静态路由递归查询技术应用于骨干网，使上海海关至总署信息中心和广东分中心运行网骨干信道贷款由10M跃升至20M。在软件方面，实践应用系统集群、数据库镜像等先进技术，有效提升世博关键项目运行可靠性。此外，还应用3G技术为H2000系统通关业务提供应急保障，妥善解决一起外港海关网络中断突发事件，有效保障了通关业务的顺利运行。

（上海海关技术处）

上海文化广播影视集团

为切实做好信息安全保障工作，确保2010年上海世博会的顺利举办，按照《上海信息化建设迎世博600

天行动计划》的要求，在市委宣传部的统一部署和领导下，上海文化广播影视集团（以下简称“市文广集团”）积极落实信息安全保障工作责任制，各项保障工作准备充分、措施到位。世博会期间，市文广集团信息安全保障工作整体情况良好，没有发生信息安全事故。

【取得的主要成绩】

世博会期间所属网络与信息系统安全稳定运行 世博会筹备和举办期间，市文广影视集团各单位统一思想、高度重视、通力合作，以安全为第一原则，克服保障工作时间长、跨度大、任务重的困难，针对互联网站、户外电子屏幕、业务网办公网以及网内运行的信息系统，结合其应用特性和保障要求，从内容把控和技术防范两方面部署了具体安全措施，主要包括：强化信息安全责任制，严格内容审核把关，加强技术防范措施力度，合理安排值班、内容监控力量，规范人员培训和应急演练，完善上下游部门以及单位之间信息沟通机制。世博会开幕式、中国国家馆日、闭幕式等重要保障期前，对重要系统进行全面检查，发现问题及时整改。重要时段各单位安排加强班、领导现场指挥，确保信息系统在安全稳定运行。

实施内部信息安全的全面管理，健全信息安全管理流程 以上海世博会为契机，市文广集团对现有的信息安全管理体系进行了重新树立，明确了管理流程，使整个管理体系进一步规范化。一方面，对集团所属信息系统，特别是一些自建网站、户外电子屏幕等管理较薄弱的系统进行全面排查，并针对排查中发现的问题，督促相关单位强化信息安全管理规范、加强技术防范力度；另一方面，根据世博会信息安全保障工作要求，整理完善集团信息安全管理制度，使其更具操作性和针对性。

组建宣传系统世博安全应急响应小组 受市委宣传部委托，市文广集团建立了上海市宣传系统世博应急响应专项小组，为全市40余家大型文化媒体单位提供信息安全技术支持。小组制订了信息安全应急预案和处置方案；对所有系统内重要网站、信息系统在世博会期间实行7×24小时监控，并提供应急响应服务，确保世博会期间宣传系统的信息安全。截至2010年10月31日，共完成184天的全时段监控，确保宣传系统下属43家单位88个网站未出现重大安全事故，总体运行状况良好。在此期间监控并处理232起安全事件，所有事件全部及时通知到各责任单位，将事件影响降到最低。

积极参与世博信息化建设工作 除完成内部信息技术保障工作，市文广集团所属各单位还直接投身世博信息化建设工作。广播电视台参与了上海世博会国际广播中心新闻发布平台、BOOKING OFFICE系统和网站的建设和运维工作，并承担了网络信息安全和终端计算机设备等技术保障任务；搭建了世博网络信息安全认证系统，全面防范各类病毒和非法攻击破坏；完成了世博会开幕式、中国国家馆日、闭幕式等广播电视直播日的网络设备巡检、素材传送等重大技术保障任务。世博会期间，IBC新闻共享与发布系统安全运行，网络信息运行安全可靠，无网络故障发生。文广集团信息中心参与了世博公众参与馆网站开发及相关信息化建设。世博公众馆作为园区内唯一以公众参与为特色的展馆，其目的就是为大众方面参与世博会，使大众既是“观展者”，又是“办展者”。世博公众参与馆网站作为让公众以“办展者”参与世博的平台，在世博运营期间，共接收照片10万余张，故事接龙近万条，在开展公众参与世博的工作中起到了关键作用，同时为世博会公众参与留下了宝贵的资料。

【经验体会】

各级领导高度重视是确保信息安全的根本保证 在世博会筹备阶段，市文广集团各级领导都高度重视，多次召开专题会议，反复强调信息安全保障工作的重要性，对具体保障工作提出详细要求和工作目标，并经常到世博园区等工作现场进行检查指导。各单位以主要领导为信息安全第一责任人，层层分解责任目标，确保任务到岗，责任到人。世博会开幕式、中国国家馆日、闭幕式等重要时段，各级领导深入一线，现场指挥，为顺利完成保障任务提供了根本保证。

落实信息安全保障责任是确保信息安全的坚实基础 2010年4月下旬，根据“谁主管谁负责、谁运营谁负责、谁受益谁负责”的原则，市文广集团与所属各单位签订了《上海世博会期间信息安全保障责任书》。责任书签订后，各单位定措施、定责任、定期限，落实信息安全保障工作责任制，全力做好技术防范和安全管理工作，建立了信息安全应急响应机制，加强了网络与信息系统日常监测维护，完善了信息沟通机制。

建立完善的应急防范体系是确保信息安全的必要条件 在世博会重要保障期的准备阶段，市文广集团各单位结合系统特性和保障要求，完善应急预案、积极开展应急演练。定期对值班人员、专业志愿者开展信息安全知识技能培训，并且每月组织1至2次技术交流。各类培训和演练提升了一线人员的保障技能和安全意识，变被动执行为主动要求，从“人防加技防”的角度进一步巩固了信息安全保障体系。

加强监督检查是确保信息安全的可靠手段 市文广

集团多次组织开展信息安全检查，就技术防范措施部署情况、值班监控计划制定情况、应急预案制定及演练情况、管理制度落实情况、系统信息安全测评情况等进行把关。检查范围涉及所属的互联网站、业务网、办公网及其网内运行的信息系统等，做到了全面覆盖。在发现问题的同时，及时提出整改要求，并跟踪督促整改工作的落实，切实起到了查缺补漏、防微杜渐的良好效果。

【存在的主要问题】 由于计算机应用系统的广泛深入，加之病毒及黑客泛滥，导致信息安全隐患时刻存在。且部分计算机使用者缺乏安全防范常识和安全意识，使日常信息安全工作的仍有大量潜在威胁。为此，市文广集团将在全员范围内进一步强化安全意识，普及防范技能，完善技防措施，持之以恒地做好信息安全防范工作。同时，认真总结世博会信息安全保障工作，继续贯彻“人防加技防”的策略，不断总结经验教训，努力探索后世博信息安全管理工作的新思路、新方法，确保信息安全。

（市文广集团）

中国电信股份有限公司上海分公司

【以先进网络助力世博成功】 中国电信股份有限公司上海分公司（以下简称“上海电信”）历时5年，投入6.16亿元，通过119个专项工程，融合XPON、NGN等最前沿的科技和CDMA、EVDO等最先进的网络打造了世博信息通信网络。这一网络承载了46个世博专用信息化系统，其中协同办公系统确保世博局近3 000名员工能全面、高效、同步地推进工作；6 084台800M终端累计呼叫高达480万次，确保指令上传下达的及时与通畅；视频传输系统确保了3 500余个视频探头的图像实时传送，全天候守护世博安全；要客访问、志愿者培训、财务管理等系统都高速、准确运行，为世博的成功贡献了不可磨灭的作用。

【以创新科技打造世博精彩】 精心打造八大科技亮点，集中推出综合信息亭、E云手机、随行通等18项世博新产品，全面展现了信息通信技术在城市发展、企业升级、民生改善上所发挥的重大作用，为世博科技盛会增添了一抹亮色。随行通平台累计发送短信3 124万条，及时疏导观博；CDN内容分发系统让网上世博会、世博官网的传播速度成倍增长，让全球客户同速感受世博，累计为8 234万人提供服务高达8.7亿次。

【贴心服务见证世博难忘】 上海电信以全面满足客户需求为己任，累计开通电话13 837门、宽带1 600线，提供裸光纤689条、电视传送27.8万分钟，4个园区服务点共接待游客7万余人，提供各类业务咨询和受理3.6万次。上海公司以贴心的服务赢得了社会各界的广泛好评，在上海市精神文明办等联合组织的7次“上海市600天城市及服务文明指数”测评中，连续6次获得通信行业服务文明满意度第一的好成绩。

【倾力奉献践行世博主题】 上海电信以服务世博为契机，投巨资245亿元，用于国际海光缆、城市光网、无线城市建设和宽带提速等方面，效果显著。IP城域网率先实现双平面架构，3G信号率先实现全覆盖，互联网国际出口带宽从2006年30G增加到280G，宽带用户家庭普及率达到50.6%，全面提升了城市信息化能级，大力推动多个行业的信息化发展，丰富了百姓信息文化生活，让城市更加智慧、更加高效、更加宜居。

（上海电信）

中国移动通信集团上海有限公司

在中国2010年上海世博会期间，中国移动通信集团上海有限公司（以下简称“上海移动”）按计划有序开展了各项网络与信息安全保障工作，确保网络与信息安全全面受控。

【高度重视，组织落实】 作为在信息时代召开的上海世博会，网络和信息系统是世博会筹办工作的中枢神经，网络与信息安全对于世博会的成功举办具有至关重要的意义。对于这次的保障工作，上海移动给予高度重视，自接到通信保障任务，第一时间研究组建了世博通讯保障网络与信息安全保障团队，从2009年起就开始着手筹备世博会网络与信息安全保障各项准备工作。世博会保障期间，上海移动严格执行“世博通信保障责任制”，在世博会开幕式、开园日、中国国家馆日、世博会闭幕式等关键保障期内实行“干部通信现场上岗制”。同时，保障期间全面实行“零报告”制度。每日保障结束时，由网络管理中心汇报当日网络运行主要情况并做好相关记录。

【要求明确，保障有力】 上海移动围绕“以信息内容安全为重点，持续优化安全管理体系、系统推进安全技术手段建设、切实落实各项安全运维，全面提升安全管理水平和风险防范能力”的工作思路，层层防护，全面掌控网络与信息系统安全。

安全管理体系 参照集团NISS总纲，制定和下发了《上海公司网络与信息安全管理办法》，对账号口令管理办法、防病毒管理办法等14个专项安全管理制度进行了修订和完善，形成了较为完善的三层安全策略体系。同时，在《中国移动网络与信息安全管理框架》确定的安全工作流程基础上，结合实际情况，对日常安全管理中涉及的15个安全工作流程进行了梳理优化，建立可视化的安全管理流程整体视图，进一步规范安全管理各环节工作职责和工作内容，做到安全工作规范有序。针对世博会前系统变更频繁的情况，制定和下发《系统规划建设及运行安全管理办法》，对项目立项、建设、验收以及系统运行各环节安全管理要求进行了明确，并在各环节同步落实相关安全防护措施，达到系统安全防护的最佳效果。

安全技术手段 参照集团公司四层网络安全防护体系，全面落实安全防护措施。其中，对安全域划分和边界整合层面（最底层），2008年已根据规范完成网管网和业务支撑系统安全域划分工作；对网元自身功能和安全配置层面（第二层），落实实现网各类网元安全配置工作；对专用安全防护设备层面（第三层），现网系统中已普遍部署防火墙、IDS/IPS，防病毒系统、漏洞扫描系统等安全设备；对安全管理平台层面（最高层），2007年已建设了网络安全管理平台，将现网各系统纳入安全管理平台监控范围，实现对安全告警事件的几种监控和几种派单。同时，重点加强世博期间可能发生的拒绝服务攻击、网页篡改、域名劫持等高风险安全事件的防范。针对拒绝服务攻击的事件，对CMNET城域网流量清洗系统进行扩容，将攻击流量处理能力提升到24Gbps，并通过和互联网安全防御系统联动实现对攻击流量进行15秒快速甄别，5分钟内精确阻截；针对网页篡改事件，对外网站数据网络中部署Web应用漏洞扫描器、、Web应用防火墙、网页防篡改系统，实现对Web网站的事前、事中、事后三层防护；针对域名劫持事件，将原有采用Bind的DNS改造为专业DNS系统，在架构上实现缓存服务器和全网服务器的分离，并实现基于源IP的限速、基于目标域名的限速、异常攻击包过滤、缓存投毒防护等安全防护功能。

日常安全维护 上海移动在持续做好现网各系统日常安全维护工作的基础上，进一步加强了现网各系统的安全风险管理，重点落实了世博前安全评测和评估、应急预案编制和演练以及世博期间的安全监控和预警等工作。世博前，根据等级保护工作要求，完成世博实体票、世博手机票、世博无线视频监控等世博系统等级工作，并组织上海市信息安全测评中心对其中3个三级系统开展了等级保护测评，同时梳理出与世博安全保障相关的22个重要系统，委托国家信息技术安全研究中心进行了风险评估，对安全评测和评估中发现的74个风险点及时采取了整改措施；在应急预案编制及演练方面，围绕拒绝服务攻击、网络欺骗、病毒攻击等九大类常见安全事件，对现网各系统中可能发生的安全事件进行了安全梳理，按发现、检测、处理三个环节完成应急预案的编制工作，并按计划开展了24小时安全应急预案。世博期间，重点加强对现网安全事件的监控和安全预警工作，通过网络安全管理平台以及平台具备的网页监控、DNS域名拨测等功能，落实专人对拒绝服务攻击、漏洞攻击、DNS域名劫持、网页篡改、病毒攻击等各类安全事件进行几重监控，对来自集团公司以及CNCERT的安全预警信息，及时进行研判和跟踪分析。世博期间，中国移动上海公司累计检测和拦截网络层探测扫描和各类攻击1 200余次，应用层SQL注入、跨站脚本攻击14万余次，全网各系统安全平稳运行，未发生一起网络安全事故。

【多管齐下，持续开展不良信息治理工作】

垃圾短信治理 上海移动根据集团公司垃圾短信精细化管理要求，成立了由23人组成的垃圾短信专项处理团队，专职负责垃圾短信人工审核和“10 086 999”不良信息举报平台的日常处理工作。同时，形成每周例会和每月月报机制，定期对现网垃圾短信发送情况和举报情况进行研判，并在此基础上及时调整和优化监控策略，不断改善治理效果。在垃圾短信监控手段方面也不断优化和完善，除省内垃圾短信监控平台外，还建设了省级垃圾短信平台，并在全国率先实现垃圾短信的智能审核、关键字智能生成、号码记忆等功能，有效提高了省级垃圾短信的监控效率。

手机不良信息治理 上海移动配合集团公司完成不良信息检测系统上海大区节点的建设和上线。根据集团公司要求，作为全国3个后台处理中心之一，负责上海等13个省区监测检点及后台处理系统的运营管理工作。为此，2010年2月，成立了由16人组成的不良信息监测运营团队，对含有不良信息的网站进行7×24小时人工监控、识别和取证。同时，制定不良信息监测运营团队值班和交接班制度、信息安全管理制度、办公室管理制度、考勤制度等各项管理制度以及不良信息运营团队日常工作流程，进一步规范运营团队日常管理工作。

骚扰电话治理 在2007年建设的骚扰电话监控平台基础上，2010年启动骚扰电话监控平台改造工程，扩大平台监控范围，实现对长途软交换局向骚扰电话的监控，同时进一步完善平台功能，在全国率先实现了骚扰电话自动回拨录音取证功能，大大提高了骚扰电话的监控和查处效率。

客户信息保护 根据集团公司“五条禁令”要求，开展上海移动内部安全检查工作，并结合检查情况先后制定和完善了《业务受理系统客户信息查询规定》、《集团客户信息管理办法》等多个涉及“五条禁令”的管理文件，进一步规范客户信息安全管理。同时，加大对“五条禁令”的宣传力度，制作“五条禁令”内部宣传手册和海报，并在内部开展全员宣贯和学习活动，加深员工对“五条禁令”的理解和认识。在客户信息安全防护方面，2010年启动了网络安全管控平台一期建设，通过管控平台实现集中账号管理、身份认证、授权管理和操作日志审计；同时，在客户信息相对集中的业务支撑系统中建设了4A平台、视频监控平台、安全文档中心等系统，实现对业务支撑系统日常操作的集中管控、机房现场安全监控以及存有敏感信息的文档的安全保护，并通过经分系统实现对业务支撑系统客户信息查询数量异常和查询事件异常的监控和告警。

处理非法VoIP电话 根据工业和信息化部打击非法VoIP电话工作要求，在原有省内信令监测系统和CMNET城域网流量采集分析系统基础上，第一时间组织研发并上线交换网、互联网非法VoIP电话监控系统。特别是互联网VoIP电话监控系统，在全网率先实现了对互联网非法VoIP电话的智能识别和实时监控，技术手段的完善大大提高了监控能力。同时，根据集团公司要求，制定和下发了《中国移动上海公司打击非法互联网协议电话管理办法(暂行)》，对打击非法VoIP电话职责划分、业务员管理要求以及非法VoIP电话日常监测、处置流程、监督考核等方面做了明确规定，建立了打击非法VoIP电话的长效机制。世博会期间，中国移动上海公司累计查处本地垃圾短信发送号码44万余个，省级垃圾短信近1.4亿条，骚扰电话号码近3.6万个，监测并上报不良信息网站4.4万余个，清理非法VoIP电话业务员的客户20余个，全网未发生一起客户信息泄露事件。

【认证分析，总结经验】

精细化管理确保网络与信息安全保障工作高效有序开展 为确保世博网络与信息安全保障工作开展，上海移动将整个保障工作从进度上划分为备战、保障、冲刺三个阶段，有侧重的进行部署和执行、监控和响应、检查和演练。同时，由于备战阶段时间紧、任务重，为保证各项保障工作全面受控，公司编制了世博保障计划任务书，对每一项保障工作进行了分解，将时间进度细化到每日，并通过日报方式每天跟踪各项任务完成情况，确保了备战阶段各项工作的顺利完成。

及时跟进世博新业务上线情况，落实系统基础信息备案 中国移动作为世博会合作伙伴，为世博会提供了世博无线官网、世博手机票等42种新业务。由于世博会前期业务需求变化大，导致系统变更频繁，给安全风险控制带来了更大难度。为此，在备战阶段，上海移动通过双周报形式及时跟进世博新业务上线情况，同时在冲刺阶段对世博新业务涉及的33个网络和信息系统进行了全面梳理，并落实系统基础信息备案工作，全面掌握各系统网络拓扑、网络互联、客户信息存储以及网络安全防护等基础信息。

建立常态化安全工作流程，促进安全工作的落实和执行 世博会展期长的特点决定了世博会网络与信息安全保障不可能采取类似北京奥运会短时间内投入大量人力、物力进行集中保障的方式进行，只有常态化管理才能有效适应世博184天的考验。为此，在备战阶段对安全工作流程进行全面梳理，将原本分散的安全工作流程进行整合，以显性化、可视化的流程整体视图的形式直观地展现出整个安全管理工作的开展过程，促进安全工作的落实和执行。

以风险管理为核心，有针对性开展安全防护手段建设 世博网络与信息系统本身开放程度较高，在已有的四层安全防护体系以及世博会网络与信息安全保障面临风险的基础上，重点加强了世博期间可能发生的拒绝服务攻击、网页篡改、域名劫持、不良信息传播四类高风险安全事件的防范，并有针对性地开展了流量清洗、网站防篡改、专业DNS以及各类不良信息监控手段的建设，高标准构筑世博网络与信息安全屏障。以网站防篡改系统为例，世博期间仅SQL注入、跨站脚本攻击就成功拦截14万余次，其他如HTTP特征码违规等异常请求拦截近46万次。

加强对外沟通和联络，协同做好安全事件监控和处理工作 世博会期间，除做好内部日常安全监控外，上海移动还加强了与CNCERT等外部安全组织的沟通和联络，并形成常态化的安全信息通报机制。CNCERT上海分中心定期将其监测到的木马、僵尸网络情况进行通报，以便相关部门做好后续处理工作。同时，中国移动上海公司也定期将互联网网络安全事件情况通报给CNCERT上海分中心，通过双向合作的方式共同做好安全事件监控和处理工作。

（上海移动）

中国联合网络通信有限公司上海分公司

经过长达两年的准备，由中国联合网络通信有限公司上海分公司(以下简称“上海联通”)组建的网络、服务、业务、安全、接待等各个保障组陆续在世博前做好了世博准备工作。2010年4月12日，上海联通隆重举行“世博保障工作誓师大会”，标志着世博保障实战阶段工作正式展开。2010年5月1日至10月31日，上海联通在世博园区内外开展了多次业务推广，服务优化和网络保障工作，圆满完成了自成立以来保障范围最广、持续时间最长、参与人数最多、实施难度最大的重保任务，得到了集团公司和上海市政府、通信管理局和经济与信息化委员会等政府主管部门的一致认可。

【网络畅通保障】 2008年以来，上海联通累计投资8亿元用于世博通信保障，其中7亿元用于世博园区网络建设。在5.28平方公里的范围内陆续建成了13个宏基站、210个室内覆盖，组建了3个2.5G传输光环网，实现了联通移动、固话和宽带业务的全覆盖。在世博期间还投入专项保障资金860万元，投入技术人员997名，进行园区内机房巡检2 530站次，网络信号测试5 291次。确保了在持续大客流、高温、台风等多种情况下的故障处理及时，网络运行稳定。

【业务创新保障】 世博前夕，上海联通与浙江大学、水晶石公司等紧密合作，围绕服务世博推出了手机沃导航、世博黄页、世博商业卡版刷卡手机、世博手机报、SLIM贴片卡、草莓国际电话卡等六大实用创新的3G业务。世博会期间，上海联通一系列精彩纷呈的主题活动也生动诠释着“沃，让城市生活更精彩”的主题。在2010年5月11日芬兰馆的物联网论坛、5月21日上海馆联通日活动、6月1日海宝机器人大型巡游中，都展示了将通信与科技结合的成果，向全世界阐述着创新改变世界的理念。

【便捷服务保障】 2010年年初，上海联通就通过开展服务建议征集、服务技能大赛等方式，有效推动了服务优化。其后，在参与世博服务的服务人员推广规范化操作、视频客服、多语种客服、聋哑人服务热线、投诉绿色通道、世博便民服务等，满足各类用户的服务需求。世博期间，在对外信息服务热线的支持下，上海联通营业厅共接待英语服务3 488人次，其中8家世博营业厅英语服务接待2 104人次；“10010”热线英语人工服务12 664人次，其他语种人工服务4 511人次；接待世博咨询4 000余通，高效周到地为客户提供了各类服务。

【安全生产保障】 为了确保“平安世博”的顺利实现，上海联通投入了大量的人力、物力。除专项投入100万世博安保资金用于重点区域的整改外，还通过多次培训、自查、巡检、演练等各种方式确保安全生产警钟长鸣。

根据统计，上海联通在世博园区内683个人井、846个管道段、170段光缆、48 359.6米光缆以及园区外的重点局房、机房、话房、营业厅和办公大楼均落实了重点安保措施，最终实现了安全生产零事故，治安案件零发生，为平安世博作出了应有的贡献。

(应　燕)

上海申通地铁集团有限公司

在历时184天的世博会中，上海地铁信息安全保障工作在上级领导和各相关部门的指导和帮助下，在上海申通地铁集团有限公司(以下简称“申通地铁集团”)全体干部员工的团结奋战下，经受住了严峻考验。世博会期间，按照《迎世博600天行动计划》和《上海市迎世博信息安全保障两年行动计划》等文件精神，坚持“安全第一、预防为主、综合治理”方针，稳扎稳打、迎难而上，有序推进各项工作，圆满完成了信息安全保障任务。

【总体工作情况】 世博期间，上海地铁信息安全整体稳定受控，信息系统安全水平稳步提升，信息安全意识加强，专项保障措施落实到位，切实保障地铁高效安全地运行。世博会期间投入加强安全保障人员285人左右，投入工作量39 912人次；轨道交通范围76个信息系统稳定运行，完成10个关键信息系统等级保护工作；保障了约303个信息机房正常运维，执行机房及服务器巡检55 752次；确保782台核心网络设备稳定运行；开展终端检查巡视9 578台次，现场处置业务3 508台次；保障生产和办公区域网络正常运行290处，升级加强36个网络接入点；在12家重要单位均落实7×24小时通报值班制度，并实行零报告机制，响应均短于1小时，且无重大信息安全事件发生，顺利实现预期目标。世博期间保障信息设备之多、信息安全任务之重，创造了上海乃至全国轨道交通的新纪录。

【主要措施】 回顾世博全程，地铁信息安全保障工作主要从制度建设、基础安全保障、信息系统安全保障、网络安全保障四个方面确保了世博地铁信息的整体安全可控。

【法制宣传教育工作】 召开了系统法制宣传教育年度工作会议，传达了2010年市法制宣传教育联系会议全体成员（扩大）会议精神，汇总了系统相关单位2009年法治宣传教育工作总结，组织下发了2010年市经济信息化系统法制宣传教育工作要点。组织系统有关单位，初评了市烟草公司、市电力公司、上海石化等3家2010年度市“守法经营示范企业”，获市法宣办审核通过。在电力、电子商务等产业和信息化领域组织开展了专题法制宣传教育工作，取得了较好效果。根据市法宣办部署，结合本系统实际，充分调动相关单位的积极性，采用自我总结和组织抽查等方式，组织开展系统“五五”法宣总结工作。根据市法宣办要求，组织了对系统8家单位法宣工作情况的抽查检查工作。组织召开系统法制宣传教育年度工作总结会议，对系统先进单位和先进个人开展表彰。组织相关单位编写了系统“五五”普法工作情况汇编，汇总了有益做法和先进经验，加强了宣传工作。

围绕成功举办世博会大局，深入贯彻落实全国政法工作电视电话会议精神 大力开展世博法制宣传教育活动；努力抓好重要普法活动契机；深入宣传与公正廉洁执法密切相关的法律法规。

以服务机关服务企业为中心，深化“法律三进”工作 深入开展“法律进机关”，强化领导干部和公务员的法治观念，健全机关学法用法机制；继续深化“法律进企业”，积极推动经济发展方式转变，以法律为企业发展保驾护航；努力抓好“法律进学校”，有效提高广大在校学生的法律素养，深入推进依法治校。

促进工业和信息化融合，搞好经济领域普法工作 适应2010年经济形势发展的特点，改进普法工作机制和工作方式；深化“两化”融合，提升信息化水平，保障服务经济的快速增长；加快产业结构调整和优化升级步伐，促进资源节约利用与和谐发展；深化社会诚信体系建设，促进信用社会的形成和发展。

开展“五五”普法验收工作，为“六五”普法的开展奠定基础 组织开展了系统单位“五五”普法自查工作。根据市法宣办要求，从基础工作、法宣教育、法治实践等三个方面对“五五”普法进行自查和总结，填写自查评分表并提交“五五”普法总结；检查验收“五五”普法规划贯彻落实情况。结合检查结果，评选出十家系统“五五”普法先进单位、十名系统“五五”普法先进个人，并对其进行了表彰；编写系统“五五”普法成果汇编。将各单位“五五”普法的成果整理汇编成《服务经济发展，书写普法华章》一书，面向各单位发放；组织“六五”普法调研和规划论证工作。

【依法行政工作】 一是继续推进市经济信息化委行政审批制度改革工作。根据市审改办要求，组织业务处室开展了委所涉行政审批事项的审批信息共享比对业务需求调研工作；根据市府法制办要求，对本市第四批取消和调整行政审批事项所涉的规章依据进行了梳理，提出了梳理意见；根据法律法规，结合市审改办确定的我委行政审批事项，对市经济信息化委处室职责三定调整方案提出了法律审查意见；二是根据市政府统一部署，组织开展对市经济信息化委所涉政府规章和规范性文件的清理工作，共对11件市政府规章、21件市政府规范性文件和82件委行政规范性文件提出了清理意见，并根据全市统一要求，上报了市经济信息化委拟继续有效、废止和宣布失效的规范性文件目录；三是开展了征求意见答复、合同审核、政府信息公开中法律问题审查等其他法律事务处理工作。2010年共完成：行政复议案件2起，答复或者研提了各种立法、政策征求意见80多件，合同审核近30件，完成了委领导交办以及其他各类法律事务工作90多件。

【《上海市无线电管理办法》】 2010年4月22日，市政府发布了第43号令《上海市无线电管理办法》（以下简称“管理办法”），管理办法于2010年5月1日起施行。管理办法依据《中华人民共和国无线电管理条例》等法律、法规，结合本市实际情况，对设置、使用无线电（站）等内容作了具体规范。

理顺设置无线电台（站）的行政审批 管理办法对现有设置无线电台（站）的审批环节进行了梳理，并对当事人应当符合的条件及相关审批手续作了明确规定。当事人需要设置无线电台（站）的，应当向市无线电管理机构提出申请。市无线电管理机构经审核认为符合条件的，应当根据法定权限指配无线电设备设置，并向市无线电管理机构办理验收手续。市无线电管理机构对验收合格的，核发无线电台执照。对于需要使用无线电（站）呼号的，还应当按照国家规定予以指配。

强化固定无线电台（站）布局规划和推进公用移动通信基站资源的“共建共享” 为了有利于无线电业务与城市经济、社会的协调发展，管理办法作了两点新的规定。一是市无线电管理机构应当组织编制本市涉及公共安全和公共利益的固定无线电台（站）布局规划，并按照规定的程序纳入相应的城乡规划。第二，明确将设置公用移动通信基站的审批条件与基站资源“共建共享”的要求相衔接，对于具备基站资源“共建共享”条件而不落实的，市无线电台管理机构不予核发无线电台执照。

加强对依法设置的无线电台(站)的保护 为了保障依法设置的无线电台(站)正常工作,管理办法作了两方面规定。第一,依法设置、使用的无线电台(站)受到有害干扰时,可以向市无线电管理机构投诉;第二,市无线电管理机构应当依法组织对本市无线电电磁环境和无线电台(站)信号的检测,对监测中发现的问题,责令有关单位和个人限期整改。同时,管理办法还明确对本市重点无线电台(站)的电磁环境实施重点保护,市无线电管理机构应当根据国家有关规定和标准,划定重点无线电台(站)的保护范围,明确保护要求。

保障大型活动的无线电业务 为了处理好大型活动无线电业务保障与既有无线电台(站)保护之间的关系,管理办法明确规定了无线电电磁环境临时保护区制度。

【《上海市法人信息共享与应用系统管理办法》】 2010年7月29日,市政府办公厅转发了市经济信息化委制订的《上海市法人信息共享与应用系统管理办法》(沪府办发〔2010〕30号)。为确保本市法人信息共享与应用系统的应用推广,为各行政机关和有关单位提供法人信息共享与交换服务,支撑跨部门协同应用。

明确了适用范围和定义 《上海市法人信息共享与应用系统管理办法》(以下简称"办法")规定的适用范围包括本市各行政机关和有关单位,明确了法人信息的定义,包括企业、事业单位、社会组织(含社会团体、民非、基金会)、其他机构的登记类、资质类和监管类信息。

规定了系统组成 为了明确办法中系统的具体组成,规定了市法人信息共享与应用系统主要由各行政机关和有关单位的交换前置系统、市级法人信息数据库、法人信息交换管理和应用服务系统以及网络安全、数据备份、防病毒等保障系统构成。

提出了共享与应用的基本要求 办法首先明确了各行政机关和有关单位应按照"一数一源"的原则,依法做好信息的提供和及时更新工作,确保数据准确和完整;其次,明确了各行政机关和有关单位应当按照《法人信息共享数据项表》,在信息产生、变更之后两个工作日进行法人信息提供;最后,还明确了对《法人信息共享数据项表》所列的本机关提供的数据项进行更新的机制。

规定了法人信息使用的原则 办法规定了法人信息在内部使用、外部使用的使用方式,以及明确了禁止使用的相关规定。

规定了系统的运行维护责任 办法根据系统设置的不同区分了市工商局和其他部门在运行维护中的不同责任。一方面突出了市工商局作为系统核心部分所在单位的重点责任,另一方面在强调了有关部门和单位各负其责的同时,还设定了沟通机制。

确定了相关保障监督措施 为了保障系统的安全有效运行,办法规定了一系列的保障监督措施,主要包括:建立了安全运行情况的定期报告制度;明确了运维费用的申请方式;明确了由市经济信息化委组织联席会议相关成员单位对法人信息共享与应用工作开展不定期的检查;明确了各行政机关和有关单位的法律责任。

【《上海市公共信息系统突发事件处置办法》】 2010年8月25日,市经济信息化委印发了《上海市公共信息系统突发事件处置办法》(以下简称"处置办法")。

聚焦管理对象,对立法适用范围作了适当限制 按照可控原则,将管理对象从宽泛的所有信息系统突发事件调整为限于公共信息系统发生的突发事件,增加了法律实施中的操作性。

区分轻重缓急,设定了公共信息系统突发事件的分级制度 处置办法按照公共信息系统突发事件的影响范围、危害程度分别对各种公共信息系统突发事件的情况进行了描述性的规定,并将公共信息系统突发事件的等级分为四级,即特别重大、重大、较大和一般。

尊重现有政府管理架构,明确了市经济信息化委的管理职责 处置办法设置了"两级、多层次、全方位"的管理架构,规定了市区两级的管理格局,设置了上海市突发公共事件应急管理委员会、上海市网络与信息安全协调小组、市经济信息化委等多层次的管理架构,同时还规定了市公安、保密、密码、通信管理等部门要各司其职的全方位政府管理模式。

突出政府购买技术服务的理念,设置了技术支撑机构 处置办法规定了相关的服务机构,要求市经济信息化行政主管部门可以根据公共信息系统突发事件的应急处置工作需要委托相关机构和单位承担具体应急处置服务工作。

严把程序,设计了公共信息系统突发事件的处置流程 处置办法充分总结了本市现有的实践,具体细化了国家的有关规定,按照公共信息系统突发事件处置的工作要求,严格设定了监测、预警、处置的一系列程序,并规定了相应的保障措施。

加强保障,突出了处置公共信息系统突发事件的保障措施 处置办法规定了处置公共信息系统突发事件的保障措施:设置了人员保障规定运营、使用单位及其行政主管部门应当建立本单位或本部门的人员技术保障队伍,作为公共信息系统突发事件处置的基本技术保障力量；规定了两个个层次的物资保障，一方面运营、使用单位及其主管行政部门应当拥有本单位或本部门必需的处置物资，另一方面市经济信息化委有权对本市公共信息系统突发事件的处置物资进行统筹调配，以实现资源整合，节约成本。

【《上海市社会诚信体系建设专项资金管理办法》】 2010 年 11 月 19 日，市经济信息化委、市财政局印发了《上海市社会诚信体系建设专项资金管理办法》（以下简称“资金管理办法”）的通知。

关于专项资金的使用范围和资助标准 资金管理办法确定了专项资金支持的六个主要领域，重点鼓励和支持信用档案、信用评价体系、信用风险防范机制等方面的建立完善，信用信息记录、公开、共享平台的建设完善，信用产品应用推广，信用服务行业培育，信用知识教育培训和社会信用体系建设发展专项研究等方面。针对上述使用范围，资金管理办法规定了专项资金的支持方式主要采用无偿资助方式。

关于专项资金的申报和审批程序 为了确保专项资金的使用效益，严把项目承担单位的审批流程，资金管理办法规定了专项资金的申报条件、程序以及审批流程，主要包括：对申报专项资金设定了若干基本条件；规定了申请单位为企业的，需在其申报材料中提交由在市征信办备案的信用服务机构出具的企业信用报告；严格组织程序，一方面是编制并公布项目指南，确定年度项目申报的具体要求；另一方面是组织专家对申报项目统一进行评审，通过年度专项资金项目安排计划确定承担单位名单。

关于专项资金的管理和监督机制 为确保资金的使用效果，资金管理办法规定了严格的使用管理和监督机制，主要包括监督制度、项目管理制度和财务管理制度。

【《上海市数字证书服务协议示范文本（2 010 版）》】 2010 年 9 月 17 日，为了加强对本市数字证书服务的管理，维护合同双方合法权益，市经济信息化委、市密码管理局、市国家保密局、市工商局联合制定并发布了《上海市数字证书服务协议示范文本（2 010 版）》，自 2010 年 10 月 1 日起在全市范围内推行使用。

《示范文本》主要供上海市数字证书认证服务机构与相关用户之间订立数字证书服务协议时参照使用。

二、信息化政策法律

【形成有利于服务经济发展的信用制度及法规规章框架研究】 为了进一步深化本市诚信体系建设工作，市人大常委会法工委、市经济信息化委开展了形成有利于服务经济发展的信用制度及法规规章框架研究。

该研究围绕大力发展服务经济，对世界、我国和上海社会信用制度现状进行了分析，提出了上海下一步信用制度建设的建议。主要包括：信用制度是社会信用体系建设的核心；上海社会信用体系建设情况；关于形成有利于服务经济发展的信用制度及法规规章框架的对策建议等内容。

三、执法监督与行政执法

【行政执法与执法监督工作】 一是执法监督工作有序开展。根据市人大财经委、市人大常委会法工委和市政府法制办要求，组织开展了对地方性法规《上海市保护电力设施和维护用电秩序规定》实施情况的检查和对电力执法的评估工作，提交了执法评估情况报告；二是电力等领域的行政执法工作正常进行。2010 年，在电力执法领域，已受理行政处罚案件 16 件，其中，做出行政处罚决定 14 件；三是开展了对市经济信息化委机关工作人员和电力、无线电、节能监察等领域行政执法人员的依法行政培训工作，取得了较好的效果。

（市经济信息化委政策法规处）

第二章 信息化人才工作

概 述

2010年,围绕调结构、转方式、促发展的中心任务,根据上海加快发展先进制造业和现代服务业、加快信息化与工业化融合对人才队伍建设的要求,上海市经济和信息化委员会调动各方面的积极因素,充分发挥行业协会、教育培训机构等社会团体的作用,积极开展信息化人才教育培训,圆满完成市信息专业技术人才知识更新工程,努力深入推进信息化人才队伍建设,认真组织开展信息化人才工作,为上海产业发展和信息化建设提供了人才保障和智力支持。

一、信息化人才教育培训

【市信息领域"653"工程】 上海市信息专业技术人才知识更新工程("653工程")于2006年12月20日启动,于2010年全面结束。近5年来,在市经济信息化委、市人力资源社会保障局领导的大力支持下,在各部门的积极配合下,在各行业协会的认真参与下,市信息"653工程"办公室,以建立本市信息专业技术人才知识更新体系和工作机制为目标,积极营造信息专业技术人才知识更新氛围,开发和纳入信息专业技术人才知识更新培训课程138门,编制了信息领域主要行业岗位目录及知识构架,制定了信息专业技术人才知识更新工程培训课程和培训机构标准,建设了信息专业技术人才知识更新工程综合服务系统,建立了信息专业技术人才知识更新工作机制。经过近5年的努力,共完成培训各类信息专业技术人员53 123人次,其中4 993人获得国家信息领域"653工程"办公室颁发的培训证书,401人获得上海市继续教育证书。

2010年,先后完成了集成电路行业、信息安全行业、信息服务行业、信息通信行业及信息家电行业岗位目录的编撰工作,并分别通过了市信息"653工程"办公室组织的专家验收。市信息"653工程"办公室采取多种手段推进信息专业技术人才知识更新培训。一是加强与高校的合作,推进高层次信息专业技术人才的培养;二是注重与社会培训机构的合作,加强在岗信息专业技术人才和岗前就业培训;三是举办高新技术讲座,加强高新技术的宣传普及。2010年,共培训各类信息专业技术人员31 300人次,其中2 989人获得国家信息领域"653工程"办公室颁发的培训证书,168人获得上海市继续教育证书。

"653工程"的有力实施为积极探索建立继续教育工作长效机制和管理服务体系打下了良好的基础,促进了继续教育工作的深入开展。

【信息化人才国际化培训】 上海亚太地区经济和信息化人才培训中心(以下简称"亚太培训中心")在上海市经济和信息化委员会和上海市互联网经济咨询中心的领导下,2010年参与承担了大量国际合作交流项目活动,组织举办了2 010全球城市信息化论坛等。作为国家商务部援外培训基地,在国家商务部和上海市商务委员会等有关部委的指导下,全面组织实施了国际援外人才教育培训项目工作,具体负责邀请发展中国家的官员和技术人员来我国参加信息技术应用培训班或官员研讨班。与往年相比,亚太培训中心2010年承担的援外培训项目种类最多、开班次数最多、受训人数最多,一年来共组织举办了5期"发展中国家信息技术应用培训班或官员研讨班"和1期"信息化应用技术国际培训班",来自亚洲、非洲、欧洲、拉丁美洲和加勒比海地区的71个发展中国家的224名学员参加了培训(研讨)班;来自泰国、菲律宾、印度尼西亚、新加坡、巴基斯坦和越南6个发展中国家的15名学员参加了国际培训班。亚太培训中心认真组织,精心实施,各期培训(研讨)班取得了圆满成功,得到了受援发展中国家和学员的一致好评,为上海市顺利完成国家交办的对外援助工作,及我国的援外工作事业做出了应有贡献。2010 年 11 月 14 日，上海市政府召开“上海市贯彻落实全国援外工作会议精神座谈会”，亚太培训中心应邀在会上作了经验交流发言。

为更好地服务国家战略和上海经济社会发展，市经济信息化委、市人力资源社会保障局和上海亚太地区经济和信息化培训中心三方于 2 010 全球城市信息化论坛期间，共同签署了《上海继续教育国际化人才培训合作框架协议》，就加快推进上海继续教育国际化进程，积极引进国际优质教育资源，充分利用联合国训练研究所的国际培训平台和国际资源，依托联合国训练研究所全球专业人才认证中心，积极开展上海继续教育国际化人才培训，培养高素质国际化人才等达成合作协议。亚太培训中心成为全球专业人才认证中心上海培训基地。

【“两化融合”培训】 2010 年，市经济信息化委在全市航空、钢铁、石化、汽车、装备、船舶、信息产业、消费品、现代物流以及生产性服务等行业，针对 2 000 名企业管理和技术人员开展“两化融合”培训。在开展“两化融合”培训中，先后组织专家，开发了“面向节能减排的企业能源模型与能效评估”、“业务流程管理与应用案例”、“现代产品设计方法”、“中小企业扶植政策解读”、“未来通信技术与物联网”、“智慧的云计算”、“打造数字化制造企业，实现工业化与信息化的完美融合”、“冶金自动化三电控制技术”、“中小企业信息安全”、“工业软件测试”等 10 余门有针对性的培训课程。并分别制作了“物联网”、“云计算”、“节能减排”、“业务流程管理”、“政府扶植政策解读”、“制造装备业两化融合”、“汽车制造业两化融合”、“钢铁制造业两化融合”、“石化行业两化融合”和“物流行业两化融合”等 10 个网络课件。还组织专家编撰了“两化融合”培训辅助讲义——《创建中国特色的工业化之路—信息化与工业化融合》和电视宣传片。浦东新区、松江区和宝山区政府主管部门及国资委宣传教育培训中心、信息安全行业协会、交通大学信息安全工程学院、交运集团、部分培训机构等 13 个单位参与了“两化融合”培训。至 2010 年底，共培训各类专业技术人员 2 151 人。

（蔡　霞）

二、信息化人才技能竞赛活动

【2010 年市信息安全技能竞赛】 为贯彻实施《上海市迎世博信息安全保障两年行动计划》，加快信息安全领域高技能人才队伍建设，吸引、选拔、储备社会亟需的信息安全专业人才，切实提高重要信息系统的信息安全防护能力，根据《关于开展“2 010 上海市职业技能竞赛活动”的通知》（沪人社职（2010）357 号），2010 年 10–12 月举办了“2 010 上海市信息安全技能竞赛”。本次竞赛组委会由市网络与信息安全协调小组办公室、市经济和信息化委员会、共青团上海市委员会等单位组成。本次技能竞赛由市信息安全行业协会承办，公安部第三研究所、市计算机病毒防范服务中心、市信息化青年人才协会协办。

本次技能竞赛有来自高校、信息安全企业、重点单位、政府机关、新闻媒体等共 190 名选手报名参加，技能竞赛分为职业赛和精英赛两个阶段四轮比赛。职业赛以信息安全师（国家职业资格三级）为考核标准，对符合竞赛鉴定申报条件且成绩合格人员，核发信息安全师（三级）国家职业资格证书。职业赛赛出个人一等奖 1 名，二等奖 2 名，三等奖 3 名和团体金、银、铜奖。精英赛赛出大奖 1 名，优胜奖 7 名。通过信息安全技能竞赛，发现了一批信息安全专业人才，营造了崇尚技能、尊重人才的良好社会氛围，加快了信息安全领域高技能人才队伍建设，为促进互联网的健康发展提供人才支持。

【首届国产基础软件应用技能竞赛】 首届国产基础软件应用技能竞赛于 2010 年 11 月 20 日上午在上海第二工业大学顺利举行。本次竞赛活动是“2 010 上海市职业技能竞赛活动”的组成部分，由上海市经济和信息化委员会举办，上海软件产业促进中心、上海市数字证书认证中心有限公司、上海市职业技能鉴定中心联合承办。参赛人员主要是软件企业在职人员、高校学生等。

活动自 2010 年 6 月份开始筹办，在市人力资源社会保障局职业技能建设处、市经济信息化委软件和信息服务业处、人事教育处的支持下，国产基础软件企业派出了一线骨干技术人员精心准备培训课程，上海大学、东华大学、上海第二工业大学、行健学院等 7 所学校共计 300 多名学生参加了职业培训；软件和系统集成企业共计 50 多人参加了企业班的培训。

本次竞赛共有 253 人报名，实际参加人数 108 人。经过竞赛裁判组评定，评出一等奖 6 名、二等奖 10 名、三等奖23名，优秀组织奖4名、优秀辅导员奖2名。通过此次培训和竞赛活动，学生和高校教师进一步了解了国产基础软件，提升了学习运用国产基础软件和参加比赛的热情。竞赛结束后，基础软件企业到学校进行了招聘活动，并将对参赛学生提供后续的就业实训和指导。

三、信息化优秀人才评选

【市信息化领域上海领军人才推荐选拔】 根据全市的统一部署，2010年继续在市经济信息化系统和领域范围内，组织开展了上海领军人才的选拔推荐工作。通过系统和直属单位、高新技术产业化项目承担单位、行业协会和中小企业办等渠道，进行了广泛发动。在各专业处室和领域负责人、联络员对107份申报材料进行筛选的基础上，组织专家对46位初选名单进行了评审，按程序上报了34名候选人。有12人入选2010年上海领军人才地方队培养计划。其中，市信息化领域中芯国际集成电路制造(上海)有限公司首席运营官、首席技术官杨士宁、上海未来宽带技术及应用工程研究中心有限公司副总裁高义河、上海复旦数字医疗科技有限公司总经理宋志坚、中国电信上海公司信网部总经理、党委书记傅志仁等4人入选2010年上海领军人才地方队培养计划。

【"上海IT十大新锐"评选】 历时半年、广受社会各界关注的"中国移动全球通"第九届"上海IT青年十大新锐"评选结果于2010年12月13日揭晓，卜广齐(上海易迅电子商务发展有限公司首席执行官)等十人当选为第九届"上海IT青年十大新锐"。王正军(东方有线网络有限公司技术总监)等十人荣获提名奖。上海市副市长艾宝俊、市经济信息化工作党委书记潘志纯、共青团上海市委书记潘敏、市经济信息化工作党委纪工委书记、机关党委书记黄肇达、市经济信息化委副主任刘健等出席颁奖典礼。本次评选活动是在团市委、市经济信息化工作党委、市经济信息化委、市青联的指导下，由市信息化青年人才协会、中国移动上海公司等单位共同主办。活动自6月份开展以来，得到了各级组织的高度重视和社会各界的广泛关注，上海IT领域青年踊跃报名参与。

在第九届"上海IT青年十大新锐"20名正式候选人中，既有从事信息技术研究开发、信息基础设施建设和信息产品发明创造的青年人才，也有推动不同行业和领域信息化的青年专家。他们普遍在所处领域取得突出成绩，领军人物形象鲜明，在社会上产生了积极而重要的影响。本届人选还有三大特点。一是服务世博、奉献世博成为新亮点。二是大多集中在上海高新技术产业化聚焦领域，重点为软件和信息服务业领域、电子信息产品制造业领域，符合上海产业发展方向。三是80后优秀IT青年人才崭露头角，成为上海IT人才队伍中青年生力军的代表。

举办"上海IT青年十大新锐"评选活动，具有服务上海人才队伍建设和推动上海信息化发展的双重价值和特殊意义。通过"上海IT青年十大新锐"评选，必将挖掘、选拔出更多的信息化领域青年人才，从而有力推动信息化领域青年人才队伍建设。

【2010年度"上海青年高端创意人才"评选】 为贯彻落实市委、市政府创意城市推进工作会议精神，以"设计之都"建设为契机，推进本市文化创意产业发展，创新青年创意人才的培育机制，共青团上海市委、中共上海市经济和信息化工作委员会、上海市经济和信息化委员会于2010年8月起联合实施了本年度"上海青年高端创意人才促进计划"（以下简称"创意人才计划"），旨在从工业设计、时尚设计、建筑与城市设计、室内装饰设计、平面设计、多媒体艺术设计等领域发现、培育和造就一批青年高端创意人才。

"创意人才计划"得到了社会各界的广泛关注和青年创意人才的积极响应，在社会上引起了较大反响，活动社会参与度广、参与人才层次高，共收到近百份申请材料。经专家委初选、征求相关党组织及单位意见、社会公示，主办方于2010年12月12日举行了正式候选人终审答辩会，根据现场评审结果，最终叶峰、张青雷、武学凯、王虹、丁伟、高文艳、黄雯、娄永琪、顾军、汤朔宁等10人荣获"2010年度上海青年高端创意人才"，艾弥尔、吉承、刘灿明、凌雅丽、杨明洁、姚兢、宋波、彭克智、沈静、华娟、卢晨等11人荣获"2010年度上海青年高端创意人才入围奖"。

为进一步展现上海青年的创意设计成果，营造社会创意创新氛围，团市委、市经济信息化委、文广集团还于2010年12月19日在长宁区红坊创意产业集聚区举行了"行动·派——2010上海青年创意日"活动，汇聚了一批沪上创意设计、文艺、娱乐等领域的知名人士和青年新锐，进行现场讲演、互动和创意主题秀。主办方还举行了“创意日盛典”和获选人才的颁奖仪式，市政府副秘书长肖贵玉、市经济信息化工作党委书记潘志纯、团市委书记潘敏等有关领导出席活动并为获选人才颁奖。

（市经济信息化委人事教育处）

第三章　信息化研究与咨询

概　述

2010年，第五届上海市信息化专家委员会按照市国民经济和社会信息化领导小组的部署要求，围绕全市信息化建设的主要目标和重点任务，积极开展专题报告会、专辑咨询会以及课题调研等多种研究和咨询活动，为深化上海信息化建设、促进信息产业平稳较快发展发挥了应有作用。

上海市互联网经济咨询中心在市经济和信息化委员会的领导下，积极开展两化融合、信息服务业“十二五”发展规划等研究咨询活动，积极做好信息人才培训、软件测评、信息化项目测试服务等工作，并成功承办了2010全球城市信息化论坛，充分发挥了中心在全市信息化建设中的研究、咨询、支持、服务等作用。

（金海勇）

一、上海市信息化专家委员会

2010年，第五届上海市信息化专家委员会（以下简称专家委）按照上海市国民经济和社会信息化领导小组（以下简称市信息化领导小组）对全市信息化工作的部署要求，在上海市经济和信息化委员会（以下简称市经济信息化委）的指导下，围绕全市信息化建设的主要目标和重点任务，积极开展多种形式的研究和咨询活动，提供决策咨询服务，为深化上海信息化建设、促进信息产业平稳较快发展发挥应有作用。

【召开专题报告会】 发挥专家委员会专业性、综合性的优势，在本市信息化战略规划的制定、信息化推广应用等方面进行广泛、专业、深入的探讨。一是按照市委、市政府开展“十二五”规划大讨论的要求，围绕本市产业和信息化“十二五”规划的编制，召开“十二五信息化规划专题报告会”，就“十二五”上海信息化发展形成共识、破解难题、探索思路。二是举办“三网融合的发展与应用”专题报告会，分别从全球信息通信技术发展、应用、下一代广播网以及通信设备制造等角度，阐述了“三网融合”对信息化及信息产业带来的机遇和挑战。

【举办专家咨询会】 举办“上海信息化十二五发展规划专家咨询会”，作为全球城市信息化论坛分论坛之一，发挥专家委员会宏观性、前瞻性、协同性优势，为本市信息化“十二五”规划涉及的各方面问题提供决策咨询意见。会议邀请了国家信息化专家委和市信息化专家委对上海信息化“十二五”发展主线、趋势、重点与突破性举措，促进信息化与工业化融合、大力推广信息化应用、缩小“数字差距”等问题提供决策咨询服务。

【积极推荐专家】 一是推荐马永平、李光亚等八名专家担任第九届“上海IT青年十大新锐”评委会委员，提供专业评审意见；二是向市经信委专项资金管理与服务平台推荐专家委专家，纳入“专家库”，成为项目评审专家；三是推荐专家委专家进入本市“三网融合”专家委，为本市“三网融合”提供决策咨询。

【编写《信息化视点》】 针对热点、焦点问题，组织专家编写《信息化视点》，报送给市领导和委领导。现已编发两期《信息化视点》，分别为“互联网产业发展趋势及有关建议”和“三网融合实现的技术方案及带动的相关产业”。

【开展课题研究】 完成《上海市振兴互联产业发展战略研究》等重要课题；组织专家赴北京调研自主创新和信息服务业政策，借鉴兄弟省市成功经验，进一步促进本市信息服务业新技术、新模式、新业态的发展。

【全力服务世博】 一是会同世博局信息化部等有关

单位举办第三届“2 010 世博信息化研讨会”,以“可持续的世博信息化”为主题,重点探讨信息技术在中国2010年上海世博会的创新应用,以及对带动上海城市信息化建设、相关产业发展的作用和效应。二是信息化专家委专家积极参与世博建议和保障工作,在信息化应用、网络通信、信息安全等领域发挥重要作用。

【培训普及信息化】 继续与上海图书馆合作,聚焦智能生活、信息家电、电子商务等与市民生活密切相关的热点,举办“信息化知识系列讲座”。邀请顾晓鸣专家(复旦大学教授/博导)在上海图书馆主讲“传统文化和网络空间”;邀请张建军专家(中国电子科技集团第三十研究所/副总工)主讲“新计算模式带来的信息安全挑战”。

(潘君才)

二、上海市互联网经济咨询中心

上海市互联网经济咨询中心是信息化研究、专业咨询、合作交流及培训机构。2010年中心积极开展两化融合等信息化研究、信息化咨询、信息化合作交流和人才培训工作。

【“两化融合”发展水平评估】 通过自上而下建立四级指标体系,对上海市“两化融合”水平做出量化评价,反映社会信息化应用及服务环境、工业发展、高新技术产业化、大型企业及中小企业信息化基础、信息化应用等“两化融合”水平,检验两化融合推进工作的成效。参考国内已有“两化融合”成熟阶段的模型考虑,将“两化融合”水平分为三个阶段,详见下表。

2010年7月,上海市互联网经济咨询中心推进信息化与工业化融合研究中心发布了“两化融合”指数评估工作,主要内容包括建立指标体系;根据体系设计调查问卷;开展企业调查,梳理有关宏观数据;计算出上海“两化融合”发展水平指数。

该评估工作共调查企业294家,其中大型企业78家,中小企业216家。范围覆盖钢铁、汽车等上海推进“两化融合”行动计划(2009—2011年)重点推进的十大产业领域。

2010年发布的上海市2009年“两化融合”发展水平指数为69.38分,根据两化融合阶段划分模型,上海市“两化融合”水平处于由中级融合到高级融合的发展阶段。其中,社会环境水平已经初步达到高度融合水平,大型企业为正在成熟中的中级融合水平,中小企业刚刚步入中级融合水平,已较大幅度超越初步融合水平。

(曹惠芳 辛 竹)

【研究咨询】 2010年中心除两化融合相关研究课题外,完成上海信息服务业发展情况报告、上海软件和信息服务业领域人才规划、IT治理研究课题、信息基础设施“十一五”发展报告、嵌入式软件分类统计研究、上海市信息服务业“十二五”发展规划预研究、上海市高新技术产业化软件和信息服务业统计指标体系等研究工作;开展电子政务项目绩效评估试点工作,起草《关于规范和完善电子政务建设的招投标管理制度》、《关于完善电子政务建设过程的监督与管理制度》研究报告;改版《经济和信息化研究内刊》,针对热点工作开展研究,做好信息化投资评估管理和咨询服务。

【合作交流】 2010年9月中心成功承办2 010全球城市信息化论坛,将连续举办七届的亚太地区城市信息化论坛成功转型为全球论坛。论坛期间举办了联合国与中国南南合作30周年成果展和上海信息化应用成果展。

2010年上海世博会期间,中心积极参与世博会“信息化与城市发展”主题论坛;策划组织信息技术促进绿色工业发展论坛;承办联合国经社事务部“热爱地球、拥抱明天、多样文明”论坛;配合世博会联合国馆联合国训练研究所活动周开展活动。

指数得分	等 级	状 况
30-50	初步(局部)融合	信息技术处于尝试与起步阶段,能够提供基本支持,满足企业基本需求。
51-80	中级(基本)融合	信息技术应用趋于全面,对于企业业务支撑能力较强。企业信息化成效开始明显化,初步实现决策支持。
81-100	高度(全面)融合	实现信息技术的全面应用,实现信息资源的全面互享、共通,实现企业决策智能化。

【人才培训】 中心下属上海亚太地区经济和信息化人才培训中心成为全球专业人才认证中心、商务部援外培训基地、上海市两化融合培训基地、上海市创意人才培训联席会议办公室及国际软件测试认证培训基地。2010年举办或协办了商务部"发展中国家信息技术应用"援外培训班、科技部援外培训项目、市两化融合高级研讨班、系统集成项目经理培训班、上海市创意人才政府官员培训班和园区管理者培训班、联合国训练研究所高级信息安全专家培训班等。

在上海重点开展的"'两化融合'2 200人才培训计划"(即:完成200个高级管理人员及2 000个专业技术人员培训)中,CIFAL中心负责高级管理人员的培训。2010年,CIFAL中心共举办了3期面向高级管理人员的市"两化融合"研讨班、2期系统集成项目经理培训班,协调举办了上海市创意人才政府官员培训班和园区管理者培训班,还举办了ISTQB国际软件测试认证研讨会,并联合举办了ISTQB软件测试高峰论坛,以及3期联合国训练研究所高级信息安全专家培训班等。

(曹惠芳 吴玉刚)

【软件评测】 2010年中心下属上海市软件评测中心有限公司围绕落实国家软件产业政策,开展软件产品登记测试、软件著作权代理、软件成果鉴定测试、产业化专项资金验收测试、司法鉴定测试等各类测试服务,完成软件著作权登记872件,软件成果鉴定136件,为政府专项资金项目验收测试107项;合作编制《固定资产投资项目电子政务软件系统验收测试规范》;承担了闸北"健康云"、上海市住房保障事务中心摇号软件等重要项目的专业测试服务。

【企业服务】 中心下属评测中心依托"一门式"窗口服务,深入到电力、金融、机械制造、精密电子、电子商务、文化传媒、医药、农业等行业领域,完成软件产品登记测试1 482个、服务软件企业700多家;完成了中国商飞、中国外汇交易中心等一系列有关两化融合、电子商务及社会领域信息化项目的测试服务;完成了对49家新申报计算机信息系统集成资质(三、四级)的企业审核及对38家换证企业复审和对申报集成资质(高级)项目经理的346人审核;完成146家企业年度监督检查的汇总及统计工作。

2010年中心共为包括电气集团、上港集团在内的数十家企业提供了企业信息化规划、项目建议书、可行性研究报告的编制、项目监理、项目管理、系统评测及项目绩效评估等服务。

(曹惠芳)

第四章 信息化宣传

概 述

2010年市经济信息化委参与组织策划或者协助开展的新闻宣传活动共计53次，组织或接待新闻采访活动50余次。新华社、中央电视台、人民日报、SMG电视新闻中心、SMG广播新闻中心、解放日报、文汇报、新民晚报等全国和本市主流媒体宣传报道1 000余篇。其中推进高新技术产业化工作系列宣传、感知上海系列宣传活动、首届全球城市信息化论坛、节能宣传周系列宣传、创意城市及上海国际创意产业活动周系列宣传工作等新闻宣传工作的开展，配合了市政府及委内相关业务工作的推进，取得积极成效。

一、综合性工作宣传

【世博系列宣传活动】

世博期间持续开展系列宣传活动。组织新华社、人民日报、经济日报、中央电视台、上海电视台、解放日报等主流媒体对世博新能源汽车示范运行、太阳能光伏项目、TD-LTE、LED半导体照明、物联网、智能电网、网上世博会等进行了大量报道，取得了良好效果。

根据市政府的安排，在世博新闻中心举行低碳世博新闻发布会，向来自全球的境内外媒体，发布低碳世博和上海推进高新技术产业化、加快结构调整和转型发展的情况。

合作外媒，借助全球绿色经济峰会着力宣传可持续发展。2010年6月7日至8日，50多位来自政府，企业，机构及学术界的高层代表，总计510多名包括政府官员和代表，国内外重要企业高管，绿色环保机构代表，可持续发展专家学者等。中国企业联合会、中国企业家协会会长王忠禹、市长韩正、国家发展改革委副主任解振华等出席。

【2010世博信息化研讨会】 2 010世博信息化研讨会以“可持续的世博信息化”为主题，重点探讨信息技术在中国2010年上海世博会的创新应用，以及对带动上海城市信息化建设、相关产业发展的作用和效应。上海市经济信息化委、上海市信息化专家委员会、上海世博局相关部门以及IT业界近200人出席了研讨会。研讨会就世博园区部署“城市光网”、提供“世博百事通”服务、推进“绿色世博”建设、网上世博会建设、4G预演、掌上世博推出、世博手机票开发、“车务通”研发、移动信息亭设立、绿色基站建设等一系列世博信息技术应用展开研讨，展示典型应用，系统介绍新型信息技术为此次世博带来的精彩与便利。新华社（上海分社）、《人民日报》（上海分社）、《解放日报》、《文汇报》、SMG电视新闻中心、SMG广播新闻中心等多家新闻媒体进行了深入报道，报道文章30余篇。

【2010上海国际信息化博览会】 国内电子信息产业规模最大，最具影响力的“2 010上海国际信息化博览会”于3月16日至18日在上海新国际博览中心举行。本届信博会由6个展览会和19个论坛组成，覆盖了当今世界几乎所有电子信息产业的最新技术和发展方向，6个展览中除了业界著名的“国际半导体设备与材料展览会”，“慕尼黑上海电子展览会”、“慕尼黑激光、光电展览会”以及“中国国际电子电路展览会”以外，新增了“中国国际太阳能技术展览会”和“中国国际平板显示展览会”，进一步增强了信博会的整体规模效应。本届信博会参展商2 280家，展览面积达11万平方米。我委组织新华社（上海分社）、《人民日报》（上海分社）、《解放日报》、《文汇报》、SMG电视新闻中心、SMG广播新闻中心等多家新闻媒体进行了会前会后深渡采访与报道，进一步扩大宣传范围，加强宣传力度。

【2010年首届全球城市信息化论坛】 9月25日，以“信息化促进城市科学发展”为主题的2 010全球城

市信息化论坛举行，来自亚洲、欧洲、澳洲、美洲和非洲的40个国家、54个城市、49个国际组织350多名代表参加了本届论坛，集中讨论信息化与工业化融合、信息技术创新发展、消除数字鸿沟等方面问题。同时，作为世博成果，全球城市信息化论坛秘书处在沪设立，作为推进全球论坛可持续发展的常设机构。我委抓住多重新闻点，组织中央、本市以及境外40余家媒体，通过专题专访，通气会、大会采访等多种形式，营造出良好的舆论环境。

二、重点工作宣传

【上海市推进高新技术产业化系列宣传活动】 2010年7月，对高新技术产业化近期成果进行了一次总结性的盘点，组织上海电视台、上海电台、新华社、《解放日报》、《文汇报》、凤凰卫视、第一财经频道、《经济日报》、《人民日报》、《新民晚报》等多家媒体参观高新技术产业化展，了解高新技术产业化最新成果与进展，此次高新技术产业化展以实物展示为主，聚焦新能源、新能源汽车、新医药、新材料等多项重点领域，反映关键技术突破，综合体现了上海的核心竞争力，也为上海高新技术产业化持续推进搭建良好舆论平台。目前，各媒体已刊播相关报道629篇。

【推进云计算产业快速发展系列宣传活动】 组织上海云计算产业发展系列采访活动，明确将通过突破虚拟化核心技术、研发云计算管理平台、建设云计算基础设施、鼓励云计算行业应用、构建云计算安全环境等五个产业发展方向，推进云计算核心技术创新工程、基础设施提升工程、典型应用示范工程、产业环境配套工程、专业人才培养工程、信息安全保障工程等六项重点工程，2010年9月，组织上广《市民与社会》“云计算”专题新闻采访。就“云计算”的相关情况由浅及深地作了全面的介绍，并就安全性、实践性、政府扶持、推进措施、使用费用等一系列问题解答了媒体及百姓的疑问，并就“上海市云计算创新基地”在杨浦区启动做了全面报道，起到良好的宣传作用。

【“感知上海”系列宣传活动】 2010年6月，围绕“四个确保”的要求，在2008、2009年成功安排创意产业采访线的基础上，结合本市创意产业发展的新情况、结合世博召开为本市创意产业发展带来的新气象，筛选了尚街、8号桥、M50作为采访点，邀请相关产业领导及负责人、为世博作设计服务的中外设计师代表、业界权威人士等进一步结合形势和特点，进行了深入沟通与挖掘。

8月，围绕高新技术产业化推进情况，配合开展“世博与上海高新技术产业化”系列宣传活动，面向世博会注册记者邀访高新技术产业化展、上海超算中心(工业仿真)、世博智能电网智能变电站和浦东示范运行小区、临港产业园区、爱普生磁性器件有限公司(目前国际上最大的黏结稀土磁体制造商)、新傲科技股份有限公司(目前国内最大外延晶片生产企业)、三思科技(LED产业)等一批上海高新技术产业基地(园区)和具有一定新闻性的企业，利用全球关注世博的新闻宣传溢出效应和上海高新技术产业化展的契机，为上海加快培育战略性新兴产业、大力推进高新技术产业化工作营造良好的舆论环境。

此次“感知上海”创意产业和高新技术产业化系列采访活动共组织记者13批次，包括美联社、读卖新闻等境外媒体在内的136家382人次记者报名，据不完全统计，各媒体已发表相关报道409篇。树立了上海产业的良好对外形象。

【2010上海推进软件和信息服务业高新技术产业化活动周】 2010上海推进软件和信息服务业高新技术产业化活动周开幕式暨企业家高峰论坛于12月7日召开，活动周由20项活动组成，内容涉及云计算、游戏开发、基础软件产业链创新、移动互联网、3D内容产业发展、网络视听、数字出版、企业信息化高峰论坛等热点行业、产业话题。随着本市高新技术产业化持续推进，产业技术和应用创新持续深入，推动云计算、移动互联网、物联网等新领域迅速涌现，上海建立了市级层面的软件和信息服务业联席会议，形成产业发展合力，在重点领域、行业共性技术研究、产业自主创新能力培育、产业基地和园区建设、支持企业上市融资、加强公共服务体系建设，实施国产基础软件、云计算和工业软件振兴计划等方面营造产业环境。中央电视台、上海电视台、解放日报、文汇报等多家新闻媒体做了相关报道，并于活动周期间，开展了系列深入报道与专题报道，总计报道数30余篇。

【2010年上海市节能宣传周】 2010年6月中旬，以“节能攻坚、全民行动”为主题的2010年上海市节能宣传周开幕，今年是实现“十一五”节能减排目标的决战

之年，确保完成节能减排约束性指标是演绎好上海世博会“城市，让生活更美好”主题的重要内容，市经济信息化委组织多家中外媒体进行了系统深入的报道与宣传。

【上海创意产业系列宣传活动】 2010年2月26日，举行市政府专题新闻发布会，就上海加入联合国教科文组织“创意城市网络”作了相关情况介绍。明确上海要建设“四个中心”，实现“四个率先”，必须加快创新步伐。创新和创意已成为上海综合竞争力的重要资源。上海将从营造良好的产业发展环境、促进创意优秀人才和企业集聚和积极开展国内外交流与合作三方面入手，进一步推动产业加速发展。

9月15日，以“创意后世博”为主题的2010年上海国际创意产业活动周举行。来自韩国首尔、日本神户、富山等设计之都和城市的代表出席活动周。借世博召开，全球大量创意人才，创意企业和组织齐聚上海之契机，着重宣传市经济信息化委将进一步催化由“上海制造”向“上海智造”提升。

【首届全球物联网产业发展(上海)论坛】 本次论坛是目前国内最专业和国际化的物联网产业盛会之一，以“中国智慧，感动世界”为主题，分为一个主论坛和应用、技术两个分论坛。邀请工信部和上海市主管领导、物联网行业权威专家和精英，汇聚国内外领军企业及相关行业组织，分析物联网产业技术、应用的发展现状及趋势，介绍国家和上海物联网产业发展情况和产业政策，分享国内外成功案例，探讨上海物联网产业未来发展之路。中央电视台一套、中央电视台二套、上海电视台、上海电台、新华社(上海分社)、《人民日报》(上海分社)、《解放日报》、《文汇报》等多家主流新闻媒体进行了深入报道，报道及转发新闻稿50余篇。

【上海市窗口服务行业“迎世博银行卡刷卡无障碍立功竞赛活动”】 实现窗口服务行业“刷卡消费无障碍”是市委市政府《迎世博600天行动计划》明确提出的工作目标。世博前夕上海主要商业街区、旅游景点、星级宾馆和世博园区及周边重点商户等重点区域和行业已基本实现刷卡无障碍，银行卡应用从传统商业领域拓展到了火车票售票、小额支付等方面。根据中国银联的综合评估，上海的银行卡支付环境保持国内领先，基本达到了国际先进水平。上海电视台、上海电台、新华社(上海分社)、《人民日报》(上海分社)、《解放日报》、《文汇报》等多家主流新闻媒体进行了深入报道，报道及转发新闻稿30余篇。

【参与“政风行风热线”宣传工作】 2010年市经济信息化委王坚主任，尚玉英副主任等两次做客上海人民广播电 台“政风行风热线”节目。节目中明确了我委以部门作风的改进、行政效率的提高和政务环境的优化为基础，进一步做好保障世博、提高效率、公开透明、服务企业四方面工作，同时也对今年我委的重点工作，如世博保障和服务、高新技术产业化推进等一系列工作情况作了全面的介绍。并与听众进行了交流与问答。与广大市民进行零距离交流。了解市民想法，倾心听取意见。

(承巍巍)

第五章 信息化社团

概 述

2010年上海信息化系统协会、民办非企业单位等，围绕全市信息化重点工作，跟踪行业动态，承接重要课题，加强前瞻研究；搭建交流平台，推进政策落地；开展标准建设，促进产业发展；加强行业自律，加大服务企业力度，充分发挥了政府和企业间的桥梁纽带作用，各项工作取得新的进展。

一、行业（专业）协会发展

上海市通信制造业行业协会

【概况】 2010年，协会在理事会的领导下，在广大会员单位的大力支持下，围绕全年的工作计划，用实际行动参与世博、服务世博、奉献世博，积极代表行业的共同利益，充分发挥助推器功能，内联外拓，打造服务平台，不断加强协会自身建设，积极推进本市通信制造产业结构调整和升级等方面开展卓有成效的工作，取得了良好的业绩。

【精心组织，编写课题】 2010年，协会先后承接完成市、区二级政府委托编写报告12个，其中《上海通信制造业"十二五"发展规划预研究》、《上海通信设备制造业自主创新重点领域、机制和路径研究》、《黄浦区移动互联产业中信息终端发展规划研究》等5个课题。在编写《上海通信制造业"十二五"发展规划预研究》报告时，协会召开了多次专家论证会，广泛听取资深专家意见和建议，多易其稿。报告较全面地论述了通信产业的现状和发展趋势，分析了上海通信产业的机遇和挑战，提出了上海通信产业的总体思路和发展目标，阐述了上海通信产业发展的六大重点领域和和重点实施工作，使规划具有前瞻性、科学性、实效性，为本市新一轮通信产业发展提供了科学的决策依据。

2010年初协会承接浦东新区经信委委托编写《浦东新区电子信息制造业产业发展研究报告》，该课题通过摸清集成电路、光电子和通信制造业等行业的基本情况，梳理出产业发展的主要领域、重点企业、重点区域，为制定本市电子信息制造业"十二五"规划，为新区新一轮产业发展奠定了基础。

【推进本市物联网产业的发展】 2010年以来，协会在推进本市物联网产业发展做了大量工作。协会陪同市经济信息化委领导专访嘉定区政府、上海微系统所、上海无线通信研究中心等二十余家业内企业和相关部门，了解上海物联网发展情况，掌握第一手资料，配合市经济信息化委推出《上海推进物联网产业发展行动方案(2010—2012年)》。

承办"全球物联网产业发展（上海）论坛"。本次论坛是在国家工信部、上海市政府的共同指导下，由市经济信息化委和浦东新区政府主办，上海世博集团，和本协会承办的大型公益性论坛，是国内最具专业化和国际化的物联网产业盛会之一，论坛以"中国智慧，感动世界"为主题，邀请工信部和上海市主管领导、物联网行业专家，汇聚国内外产业链上下游领军企业及行业机构，以主论坛+分论坛的展示形式，分析物联网产业技术、应用的发展现状及趋势，分享国内外成功案例，探讨上海物联网产业发展的关键要素，受到业内和媒体的高度关注，参会的代表达700余人。

在市经济信息化委的指导下，牵头组织筹备成立"上海物联网产业联盟"。从调研、起草方案、制定纲领、召开专家论证会，到揭牌、启动仪式长达半年时间，于2010年11月8日在"全球物联网产业发展（上海）论坛"上正式宣布成立。该"联盟"是由上海物联网产学研用各界20家领军企事业单位发起，以推动物联网的技术进步、应用推广和产业化为目标，以企业为主体，市场为导向，为上下游相关产业集聚创新和应用推广搭建合作平台，实现优势互补、资源共享、协同发展、推动行业标准制

升级及区域化布局调整研究》、《上海网游行业2 010行动方案》、《移动互联网发展研究》、《2009—2010中国动漫产业研究报告》以及《数城十年——上海信息服务行业十年发展报告》。上述这些研究不仅为政府提供行业数据以及规划建议，而且对信息服务业的发展起到了一定的促进作用。

【提升服务质量赢好评】 服务会员作是协会最重要的工作之一，协会在日常工作中切切实实急会员之所急，想会员之所想，真诚服务以心易心。2010年协会组织了40多次不同主题的会员活动，丰富多彩的会员活动得到了会员单位的一致好评。另外，为维护企业利益，为企业创造良好发展环境，协会积极协助企业申报各类项目基金30多个。2010年，协会还对市经济信息化委授权协会主办《上海信息服务业》杂志进行了改版，提高了杂志内容的质量，赢得了很多赞誉。正是求真求实的工作作风，协会赢得了好口碑，吸引了更多的会员参加协会,2010年协会又新加入会员41家，会员质量极高，其中不乏像上海移动、网宿、土豆、三星、LG、AMT、新浪乐居等行业内领先企业。

【整合组织架构趋完善】 这些年来，信息服务业发展十分迅速，新业态不断涌现。为了更好的推动整个行业发展，协会根据行业发展的新形势以及需要，相继成立了九个专业委员会、四个中心、三个联盟、一个工作组和一个基金会。

为了有效地推进协会工作，2010年初，协会根据实际情况，健全了协会秘书处职能部门，做到分工明确，责任到人。这8个部门分别是办公室、会员部、编辑部、项目部、培训部、会展部、国际合作部、法律事务部。

【开拓党建工作获佳绩】 作为协会工作的又一大亮点，党建工作紧紧与企业经济、协会工作、产业发展相结合。在探索两新组织党建工作上，协会党委取得了一定的成绩。目前，协会党委现有党支部31家，共有党员835名。2010年新成立党支部3家，发展新党员2名，预备党员转正10名。为加强党建基础工作，协会党委结合会员单位工作实际，制定了党支部“争先创优”活动竞赛要求，以党建推动中心工作和行业发展。同时，加强对支部书记的培训，组织赴韶山红色之旅。协会党委注重探索，注重解决当前党建工作中存在的多方面问题，还根据行业优势，运用“QQ群”、“飞信”、网络学习平台等信息技术手段，切实有效地落实了学实活动各项工作。在2010年2月26日北京人民大会堂举行的“社会组织深入学习实践科学发展观活动经验交流暨全国先进社会组织表彰大会”上，协会被民政部授予“学习实践活动先进单位”称号，全上海行业协会只有上海市信息服务业行业协会一家获此殊荣。

【协会工作经验受认可】 协会这些年来的工作逐渐得到了国家、市委办局、区县等相关领导的关注。2010年，国家民政部、民间组织管理局局长孙伟林、上海市人大常委会副主任、上海现代服务业联合会会长周禹鹏、市社会工作党委副书记王希俊、市经济信息化工作党委书记潘志纯、市经济信息化纪工委书记黄肇达、市经济信息化委副主任邵志清、市社会团体管理局局长方国平纷纷到协会调研，并均对协会这些年来的工作表示肯定。2010年12月16日，中共中央国家机关工委书记、全国人大副委员长华建敏到上海视察工作，在众多协会中点名上海市信息服务业行业协会作上海信息服务业十二五规划专题汇报。此外，协会作为先进典型于8月31日以讲座形式，在浦东与200多家行业协会的领导分享了行业协会发展的经验，得到了众多同行的共鸣。

（陆　静）

上海市信息家电行业协会

【发挥协会优势，推进产业发展】 2010年协会进行了多项课题研究，旨在推进信息家电产业又好又快向前发展。其中，《上海电子信息制造业发展研究报告——上海数字电视产业发展报告》收集了数字电视产业的创新产品数量、企业申请专利数量、产业分布情况等重要数据，客观分析了上海数字电视产业发展的优势和不足，并对上海数字电视产业健康发展提出了建议。考虑到新型显示终端产业是发展与壮大上海电子信息产业的支柱，为此，为推动新型显示终端产业发展，着手开展了“新型显示终端产业发展”课题研究，目标是通过课题研究，结合上海的产业特点和优势，前瞻性地提出产业发展对策措施建议，该课题研究的开题报告已与年内通过专家论证。

【坚持服务至上，扶助企业健康发展】 服务企业是协会每年的重要工作之一，2010年依然尽心尽力对待。年内，协助上海澳星科技公司“智能半程式交通信号处理产业化项目”申报并已获批；协助上海广电电器有限公司完成“数字电视一体机”产业化项目并完成验收；为促进早日建立上海下一代新型显示产业，协会积极推动激光显示产业的形成和发展，协助上海广电电子公司激光电视项目进行可行性分析，并协同编写相关报告，报告向有关主管部门提出上海建设激光显示产业并形成产业链的建议。与此同时，为促进上海特有的超短焦投影技术的产业化进程，协会还组织相关企业进行了多次交流与合作。

【继续推进标准制订与技术培训】 2010年，协会一如既往继续狠抓各项标准的制订及技术培训工作。年内，完成《高清会议电视系统规范》联合企业标准并通过验收。由协会申报的上海市地方标准《居住区信息系统网络互联技术规程》已由市建交委正式发文批准立项，编制工作也已正式启动。《家庭用电力线宽带联网设备技术规范》、《微型激光投影机技术规范》等二项标准，已通过专家组评审，列入市经济信息化委标准制订计划。其中《家庭用电力线宽带联网设备技术规范》已正式向上海市质量技术监督局申请为地方标准，《微型激光投影机技术规范》已向工信部申请为全国行业标准。另外，协会还引领智能家居有关企业组建RISI（居住区信息系统网络互联技术）产业联盟，组织联盟企业有关专家共同编制RISI技术标准，统一定义和接口，以实现联盟单位内部产品的互联互通。另一方面，协会为确保培训顺利开展所编撰的《信息家电行业岗位目录》正式通过了市经济信息化委人事处组织的专家验收。同时，在上年组织专家编写专业培训教材的基础上，2010年又组织有关专家编写了《数字电视图像显示与增强技术》与《数字电视地面广播传输国家标准中的关键技术》两门课程的教材、课件，两份培训教材、课件已经通过专家评审，受到好评。2010年度共组织"专业技术人员知识更新工程（653工程）"讲座培训1 026人次。

【搭建多种平台，为企业提供发展途径】 为了有利于会员企业间的合作与交流及提升各自的素质，协会牵头为企业搭建了多种不同的服务平台。一是"上海信息家电行业峰会"交流平台，该平台于2010年11月以"三网融合背景下信息家电终端产品发展趋势"为题举行了首次活动，仪电集团、上海电信、东方有线、上海交大、数字电视国家工程中心、全景、文广互动等单位的领导和专家就产业发展进行了广泛直接的交流与沟通；二是搭建行业诚信建设服务平台，开展企业诚信创建活动的宣传、交流、指导、服务，经协会的努力，已有近20家企业成为上海市诚信创建企业，五家企业已晋级为星级诚信企业；三是与上海电子产品维修服务协会共同组建"服务与维修联盟"，为有关企业牵线搭桥。四是与上海市研发公共服务平台管理中心签订《上海研发公共服务平台上海信息家电行业协会服务站共建协议》，在会员活动中邀请市研发服务平台到现场宣传推广，促进科技资源共享，更好地为企业提供科技公共服务。

【为企业寻找合作机遇牵线搭桥】 2010年5月应墨西哥上海总领事馆邀请，协会组织部分会员单位参加在世博园区内举办的中国、墨西哥交流峰会。中墨两国有关企业在现场进行了面对面的交流和沟通。6月应比利时上海总领事馆邀请，协会组织部分会员单位参加了世博会比利时——欧盟馆举办的"影像瓦隆——广电业的尖端科技"研讨会。同月，组织三鑫科技、联合光盘、网庭影音机构、三星、厦华、海信、泰金电子、天智电业、芯域微电子、二友科技等11家企业参加第二届上海电子展，参展的蓝光播放器、激光卫星投影机、3D投影机、数字一体机、家电节能插座、家庭联网报警系统、数字建筑智能控制系统、电力线以太网适配器，EOC同轴电缆等信息家电产品受到展会主办方和参观者的高度评价。

【为三网融合的早日实现推波助澜】 作为国家战略之一的"三网融合"是当今的一大热点，已受到全社会的高度关注，尤其是产业界，更是将其作为又一发展新机遇加以重视，并纷纷制定了付诸实施的行动计划。为了在"三网融合"的推波助澜上有所作为，协会在张江高科技园区管委会、张江集团、市经济和信息化委员会、市文化广播影视管理局等部门的支持和指导下，借助"2010年相约张江/第六届张江科技文化节"平台，于2010年7月7日举办了以"三网融合·机遇与挑战"为主题的第三届上海数字电视发展论坛"。本次论坛得到了市有关部门领导的大力支持，全国政协委员、市经济团体联合会会长蒋以任同志专门写了批示对论坛表示支持和祝贺；市文广局王玮副局长应邀出席论坛并作了题为《三网融合国家战略和上海发展机遇》的重要报告。参加本次论坛的还有上海交大、上海大学等教育科研机构，相关行业协会的领导和专家，上海数字电视产业链有关企业的领导及管理、技术、质量、销售专家，各中间件、软件、芯片、配套件等设备厂商的领导和专家，音视频产品销售领域有关商家的领导和市场专家，以及协会会员单位代表。当日下午，与会代表参观了位于浦东东方有线内的下一代广播电视网（NGB）国家级实验室，并在现场进行了互动交流。论坛的举办，为社会各界加深对三网融合国家战略的理解以及加深产业链各个环节间的沟通交流方面，起到了积极效果，受到与会代表的好评。

【主办、协办、承办各种研讨会】 2010年4月14日，协会与上海武宁科技创业园、苏州电子信息行业协会在苏州胥城大厦联合举办“共享平台服务资源，促进中小企业发展——暨上海武宁检测认证平台推广会”，苏州地区电子信息行业近百家企业参会。6月24日，受中电标协委托，协会承办的“2010年电子信息产业华东地区标准化工作研讨会”在上海奥林匹克俱乐部宾馆隆重举行，工信部电子信息司丁文武副司长出席会议并作了题为《电子信息领域标准化工作》的主题报告，市经济信息化委邵志清副主任、市科委张剑波处长、中电标协胡燕理事长到会致辞，工信部科技司甘小斌主任代表韩俊副司长作重要讲话。来自福建、山东、浙江、安徽、江苏、贵州、湖北、江西等省、市标准化主管部门、有关企事业单位的近百名代表出席会议并进行了交流研讨。11月4日，再次协办了在上海新国际博览中心举行的“2010年电子信息产品污染防治英雄会”论坛，工信部节能与综合利用司高振杰处长、环保部化学品登记管理中心高映新主任、环保部污染防治司李博洋博士以及来自SGS、Intertek的专家出席会议并做主题报告。11月11日，协办了在中科院上海学术活动中心举行的第七届数字电视与无线多媒体通信国际论坛，市经济信息化委副主任邵志清出席会议并作主题报告，世博信息化部副部长、同济大学教授程大章，中国电信上海公司总经理张维华等国内外知名学者、企业高层领导作了精彩的演讲。

（解　放）

上海信息安全行业协会

【概况】 2010年，协会工作的指导思想是，围绕安全世博，做好政府与企业信息的沟通与服务，并进一步加强协会的自律建设，以提高协会的桥梁功能。在市经济信息化委、市科委、市密码管理局、张江园区等部门的领导和支持下，协会围绕“服务”这一中心工作，继续为政府、为会员单位提供优质服务，在政府与会员、会员与用户、会员与会员之间发挥好纽带作用。同时，协会进一步发挥“服务企业、规范行业、发展产业”的作用，积极促进上海市信息安全产业的发展。

【切实履行职能，服务会员单位】 为加大上海市信息安全产业的宣传力度，带动信息安全技术与产业发展的融合，协会在“上海热线”上开辟信安频道，内容包括上海市相关政府部门的信息安全相关政策、活动信息；行业内企业活动内容、新产品发布介绍，获奖信息；信息安全培训以及信息安全服务。协会拟通过信安频道这个平台，综合企业、客户资源，建设上海信息安全综合服务平台。

为提高互联网上各类主体(个人和企业)交易行为的安全性和可信度，进一步推进和落实《电子签名法》，为网络诚信体系的建设奠定基础，协会与上海格尔软件股份有限公司、公安部三所等单位一起进行了《统一信任网络运营平台》开发工作，并已获得上海市科委重大项目支持。协会承担了其中《统一信任平台标准体系及其验证研究》子课题，目前完成了统一信任网络信用评价模型开发，并在发现宝网站上部署了网店评价和评分功能。

积极推荐协会会员单位参加“2010年上海城市公众满意企业”调查评选活动。经过推荐审定、专业评测、网络公示三个阶段的评选，“上海动联信息技术有限公司”榜上有名。推荐协会会员单位“上海市数字证书认证中心”为上海市名牌产品企业。

【开展行业调研，强化服务功能】 对协会会员单位进行上海市信息安全产品相关认证费用调研、信息安全企业所缴营业税(服务类)调研、动态口令企业产品检测需求调研，在得到第一手资料的同时形成《上海市信息安全产品认证收费调研报告》、《信息安全企业所缴营业税(安全服务类)调研统计》、《动态口令产品物理检测设备需求分析报告》，并分别上报政府职能部门，建议有关部门出台支持信息安全产业发展新政策。

经过为期半年的反复修改与讨论，在各方领导和专家的支持下，完成上海市网络与信息安全协调小组办公室和上海市世博局委托编制的《上海市民信息安全手册》，并印制15万册，在世博会开始前100天正式推出，通过社区、银行和电信网点，面向广大市民进行发送。

信息安全行业人才紧缺，流动比例较大，企业规模偏小，人员引进少量多次。针对这种情况，协会一是关注业内人才；二是与培训机构建立长期联系，关注基础人员；三是通过技能竞赛选拔人才。2010年，为络安信息、公安部第三研究所、启明星辰等公司推荐了包括技术带头人、核心技术人员和基础人员各级别的人才，对企业的产品研发等做出了贡献。

【举办专业展会和论坛活动】 2010年10月13-15日，在上海市网络与信息安全协调小组办公室的支持与指导下，由上海市信息安全行业协会主办，由上海市计算机病毒防范服务中心和国家信息安全成果转化（东部）基地协办的“2 010 中国信息安全技术与应用展览会暨 2 010 中国信息安全高峰论坛”在上海举行。

展览和论坛致力于信息网络安全技术的普及与应用，展示信息安全业界最新研究成果，为用户提供最新的、专业的、安全的产品及解决方案；并进一步宣传国家信息安全政策法规、交流信息安全技术、探讨信息安全产业发展前景，全面提升中国信息安全技术水平，更进一步提高全社会的网络风险防范意识，推动中国信息通讯业安全快速健康发展。

展会主题突出、专业性强，吸引了业内共 136 家信息安全企业和上海市一百多家重点单位参加展览与论坛。参展企业集中展示了防火墙、入侵检测、文件保护、病毒木马防范、内网安全、无线安全、身份验证、VPN、安全终端等信息安全产品。展会的顺利举办增进了政府职能部门与信息安全产品生产厂商的直接交流，同时，也为信息安全企业提供了一个展示产品、宣传品牌、交流技术、沟通信息、掌握市场现状、了解市场趋势的平台。

【加强业内交流，推进对外合作】 2010 年 4 月，组织张江高科技园区银晨智能、天融信、启明星辰等企业与上海市科委就“十二五”期间的发展方向进行了交流。2010 年 10 月，组织启明星辰、三零卫士等企业与浙江省经信委信安协调处、浙江省电子产品检测所，就两地信息安全产业发展情况进行了交流与沟通。2010 年 11 月，接待了韩国信息通信振兴协会一行 14 人到访协会，双方企业代表就两地信息安全产品、信息安全企业发展情况进行了友好会谈。

【开展标准制定工作和软课题研究】 为提高国内动态口令类产品的规范性、兼容性和安全性，应上海市动态口令产品生产厂家的研发和生产需求，协会牵头进行了《时间型动态口令类产品标准规范》编制工作，对动态口令类产品的序列号编码规则、口令算法、物理特性指标和检验方法等加以规范。

参与《上海市信息安全十二五科技规划》的调研与编写；编写《2010 年上海信息化年鉴》有关信息安全部分；开展《信息安全行业知识更新研究》、《信息安全从业人员信用管理研究》。

（朱方圆）

上海市信用服务行业协会

【概况】 上海市信用服务行业协会成立于 2005 年 6 月，协会现有会员单位 56 家，业务范围涵盖了信用管理咨询和培训、信用调查、资信评估、商帐追收、信用担保、信用保险、保理等领域。协会的业务范围是：行业调研规划、标准制定、学术研究、信息交流、咨询服务、培训及从业人员资质认定。协会通过互联网站、《工作简报》等形式与社会各界沟通联系、发布信息。

【积极参与行业发展调研，引领行业开拓创新】

1. 积极参与社会信用调查，努力完成课题研究。2010 年，协会受业务主管部门上海市经济和信息化委员会信用管理处委托，承担了《上海市政府部门和公用事业单位信用信息公开研究》、《商务信用信息开发利用机制研究》两个课题项目。协会充分依靠会员单位的智慧，形成合力，进行了大量的社会调查，对各类信用信息进行了全面梳理和有益的探索。如在完成《商务信用信息开发利用机制研究》的课题中，在副会长单位新华信国际信息咨询有限公司上海分公司的带领下，发挥了各参与课题的会员单位积极性，齐心协力，认真撰写。为了在课题中更好地借鉴阿里巴巴在商务信用信息开发利用方面积累的成功经验，协会特意组织课题组成员去杭州阿里巴巴总部进行学习调研，为课题研究拓展了思路，提供了很好的实例，同时也获得了诸多的启示。现在《商务信用信息开发利用机制研究》课题已通过专家评审，正式结题并形成项目书面报告，《上海市政府部门和公用事业单位信用信息公开研究》课题即将评审，为政府部门的决策提供了有价值的参考意见。

2. 积极参与本市“十二五”现代服务业调研，为行业发展建言献策。协会积极参与本市“十二五”现代服务业发展的调研工作，协会会长多次参加了由市发改委、市商委、市政府发展研究中心、市金融办、市经济信息化委、市委宣传部等部门关于本市“十二五”规划的专题报告会，协会秘书长参加了全国人大常委会副委员长华建敏来沪调研的座谈会。协会还多次接待了上海市政府研究室信息调研处、上海市经济信息化委信用管理处、浦东新区政府金融服务局、浦东市民中心等政府部门的来访，就本市信用服务业发展的情况进行了调研。协会还多次出席由上海市经济和信息化委员会、上海市征信管理办公室、上海市工商行政管理局、上海市金融服务办公室等政府部门组织的行业调研会，并在小组讨论会上，根据上海市经济方式的转变和经济结构的调整，提出了政府在发展信用服务业和制定“十二五”规划中的一些建议和措施。

3. 积极走访会员单位，开展行业调研，协助会员增加业务量。为不断增强协会的凝聚力和向心力，给会员单位一个“家”的温馨，2010 年协会做了大量的调研工作。本着一周一访的原则，走访了 37 家会员单位，倾听他们的意见，帮助他们解决了协会力所能及的实际问题，并给予会员单位活动的一些支持。通过走访，了解了行业内部的一些具体情况和实际问题，增进协会的凝聚力，密切了协会与各会员单位的关系。此外经协会牵线，协会还促成协会会员单位与上海市医疗器械行业协会、上海有色金属行业协会、上海通信制造业行业协会、第一钢市市场股份有限公司、上海电子信息产品再利用促进中心、上海市起重运输行业协会、上海染料涂料行业协会、上海市食品协会、上海市重型装备制造行业协会、上海市塑料行业协会、上海市会展行业协会、上海市集成电路行业协会、上海市软件行业协会等单位的业务合作，推动上海社会诚信体系建设的发展。

【搭建行业服务平台，创建行业发展新领域】

1. 搭建行业培训服务平台，提高和规范信用服务行业培训质量。为促进上海市社会诚信体系建设，更好地落实和开展协会信用培训、信用管理服务等工作，协会在经过了调研和听取各方意见后成立了上海市信用服务行业协会培训机构专委会，并通过选拔、考核，甄选出 17 名业务精通、口才好，在信用培训方面有经验的人员成为特邀讲师，同时选出了 9 名在业内具有较高声望和丰富经验的专家学者作为荣誉讲师，培训机构专委会的成立和培训讲师团的组建为今后协会做好上海市信用培训工作奠定了基础，同时也为进一步推动上海市社会诚信体系建设的宣传工作，做好上海信用服务行业助推企业发展等作好了准备。也为业内机构及优秀人才搭建起广阔的发展平台。

2. 发挥行业的平台作用，推进全市高等专业院校信用管理专业教材编写工作。为改变上海市地方性高等院校信用管理专业缺少高质量和有丰富实践经验的教材的现状，协会继续整合上海立信会计学院、上海第二工业大学、上海金融学院、上海师范大学四所设有信用管理专业的高校联合编写信用管理专业大学生教材，内容包括《信用管理概论》、《企业信用管理》、《信用风险管理》、《银行信贷与信用管理》。此次教材的编写旨在举上海市地方性各高等院校和上海市信用服务行业协会会员单位之力，集各高等院校有关信用管理专业教学经验和上海市信用服务行业协会会员单位的实践经验之智慧，编撰出一套既能与上海市地方性高等院校信用管理专业教学紧密配套的，又能作为行业培训信用管理人才的统编教材，目前该教材的初稿已基本形成，力争在 2011 年完成初审并正式出版。

3. 利用行业平台，提高业内人员把握资信评级质量的能力。为提高行业内人才素质和服务意识从而更好的规范信用服务行业，达到促进行业健康发展的目的，协会组织业内部分会员单位举行了名为“如何更好把握资信评级质量”的业内培训和交流活动。活动中，协会邀请了上海远东资信评估有限公司评级副总监刘春艳女士与上海联合资信评估有限公司评级总监方德生先生分别就“如何把握资信评级质量”进行主题发言。这次培训帮助业内人员进一步解了上海使用信贷评级质量制度情况、国内外的评级质量的不同，同时意识到评级机构必须建立起顺畅的沟通机制，在遇到诸如不同评级公司对于同一企业的评价出现差别，甚至出现有些企业为了得到好的信用等级而向两家评级机构提供了完全不同的两份审计报告这种情形时，能够及时、充分地沟通，从而能够对此类企业作出较为合理的判断。

【精心组织筹划好受会员单位欢迎的各类活动】

1. 推进商业征信业务的收费的合理性。为了改变商业征信业务收费标准不统一的现状，防止商业征信市场的恶性竞争，协会于 2010 年 6 月中旬邀请了部分从事商业征信业务的机构共同举行了“商业征信业务的收费价格”交流活动。培训活动中，协会邀请了新华信国际信息咨询（北京）有限公司上海分公司总经理周向军先生与上海杰胜商务咨询有限公司总经理李峰先生就“商业征信业务的收费价 格”进行主题发言，活动中大家强调商业征信报告的价格取决于市场，随着市场波动而波动，但政府使用的信用产品价格应有统一标准，大家建议政府有关部门及协会能依据商业征信准则制定参考价格。协会也通过此次活动，对商业征信业务收费的现状有了更深的了解，为出具上海信用服务机构收费调研报告提供依据。

2. 聚焦商账管理行业现状。近年来，商账管理公司作为新型的行业一直受到关注，为了很好地了解商账管理公司的现状，协会在 7 月联合众多从事商账管理业务的征信机构对商账管理公司目前存在的情况进行了交流。通过交流，协会了解到目前有些公司运营不规范，行业收费不合理，催款人员素质有待提高等问题，这些仍是制约商账管理业发展的主要因素，协会表示将考虑加强商账管理行业的自律工作、对从业人员进行资格认证等方法规范商账管理行业，促进其更快更好地发展。

3. 开展以企业为主体，行业协会积极参与的企业诚信创建活动。为了落实提升诚信经营水平,加强主要服务行业诚信建设水平和企业信用管理,营造诚信服务氛围的工作要求,将诚信建设成果落实到服务世博的工作中去,由现代服务业联合会和东方网主办,协会、上海市信息服务业行业协会和东方诚信在线等承办了上海市诚信企业创建活动。全市已有近5 000家次企业参加创建活动,有150多家行业设立了本行业"企业诚信创建"办公室,在行业内开展创建工作,有60多家行业协会在此次活动的影响下建立了本行业诚信建设网络管理平台。同时上海市"企业诚信创建"活动实现了线上线下的立体联动,建立了一系列信息平台,实现了在线全面展现活动全貌、实现行业监管等各项功能。

【立足发挥协调作用,加强行业自律】

1. 为了规范行业经营行为,加强行业内部自律,提高征信服务质量,提升行业社会认知度与行业公信力,实现自律框架下信用服务行业的健康发展,上海市信用服务行业协会于2008年就会同业内相关征信机构特制定上海市联合企业标准《商业征信准则》和《中小企业信用评估准则》并于当年发布实施。2010年协会继续对这两项标准进行宣传,于5月中旬邀请了参与标准制定的专家对标准进行了进一步解读。此次标准的宣贯对企业更好地解读和执行标准提供了帮助。

2. 在对已发布的评估准则进行宣传的同时,协会还根据信用服务行业的现状,采取新的举措规范行业,协会已起草关于成立上海市信用服务行业投诉中心的设想,旨在惩戒征信机构在信用服务中出现的不法行为和处理不合规的行为及调解各种纠纷。

3. 协会正重新研究和制定《信用服务行业质量控制基本规范》,以规范上海市信用服务行业质量控制,保证执业质量。

4. 对上海市本行业的各类信用产品的收费价格进行了全面的调研,并在此基础上,将上海市本行业的各类信用产品的收费价格调研情况进行不定期汇总,予以公布。

5. 协会继续做好上海市名牌企业的推荐和协调工作,会长单位上海市资信有限公司在2010年获得了上海市名牌企业的称号。

【进一步拓宽合作交流的渠道】

1. 推进两岸信用管理行业的交流。2010年11月中旬,由协会副会长单位上海远东资信评估有限公司和会员单位上海中征咨询有限公司的母公司中华征信所企业有限公司等单位联合主办的"后ECFA迎接两岸信用管理新挑战—— 2 010两岸信用管理论坛"在上海举行。协会作为协办单位积极推动论坛的举行,在积极邀请贵宾和协调会员单位参与论坛中,协会发挥了积极的作用。论坛有200余人共同参与,主要研究两岸信用体系建设、金融体系建设、风险管控及经贸合作相关信用管理问题,展望两岸经贸合作与共同市场,研讨后金融危机时代的信用管理与全面风险管理。此次论坛的举办对两岸人士进一步研讨经贸合作与风险管控,探讨两岸在金融及信用领域的建设、管理经验与教训,互相提供借鉴与启示具有深远意义。

2. 推进上海与大连信用服务行业间的交流。为加速协会发展,推进大连市社会信用体系建设,解决行业共性问题和实现政府与企业之间的双向沟通协调,大连市信用协会副会长司红梅及秘书长颜彦一行走访了协会,双方介绍了各自地区在推进诚信建设过程中的经验,同时表示今后会继续加强交流与合作,进而推进上海与大连信用服务行业的诚信建设的发展。

【积极发挥协会平台作用,发挥桥梁作用】

1. 牵线搭桥,嫁接商机。协会非常重视行业商机的嫁接,为会员与会员、会员与政府、其他行业协会等牵线搭桥,提供商机,如4月中旬,经上海现代服务业联合会组织,协会带领上海东方企业信用征信有限公司、上海仁信保险经纪有限公司等会员单位来到芜湖市参加皖江城市带电子商务发展论坛等活动,并在对芜湖市部分地区的服务业进行考察的前提下,与该市相关部门共商合作意向,谋求共同发展。

2. 借助协会平台,提供服务信息。2010年协会继续通过协会网站和不定期简报这两个宣传平台,宣传会员单位品牌,发布国家有关信用服务的政策法规,交流各方面信息及行业动态,网站保证时效性,有任何重要信息,协会都第一时间通知各会员单位。如12月举办的"2010年上海诚信活动周",协会第一时间发布信息,并组织会员单位参与网上论坛,就所关心的上海社会诚信体系建设和上海信用服务行业发展的相关问题,与上海市经济和信息化委员会副主任,市诚信体系建设联席会议办公室、市征信管理办公室常务副主任陈跃华先生在线进行了交流。

(朱晓玲)

上海市信息系统质量技术协会

【概况】 上海市信息系统质量技术协会是经上海市社会团体管理局核准登记,具有法人资格的专业协会。

隶属于市经济和信息化委员会,2003年11月成立。协会主要业务是提供质量技术工作咨询、交流培训、标准化建设服务、开展产品质量比对,接受政府委托事项等。截至2010年底,共有会员单位61家。

2010年协会深入学习和发扬世博精神,以邓小平理论和"三个代表"重要思想为指导,着力转变不适应、不符合科学发展观的思想观念。在理事会领导下,积极联系市经济信息化委与市质监局相关的领导处室,全力推进信息化标准、上海市名牌、企业之间的桥梁和政府交办工作,积极开展以质量安全为主线的技术服务和质量咨询服务,加强协会内部建设,团结一致,克服困难,2010年协会工作取得了显著进步,全面实现了年初提出的工作目标。

【开展标准化建设和管理】 2010年信息化标准项目申报工作7月在市经济信息化委网上公示,相关企业和行业协会共申报了34个标准项目,通过专家评审,最后经济信息化委批准立项的标准项目共19项。其中5个已列入国家标准,1个已列入行业标准,2个已列入地方标准,11个为联合企业标准。标准水平有了明显提高。

【世博会信息化系列技术标准的制定】 针对世博信息化标准方面的需求,以上海市标准化研究院为主的标准起草单位,在积极开展了世博信息标准体系框架研究的基础上,以"科技"元素为技术支撑,开展了7项(含2009年3项)世博会信息化系列技术标准的制定。

《世博会电子票务系统应用规范》标准规范是迄今以来世界会展业最大规模的RFID票证应用系统。该标准使用了具有自主知识产权并符合国家对密码管理的要求的密码算法对门票防伪和票务系统数据传输进行加密。该标准的制定,保证了世博会电子门票、售检票终端及其应用系统的设计、开发、应用各方在技术上的互相协调;保证世博会票务系统平台在安全、可靠、高效的环境下运行并与外部系统顺畅衔接。该标准获得"中国标准创新贡献奖"三等奖。

网上世博会是世博会156年历史上的第一次,而《基于因特网的世博会体验型展馆平台接入规范》标准的制定,对参展国建立的体验型展馆进行了规范,保证了网上展馆在世博会期间顺利运行,让人们通过互联网对各国展示的展品和相关内容进行体验。

《世博会信息化软件质量控制管理》、《世博会信息系统数据交换规则》等标准的制定,通过科技手段对世博会期间的软件开发、数据交换平台、世博信息系统运行维护、世博会业务系统信息安全建设等方面进行统一技术规范,从而满足支撑办好上海世博会的需求,为实现"科技让世博更精彩"的目标贡献一份力量。

【车载导航信息广播接收应用规范】 由上海市交通电子行业协会承担的《车载导航信息广播接收应用规范》标准项目抓住国内广播系统已经开播的数字广播接收的亮点,参考了欧洲相关标准,将车辆卫星定位导航功能和本地道路交通动态信息有机结合。该标准的实施不但为上海世博会期间庞大的车流起到科学合理的诱导服务,更为带动汽车电子产业链的技术创新提供标准支撑。

【"4+2"信息化标准制定任务】 协会"4+2"信息化标准制定任务基本完成:4是指经济信息化委立项的4项标准,项目分别为:《营运车辆身份电子识别系统技术规范》、《城市交通综合信息平台数据接口规范》、《公共交通枢纽信息化系统基本技术要求》和《电子信息产品标识规定》,截止到目前为止已完成3项。《电子信息产品标识规定》是上海市地方标准修订,已基本完成送审稿。2是指协会承担的上海市地方标准《移动电话机维修企业资质分等与评定》于2010年1月6日通过验收,上海市工程建设规范《户外电子显示屏安装验收技术规范》于2010年10月份完成验收。

【移动通信室内信号覆盖系统设计与验收规范】 由上海信息化发展研究协会承担的上海市工程建设规范《移动通信室内信号覆盖系统设计与验收规范》标准修订任务也按时完成。该标准增加了3G室内信号覆盖要求及基础设施的要求,对主要技术指标、机房建筑、测试方法及验收要求作了补充,该标准修订后满足了3G通信的需求。

【标准贯彻实施工作井然有序】 随着2010年2月,经上海市质量技术监督局审查批准,上海市地方标准《移动电话机维修企业资质分等与评定规范》正式发布。协会受上海市经济和信息化委员会委托,联合上海市电子产品维修服务协会共同承担手机维修企业资质分等评审工作。该项工作于2010年9月份正式启动,到目前为止已经初步形成实施方案,进入实施阶段。协会本着为社会服务的宗旨,着力将该标准的实施转变为一种长效的管理机制,服务广大民众。

【着手开展高新技术产业企业标准化调研工作】

2010年10月，上海市质量技术监督局要求协会配合开展上海市高新技术产业标准化调研工作。协会领导接到任务后高度重视，积极行动，遵照领导的要求，走访相关领导机构，初步拟交了调查表和调研对象，初步形成了工作计划。在市经济信息化委和市技监局领导下，做好本市高新技术产业标准化现状的调研工作，为推进高新技术标准化工作贡献力量。

【信息服务业上海名牌的申报、评审工作得到市名牌办的肯定】 2010年8月，在上海市名牌推荐办公室和市经济信息化委生产性服务业处的领导下，开展2010年度现代信息服务业上海名牌申报推荐工作。

协会积极联系各行业协会，大力宣传上海名牌的战略意义，深入调查了解信息服务企业品牌战略开展情况，请相关行业协会推荐基本符合名牌条件的候选企业。协会于8月下旬召开信息服务业上海名牌推进工作会议，对申报上海名牌的必备条件和申报资料的要求作了详细讲解，提供以往名牌评审中，申报资料比较全面完整的样本给企业作参考，为企业如何准备申报材料指明方向。在兄弟协会大力配合下，2010年共有25家企业申报信息服务业上海名牌。11月中旬，协会配合上海市名推办组织专家对申报材料进行专家评审，协会负责的会务工作做得细致、周到，评审工作公开、公平，上级领导表示满意。本次评审共有16家企业通过评审，其中新上报企业8家，复评企业8家。

【协会为企业服务工作】 协会是政府的助手，企业的桥梁。2010年协会遵照新一届理事会对协会工作的要求，加大协会为企业服务力度，着力搭建政府和企业，企业和企业之间的沟通平台，组织交流活动，加强了政府部门、理事单位、会员单位之间的密切沟通，发挥协会作为政府和企业，企业和企业之间的桥梁纽带作用。

【协会体系建设及体系认证的咨询能力进一步增强】 协会自2007年2月通过ISO9000：2001质量管理体系认证以来，一直按照体系要求，建立了规范的管理制度，同时提高了协会管理水平。2010年3月，认证机构对我们进行复查，认为管理体系运行正常，复查顺利通过。

协会在这一年里，努力做好协会质量服务工作，协会大力加强对年青同志的培养，提高年青同志的质量服务方面的业务水平和业务能力，提高年青同志投身质量管理和质量服务方面的积极性和创造力。协会2010年共对3家企业进行质量管理体系认证咨询服务，1家企业进行环境管理体系认证咨询服务，2家企业进行职业健康安全管理体系认证服务。到目前为止全部通过质量认证中心的认证审核。

协会的认证咨询队伍基本形成，协会紧密联系理事单位，发挥理事单位的相关资源。协会已独立开展质量管理、环境管理、职业健康安全管理体系认证咨询服务的能力。同时行业领域也不断扩大。

【业务增长，形成固定客户群】 2010年协会的业务能力有所提高，服务收入有所增长，协会秘书处在各理事单位和相关部门领导下，现已初步形成固定客户群，为协会业务创收持续增长奠定基础。在产品质量检测服务方面，协会2010年继续对飞利浦(中国)投资有限公司提供产品检测服务，积极协调飞利浦和检测所，加强沟通理解，为企业排忧解难，提高了服务效率。检测产品的数量，同比去年有所增加；在3C认证方面，协会2010年无论从数量还是经济效益均比去年有了一定增长。

【协会管理工作】 2010年初，二届二次理事会上，提出“加强协会建设，强化协会内部管理。”的要求。协会本着“练好内功、加强内部管理”的理念，努力搞好协会内部的管理建设。深入学习实践科学发展观活动，健全并严格遵守协会的规章制度，加强业务学习，提高业务水平，注重培养年青同志，做好文件的收集和管理，实施激励机制，调动同志的工作积极性，同志间要相互关心、和谐共处。近一年来协会管理工作无论是规章制度的执行、财务制度的完善、管理体系的运行都情况良好。2010年第二季度协会还迎来了上级领导部门的物价检查，协会的各项管理得到了领导部门的充分认可。

（邢贤敏）

上海信息化发展研究协会

【概况】 2010年协会积极探索、开拓创新，实施扎实和细致的工作，为协会的后续发展提供了基础，为本市信息化水平的提升发挥了应有的作用。

【开展“上海市国民经济和社会发展信息化‘十一五’规划”执行情况评估】 为总结“十一五”期间本市信息化建设的成果，总结信息化建设过程中的经验和教训，受上海市经济和信息化委员会的委托，协会开展了本市“十一五”信息化规划执行情况综合评估工作。通过科学、系统和全面的评价，实际检验了本市“十一五”期间信息化规划专项情况，为“十二五”信息化总体规划和各专项规划的编制提供了基础。协会组织相关人员，在市经济和信息化委的领导下，在相关专家的配合下，经过调研、汇总分析、专家研讨，历时5个月，顺利完成规划执行情况评估工作。

【编制若干个信息化相关标准规范】 针对全市通讯、住宅小区移动通信、有线数字电视信息等工作的深入，特别是第三代移动通信（3G）在全市的推广、应用，先后制定了上海市工程技术规范"移动通信室内信号覆盖系统设计与验收规范"修订、"住宅小区移动通信配套设施设计规范"制订；"数据中心通信设施设计导则"制订；上海市地方标准"有线数字电视信息互动服务规范"制订；上海市联合企业标准"软件外包项目合同文本规范"制订等系列标准规范的研究、制修定工作，为上海全面推进信息化应用提供了保障。

【启动鄂尔多斯三大基础库数据标准建设】 继2009年完成《数字鄂尔多斯总体规划》，协会于2010年8月帮助鄂尔多斯启动了鄂尔多斯三大基础库（自然人口库、企业法人库和空间地理信息库）数据规范、业务流程规范、管理规范的研究和制定。该系列规范的研究和制定，为规范鄂尔多斯日后信息化建设、解除后顾之忧具有重要意义。经过半个月的初步调研，已经完成数据标准的基本框架和重点领域的主要内容，预计2011年4月完成全部工作。

【完成《2010上海信息化发展报告》编制】 为全面总结2010年度信息化建设的成功经验及存在的问题，客观地反映本市信息化各行业年度发展状况及发展趋势，更好地为本市信息化发展提供有效的对策措施，协会受上海市经济信息化委员会综合规划处的委托，组织编制并公开出版《2010上海信息化发展报告》。报告以平实易懂的方式向公众展示2009年上海社会经济各领域信息化应用的全貌，系统梳理2010年上海信息化建设脉络和走向，为政府部门下一步工作推进提供支撑。

【发挥智库作用，服务城市信息化发展】

面对本市高新技术产业化发展，服务本市信息服务业，协会先后完成了"上海市软件和信息服务业产业园评价指标体系研究"、"上海市信息服务业产业基地管理办法"、"三网融合条件下信息服务业发展新机遇研究"的研究、制定工作，为上海信息服务业有序、健康、稳定的发展提供了支撑。

上海市计算机用户协会

【概况】 上海市计算机用户协会成立于1981年3月，原名为中国计算机用户协会上海协会，是中国计算机用户协会最早成立的几个地区协会之一。1991年9月经上海市科学技术委员会审查同意，并由上海市民政局核准登记为社团法人。协会是以用户为主体的由计算机应用、研究、生产、技术服务等部门联合协作的组织，它集中了上海地区主要的工业集团公司、大专院校、医院和研究所，同时集中了计算机界的著名专家、学者和高级管理人员，拥有雄厚的行业优势、技术优势和人才优势。协会的宗旨是维护国家和用户的正当权益，加强用户之间，用户和国内外厂商间的联系和交流，做好政府部门的参谋和助手，提高计算机资源的经济和社会效益。

协会由14个计算机专业委员会组成：1.IBM计算机专业委员会，2.惠普专业委员会，3.INTELNET机专业委员会，4.INTEL2专业委员会，5.数据库专业委员会，6.医药卫生专业委员会，7.工业控制机专业委员会，8.互联网应用技术委员会，9.MRPII FOURTHSHIFT专业委员会，10.SAP系统专业委员会，11.LINUX专业委员会，12.组织人事系统专业委员会，13.教育培训专业委员会，14.微型计算机及网络专业委员会。拥有4 000多家会员单位。

协会在中国计算机用户协会（总会）的指导下，在上海市有关部门的关心支持下，积极有效地为用户服务，进行国内外新技术交流、技术咨询、用户培训、维修服务；对厂商进行产品信誉评议，接受用户的投诉，每年"3·15"举办大型咨询活动，保护用户的合法权益。自2004年起连续七年协助市经济信息化委、市科委、市国资委开展上海市优秀CIO评选，推动上海地区信息技术的应用。协会的工作，得到总会的肯定和表彰，屡次获得"计算机用户协会先进集体"和"计算机用户之家"的光荣称号，2004年12月获民政部颁发的《全国先进民间组织》的殊荣。

【评选优秀CIO和优秀应用成果】 2010年是承办由市经济信息化委、市科委、市国资委联合举办的上海市优秀CIO、优秀应用成果评选活动的第七年，从5月份起经过半年的评选最后确定十大优秀CIO、十大优秀应用成果和一项特别奖。2010年评选的特点：1.以世博为重点，在优秀CIO中有世博会协调管理局信息部副部长汪羽获此荣誉；在优秀应用成果中有一项获特别奖，有三项获优秀应用成果奖，另有二项是围绕世博会的主题开展的项目；2.优秀CIO的技术结构层次较高，其中1人为外资企业的首席信息官，另有2人都在国外大公司和国际性公司任职；3.优秀CIO的先进事迹和优秀应用成果的案例水平较高。

【协助中国计算机用户协会在沪召开中国IBM用户大会】 2010年10月25日中国计算机用户协会在沪召开中国IBM用户大会，会议主题是："体验世博、分享智慧"，协会组织了上海地区60多位代表参加，并协助组织了上海世博会、上海交巡警总队和上汽集团的三个专题报告。

【召开2010年度上海市计算机用户协会年会】 一年一度的上海市计算机用户协会年会—暨上海市优秀CIO、优秀应用成果表彰会于2010年11月9日在上海举行，王寿根理事长作了工作报告，市经济信息化委戎之勤秘书长、中国计算机用户协会陈正清理事长等到会致辞祝贺，并向十位优秀CIO和十项优秀应用成果单位颁发了奖章和奖杯。2010年11月28日在苏州东山召开了协会工作会议，主要议题为协会成立30周年庆典事宜。

【协会成立30周年庆典筹备工作】 2011年3月14日上海市计算机用户协会成立三十周年，为隆重而有序地做好庆典，协会专门成立了由副秘书长及以上成员组成的筹备组，分别做好会议组织、宣传报道、专题论坛、专辑出版等各项工作。

【参加中国计算机用户协会第七届全国会员代表大会】 2011年1月22日中国计算机用户协会第七届理事会在北京召开，总结2010年全国计算机用户协会的各项工作开展情况，并改选新一届理事会。上海地区有14位人员成为理事：上海市计算机用户协会理事长王寿根、副理事长黄国兴、秘书长陈永耀、上海市经济信息化委信息中心主任朱维嘉、上海市科技信息中心副主任董美娣、上海纺织控股集团信息技术部总经理李小山、上海东方肝胆外科医院信息科主任刘逸敏、东华大学计算机科学与技术学院院长/教授乐嘉锦、上海百联集团信息中心主任杨晓明、上汽集团乘用车公司IT运维总监杨敏、网评信息技术（上海）有限公司总经理虞洁、上海市职工保障互助会信息中心主任李洁华、宝钢集团总经理助理王力、上海浦东软件园原副总经理任莲。在此代表大会上，上海市计算机用户协会荣获先进集体称号，理事长王寿根、秘书长陈永耀荣获协会优秀工作者称号。

（张舒敏）

二、民办非企业单位发展

上海市信息服务外包发展中心

【概况】 上海市信息服务外包发展中心作为本市一家专业性、功能性机构，成立于2006年7月。在成立后的4年内，中心以信息服务外包行业研究为基础，以人才服务和市场拓展为抓手，服务于政府、产业和企业，切实搭建好推动本市信息服务外包产业发展的公共服务平台。

【深化基础研究，支撑行业工作】 完成《2010年上海市信息服务外包产业发展报告》。报告从大量政府统计数据、行业机构数据和行业事件出发，从产业、园区、海外市场、人才、政策等不同角度诠释了2010年本市信息服务外包产业的发展情况，并对结果作了客观的整理、比较与分析，得出了一些可预见性的结论。为政府更好的了解信息服务外包产业运行情况，为企业更好的透析产业机遇提供了强有力的支撑。

完成《金融信息服务业发展现状及推进策略》。课题以信息化环境下的金融业为背景，深入研究金融业中的信息产品、信息化应用及信息服务外包的发展现状，分析金融业信息服务业发展中的瓶颈问题以及未来的发展亮点、趋势，在充分考虑本市金融信息服务业发展基础和环境的前提下，提出发展重点领域及发展策略。

完成《上海电子商务集群创新研究报告》。课题在充分调研本市电子商务发展现状及总结现有发展模式的基础上，提出集群发展理念，该成果将直接引导相关企业寻求集群式发展，以获得新业务的突破；尤其对处于起步期的相关产业园区具有相当的指导意义，为政府相关部门、园区运营者更清晰地了解电子商务产业发展机制，提供有效的支撑。

【推进标准化工作，规范行业体系】 举办"国际标准助力企业风险管理与IT服务管理"研讨会。会同英国标准协会，举办了"国际标准助力企业风险管理与IT服务管理"研讨会，共同探讨产业发展趋势。组织人员深入企业，开展标准宣贯工作，帮助企业查找标准化工作中的薄弱环节，完善标准体系。

制定《软件外包项目合同文本规范》、《软件外包项

二、信息化会展活动

【2010 上海国际信息化博览会】 “2010 上海国际信息化博览会”于 3 月 16 日至 18 日在上海新国际博览中心成功举行，展览面积达 11 万平方米，专业观众达 12 万人次。本届“信博会”除已有的“国际半导体设备与材料展暨研讨会”、“慕尼黑上海电子展”、“慕尼黑激光、光电展”以及“中国国际电子电路展览”外，还新增了“中国国际太阳能技术展”和“中国国际平板显示器件、设备材料及配套件展”，并首次开辟了“国际二手设备”展区和交易区。

【“信息化与城市发展”世博主题论坛】 “信息化与城市发展”世博主题论坛于 2010 年 5 月 15 日至 16 日在浙江省宁波市成功召开。论坛包括开幕式暨全体大会、网络与信息产业对话会，七个平行分论坛以及总结大会。世博会各官方参展方展区总代表、城市最佳实践区展区总协调人、国内外主要城市代表、国际组织代表、学术界及商界和媒体代表等 600 余位嘉宾参加了论坛，就信息化与城市建设和管理、信息化与城市生活、信息化与全球合作、现代物流与航运中心建设、产业信息化、教育信息化、信息化与社会责任等领域进行了交流。

【全球城市信息化论坛】 在以往多届“亚太地区城市信息化论坛”的基础上，首届“全球城市信息化论坛”于 2010 年 9 月 24 日至 27 日在上海成功举办。来自 20 多个国家的 350 余名嘉宾出席了大会，在消除数字鸿沟、实现同城化等领域进行了深入探讨，并发布了“上海宣言”，顺利实现了“亚太地区城市信息化论坛”到“全球城市信息化论坛”的转变，提升了该信息化国际合作交流平台的层次，扩大了国际影响。

【2010 中国(上海)软件外包国际峰会】 “2010 中国(上海)国际软件外包峰会”于 11 月 18 日至 19 日在上海举行。本次峰会由国家商务部和上海市政府主办，上海市商务委和上海市经济信息化委共同承办。峰会共设一个主会场，七个分会场，着力探讨了上海发展服务外包的前景和定位，与会代表 400 余人。

第九编
区县信息化

综 述

2010 年，按照全市信息化发展的战略要求和总体部署，区县信息化工作在各区县政府的重视和支持下，进一步加强基础设施建设，推进各社会领域信息化，建立完善长效工作机制，信息化服务区县经济和社会发展的成效充分显现。

推进城区信息化基础设施建设。各区县以数字化、宽带化和广覆盖为目标，大力推进信息网络设施升级，城市光网、无线城市建设有序实施。2010 年，全市家庭宽带用户约 430 万户，100Mbps 家庭宽带接入能力累计覆盖用户 120 万户。

加强电子政务建设与应用。各区县结合自身特点，不断推进电子政务深入发展，提升政府服务功能和机关效能。浦东新区政务网络升级改造工程顺利完成，权力公开透明运行电子系统二期顺利通过验收；黄浦区“大组工网”通过中组部验收，黄浦科技网站上线试运行，形成综合性科技服务平台；卢湾区实施电子政务核心平台 4.0 建设项目，全面提升服务水平和管理性能。

促进信息产业发展。各区县着力推进信息产业发展，浦东新区确立了“打造数字高原，构建智慧浦东”的战略目标；长宁区围绕“数字长宁”战略目标，确立了以信息产业为支柱产业、以信息化提升三大科技园区科技含量的发展战略；闸北区打造上海首个云计算产业基地，助推上海云计算产业快速发展。

深化社会各领域信息化服务。各区县广泛推进各领域的信息化建设，徐汇区合作开展“智慧商圈”建设，提升徐家汇商圈综合竞争力和影响力；黄浦区围绕服务金融、旅游、商务和城区管理，研究制定“智慧外滩”建设方案；宝山区构建“数字环保”体系，构建高效环境监管网络；宝山区、松江区不断推进“两化融合”试验区相关工作，为区域转变发展方式发挥积极作用。

推进信息化环境建设。各区县积极开展信息化“十二五”规划编制工作，围绕重大问题开展调研，通过编制规划明确今后五年信息化发展的目标和任务；建立完善组织体系，落实“迎世博”网络与信息安全保障工作，执行信息安全情况汇报制度，加强网络与信息系统的安全预防监测、维护和突发事件处置等措施。

推进农村信息化。各区县持续推进城镇、农村信息化建设，提升城乡一体化发展水平，“千村万户”农村信息化培训普及工程全年完成培训 18 821 人，宣传普及 293 441 人。

（刘 芸）

第一章　浦东新区信息化建设

概　述

2010 年是浦东开发开放 20 周年、世博之年，更是浦东二次创业、“十二五”规划编制的启动之年。浦东新区在建设“四个中心核心功能区”的目标指引下，根据上海市、新区国民经济和社会发展年度工作的总体部署、新区综合配套改革试点工作目标以及《新区推进电子政府建设实施纲要》的要求，围绕信息产业推进、信息化应用推进和社会诚信工作，重点完成了 8 个方面、共计 33 项重点任务，为实现“打造数字高原，构建智慧浦东”愿景目标奠定了良好基础。

一是通过制定产业行动计划，重视整机制造，培育领军企业，推进信息化与工业化融合，发展新兴产业等重点工作，着力推进信息产业发展，促进经济发展方式转变，增强经济发展动力和活力；二是通过强化信息化基础设施，深化电子政务，关注民生信息化，加强制度建设等重点工作，着力深化信息化应用，支撑政府职能转变、保障和改善民生；三是通过推动信用信息共享，在政府工作中嵌入信用报告使用机制，扶持信用服务业等手段，着力推进社会诚信体系建设，优化市场经济体制下信用征信产业发展环境，为两个中心建设服务；四是通过领导干部信息化培训，举办专题论坛，形成工作专报、政研动态等手段，营造良好的信息化发展环境。

2010 年，浦东新区获得中国城市信息化最高奖——“2010 年中国城市信息化建设卓越成就奖”，浦东新区“一总三子”智能化交通平台获“2 010 中国城市信息化成果应用奖”。

一、政务领域信息化

【政务网络升级改造工程顺利完成】 2010 年，浦东新区政务网络升级改造工程顺利完成，实现了“万兆骨干、千兆汇聚、百兆接入”。包括成山路、浦东大道 141 号等在内的 65 个集中办公点完成了公安光纤改造，千兆上联；73 个分散办公点实施了线路优化，政务网络的通讯速率得到了极大提升；对南片和北片地区网络进行了整体规划。南片地区的政务外网核心设备已完成了全面更新，整个新区的政务外网实现了统一的技术构架；南北两片共 400M 互联网出口，通过 VLAN 划分和流量负载均衡等技术手段进行了整合，实现了物理分散、逻辑集中的统一互联网出口管理；进一步强化网络监控和管理，加大了网络冗余备份和安全保障力度。

【通用办公系统迅速推广】 电子政务管理中心充分利用新区电子政务中台已有软硬件环境支撑，完成了通用办公系统基础配置平台的搭建，采用“边试点、边开发；边推广、边完善”的工作模式，完成了 8 家新组建机构通用办公系统应用推广的工作目标。截至 2010 年 12 月 31 日，已正常使用或即将上线使用通用办公系统的单位已达 17 家，占新区直属机关公务人员总数 50% 以上。作为区级综合应用的集约化建设模式，通用办公平台已成为区级综合应用在各部门的触角和载体，随着区级综合应用的不断丰富，其本身的作用和功能也将逐步体现。

【浦东新区协同工作平台基础服务应用覆盖面进一步扩大】 浦东新区协同工作平台从一期试点推广单点登录接入 5 个应用系统起，已有 135 个各类信息系统完成新区统一平台的单点登录整合。每天登录和使用的用户达 3 900 人次。电子邮件系统用户开户数达 7 929 个，电子邮件的实际有效使用度从 2009 年底的 64% 提升到 71%；短信平台作为快捷、简便的公务沟通手段，已广泛应用在通知通告、日程提醒、办文办事提醒等工作中，全区月发送短信总数已激增到 58 000 余条，并有 28 个业务应用系统根据需求调用了新区短信平台的接口服务。分别部署在新区政务内外网的政务信息门户网站，已实

理中心业务系统的扩展；三个整合：整合改造三大业务系统，即办案系统、业务分析平台和高院统计报表系统，实现单点登录、统一展现和资源共享。统一协同工作平台采用一门式登录方式，覆盖了检察业务到办公软件的日常应用，汇集了日程管理、电子邮件、即时通讯、会议通知、个人办公、事务提醒、便签功能、业务平台等多项功能，实现了检察办公和业务应用系统的底层复用，消除了信息孤岛，大大降低了办公成本，提高了办公效率，进一步推动了浦东检察机关办公办案现代化、规范化的管理工作。

（施 涛）

【运用AO提升信息化环境下的审计监督能力】 随着社会信息化应用范围和程度的变化，审计环境也在发生巨大转变。面对新形势，浦东新区审计局全力推进计算机辅助审计的应用力度，运用AO审计软件开展审计工作。AO（现场审计实施系统）是浦东新区审计局金审工程一期的建设成果之一，是对中小规模数据量的被审计单位开展审计的工具。经过一年的实践运用，进一步提高了审计业务人员使用AO开展审计工作的质量水平，促进了AO应用经验的积累与推广，提升了信息化环境下的审计监督能力。并有一个项目参加了上海市审计局的AO应用实例评选活动。

（徐 欢）

【检察院完成"检委会电视电话会议系统"项目建设】 2010年9月2日，浦东新区检察院"检委会电视电话会议系统"正式建成并投入使用。该系统是最高检察院统一规划建设的检察系统二级网络信息化应用的重要组成部分，集视频、音频、数据处理一体化，主要包括：一套4096*1 440高亮度DLP显示屏，可显示多种不同视频、图像信号，以供观看来自检察工作的全景信号、发言人画面以及证据信息，达到检委会观看并参与案件流程的审理；采用无线数字会议系统，每人一个专用发言话筒，具备自动管理能力和专业同声传译功能；完全采用高度灵活的无线及网络化集中控制，可实现法庭内设备遥控、远程视频会议、会议实况转播、多种声光效果调节等功能；配备统一的后台数据存储管理，按照完善的涉密分级权限管理机制，进行信息利用。

系统的建成，是对浦东检察院统一规划信息化工程的有效扩充，也是为构建符合全国检察系统电视电话会议系统建设规范的有力尝试。它较好地满足了浦东检察院检察委员会会议及办案、办公的需要，从而确保了上级检察机关通过网络进行重大工作部署和个案指导，强化了上级检察机关对浦东检察工作指导的实时性、有效性。同时，运用该系统将检察委员会等重要会议通过网上处理平台统一直播、录播管理，既提高了信息共享、协同工作能力，也为上级部门考核检委会工作提供了信息化保障，实现了浦东检察院执法整体能力的一次较大提升。

（方 军）

【浦东高新产业服务及科技管理综合信息系统建成】 2010年11月，"浦东高新产业服务及科技管理综合信息系统"建成并投入使用，提高了业务信息化覆盖率、信息共享程度和信息数据查询速度，形成完善的业务信息共享机制，为进一步提升科委的办事效率提供了良好的信息化平台。系统实现了数据一体化规范和技术、信息数据的唯一标识、非标准化流程的支持、搜索技术、系统整合和增强型的在线信息沟通和信息安全保障机制，能够满足浦东高科产业服务及科技管理网络化、流程化、协同化的要求，使其成为浦东高科产业服务及科技管理的重要工具，为进一步提升新区高新技术与科技产业发展的总体效率与绩效提供了有力支撑。

（胡闻雷）

【城市管理执法支队下属大队，分队、街、镇分队全部接入城管执法信息化平台】 2010年，浦东新区城市管理执法支队下属大队，分队、街、镇分队全部接入城管执法信息化平台。城管执法支队增加投入7辆经多方改进的视频移动执法车。2010年6月，市执法局下发城管移动执法终端PDA共60台，由于市和区级城管执法系统平台不一致，支队在短时间内完成移动执法业务系统开发研究，并增加投入56台应用浦东城管执法平台的PDA，投入世博保障工作中。PDA基本实现了现场定位、现场接收指挥中心工作指令，现场证据的采集，收集上传，现场信息记录，现场处罚，可开具当场处罚决定书，现场笔录、暂扣文书等，同时具有督察、报表查阅等功能。除上述功能外，移动执法车还具有现场视频监控、远程视频传送、远程控制等功能，让指挥中心如临现场，更好地发挥应急指挥作用。

（高 伟）

【环保市容局完善行政许可网上审批系统】 浦东新区环保市容局于2007年建成了行政许可网上审批系统，为进一步提高行政许可的社会服务水平，在现有系统的基础上，拓展了互联网在线申请的受理渠道：一是申请人可以24小时在线填写申请表，提交相关材料，随时查询办理状态，并可通过短消息与窗口人员及时沟通。在预审通过后，再将纸质材料通过快递递交或者亲自上门提交，减少了往返办事大厅的时间。二是窗口受理人员只需对申请人递交的电子材料进行审核，减少了大量纸质材料的扫描、录入工作，并可通过短消息与办事人员及时沟通办理状态。截至2010年12月31日，共收到在线申请行政许可事项324件。

（孙露霞）

【城建档案区域协同分级管理系统项目通过验收】 2010年1月13日，浦东新区城建档案区域协同分级管理系统项目通过专家验收。专家认为：该项目设计、开发了全区统一的档案目录体系，实现了档案局、一级建档单位、二级建档单位的分级管理，提升了档案相关管理部门的工作效率，在档案管理领域具有一定的创新性。该项目丰富了浦东新区数字化档案资源，实现了档案收集、利用、行政执法等管理职能，提升了新区档案工作的管理水平，在信息化应用领域具有示范作用。

【信息安全工作保障世博信息安全】 2010年上海世博会期间，新区经信委组织协调全区重点部门全力做好信息安全工作，一是落实工作责任，严防死守，建立值班和信息安全日报制度；二是部署信息安全监控平台和数字认证体系，在技术上加大防范和应急管理措施，及时发现安全隐患；三是开展重点信息系统安全大检查，及时堵塞安全漏洞。世博期间新区未发生政府网站和重要信息系统安全事件，在市网安办召开的信息安全工作会议上得到了表彰。

（唐　亮）

【上海综合保税区管理委员会加强基础办公网络系统建设】 2010年，上海综合保税区管委会为实现三个不同区域办公地点之间的“网络互联、业务互通”，以上海市政务外网为基础承载网，通过多种技术手段，全面实现三个区域间的网络连接和数据共享交换，并于2010年12月底正式运行新的OA办公系统，实现了远程办公。

【洋泾街道优化建设工作人员协同工作平台和科室工作管理系统】 2010年，浦东新区洋泾街道开发了工作人员协同工作平台。一是以九宫格的形式将每个人必须使用的模块和个人独自所需的常用模块呈现在桌面上，避免重要信息资料的遗漏。二是通过手机短信、即时通讯两种方式，对一周安排、文件传阅、任务报表填报等工作进行即时在线终端提醒、有效推进，时时监管，并通过在线沟通等形式增强内部工作人员之间的高效沟通。三是通过个人文件柜与公文、电子邮件相结合的方式，将日常处理的工作资料保存下来，并可将所需要的资料从相应模块中进行提取，组成专题工作卷，以实现更为有效的梳理、共享、查询文件。

大力推行科室工作管理系统。一是科室业务管理。一方面通过各项系统资源整合功能，将权利公开系统、网格化平台、科室目标工作任务、督办任务等各项任务整合到个人任务中，方便工作人员随时查看应执行的所有任务、管理所安排的任务、查看下属的任务等，解决了以往通过切换不同系统才能完成各项任务的问题。另一方面通过短信与即时信息等方式，结合流转信息详细记录，约束每个工作人员的执行速度和力度，杜绝推诿和扯皮现象，从而确保各项工作有据可规范、可控。二是绩效考核。该系统采用三层架构，B/S模式，完成了组织机构维护、权限管理、考核指标维护、考核评分、工作人员考核查询以及报送、工作逾期提醒督办、考核数据汇总、员工查询个人考核信息、员工工作经验发布、意见发表以及主管领导对员工意见的处理等功能；结合科室管理系统中各项任务完成进度、具体实施工程，通过自评、互评等形式进行绩效考核；结合实际任务完成进度、具体过程，获得更科学的绩效评估结果。

（诸晓玲）

【金杨街道积极发挥政务网络作用】 浦东新区金杨街道进一步完善街道、社区两级信息化工作组织网络，注重推进“双版主、双进入”模式，通过网络更好地宣传政策、及时了解民意、服务民生、解疑释惑、改善工作，及时化解各种矛盾，为群众工作开辟了新渠道、新平台。通过各种形式推进信息公开工作，做到规范程序、主动公开、保证时效，全年公开办事处文件32条。为了方便群众监督，街道各机构名称、办公地址、办公时间、联系电话、传真号码、电子邮箱都通过网络、触摸屏等形式向社区公开，方便群众就政府信息公开事宜提出咨询。

【陆家嘴街道办事处对街道门户网站进行改版】 2010年10—12月，陆家嘴街道办事处对街道的门户网站进行改版，即对网站内容进行更新和添加，拓展其服务功能。一是更新域名。与“中国·上海”门户网站合作，申请了www.lujiazui.sh.gov.cn政府域名，使门户网站更具权威性。二是开通街道办公邮箱mail.lujiazui.sh.gov.cn，有助于街道的外网文件传输和形象宣传。三是加强栏目的互动性。在原网站论坛板块的基础上增加“网上老娘舅”、“博文天地”等互动栏目，增强网上答疑等交流的功能。四是增加“服务金融城”板块。从街道地处陆家嘴金融贸易区的特点出发，本着服务企业的宗旨，为其提供向社会展示的平台并提供查找商务楼宇出租信息服务。五是建设街道辖区三维地图。将三维地图与门户网站的“民生服务”、“公共服务”等栏目在应用上相结合，展示一个立体的陆家嘴，便于浏览者使用。

（陈佳平）

【浦兴街道继续完善社会管理综合信息系统】 2010年，浦兴街道社会管理综合信息系统进行整合，完成计生、劳动、民政、综治、司法、信访、市政、安监等8个科室部门的业务功能，有效提供了人口属性和服务内容，包括计生、低保、残疾情况、劳动保障、民生救助、计划生育、刑释解教信息等，为全面掌握人口动态信息提供便利。截至2010年12月31日，系统共提供人口数据58 926条，其中新增17 849条，修改28 945条，注销12 132条。

【北蔡镇政府门户网站开通】 北蔡镇根据规划纲要，自筹资金开发建设了北蔡镇政府门户网站。完成了门户网站数据库与一口式系统数据库的数据交换功能，为打破“信息孤岛”、建设数据中心提供了先行的数据与思路。

【高东镇全面推进政务信息化】 2010年11月，高东镇政府对政务信息公开触摸屏进行更新升级，对触摸屏所涉及的内容进行更新。新电脑触摸屏的应用，大大简化了计算机的输入模式，使用者仅需以手指触摸屏幕，即能启动计算机、查询资料或分析数据。此外，高东镇管辖的23个村（居）委也全部接通政府内网，网上OA办公系统得到了普遍运用。

（朱轶波）

【泥城镇居民信息管理系统上线运行】 2010年，泥城镇居民信息管理系统正式上线运行，提供居民信息的录入、查询、统计和报表编制等功能。该系统具有以下特点：一是人员年龄全覆盖。包括户籍在册的学龄前儿童、在读、劳动力、养老和死亡的全部人员。二是人员信息广。包括户号、姓名、性别、身份证号码、与户主关系、征地时间、学历、专业等级、政治面貌、户籍性质、身体状况、就业状况、工作单位、是否服役、联系电话、地址、何地迁入和迁入时间等各类信息，并留有预设置的空间。三是人员信息准。通过每3个月对数据库进行一次维护，来解决不断变化的人员信息，真正做到数据的及时与有效性。四是数据访问安全性高。可通过不同的权限设置来满足各级客户端相应的操作需求。五是数据集中管理。统一各个客户端的输入，避免一个客户端一个数据库文件、数据不统一等缺点。

【曹路镇不断完善政务网建设】 在2009年政务信息发布系统、网上办公系统、即时通讯系统、传真系统、邮件系统、短信发布系统、网络管理系统等的基础上，增加了固定资产管理和收文处理等功能，为日常办公提供了更加便捷的手段。

【曹路镇实现政务网全覆盖】 2010年8月，曹路镇将政务网光纤延伸至新成立的美地芳邻、金钻苑、银丰苑及迁移新址的丰舍苑4家居委，实现了政务网12家居委会全覆盖，为居委上网办事提供了快速便捷的平台。

（陶英浩）

二、社会领域信息化

【启动医疗卫生信息共享联动工程一期IT治理】 2010年3月25日，浦东新区召开“医疗卫生信息共享联动工程一期”IT治理启动会，新区发改委、财政局、卫生局、经信委、信息化协会等单位相关人员及专业技术公司咨询专家20余人出席会议。近两年，浦东新区承担了国家IT治理课题研究和试点任务，在建立政府信息化投资管理规范标准、开展IT治理实践等方面做出了前瞻性的探索，得到国家工信部和市经济信息化委的高度肯定。为了提高新区基建信息化项目的投资效益，新区经信委与发改委等部门多次研究磋商，决定将国家IT治理试点引入基建项目，在2009年批复立项的18个项目中选取了“医疗卫生信息共享联动工程一期”3个项目进行试点，并将根据试点成效逐步推广到新区所有财力投资信息化项目建设中去。

（施丹峰）

【开展"迎世博"门户网站信息安全应急演练】 2010年4月8日，浦东新区开展"迎世博"门户网站信息安全应急演练。区经信委、国民经济信息化推进中心、电子政务管理中心等单位参加演练，具体分网站遭受拒绝服务式攻击的应急处置和网页挂马的应急处置两个科目。演练提高了各单位的应急处置能力，为信息安全工作提供了必要的保障。

（唐　亮）

【地产食用农产品规模化生产信息服务系统(一期)项目通过验收】 2010年10月9日，浦东新区地产食用农产品规模化生产信息服务系统(一期)项目通过验收。专家认为：该项目为2010年浦东新区迎世博、保安全重点农产品生产基地提供了产品质量安全保障服务，项目建设达到了预期目标，完成了项目任务书各项指标。专家组还建议，要进一步加大系统建设的推广力度，建立覆盖浦东新区地产农产品安全追溯的长效管理机制，不断提升信息管理和应用水平。

【上海综合保税区全面启动网站建设】 2010年，上海综合保税区全面启动网站建设并上线运行。网站强化了区域宣传、信息公开、在线办事和公众参与的服务功能，提高了区内的工作效率，增加了为区内企业办事的途径，进一步优化区内的投资环境，使政务网站成为机关与企业沟通的一座重要桥梁。截至2010年12月31日，累计访问量达91万人次。

【上海综合保税区管理委员会完善无纸化统计申报系统建设】 2010年，综合保税区无纸化统计申报系统已覆盖了外高桥保税区、洋山港保税区共8 000余家企业，已接受来自两区协会的全国各海关监管特殊区域统计信息、税收统计报表、进出口统计报表和基础数据处理系统等近10年的数据信息。系统主要包括：基础数据处理、数据仓库和网上申报三个部分，各项功能及性能指标均满足实际业务需要，提高了区域数据采集的准确性、规范性、实时性，简化了企业申报的流程。

【"惠农通"短信服务平台填补专家与农民互动方式空白】 浦东为农综合科技信息服务平台应用示范项目（又名"惠农通"）整合已有信息资源，优化服务流程，形成以手机短信、农科热线语音电话、农民一点通、农业网站等现代方式与专家下乡指导、报纸书刊等传统方式相结合的农业信息服务模式。

平台已建立起集信息分类发送、信息反馈平台于一体的农业科技信息数据库，形成具有浦东种养特色的农业专家库数据近15 000条，农户基本信息数据约48 200户，涉及54个种养类别(行业)；系统用户内部登录5 000次，农业短信累计发送922批次，达150万条，其中科技短信708批次，达145万条。组建了40人的农业专家技术服务团队和镇、村总人数为400人的农业信息员和农业干部服务队伍。拓展了短信平台应用，研发构建了农资购物和GIS综合管理功能模块，实现了农资商品的订购、销售以及结合地图操作的短信发布和辅助决策等。

（孙　欣）

【进一步加大农村信息化工作力度，推动城乡一体化发展】 浦东新区将进一步加大农村信息化工作力度，推动城乡一体化发展。一是加快城乡信息基础设施整合并轨，加强硬件保障。提升信息化基础设施覆盖率，力争实现100%的宽带互联网可接入、城市光网全覆盖。在郊区发展移动通信网的同时，积极在新城镇、中心村建设低价高效的无线宽带网，促进郊区农村无线应用发展。二是健全农村信息服务体系，完善信息服务功能。开发建设科技信息专家服务系统、动物疫情远程诊治系统等一批应用系统，完善技术推广、物流配送等领域信息化配套服务，推进物联网、电子商务等技术手段和服务模式的应用，加快农村集体资产和财务网络信息化监管平台建设。三是大力开展信息化培训，加强人才队伍建设。依托高等院校和培训机构，多种模式培训高级实用人才和技术应用专业人才。优化人才激励机制和成长环境，鼓励村组干部、营销大户、龙头企业等充当农业信息的"二传手"。四是拓宽信息收集渠道，增强信息意识。推进"三网融合"、"三屏融合"，采用互联网、广播、电视、电话、信息栏等多种形式，确保信息进村入户。加强宣传和政策扶持力度，普及信息技术知识，形成全社会关心支持农业信息化的良好氛围。

（施丹峰）

三、经济领域信息化

【上海综合保税区管理委员会完成综合保税区企业扶持平台建设】 2010年,综合保税区管委会完成企业扶持平台建设。该平台主要针对区内获得资格认定的4 000多户企业。系统改变原纸质申报的方式,通过网上申报方式,减少了企业的来回奔波。主要建设内容包括企业基础信息变更申请、资格认定、财政补贴申请、重点企业高管信息库和中小企业贷款金融担保管理。

【街镇利用信息化手段营造招商氛围】 高东镇招商服务中心为了更好地服务于企业,更好地做好招商引资工作,从2009年6月建立起招商服务网。网站融全镇经济概况、企业推荐、政策介绍、信息发布、办事查询、周边配套介绍于一体,旨在成为企业的"服务好帮手",营造良好的企业招商服务氛围。

(朱轶波)

【数字电视国家工程研究中心在浦东新区揭牌成立】 2010年8月7日,数字电视国家工程研究中心的法人实体——上海数字电视国家工程研究中心有限公司在浦东新区揭牌成立,这标志着我国国家级的数字电视产业支撑平台落地上海并正式投入运作。上海数字电视国家工程研究中心有限公司由国家标准核心起草企业上海高清数字科技产业有限公司联合上海交通大学、清华大学、工信部电子工业标准化研究所,以及长虹、海尔、海信、TCL、康佳、创维、北广科技、上海东方传媒、上海文广科技、深圳国微等单位共同发起成立。

【数字电视产业基地开工建设】 浦东国家级数字电视产业基地是为在浦东新区集聚数字电视及相关电子行业的国家权威机构、产业链价值高端的核心企业而搭建的物理平台。基地位于东三里桥路1 018号,一期建筑面积约5万平方米。在基地内将构建技术研发平台、运营示范平台、产业服务平台和资本支撑平台,从而实现数字电视产业的高端引领和集成服务。

(郑丽兰)

四、城市建设管理领域信息化

【综合交通信息系统环保局子平台通过验收】 综合交通信息系统环保局子平台于2009年1月建成并投入试运行,自运行以来系统功能正常,未发现重大质量问题,并于2010年11月通过验收。项目整合了环保局内部与道路交通相关的业务系统信息,为环保局的道路交通管理提供实体平台,为提高路网通行能力提供必要的保证。交通事故发生后,系统可以短时间内自动判别异常事件并报警,提示监控人员采取应对措施,通过准确定位,及时疏导交通,根据实际情况安排救援路线,保证施救人员及时赶往现场,大大减少事故的死亡率。系统提供视频监控功能和交通量、路面温度、雨量、养护施工等信息,为浦东快速路的科学养护提供了有力依据,节省了大量的人力和财力成本。

(马建芳)

【公安分局建成九大世博安保科技项目】 为迎接2010年上海世博会召开,浦东公安分局全面推进世博九大安保科技项目建设,涉及指挥通信、图像监控、智能交通、民警单兵装备等多个方面,包括指挥通信系统升级改造项目、搭建世博期间安全保障与运营服务前沿指挥平台、浦东新区城市图像监控三期建设、轨道6号线光缆及沿线图像监控建设、世博图像监控覆盖工程、高清卡口系统建设、浦东综合交通信息管理系统、交通SCATS系统和移动信息数据综合应用。

截至2010年底,新建扩建信息中心机房1个、分控机房7个、派出所交警大队机房47个;完成世博前沿指挥所建设;购置改造大型指挥车、通信车等特种车辆3辆;为分局各单位配发移动警务终端(PDA)数千套;配发数字电台,手持电台配比例达到75%以上;优化分局公安专网有线通信系统;原浦东范围图像IP专网升级,实现万兆至派出所;共完成立杆10 000多根,龙门架59个,敷设光缆5 000多皮长公里;完成模拟图像监控网络整体干线扩容及联网;完成数字图像网络的升级扩容,形成目前中国最大的高清数字图像集中存储管理系统

（存储量达 32PB）；新安装图像监控点 10 000 多个，其中大部分为数字高清图像监控，在提升图像监控覆盖的同时，也提高了监控图像的画面质量；完成全区数百个主要出入区境道口和主干道出入口道口高清视频监控卡口系统建设，达到日识别车牌记录百万条、日存储照片千万张的水平。随着项目的陆续建成并投入使用，分局的信息化水平得到极大提升，为世博安保、日常公安管理和打击破案提供了强有力的科技支撑。

【综合交通信息管理系统建成并投入使用】 浦东新区综合交通信息管理系统按“一总三子”搭建平台，即分别设立公安、环保、建交委三个子平台，分别形成各自行业条线的相关信息，同时公安子平台还负责汇聚全区各道路的交通流量信息和视频信息；三个子平台获取上述各类信息后均上送专业总平台，由其负责汇聚、融合并在新区各相关政府部门间实现共享，专业总平台同时还负责将有关信息上送市交通综合信息平台。系统建设中，共架设监控摄像机 1 000 多台，埋设车辆检测器 1 000 余个，检测线圈 5 000 余个，安装车牌识别设备数百个，匝道控制灯和车道控制灯 678 只，可变信息标志 121 块。

系统直接提高了这些路段及浦东新区道路网的服务质量，提高了浦东新区道路网交通流的畅通、安全，同时，通过与周边路网的协同诱导发布，将有利于改善区域内的交通状况，使得各种交通流在交通网络中处于有序、和谐的通畅运行状况。交通的通畅有序状态，对于浦东新区的经济发展及举办大型活动起着极其重要的作用。自 2010 年 4 月 15 日世博会试运营开始至 11 月 15 日世博安保工作结束，通过合理运用该系统，有效保障并圆满完成各类警卫线路安保 6 765 批次，主动发现交通事故 525 起，化解各类突发事件引起的严重交通拥堵 72 起，为上海世博会的圆满举行提供了坚实的保障基础。同时自主侦破交通肇事逃逸案件 13 起，协助提供视频类破案线索 69 条，为浦东新区的治安防控和打击破案提供了较大的数据支持。

在“2 010 中国城市信息化发展论坛暨成果评选”活动中，浦东新区综合交通信息管理系统荣获“2 010 中国城市信息化成果应用奖”。

（滕晓斌　张立超）

【陆家嘴街道推进社区网格化管理监督（指挥）中心“五全”建设】 2010 年，陆家嘴街道办事处结合世博服务保障的任务要求，按照“市容监察、维稳预警、治安联防、应急处突”四大功能目标，推进社区网格化管理监督（指挥）中心（以下简称“网格中心”）的“五全”建设。一是建设全天候的可视系统。共建成 69 个道路视频，覆盖世纪大道以东地区，并将街道前期建设的 285 个小区视频归口“网格中心”，实行 24 小时监控。二是装备全统一的通联工具。街道为社区城管分队、公安、交警及环卫作业单位统一配备了对讲机，实行网内同频沟通、一口指挥。三是开通全公开的社区热线。设置“社区热线 50816323”，倾听民声、纾解民忧。四是整合全触角的信息终端。将原有市政、城管、房办等条线自管的网络处置终端整合为一，并归口“网格中心”，通过链接 31 个居委会的终端，实现“一键式管理服务”。五是形成全协作的指挥中心。“网格中心”与公安、综治信访专业平台之间实行直线联系，做到信息互通、优势互补。截至 2010 年 12 月 31 日，“网格中心”共派遣处置案件 11 091 件，其中，自主发现处置 6 751 件，占总数的 60.87%，提供交通事故处置、刑事案件侦破线索 6 条。

（魏家昕）

【信息化提升金杨街道城市管理水平】 金杨街道依托网格化管理平台助推城市管理手段提升，将多个城市管理信息来源汇总至管理中心，统一由管理中心人员对信息进行核实、分析并确定处置方案。探索与公安部门共享路面监控资源，全天候监测路面情况，对突发事件和市民投诉做出快速反应，以“智慧科技”推动城市管理现代化。

【高东镇城市网格化管理中心正式运行】 高东镇城市网格化管理中心于 2009 年 10 月开始软硬件建设，新区在高东镇社区服务中心新建网格化机房添加服务器、交换器、UPS 等硬件设施，建设网格化平台添加电脑、投影机、热线电话等硬件设施。2010 年 2 月，为更好地发挥网络化管理平台作用，提高工作效率，节省案件处理时间，居委和物业 14 家单位实施网络光纤铺设工程纳入城市网格化管理网络范围。2010 年 4 月 1 日，高东镇城市网格化管理中心正式开始运行，接收居委的兼职监督员上报的各类案件，依托数字化的城市管理新模式，快速、高效地处置各类问题，被新区网格办评为世博保障优秀集体。

（朱轶波）

五、信息产业发展

【浦东软件和信息服务业成绩斐然】 2010年，浦东新区新增认定软件企业107家，在海内外上市的信息服务企业12家，比2009年增加3家。中国银联、贝尔软件、宝信、华讯网络、华虹集成电路、长江计算机等五家软件企业，被评为中国软件业务收入百强企业，宝信位列中国自主品牌软件产品收入前十强。58家企业获明星软件企业，占全市48.7%；10家企业获软件二十强企业，占全市50%；59项产品获优秀软件产品，占全市51.7%；6位个人获优秀软件企业家，占全市60%。浦东获奖总数达133项，超过全市的半壁江山，浦东区域发展优势及产业集聚效应显著。

（沈兴文）

【集成电路产业完善产业布局】 2010年，浦东新区聚焦集成电路、通信网络设备及终端制造、光电子三大产业板块，重点关注"一江三桥"（张江、金桥、外高桥、康桥）区域。其中，张江重点发展集成电路设计、芯片制造、微电子设备、新型显示；外高桥重点发展集成电路封装测试；金桥建成现代通信产业示范基地，重点发展ICT相关产业、微电子设备及集成电路封装测试；康桥重点发展手机、个人电脑等电子消费类终端产品；南汇工业园区和合庆重点发展光电子产业。

【"2010年集成电路产业链合作交流论坛"代工专场举行】 2010年4月16日，"2010年集成电路产业链合作交流论坛"代工专场在浦东张江集电港举行。上海华虹NEC电子有限公司、中芯国际集成电路制造（上海）有限公司等十几家芯片代工企业发表演讲。此次论坛为芯片代工企业与芯片设计业搭建了平台，促进了集成电路上下游企业的的相互交流和合作。集成电路制造业在经过2009年的低谷期后，2010年产值出现了强劲的增长势头，代工企业出现产能不足现象，一季度产值达到105亿元，同比增长84%，实现了开门红。

【区经信委与中国宝力集团有限公司签署合作框架协议】 2010年5月28日，浦东新区经信委和中国宝力集团有限公司举行战略合作框架协议签约仪式。本次协议的签署旨在共同助推浦东新区信息产业规划的实施及高新技术产业化发展，紧随市经济转型大战略，加快提升区域产业竞争力，以"数字高原，智慧浦东"为中长期发展目标，大力发展信息制造业、软件和信息服务业，促进"两化融合"，支持浦东"两个中心"核心功能区建设，推进浦东经济发展方式转变。本次合作内容主要包括探索建立产业基金推动战略性新兴产业发展，联动推进项目投资、产业园区与产学研基地建设、物联网基础设施构建等。

【上海国贸数字技术有限公司成立】 2010年5月28日，上海国贸数字技术有限公司正式开业，标志着我国数字音视频编解码标准产业化进程提速，具备自主知识产权的数字音视频（AVS）标准走向产业化。

【浦东新区发布电子书三年行动计划】《浦东新区推进电子书产业发展行动计划（2010—2012年）》提出到2012年，形成以张江园区为核心的、较为完善的电子书产业体系和空间布局；电子书阅读终端年销售额达到20亿元，内容服务收入达到15亿元；形成核心自主知识产权50项；完成电子书相关国家、地方及行业标准10项。该计划提出要通过数字版权保护等措施，结合云计算等技术，鼓励和支持内容平台建设，促进模式创新，打造品牌企业，并以教育领域为切入点，推进电子书的应用。

【浦东新区发布物联网三年行动计划】《浦东新区推进物联网发展行动计划（2010—2012年）》提出要在2012年形成以张江园区为核心的、较为完善的物联网产业体系和空间布局；以"三港三区"和临港区域为核心，建设物联网示范应用先导区；鼓励浦东企事业单位参加国家物联网标准体系和重要标准的制订。部署了六大任务，包括基础设施建设、关键技术研发、产业空间布局、重点资源布局、示范工程建设和数字临港建设。该计划还列出了18个新区的物联网应用示范工程，这些示范工程不但服务于经济发展，更主要的是集中在教育、食品、卫生、城市管理等与人民生活密切相关的领域。

【浦东新区发布电子商务发展三年行动计划】《浦东新区推进电子商务发展三年行动计划（2010—2012年）》提出到2012年，推动浦东新区电子商务年交易额达到3 500亿元，占全市电子商务交易总额的60%左右。重点发展基于供应链管理的电子商务、第三方支付结算及移动电子商务、发展大宗商品电子交易、构建电子商务公共服务平台、建设唐镇电子商务港，积极推动品牌企业发展、探索电子商务领域的多方位创新。

【浦东4家企业获得国家首批第三方支付牌照公示】 首批第三方支付"正规军"出炉，包括支付宝在内的17家第三方支付企业申请《支付业务许可证》公告进入公示程序，上海银联电子支付服务有限公司（Chinapay）（入驻浦东）、快钱支付清算信息有限公司（快钱）（注册浦东）、通联支付网络服务股份有限公司（注册浦东）、上海盛付通电子商务有限公司（盛付通）（注册浦东）等4家企业入围。

（沈兴文）

六、信息基础设施建设

【信息化基础设施建设快速发展】 到2010年底，浦东新区主干光缆总长达到10 000皮长公里；城市光网覆盖用户数达40万户，覆盖率达29%；移动通信网络运行能力不断增强，基本建成覆盖全区重点区域、重要场所的3G网络，无线基站从800多个增加到1 700多个，Wi-Fi热点覆盖达到1 275个；数字电视覆盖率极大提高，有线电视数字化改造用户达到126.9万户，IPTV用户超过28万户；固定电话用户数达到163万，手机用户达到159.32万；全区数据存储空间大幅提升，电信等运营商具有存储物理资源的机房面积达53 800平方米，基本形成了政府、企业共荣格局。

【原南汇区水文自动测报站点改扩建项目完成】 2010年3—5月，原南汇区水文自动测报站点改扩建项目完成，采用了太阳能电池板供电、小型玻璃钢箱体、GPRS传输、低功耗仪器设备的野外建站模式，在节约站房、电力、通讯等附属设施的配套建设费用的同时，大大缩短了建设周期。改扩建项目共改造原南汇区水文自动测报站点11个，增设15处自动水文测报站点，观测项目包括潮位、水位、雨量和风速风向；在大治河西闸、大治河东闸和芦潮港水闸设置流速流量测报站；并对其中心机房进行了升级改造，升级了数据采集软件、数据处理软件、数据界面展示系统和数据库等，增加了不间断电源（UPS）、服务器。实时数据发送至浦东新区水文水资源管理署中心服务器，经后续各类应用系统的运算之后，及时发布到浦东新区政务专网。

（张小路）

【惠农信息千村通 涉农补贴一点查】 浦东新区农业信息主管部门自2006年起，经过五年的努力，在全区各镇村架设了216个"农民一点通"服务点，加速了浦东新区农村电信和互联网等基础设施的建设步伐，方便农民不出村门就能了解到农业生产技术、气象、社会经济等各类信息。

2010年，浦东新区农业信息中心着力推进"为农综合信息服务千村通工程"，健全农业信息服务体系、缩小城乡数字差距，同时，为完善"农民一点通"服务功能、加强涉农补贴资金监管力度，将"涉农补贴资金监管平台"打造在"为农综合信息服务千村通工程"中，使农民在所在村的"农民一点通"上不但可以查询各类农业信息，更可以通过监管平台界面，查询本人应得、本人实得的各项涉农补贴，有效保障了农民群众的知情权和监督权。

2010年，"农民一点通"后台共发布为农信息71 769条，受理报修电话174个，出动维修人员300人次；为全区8家"农民一点通"设备进行了更新；为全区农业条线的2 500人次组织了实用的信息化技术培训。截至2011年1月底，"涉农补贴资金监管平台"共完成2009年度水稻种植补贴、农资综合补贴等13项普惠制涉农政策补贴资金核实和平台公示数据的导入和公示，涉及浦东新区25个镇的244个行政村，发布数据达165 447条，占全市总录入数据量的23%。

（孙 欣）

【公路信息综合管理平台建设一期工程建成】 2010年，浦东公路信息综合管理平台一期工程建成并投入应用。该平台分基础层、处理层、平台层等三个层次进行了建设应用。基础层主要建设购置了以网络视频会议软硬件为基础的网络视频会议系统，改造了内网硬件，形成了内部网络管理制度，改造了外网，形成了署到下级单位专用网络；处理层原有和新建业务系统运行于基础层并同时为平台层提供支持，该层主要新建了乡村公路养护管理业务系统、协调规范了原有业务系统和平台的接口并促进了业务系统的数据充实；平台层集成整合了所有需要共享和展现的内容并形成了统一平台门户，该层主要建成了统一的业务平台门户、建立了统一集中的平台数据库和重要公路设施的GIS图层。该平台的建设应用，为浦东公路署搭建了一个总体、统一、规范、可扩展的信息化平台框架，总体上实现了现有各业务系统的集成整合和提升。

（陆国盛）

七、信息化环境建设

【明确提出实施信息化领先发展和带动战略，加快建设"智慧浦东"】 浦东新区二届区委十三次全会明确提出"实施信息化领先发展和带动战略，加快建设智慧浦东"。为落实全会精神，新区经信委积极行动，一方面抓紧以"智慧浦东"为主题，修改完善新区信息化"十二五"规划，从规划角度明确"智慧浦东"建设目标和路径；一方面着手起草《关于推进智慧浦东建设的决定》，将"智慧浦东"建设制度化。同时，与临港新城管委会召开讨论会，组成联合工作组，以"智慧临港"建设为突破口，树立样板，以期成为中国乃至世界智慧城市建设典范。

"智慧浦东"的建设，将运用先进的信息技术与管理理念，构建科学、智能、人本、协调的城市内生系统，实现人与人、人与环境、人与城市、城市与城市、经济与社会、文化与文明等诸元素的有机融合，驱动经济运行模式变革、社会发展模式变革、城市建管模式变革、政府行为模式变革、企业发展方式变革、市民生活方式变革，实现基础设施高端化、新兴产业智慧化、城市管理网络化、政府服务协同化、企业运营智能化、社会生活智慧化。"十二五"期间，"智慧浦东"建设将"科学规划，慎密设计，点面结合，产用联动，逐步推进，追求实效"。其中，"智慧临港"将作为最重要的集成展现板块。"智慧临港"建设首先通过20个左右重点项目的实施，在通信基础设施布局，城市安全、应急、道路、交通、环保、绿化、水务、海塘智能化管理，水、电、煤等公用设施数字化管理，数字教育、电子医疗等系统建设，智能小区建设，清洁绿色能源使用等方面，高起点、全方位推进，争取经过5—10年时间，将临港新城建设成为随时随地高速上网，城市优美、安全、幽静，人民生活悠闲、健康、幸福的现代化"智慧之都"。

（高玲玲）

【浦东新区举办2010年信息化项目管理培训】 2010年9月2日，浦东新区经信委组织召开2010年信息化项目管理培训会议，各委办局信息化部门负责人和协议供应商代表及相关专家共80余人参加会议。会议通报了2010年度财政专项信息化项目预算计划审核情况，布置了项目评估及对协议供应商的考核工作，并重点对《信息化项目实施方案编制大纲》（修订版）进行了详细解读。相关专家对信息化项目管理如何规划和实施，项目任务书如何编制等关键问题进行专题培训，为规范信息化项目建设管理起到很好的铺垫作用。会议提出三点要求：一是各项目建设单位要在2010年底前做好本系统"十二五"信息化规划；二是相关单位要抓紧时间做好"供应商协议采购"试行2年来的实施效果分析；三是各单位在机构重新调整后，对信息化条线负责人更新名单要及时抄送经信委。

（施丹峰）

【2010中国（上海）电子商务创新发展论坛在浦东举行】 作为2010全球城市信息化论坛的专题论坛之一，由国家工信部信息化推进司、上海市经济信息化委和浦东新区人民政府共同主办，浦东新区经信委、唐镇人民政府、信息化协会承办的2010中国（上海）电子商务创新发展论坛，9月26日在上海国际会议中心举行。据悉，来自各行各业电子商务相关领域的代表400余人次参加了本次论坛。

会议邀请了国内外以及行业组织、企业的专家学者，从电子商务引领全球工业发展转型，国家、上海市电子商务发展"十二五"规划研究思考，电子商务服务模式的创新与发展等不同角度，诠释了电子商务创新发展命题。浦东新区经信委张爱平副主任、唐镇人民政府孟文海镇长分别以"建设国家电子商务综合创新实践区促进新区经济结构转型"、"推进电子商务产业集聚建设浦东唐镇现代化新城区"为题，阐述了浦东新区建设国家电子商务综合创新实践区及唐镇开展电子商务创新试点的主要设想和工作思路。

【浦东新区成立物联网协会】 2010年10月27日，由上海交通大学、中国移动通信集团上海有限公司、上海张江（集团）有限公司等70余家单位发起组建的上海市浦东新区物联网协会在张江高科技园区揭牌成立。浦东物联网协会是根据市委、市政府关于“推进经济结构转型、加快战略新兴产业发展”的总体要求，紧密围绕上海推进“9+3”产业规划布局，结合浦东新区特别是张江园区的物联网产业基础优势，合纵连横相关大学院所和园区内外物联网产业传感层、网络层和运营层的龙头企业组建而成。

【浦东新区举办“两化融合”应用人才培训班】 2010年12月16日，上海市信息化培训协会主办、浦东新区国民经济和社会信息化推进中心承办的“两化融合”应用人才培训班举行，130余人参加培训。

（郑丽兰）

【曹路镇加强电子政务平台操作培训】 2010年4月，曹路镇分8批对镇机关各办公室、各事业单位的200多名工作人员，进行了办公自动化平台（OA）的操作培训和推广。培训首次采用人机互动的形式，取得了良好效果，各岗位人员均能熟练使用办公平台进行业务处理，使得工作效率大幅提高，办事流程更加科学规范。

（陶英浩）

【曹路镇组织千名群众观看滑稽戏】 为丰富“千村万户”农村信息化培训普及工程活动，生动体现信息化给农民致富带来的丰硕成果，2010年5月28日，上海市政府实事项目“千村万户”农村信息化培训普及工程巡演组送戏下乡，来到浦东新区曹路镇龚路影剧院，为1 500多名城乡居民举行了两场农村信息化培训普及科普滑稽戏专场——《橘树下的婚礼》。艺术家们精彩的演出赢得了观众的阵阵掌声，寓教于乐的宣传方式得到了观众的充分肯定。村民们纷纷表示，要不断学习现代科学知识，把学到的电脑知识、信息化知识运用到生产实际和日常生活中去，用信息化知识提高农业生产水平，提升人们的生活质量。

【芦潮港镇圆满完成2010年“千村万户”农村信息化宣传普及任务】 芦潮港镇深入推进2010年“千村万户”农村信息化培训宣传普及工作，切实提升社区居民信息化应用能力。新区宣传工作小组分别在新芦苑社区、海尚社区等7个居民区举办了8期信息化应用普及班，通过播放宣传片、现场操作、课题提问、资料学习等方式，形象生动地向参学人员传递了基本的网上炒股、网上下载、网上查找地图、在线观看影视作品等科普知识，发放信息化普及宣传资料1 000余份，参与人数达1 200余人，超额完成全年宣

【老港镇举办“千村万户”农村信息化知识普及教育活动】 2010年6月20日，老港镇妇联会同镇老年协会在建港村共同组织了“千村万户”农村信息化知识普及教育活动，通过现场播放培训动画短片、邀请退休教师讲述信息化给老百姓生活带来的舒适和便捷等形式普及信息化知识，吸引了近百名农村老人参与，取得了良好的社会效应。

（郑丽兰）

八、社会诚信体系建设

【积极谋划“十二五”社会诚信体系建设工作】 浦东新区经信委积极征求社会诚信体系建设“十二五”规划意见和建议。各部门结合工作实际提出了宝贵建议：政府在诚信体系建设中要端正“第三方”服务的位置，一方面要加强对信用中介机构的监管，建立评价机制，另一方面要加强“守信受益，失信惩戒”环境建设；要抓住人民银行全国征信中心落户浦东张江的机遇，积极协调，一方面积极为金融机构做好信用信息共享服务，另一方面要积极争取征信中心的信用信息为新区建设服务；诚信工作要结合新区重点领域和重点工作推进，如加强电子商务诚信建设等；新区信用信息共享平台已有基础，要进一步在信用信息数据的采集、挖掘和共享方面做深、做实。

（陈 洁）

【“外高桥保税区企业诚信管理系统”启动建设】 2010年，综合保税区管委会与外高桥保税区海关联合启动“外高桥保税区企业诚信管理系统”建设，旨在推进保税区社会诚信体系建设，方便诚信企业办事。依托外高桥保税区海关获取的企业纸制备案数据，以及有关税务、工商的企业申报数据，协助海关及其他职能单位监察和规范企业管理，进一步提高信息资源利用率。2010年12月，海关诚信企业数据库已搭建完成。

【实有人口信息交互基础应用平台（一期）建成】 “浦东新区实有人口信息交互基础应用平台（一期）”（下称平台）系“2010年浦东新区信息化和社会诚信体系建设”的人口信息基础数据平台，平台以公安四类实有人

时办结”，提高审批效率和透明度。

【开通区财政性建设资金管理系统】 该系统基于财政性建设资金的全过程管理模式，通过应用信息技术，对财政性建设资金的流量、流向、流速进行规范管理和统一监控，提升资金监管效率。系统提供多种宏观控制、辅助决策的统计分析工具，具备多角度查询统计、分析和预警功能。

【落实政府信息公开工作】 徐汇区贯彻《上海市人民政府关于进一步加强政府信息公开工作的若干意见》和《2010年上海市政府信息公开工作要点》精神，推动政府信息公开工作取得新成效。畅通政府网站、政府公报、公共查阅室等主动公开渠道，主动公开了财政收支预算、经济适用住房供应试点选房办法、国有资产统计等信息。完成行政执法主体及事项梳理工作。2010年累计主动公开政府信息4 324条，较上年度同比增加44.8%，全文电子化率达100%；共受理政府信息公开申请125件，接受市民咨询38 293人次。

【对区经济适用住房公开摇号进行视频直播】 2010年7月，徐汇区举行了经济适用住房供应试点公开摇号活动。为确保摇号公平、公正、公开，在田林街道社区文化中心设立主会场，并在各街道、镇设立分会场，由东方网进行视频直播，取得了良好的社会反响。

【继续推进数字档案建设】 2010年9月，区档案局根据馆藏档案实际情况和市民查询利用需求，加强对民生档案和利用频繁重要档案的资源整合，基本完成涉及91个全宗、近16万卷档案的著录和扫描工作，初步建成档案全文数据库。在此基础上，开发档案信息综合管理系统，提升了查档服务窗口的查到率和查准率。

【开发信息发布前置文字纠错系统】 在区政府门户网站的内容管理系统（CMS系统）内增加文字纠错功能，编辑人员可对将要发布的信息进行自动纠错分析与校对，提高信息内容的准确性，避免政府网站所发布内容出现重大错误。

【政府网站实现“听网”功能，方便弱视人群】 2010年12月，“上海徐汇”政府门户网应用人工语音合成技术，对政府信息和政务新闻类网页实现“听网”功能，用户可在打开网页后选择收听网页内容的朗读，帮助盲人和弱视群体。

【“上海徐汇”荣获2010年度“中国政府网站领先奖”】 2010年12月25日，中国优秀政府网站推荐及综合影响力评估结果通报在北京正式发布，“上海徐汇”政府门户网荣获2010年度“中国政府网站领先奖”。本次评估以《中华人民共和国政府信息公开条例》为指导，对全国近5万家政府及政务服务型网站的互联网综合影响力、管理服务、创新发展和工作绩效等各个环节进行了全面测评。

（区府办）

二、经济领域信息化

【合作开展“智慧商圈”建设】 2010年3月29日，徐家汇商城集团和中国电信上海公司签署《依托信息技术，建设“智慧商圈”战略合作框架协议》，共同打造“智慧商圈”。根据协议，双方将为“徐家汇商圈”及周边的商厦、酒店和商务楼宇提供统一、集约的信息化建设方案，实现统一的基础通信服务、增值信息服务及基于行业应用的商务信息化服务，并积极运用物联网和云计算技术，提升“徐家汇商圈”的综合竞争力、影响力。

【发布“徐汇区每日副食品价格便民报”】 2010年，区物价局与上海移动联合推出“徐汇区每日副食品价格便民报”彩信。“价格便民报”的内容经徐汇区20个菜市场监测数据汇总而成，共涵盖4大类、28个品种的副食品价格情况。市民通过“订阅彩信”的方式，就可免费接收价格信息，了解“菜篮子”行情。

（区府办）

三、城市建设管理领域信息化

【建成区建设工地管理系统】 2010年4月，区建设工地管理系统正式开通运行。依托该系统，工地主管部门、专业监管部门及参与管理部门可共享监管信息,加强对工地基本情况、工程建设进度的依法、联合监管和快速有效处置。系统还对工地监管信息进行全部记录、全程记录,以供各管理部门进行备案、调阅和查验,促进对处理情况和整改结果的跟踪落实。

【区防汛公共信息平台(一期)通过验收】 2010年12月,区防汛公共信息平台(一期)通过专家验收。该平台以网络平台、数据平台和应用平台为框架,集防汛决策支持系统和社会公众服务系统于一体。在市政务外网、水务专网和各单位局域网的基础上,实现各相关防汛管理单位的互联互通,提升了市、区防汛资源整合、信息交换和共享服务能力。

【完成世博安保图像监控系统建设】 2010年,徐汇公安分局完成本区世博会配套安保图像监控系统建设任务,在下属10个派出所管辖区内的重要道路、重点场所及重要单位,新建1 010个监控点,完善光纤通信网络,实现对区域内街面的全覆盖图像监控,为完成世博会安全保障工作提供了强有力的科技支持。

(区府办)

四、信息产业发展

【全面落实区高新技术产业化各项政策】 2010年是贯彻落实《关于加快推进徐汇区高新技术产业化的实施意见(2009—2012年)》的第一年。徐汇区针对产业化19条推进政策,由新成立的高新技术产业化促进中心组织有关部门起草了具体的实施办法。根据此项实施办法,按照受理、评审等一系列标准化流程分阶段、有步骤地开展工作。2010年共受理符合申报要求的申请项目110个,项目资助经费总额达到11 607.5万元,政策覆盖了19条推进政策中的11条。

【软件和信息服务业保持继续平稳较快的增长】 2010年徐汇区软件和信息服务业营业收入为179亿元,同比增长16.2%。徐汇区软件和信息服务业中的大型企业数量不断增加,营业收入超亿元的企业从2006年的15家增长到2010年的33家。大型企业的发展质量也决定了产业的发展质量,营业收入超亿元的企业营业收入合计从2006年的32.1亿元增长到2010年的110.13亿元,2010年占整个产业总量的61.53%。

【开展软件和信息服务业统计和分析工作】 2010年继续开展区软件和信息服务业四个季度的统计工作,每季度的统计企业数均保持在200家以上,对于区重点跟踪企业采取月度统计的方式。2010年徐汇区科委基于区政府公务员平台上的GIS系统,开发完成了区产业地图和分析系统。借助此系统和区内企业的季度统计数据,对区内产业发展情况展开综合分析,共编写四份区软件和信息服务业分析报告。

【资助徐汇区信息化发展资金项目14个】 为促进徐汇区信息化发展和信息技术应用水平的提高,区人民政府设立徐汇区信息化发展资金。发展资金采取专项拨款的方式对信息化项目进行资助,并纳入财政预算管理。徐汇区科委根据产业发展的要求,严格执行信息化发展资金评审流程,2010年共受理项目23个,资助项目14个,资助总金额220万元。

(区科信委)

五、信息基础设施建设

【"城市光网"建设取得显著成效】 中国电信完成了徐汇区183幢商务楼宇的光纤覆盖,大约占商务楼宇总数的63.77%;完成了102个居民小区的光纤覆盖,为78 177户居民提供光纤到户能力,约占总户数的23.69%。

(区科信委)

六、信息化环境建设

【开展城区“十二五”经济和社会信息化规划调研】 2010年，配合区“十二五”规划编制工作，徐汇区政府与中国电信上海公司合作开展城区“十二五”经济和社会信息化规划专题调研，并通过了专家评审。通过调研，客观分析了“十一五”期间城区信息化发展取得的成绩和存在的不足，提出了“十二五”期间城区信息化发展的指导思想、主要任务和保障措施。力争到“十二五”期末，基本建成满足应用、符合发展趋势的信息基础设施，基本建成高覆盖、高集成、高效率的信息化综合应用体系，基本建成集电子信息产品研发、生产、服务一体的产业化基地，基本建成安全、诚信、可持续的综合信息环境，使徐汇城区信息化建设在上海各区县中保持领先的发展水平。

【构建世博信息安全保障体系】 2010年，徐汇区以电子政务网络、政府网站为重点，全方位加强网络、应用系统、服务器和终端的信息安全建设。累计完成网络入侵防御、漏洞扫描、拒绝服务攻击防御、网页防篡改、网络防病毒中心、网络安全审计、终端安全管理平台等11个信息安全产品的实施与部署，提升了信息安全控制、风险防范和应急处置能力，构建了较为完备的信息安全保障体系。年内未发生重大信息安全事件，确保了世博信息安全保障任务得到落实。

【通过市重要信息系统安全等级保护等级审定、等级测评】2010年，徐汇区政府门户网、公务员门户工作平台作为三级重要信息系统，通过市重要信息系统安全等级保护等级审定、等级测评。

【“上海徐汇”开设迎办世博专栏】 2010年，结合迎办世博工作，在“上海徐汇”政府门户网开设了世博会中英文专题专栏。专栏积极发布徐汇区迎办世博的相关信息，开展迎世博征文、摄影网络征集大赛，举办“世博投票”、世博志愿者心语等交流活动，引导广大网民了解世博、参与世博、服务世博。“上海徐汇”世博专栏共发布各类文字信息1 000多篇(条)、图片信息200多篇(条)，页面浏览量达10万人次，为世博会营造了良好的网络舆论氛围。

（区府办）

七、社会诚信体系建设

【政府部门使用信用产品】 徐汇区完成2010年政府部门使用信用产品项目的政府采购流程。区6个委办局在履行经济调节、市场监管、社会管理和公共服务等职能中带头使用信用产品，涉及各部门项目总数7个，政府补贴的信用报告总数418份。

【企业信用管理制度建设专项扶持资金】 2010年，徐汇区企业信用管理制度建设专项扶持资金共计受理11个项目申请，最终有9家单位通过专家评审和部门联审，获得8—10万元的项目资助。

（区科信委）

第三章　长宁区信息化建设

概　述

2010年，长宁区紧抓信息化发展的历史机遇，全面推进信息基础设施建设，在“十一五”期间构建了市民服务网、机关政务网、企业服务网等三大应用网络，并基本实现了宽带普及、移动通信全覆盖（室外宏站、室内覆盖）、信息管线建设集约化、商务楼接入全覆盖、3T NET应用试点、有线电视双向改造全覆盖。在市经济信息化委及长宁区委、区政府的推动下，长宁区充分发挥“数字长宁”的先发效应和品牌效应，密切结合社会各个领域的需求，加快推进信息技术向经济社会全面渗透，在电子政务、社会事业、城市管理以及企业应用等方面推进了大量信息化系统和项目建设，进一步提高政府行政管理效率，改善为民服务水平，提升企业在市场经济环境中的竞争力，初步形成3E城区，取得了良好的社会效应。围绕“数字长宁”战略目标，长宁区明确以信息产业为支柱产业、以信息化提升三大科技园区（上海多媒体产业园、长宁信息园与虹桥临空经济园区）科技含量的发展战略。在信息服务业方面，长宁区大力推动以信息技术为代表的信息服务业与高技术产业发展，信息服务业对国民经济生产总值贡献显著，其增加值占区增加值的比重居上海市中心城区前列。

一、政务领域信息化

【公务员统一门户和机关办公系统（OA）二期完善项目】 原OA一期的基础上增加数字签名签章功能，并开发区领导阅批界面，方便快捷地实现文件、会议、简报、专报、请销假等功能模块上的签批和查阅。该项目于2010年7月20日正式上线，并于8月由区委办与区府办印发了《长宁区机关电子签名管理办法》，主要内容为：一是完成领导界面的板块设计和开发，将原OA中涉及领导阅批的功能模块抽取、简化，主要功能包括公文、简报、专报、会议、请销假、日程等；二是完成数字签名开发，区领导和部门领导的数字证书密钥已发放，上述各项功能中涉及签批的节点已嵌入数字签名签章；三是制定相关规定，主要包括数字签名、数字密钥使用的规定和在全区启用数字签名的通知；四是积极协调档案局解决双轨制问题；五是组织培训，包括对四套班子秘书和联络员的培训和区政府各部门的培训。另外按照区领导要求，还进行了移动办公项目的开发。已完成原型开发，可以实现网上公文审批、公文阅读、电子邮件收发、日程查看等功能，另外还实施了接口对接、功能测试和功能完善，于10月底正式上线应用。

【实有人口综合服务与管理信息系统推广应用与完善】 协助区人口办开展了一系列调研工作，并初步制定七方面内容：按照市实有人口库标准完善区实有人口库承载市里下发的人口数据；开发人口综合查询功能，实现“以人查房，以房查人”，并满足街镇应用需求；开展集成第二代身份证读卡器的手持终端设备试点工作；开发手持终端的信息采集系统；开发实有人口信息采集考核功能；开发居住证办证系统自动写入功能，实现通过手持终端采集的信息能自动录入居住证系统；数据安全。

【区科委（信息委）开展全区办公无纸化培训】 区科委（信息委）会同区委办和区府办，对全区各部门办公室主任和文件管理员开展了培训，本次培训共有55个部门93名人员参加。本次培训的主要内容是公文、会议、简报和请销假结合数字签名（签章）的网上操作流程，重点培训了这些业务流程中的领导签批功能。培训之后区科委（信息委）还提供电话和上门咨询服务。

【政企共建政府移动智能办公平台】 长宁区信息化委员会与联想（上海）有限公司签署《共建移动智能办公平台协议》，将基于自主知识产权的世博科技成果应用于电子政务，通过手机随时随地处理文件审阅、在线审批、协调办公等业务流程，大大加快了信息处理速度，提高了工作效率，实现了政府政务办公智能化，推进了长宁区电子政务的“无纸化”办公，助推电子政务向无线移动领域拓展。

在实现网上办公的基础上，长宁区率先考虑进行移动办公的试点。区领导多次走访联想集团，获知了联想产品在世博会上的应用情况，经过前期一系列沟通与磋商，达成共同建设政府智能移动办公平台的共识，联想集团以“简单、实用、使用不受地点限制”的网络自动化技术、智能办公为设计理念，把办公系统移植到移动终端平台，从而实现移动智能的办公需求。结合长宁区办公自动化系统现状，在全国率先开发基于乐 Phone 的政府整体移动办公崭新模式，将长宁政府办公自动化平台与移动终端进行整合并实现整体移植，进一步提高了政府处理信息的速度与能力，提高了办公效率。根据协议，联想集团将以乐 Phone 为终端，为长宁区政府构建移动办公平台，首先将实现公务员办公平台（OA 系统）和邮件系统等同步移植到乐 Phone 终端上的功能。

该平台可以在移动状态下，通过智能移动终端实现与电子政务平台的信息交换，随时随地进行数据查询、文件浏览、公文审批等 OA 办公操作，并可实现日程管理、收发电子邮件等功能，使得办公自动化系统除了传统的通过电脑办公的方式，用户还可通过移动终端进行办公系统的各种操作，实现了随时随地移动办公。方案本着“安全、实用、先进、易用、开放”五大原则，充分考虑了系统的安全性、可靠性、易用性和可扩展性。通过数字身份认证及访问控制方式确保用户身份的可靠性；通过 SSL VPN 方式进行数据加密保证数据的安全性；并充分考虑到了日后系统的更新和任务可扩展。方案充分满足了长宁区对移动办公的需求，智能移动办公平台建成后，将与正在使用的网上电子政务系统实行无缝对接。

【电子监察系统应用与完善】 主要完成以下工作：对相关业务部门进行调研，实地排摸了各部门业务系统的运行情况；制定了政府投资项目监管系统二期整体建设方案，定制了新的个性化流程，将数据自动获取率提高到 41.8%；完成了外网录入需求的可行性研究，为代建单位和建设单位二级部门录入创造条件；进行需求确认，明确了下一步推进计划；定制了对决策系统接口《决策系统数据交换需求》，实现与区决策系统的数据对接；定制了对经济建设系统接口《经济建设系统数据交换需求》；建设外网信息填报平台，提供建设单位或代建单位信息录入功能，同时为监察跟踪管理提供支持；监察个性化流程管理；监察异常提醒和预警；建设与经建系统的应用接口，摒弃了原线下打印支付凭证环节，实现财政支付监察审核确认的在线支付过程，为支付验证把好了第一道关；建立政府投资项目国有资产备案管理模块。

【加强信息化项目管理】 出台了《长宁区信息化项目绩效评估管理办法》，标志着区科委（信息委）对全区信息化项目的全过程管理已形成了一套较为完整的体系。在系统中增加项目调整、追加等管理流程，已开发完成，并上线试运行。引入信息化项目管理专业人员，对全区信息化项目进行跟踪管理，每月了解全区各新建项目的建设实施进度。参与卫生局、河道所等几个部门的重大项目建设过程，做好项目的管理工作。做好全区信息化项目的临时申报、调整等工作。起草《关于 2011 年长宁区财政性资金信息化项目预算申报的意见》，经领导审核同意发至全区，并对各部门开展 2011 年信息化项目预算申报培训，2010 年 8—9 月完成全区信息化项目预算申报工作，10 月基本完成全区各部门信息化项目预算审批工作，并报区财政局。

【维护机关网络和电子政务平台】 全面负责协调长宁区世博信息安全工作，召开了全区信息安全员工作会议，开展了信息安全员业务工作培训，对全区重点单位、重要信息系统进行了检查并反馈了整改建议书，应区世博办要求，派驻专人服务保障信息设备，向各街道分发“上海市民信息安全手册”；落实市等保办工作，开展了长宁区机关政务网系统和长宁区门户网站等保三级上报工作，并通过了上海市信息安全测评中心的等保 3 级专项测评验收，此项工作获得市网安办给区政府的通报表扬；根据市网安办工作要求，制定了长宁区信息安全应急预案；在世博前夕进行了机关电子政务网络信息安全应急预案实战演练；加强机关外网统一出口安全技术防范和管理；提升信息中心核心机房重要设备安全措施；完成了机关电子政务平台数据备份系统建设项目；根据长宁区机关邮件系统信息安全协调会要求，信息中心筹建了区机关内部重要工作信息邮件系统；根据市相关部门要求，在“五一”、“十一”长假期间全程安排信息安全现场值班，确保了长宁区电子政务信息系统与网络的安全稳定运行。

【积极开展行政审批事项清理工作】 区科委（信息委）网上办事系统主要围绕区第四批行政审批事项清理工作，完成了以下任务：调整行政审批事项，做到内网业务系统与门户网站同步；配合企业设立并联审批系统定制了数据交换接口，统一两个系统之间的事项名称及传输标准，接收由企业设立单向传递的数据，并发布到门户网站的公告栏上，这一尝试为将来与其他系统对接提供了蓝本；完成了审批事项更改后台系统调研，正在开发中；建立了审批超时每日备案机制，由专人管理；例行了面向各审批单位的故障排除与系统日常维护；进行了办事服务功能集成可行性研究；更新了外网导航栏，为政府投资项目监管系统预留了入口。

【全区信息化项目全过程管理体系初步形成】 2010年4月，长宁区政府向全区各部门、街镇转发了由区科委(信息委)制定的《长宁区信息化绩效评估管理办法》(以下简称《绩效评估办法》)，标志着区科委(信息委)对全区信息化项目的全过程管理已形成了一套较为完整的体系，是全区信息化长效工作机制建设的重要内容。区科委(信息委)根据长宁区信息化建设的实际情况和发展要求，通过采取加强体制机制建设、完善信息化项目管理系统、配备专业人员保障等方面的措施，实现对信息化项目的全过程管理。一是以制度保障对信息化项目建设的监管。2009年区科委(信息委)根据实际工作特点重新修改制定了《长宁区信息化建设项目管理办法》(包括实施细则、申报指南等)，在全区电子政务推进大会上正式颁布，此次发布的《绩效评估办法》，进一步从制度上确保了对全区信息化项目的全过程管理。二是对原有信息化项目管理信息系统进行升级。升级后系统成为了集信息化资产管理、信息化项目申报、审批及项目建设监管为一体的综合管理系统。三是在项目管理中尝试人才外包服务，引入有项目运作和管理经验的专业人员，协助区科委(信息委)对全区新建信息化项目进程进行跟踪管理，发现问题及时与部门沟通，以此加强对全区信息化项目建设的全过程管理。

二、社会领域信息化

【做好社保卡、居住证、学籍卡、敬老服务卡申领办证及续期工作】 2010年长宁区共完成社保卡申领8 717张，补卡6 319张，换卡8 934张。完成0—6岁儿童卡申领378张，学籍卡7 485张，敬老专用卡4 826张。临时居住证新办61 994张，补重办(续签)63 853张，从业类居住证294张，投靠类居住证1 564张；2010年上海市学籍卡集中申领工作于10月启动，申领对象为13届高一在籍新生、14届预初新生和15届小学一年级新生。为了方便学生办理，各街镇受理网点特增设周六工作时间；召开各街镇敬老服务专用卡续期工作专题部署会，进行了全面动员，完成区、街道的二级业务培训，发放了相关宣传资料、续期人员名单，做好读卡设备的维护和添置工作，全区首月完成敬老卡续期6 138张，约占需续期人数的75%。

【加强社保卡服务中心网点信息化建设】 场地调整、人员培训，设备安装调试均已落实到位，自2010年5月1日起，北新泾街道社保卡(居住证)受理网点已开展社保卡(儿童卡、学籍卡、敬老卡等)的补换业务，全区在原天山街道补换卡网点的基础上又新增了一个社保卡补换卡受理窗口；深入开展"迎世博争创一流服务活动"，制定活动实施意见和工作计划，各街道社保卡、居住证受理网点对照《星级服务窗口和示范服务明星评比标准》开展自查和自我评估；配合区公安部门的"两个实有"专项工作，协调区属11家派出所通过政务网接入市社保卡服务中心的居住证业务受理系统，并做好各街镇受理网点由有线专网转到政务网的网络调整工作，全面做好世博期间来沪人员大量信息采集和制证工作；定期召开各街镇受理网点负责人工作例会和专题培训，加强业务培训和指导。

【社保卡中心以优质服务迎世博】 根据对全区受理网点的地理位置、硬件环境、人员情况、基础管理等因素统筹考虑，区社保卡中心在相关部门的协力支持下，在充分调研的基础上，确定在北新泾街道社保卡(居住证)受理网点增设补换卡功能。短短一个多月的时间里，场地调整、人员培训，设备安装调试均落实到位，相关工作也得到了北新泾街道的大力支持和配合。自2010年5月1日起，北新泾街道社保卡(居住证)受理网点已开展社保卡(儿童卡、学籍卡、敬老卡等)的补换业务，全区在原天山街道补换卡网点的基础上又新增了一个社保卡补换卡受理窗口。此外，结合上海市社会保障卡服务中心有关补换卡业务规范和服务优化的要求，区社保卡中心将有关补换卡所需的证件、材料以及办理地点等信息印制成便民小告示，通过各街道社区服务中心社保卡受理网点、区医保窗口、区属医院等多渠道发放，第一时间告知市民，避免市民办理补换卡时因携带材料不全而多次往返。随着上海世博会的召开，对社保卡受理窗口的操作规范和服务意识提出了更高要求，在补换卡工作中妥善把握好便民与防范的关系，进一步改善服务细节、优化服务流程，以优质服务迎世博。

【推进老年数字活动中心建设】 2010年1月15日，e养老数字科普活动中心在上海金福养老院率先开通。当天，市区领导以及金福养老院的50多名老人代表出席了揭牌仪式，这是高性能宽带技术第一次运用到社区养老机构，也是在全市率先在敬老院建成数字科普活动中心。e养老是将3TNet技术运用于“幸福养老”工程，提升社会福利机构数字化服务水平。区科委在多次考察参观后，决定在金福养老院实现e养老功能试点，由此开创市区养老院设立数字科普活动中心的先例，让高科技惠及老人，真正为老年人服务，共建和谐社会。金福养老院数字科普活动中心建成以后，该院老人可以足不出户通过30M带宽的网络，免费享受到5 000部高清科普影片的点播收看，可以实现高速高效的网上购物、游戏等功能，家属与老人能够“面对面”地实时聊天对话、亲情互动。长宁区域内多家医疗机构、社区卫生中心以及标准化社区卫生服务点，已运用3TNet技术实现了互联互通，在不久的将来，数字科普活动中心还可以为老年医患提供医疗保健科普知识以及网上健康咨询等服务。

【LED电子科普画廊宣传展示“从看电视到用电视”】 注重以信息化手段宣传信息化的运用，并且与科普宣传、科技世博宣传相结合，利用长宁城区核心区域所建的数字传播媒介LED长宁虹桥电子科普画廊宣传NGB整转工作，使NGB整转“从看电视”到“用电视”的特征集中显现。为了进一步加强宣传力度，由东方有线长宁分公司提供介绍整转工作的视频、标语以及宣传展板（版面），经长宁区科委审核后，视频、标语在上海慧谷白猫科技园的LED长宁虹桥电子科普画廊上播放。在LED户外全彩电子科普画廊宣传整转工作分为三个内容：整转居民访谈片片长9分25秒，整转推进政策片片长8分22秒，整转公益广告片片长30秒。播放时间从2010年3月29日起至4月30日止。每天播放时段为8：00—14：00、17：00—19：00（共8小时）。播放轮次和播放时段由“长宁虹桥电子科普画廊”自身系统的定时装置控制。另外共制作“从看电视”到“用电视”展板11套，宣传展板（版面）按提供的要素制作成标准展版发放到10个街道、镇及长宁区科普画廊展示。区科委还将借助LED电子科普画廊宣传科技信息、科技成果及NGB的应用。以高性能宽带为技术支撑宣传上海世博会创新驱动的发展理念和实践，增进公众对“科技世博”的理解。

【实施学习型城区信息化无障碍工程】 拓展数字科普惠民平台，在区政府、区文化艺术中心、全区10个街镇文化活动中心、区社区学院、区图书馆建设学习型城区信息化无障碍工程。实现免费无线上网无障碍，建成数字科普“高速公路”。

三、经济领域信息化

【网上行政审批大厅】 网上行政审批大厅2010年主要开展了以下工作：一是加大对外宣传辐射力度，配合区门户网站完成了新界面改版设计与维护工作。新建完成了虚拟Flash网上办事大厅，清晰化分类目录体系，快捷化申请流程。二是对接企业设立并联审批系统。完成了整合173项单事项行政审批与内资企业设立并联审批外网申请功能的统一网上办事大厅。发布了内资企业设立第一批20项事项的办事指南、工作流程、网上申报、状态查询、结果反馈、监督投诉等六项内容，测试通过了外网申请。建立了外网页面的定期维护机制与门户网站需求沟通机制，保障企业设立系统外网部分顺利运作。三是对网上资料的完整及时性、在线办理及时性和咨询答复等内容开展考核。向审改办派驻了人才购买服务人员，并确定了2010年度行政审批目录清理的321项事项，年底前根据审改办要求，完成全部321项事项网上10项内容的更新，做好新老办事内容的衔接维护工作。定期汇总超时预警与季度报表信息，监督相关审批部门的录入情况，进一步规范三级审批操作流程。四是开展区第四批行政审批事项清理工作：调整行政审批事项，做到内网业务系统与门户网站同步。配合企业设立并联审批系统定制了数据交换接口，统一两个系统之间的事项名称及传输标准，接收由企业设立单向传递的数据，并发布到门户网站的公告栏上。完成了审批事项更改后台系统调研和开发。建立了审批超时每日备案机制，由专人管理。例行了面向各审批单位的故障排除与系统日常维护。进行了办事服务功能集成可行性研究。更新了外网导航栏，为政府投资项目监管系统预留了入口。

【企业设立网上并联审批系统】 经过多次细节需求变更，系统基本实现了与网下流程的无缝磨合。截至2010年9月底，通过系统共录入595个并联审批办件，涉及前置审批办件31件，7月至9月无前置部门(工商、质监、税务)联合办理时间分别为3.53、3.38、4.45工作日，累计平均3.84工作日。配合区审改办、区工商局等业务牵头部门，不断深化内资企业设立并联审批系统功能，推进长宁区企业设立并联审批工作稳步开展：

固化业务流程，在原基础上改进了签收、预审、受理三个环节，比市平台最高审批时限缩短了6个工作日；设计了"一表式"并联审批信息表；立足招商服务大厅实际，设定个性化流程与环节，省去了证照上传等环节，将质监与税务的预审与受理两个环节优化成预审结束视同受理；开通"上海长宁"门户网站外网申请功能；积极对接市内资企业设立并联审批平台；拓展行政审批电子监察功能。新增了审批时限统计、办理时长统计两大效能监察模块，为系统考核与应用提供数据支撑；做好系统用户管理与信息安全工作；成立了企业设立并联审批试点工作效能监察工作小组，对企业设立并联审批试点工作开展效能监察，走访了涉及第一批试点的全部11家业务单位，搜集了系统运行的数据与资料，提出针对并联审批系统运行的整改意见；完成了机场工商局一口收件功能；开辟了证照上传功能；配合市区平台联调工作做好流程更新，10月联调完毕，11月联通市平台；对比分析了企业设立与网上办事系统的流程与数据项，设计了对接方案；新增了提前服务功能。在工商查名后，可将网上提前服务告知单抄告各前置部门，及时掌控各单位提前服务实施情况；新增一口收件统计，设计了一口收件统计月报表；联调测试通过了短信平台。对行政主体审批人员的收件提醒、超时预警与对行政相对人的补正、暂停、办结的各种情况触发短信告知；加强对人保、卫生、食药监、公安、财政等前置审批部门进行针对性系统培训。

【推进银行卡应用普及】 长宁区科委推进银行卡支付营造环境，促进本市银行卡应用普及。联合区商务委共同召开"银行卡刷卡无障碍立功竞赛"创建及评选工作会议，指导商圈店家做好自查摸底，中山公园商圈被评为"刷卡无障碍示范商业街区"，新宁购物中心等为"刷卡无障碍示范商户"；完善中山、虹桥商贸圈等银行卡支付环境，做到自由使用各类银行卡，POS机支付普及各个商户，刷卡金额不断提高，基本实现银行卡特约商户全覆盖。银行卡特约商户总数已达1 000多家，放置ATM机50余台，银行卡收银员受训率达100%。

四、城市建设管理领域信息化

【地理信息平台建设】 完成第三方评测机构对GIS系统功能、性能等的测试。对系统中土地储备功能模块进行修改完善，已完成并上线运行。继续推进建设项目并联审批模块的应用，已有审批项目23个项目，354条信息。与区卫生局、河道所等部门沟通，确定业务系统与地理信息基础平台数据共享及系统接入的需求及方案，已完成与河道所泵闸管理系统接口。与市测绘院沟通，就地理信息基础数据更新的问题达成一致，已完成地理信息平台基础数据更新工作。

五、信息产业发展

【LED上海虹桥科技电子之窗正式开播】 长宁区科委联合分众传媒、长润信息技术公司，以建立在慧谷白猫科技园的"上海虹桥科技电子画廊(LED全彩户外电子显示屏)"为传播载体，拓展其为信息产业和高新技术产业发展的服务空间，使科普公益设施更好地服务于虹桥贸易主体功能区建设。上海虹桥科技电子之窗的信息播放内容实现了区政府中心工作阵地宣传和科普知识普及。具体包括：迎世博宣传、虹桥主体功能区战略需求宣传、节能环保等科学知识普及，同时提供区域内高新技术企业、小巨人企业、软件企业的产品介绍。具体包括科技(信息、生物医药、新材料、环保、节能)企业、高新技术企业、高新技术成果转化项目企业、纳税大户、列入国家重点新产品或火炬计划项目企业、先进技术型外资企业、软件企业、科技小巨人(培育)企业、知识产权示范企业、专利示范(试点、培育)企业、科技创业型小企业、数字媒体创新集群中小企业、科技园区以及入驻科技园区等领军企业的创新产品等。具有商业楼宇信息化联播系统运作资质的上海分众德峰广告传播有限公司,承担对"上海虹桥科技电子之窗"信息播放的制作。每天播放时段为:8:00—14:00、17:00—19:00。播放轮次和播放时段由"上海虹桥科技电子之窗"自身系统的定时装置控制。

六、信息基础设施建设

【临空园区提前实现无线全覆盖】 在临空园区的支持下,携手上海电信,依托EVDO技术,提前在临空园区实现了3G网络的全覆盖,在临空园区的企业除了可以实现3G通信外,还可以通过计算机终端实现宽带上网。下一步,根据长宁区政府与上海电信签订的协议,电信将集中力量对虹桥和中山公园的光网改造进行规划设计,针对东虹桥商贸功能区和虹桥商务平台建设,拿出电信解决方案,届时两个中心的信息化建设将进入快车道,为长宁区的经济社会发展增添新动力。

七、信息化环境建设

【长宁率先奏响上海市推进"智慧城市"建设的前奏曲】 2010年11月26日,基于"三网融合"的创新互动平台——IPTV空中商城(TVMALL)正式上线。足不出户、手握遥控器,在沙发上就能24小时轻松"逛街",同时还可享受正品保障、实惠价格与更便捷的服务。这是空中商城带给百姓的惊喜体验,也是长宁区率先推进"智慧城市"建设、加快电子商务发展的又一力举。这个全新空中购物平台的诞生,将使IPTV用户可以实现从"看电视"到"用电视"的转变,体验"三网融合"互动数字技术给生活带来的实惠。IPTV空中商城由SMG百视通公司和康麦司公司共同构建,可以覆盖全市130万家庭约500万人群。入驻品牌企业约40家,包括百联集团电商、家乐福超市、中粮公司、格力空调、上海联通、三星电子、菜管家等知名企业,同时还有约100家正在洽谈的品牌企业,即将陆续上线。

"十一五"期间,长宁区已聚集了全国最具影响力的在线旅游公司携程旅行网、全球最大的中文女性购物网站麦考林、国内领先互动信息服务平台提供商康麦司等众多国内外知名电子商务企业,行业覆盖旅行、大宗商品、办公用品、报刊杂志、水果农产品等多个领域,使长宁区在电子商务产业发展上集群优势明显。长宁区已完成现代数据集通信网络的部署建设,并启动3T-NET技术为支撑的有线电视数字化整体转化及"三网融合"建设工作。

【帮助中小企业顺利通过软件年审】 长宁区科委召开专题工作会议,为做好2010年软件企业年审工作,提出了跨前一步服务企业的工作理念,力争做到经认定的软件企业一家不漏,避免因不按时参加年审而造成不能享受相关扶持政策的损失。由于一些企业经营场地、联系信息的变化,无法及时收到通知,工作人员就利用各种渠道,如市科委的信息服务通道、区政府短消息平台、发挂号信、主动上门等方式通知企业。根据软件企业年审标准仔细审核,在受理材料过程中,碰到材料不符合要求或材料不齐的,给予耐心解释指导,直至企业提交正确相关材料为止。2010年度年审范围是通过2009年年审和2009年新认定的软件企业,长宁区应参加年审的企业为126家,其中114家企业参加年审,5家企业已迁外区,7家企业因经营方式变化提出不再参加年审。

【完成市经济信息化委软件和信息服务业统计填报工作】 长宁区贯彻落实市经济信息化委工作计划和要求,全面推进软件和信息服务业领域产业化发展,软件和信息服务业保持平稳增长,主要经济指标达到预期目标,为2010年全年主要目标的实现打下了基础。首先,完成了2009年度长宁区软件和信息服务业统计填报工作。参加填报企业200家,软件和信息服务业收入达403亿元,名列全市第二位。其次,完成了2010年第一季度的软件和信息服务业统计填报工作。226家企业参加填报,软件和信息服务业收入达86.12亿元,继续名列全市第二位。

【区科委(信息委)积极为“两会”提供技术支撑】 长宁区信息中心积极做好“两会”信息化服务工作,为“两会”提供了网络与通讯资源、网络设备、计算机设备、系统保障等,并积极做好“两会”期间网络与信息安全的预防和处置工作。2010年的政协会议设在区文化中心,由于该处无网络设施,为了保障政协会议相关信息化工作的开展,信息中心想得早、干得实,提前准备、加班加点,根据政协会议要求,敷设了区文化中心连接区政府的光纤网络和内部局域网络,并安装调试了40余台联网电脑,会议期政协代表提案稿,其中70%通过互联网(无纸化)提交至政协系统,使得会议信息的传输快捷、便利、准确;区信息中心还为区人大会议相关工作组(议案意见组、宣传组、秘书组、文印组等)提供全程信息化服务,保障长宁区“两会”的顺利召开。

【做好世博信息安全工作】 围绕世博信息安全,长宁区科委真抓实干,开展了如下工作:一是结合世博信息安全,以公安部信息安全等级保护工作为抓手,通过上海市信息安全测评中心对长宁区重要信息系统进行严格的安全测评(长宁区机关网络系统、长宁区电子政务基础平台、长宁区门户网站),从而发现问题、及时整改、提高系统的安全性。二是制定全区信息安全应急预案,对可能发生问题的重要信息系统制定应急专项预案,并通过实战模拟演练(核心机房的掉电事件、防网络攻击、查攻击来源、数据备份、灾难恢复),真刀真枪,使问题暴露在先、得以防范。三是在敏感时期、关键时段加强信息安全专项值班制度,长宁区信息中心核心机房做到现场值班、信息中心全体人员不离沪、24小时电话值班,严格关键场所出入制度(核心机房),并建立了全区部门信息安全联系人方法。四是聘请信息安全专业公司,组建专家组,落实信息安全专项维护队伍,对长宁区信息安全的重点单位、重要信息系统进行上门检查、指导,并将发现的问题及时予以反馈。五是进行了全区部门信息安全专职人员专项培训。

【长宁区科委世博窗口服务工作顺利完成】 长宁区科委落实“保障有力、监测到位、处置及时”三大中心任务,开展各项工作,提升科委窗口服务能级和服务水平。制定了《区科委世博运营期间窗口服务应急处置办法》。推进银行卡支付营造环境,促进上海市银行卡应用普及,与区商务委共同召开“迎世博银行卡刷卡无障碍立功竞赛活动”创建及评选工作会议,中山公园商圈被评为“刷卡无障碍示范商业街区”,新宁购物中心等为“刷卡无障碍示范商户”。在中山、虹桥商贸圈等不断完善银行卡支付环境,各类银行卡都能在此自由使用,银行卡POS机支付已普及到商圈各个商户,刷卡金额不断提高,基本实现银行卡特约商户全覆盖。据不完全统计,特约商户总数达1 000多家,放置ATM机50余台,银行卡收银员受训率达到100%。推进“熊猫主题月”活动:“2 010庆祝世界地球日暨世博大熊猫、长宁好邻居”活动于2010年4月24日在上海动物园举行,此次活动既是为了庆祝第41个世界地球日,也是长宁区“世博大熊猫、长宁好邻居”系列活动之一。地球日主题“地球与世界:全世界人民一起来保护地球 Earth and the world”,激活了来自31个国家的近2 000多个中外家庭的世博归属感和参与热情,成为“城市,让生活更美好”世博会主题的最好演绎。动物园科教馆前的大草坪上建起了7个类似世博馆的“小小国际民族村”,以环保为主题的各类舞台表演,吸引了数以千计的活动家庭和游园市民。此外,10只来自四川的“熊猫宝宝”也以长宁市民好邻居的身份,参与了世界地球日活动,通过世博熊猫在城市绿地欢快成长的形象宣传,使生活在城市绿色空间的中外市民充分融入到喜迎世博之中。

八、社会诚信体系建设

【推进社会诚信体系建设】 在政府服务企业平台上完善社会诚信功能,重点是建设企业诚信数据库。企业诚信数据库包含数据项有:企业编码、企业名称、法人代表名、企业信用等级、企业行政执法结果、执法结果生成时间。相关数据由工商、税务、人保等委办局数据导入,平台提供数据接口。根据长宁区纪委关于工程建设领域突出问题治理方案要求,制定区工程领域诚信体系建设的计划。2010年3月召开区诚信主要联席会议成员单位专题会议,商讨并进一步完善工程建设领域突出问题治理中诚信体系建设计划方案。重新明确诚信联席会议各成员单位分管领导和联络员的名单。

(徐 丹)

第四章　普陀区信息化建设

概　述

2010年，普陀区信息化工作全面落实科学发展观，贯彻“科教兴区”主战略，以信息化产业发展、信息系统建设和应用、信息化环境营造为工作主线，切实服务普陀经济社会发展，促进信息产业对区域经济社会发展的贡献度，全面推进普陀区信息化建设，优化信息化发展环境。

一、政务领域信息化

【电子政务平台应用提升机关行政效能】 截至2010年底，电子政务平台注册用户共有4 716个，推进无纸化办公和网上办事效能显现。全年共安排日程14 767次，观看视频2 231次，发布简报1 310期、公告254条、全区资料56份、单位资料442份，预定会议室3 847次，发送会议通知2 344份，发送短信近29万条。

【开展电子政务平台标准化建设】 优化区电子政务平台的网络架构及系统安全性能；规范电子政务平台网络接入与终端设备的域控管理；改造平台出口链路，实现Internet网络出口多链路负载均衡，实现带宽保证、带宽限速、无限并行会话，加强对上网行为的监控；完成区电子政务平台短信系统升级，短信系统可实现移动、联通和电信手机用户的全覆盖，并支持长短信的发送功能。

【优化“上海普陀”门户网站】 实施网站安全监管，加强对门户网站及子网站群的安全管理；完成虚拟办事服务大厅建设，开设在线访谈等栏目。2010年全年共发布各类新闻报道1 585篇、公告178篇、政府信息1 217条、英文新闻185篇，接收并及时处理各类网上来信3 618封。“上海普陀”门户网站获2009年上海市政府网站测评“网站管理特色奖”、工业和信息化部2009年度“中国政府网站信息公开领先奖”和2009年度“中国政府网站优秀奖”。

【确保世博期间网络与信息安全】 分别开展全区性网络与信息安全系列事件应急演练和区信息中心核心机房单项应急演练，完善应急处置方案和工作机制，同时对“两网一站”等重要信息系统开展安全等级保护自查，规范子网站群安全管理，实行网络与信息安全申报制度，发现问题及时整改。世博期间共处置因服务器操作系统故障和机房环境故障引起的8起应急事件。普陀区网络与信息安全保障工作受到市网络与信息安全协调小组办公室的专函表扬。

【“上海普陀”门户网站开通世博专题栏目】 “上海普陀”门户网站精心策划推出《“慧眼、凤眼、童眼”看世博》专题行动，以“科技未来、感知美好、童年梦想”为主题，聚焦企事业单位、女性群体、中小学生三类不同人群的特点，把观博与爱科学、推动普陀产业转型的建设行动结合起来，与爱美丽、提升女职工建功立业的主体意识和低碳生活习惯的养成结合起来，与爱学习、提高中小学生的畅想能力和创新精神结合起来，使广大市民群众的观博热情内化为创新动力，提升强区惠民的责任感和使命感。

【服务部门信息化建设与应用】 加强信息化项目管理，做好项目跟踪服务工作。为区各相关部门做好“区并联审批、招商管理系统”、“区楼宇信息系统”、“区信访处理系统”、“区环保业务管理系统”、“区人大网站”、“长寿街道综合管理系统”等项目的技术指导和项目预审，协助完成项目前期沟通和方案确认，共同推进项目建设，并就区企业基础数据库、CA平台等建设内容进行方案确定和需求协调。

二、社会领域信息化

【做好社保卡网点的服务工作】 建立临时居住证成本结算及相关工作制度，做好临时居住证制证成本等相关预算的编制、结算工作，全区共办理居住证 5 910 张，临时居住证 43 258 张，不办证采集 1 985 人；办理到期续签 67 781 张，遗失补证 1 574 张，离沪退证 7 789 张。积极配合市人口办做好二代社保卡延长使用的宣传服务，增设社保卡补换卡网点，补换社保卡、学籍卡、儿童卡、敬老卡 24 595 张。2010 年全年共办理社保卡、学籍卡、儿童卡 35 777 张；为 70 岁以上老年人办理敬老卡 7 203 张；办理"市民信箱"实名制登记 10 233 个。2010 年普陀区社保卡居住证工作被市人口办、市公安局人口办评为市先进区县，长征镇、真如镇被评为先进受理网点。

【拓宽信息化服务公众渠道】 继续落实社区信息化推进工作机制，确定 2010 年社区信息化"5+5"工作内容；制定并下发《普陀区街道镇计算机机房建设基本规范》；完成全区 9 个街镇的社区事务受理中心一门式服务平台建设，并在石泉街道开展一口式受理试点工作；进一步推进教科文卫信息化建设与应用，配合区教育局建设普陀区教育网刊；建设完成全区卫生系统网络与信息系统，实现区内医院全覆盖。

三、信息产业发展

【信息产业整体规模稳步提高】 2010 年，信息产业创造税收总额 1.83 亿元，增幅达 24.41%，较上年提高 9%；软件和信息服务业相关产业完成产值 51.24 亿元，同比（可比）增长 25.21%。纳入统计的 153 家企业，资产总计 64.03 亿元。软件认定企业增长态势良好，全年收入 27.71 亿元，同比（可比）增长 38.01%，且占行业产值比重增加 5 个百分点，电科智能、协同科技、金蝶软件等软件企业产值过亿，一半以上的企业产值增幅超过 30%。

【推进 LED 产业持续健康发展】 2010 年 1 月 21 日，普陀区科委应邀出席第九届慕尼黑上海电子展上海新闻见面会，LED 应用中心作为 LED 专区主办单位出席会议并就 LED 示范应用、政府率先应用、检验检测等方面答记者问，积极推介普陀现有产业政策与措施，为国内 LED 企业产业对接、出口贸易和技术合作搭建服务平台。3 月 16 日，在浦东新国际博览中心举办主题为"LED 引领低碳经济新发展"的第四届上海 LED 半导体照明创新与应用论坛，复旦大学电光源研究所、国家电光源质量监督检测中心（上海）、国内外 LED 专家和 LED 企业、行业机构、科研院所、高校代表等 300 余人出席论坛，利用论坛充分展示了普陀区发展扶持 LED 产业集聚的决心和良好环境。

四、信息基础设施建设

【推进区域信息化基础设施建设】 全区建成 3G 基站 525 处、WLAN 无线热点 709 个，互联网用户普及率达 59.2%，有线电视数字化整体转换完成 38 万户，IPTV 用户 5 万户。区域内建成实际宏站数 162 个，其中集约化站址 51 个，室内覆盖数 369 个。

【与上海联通签订信息化建设合作框架协议】 2010 年 3 月 18 日，普陀区政府与中国联合网络通信有限公司上海市分公司（上海联通）在联通大厦签署《关于共同推进普陀区信息化建设的合作框架协议》。此次签约，双方本着"需求导向、政府推动、企业运作"的原则，在加大投资、优化区域信息化基础设施，服务企业、推动产业优化升级和加强技术应用、提升服务民生水平三个方面开展合作，积极发挥联通的资源和技术优势，共同推进普陀区信息化基础设施建设和应用。

五、信息化环境建设

【制定普陀区信息化“十二五”发展规划】结合区域信息化发展的实际情况，以“两化融合”为切入点，紧紧围绕信息化环境营造、信息系统建设和应用、传统产业信息化改造等工作主线，编制完成普陀区信息化“十二五”规划。规划按照“一个核心目标、两个工作抓手、四项工作任务”的工作思路，明确了信息化建设与应用工作阶段工作任务，即重点推进电子政务建设与应用，提升政府行政效能；以“两网一站”为重点，扎实推进信息安全体系建设；顺应经济和社会发展需要，进一步完善信息化基础设施；抓住“两化融合”的历史机遇，促进区域经济转型发展；以信息化服务为抓手，推动区域社会事业和民生持续发展。

【启动普陀TD网络建设与应用试点示范区项目】2010年11月17日，普陀区政府与中国移动上海公司签署《共同推进普陀区信息化建设战略合作框架协议》，正式启动普陀TD网络建设与应用试点示范区项目。通过双方的合作，将深入推动信息化在机关、园区、企业和社区的应用，进一步提升区域投资品质和企业发展的信息化环境，推进普陀区高科技产业的发展，同时在改善民生等社会事业工作中体现信息化的服务支撑功能，形成共建共赢的良好局面。

（顾呈健）

第五章 闸北区信息化建设

概 述

2010 年，闸北区信息化工作在区委、区政府的正确领导下，积极贯彻国家、上海市信息化建设的方针政策，把信息化作为促进经济发展、保障改善民生的重要战略举措加以全面推进；以应用为主导，以资源开发为重点，坚持总体规划、统筹协调、突出重点、分步实施的原则，在信息基础设施建设、信息安全保障、电子政务统筹建设、卫生信息化的“闸北模式”和教育信息化、信息产业发展、信息技术普及应用以及支撑环境建设等方面，取得了长足的进步。尤其是国产基础软件和云计算技术在闸北区的应用推广，已经在上海市形成示范效应，为闸北区“十二五”期间推进“智慧城市”建设奠定了坚实基础。

一、政务领域信息化

【电子政务网络框架平台基本建成】 2010 年，完成政务信息网的改造升级，完善了功能，增加了网络信息量和网络的可扩展性。公务网系统共有 48 个委办局和八街一镇与市公务网互连；政务外网形成了以区级平台为核心，以部门（街道）局域网为主干，以下属分支机构（居委会）为终端的融经济发展、社区管理和公共服务为一体的三级网络体系架构；建成了 10 多个覆盖全区的业务专网平台；全区已有 50 个委办局、街道（镇）通过区级平台与市政务外网互连。区级平台外联实现 30 兆互联网宽带出口，提高了机关部门服务企业、居民的工作效率。

【继续做好电子政务工作】 根据工业和信息化部制定的《全国地方电子政务发展情况调查报告》和上海市《本市各区县电子政务发展情况调查报告》要求，2010 年对闸北区各部门电子政务发展情况开展问卷调查。继续做好办公自动化网上会议通知系统的日常维护，对 75 个委办局会议通知使用情况进行数据统计，认真解决各部门 OA 系统产生的问题，积极协助做好短信平台的维护工作，认真处理平台故障问题。

【加强电子政务信息安全】 根据闸北区信息网络状况，分步骤部署区电子政务统一安全认证平台，建设区统一安全认证平台试点，实现所有分系统的安全身份认证接入。认真组织涉及“网络安全、应用安全与备份恢复、安全管理制度、系统建设管理等 10 个方面、274 个测评指标”的网络等级保护综合测评工作，并顺利通过市安全测评认证中心三级安全等级测评。2010 年，以区财政安全认证项目为试点，制定《闸北区财政局安全认证项目建设方案》，通过政府采购审批同意，确定上海市数字认证中心和本区企业上海格尔软件有限公司共同完成该项目建设。

（谢幽探）

【继续深化政府信息公开工作】 2010 年，闸北区全区共有政府信息公开责任单位 48 个，政府信息公开工作人员 87 名，其中全职人员 2 名，兼职人员 85 名。进一步完善了各项工作制度，印发了《闸北区政府信息发布协调制度》、《闸北区政府信息公开监督保障制度》和《闸北区政府信息发布保密审查制度》，建立了沟通会制度，设立公文类信息公开预先审核制度，实施信息公开与信息咨询统一受理制度。结合社区实际，开展“社区信息公开服务示范点”建设，全区共设有 9 个社区信息公开服务示范点。截至 2010 年底，全区累计主动公开政府信息 6 612 条，新增的主动公开政府信息 1 599 条，全文电子化率达 100%。其中，机构设置类信息共 210 条，占总数的 13.1%；政策法规类信息共 15 条，占总数的 0.9%；规划计划类信息共 51 条，占总数的 3.2%；业务类信息 1 117 条，占总数的 69.9 %；其他类信息共 204 条，占总数的 12.8%。2010 年度共受理信息公开申请424件，其中当面申请322件，网上申请76件，信函申请26件。424件与2009年顺延下来的17件中，已经答复的为429件，其余12件申请按照《条例》和《规定》顺延到下年度答复。

（周 倩）

二、社会领域信息化

【开展社保卡、居住证申领工作】 社保卡的发放基本覆盖全区户籍人口，2010年全年，全区共发放社保卡20 327张，发放敬老卡5 307张，补换卡19 922张，累计完成补换卡123 873张，办理各类居住证98 184张，其中临时居住证95 773张，一年居住证2 411张。

（王慧敏）

【提升教育领域信息化水平】 2010年教育信息化工作坚持“以需求带动建设、以服务促进应用、以应用引领发展”的策略，工作重点向“三个服务”转变，即“服务于教师教学、服务于学生学习、服务于学校管理”，推进教育信息化持续发展。在8所学校完善了防火墙装备，使得区域防火墙有效负荷达到100%。做好教育信息公开工作，区域45所学校完成了教育网站备案工作。2010年，区教育局进一步推进信息平台建设，自主开发了局党建网站、局纪委报送网站、局机关办公日程报送查询系统、幼儿园招生系统、小学招生系统、区图书管理网站等7个平台。积极开展基于电子白板的研究工作，2010年10月举办了基于交互式电子白板环境下的教学整合说课为重点的第六届“民教杯”活动，并在上海召开交互式电子白板亚太高峰论坛上介绍了工作经验。大宁国际小学的沈正亭老师执教的《送小蚂蚁回家》一课，首次代表闸北区参加全国第七届交互式电子白板应用优秀课例评选，并荣获一等奖，同时，闸北区两所学校还被列入上海市白板研究专题示范学校。进一步加强队伍建设，2010年4月，在久隆模范中学举办第五届闸北区中小学校创意机器人竞赛活动，2010年10月，开展了闸北区优秀网管员（标兵）评比。

（王一鸽）

【推进卫生领域信息化建设】 闸北区卫生信息化工作紧紧围绕新医改提出的要求，以推进居民电子健康档案和区域卫生信息共享和协同服务平台建设为重点，积极展示“闸北模式”内涵，不断提高闸北区区域卫生信息化水平。2010年，在全市率先成立具有独立法人资格的卫生科技与信息中心，具体负责全区卫生信息化建设的推进。进一步强化各单位卫生信息化基础，在对各系统建设需求进行分析的基础上，进行了高血压、糖尿病、计划免疫、儿童保健、医生工作站等5个系统的开发和升级改造。继续推进基于居民健康档案的区域卫生信息共享和协同服务平台建设，充分利用现有数据信息，开发卫生辅助决策信息系统。2010年，完成闸北区域PACS、住院电子病历建设，大幅提升闸北区域卫生信息共享协同服务能力。推进两项“十一五”科技支撑项目，《区域级医疗信息整合共享与协同服务示范工程》研究内容基本完成，《国人健康管理信息系统社区卫生服务机构示范与应用研究》按课题计划进度完成相关任务。2010年，与华为公司合作，在市北医院开展健康云计算试点。加强信息安全体系建设，优化卫生数据服务结构，完善区卫生数据中心建设，完善服务集群和异地容灾的建设，采用多种信息安全技术，强化信息安全和保密措施，制定信息系统应急预案和建立健全系统安全管理制度。

（田国栋）

三、经济领域信息化

【加大对软件和信息服务业的扶持力度】 2010年，为支持闸北区软件和信息服务业企业发展，收集编录了相关企业资料，汇编成《闸北区软件和信息服务业企业名录》，作为展示软件和信息服务企业形象、向区机关企事业单位推荐的IT产品或服务供应商手册。名录收录了首批60家企业信息，所载录的企业绝大部分属于市软件认定企业，同时以企业自述形式展示相关企业信息，做到内容丰富、信息量大、描述准确。

（谢幽探）

四、城市建设管理领域信息化

【推进公安高清卡口信息识别系统项目建设】 结合政府光网建设，实施公安高清卡口信息识别系统建设。以租用现有主导运营商的光纤管线资源方式，一期拟建设以区公安分局及11个派出所为光交节点的政府光网主干环网，并同时对66个路口断面新建高清卡口信息系统77套。

【建成城管、环境监测、安全生产等信息系统一期工程】 建成闸北区和街道(镇)两级联动的城市管理信息平台，通过信息技术手段提升了环境监测、安全生产等工作的实时性和针对性，市容环境改善明显。

（谢幽探）

五、信息产业发展

【打造云计算产业化基地】 成功实现上海市首个云计算产业基地落户闸北。2010年，上海市云计算产业基地完成了中国网络电视台(CNTV)大型核心节点数据中心、天脉聚源、易可思、思高方达信息技术公司、英业达云计算公司、鹏博士、蓝讯等一批优质企业的洽谈引进工作，推动上海数据港、天脉聚源、东方通泰等云计算高新技术产业化项目的落地，并成功举办了2 010云计算产业发展与科技创新上海高峰论坛，进一步落实上海市"云海计划"，推动上海市云计算产业的快速发展。

【打造国产基础软件产业化基地】 结合"国产基础软件产业基地"的平台建设，2010年成功完成了中标凌巧软件科技有限公司、达梦数据技术有限公司、东方通泰软件、锐道软件、采舟软件、中教软件、瑞函软件、协讯软件等优质企业的引进。2010年，闸北区在区政协、区教育局、区彭浦新村街道等部门建设完成上海市国产基础软件应用示范项目，形成了国产基础软件区域信息化标准体系，为国产基础软件在其他区域推广提供了事实标准体系，并且提供了信息化建设的模板。配合国家战略，闸北区先行先试，整合了各个领域的资源，在不同领域建成国产基础软件产业横向和纵向的示范工程，形成一个全方位国产基础软件体系架构，为将来在全国进行"闸北模式"的推广和复制提供一个非常典型的应用。

2010年12月，"第二届国产基础软件产业链创新论坛"成功在闸北举办。此次论坛话题围绕"国产基础软件应用与产业化"进行，为促进国产基础软件的推广和应用起到了积极作用。

（傅　春）

六、信息基础设施建设

【规范和指导区域信息化建设】 在广泛征求意见的基础上，研究制订了《闸北区信息化项目管理和信息基础设施建设的指导意见》，为信息化项目建设管理提供了依据。建立政企协调推进机制。坚持"市场导向、政府推动、企业运作"的原则，分别与上海电信、上海移动和上海联通签订了共同推进信息化建设合作框架协议，借力推进闸北区信息基础设施建设，拓展信息化在政务管理、产业经济、社会民生等方面的深入应用。

（谢幽探）

【积极推进移动基站建设】 2010年，闸北区域内共建设宏基站86个，室内覆盖数151个，小区覆盖数28个。其中TD宏站70个，TD室内覆盖160个，TD小区覆盖7个；WLAN热点83个。WIFI新建设点在上海火车站南北广场区域1个、宾馆酒店9个、写字楼42个、政府机构3个，共计55个。加强与移动运营商的工作协调，着力解决大宁灵石公园、市北园区等6处移动TD基站建设的选址工作；完成了行健学院室内覆盖工作。

（上海移动北区局）

七、信息化环境建设

【推进信息化项目管理规范化】 进一步加强了信息化项目申报管理制度建设，制定闸北区信息化项目预算申报（备案）流程，明确信息化项目范围、项目申报对象、时间以及报送方式，对全区21个信息化项目涉及资金6 900余万元进行审核，审核认定6 100万元，为区节约资金800余万元。

【开展信息安全普及教育】 为加强市民信息安全知识普及和教育，为世博会筹办营造良好的网络环境。市网安办联合上海世博局组织有关技术力量编写了《市民信息安全手册》，并通过进社区的形式，向广大市民进行信息安全知识普及宣传，共同营造安全、文明、和谐的网络环境。闸北区向全区街道（镇）居民发放宣传册5 100册。

（谢幽探）

【推进百屏进社区项目】 在闸北区内100个文明小区内建设科普电子宣传屏，为小区居民开展科学知识普及宣传，协调上海移动为该项目提供100张专用数据传输SIM卡，并为开通后的数据传输提供相应的通信服务保障。

（吴 建）

八、社会诚信体系建设

【继续加快社会诚信体系建设】 2010年，闸北区社会诚信体系建设力求做深做实，积极开展“诚信服务在窗口”活动，督促各窗口单位在世博期间做好各项服务工作，开展机关作风评价，贯彻党风廉政责任制，努力打造诚信机关；加强诚信宣传，营造诚信氛围，区内各诚信体系建设职能部门2010年在部门网站、公共场所、街道、居委会等地，通过多种途径宣传诚信常识，促进诚信行为，披露失信信息，让社会公众了解并参与到诚信建设的大氛围中，鼓励引导全社会守信践约，努力提高社会诚信体系建设水平。

（傅 春）

第六章　虹口区信息化建设

概　述

2010年虹口区信息化工作在区委、区政府的总体部署和具体指导下，以保障世博网络与信息安全为重点，以信息产业发展为契机，以信息资源开发共享为支撑，促进信息化与工业化融合，加快电子政务建设步伐，深化政务公开和政府网站建设，开创信息化工作新局面。

"上海虹口"门户网站在2010年中国区县政府网站绩效评估中位列上海市区县第二名。2010年6月，虹口区在全市率先完成有线电视数字化整体转换工作，整转用户近22万户。6月23日，正式启动由市经济信息化委和虹口区政府共同投资建设的"上海市数字电视公共服务平台"信息化项目，将提供一个开放、公共的数字电视增值服务开发平台，为全市有线电视数字化整转工作及下一代广电网络业务发展提供有力支撑。

（刘长林）

一、政务领域信息化

【协同办公平台完成改版并上线运行】 随着虹口区协同办公应用的不断深入，以及用户覆盖面的不断延伸，协同办公需求日益增多。根据虹口区电子政务整体规划及协同办公系统现状，启动实施了虹口区协同办公平台三期项目建设，该项目开发采用先进的部件化构造理念，对协同办公系统各功能模块进行部件化的设计开发，以提升系统的扩展能力，同时利用分布式的部件群提升系统的支撑能力及稳定性，使之真正成为区电子政务的内门户。新版虹口区协同办公系统于2010年6月正式上线运行。

【"上海虹口"门户网站在2010年中国区县政府网站绩效评估中位列上海市第二名】 2010年12月16日，"第九届（2010）中国政府网站绩效评估结果发布暨经验交流会"在北京召开。本年度的评估指标聚焦政府网站在教育、社保、就业、医疗、住房、交通、证件办理、企业开办、资质认定、信息公开、互动交流等11个领域的服务能力，并进一步加强用户满意度调查工作。会议公布了中国政府网站绩效评估结果，"上海虹口"门户网站在参加此次评估的448个区县级政府网站中位居第二十三名，并位列上海市区县网站第二名。

【虹口区电子政务应用支撑平台项目正式启动建设】 随着虹口区实有人口库、法人数据中心、GIS公共服务平台等基础数据库的建成，以及行政审批平台、行政事务综合管理系统等应用系统的建设和投入使用，对统一化、规范化应用支撑平台的需求与日俱增。为了满足虹口区电子政务"一体化、集约化"建设的需要，满足综合应用平台支撑的需要，2010年虹口区启动了虹口区电子政务应用支撑平台项目建设。主要目标是逐步完善虹口区认证中心、消息中心、数据调度中心、监管中心、审计中心、搜索中心等支撑功能框架建设。

【积极推动行政事务综合管理信息系统建设与应用】 2010年全面完成区行政事务综合管理系统的三期项目建设，改进条线整合方式，扩展和优化了包括业务监管、辅助办公、数据联动、数据安全、民生服务等方面的功能，整合区实有人口信息管理系统，通过系统的应用将市民的相关办事项业务信息自动沉淀并与实有人口系统的状态信息关联，同时将部分办事项延伸至居委会，为进一步做好民生服务创造了良好条件。该系统在各街道全面应用，在数据整合、互联互通、交互式应用方面取得良好成效。

【深化网站服务功能，畅通网络民意渠道】 "上海虹口"门户网站自2001年创建以来，期间经过三次改版，为深化电子政务建设，进一步提高政府办事效率，增强政府与企业百姓的亲和力，2010年4月启动门户网站第四次改版项目。秉承服务社会公众的改版理念,使服务能力和水平得到进一步提升。全年共计28个办事部门及8个街道网上发布事项506项,其中行政类286项,服务类220项,表格159套。全年网上办事受理在线申请407件,答复率达94.3%。

同时,进一步完善了网上舆情采集平台功能建设。主动、实时地监控、分析互联网上具有影响力的门户网站、论坛等目标站点,第一时间收集、掌握网络舆情,为政府决策提供信息支持。全年共编报“网络舆情专报”17期,其中区主要领导对“专报”做出专门批示的有8件,均得到有效解决。

二、社会领域信息化

【社区信息服务平台项目启动】 根据国务院常务会议研究部署发展家庭服务业的相关政策措施,向家庭提供劳务、满足家庭生活需求已成为“十二五”规划的重要任务。虹口区充分利用信息技术,有效整合辖区内服务资源,着力建成虹口生活服务平台,以此规范社区服务流程、整合服务资源、全程服务监督,为居民提供更便捷、更优质的诚信服务。该平台为1+8(1个区级生活服务平台,8个独立社区生活服务平台)的一体化平台框架模式,提供公共服务的同时,探索具有街道特色的专题服务,着力推进区、社区、服务机构的多极服务组织体系构建。

【社会保障卡年度工作稳步推进】 2010年,虹口区社会保障卡服务中心和各街道服务网点工作人员切实履行《服务承诺》,增添365无休制便民措施,不断增强服务意识,强调优化服务工作落到实处,圆满完成年度工作任务。全年累计发放社会保障卡(含学籍卡,儿童卡)37 303张,社会保障卡遗失补卡11 201张,换卡21 140张。敬老服务专用卡发放9 568人次。完成临时居住证和长期居住证的办理发放工作,共计发放居住证3 541张,临时居住证71 077张,临时居住证续签78 296张。

三、城市建设管理领域信息化

【虹口区城市地理信息系统(公共基础平台)项目通过验收】 根据市经济信息化委《上海市区县GIS建设指导意见》的精神,伴随着国家和上海市对城市基础地理信息系统建设的相关标准规范的逐步完善,虹口区启动建设了城市地理信息系统公共基础平台。虹口区地理信息系统公共基础平台以虹口区最基本的地理信息为管理对象,综合运用GIS技术、数据库技术、网络通信等,实现对虹口区基础地理信息的采集、录入、处理、存储、查询、分析、显示、输出、信息更新等,并提供其他专题系统应用,建成一个全区范围内准确、动态、高效的共享型基础空间数据库,为未来虹口区各部门应用提供完善、优质、高效的地理空间数据服务。该项目于2010年4月通过项目验收。

【推动城市地理信息系统平台在部门业务的应用】《虹口区防汛雨水水位管网及河道远程实时监测信息系统》于2010年8月18日通过项目验收。该项目是基于虹口区协同办公平台和城市地理信息系统公共基础平台运行的应用试点项目,利用物联网、无线通讯技术实现对虹口区雨水井及河道实时水位数据的采集、存储、管理、查询、分析、监控和处理,具有很强的针对性和实用性,成为虹口区水务管理的帮手,对具体业务工作有一定的辅助作用,有较好的推广价值和良好的市场前景。

四、信息产业发展

【上海市数字电视公共服务平台项目启动】 “上海市数字电视公共服务平台”是由市经济信息化委和虹口区政府共同投资建设的信息化项目,扶持基金共计800万元。主要目标是通过双向交互式数字服务系统,将各类增值业务融合到有线网络平台上,并能综合提供数字视频服务、数字音频服务、数据信息服务等多种多媒体业务。由6家企业共同参与项目建设。该项目将充分利用有线数字电视机顶盒已具备的接口及功能，设计数字家庭媒体终端，以实现网络运营商服务、家庭媒体内容服务、家庭网络管理服务以及个人终端通讯服务等。

【虹口区电子书包项目建设启动】 电子书包是国家教育综合改革《数字化教程环境建设和学习方式变革探索》的试点项目之一。主要目标是：初步建成教育信息化公共平台，推进数字化学习资源网络建设，提高教育信息化水平，实现教学资源的均衡化，通过对知识的结构化教育，提高学习效率。该项目由多家教育出版机构和数字内容产业机构共同参与，将大大推动终端产业发展、通讯环境融合、数字化课程资源产业发展和版权保护环境营造。

五、信息基础设施建设

【有线电视数字化整体转换工作基本完成】 2006年虹口区被确定为上海市第一个有线电视数字化整体转换试点区域，旨在通过整转试点，探索相关政策的制定完善和流程规范，为全市大规模的整体转换推进积累经验。在虹口区委、区政府的领导下，虹口区成立了工作领导小组和整转推进办公室组织实施。在各委办局、各街道等相关部门的支持配合下，在东方有线的具体实施下，虹口区历时5年，通过试点、扩大试点、全面推进、全面完成四个阶段的工作，于2010年6月率先在全市完成虹口区有线电视整体转换工作。整转区域覆盖用户近24万，实际整转用户数近22万，占双向网用户数80%以上。

【街道系统网络实施整合优化】 为充分保证涉及行政区划调整的四川北路、嘉兴、提篮桥3个街道的信息系统能够完全适应街道新格局，在街道行政区划调整工作启动后，虹口区科委(信息委)立即建立工作小组，确定实施方案，专项推进街道行政区划调整后的系统网络优化整合工作。调整工作分两个阶段：第一阶段为整转阶段，以实现街道信息系统的平稳过渡，保证街道业务的正常开展为目标；第二阶段为优化阶段，根据街道为民办事机构的设立情况(行政分中心、社保分中心等)，以确保调整后的街道信息系统能够完全适应街道新格局为目标。截至2009年底，在电信运营商和相关运维公司的配合下，第一阶段(整转阶段)工作任务顺利完成，成功实现了街道信息系统的平稳过渡，保证了街道业务的正常开展。至2010年3月底，第二阶段(优化阶段)工作任务顺利完成。

【协调推进广中路南线下立交车行地道手机信号覆盖工作】 广中路南线下立交车行地道西起水电路，东至东体育会路，穿越中山北一路和东江湾路两个交叉路口，全长约700米，因长度较短规划设计时未考虑手机信号覆盖。经市民反映后，由虹口区科委(信息委)牵头，组织协调虹口区市政水务署、市政建设公司及上海移动、上海电信、上海联通三大电信运营商多次研究讨论，确定手机信号覆盖建设方案后立即组织实施，保障及时开通信号，为市民提供便利。

【完成虹口区移动TD光交环网建设】 根据市经济信息化委《关于加强本身TD-SCDMA等第三代移动通信建设的实施意见》的文件精神，虹口区科委(信息委)牵头协调，虹口区建交委、虹口区绿化市容局、虹口区市政水务署及虹口区绿化署等多家单位共同支持和协助推进虹口区TD光交环网建设，截至2010年底共完成68个点位和节点间连接管线的建设。

六、信息化环境建设

【完善组织体系，逐级落实"迎世博"网络与信息安全保障工作】 2010年，举世瞩目的世博会在上海举办，世博会安全保卫工作十分繁重，其中，网络与信息安全保障是非常重要的一个环节。虹口区按照上海市网络与信息安全检查工作的要求和有关精神，成立了网络与信息安全工作协调小组，负责指导全区网络与信息安全工作。世博期间，各单位在协调小组的指导下，按照"谁主管谁负责、谁运行谁负责、谁使用谁负责"的原则，结合本系统、本部门网络与信息系统实际情况，以保障上海世博会网络与信息安全为重点，强化责任意识，严格执行信息安全情况月报制度和"特事特报"制度，加强"自建、自管"网络与信息系统的安全预防监测、日常检测维护及突发事件应急处置等措施，确保全区网络和信息安全在世博期间未发生重大安全事故。

【召开虹口区"迎世博网络与信息安全保障工作"区政府专题会议】 2010年3月17日，召开虹口区区政府专题会议，虹口区信息委主任卞学敏代表虹口区网络与信息安全协调小组向组长华东平副区长作了《关于迎世博虹口区网络与信息安全保障工作的情况汇报》，会议就下一步工作重点进行了讨论。会议指出，在前一阶段工作中，有关部门和街道办事处高度重视网络与信息安全，在政府网站安全专项测评、敏感信息审查过滤、涉密终端管理等方面做了大量工作，为保障本区网络与信息安全打下了良好基础。世博会举办在即，各部门、各街道办事处要按照虹口区"迎世博"网络与信息安全工作会议精神，进一步提高认识、明确责任、落实措施，确保本区世博期间网络与信息安全各项工作落到实处。

【制定应急预案，组织开展应急演练】 世博会召开前夕，虹口区网络与信息安全办公室进一步完善《虹口区网络与信息安全事件专项应急预案》，同时，36家部门、街道完善应急处置机制，完成网络与信息安全专项应急预案的编制工作。"上海虹口"门户网站、虹口区政务网络等重要信息系统实施演练，重点检测网站页面遭受攻击、服务器硬件故障、核心交换机、路由器故障、出口链路（ISP）故障等问题发生后，如何能迅速判断故障环节，对照既定预案，采取应急措施。区政协办、区纪委、区发改委、区检察院、区法院及各街道共计21家单位根据应急预案演练计划实施了应急演练。

（刘长林）

第七章 杨浦区信息化建设

概 述

2010年,杨浦区信息化工作紧紧围绕建设国家创新型试点城区建设的战略目标,结合区域世博网络安全保障工作,充分发挥信息化的带动作用,加强信息资源整合与开发利用,扩大信息化普及面,完成了《2010年上海市杨浦区信息化工作要点》所制定的目标任务。

2010年,杨浦区信息化建设的主要工作包括:一、稳步推进信息化建设与规划。完成区网格办等部门光纤接入工程、区委组织部"大组工网"建设、区信访专网的延伸、区政务网部分网络改造等建设任务;做好《上海市杨浦区国民经济和社会信息化"十二五"发展规划》和《上海市杨浦区电子信息产业"十二五"发展规划》的编制工作。二、加强信息安全保障。落实等级保护制度,对杨浦区电子政务平台和区门户网站进行信息安全测评与整改。三、信息化应用推广。推进政府网站群整合建设,深化杨浦区政务网信息一体化平台建设方案;推进网格管理中心57个数字探头及人防22个地下室监控联网建设;建立卫生局健康档案平台,延伸区档案局的档案查询业务至街道层面;开展"区长在线"等互动性信息化应用项目;完成第二批区公务员信息化与电子政务应用能力培训;组织开展财政预算信息化项目的协同理财;做好社保卡、居住证日常管理、市民信箱等工作。四、完善世博运行与保障工作。通过加强信息基础设施监管、以区核心机房为重点加强安全保护、开展网络安全专项检查等措施,有效保障世博会期间的网络安全。五、社会诚信体系建设。继续落实政府采购供应商信用评估报告工作,加强政府诚信建设;探索高科技企业信用管理制度建设;推广商业企业和文化企业的信用档案建设;组织开展以世博为主题的系列诚信宣传活动。六、产业发展和园区建设。协调推进复旦软件园工程建设;推进创智天地"上海市高新技术产业化基地"、杨浦科技创业中心数字化园区建设;深化杨浦区"两化融合"实践区创建;开展软件企业季度统计、年检初审工作;组织市高新技术产业化、软件和集成电路专项资金等项目申报工作。

2010年,杨浦区科信委获得上海市窗口服务行业"迎世博银行卡刷卡无障碍立功竞赛活动"优秀组织奖、2010年度上海市软件产业运行监测工作先进集体称号。

(陆军霞)

一、政务领域信息化

【信息化项目管理系统上线运作】 2010年9月,杨浦区信息化项目管理系统正式上线,有力支撑了全区财政预算信息化项目的协同理财工作,方便预算单位进行信息化项目的网上申报及历年信息化项目经费查询,区科信委在项目初审时能及时掌握预算单位基本情况、硬件和软件情况、行政事业单位信息化项目经费明细及信息化项目年度经费明细等。同时,区科信委还开展了全区预算单位的信息化项目管理系统操作培训,年内完成移动无线执法视频监控系统、规划土地管理辅助系统、商业企业信用服务系统、文化市场信用监管平台和信息化项目管理系统等信息化发展资金项目的验收。

【启动政务网一体化信息平台建设】 2010年10月,完成政务网信息一体化平台外网整合工作,利用区政务网信息共享平台现有资源和基础信息,整合外网门户框架,启动建设多站点、统一门户、内外网无缝联动的信息一体化平台,实现内外网统一的后台管理和内网门户向外网门户的信息发布。明确平台建设的相关工作,包括建设方案和技术评审、平台建设的工作保障、实施进度和经费保障,对内外网技术架构和基础信息的统一部署、内网统一门户和信息平台开发、统一平台与相关业务系统整合等主要工作进行了研究论证。

【开展政务外网实名制认证】 2010年12月,在全区开展政务外网实名制认证工作，完成计算机终端安全网络管理系统的试点应用。组织政务外网各接入单位开展政务外网使用人员基本信息和对应的网络IP地址的统计备案工作，规范网络IP地址使用，合理分配地址资源；区科信委指导各接入单位在区政务外网的终端电脑上，安装计算机终端安全网络管理系统的客户端软件，并根据认证信息提供用户名和密码供用户访问政务外网，通过用户名、网络IP地址和网卡MAC地址实行绑定，确保政务外网的网络安全，实现规范上网用途和合理分配网络流量的目的。

【推进区行政审批制度改革】 开展杨浦区行政审批事项的梳理、汇总和清理工作，履行行政审批告知承诺制度，完善行政审批制度改革工作的日常监督、动态监管、执法检查等方面的工作措施；推进区级行政审批平台和网上行政审批大厅建设工作，对行政审批信息化工作现状、完善网上审批系统及有关平台建设开展调查研究；完善企业投资项目建设工程行政审批管理平台，加强业务培训，在项目运作过程中不断总结和改进建设项目行政审批改革工作；根据上海市并联审批试行办法和要求，推进企业设立审批准入一口受理平台的建设工作，向企业提供网上咨询、网上预审、网上受理、网上反馈等服务。

二、社会领域信息化

【社保卡、居住证工作有序开展】 2010年，区社会保障卡服务中心围绕“迎世博争创一流服务”活动，进一步优化管理、服务市民，有效提升区补换网点服务能级，确保世博年工作平稳有序。截至2010年12月31日，社保卡补换卡30 012张，累计169 030张，市民信箱累计申请数11万人次。各街道镇社保卡网点敬老服务卡续期工作、学籍卡阶段性工作有序进行，截至12月31日，各街道镇社保卡网点全年申领社保卡（包括学籍卡）34 910张，敬老卡续期45 081张，累计申领社保卡143万张（包括学籍卡11余万张、敬老卡14万张）。面对流动性较强来沪人员，协同公安人口办对街道镇居住证受理网点进行长效管理，按照时间结点完成临时居住证制证成本结算、预付、押金的清退工作。截至12月31日，各街道镇居住证网点共申领330 347张居住证，其中办理临时居住证123 401张、续签165 245张、遗失补办10 085张、退证30 516张，申领一年居住证6 227张（从业2 481张、投靠3 746张）；开办累计共办理临时居住证（包括新办、遗失、退证、续签）72万张，申领一年居住证58 035张（从业13 965张、投靠44 070张）。

【推进区社区事务受理中心规范化建设】 加快推进社区事务受理服务中心规范化、标准化建设，以信息化手段实现接待、告知、受理、回复（办结）的服务流程；在定海、新江湾城街道开展社区事务受理服务中心“前台一口受理、后台分类办理、中心一头管理”试点工作的基础上，在全区全面推广，并在市一门式政务研发中心的指导下，安装更新市一门式统一软件、设立“一口受理”窗口、进行全员业务培训、梳理业务受理流程、统一人员管理机制，形成为民、便民、高效服务的杨浦社区事务受理中心运行模式。

三、经济领域信息化

【数字化园区建设试点】 以杨浦区科技创业中心（孵化基地）为试点逐步推广传统园区数字化改造工程，2010年，科技创业中心按照“创建一个服务平台、探索云服务模式、培育一批数字化产业”的总体目标，完成IDC数据中心一期约1 200平方米的项目建设，300个机柜已经安装完毕，相关测试也在进行中；推进以IT企业服务式办公为主的“云智汇”项目建设，为企业办公打造数字化管理系统和解决方案；加强公共服务平台建设，建立了“预孵化+创业孵化+加速孵化”三级孵化服务体系，为不同阶段的大学生创业企业提供专业化孵化服务。园区通过构建可靠的通信基础设施、共享的信息资源数据中心、便捷的信息化协同工作平台、专业的信息化业务系统，实现数字化管理、数字化监控和数字化服务。

四、城市建设管理领域信息化

【城区综合管理“大联动”试点工作】 2010年11月29日，杨浦区城区综合管理“大联动”试点工作启动会召开，围绕健全完善融城区市容、社会治安、应急管理功能于一体，形成统一指挥、快速反应、整体作战的两级信息化综合指挥枢纽和平台，开展延吉、殷行和五角场三个街道的试点工作。组织试点街道和相关派出所以及“大联动”有关成员单位，先后考察了闵行区、嘉定区，对区级层面的联动中心在各类信息系统的整合和指挥平台建设方面、街道联动分中心建设、“大联勤”网格化巡管模式等进行调研，明确试点阶段以整合现有信息资源为基础，着力实现城市综合管理信息的互联互通和资源共享。

【城市网格化管理有成效】 区城市网格管理指挥中心依托城市管理热线(962151)、城市网格化管理平台、图像监控以及网格监督员的日常巡逻实现城市管理网格化。2010年，区城市管理处置(受理)中心受理城市管理问题93083件，已整改93062件，整改结案率99.9%；全年962151杨浦区城市管理服务热线接听电话总数为6 259个，受理城市管理问题1 499件，办结1 499件，办结率100%，回访率100%；区城市网格化管理平台全年受理城市管理案件总数为83 783件，结案83 777件，结案率99.9%；世博期间城市网格化管理平台专门开辟快速处置发生在涉博重点保障道路和重要区域内的城市管理问题的“绿色通道”，4月29日～11月15日共受理各类城市管理问题6 724件，整改6 715件，整改率99.9%。

五、信息产业发展

【市信息化青年人才协会来杨浦考察】 2010年8月26日，市经济信息化委副主任刘健率市信息化青年人才协会成员到杨浦区考察，实地踏勘了区规划展示馆、创智天地、新江湾城等。区委副书记、区长金兴明，团市委副书记徐彬，副区长唐海东等出席座谈会。会上，金兴明详细介绍了杨浦区新一轮转型发展机遇以及经济社会发展情况，热忱欢迎IT新锐企业来杨浦投资、发展，区有关部门将以此次活动为契机，进一步强化区企合作，加大关心、扶持企业力度，努力为企业、产业发展提供优质高效服务，推动企业做大做强，同时，希望双方在科技创新等方面共商合作发展，实现互惠共赢。刘健表示，要全面加强政企合作、市区联动，充分发挥杨浦得天独厚的知识、技术创新优势，找准切入点，探索新型商业运作模式，将杨浦打造成为IT技术创新区、信息产业集聚区和应用示范区，为经济社会跨越式发展做出新贡献。

【上海市云计算创新基地落户杨浦】 2010年10月26日，上海市云计算创新基地揭牌仪式暨市区合作推进软件和信息服务业高新技术产业化发展框架协议签约仪式举行，副市长艾宝俊为基地揭牌。杨浦区把优先发展以软件和信息服务业、电子信息为代表的高新技术产业，以云计算、智能电网、物联网、节能环保为重点的战略性新兴产业，成为“十二五”产业发展的重要内容。到2015年，努力建成市云计算创新中心、应用基地，培育并集聚相关企业300家，形成产业集群年产值150亿；将设立产业发展基金，通过打造创新联盟、创新平台和创新企业，引导推进产学研合作，大力推进试验基地建设，并积极提供基础设施使用、中介服务费、房租等补贴和海外高层次人才引进等方面的政策扶持；通过进一步加强市、区、企联动，集聚创新要素，共同打造上海云计算创新基地。

【建设“两化融合”实践区】 2010年11月18日，市经济信息化委领导与专家对杨浦“两化融合”实践区建设方案进行评审，听取区科信委关于实践区建设方案的汇报，实地走访了杨浦科技创业中心、新江湾城和创智天地园区，了解杨浦数字化园区、高新技术产业化基地和云计算创新基地建设情况。市经济信息化委同意杨浦区建设上海市推进信息化与工业化融合实践区，重点围绕推进数字化园区及平台建设开展工作。区科信委在实践区建设过程中，加大“两化融合”宣传力度，组织开展信息化与工业化融合管理干部(第一期)培训班；开展区内企业信息化状况摸底工作，推荐上海电缆研究所等6家单位申报上海市中小企业信息化应用示范企业，其中3家单位入选全市50家中小企业信息化应用示范企业；完成企业发展水平评估调查200家中小企业样本。

【软件和信息服务业发展势头良好】 2010年,杨浦区软件和信息服务业产值约67亿元,其中认定软件企业经营收入约30亿元,市经济信息化委认定的软件企业109家。根据上海市软件和信息服务业统计系统数据显示,软件企业在营业收入、利润总额、营业利润、从业人员报酬、从业人员平均人数、研究与发展经费支出等主要经济指标方面,都较2009年同期有较大比例增长(增长比例均大于50%)。组织杨浦区认定软件企业年检初审工作,共受理、预审86家软件企业年审材料;完成2009年度上海市软件和集成电路产业发展专项资金华平信息等5家企业的区级资金匹配工作;开展2010年度上海市高新技术产业化重点项目组织、受理和预审等相关工作,共有8家企业申报了9个项目;开展2011年度软件和集成电路产业发展专项资金项目组织、受理和预审等相关工作,共有28家企事业单位申请了30个产业化项目。

【获得市专项资金扶持】 2010年,杨浦区有6家企业获得市专项资金扶持,分别是上海现代先进超精密制造中心有限公司(超精密制造光电产品产业化,总投资10 500万,获得扶持1 050万)、上海复旦微电子股份有限公司(基于非接触技术的移动支付核心芯片及解决方案,总投资7 000万,获得扶持400万)、上海大亚信息产业有限公司(基于NGB网络的高清双模互动机顶盒,总投资1 300万元,获得扶持200万元)、易安信信息技术研发(上海)有限公司("易云"个人信息银行,总投资3 100万元,获得扶持300万元)、上海智森航海电子科技有限公司(海洋工程装备—特种工程船舶导航雷达研制和产业化项目,总投资1 000万元,获得扶持100万元)、上海天宏信息工程股份有限公司(电力智能监管平台产业化项目,总投资2 600万元,获得扶持300万元)。

【杨浦区电子信息产业"十二五"发展规划】 开展《杨浦区电子信息产业"十二五"规划》(以下简称"规划")调研、编制工作。规划梳理了杨浦区"十一五"期间电子信息产业发展的现状和存在的主要问题,制定"十二五"区域电子信息产业发展的目标,明确产业发展的主要任务即以特色园区建设为依托优化产业布局、聚焦亮点行业形成区域特色产业链、加强重点计划和项目的推进工作,并从招商引资激励机制、统计制度、扶持重点企业和项目、建设公共服务平台等方面制定保障措施。规划还明确部分科技园区的定位和发展方向:以创智天地为载体,大力发展网络应用产业;以复旦软件园为核心,建设大型软件企业专业园区;以五角场高新技术园区、杨浦科技创业孵化基地及创智天地为基础,建设中小软件企业创新园区;以复旦科技园为载体,推进建立集成电路设计园;以理工科技园为依托,打造医疗电子研发基地。

六、信息基础设施建设

【区政府与市移动公司签署合作框架协议】 2010年3月24日,杨浦区政府与中国移动通信集团上海有限公司就共同推进杨浦区信息化建设战略合作框架协议事宜举行了签约仪式。杨浦区委副书记、区长金兴明,中国移动通信集团上海有限公司总经理郑杰,副区长唐海东,以及区政府和中国移动通信集团上海有限公司相关部门的负责人出席了签约仪式。根据合作框架协议,杨浦区政府与中国移动通信集团上海有限公司就杨浦区信息化建设事宜达成共识。未来三年,中国移动上海公司将从信息产业振兴发展、信息化建设规划、信息基础设施、信息化应用示范项目、电子政务、信息助企行动、信息化技术领域交流等方面着手,全力提升优质综合信息服务,加强区域通信基础建设,开展与城区规划相适应的TD网络建设,配合杨浦区民生建设为区内经济适用型、动拆迁保障型住房配套建设优质综合通信网络,推进无线智能社区建设。合作期间,杨浦区政府将积极支持和帮助中国移动上海公司在杨浦区域内开展各类业务活动,积极推动和关心中国移动上海公司新技术新业务的应用和推广。

七、信息化环境建设

【杨浦区国民经济和社会信息化"十二五"发展规划】 在对杨浦区"十一五"信息化发展现状进行总结的

基础上，结合杨浦区创新型试点城区建设实际，通过开展相关调研与围绕论题召开讨论会议等形式，广泛听取各方意见，完成《上海市杨浦区国民经济和社会信息化“十二五”发展规划》编制工作。明确“十二五”期间的信息化工作发展思路与发展目标，将深化电子政务应用建设、推进信息产业持续发展、发展公众信息服务平台、加强城区智能化管理、构筑技术创新服务平台和完善信息基础设施建设等列为“十二五”期间的主要任务，梳理形成一批“十二五”期间的重点信息化项目，并按照“整合资源、信息共享、降低成本”的建设原则推进杨浦区信息化发展。

【落实等级保护制度】 加强对辖区内电子政务外网平台和门户网站的安全防护，杨浦区电子政务平台和区的门户网站定级为三级，需参加等级保护测评，区OA系统由于属于内网高于等级保护测评条件故不参加测评。2010年4月，上海市安全测评中心对杨浦区电子政务平台和区门户网站进行测评后提出整改意见，杨浦区科信委按照整改意见对平台网站的运行环境、管理制度、网站漏洞等积极开展整改：完善“上海杨浦”门户网站运维管理与建设制度，规范网站后台管理，有效预防病毒和黑客攻击，提高网站突发事件的应急处置能力；对政务平台实施安全监管，确保区内各委办局、街道（镇）对平台的应用及沟通渠道的畅通，避免因计算机病毒感染、非法入侵等导致业务中断等情况发生。

【开展网络安全专项检查】 2010年5月，区科信委联合区保密办、区网安办、委托专业公司对区门户网站和各委、办、局、街道镇等59个网站进行安全测评，按照高风险、中等风险、低风险、一般信息四类发放整改通知，并通过实时监控督促有关部门有效整改，对整改有困难的单位，采取实地走访方式提供技术支撑。开展网络安全专项检查，重点检查IP地址与使用者是否绑定、终端计算机和服务器必须安装杀毒软件等事项，并按照“即查即改”的原则，发现问题及时督促有关部门整改，通过全面排摸、重点整治、巩固提高等措施，有效提升杨浦区政务网络运行能级。

【圆满完成世博网络安全保障工作】 2010年5—10月，区科信委根据杨浦区世博运行与保障指挥部的统一部署和具体要求，坚持以“平安世博”为主线，把世博牵头项目和日常的整体工作有效融合，指导督促电信东区公司等运营商对杨浦区通信网络配套设施实施有效监管，并安排专门力量加强对辖区政务网、公务网基础设施的巡逻和保护；修订完善相关管理制度，执行重要信息系统24小时值班制，每日向市网安办报送信息安全状况，各中心机房人员与设备的出入实行登记制；加强机房防盗、防爆措施，完成区中心机房监控系统、消防系统、发电设备等安装，通过电压观测、摄像头监控、温控红外等防控措施实现对机房的实时监管，将不安全因素消灭在萌芽状态，切实保障服务器设备、终端电脑及相关管理应用系统的安全运行；指导和协调政务网络内五角场街道等核心交换节点机房的安全保护，有效保障世博期间区机关、企事业单位运行服务平稳有序，无重大网络与信息安全事件发生。

八、社会诚信体系建设

【完善社会诚信体系建设】 继续落实政府采购供应商信用评估报告工作；探索高科技企业信用管理制度建设；进一步推广商业企业和文化企业的信用档案建设，充实已建成信用信息服务平台的内容；完成面向企业的200人次信用岗位培训；延续“政府导向、协会牵头、企业运作”机制开展商业企业联合征信，依托区商联会、企联会的区域信用信息系统，形成内部数据库和公开可披露信息窗口为一体的信用信息管理系统，不断增强与市区相关政府部门、银行税务等公共性单位的信息沟通、交换；开展以世博为主题的系列诚信宣传活动；加强政府诚信建设，积极开展多种形式的社会诚信宣传教育和创建活动。

（陆军霞）

目。该网站上线扩大了志愿者工作宣传覆盖面，吸引更多人关注世博会志愿者行动，有利于打造世博会黄浦志愿服务品牌。

（张鹏生）

【黄浦区残疾人信息管理系统投入运行】 2010年5月，黄浦区基于区实有人口信息资源库，整合区残疾人专业信息，建立区残疾人信息资源库，并通过区信息交换平台，实现市、区之间残疾人业务数据交换；依托区残疾人信息资源库，梳理残疾人行政管理、社区服务、统计分析等工作流程，建成黄浦区残疾人信息管理系统。该系统具有数据采集、数据比对、统计分析、查询检索、动态管理等功能。截至12月底，区残疾人信息资源库有信息16 000余条，基本实现全区残疾人信息的全覆盖。残疾人信息管理系统的建成使用，进一步提高了残疾人服务和管理水平，为创建"全国残疾人工作示城区"提供了技术支撑。

【开展敬老服务专用卡续期工作】 2010年7月，敬老服务专用卡续期工作在全区启动。区科委召开各街道相关负责人会议，传达市敬老服务专用卡续期工作会议精神，布置区敬老服务专用卡续期工作安排。各街道组织居委会在小区醒目位置张贴《敬老服务专用卡续期办理通知》和《便民问答》，扩大群众知晓度，对孤老、年老、体弱老人提供上门代办服务。区科委派专人到各业务受理点巡视，及时解决业务办理中出现的问题。截至12月底，全区受理敬老服务专用卡续签16 226人，业务咨询23 953人次。

（宋歆晖）

三、经济领域信息化

【"核心商务网"通过验收】 2010年3月10日，南京路外滩地区现代服务业公共服务平台（www.core.gov.cn）通过专家验收。平台简称"核心商务网"，设立地理位置、历史文化、地区规划、重点产业、楼宇资源、商铺资源、招商服务、专业服务、生活服务等九个主要栏目，是一个立足于上海核心区域，集合政府、企业和社会各种优势资源，为前来黄浦区投资经营的国内外企业提供全方位投资信息查询和配套服务的综合性公共服务平台。平台的建成有利于整合区域资源优势，畅通信息沟通渠道，完善综合配套服务，具有良好的社会和经济效益。

（严 洁）

【黄浦区商业旅游文化消费服务平台开通】 2010年4月23日，黄浦区商业旅游文化消费服务平台（www.enjoysh.com）开通。平台简称"申网"，分设魅力黄浦、缤纷购物、文化名片、游遍黄浦、餐饮美食、娱情悦目、旅游预订、自助旅游、新尚发布、投诉求助等十大版块。平台通过整合区内特有的商业、旅游、文化资源，为游客提供交通、住宿、旅游、消费等便捷服务，促进黄浦区商、旅、文联动发展。

（张鹏生）

四、城市建设管理领域信息化

【城区高清车牌识别系统投入使用】 2010年12月23日，由黄浦公安分局组织开发的城区高清车牌识别系统通过专家验收并正式投入使用。系统敷设地下光缆80.5公里，在区域61个进出道口、190根车道上安装高清摄像头，实时抓拍车辆进出实时图像，自动识别、存储车辆号牌，识别率达到95%。系统采用分布存储、联网查询、实时报警等方式方便用户使用。系统试运行期间应用于"7.19"豫园金项链案侦查中，在报案人提供大致车型、颜色以及车辆号牌中的两个数字的情况下，通过模糊查询比对，最终获取涉案车辆牌照号码，明确了侦查方向。同时，通过系统获得的相关信息可为交警部门制定排堵保畅措施提供依据。

（柴韦平）

【建设黄浦区城区管理系统】 2010年2月，黄浦区针对传统城市管理模式中存在的信息更新不及时、执法管理协同难、监督和评价机制不健全等问题，对城区灯光办、城管监察大队等单位的业务工作进行信息化流程再造，开发黄浦区城区管理系统。系统主要有商户管理、责任区管理、执法管理、灯光广告、内务管理、市政管理、绿化管理等八大功能模块。世博会期间，区市政委在世博园附近建立城区运行保障现场指挥中心，以城区管理系统为平台，充分发挥城管队员的作用，实现对重要地点、重要区域的网格化管理和监控。

（宋歆晖）

【深化监控图像地理信息系统管理和应用】 2010年5月，为加强对重点地区、路段及世博园出入口的实时监控，黄浦区深化监控图像地理信息系统管理和应用。成立由区综治办、科委、公安分局、市政委负责人组成的监控资源协调小组，负责对系统进行统一管理，并通过定期举行例会，解决系统应用中存在的实际问题；征求有关部门意见，修订《黄浦区监控图像地理信息系统运行管理办法》，进一步明确部门职责、申请使用流程、图像资源保密规定等内容；调整、更新系统设备，增加外滩、世博周边地区监控点，使系统监控点数量达到505个；加强系统应用推广工作，组织区市政委、安全分局、人武部等八个部门的相关人员进行专题培训，介绍和演示系统功能，提高系统的操作水平。

（吴晓蕾）

五、信息产业发展

【筹建工信部电信研究院华东分院】 2010年，黄浦区政府与工信部电信研究院、上海市经济信息化委合作，筹建工信部电信研究院华东分院。该院院址在科技京城内，一期占用建筑面积3 400平方米。截至年底，完成机构注册，注册名称为“上海华东电信研究院”，属上海市经济信息化委直属事业单位，并通过上海市科研机构资质认定，工信部电信研究院副院长谢毅担任机构法人代表；完成管委会组建，主任为上海市经济信息化委副主任邵志清，副主任为工信部电信研究院副院长谢毅、黄浦区副区长吴成，成员由工信部电信研究院、黄浦区科委、新黄浦置业股份有限公司有关负责人组成；完成场地准备、工程设计、工程招标，进入工程施工环节。该院预计2011年上半年建成挂牌，将从事通信和网络产品检测，通信计量及相关标准、技术、方法研究，提供手机入网“一站式”服务等业务，是黄浦区发展移动互联产业的重要公共服务平台。

【开展“黄浦区移动信息终端产业集聚规划”课题研究】 2010年6月，黄浦区科委、科协会同上海市经济信息化委产业处、上海市通信制造业行业协会、上海科技京城管理有限公司开展“黄浦区移动信息终端产业集聚规划”课题研究。课题组经走访企业、召开座谈会、举办企业家沙龙等调研活动，形成《黄浦区移动信息终端产业集聚规划》报告。报告分析了国内外移动信息终端产业发展趋势、上海市移动信息终端产业发展现状、黄浦区发展移动信息终端产业的意义及优势和劣势，对黄浦区移动信息终端产业集聚提出目标和措施。报告建议黄浦区在发展移动信息终端产业的进程中，以技术和商业模式创新为主线，重点发展智能手机设计及新型应用与增值内容开发。2010年10月，课题通过专家验收，课题研究成果对黄浦区移动信息终端产业发展具有重要指导意义。

（周康平）

【集成电路设计孵化基地产业大调整】 2010年，黄浦区为配合工信部电信研究院华东分院建设，着力发展移动互联产业，对科技京城集成电路设计孵化基地产业进行大调整，将不符合产业导向、注册不在基地、经营状况不好的企业调出，重点引进集成电路设计企业、手机方案设计企业和无线互联网增值服务企业，鼓励成长性好的企业增资扩股。截至年底，被调出企业22家；引进企业28家，注册资金7 539万人民币、138万美元；增资企业3家，增资额490万人民币。通过产业大调整，基地进一步显现专业特色、产业集聚效应，企业数量达132家，其中注册在基地的企业130家，企业属地化比例达98.5%。

【无线终端互联网南湖论坛】 2010年4月23日，由上海集成电路设计孵化基地和嘉兴科技城管理委员会共同主办的无线终端互联网南湖论坛在浙江省嘉兴市南湖区举行。黄浦区副区长吴成、嘉兴市副市长柴永强、工信部电信研究院副总工程师王南及上海市科技企业联合会、上海市信息服务业行业协会、上海市通信制造业行业协会秘书长，以及90多家手机设计、手机制造和无线互联企业负责人出席。论坛以3G为主题，研究无线终端互联网的发展趋势，贝尚电子、德成电子等企业负责人做主题发言。此次论坛受到长三角地区及北京、深圳等地企业家的关注，一批企业负责人专程赴会，共同探讨无线互联产业发展商机，寻求互惠共赢。

（张鹏生）

为：尊重知识产权，不销售假冒或侵犯专利权、商标权或著作权的商品；做好知识产权商品的经营管理，把好进货、采购的验证关，做好商品的动态管理、检查和备案，确保上柜商品的规范性、合法性。各承诺单位将承诺活动的标识放置在收银台、展示台等显著位置，告知消费者本店卖真品、标真价，营造守法诚信的经营环境。

（张鹏生）

【开展财务会计信用等级评定工作】 2010年，黄浦区开展了财务会计信用等级评定工作。具体做法为：引进社会中介机构，经严格筛选将部分涉评事项委托若干家资质良好的社会中介机构，借助其专业性较强的优势，共同推进评定工作；扩大覆盖面，将全区财务会计信用等级管理范围扩大至各种所有制企业，努力构筑全方位的城区信用体系；加大宣传力度，对A类信用等级单位实施配套扶持政策的同时，在政府门户网站上公布A类单位名单，便于社会各界及时掌握诚信单位信息，助其提高竞争力，以进一步强化城区企业对信用的重视。经过单位自愿申报、财政部门审核认定等程序，全年有201家企业通过财务会计信用等级评定，其中被评定为A类的单位2家、B类单位112家、C类单位86家、D类单位1家。

（范 萍）

第九章　卢湾区信息化建设

概　述

2010 年，卢湾区信息化工作以落实世博信息安全保障为首要任务，坚持信息化推进过程集约化建设工作机制，构建智慧城区发展思路和谋划好信息化“十二五”规划，为推动卢湾区实现新发展打下基础。其中包括：

通过开展信息系统等级保护工作，落实世博安保职责，做好门户网站信息系统安全定级测评和整改，加强对部门网站的安全指导和演练，圆满完成世博期间网络、网站安全保障工作，同时为信息系统的运维管理积累了经验。完善电子政务网络基础设施建设，骨干网络的核心交换能力进一步提升，支撑了区公务网、办公业务网、政务外网及行政事业专网的正常运行和有序扩容。推进电子政务核心平台应用，实施电子政务核心平台 4.0 建设项目，全面提升核心平台前台门户服务水平和后台管理性能。加强地理信息平台的功能开发和综合应用，优化 GIS 综合应用平台架构，完善 GIS 数据定制中心和交换中心的数据采集、维护、加工和比对功能。深化“四位一体”行政审批服务平台建设，实现与“上海卢湾”门户网站资源整合；推进党建信息化建设，完成区党委门户网站和 11 个党委部门网站和机关党建网建设任务。完善社区信息化工作，构建覆盖社区基础工作的信息系统，完成对界面、账户和邮件的多系统“三整合”工作，形成社区工作系统全区统一的三级联动架构。社区信息化综合试点项目验收工作基本完成。会同区人口办共同推进“两个实有”人口信息资源在区平台的落地，探索人口信息的共享交换机制；积极推进“城市光网”建设，2010 年底区内百兆带宽接入覆盖能力达到 50%。推进社会公共信息化服务，推进社保卡居住证受理网点标准化建设工作，认真做好敬老卡到期续签工作、新学期学籍卡办理工作等。

一、政务信息化

【顺利完成世博会期间各项信息安全保障工作，各级政府网站“零”事故】 2010 年 3 月 3 日和 3 月 18 日，卢湾区科信委分别召开区机关迎世博信息安全保障会议暨网站与网络安全培训会议和实战模拟演练，共邀请 68 个部门的 95 名部门网站与网络管理人员（各部门办公室主任）参加。会上印发了《关于做好世博会前网站安全检查工作的通知》和《世博会期间政府网站突发事件应急预案》；落实世博会期间网站安保力量，组建“网站安全应急处置技术小组”和“网站应急救援服务专家组”，并与 117 个部门签订《部门网站世博会安全保障责任书》，与 11 个网站开发公司签订《政府网站开发公司世博会期间安全保障责任书》。世博期间，卢湾区科信委共开展安全巡检 32 次，对统一管理的 53 个部门网站进行全面安全漏洞检查，落实安全隐患整改；落实 7 × 24 的系统 + 人工值班预警，生成 1 800 多份《网站预警通知单》；开展 5 × 8 小时专家现场服务，现场服务时间累计达 1 056 小时；形成 135 份《每日工作情况记录等级档案》；开展 7 × 24 小时网站的性能监控，形成《网站群监控周报》和《网站群服务器监测周报》13 份；定期对各部门网站进行安全性检测扫描，形成《网站安全性监测报告》170 份；进行网站状态及流量监控，形成《网站群服务器监控检测报告》130 多份；先后对卢湾区发改委等 6 个新建网站原代码进行扫描，确保网站安全运行；有效防范病毒入侵、黑客攻击累计达 248 万次，其中高危攻击 4 万次，危险攻击 6 万次，普通攻击 151 万次；协助网站普通故障恢复 132 次，有效解决了一些重大漏洞隐患，为世博会的安全顺利召开提供了保障。

【建成世博服务专题网站】 卢湾区科信委紧抓“后世博效应”，对世博相关信息进行资源整合，新增世博服务专题网站。网站在原有世博新闻、世博纵览、参观服务、旅游服务、专题活动、志愿者天地、合作交流等十大版块的基础上，增加了“世博荣誉”与“后世博畅想”两大全新栏目。“世博荣誉”主要记载在本届世博会上做出突出贡献的先进集体以及获得一、二等功的先进个人的事迹与介绍。“后世博畅想”栏目鼓励社会各界对后世博卢湾发展建言献策，进一步提升栏目的互动性和参与性。通过加强思想交流和理论探讨，集聚公众智慧，不断完善卢湾区“十二五”发展思路，为加快卢湾后世博发展搭建平台。

【卢湾区电子政务核心平台荣获“2010年中国城市信息化成果应用奖”】 为了更进一步贯彻落实各项信息化法规和城市发展策略，普及信息化知识，宣传城市信息化先进经验和推动信息技术应用，2010年9月28日，由中国信息协会主办的“2 010中国城市信息化发展论坛暨成果评选”在江苏省苏州市召开。会上，对全国655个城市在成果应用、管理创新等方面做出卓越贡献的单位和企业进行表彰，卢湾区科信委的“卢湾区电子政务核心平台”（即3.0系统）荣获“2010年中国城市信息化成果应用奖”荣誉称号。该结果由全国约200个大中城市的政府官员、专家学者、企业领袖以及知名媒体共同评选产生。

【“上海卢湾”门户网站在2009年度市政府网站评测中成绩优异】 “上海卢湾”门户网站在“中国上海”门户网站组织开展的2009年度政府网站测评工作中，获得“综合优秀网站”和“外文版-特色优秀网站”两项荣誉称号，在上海市18个区县网站中名列第一。“上海卢湾”门户网站自2001年建成以来，已成为一个拥有四大平台、34个部门子网站的集群。2009年，在经过精心设计和改造后，门户网站从网站性能与服务、内容建设与应用、运维管理与建设、技术安全与保障、网站体验与效果、网站内容保障等方面入手，建成企业设立（变更）办事平台、社区服务新天地等特色栏目，进一步提升了服务质素，在市民和企业中受到广泛好评。

【卢湾区荣获2010年度“中国政府网站领先奖”和“设计创新型政府网站”称号】 在2010年度中国信息化研究与促进网、联合工业和信息化部电子科技情报研究所信息化研究与促进中心举办的“中国优秀政府网站推荐及综合影响力评估”活动中，“上海卢湾”门户网站在全国近5万家政府网站和政务服务型网站中脱颖而出，获得2010年度“中国政府网站领先奖”和“设计创新型政府网站”。评选活动肯定卢湾区网站为：“勇敢尝试，大胆创新，在简捷、为民、便民、实用、美观等方面堪称典型”。此次获奖是“上海卢湾”门户网站继2009年以来，连续两年在工信部“中国优秀政府网站推荐及综合影响力评估”中取得优异成绩。

【完成“上海卢湾”门户网站全新改版】 卢湾区科信委按照信息化服务于规范化、服务型政府建设，有效推广电子政务应用的工作要求，进一步加快政府职能转变，提高行政效率，有力推进了政府运行机制创新和管理方式创新。2010年12月完成对“上海卢湾”门户网站的全新改版，本次改版主要从丰富网站内容、推进政务公开、提高网站的服务功能三个方面着手，重点强化了公共服务、在线访谈、政府信息公开等栏目的功能，进一步完善了世博服务网站的内容和功能，凸显后世博效应，为加快卢湾后世博发展搭建广开言路、集思广益的平台。改版后的网站更加贴近公众，方便实用，充分体现“上海卢湾”门户网站提供政务信息服务、方便百姓办事和便民服务的功能。

【“上海卢湾”门户网站通过三级等级评测】 2010年3月30日，卢湾区科信委召开“上海卢湾”门户网站三级等保测评启动会，明确了检查的时间、范围和内容。4月1日，由测评中心组成区县测评现场组对“上海卢湾”门户网站进行全面检测和评估，现场组对“上海卢湾”门户网站硬件设备放置地（东门DC机房）进行实地勘察，并对“上海卢湾”门户网站的架构、数据库、安全设备进行检测。现场组对“上海卢湾”门户网站前台应用和后台管理，以及网站安全制度进行全面审核和评估，形成详细的评估报告。“上海卢湾”门户网站通过三级等级评测。

【完善网上办事工作平台，提高电子政务办事效率】 主要措施包括：一、梳理和调整数据。对原有工作平台的数据进行梳理，对涉及28个部门的388个事项数据进行核对。二、设计网站页面。结合“上海卢湾”门户网站的改版，统一界面风格和网站页面，列出所有事项，方便市民查阅。提供按事项名称、服务对象检索等三种查询方式，为每个事项附上办事指南、办事表格下载、政策法规、在线受理、在线咨询等要素信息。三、充实平台内容。将原有的网上办事工作平台和企业设立（变更）服务平台数据进行整合，实现事项名称、事项要素、办事咨询答复的融合，为市民提供统一便捷的办事渠道。

【实施电子政务核心平台4.0建设项目】 为进一步

推进区电子政务核心平台应用，完善区电子政务核心平台基础服务系统和硬件平台，区科信委积极做好区电子政务核心平台4.0建设项目的需求调研和可行性论证，全面提升了核心平台前台门户服务水平和后台管理性能。升级改造身份认证和授权管理系统，实现“区、街、居”三级限制访问和部门权限管理多级授权、自主授权、精确授权的目标。扩大通用电子政务应用服务系统应用范围，核心平台用户增至2 264个。开展应用培训42次，运用通用电子政务应用服务系统定制部门网站2个，部门论坛6个，专题应用5个。做好核心平台信息更新和日常保障工作，保障34个跨部门协同办公应用系统和18个内网部门网站的正常运转。发布重大活动公告32项，视频信息861条，更新简报信息2 326条，参考信息122期，卢湾报26期，收发电子邮件158 635封。

【深化“四位一体”行政审批服务平台建设】 切实做好卢湾区“四位一体”行政审批服务平台(二期)内、外网升级技术支持和保障工作。主要措施为：一、实现与“上海卢湾”门户网站资源整合，在门户网站以企业设立、更新、经营三个阶段为划分，建立内外资企业设立的前、后置一口收件业务模式，内资企业由工商分局进行一口收件，外资企业遵循市改革要求由商务委和工商分局分别进行第一和第二阶段的一口收件，并新增企业后续经营服务和网上申报预审功能，网上审批部门已达14个，审批事项达56项；二、完成二期平台全真演练技术支撑。2010年12月24日，赵祝平副区长主持召开平台二期全真演练，区发改委、区监察局、区科信委等14个相关部门共同参与；三、继续做好卢湾区“四位一体”行政审批服务平台日常运维保障工作。全年巡检行政审批部门终端12次，终端维修、维护185次；完成“四位一体”行政审批信息系统内、外网日常数据导换操作440次；全年通过平台办理各类企业设立(变更)业务2 210项，咨询答复72项。

【完善政府信息公开工作平台】 2010年12月，卢湾区科信委对政府信息公开工作平台进行全面改版。此次改版按照市政府《政府信息公开条例》要求，在原有基础上，全面梳理整合各部门行政服务信息，完善信息公开目录，从为公众提供完善的政务信息服务的角度出发，扩大公众所关心的政府文件和政务信息版面，新版专栏共分为24个一级栏目，53个二级栏目。进一步加强对36个委办局、街道的公开信息的整合，提高了公开信息的时效性、权威性、专业性、全面性，使公众查询政务信息更为便捷，提升了网上服务的人性化和实用性水平。

【加大卢湾地理信息平台的综合应用和功能开发】 卢湾区科信委紧紧围绕卢湾地理信息平台功能完善和数据应用两个方面，拓展平台功能，加强各类数据的GIS化应用。首先，加大GIS综合应用平台的优化和个性化开发力度。优化、完善GIS综合应用平台架构；形成“一体化规划、集约化建设、层级化维护”的平台工作机制；优化平台各主要子系统，提高平台通用性和易用性；拓展GIS系统的可视化查询和统计分析手段，为各级用户提供更方便、实用的综合分析工具；拓展符合部门个性化需求的功能；制定统一的地图关联查询交互规范；深化GIS平台在各业务领域的应用；继续扩大GIS综合应用平台的覆盖面，提高了各类信息资源的开发利用程度。其次，深化GIS定制中心的升级优化及个性化开发。优化GIS数据定制中心的核心功能；开通数据推送服务，方便信息资源二次开发和利用；设计、开发定制中心操作日志、数据备份功能；提升定制中心性能，实现服务的分布式部署；积极协助区人口计生委建设计生数据库；继续做好卢湾区实有人口信息的落地工作。

【卢湾区扎实推进党的组织工作信息化建设】 一是推进党组织党员管理信息系统建设。按照政务内网试运行、互联网接入应用、系统功能化运用三个阶段工作要求，稳步推进党管系统平台建设；组织信息管理员集中培训3次，编写下发8份培训材料，促进党管系统平稳运行。二是建立完善基层党建工作信息数据库。建立区、街道、居民区三级党建工作台账，完善市、区、街道三级党建工作信息数据库，实现党组织、党员信息无纸化、管理动态化、考核科学化。三是切实做好党委网站党建信息报送工作。建立党委网站信息管理员队伍，落实信息报送工作责任。2010年下半年，市基层党建网录用卢湾区党建工作信息35条，区委门户网站录用党建工作信息1 000余条。四是充分发挥远程网络的作用。运用远程教育网络终端(IPTV)，动员72个居民区1 004名骨干党员参加迎办世博党员专题培训，组织571名入党积极分子和177名新党员接受系列专题培训。

【建成卢湾区党委门户网站群和“网上党建”平台】 2010年6月10日，卢湾区党委门户网站和11个党委部门网站开发工作全面完成，新建的党委门户包括领导讲话、概览简介、党务公开、党的建设、干部任免、党员之家等9大类28项子栏目，门户网站与各部门子网站实现高度集群化、一体化。网站的建成和应用有力推进了卢湾区机关党建工作；完成卢湾区业务内网机关党建网站的设计开发和运维支持工作。区机关内部机关党建网开设区委精神、党建动态、学习园地、学分银行、党务手册、健康咨询等21个专题栏目，发布信息256条，设置区级交流互动平台1个，网站的建成和应用有力推进了卢湾区机关党建工作；完成科技与信息化机关党建网建设。该网站是卢湾区业务网内第一个部门党建网站，实现了部门党建工作的创新，网站共开设支部风采、廉政建设、组织建设、专题论坛等11个专题栏目，发布各类信息152条，

【开通基层党建手机信息系统】 基层党建工作手机信息系统建设是2010年卢湾区区委组织部推进基层党组织信息化建设三年行动计划的第一项重要工作。系统收集了全区1 035个基层党组织书记或联系人的手机号码，并与市民信箱专用电子邮箱捆绑。通过手机短信互动，及时传递上级党组织的信息和工作要求，实现上级党组织与基层党组织书记之间快捷、及时、双向、安全的联系沟通，是运用现代化手段加强党的建设的一项创新举措，方便快速传递基层党组织的信息反馈、意见建议。

【"领导在线访谈"网站直播频道开通】 为深入推进政务公开工作，拓宽政民互动渠道，增强政府与公众的交流互动，卢湾区科信委整合"上海卢湾"门户网站互动资源，推出了全新改版的"领导在线访谈"栏目。2010年8月26日，在卢湾区府办、区人保局的共同协作下，首次"领导在线访谈"直播活动正式开始，活动以"促进充分就业，持续改善民生"为主题，邀请卢湾区人力资源和社会保障局局长与相关科室工作人员就促进就业政策、青年就业、推动创业带动就业、重点群体就业援助、发展职业培训等工作与网友进行在线交流。受到网民积极参与，现场收到提问47个，在线答复17个，历时1小时15分钟。卢湾区住房保障和房屋管理局局长，卢湾区五里桥街道党工委副书记、街道办事处主任也相继在"领导在线访谈"栏目与网友进行在线交流。"领导在线访谈"栏目的开通，为政府与公众搭建了网上交流平台，受到社会各界人士的关注与参与，有效提升了政府工作透明度和公共管理服务水平。

【卢湾区国资委依托信息化技术，加强区属房产资源管理】 一是健全平台。完善卢湾区区属房产资源管理平台建设，加强数据采集、更新和整理，推进对区属房产资源的动态信息化管理。区属房产资源管理平台已涵盖了全部区属房产资源信息，为基础数据的分类、汇总及分析处理提供了快速通道。二是加强预警。完善房产出租预警系统中合同警示和提醒功能，确保及时掌握房产管理的动态信息，做到有效预判、提前应对。三是增强后续服务功能。探索增加房产专项情况汇报功能，以图表形式配以简短的文字说明，直观、有效地反映房产资源的阶段性情况和变化趋势。

【规范采购流程，推进采购信息化】 卢湾区采购中心积极规范采购流程，重新编制标准化操作手册，初步建成网上投标报名系统并投入试运行，实现了网上报名、网上资质审核、网上采购文件下载等。通过信息化手段，不仅实现了无纸化办公，方便管理，还减少了投标成本。

二、社会领域信息化

【开展社区信息化综合试点工作】 构建覆盖社区基础工作的信息系统，完成对界面、账户和邮件的多系统"三整合"工作，形成社区工作系统全区统一的三级联动架构。完善社区事务受理服务中心信息化应用，开发完成五里桥街道社区办公子系统项目。建成打浦街道世博安保GIS精细化管理系统，叠加300项数据库，实现了志愿者分布的每日动态更新，居民区防范岗位、实有人口信息和重点人群的可视化管理和世博安保预案、通讯录的网上查询，发挥了街居联动的社区电子政务在社区管理中的作用。推进实有人口计生信息管理系统一期、民政"三网合一"帮困系统一期、区市民求助中心网站改版等系统建设，实现了业务部门日常业务处理中对人口数据的查询统计及人口信息追踪，提高了日常工作中的分析预测能力，促进了信息资源整合和再利用工作。社区信息化综合试点项目验收工作基本完成。

【建设打浦街道世博安保GIS精细化管理系统】 为使打浦桥（社区）街道在世博会运营期间能以最少的人力、物力，统筹管理世博会期间志愿者派遣工作与群防群治安保工作。卢湾区科信委完善了打浦桥街道世博安保GIS精细化管理系统。世博安保GIS精细化管理系统通过登录电子政务核心平台3.0，为打浦桥街道世博安保

指挥部提供了志愿者日常动态管理系统、基础信息数据库以及居民区防范安保信息数据库的信息展现。以直观的栏目分类、简洁的按钮排布,展现了打浦桥街道区域内各类重点单位与志愿者派遣岗分布。截至2010年10月,系统共叠加了重要物理点、居民区防范、实有人口、重点人群以及志愿者等300个数据库,实现了志愿者分布的每日动态更新、居民区防范岗位、实有人口信息和重点人群的可视化管理,以及世博安保预案、通讯录的网上查询,为GIS平台在社区应急综合管理中的应用做了初步探索。

【实现市公安"两个实有"人口数据的区级落地开放】 卢湾区科信委会同区公安人口办、区人口计生委,就区层面实现公安实有人口数据共享情况多次与市人口办进行汇报、沟通、调研。经过多方努力,2010年3月,上海市人口办同意向卢湾区开放,实现了市级数据向区级平台开放的历史性突破。2010年,卢湾区"两个实有"季度信息已先后3次在区平台成功落地,共获得人口信息123万条、房屋信息36万条。"两个实有"人口数据已向计生、统计、卫生等4个部门开放,初步实现区层面共享。为积极探索"两个实有"人口数据共享工作机制,卢湾区科信委明确了责任分工和工作机制,形成了人口信息安全保密制度,尝试卢湾区实有人口信息在相关部门的共享应用,启动人口共享管理系统建设工作,为卢湾区实现人口信息共享打下了扎实基础。

【完善卢湾"社区服务新天地"综合服务平台】 作为区门户网站的重要组成部分,卢湾"社区服务新天地"将与民生相关的各类服务以网站的形式进行整合,这种新形式在上海市2009年政府网站测评中以其开创性获得好评,测评组认为在"社区便民服务方面颇具特色",从而提高了区门户网站的整体水平。

【推进社会公共信息化服务】 落实上海市社会保障和市民服务信息管理办公室《关于开展迎世博争创一流服务活动的实施意见》的要求,改善服务环境,规范服务行为,提高服务质量,推进社保卡居住证受理网点标准化建设工作,认真做好敬老卡到期续签工作、新学期学籍卡办理工作。2010年,市民共申领社保卡3 599张、学籍卡823张、敬老卡1 746张、儿童卡17张。办理居住证546张、临时居住证39 811张。临时居住证满六个月续签29 957人次,社保卡服务中心为市民补、换社保卡12 483张、学籍卡212张、儿童卡14张、敬老卡728张,其中节假日为市民补换卡206张。

【卢湾区教育局对"校校通"网络扩容升级】 2010年5月,卢湾区61所中小学校、特殊学校、幼儿园、校外机构等单位的"校校通"网络扩容升级工程全部完成,根据各所学校和单位的不同需求,分别升至100M、50M和20M,学校网络运行速度有了明显提升。带宽升级后,教育系统在日常办公中许多重要的教学会议、培训工作都可以通过网络会议完成。不少学校还通过网络会议的形式,让不同地域间的学生互相交流,带宽的扩容使学校举办此类教学活动更加便捷。同时,带宽的扩容还保障了学校的安全工作。卢湾区各所学校的监控设备都已和校园技防监控中心联网,在监控中心能够通过各所学校安装的摄像设备,即时掌握各所学校的安全情况。带宽扩容后,监控中心检查学校安全情况时不会影响学校的网络运行,并且保障图像传送的通畅。网络的扩容使得学校之间、学校和相关机构、部门之间的联系渠道更通畅,各类教育资源的共享更迅速。

【瑞金医院卢湾分院数字化建设实现新突破】 瑞金医院卢湾分院数字化建设不断成熟和扩大,在医疗流程数字化、医院管理数字化及医疗资源共享数字化平台建设等方面,都取得了丰硕成果,大大方便了病人就诊,提高了医疗管理水平,为病人就医提供了更优质的服务。主要做法为:一是实现健康体检报告电子化。检查者不仅减少了排队等候时间,而且所有检查项目的数据会通过信息接口自动输入到其体检信息中,同时通过条码绑定,在体检系统中可以进行直接查询或打印检查报告。医生还可以对发现病兆的体检者的身体状况进行跟踪评估,对疾病的早期预警起到重要作用。二是推出了医联卡。为了方便自费和外地患者就医,瑞金医院卢湾分院联合全市23家医院,患者只要在这些医院中任何一家办理了该卡,即可在其他医院通行使用。通过医联卡,主诊医生可以查阅到患者在他院的就诊记录、门诊处方及各项检查结果,患者也可以通过登录医联网,查阅自己在医院所做的检验报告。三是医疗资源共享平台数字化。依托该平台,瑞金医院、卢湾分院及区域内的社区卫生服务中心已实现了区域卫生资源共享和协同服务。患者的就医诊断和处方、检验检查报告、医学检查影像、电子病史等信息,都可以通过信息平台实现共享和同步。此外,包括社区卫生服务站在内的全区25个医疗点的宽带已实现互连,居民在一级医院同样也能享受到二、三级医院专家的联合视频诊疗。

三、经济领域信息化

【完成专项资金项目申报工作】 完成2010年度电子信息产业发展基金项目申报管理工作，做好工作布置和企业咨询工作。同时完成了2011年度软件和集成电路产业发展专项资金项目申报工作，受理并审批了4家企业的网上申报。

【做好区内软件企业的季度统计工作和软件企业年审工作】 完成了软件及相关服务业调查2010年一、二、三季度统计工作。其中一季度21家企业，实现营业收入21 714.94万元；二季度19家企业，实现营业收入39 625.93万元；三季度15家企业上报，实现营业收入32 941.17万元。完成2010年软件企业年审工作。共有16家公司参加年审，其中有5家公司通过ISO认定，1家通过CMM认定，4家通过了系统集成级别认定。

【卢湾区信息技术协会成立】 2010年12月6日，卢湾区信息技术协会成立大会举行。来自全市22家信息化企业的70名电信软件、IT方面的专家学者参加了大会，会议通过了协会章程和协会理事会名单，选举了协会第一届理事会，并向22家会员单位颁发了《单位会员》证书。

【上海服务外包人才网在卢湾启动】 2010年，上海服务外包人才网在卢湾区八号桥三期正式启动。平台通过整合服务资源，除具有强势的公共人事服务功能之外，还推出了由首批11家供应商提供的21项专业品牌服务，为促进上海服务外包人才工作、构建服务外包人才资源高地，不断创造条件。

四、城市建设管理领域信息化

【完成市政综合管线管理信息系统建设】 2010年6月，卢湾区市政综合管线管理信息系统正式开通运行。系统已基本覆盖卢湾区内所有公共空间，共囊括全区道路62 772米，下水道77 531米。不仅涵盖了地下管线的各种信息，而且充分集成了地表的空间信息数据，具备地下管线数据查询统计、断面分析、事故分析、空间分析和三维显示功能，为区内道路设施和地下管线的区域规划、掘路审批、管线安全监护等工作提供全面支撑。使城市地下空间实现了“网格化管理”，为城市管理中城区开发、旧城改造、规划设计和决策等工作提供可靠依据。

【实现停车诱导全覆盖】 为缓解世博园区周边停车难的矛盾，改善因盲目寻找停车空位而产生的交通拥堵现象。2010年5月1日，卢湾区停车诱导服务系统二期正式投入运行。系统以世博园区周边道路为中心，将复兴中路以南区域全部纳入其中，辐射到淮海中路、新天地、8号桥等73个公共停车场(库)服务区(共1.2万余个停车泊位)，以及36个路段道路停车场(共591个停车泊位)的位置，实现全区公共停车信息即时服务全覆盖。系统以3个级别的路面停车诱导屏和“卢湾停车诱导服务网”为载体，以地图的形式向车主提供停车场库的具体位置、行车方向以及当前泊位数等信息，解决了市民停车难的问题，同时，许多场库的使用率也明显得到了提高。

五、信息基础设施建设

【积极推进无线城区和城市光网建设】 按照《2010年上海市推进3G网络建设和应用工作要点》，协调完成瑞金一路TD基站选址问题，会同开展田子坊地区的无线覆盖宣传活动，截至2010年，上海移动在区域内室外宏基站有23个，室内覆盖点79个。加强与上海电信合作，推动签订未来五年的战略合作框架协议。积极推进“城市光网”建设，计划到2011年底区内百兆带宽接入覆盖能力达到50%。

【完善电子政务网络基础设施建设】 2010年，为进一步提升卢湾区骨干网络的核心交换能力，支撑区公务网、办公业务网、政务外网及行政事业专网的正常运行和有序扩容。卢湾区科信委完成了“大组工网”的建设，启动了行政事业专网升级工作。完成规划局、信访办、工商分局等4个部门的公务网接入变更，规划、药监、城管等8个部门实现政务外网接入，完成12家行政事业单位的EDSL线路的新增、移机，满足部门开展信息化应用需求。完成区公务网屏蔽机房、区中心机房的温控改造，提高机房环境可控性能。升级视频会议系统，保障区重要视频会议10次。

【办公业务网终端数达2 400余个】 2010年，卢湾区全年新增公务网接入点12个，接入单位35个，涉密域接入终端44个，非密域接入终端33个。新增办公业务网接入点200余个，接入单位63个，接入终端数达到2 400余个。新增政务外网接入点35个，接入单位12个，接入终端188个。新增行政事业专网接入点18个，接入单位116个，接入终端193个。

六、信息化环境建设

【完成《卢湾区国民经济和社会信息化“十二五”规划》初稿编制工作】 2010年，卢湾区科委（信息委）积极谋划《卢湾区国民经济和社会信息化“十二五”规划》，多次与微软、移动、电信等单位和区相关部门领导、信息化专家开展调研座谈、征询意见，完成《卢湾区国民经济和社会信息化“十二五”规划》初稿。规划突出了以问题为导向，从卢湾经济社会发展的大局中谋划信息化建设的发展方向；以需求为导向，认真思考建设智慧城市的工作设想；以项目为导向，突出信息化创新应用。《规划》提出到2015年，在卢湾区域内信息网络实现普遍接入，推动经济增长、公共服务、公众参与新模式的形成；信息资源成为重要的战略资源，信息技术成为经济社会发展和变革的重要驱动力，电子政府成为公共管理和服务的主流模式；网络化工作生活方式广泛普及，信息化环境健康发展，高度信息化、全面网络化的精品城区基本建成。

【做好信息系统三级等保的备案变更工作】 开展2010年度信息系统等级保护工作，完成卢湾区三级等保的备案变更和预评估工作，对9个方面45个问题进行了整改。完成门户网站托管机房迁移和改造，严格检测所有安全设备、系统的防御性能和应急机制。更新安全设备，配置防火墙策略65条、核心路由访问策略86条，对3台网管服务器、4台网管主机进行了安全加固，核心机房加装监控摄像头和雨水渗入报警器，安全性能整体提高。

【加强对信息化项目资金的预算审核】 完成2010年部门信息化专项的列项审核，全年新增项目12个，需财政支持经费311万元。实际财政拨款273万元。其中4个项目正在开发建设，5个项目正在进行政府采购，1个项目因故调整，2个项目未获审批。

七、社会诚信体系建设

【继续深化淮海中路诚信示范商业街建设】 根据上海市经济信息化委建设项目信息公开和诚信建设工作推进会议精神，明确了卢湾区在建立企业和个人工程建设领域信用信息目录与共享标准、共享机制及配套制度方面的职责和任务。卢湾区科信委会同区商务委、区人保局等部门，继续深化淮海中路诚信示范商业街建设，推进淮海中路商业街区诚信档案建档工作，开展“守合同重信用”企业的评优工作。配合市经济信息化委开展诚信体系“十二五”专项规划的制订，起草了《“十一五”淮海路诚信体系建设回顾及“十二五”淮海路诚信体系建设设想》。

【以“3·15”为契机推进商业诚信体系建设】 卢湾区知识产权局牵头东方商厦淮海店、长春食品店、淮海青少年用品有限公司和黄山茶叶有限公司等，向社会发出“销售真牌真品，保护知识产权”的承诺，发挥行业表率作用，巩固淮海中路知识产权保护示范街创建成果。区迎世博窗口办推进新天地、九海百盛等单位的诚信窗口示范活动，在商场环境、橱窗布置上加大世博宣传力度，规范图文导向标识设置；在商场服务台落实标识牌、意见簿、投诉电话和专职人员，做到销售商品真牌真品、价格标识真价真标、销售服务真情真意。

（陈　漪）

第十章 静安区信息化建设

概 述

2010年静安区信息化建设稳步推进,无线静安建设进展顺利。完成了区政府大楼等3个政府办公场地、企业服务中心等7个对外服务场所以及静安寺广场、静安公园和静安寺地区21幢商务楼宇公共区域的热点覆盖;信息交换共享平台建设初显成效;区域卫生管理、为老服务、平安建设等重点领域的信息化建设深入推进;"上海静安"门户网站知晓面不断扩大。网站页面日均访问量117 247人次,同比增长68%;网上"新闻中心"、"在线访谈"和"区委领导信箱"等新栏目建设顺利完成;信息安全保障能力不断增强。完成了区公共信息平台、静安门户网站的等级保护测评和政务网应用服务器安全加固工作。

一、政务领域信息化

【"上海静安"门户网站应用见实效】 "上海静安"门户网站日均访问人次达4 720,比上年同比增长132%,网站日均访问量为117 247,比上年同比增长68%,访问用户涉及美国、澳大利亚、日本等50多个国家。2010年,网站发布政治、经济、文化、服务等信息约21 871条,同比增长21.5%;行政审批事项网上实现比例达到了80.3%,较上年提高0.2%。网站内容和功能不断完善,内容更新频率不断提高,访问量明显增大,网上听取民意、与民互动的能力也进一步增强,并在"中国优秀政府网站推荐及政府网站互联网综合影响力评估"中,获得"2010年度中国政府网站优秀奖"称号。

【建立"静安,为世博添光彩"专栏】 静安门户网站聚焦世博、宣传静安,建成包括"精彩世博,美好静安"、"世博新闻"和"柏阿姨讲世博"等7大版块29个栏目在内的"静安,为世博添光彩"专栏,包括中、英、法、日和手机5个版本主题。访问总量超过15万人次,日均点击量为1 144人次,成为世博期间宣传"国际静安"的有机整体。

【完成市商用密码试点工作】 部署符合国密要求的VPN产品,完成财政预算申报、建筑建材业管理系统和工程审计信息管理系统等3个信息系统涉及22个下联单位的VPN接入。

【推进全区交换共享平台的建设和应用】 初步建成区级交换共享平台,从技术上实现了政务信息资源的统一注册检索、分布查询、申请交换,并对原有交换中间件产品进行整合和调用,实现对交换共享状态的监控和统计分析。结合部分信息系统的推进,开展区交换共享平台的应用试点。对区内的简报、应急资源、市民服务事项、企业服务事项等信息资源进行编目,截至2010年底,完成简报42 708篇、市民服务事项198项、企业服务事项143项和十大类应急资源的编目工作。

【完成市经济和信息化委目录平台试点工作】 完成区法人目录数据梳理、注册和前置系统开发,从技术上实现了市级申请、区内审核并提交的市、区两级目录系统的整合和数据交换流程。

【部署网页监控审计系统】 为适应信息服务的不断发展,保证电子政务的网络安全,按照市区有关要求,加强了网络安全管理体系建设。已经开始在32个部门中部署应用网页监控审计统计系统,便于及时掌握用户对信息服务的访问行为,及时发现有无违规的信息发布与访问,及时发现涉密信息的泄露和敏感信息的访问。

【完成因公出国(境)综合管理信息系统建设】 因公出国(境)综合管理信息系统是一个服务于区外事业务办理的信息管理系统,主要对区四套班子、街道、区属企业的外事相关信息进行管理，对外事办理过程中产生的表单、审批和执行情况、证件办理、资料递交等进行电子化管理。通过系统，可以帮助管理外事涉及的人员、团组、计划、任务、期限、批文、证件、费用、执行情况等信息，形成相关的业务汇总，便于快速查看，为外事办的日常管理工作提供支持和帮助，同时对全区外事事务的开展情况有一个快速、全面、实时的了解。系统以完成区外事出国(境)业务应用，实现出国人员团组管理以及出国人员签证护照管理的需求为首要目标，采用多种系统备份手段和防攻击手段，采用防火墙技术，隔离非法的网络访问；使用多级权限系统，对领导、外事专管员、系统管理员、数据管理员、一般人员进行精确的权限分配，保证重要资料的安全性。

【推进应急管理信息平台应用】 配合应急办完成应急管理信息平台的应用推进工作。针对各应急成员单位，组织两次、共计50余人次参加的系统使用培训。截至2010年底，通过平台共接报1 524起事件、发布391期每日值班动态，已上报应急资源数据31项、危险源和防护目标数据122条、应急预案(含案例)30个，有效推动了应急办的日常管理工作。

二、社会领域信息化

【完成年度政府信息公开统计工作和社保卡申领工作】 积极做好信息公开相关系统建设，进一步完善政府信息公开申请处理系统，开展相关培训，确保系统运行的稳定性。各信息采集点共完成社保卡申领9 000余份，补换卡网点完成社保卡补、换卡15 000份。

【研究静安区数字档案馆建设规划】 规划以档案信息资源体系建设和档案信息利用体系建设为指导，以现代化的手段搜集、接收、整理、保管各种具有保存价值的电子文件、电子数据。通过资源整合、系统对接、集中式与分布式管理相结合的方式，实现电子文件、电子档案规范、有序的管理。同时通过网上“捕获”、摄影、摄像等手段，结合专题采集方式，建立一个反映整个静安区政治、经济、文化、教育、商业、民生等全方位的档案信息资源体系。规划设想静安区数字档案馆提供利用的数字档案不仅是一个个单独的文件，而是通过编演展示完整的事件，通过文本、图片、视频、声音等方式尽可能再现历史真实。静安区数字档案馆的利用体系在公务网、政务内网和互联网上按照对象和安全保密的要求采用相应的应用策略，引入先进的技术手段使档案信息资源发挥最大效益，使静安区数字档案馆成为“国际静安”的有机组成部分。

【完成静安少儿图书馆信息化建设】 静安少儿图书馆信息化建设旨在通过新颖的信息技术手段，丰富少儿图书馆的文化服务功能，吸引广大青少年主动参与，激发青少年的学习热情，从而提高少儿图书馆信息设备的使用效率，提升少儿图书馆公共服务形象。建设中采用各种多媒体系统丰富少儿学习实践的热情，包括移动定位交互系统，用于新书推介和少儿重点读物介绍；指点江山系统，用于地图(中国、世界)和场馆介绍；挂壁式电子交互系统，作为整个图书馆的信息查询系统，提供各区域的浏览指示、功能介绍等；多点触摸系统，注重青少年使用者的自我动手实现及互动参与，可扩大知识面、提升动手能力及学习兴趣；感应式白板，用于辅导青少年练习书法和绘画，系统可在较小的空间条件下，满足青少年的学习需求。

【完成静安文化博物馆网站建设】 静安文化博物馆网站在梳理城区文脉、提炼核心价值的基础上，对区域文化资源进行整合，将华山路、南京西路、北京西路、陕西路、铜仁路、延安西路、常德路等路线地区的历史建筑、人文古迹、文化史料纳入网站框架。网站开设7个功能频道，选择20个场景以虚拟游方式进行创意展示；精选静安丰富多彩的文娱生活，并以电子书为载体进行介绍，通过视频、图片、文字、音效等手段对静安的历史和现实进行全方位展现。用富有文化意境的画面、赏心悦目的文字、精美别致的照片、沁人心扉的音乐、生动有趣的Flash动画，打造视听盛宴，用全新宣传方式将“国际静安”的风采推向国际，将静安的辉煌进行全面而有效地保存、重现、展示、推广和延续。

【开展静安区“白领驿家”网站建设】 “白领驿家”网站旨在结合实际情况和需要，整合全区的资源，打造全市甚至全国服务白领、引领白领时尚的网站。“白领驿家”网站建设主要围绕为静安白领提供交友、放松缓压、生活咨询三大方面，实现更直观、更方便、更深层次、更综合性的应用，主要包含：交友查询和匹配、个性展示、网上互动、线下活动公告、线下活动记录；缓压交流、心理健康论坛、心理游戏、结伴旅游、车友会；志愿者、商家等版块内容，提高静安区的投资软环境。在实现内容丰富的计算机内容网站外，另外开发内容简洁的手机网站，内容包含互动匹配、心情放送、活动信息等。网站的功能设计符合白领用户需求及使用习惯，采用的技术体系结构成熟、稳定、先进，从设计到实施均充分考虑了组织保障措施，对可能遇到的内外部风险进行分析，并采用了相应的风险控制措施。

三、经济领域信息化

【完成静安区部门预算编制系统建设】 为适应财政改革变化的需要，根据现代财政管理信息化理论，即基于财政运营管理全过程的资金流、信息流与行政流整合的最优化实践，最大限度提高财政资金的使用效率。区财政局建设完成了部门预算编制系统，实现了部门预算数据的自动下发、上报、审核、控制、远程传输等，实现了财政预算科室、主管单位、基层单位之间的数据上传下达，实现了自动预算控制、审核，提高了编制效率，并形成了一套科学预算编审管理机制。

【完成区标准化菜市场信息系统建设】 建立主动式的食品安全管控机制。针对场内经营者每天的进货台账信息、电子秤销售信息进行数据记录、发布、查询、审核、分析。每天随机抽取相应的场内经营者所销售的食品样本，由专人对所抽取的样本进行快速食品添加剂检测操作，检测由快速食品添加剂检测设备完成，并自动把检测结果进行存储。一旦出现不合格检测结果，数据会马上上报市场管理部门、上级集团，并做出相对应的处理措施，最终形成食品安全快速检测数据库，从而以加强食品安全监督为核心，提高居民消费信心，提高社会诚信度。系统实现了菜市场食品进销全过程跟踪，食品销售的可回溯机制和场内经营者的诚信经营档案等功能，既能提高场内经营者的安全和诚信意识，也让居民“买得放心”，提升传统菜市场的经营管理和服务模式，推动产业升级。

四、城市建设管理领域信息化

【卫生信息化建设取得积极进展】 作为区重点项目，卫生信息化(一期)建设取得积极成效。制定区域卫生信息化建设总体方案，保障一、二期工程能够有序开展。卫生信息化基础设施建设取得明显进展，完成了社区卫生中心等10余个医疗单位的光纤网络建设，实现了10余个社区站点的VPN接入，卫生局中心机房网络交换机和服务器等设备基本到位。推进了区域卫生数据中心建设，明确了数据源以及采集和更新维护机制，部分区域诊疗数据、健康档案等数据库逐步建立。积极推进区域医疗信息数据的交互共享，对尚未形成数据采集和交互的单位进行系统切换和数据采集，妇幼所完成数据上传和交互准备，精神卫生中心和牙防所完成HIS系统切换，南京西路卫生中心和中心医院影像远程会诊系统开始试运行。加快居民健康档案建档工作，保障了健康档案系统正常运行。儿保系统开始在妇幼所和5家社区卫生中心运行，向所有享受免费体检的儿童发放健康免费体检一卡通，实现健康档案从源头建立，为建立贯穿生命周期的完整档案打下基础。完善健康驿站建设，制定建设方案，推进五个社区的健康驿站载体建设，完善了自检信息的汇集和发布功能，成为区域数据中心建设的组成部分。

【开展区妇科筛查管理信息系统建设】 妇科筛查管理信息系统以实现妇科筛查的申请、审核、预约、筛查、回复和查询的管理需求为首要目标，规范妇科筛查的申请、审核、预约、筛查、回复和查询。系统采用多种系统备份手段和防攻击手段，内网和外网均采用防火墙技术，隔离非法的网络访问，确保整个系统不受黑客攻击；使用多级权限系统，对领导、系统管理员、数据管理员、一般人员进行精确的权限分配，保证重要资料的安全性。通过妇科筛查管理信息系统的建设和应用，可以简化妇科筛查流程，流程优化为首先项目宣传广泛告知，然后需要筛查的妇女到各社区事务受理服务中心或居委会申请，各街道、居委会利用系统进行申核并短信通知，符合条件的筛查对象向区妇幼保健所预约、筛查，各街道妇联在系统中分析筛查结果、回复和查询信息，最后由区妇儿工委办利用系统做好督查、跟踪和服务工作。

五、信息产业发展

【加强市区联动，提升现代服务业能级】 以科技创新支撑现代服务业发展，提升传统服务业能级，构建加快专业服务业发展的公共服务平台。以法律服务业为切入点，联手区司法局和律师协会等，运用信息化手段建设"律闻网"公共服务平台，创新科技工作机制，得到了市科委的支持，推动了政府公共服务模式的创新和突破，为静安区现代服务业的发展营造良好的软环境。

【以政策汇编为契机，加强对企业进行政策指导】 完成《科技政策导航》手册及配套光盘的制作工作，汇编了自2000年以来现行有效的国家、市级科技政策，包含20个主要政策以及相关配套文件近百个，总字数达20万字。突出政策导航，分为科技企业资质认定和科技项目专项申报两大板块，并从优惠政策、申报条件、申报流程和配套政策等板块结构展开。同时在展现形式上，手册、配套光盘和网上专题三者同步，便于读者进一步查阅和日后更新，并在静安区信息服务业协会2010年第一次会员大会上全面宣传最近的科技政策，不断推动信息服务业科学、健康、有序发展。

【全面做好软件认定企业年审工作】 全面掌握静安区认定软件企业和软件认定企业产品情况，共44家软件认定企业进行了年审初审，其中41家软件认定企业初审合格，拥有软件认定产品111个，与2009年企业年审工作相比，新增5家软件认定企业，新增软件认定产品33个。

六、信息基础设施建设

【加强"无线静安"建设】 2010年，区信息委完成静安寺广场、静安公园以及静安寺地区21幢商务楼宇公共区域、区政府大楼、区科委、区环保局、宏安瑞士、企业服务中心、街道事务受理中心等政府办公和对外服务场所的热点覆盖；推进手机邮箱试用，全年通过手机邮箱共收发内外网邮件近万封，完成无线静安信息平台和静安门户网站手机版的开发和测试，开展党务通、城管通、警务通等无线应用，继续发挥短信平台的辅助办公作用，全年共发送短信近130万条。

【推进有线电视数字化整体转换】 静安区成立了有线电视数字化整体转换工作领导小组，在区层面和社区层面分别召开推进会，积极宣传，从满足群众日益增长的精神文化和信息需求出发广泛发动，有序引导居民配合实施有线电视数字化转换工作，各个小区有效、规范地组织了转换登记、发放数字电视卡、安装机顶盒等工作，有线专管员全面跟进，收缴有线费、帮助开通有线电视、为居民做解释工作。截至9月底，共完成9万多户的转换工作，提前完成年度改造任务。

【推进静安区中心机房建设前期工作】 完成静安区中心机房的选址，进行项目建议书和可行性研究报告的制定，落实相关费用，与业主单位签订租赁协议和加固、配电补偿协议，完成光缆项目的招标。

七、信息化环境建设

【"上海静安"门户网站建立工作联席会议制度】 经区政府常务会讨论并通过，建立"上海静安"门户网站工作联席会议制度，由区政府分管领导作为召集人，区委宣传部等单位参与，区府办具体牵头，网站编辑部具体承担各项日常工作，进一步加强对网站建设和管理工作的组织协调和整体推进。

【"上海静安"门户网站做好世博期间网站安全保障工作】"上海静安"门户网站根据市门户网站和市网安办的相关要求，对存在的安全隐患实施整改。向各部门下发《关于"上海静安"门户网站关闭外网维护渠道的通知》，实现通过内网进行信息维护。在不断完善《门户网站网页篡改应急演练方案及脚本》的基础上，与信息中心携手，成功实施了网站应急演练，提高了应急处置能力。同时，对网站网络、软硬件设备和安全管理制度等各方面安全情况进行整改，使网站顺利通过了三级安全保护等级测评，并已实现对网站中、英、日、法、WAP各版本的运行情况24小时实时监控，共拦截页面非法篡改行为近2万次、被非法攻击近500万次，确保了网站的整体安全。

【开展全区信息化项目的指导管理和服务工作】一是做好重点领域信息化项目建设的跟踪服务工作。深入推进区域卫生管理、为老服务、平安建设三大重点领域的信息化建设，区域卫生管理系统根据国家卫生部有关标准的变化研制出静安的可行性报告，并通过发改委组织的专家论证；定期参加部门系统建设例会，协调解决建设过程中的技术问题，有效推进项目建设，为老服务中的"乐龄一卡通"系统已顺利通过验收，并在全区所有乐龄站点和老年人大学等机构使用；平安建设项目顺利完成，为世博安保起到积极作用。二是开拓创新，积极探索信息化项目管理的新方法，组织"静安区信息化项目管理系统"的试用工作，并根据试用中出现的问题提出系统修改完善方案。

【完成信息化培训计划】2010年，根据《2008—2010年静安区信息化三年培训规划》的要求，与区老年基金会联合开展"乐龄五彩星期四——上网冲浪"培训活动。培训内容紧贴迎世博宣传，以丰富静安区老年人精神文化生活、让更多老年人掌握电脑和网络知识为目的，专门设计了培训方案，明确了培训课程、培训场地和师资等，同时结合手机功能的发展，开展手机钱包推广活动。春季班和秋季班共培训全区老人2 000余人次。

【信息化保障能力稳步提升】结合服务世博和信息化发展的要求，制定《2010年静安区信息安全建设和推进方案》，加强安全培训与宣传，落实信息安全责任，组织区内50个部门签订了"上海世博会期间信息安全工作责任书"。严格落实监控预警等技术防范措施，开展重要信息系统等级保护、安全保障工作，执行日常监控和配置管理等信息安全管理规定，对区内37个部门网站进行安全扫描，对重要应用服务器（Windows操作系统）进行安全加固，并开展针对机房的专项安全检查，信息化安全保障能力稳步提升。

【完善应急预案，开展应急演练】完善静安区网络和信息安全事件应急预案，制订应急演练计划、处置方案和演练脚本，并于世博会举办前，完成数字认证平台服务器故障、区门户网站页面被篡改、区武宁南路机房失火三个科目的应急演练。

【加强监控预警等技术防范】完成区互联网出口监测预警系统的部署，对网络病毒墙、网络流量控制、网络上网行为监控和网络审计设备等系统进行部署和试用，按保密局要求，配合完成网页访问监控审计系统在区门户网站的安装配备。

【开展重要信息系统等级保护工作】按照上海市等保办相关要求，顺利完成区内公共信息平台和门户网站的等级保护测评工作，并按照测评报告中相关要求，落实整改措施，完成"区电子政务平台和门户网站等级保护硬件配置项目"。

【全面完成信息化"十二五"规划编制工作】成立了信息化"十二五"规划领导小组，制定信息化"十二五"规划工作方案，并实行规划例会制度。启动对"十一五"信息化规划进行评估，围绕规划中涉及的重大问题开展调研，完成信息化"十二五"规划框架草案，研究提出"十二五"规划基本思路并初步完成"十二五"规划思路框架。完成上海市静安区"十一五"电子政务建设情况报告。在完成初稿后，进一步形成《关于"十二五"信息化规划完善工作的方案》，通过专项意见征求、专项深化和研讨、全面征求意见等阶段，不断完善规划。最终，完成了《信息化"十二五"规划》的编制工作。规划明确今后五年信息化发展的目标和任务，统筹考虑了静安区信息化基础设施、信息资源的交换共享和整合利用、信息技术在社会管理和公共服务中的支撑、信息服务业和信息安全保障体系的发展，充分研究操作主体、实施步骤和保障措施等环节，为新一轮发展奠定基础。

【开展居民信息化统计】全面启动并完成2009年度居民信息化统计工作，形成《居民信息化统计指标调查方案》,完成对906户居民的入户调查工作,并形成《静安区居民信息化指标调查报告》。调查显示2009年静安区居民信息化总体水平与2008年相比有较大程度的提升,约85%的家庭已拥有计算机,七成以上居民在工作或生活中使用网络,无线宽带和手机上网用户高速增长,固定电话和移动电话用户呈现前者降、后者升的发展趋势,过半家庭拥有两台及以上电视机,家庭信息消费支出增长明显,主要指标都已达到或超过"十一五"目标,在全市继续保持领先地位。

(夏玉平)

第十一章 宝山区信息化建设

概 述

2010年,宝山区信息化工作紧紧围绕“加快统筹城乡一体化发展,推进现代化滨江新区建设”的目标,以大力推进信息化应用为主线,切实加强信息安全保障工作,积极深化政务信息资源的开发利用与共享,全面拓展信息技术的应用领域和范围,充分发挥信息化项目的应用效益,促进本区信息化向纵深发展。全年工作要点主要包括:大力推进信息化应用,扩大信息化的影响力和渗透力;深化政务信息资源的开发利用和共享,提高政府部门协同办事能力和工作效率;强化信息安全管理措施,提高安全保障、防范和应急处置能力;加强信息化项目和信息基础设施的建设管理,提高资源的有效利用率;持续推进城镇、农村信息化建设,提升城乡一体化发展水平;开展宝山区国民经济和社会信息化“十二五”发展规划编制工作;推进社会诚信体系建设,优化区域发展环境。

2010年宝山区获上海市首批推进信息化与工业化融合实践区之一;宝山区网络与信息安全工作受到上海市网络与信息安全协调小组办公室的表扬。宝山区“千村万户”农村信息化培训普及工程实事项目完成农村信息化培训人数653人,实现年度计划的108.8%;完成农村信息化宣传16 204人,实现年度计划101.3%。宝山区上海东方泵业(集团)有限公司和中冶赛迪上海工程技术有限公司被市经济信息化委评为上海市中小企业信息化应用示范企业。

一、政务领域信息化

【宝山公安分局信息化项目通过验收】 2010年1月29日,“宝山公安分局派出所监控机房改造”项目通过专家验收。项目建设根据接入宝山区图像监控系统的技术要求,完成了14个派出所的信息化基础改造工程,包括派出所综合布线、周界报警系统、所内声像监控系统和机房防雷接地等四部分的改造,以及两个派出所的天馈系统(主要包括天线和馈线系统)的建设。通过信息化建设,进一步增强了宝山区公安分局与各派出所之间的通讯保障和安全防范功能,为更好地利用图像监控系统、提高宝山区公安分局监控和指挥能力打下了基础。

【“宝山区公文备案系统”通过验收】 2010年9月29日,“宝山区公文备案系统”项目通过了专家验收。项目根据上海市政府信息公开工作的具体要求,建成了宝山区公文备案系统。宝山区各部门通过系统将本单位制作的政府信息公开目录按照政府信息公开目录备案要求统计上报,实现及时备案。系统开通后为各单位在推进政府信息公开工作,提高政府工作的透明度、保障公民知情权、构建服务政府、法制政府等方面起到了积极作用。

【宝山区科委局域网改造项目通过验收】 2010年9月,宝山区科委局域网改造项目通过验收。原宝山区科委局域网建成于1998年,存在网络结构不合理、设备陈旧、线路老化等问题,已不能满足各业务科室网上办公的需要。区科委根据现有网络实际情况及工作需要,完成了对内部局域网的升级改造,完成楼层与楼层之间、楼与楼之间的光纤改造,使局域网架构更为合理,同时,也对部分陈旧网络设备进行了更新,进一步提升了网络性能,保障了网络的安全稳定,也保障了业务应用系统安全、稳定、可靠运行,从而提升科委的行政效能,为区内企业提供更为便利的科技服务,为社会公众提供更为广泛的科技知识和更为快捷的科技信息。

【开展区协同办公系统应用推进评估工作】 为了进一步深化宝山区电子政务建设,全面推进区协同办公系统应用,提升本区政府机关协同办公能力,区协同办公系统应用推进小组办公室按照《宝山区2009年本区机关推进区协调办公系统应用实施计划》，对宝山区政府各部门、街镇应用推进工作进行了评估。评估工作采取自评和抽查相结合的方式进行。各街镇、区政府各部门按照区协同办公系统应用推进小组办公室下发的评估指标进行了自评，区信息委根据自评情况选择了 10 家镇、街道和 10 家区政府委办局会同区府办、区国家保密局、区财政局、区信息化服务中心进行实地检查。通过检查一方面促进应用，另一方面了解各部门在实际推进应用过程中存在的问题和建议，为 2010 年更好地推进应用做准备。

【宝山区共青团信息管理系统通过验收】 2010 年 4 月 29 日，宝山区共青团信息管理系统通过专家验收。系统旨在创新共青团组织的工作方式和手段，利用网络实现团内信息的快捷传递和资源共享。项目建设内容包括团区委主网站和五个子网站（宝山青联、宝山少年队、宝山学联、宝山青少年事务社工、宝山青年志愿者），实现了“三联系”网络、网上调查、志愿者报名等功能，形成了多层次的信息发布和交互。网站用户面向全区 400 多个基层团组织。另外，团区委还制定了《宝山区共青团信息管理系统运行管理办法》。

【政务信息化成果（第三辑）正式汇编发布】《宝山区政务信息化成果汇编（第三辑）》正式发布。该成果汇编主要介绍了宝山区 2008 年以来的政务信息化建设和应用优秀项目，旨在表彰和展示各政务部门推进信息化中所取得的成果，总结和交流信息化建设和应用的经验和做法，让大家熟悉、了解宝山区信息化建设取得的成效，为今后信息化的建设和应用提供有益的指导，营造良好的环境。成果汇编还介绍了宝山区环保局、水务局、教育局、友谊路街道等 13 个单位的 15 项信息化成果，对宝山区信息技术在区域经济建设、城市和社区管理、公共服务以及推进城乡一体化发展等领域的深化应用及成效做了深入介绍和分析。通过成果汇编可以看到，随着信息化的深入应用，政府部门行政管理模式有了新变化，部门协同办公有了新载体，城市监管技术手段有了新突破，营造城市安全环境有了新抓手，增强为民服务方式有了新途径，信息化已经在政府管理、社会和经济领域发挥着越来越大的作用，成为推动社会发展进步的重要战略支撑。

【宝山看守所信息化项目通过验收】 项目根据公安部、武警总队“共建、共管、共保安全”的要求，完成了武警监控系统、看守所周界报警等四项建设内容，实现了“两个联动”：武警监控中心与看守所总控室的图像联动，广播报警与监控系统报警的联动。通过信息化建设，进一步提高了武警执法和执勤效率，提升了看守所安全防范能力，建立了较为完善的安全防范体系。

【宝山区多媒体档案管理系统通过专家论证】 在宝山区经信委组织召开的“宝山区档案局多媒体档案管理系统可行性研究报告”专家论证会上，上海市档案馆技术部、上海大学档案系、上海市人大办公厅信息中心等的专家听取了档案局对可行性研究报告的介绍，在认真讨论的基础上，同意该项目通过技术论证，并提出了建议。通过宝山区档案局多媒体档案管理系统的建设，将实现多媒体电子文件的“及时归档、集中存放、随时查阅”，确保政务信息的真实性和完整性。系统可实现珍贵历史多媒体档案资料的数字化保存和管理，同时推动宝山区多媒体档案的及时归档和有效管理，大大提高多媒体档案的管理和利用水平，进一步加快宝山数字档案馆的建设。

【宝山公安分局视频会议项目通过验收】 2010 年 10 月 20 日，宝山公安分局视频会议系统通过专家验收。宝山区公安分局是较早建设和应用视频会议的单位之一，该项目建立了 2 个主会场、28 个分会场视频会议系统，覆盖公安分局和各派出所。通过视频会议系统的应用，提高了公安队伍的工作效率，降低了行政成本，节约了赴会人员的往返时间。同时，也进一步提升了区公安分局处置应急突发事件的能力，使分局领导可以随时就某些突发事件与各下级单位加强沟通联系，便于准确判断，并迅速采取有力措施。

【宝山区“统计数据中心”加速政府统计信息化进程】 宝山区区统计管理信息系统（二期）——统计数据中心项目通过验收。项目的建成，进一步增强了已建统计管理信息系统的稳定性和数据安全性，为政府统计工作的开展提供了必要保障。本期项目主要实现了两个目标：首先，建成了全区分布式统计数据中心。数据中心建在区统计局，承担全区统计数据的收集以及加工汇总处理任务，分中心建在各街镇统计站，承担各街镇统计数据的采集录入以及加工汇总处理任务。同时，通过区办公业务网实现中心和分中心的互联互通。其次，完成了系统服务器双机互备建设，使系统在稳定性、高效性、数据安全性方面有了较大提升。

统计管理信息系统是政府“电子统计”工程的重要应用组成部分，它将全区采集到的各行业统计数据进行审核加工和分析汇总，是统计业务最核心的处理中心。该系统一期自2007年建成使用以来，已逐步形成了一个专业统计分析数据库，包含所有行业的历年统计数据，保证了历史数据的可追溯性，方便查询、分析和领导决策。

【信息化构建工商所综合监管平台】 工商宝山分局以信息化建设为依托，深入实践应用，深化分局和工商所的综合业务数据共享，信息化建设取得了一定成效。作为对工商宝山分局综合业务处理信息化建设的有益补充和延伸，“宝山区工商所综合监管系统(二期)”项目通过专家验收。项目的建成在提高工商所业务水平、规范企业和个体的登记服务等方面起到了积极作用。

项目建设结合了工商宝山分局工作的实际需要，建设了针对工商所业务流程中对企业和个体经营户进行综合监管的计算机辅助管理系统，实现了对企业、个体户和无照经营者的登记信息、综合监管信息的有效管理，是对工商局“金信系统”的有力扩展和补充。该系统以“金信系统”宝山区的20多万条各类数据为基础，收集和补充了工商所日常巡查时产生的综合监管的各类监管信息，通过导入、分类、筛选、汇总、补充和添加，实现宝山区重点路段的经济户口底数清，动态明，信息准。通过该系统，可以清晰地统计出诸如友谊路、牡丹江路上的各种工商户的经营情况。由于系统直接采集录入第一线工作人员的实时数据，使各项统计分析和决策更符合实际情况，提高了工商所工作人员的监管能力，提高了内部的办事效率。

【完成网上舆论监控系统项目建设】 为加强世博期间各区属网站的信息管理和安全防护工作，宝山区完成了网上舆论监控系统项目建设，并对相关工作人员进行了培训。针对互联网上与宝山区相关的社会舆论及热点信息实现实时监控和分析，进一步提高监管效率，完善监管质量。

【积极发挥网站宣传优势 构建大统战工作信息平台】 宝山区委统战部注重利用信息网络优势，加强宝山特色的统战宣传工作。2010年1月22日，“上海宝山统战网”项目通过专家验收。项目旨在通过网站平台，进一步整合宝山各镇、街道等基层信息资源，创造交流、调研、宣传的条件和环境，把在统战工作中发现的一些新情况、新问题、新举措以及各界人士对工作的意见建议等，通过信息的形式反映到决策层，为各级党委、政府及上级统战部门决策提供依据，为经济社会发展做出积极贡献。同时，让社会各界、港澳台及海内外华人等更多地了解宝山统战信息和动态，并实现统战系统各部门、街道(镇)网上信息报送，电子邮件阅办回复情况和视频编辑等功能。

【宝山区土地储备中心借助信息化谋划土地管理新思路】 宝山区土地储备中心立足宝山区办公业务网，利用全区统一的地理信息基础平台，谋求构建实用的土地储备业务管理和地理信息管理系统。系统通过土地储备数据库和地理空间数据库的叠加、运算等相关应用，将实现数据图形处理、地理分布显现、数据统计查询、分析预测等功能，推进土地规划、储备、出让、后续全过程管理信息化。依托信息化建设，提高政府土地储备管理的质量、水平和效率，增强政府对土地市场宏观调控的前瞻性和有效性，为领导科学决策提供便捷、可靠的依据。

【宝山区城镇信息化应用优秀单位获得表彰】 2010年3月16日，宝山区经信委推进工作会议对城镇信息化应用优秀单位进行了表彰。按照《2009年街镇信息化评估指标体系》的要求，在各单位自评的基础上，经综合评定，友谊路街道获得2009年度宝山区城镇信息化应用一等奖；月浦镇、大场镇获得城镇信息化应用二等奖；庙行镇、高境镇、顾村镇获得城镇信息化应用三等奖；张庙街道、罗泾镇获得城镇信息化应用鼓励奖。信息化是政府服务企业、服务居民、服务社会的重要载体。2009年，在各街镇的支持下，宝山区加大城镇信息化建设力度，协同办公系统应用的规模效应逐步显现，街镇网站的媒介宣传和辐射作用进一步体现，农村信息化培训提高农村居民信息素质、信息化服务农村的效果更加明显，信息安全保障工作不断深入。为此，区信息委将从信息化规划、信息系统应用、信息资源共享等方面，对政府各部门信息化应用情况进行评估及表彰。

【宝山区召开城镇信息化工作例会】 2010年4月23日，宝山区召开城镇信息化工作例会，推进2010年城镇信息化工作。会议要求将信息化建设和应用与城乡一体化发展相结合，以经济和社会发展对信息化的实际需求为导向，着力推进七项重点工作。一是要着力谋划信息化“十二五”规划。城镇信息化是区域信息化的重要组成部分，各单位要充分发挥信息化对街镇园区经济社会发展的战略支撑作用，促进信息化与经济增长、城市管理、民生服务的深度融合；二是要着力推进信息化应用的深度和广度。充分依托已建的区、街镇、村（居）委三层网络，加速推进协同办公系统、“农民一点通”触摸屏、社区“电子台账”、农村经营管理系统等在村（居）委的应用，提高办公效率，形成规模效应；三是要继续着力开展“千村万户”农村信息化培训普及实事项目。尽早制定计划、落实责任，保质保量地完成600个农村居民培训和16 000个农民的信息化宣传普及任务；四是要着力推进农村信息网络工程标准化建设，主动加强与各镇、村沟通联系，完成18个村级公共服务中心的信息化建设；五是要着力加强村（居）委信息员培训，各街镇每年应组织2次以上的信息化培训，提升信息化应用能力和水平，建立信息化应用的队伍保障机制；六是要着力加强街镇网站和行政村网页的信息更新维护工作，不断丰富网站内容，深化为民服务；七是要着力提高信息安全保障、防范和应急处置能力。

二、社会领域信息化

【宝山区卫生信息网通过专家验收】 2010年3月30日，宝山区卫生信息网即卫生信息系统——系统集成子项目通过专家验收。来自市卫生局信息中心、市信息安全测评认证中心、上海交通大学信息安全工程学院等各领域的5位专家参加了验收。宝山区卫生信息网建设内容包括网络系统、主机系统、存储系统、安全系统和财务管理系统。14个医院和专业站所、17个社区卫生服务中心、93个社区卫生服务站都已统一接入区卫生局信息中心。通过该网络平台，实现了区卫生局和所有下属医疗卫生单位、所有医疗卫生单位之间的互联互通和信息交互，也为今后全区居民健康档案和其他医疗卫生信息的统一管理、共享和交互打下了基础。在验收会上，专家建议要进一步加强卫生信息网的规范化、标准化管理，确保世博期间网络安全稳定运行。同时，加强信息系统应用、推进信息资源共享，提升医疗卫生工作质量和效率，发挥已建网络的增值效应。

【宝山区“8+1”卫生信息化项目通过专家论证】 2010年11月10日，来自市卫生系统、上海交通大学等单位的7位专家齐聚吴淞街道社区卫生服务中心，对宝山区8家社区卫生服务中心和1家妇幼保健所信息系统可行性研究报告进行论证。区卫生局局长李士华、经信委主任浦志良参加了论证会。在听取了宝山区卫生局信息中心的介绍后，专家们认为，该项目建设符合卫生部及市政府卫生信息化建设要求，对于提高宝山医疗卫生系统的服务水平和促进科学管理将发挥重要作用。经认真讨论，专家组一致同意可行性研究报告通过论证，并就报告的进一步完善和项目的组织实施提出了建议。

该项目信息化建设覆盖杨行、顾村、祁连等8家社区卫生服务中心和区妇幼保健所（简称“8+1”），将建立以电子病历为重点的医院管理、临床诊疗和综合信息一体化管理系统，门诊、住院、药品管理和医院检查、检验、诊疗都将实现数字化、流程化。通过与区级卫生信息平台的互联互通和业务协同，可实现社区卫生服务中心与全区各级医疗机构之间的检验、影像和健康档案共享，完成网上转诊、转检、会诊等，使医疗卫生发展成果更好地惠及民众。

【信息化助建宝山区图书馆网络化服务体系】 作为宝山区文化信息资源共享工程的重要组成部分，宝山区图书馆信息化项目“借还通”系统正式启动建设。项目建成后，将进一步促进区域内图书资源的共建共享，实现全区公共图书馆60余万册藏书、近20TB数字资源的充分共享和信息联动，达到信息资源获取的畅通无阻。建设“借还通”系统：实现宝山区图书馆、12个街镇图书馆以及下属社区分馆、新农村文化服务中心之间图书的通借通还，将图书馆延伸至所有读者身边，使得读者能够就近借还图书，把书送到老百姓的家门口。统一平台，规范管理，打破各图书馆之间的物理阻隔，充分发挥各街镇图书馆及社区图书室、农家书屋等书刊借阅场所的互联互通。建设读者认证系统：减少原先读者重复登录、反复登录的麻烦，实现读者在区图书馆网站的一站式登录，只需一次注册，即可访问宝山区图书馆网站内的所有资源以及读者空间的所有服务。

【宝山区经信委加快推进信息化项目建设】 为抓紧落实《2010年宝山区信息化建设项目实施计划》，区信息委排出信息化项目建设时间表，主动与各项目建设单位沟通联系，既认真做好服务，又加强技术审核，启动实施两个信息化项目。一是“市一医院宝山分院数据存储备份系统”项目。该项目通过加强服务器、网络设备、存储系统、管理软件的建设，进一步提升医院信息系统

三、经济领域信息化

【宝信软件建成国内首家工业软件体验中心】 2010年4月27日，国内首家将钢铁工业生产与软件操控系统融为一体的数码体验馆——工业软件体验中心在宝信软件宝山基地正式落成。这是宝信软件在国家大力推动工业化与信息化融合的政策背景下，立足宝钢信息化建设历程和发展经验，集中展示和推广“两化融合”成果的一项新举措。

整个体验中心由宝钢信息化建设展区、触控观摩区、大屏演示区、总经理驾驶舱及企业展示区五个区域构成。宝信软件通过现代科技手段，以交互式体验的方式使参观者身临其境。在宝钢信息化建设展区，从最初的以生产为中心，到当前以提升软实力、实现跨越式发展为中心，宝钢信息化建设的历程悉数展示在参观者眼前；在触控观摩区，参观者只要用手指点击触控屏，就能初步体验到部分钢铁工业软件的操作原理，并观摩其在钢铁企业信息化建设中的具体应用；在大屏演示区，一段三维立体影片将参观者带到了钢铁工业生产现场，宝信软件依据现场生产参数打造的一个个仿真系统，生动形象地展示了热轧自动化系统、能源管理系统等工业软件在实际生产中发挥的巨大作用；在总经理驾驶舱，参观者只要对着屏幕轻点鼠标，就能感受到工业企业管理者通过工业软件全盘掌握企业生产运营的状况；最后的企业展示区则简要介绍了宝信软件十年来致力于成为中国工业软件领导者的成长历程。

【第三届中国电子商务与物流配送论坛暨钢铁电子商务物流发展峰会隆重举行】 2010年6月10日，第三届中国电子商务与物流配送论坛暨钢铁电子商务物流发展峰会在宝山区举行，近200位领导、专家及学者参加了论坛。宝山区副区长夏雨在论坛峰会上致辞，他指出：近年来，宝山区加快了经济结构调整的速度，加快了电子商务、服务外包、易迅网、团购网的发展，庙行镇和上海纺织控股集团共同投资建设的智力产业园，到2010年底入驻园区的企业可达近200家，销售额超10亿。庙行镇的电子商务发展已初见成效，被上海市经济信息化委授予“市电子商务示范园区”。夏雨副区长在致辞中真诚欢迎企业家来宝山投资，共同把宝山电子商务做大做强。

【宝钢新型烟气在线监测系统研发成功并实现技术输出】 宝钢工程检测公司研发成功宝钢“BGHJ-100型”烟气在线监测系统。该系统率先在宝钢股份炼铁厂一号烧结脱硫工程试应用，有效运行率达到90%以上。早在宝钢投产之际，各生产单元都配备了较完整的环境在线监测系统，因长期在恶劣环境条件下作业，监测系统时常发生故障，直接影响环境监测效果。由于多为进口监测设施，种类多、备件价格贵、交货期长，给维护工作带来困难。2008年，检测公司环境监测部开展了在线监测技术的国产化研发工作。

2010年，在线监测系统研发取得突破性进展，检测公司成功完成宝钢“BGHJ-100型”烟气在线监测系统自主集成开发。该技术能在湿度高达30%、粉尘含量高达每立方米200毫克的环境下实施烟气采样及处理，有效支撑了后段在线设备的运行。该技术已形成一批专利和技术秘密，极具社会推广价值，市场前景看好。并已首次实施在线技术输出，帮助外资TUV实验室建立了灼伤烟气在线监测系统，受到用户好评。作为环保监测设备，检测公司环境监测部正在申请国家产品认证。

四、城市建设管理领域信息化

【宝山构建“数字环保”体系，推进实时在线监管】 作为上海的钢铁生产基地，宝山区环境污染历史欠账较多，环境管理任务繁重。近年来，宝山区注重推进信息技术与环保业务的充分融合，突破环境管理的时间和地域限制，形成了一个四通八达的高效率监管网络，让环保系统24小时“耳聪目明”，有力推动了环境管理工作的开展。

构建“数字环保”一张图——在全区近300平方公里的区域范围内，如何做到实时、科学、可视化的环境监管？2002年以来，区环保局以全区统一的地理信息平台为基础，综合应用3S（GIS、RS、GPS）技术，与高分辨率卫星遥感图像、航空影像和区域数字化地图相结合，融合环保在线监测业务，真正形成了宝山“数字环保”一张图。在这张图上，可按监测及监控点类型分类进行实时监控和查询、分析统计，模拟分析及空间分析展示，为环境监管提供决策支持和执法依据。环保工作人员即使不到执法现场，也能在区环保指挥中心大屏幕和自己的计算机上随时调用、查看和分析环保实时监测的各类视频图像信息，大大提高了工作效率。

资源共享“织密”监管网——近年来，宝山通过建立统一用户、统一登录的综合应用平台，将各类在线数据、其他环保相关系统的异构系统及异构数据都通过平台集成，将分散的数据统一进行了整合，原来的各种数据孤岛变成了四通八达的通路。宝山利用区内网络，建立了多尺度、全方位的监测、监控及监管网络，涉及水质 38 个测点、烟气 61 个测点、噪声 3 个测点、空气自动站 18 个测点等共 120 个，涉及全球眼视频监控 5 个测点。同时，按照环境监测自动监控系统信息的内容和格式要求，与市环保局实现了信息的共享和交互。此外，与宝钢加强合作，宝钢集团的环境在线数据统一纳入宝山监管范围，为及时全面掌握区域内各企业的排污情况、科学分析区域环境质量的影响和成因提供了依据。

“电子眼”全天盯牢监测点——宝山充分采用光缆、无线通讯、企信通平台、3G 通讯及全球眼视频监控等多种信息化手段，对环境质量、污染源等状况加强监控，实现环保全过程管理。烟气在线监控涉及市管企业 11 家，共 61 个监测点。现场监测探头采样分析，通过无线传输方式将监测数据传输至市局监测中心，区环保局通过市政务外网调用实时监测数据并入库，系统根据排放标准判断数据值。如果超标，无论是白天还是晚上，都将以短信形式实时向业务人员手机发布测点超标数据予以提示，同时在系统地图测点上自动以不同颜色显示超标、正常及是否在线等信息。此外，智能监控还有水质在线监控、空气质量在线监控、环境噪声在线监控、重点区域污染视频监控等功能，都已收到了良好效果。

【宝山公安 350 兆常规基站项目通过验收】 2010 年，宝山公安分局 350 兆常规基站建设项目通过专家验收。项目根据公安部移动通信网建设要求和宝山公安实际工作需要，完成了 350M 常规基站建设，实现了整个宝山区域公安常规通讯的畅通。系统的建成和应用，保障了公安分局与各派出所之间的无线通讯，进一步提升了宝山公安分局指挥及处置突发事件的能力。

【区环卫道路作业量统计与监督投诉系统通过专家论证】 由宝山区经信委组织的“宝山区环卫道路作业量统计和监督投诉系统可行性研究报告”通过专家论证。来自市绿化市容局信息中心、上海城市发展信息研究中心、复旦大学软件学院等的专家参加了论证。在听取了区绿化市容局对可行性研究报告的介绍并充分讨论质疑后，专家组同意该项目通过技术论证。该系统利用全区统一的地理信息平台和环卫车辆全球定位监控系统，一是建设环卫道路作业量统计系统，通过电子地图加强垃圾作业的信息化监管，推进环卫作业量的科学统计分析，实现环卫作业的精细化管理；二是共享现有业务系统信息数据，建设一套完整的环卫作业监督与投诉系统，通过在电子地图上的精确定位实现监督投诉的可视化管理，提高投诉反应的速度和准确性，从而增强市民对绿化市容的满意度。

【服务业园区和楼宇经济管理信息系统通过专家论证】 为加强现代服务业管理，有效地解决统计分析难题，在宝山区经信委、区统计局、区税务分局等部门的大力支持下，区商务委启动服务业园区和楼宇经济管理信息系统建设。系统可行性研究报告已顺利通过专家论证，预计项目建设周期为 6 个月。该系统为《2010 年宝山区信息化建设项目实施计划》项目之一，将通过信息共享，从税务、统计等部门获得本区现代服务业集聚区、特色产业园和商务楼宇的基准数据，并预留各街镇和其他相关部门的信息录入接口，在此基础上进行数据查询、统计、分析，确保及时准确地反映全区服务业经济运行概况。此外，借助全区统一的地理信息系统，服务业经济的空间分布还将拥有一张“网上地图”，为完善发展规划等提供直观参考。

【宝信软件宝康电子智能交通产品获金奖】 在第十届中国专利高新技术产品博览会上，宝信软件宝康电子自主研发的专利产品——“高清晰公路车辆智能监测记录系统”荣获专利高新技术产品金奖。本届中国专利高新技术产品博览会吸引了 426 家参展单位，集中展示了新能源、新材料、新医药、机械制造、电子信息、节能环保等领域的 6 000 余项最新科技成果，并设立了金奖和优质奖。宝康电子的“高清晰公路车辆智能监测记录系统”，主要是针对现代城市安全和反恐需求而自主研发的，研发历时两年，拥有 9 项完全自主知识产权和 11 项专利。系统具有车辆图像捕获率高、抓拍图像清晰度和识别率高、信息采集和查询速度快、节能环保等优势。系统已在上海、山东、广东等地陆续投用，累计销售收入超过1亿元,为公安机关打击涉车违法犯罪活动,提供了强有力的科技手段和高效准确的路况信息服务。

【宝钢软件公司为世博提供可靠的交通信息管理运行系统】 世博期间,世博局结合用户的使用意见,对宝信软件股份公司自主研发并实施的世博交通信息管理系统进行了全面、系统的评估,给出了满意结论。同时,世博园区运行保障立功竞赛组委会也授予宝信软件"优秀保障服务集体月度冠军(集体)"荣誉称号。宝信软件世博交通信息管理系统是世博交通信息服务三大平台之一,主要用户是世博园区交通调度中心和世博园区运营指挥中心交通席位。系统于2010年1月31日上线,两个月后进入试运行阶段。世博会开幕当天,系统进入正式运营状态,并开始接受用户验收和世博会事务协调局组织的评估。在世博会召开期间,根据用户的使用需求,宝信软件项目组先后对系统运营方案进行了4次较大规模的修改。该系统不仅实现了对园内公共交通的管理和指挥功能,而且针对园内参观客流的变化进行了有效的运送和疏导。此外,系统还承担了对外发送园内公共交通运送情况的任务,这些海量数据均与园区内外多个相关部门进行了共享。

世博局在此次评估中,针对系统的软件功能、接口通信、数据转储、网络建设、光纤存储、主机配置、系统管理等11个方面的运行情况进行逐一考察后认为,系统满足世博会的预期和需求,特别是对于世博局交通管理部在世博会召开期间临时提出的各项新需求都能如期满足。同时,系统操作便捷,界面人性化,运行稳定、可靠,确保了世博会平稳运行。

五、信息产业发展

【创建信息化与工业化融合实践区接受评审】 党的十七大提出"发展现代产业体系,大力推进信息化与工业化融合"的发展战略,上海成为全国首批"两化融合"试验区之一。为深入推进"两化融合"工作,2010年上海市计划在发展基础较好、条件较为成熟的区县中认定3个"两化融合"实践区。2010年8月17日,宝山区创建上海市首批"两化融合"实践区工作接受上海市"两化融合"专家组评审。在听取宝山区关于信息化与工业化融合"9项任务6个保障5个目标"的工作汇报后,来自市经济信息化委、同济大学、市小企业发展办、市互联网经济咨询中心的专家组对宝山区"两化融合"实践区工作给予高度肯定。专家组表示,宝山区推进"两化融合"实践区建设立足长远、重点突出,定位准确、注重实效,目标明确、措施得当,希望在推进中充分发挥"两化融合"实践区的示范带动作用,注重树立典型、体现特色,为上海市推进国家"两化融合"试验区形成好的经验和做法,为区域发展方式转变、产业结构转型升级发挥积极作用。评审后,上海市"两化融合"专家组一行还参观了宝山区"两化融合"典型企业和园区。

【理清思路把握重点推动信息化和工业化融合发展】 健全工作体系,整合区级层面现有资源,协调各职能部门配合推进;在街镇(园区)和重点企业建立一套规范高效、执行顺畅的工作体系,形成领导重视、执行得力的队伍保障机制,全力支持"两化融合"建设。把握发展重点,在深入调研、梳理、分析的基础上,论证确定"两化融合"工作重点;关注物联网的科技应用和产业发展,密切联系上海云峰集团、亨均科技等相关企业,积极争取市经济信息化委的关心支持,主动做好专家、政策、信息技术和行政资源等服务工作。充分借助外力,围绕"扶持现有企业、引进新生力量、加速'两化融合'"的工作思路,加强与该领域专家、科研院所和区内外重点企业的沟通联系,建立健全互动交流、项目对接的平台和机制,努力实现"两化融合"持续发展。

【明确目标,加快推进信息化应用"两化融合"工作】 一是继续抓好信息安全保障工作,确保世博会期间全区的信息安全。组织开展区重要信息系统检查、应急演练和信息安全管理员培训,提高信息安全工作水平;二是完成信息化"十二五"发展规划编制,最终形成具有超前性、指导性和操作性的信息化"十二五"发展规划。三是重点聚焦民生,开展电子病历与健康档案、智能公交等信息化项目课题调研。四是继续推进区协同办公系统、区政府信息公开公文备案系统、建设工程项目网上跟踪子系统等跨部门重要信息系统的应用。五是认真做好区政府实事项目"千村万户"农村信息化培训普及工程。完成市政府下达的600名农村基层管理者、专业农民信息化基础培训和16 000名普通农民宣传普及指标。六是加大推进"两化融合"工作力度,有效落实《宝山区信息化与工作化融合实践区工作方案》,积极开展本区物联网应用推进和产业发展的课题研究。七是开展宝山区网上行政审批平台的建设，实现区网上行政审批办事大厅与市网上审批平台、区电子政务平台的对接，并建立区网上行政审批平台统一接入标准。

【4家企业成功获得上海市“两化融合”专项资金支持】 为引导、支持企业“两化融合”实践，提高企业生产、管理和服务各环节的自动化、智能化水平和节能减排能力，2010年区信息委组织本区4家企业成功获得上海市“两化融合”专项资金支持。获得专项资金支持的四个项目为：华润雪花啤酒能源计量信息管理项目、上海东方泵业信息共享管理平台、上海中国弹簧制造企业运营管理与控制平台、上海杰盛无线ERP系统。

六、信息基础设施建设

【区经信委组织道路交通信息化规划专题大讨论】 为更好地谋划信息化“十二五”专项规划，推进宝山区智能交通网络建设，2010年4月16日，区经信委联合区建交委召开道路交通信息化发展规划大讨论。上海市交通信息中心、闵行区信息委、同济大学交通运输工程学院、复旦大学科学技术学院和区公安分局交警支队等单位的专家和领导参加了讨论。在大讨论座谈会上，与会专家表示，随着城市化的加速推进，交通需求急剧增大，交通发展模式已由初期的建设为主转变为建设与管理并重、管理为主的模式，信息化成为提升交通管理水平的必然选择。交通信息化建设要围绕宝山区道路网络“七横、八纵”的交通格局，将交通信息化、交通基础设施建设和交通政策有机结合起来，形成一套较为完善的交通体系；要逐步建立信息共享工作机制，推进政府部门之间以及和企业之间的道路、公交、停车场、气候、道路工程等信息共享，实现面向公众的有效信息服务；要实现交通信息自动生成为主、人工为辅的交通决策支持系统，进一步推进交通管理与决策的科学化、智能化。

【区经信委召开世博通信基站保障工作协调会】 随着宝山区经济的发展，以及滨江区域开发建设步伐的加快，给滨江区域开发带内的通信基站保障工作带来一定困难，为了保障通信基站运行环境和世博会期间通信正常，2010年2月26日，宝山区经信委召开世博通信基站保障工作协调会。区规划局、区土地储备中心、区滨江办、区国资委、区教育局、淞南镇政府、上海长江口商城股份有限公司、吴淞豆制品厂、宝山区培智学校、上海移动宝山分公司等单位的分管领导参加会议。会议就滨江区域开发带内4个通信基站保障工作存在的困难进行了讨论和研究，在保障世博会期间基站运行环境、滨江区域开发带基站规划布局等方面达成共识。

七、信息化环境建设

【区经信委组织开展公文备案系统培训】 2010年2月3日，区信息委在区党校组织开展了宝山区公文备案系统培训。全区政府各街镇、委办局从事政府信息公开工作的相关人员参加了培训。随着政府信息公开工作的推进，政府信息公开的工作量正在逐年增加，为了减轻工作人员的工作压力，提高工作效率，区经信委充分利用已建的协同办公系统，开发完成了宝山区公文备案系统，实现了政府信息公开网上上报、统计和备案。培训采取现场演示和实际操作相结合的方式，并下发了《公文备案操作手册》。在培训过程中除了讲解系统操作要领外，对如何处理好公开和保密的关系做了进一步强调，提高了政府信息公开工作人员的保密意识，进一步规范了政府信息公开工作。

【召开信息化推进工作会议】 2010年是上海世博会的举办年，也是信息化应用推进的重要一年。3月16日，宝山区召开信息化推进工作会议，回顾总结2009年信息化工作，部署2010年信息化工作要求。朱永泉副区长出席会议并讲话。

朱永泉副区长在讲话中指出，2009年，宝山区的信息化工作围绕“整合资源，整合应用，发挥效益”的目标，抓好信息化“三支队伍”建设，不断健全信息共享机制，在信息化应用、信息安全保障、信息化管理等方面取得了显著成效。2010年要加大信息化工作推进力度，切实做好“三个结合”。一、信息化建设要与信息化应用相结合，重点在应用。一要注重提高协同办公系统的利用率，要加强指导和督促检查，每月及时通报各单位、各部门的应用情况，发挥应用的规模效应和倍增效应。二要加强政府各部门和街镇的网站应用，要以服务为本，不断增强网站内容的可看性和更新率，提高网站的点击率。三要加强信息安全工作，提高安全保障、防范和应急处置能力。二、信息化建设要与调结构促转型相结合。要发挥信息化服务于领导决策，提供经济发展决策依据和支撑点的作用；要发挥信息化服务于企业发展，提供更多有效信息，解决信息不对称问题的作用；要发挥信息化服务居民群众，为他们提供更多经济资讯便利的作用。三、信息化建设要与城乡一体化发展相结合。一要在落实城乡发展总体规划中充分考虑信息基础设施建设，采取政府引导、市场推动、统一规划、共建共享的模式，有序推进信息基础设施建设；二要发挥信息技术优化公共资源配置的作用；三要加强信息化人员的培训，提高居民群众利用信息化服务自身的能力。

【开展区电子政务网络应急演练】 为进一步提升应对网络与信息安全突发事件的实战能力，确保世博期间区电子政务网络及重要应用系统的正常稳定运行，2010年3月20—21日，宝山区经信委开展了区电子政务网络应急演练。此次应急演练主要对电子政务网络中心机房及远程机房的物理环境、网络平台、电子政务重要应用系统等方面进行了检验，包括消防系统、监控系统、供电系统、网络出口设备、核心交换设备、区公务员门户、区协同办公系统等18个项目的300余个小项。通过本次演练不但验证了应急预案的可操作性，而且也提高了操作人员的应急操作能力。下一步，区经信委将不断更新完善应急预案，进一步提高应急响应能力，保障区电子政务网络的安全稳定运行。

【开展2010年上半年度政府信息系统安全检查】 2010年3月22日至4月6日，宝山区经信委组织开展了2010年上半年度政府信息系统安全检查工作。检查针对宝山区范围内44家镇、街道及所属社区事务受理中心和各机关单位的72个信息系统开展了安全检查工作，其中与互联网物理隔断信息系统数4个、面向大众信息系统29个、委托外单位进行日常管理系统27个、PC机3 172台。本次检查工作的内容主要是针对区内各单位的重要信息系统的应急响应机制的建设、安全制度落实、安全防范措施落实、信息技术产品和服务国产化、密码技术与产品使用、安全教育培训、责任追究、安全隐患排查及整改等情况，着重对在2009年政府信息系统安全检查工作中发现的问题进行整改督察，以降低各种信息安全风险可能发生的机率，保障宝山区各个重要信息系统的安全和稳定运行。

【区经信委会同通信运营商开展公共通信应急演练】 2010年4月17日，区经信委根据宝山区世博运行接待工作会议精神，按照交通、通信协调保障小组工作任务，保障本区域公共通信正常运行，会同宝山电信局开展本区域公共通讯应急演练。通过此次公共通信应急演练，进一步验证了应急保障处置流程的可行性、可操作性；验证了宝山区各通信运营企业应急联动机制的执行情况；验证了各通信运营企业在应对突发公共事件时的快速反应和保障能力，为宝山区在世博会期间就加强区属公共通信安全保障工作做好充分准备。演练模拟宝杨路（近宝东路）因施工不当造成电信网络中断，宝山区电信局立即启动应急预案，应急保障联络人和抢修人员在规定时间内到达现场，实施抢险。移动宝山分公司、联通宝山分公司和宝山有线中心等3家通信运营商组织抢险队组织现场观摩。

【八项举措全力服务上海世博】 为更好地发挥信息化服务上海世博的作用，让群众更便捷、更快速地感受世博、了解世博，区信息委采取政府引导、市场推动的模式，不断优化提升区域信息基础设施能级，加强信息安全建设，全力服务上海世博。

一是实施城市宽带提速工程，会同区电信局为2M以下家庭宽带用户免费升速到2M，共升级宽带用户2.5万户。信息网络为这些居民打开了了解世博、走进世博的“大门”。通过上海世博会网站可提前观赏世博会各国展馆和主题活动，并对观光路线做到未雨绸缪；二是总体规划、加强协调，稳妥有序推进通信基站建设，为居民提供更好的通讯服务。随着3G应用的深入，逐步扩大3G基站建设；三是推进城市光网建设，对居民住宅和楼宇逐步进行改造，实现光纤到居民家庭和个人用户，进一步提高居民使用网络的满意度；四是在公共场所、客运站、酒店、学校等区域加大无线网络建设力度，打造覆盖范围更广的无线高速宽带网络，为参加世博的各国友好人士提供优质的通讯服务；五是按照“统一规划、联合建设、互联互通、资源共享”的原则，集约化推进信息管线建设；六是深入推进社会诚信体系建设，让更多企业以诚信迎世博，以诚信促和谐；七是开展银行卡刷卡无障碍活动，建设便捷、安全、高效的银行卡支付环境。八是加强世博安全保障工作，提高信息安全保障、防范和应急处置能力，保障区电子政务骨干网络、各重要信息系统的正常运行。

【区经信委到中科院上海微系统所调研物联网】 为全面、深入地了解物联网发展的关键技术和产业体系，区经信委到中国科学院上海微系统与信息技术研究所调研物联网的发展情况。无线传感与通信重点实验室副主任郑春雷详细介绍了物联网国内外发展的现状、关键技术的进展和物联网在交通、治安等各领域的应用情况。博导、研究员胡茂林表示，物联网给人类社会带来的深刻影响和变革，可能要远远大于互联网，它的发展不仅会创造大量社会价值，而且将为促进经济社会发展提供持续动力。

【区经信委研讨信息化“十二五”规划】 宝山区经信委召开信息化“十二五”规划研讨会，领导班子和信息化规划编制小组成员参加了讨论，大家从不同角度集思广益、群策群力、建言献策，进一步理清了信息化“十二五”期间的发展方向和重点领域，明确了下阶段规划编制的重点工作。会上，大家对“十二五”期间信息化面临的新形势、新变化、新特点、新问题进行了充分分析，对如何推进政务信息资源共享、信息基础设施和信息安全体系建设进行了认真探讨，对利用信息化提升政务管理、社会服务、经济发展、城市管理等领域的水平以及重点信息化项目进行了全面、深入的分析。下阶段，信息化“十二五”规划编制将立足宝山实际，与国家、市信息化发展规划做好对接，继续深入调研、梳理项目，集思广益、听取意见，明确本区“十二五”期间信息化发展的重点。

【宝山区“十二五”规划领导小组办公室调研信息化发展规划】 2010年9月1日，宝山区发展改革委副主任王槐带领“十二五”规划领导小组办公室有关同志调研信息化发展规划。区经信委领导浦志良、龚东耀、昝红旗参加了调研会。区经信委主任浦志良重点介绍了本区信息化“十二五”期间的发展趋势、发展目标和发展重点：信息化已覆盖国民经济和社会发展的方方面面，“十二五”期间是宝山发展方式的重要转型期和经济结构的加速调整期，推进信息化与工业化深度融合意义重大。同时将加快政务信息资源中心建设，大力推进信息资源共享开发利用，继续发挥信息化在政务管理、城市管理与统筹城乡发展等方面的积极作用。通过调研更加深刻认识到，现代化建设离不开信息化发展，“十二五”期间信息化是现代化滨江新区建设的重要支撑，将继续保持沟通，切实做好区域发展总体规划与信息化发展专项规划的结合工作，切实体现信息化在现代化滨江新区建设中的重要作用。

【区经信委会同区保密局联合开展信息安全培训】 2010年9月26—27日，区经信委与区国家保密局联合举办2010年度宝山区网络管理与安全保密培训班。各镇、街道、部、委、办、局、园区、群众团体等单位的网络管理员和保密管理协作员共计86人参加培训。这次培训邀请了市安全测评中心、市病毒防范中心专业人士讲述了病毒和木马防范技能、我国信息安全保障体系现状以及做好等级保护的工作要求；邀请市三零卫士信息安全有限公司技术人员就如何做好机房规范化管理进行了指导；邀请了市保密局领导、区委党校老师就安全保密知识进行讲解，由于内容与学员的工作岗位职责贴切，受到学员们的一致好评。通过培训，进一步提高了网络管理员和保密管理协作员的安全保密意识，同时提高了各单位的信息安全员管理水平。

【举办信息化与工业化融合发展干部培训班】 为推进上海市信息化与工业化融合实践区建设，进一步提高宝山区各级干部的信息化认识和实践能力，更好地服务企业和群众，宝山区举行了为期2天的信息化培训。各委办局、街镇、园区约60名机关干部参加了培训。在培训班上，市经济信息化委信息化推进处副处长石伯明做了题为《加强信息化和工业化融合，促进产业转型升级》的报告，对信息化与工业化融合的深刻内涵、主要内容和重点方向进行了全面介绍。中科院上海微系统所详细分析了物联网基本内涵及产业发展趋势；上海软件产业促进中心围绕本市各区县推进云计算的实际进展，以生动的实例说明了云计算产业的发展机遇；同济大学信息化研究中心结合高能耗企业能源模型与能效综合评估的成果，详细分析了信息化对促进工业节能降耗的重要作用和实现路径。培训后，大家还参观了“感知中国”苏州物联网应用中心，实地了解物联网在政务领域、经济领域和生活领域的应用情况。

八、社会诚信体系建设

【"宝山区企业诚信专题数据库"通过验收】 2010年2月9日,"宝山区企业诚信专题数据库"项目通过专家验收。项目根据上海市社会诚信体系建设及宝山区信息化发展规划的总体要求,在已建宝山区基本单位名录数据库基础上进一步建立了区法人基础数据库,整合了市组织机构代码中心、宝山区质监、区税务及区统计的法人基础信息,并在其上实现了诚信专题数据库的深化应用。系统功能使用性较强,将政府各部门提供的企业身份信息、资质信息、信用信息、监管信息有效整合在一起,在政务信息资源共享、提高市场监营能力、营造良好和谐的社会环境等方面将起到积极作用。系统已在部分行政执法单位中开展应用,随着应用的不断深入,将进一步规范应用管理制度,深化信息资源共享应用,加强数据的更新力度,发挥其在政府相关专业领域的作用,推进宝山区社会诚信体系的建设。

【区经信委召开推进建设项目信息公开和诚信体系建设工作专题会议】 为了贯彻落实宝山区工程建设领域突出问题专项治理工作会议精神,区经信委组织召开推进建设项目信息公开和诚信体系建设工作专题会议。会议通报了前期自查情况和下一阶段工作打算。区府办、区建设交通委、区发展改革委、区财政局、区水务局、区绿化市容局、区国资委、区法制办、区检察院、区监察局、区商务委、工商宝山分局等13家单位的分管领导和联络员参加了会议。宝山区推进建设项目信息公开和诚信体系建设工作将围绕工程建设主管部门建设项目信息公开、宝山区建设工程行政审批网上跟踪子系统和宝山区行政审批电子监察系统建设、工程建设领域各相关部门和行业信用信息共享、失信惩戒和守信激励制度的建立等四个方面展开,用2年左右的时间查找问题,解决问题,推动工程建设领域反腐倡廉建设的深入发展。

【启动"价格诚信单位"创建活动】 2010年6月18日,区发改委召开宝山区"价格诚信单位"创建活动动员部署大会,区内大型超市、餐饮、建材、家电等行业60多家单位参加会议,宝山电视台做了相关新闻报道。会议要求各有关单位进一步统一思想,提高认识,切实增强创建活动的责任感、使命感,切实把价格诚信各项工作做早、做细、做实、做好,积极推动创建活动的有序开展;会议强调在全区范围内开展的"价格诚信单位"创建活动,不仅是推动宝山区商业又好又快发展的重要举措,更是提高商业信誉度的有效途径。

【开展物业服务诚信服务自查活动】 根据市房管局在全市物业服务行业开展"诚信服务在窗口"集中行动的要求,宝山区房管局对本区物业服务企业开展全面自查。此次物业诚信服务自查内容包括:履行合同情况、账目公布情况、服务承诺公开及执行情况。

【区质监局协调开展镇域计量诚信建设工作】 2010年6月2日至23日,区质监局副局长邢晓金带领计量科、镇质监所有关负责同志赴月浦镇、罗泾镇、杨行镇政府沟通、协调镇域计量诚信建设工作。邢晓金副局长简要介绍了2010年区政府实事项目计量诚信集贸市场建设,电子秤"四统一"管理推进、镇域计量诚信建设和集贸市场水产摊位统一称重试点等重点工作基本情况以及区质监局的推进意向。各镇领导表示赞同和支持,希望诚信建设和文明创建有机结合,稳步提高本区域内集贸市场计量诚信建设和电子秤管理水平,切实维护广大人民群众的消费利益。下一步,区质监局将拟定实施方案,与各镇政府深入合作共同推进落实各项实事项目工作。

【开展无证照餐饮行为专项整治】 从2010年4月起,宝山区结合食品安全整顿、食品安全示范街镇创建,全面启动2010年无证照餐饮行为专项整治工作。此次专项整治持续至11月结束,以辖区主要道路、街区无证照餐饮单位全面得到整治为目标,以食品安全示范街(区)、旅游景区、主要商业区以及市民反应强烈的无证照餐饮单位为重点,分三个阶段组织实施。整治以镇政府、街道办事处、工业园区为责任单位,食药监、工商、城管、公安、房屋管理、民族宗教、环保、商务等部门相互配合。整治工作做到"三个"结合:专项整治与食品安全整治、示范街镇创建、卫生镇创建复评等工作相结合;指导办证与宣传教育、实施取缔相结合;重点路段与面上整治相结合。整治工作要求切实解决群众关注的热点、难点问题,不断提高市民对食品安全工作的满意度。

【月浦镇全力做好"诚信计量示范镇"创建工作】

月浦镇是宝山区“诚信计量示范镇”创建活动试点单位，也是被上海市质监系统确认为开展创建活动的3个街镇之一，是唯一的一个乡镇创建单位。为有序推进创建工作，切实提高地区诚信建设水平，为构建和谐月浦提供支持，月浦镇制定了《月浦镇诚信计量示范镇创建活动实施方案》，召开“诚信计量示范镇”创建活动会，全面部署创建工作，要求大家严格按照方案要求认真落实各项任务措施，充分发挥合力，共同推进创建工作的开展，确保诚信计量示范镇创建取得成功。

【区物价局举办“价格诚信单位”创建座谈会】 宝山区召开创建“价格诚信单位”座谈会，区内大型超市、餐饮、家电等行业22家单位参加。会议针对阶段检查中发现的情况做了通报。一是大卖场、百货、家电连锁等行业存在明码标价不规范问题；二是餐饮行业的服务价格公示不规范问题。会议要求，22家申报单位围绕“价格诚信单位”创建活动这一主线，强化经营者诚实守信的管理理念和价格自律意识，建立和完善经营者内部价格管理机制，规范和维护良好的市场价格秩序，保护经营者和消费者的合法权益，为打造商业诚信经营示范性区域做出贡献。

【区工商分局积极探索网络商品交易监管】 宝山区工商分局召开网络商品交易监管培训暨工作布置会，邀请市工商局市场处领导为分局干部进行培训，对《网络商品交易及有关服务行为管理暂行办法》出台背景、有关条款内容和实施指导意见等作指导。为深化网络商品交易监管，进一步拓宽监管领域，丰富监管手段，区工商分局积极探索，一是加强学习，明确网络交易监管方向，组织干部学习《网络商品交易监管手册》，加快了解网络商品交易及有关服务行为；二是加强监管，有序推进网络信用分类监管，结合区内动漫产业园区、大型电子交易平台和知名电子商务企业的经营特点，强化针对性指导；三是加强调研，探索网络监管新方法，成立了网络商品交易监管工作调研小组，抽调科室和基层干部对该项工作深入开展调研。

【区质监局开展产品质量区域整治工作】 宝山区质监局结合区域产业特点，紧密围绕“质量提升”活动，以区内17家电线电缆生产企业作为整治对象，开展产品质量区域整治工作，努力提高区域性产品质量水平。一是制定方案部署动员。认真制定区域整治方案和监督抽查实施细则，组织区内电线电缆生产企业及派出机构负责人召开专题工作会议，动员部署区域整治工作；二是督促企业进行自查自纠。要求区内电线电缆生产企业按照要求开展质量保证能力的自查自纠工作，各派出机构督促企业落实自查工作，全面了解企业生产经营情况，认真完成质量档案更新工作；三是全面开展“两查”工作。联合质检机构对企业实施产品质量监督抽查，按照质量保证能力相关要求对企业实施实地检查，重点检查企业产品质量安全保障情况。

在区域整治监督抽查工作中，区质监局共抽查区内8家企业10个批次的产品，产品质量监督抽查全部合格，合格率100%。在区域整治监督检查工作中发现，个别企业质量部门职责不清、检测仪器检定保养等基础性工作有待加强，对检查中发现的问题，及时开具整改意见，要求企业切实加强相关整改工作，加强质量保证能力建设，落实企业主体责任。

【举行优质工程质量月活动综合执法大检查讲评会】 宝山区建设工程质量监督站在顾村潘广路B1-2地块市保障配套住宅工地现场，举行优质工程观摩暨质量月活动综合执法大检查讲评会，全区各建设、施工、监理单位的领导、项目经理、现场监理共600多人参加了会议。会上，市建二公司和市建四公司的两位项目经理分别围绕“工程质量的创优措施、创优特色”和“工程质量的管理制度、保证措施”做了经验交流。

会议要求，一是要在宝山所有住宅工程中全面推行“一户一验”制度，尤其是对于保障性住宅，强制实行由第三方开展“一户一验”检测；二是要着重对建设工程的重点部位、关键施工环节以及容易产生空鼓、开裂、渗漏等质量通病的地方，坚持采取定点检查和巡查相结合的监督方式，督促各项有关施工单位努力减少直至消除质量通病；三是要对那些违法、违章的施工行为，以及监督、把关不严的监理行为，分别采取责令停工整顿、通报批评、行政处罚等措施，做到依法监督、严把工程质量关。

【区商务委部署推进蔬菜追溯系统实事项目】 宝山区商务委召开标准化菜市场工作例会，市商务委市场运行调控处、街镇商业公司及区内30余家重点标准化菜场负责人参加了会议。会上，区商务委通报了2010年市政府实事项目——蔬菜追溯系统的推进情况，讲解了申报安装工作的流程；对2009年完成的实事项目补贴资金发放情况进行了解释说明。同时，区商务委要求各标准化菜场进一步加强市场内部管理，抓好环境建设，落实各项食品安全管理措施，抓好安全生产经营，确保中秋、国庆节日市场供应和稳定。市商务委领导要求各菜场高度重视蔬菜追溯系统安装工作,把握当前机遇,充分利用实事项目政策,认真推进申报安装工作;同时要求各标准化菜场向先进典型看齐,加强交流和借鉴,共同推进菜市场规范管理。

【区酒类专卖局开展专项联合突击检查】 为确保世博期间本区餐饮服务单位和供博酒类产品的酒类安全,为消费者提供一个良好的饮酒环境,宝山区酒类专卖管理局联合区食品药品监督管理分局,对区内各大型酒店、夜总会、供博中心厨房等销售酒类商品的零售企业,进行了为期一周的突击检查。这次被突击严格检查的7家大型酒店、5家夜总会以及4家供博单位,没有发现酒类质量问题。本次联合检查的重点是销售酒类的餐饮服务单位和向世博园区供应酒类产品的中心厨房。

区酒类专卖管理局始终以维护保障酒类消费者利益和引导酒类经营户守法经营为出发点,规范管理酒类消费市场,强化各餐饮服务单位有关酒类的相关法律法规意识。通过从2010年4月到7月的食品安全知识的普及与推广,区销售酒类产品的各餐饮服务单位基本上能做到规范经营管理,不仅杜绝经营假酒,并且规范管理《酒类流通随附单》等相关酒类流通凭证,确保了宝山区酒类消费品的安全,促进了宝山区域内酒类经济的进一步健康发展。

【开展小餐饮食品安全专项整治行动】 2010年,宝山区食药监分局启动了为期3个月的小餐饮食品安全专项整治行动。本次整治的时间为8月2日至10月29日,重点对象为150平方米以下的小饭店、50平方米以下的小快餐店等小型餐饮单位;重点检查区域为餐饮集中区、旅游景点、商业街等小餐饮集中地;重点解决餐饮经营场所的环境“脏乱差”、餐具消毒不规范、原料进货渠道及管理不规范等问题。本次整治全面推行监督公示和量化分级管理制度。

【区食药监分局完成餐饮单位乳品和乳品原料质量清查工作】 自2010年7月中旬起,根据全国食品安全整顿办公室《关于进一步加强乳品和含乳食品监督管理工作的紧急通知》以及市局要求,宝山区食药监分局开展了对餐饮单位乳品和乳品原料质量的清查工作。本次清查共出动监督人员880人次,对辖区内481户次餐饮单位的乳品和乳品原料开展清查工作,共检查乳制品及其产品数量80件,未查见问题乳制品及其乳品原料。

(俞晓红)

第十二章　闵行区信息化建设

概　述

2010年，闵行区科委不断加强信息基础设施建设，推进诚信体系建设，并配合区相关部门大力推进区级重大信息化项目的建设。成功申报成为上海市首个TD业务试点示范区，重点围绕闵行区教育、医疗卫生、城市管理和社区服务等领域的特色应用开展有益探索，努力为提高百姓生活发挥信息化支撑和助推作用。

一、政务领域信息化

【网上行政审批平台建设】 2010年，区网上行政审批平台的内资企业设立、建设项目审批中第一集装箱已开始试用，第二、第三集装箱已开始试运行，建设工程第四集装箱已开发完成，等待与市同步上线试运行。

【档案综合管理系统建设】 经过两年的建设，闵行区档案综合管理系统已经通过试运行，通过国家一级馆的验收，2010年底前完成了整个建设项目的验收工作。

【财政一体化信息服务平台建设】 闵行区财政一体化信息服务平台及“租赁托管”服务已初步完成，2011年度预算申报及编制工作通过该平台完成；“租赁托管”协议已按年度签署，租赁内容包括：网络平台、主机、存储、数据库、应用服务器、安全、灾备等系统及服务。

【城市综合管理和应急联动中心信息系统建设】 经过一年多的建设，闵行区城市综合管理和应急联动中心信息系统于2010年3月底完成主体工程，8月底进入试运行，11月底进行验收，年内完成了整个项目的建设。

【公务网文电传输】 2010年，闵行区区级公务网文电传输系统共发放红头文件、报告、请示等515件。

二、社会领域信息化

【TD网络建设与应用试点示范区】 2010年，闵行区被批准成为全市首个TD网络建设与应用试点示范区。TD是我国拥有自主知识产权并被列入国际电联标准的3G技术，建设TD网络建设和应用试点示范区，对提升闵行区信息基础设施能级、提高城市化功能将发挥重要作用。

一年来，区科委积极推进TD网络建设和应用试点示范区建设，加强与上级主管部门联系，制订了《闵行区TD业务示范区建设推进计划》，明确了加强“闵行无线医疗健康服务平台”、“闵行社区移动信息化平台”、“闵行教育系统信息化平台”、“闵行区应急联动呼叫中心平台”建设和开发应用的工作重点。通过召开业务研讨会，广泛征求意见，摸清各单位业务需求，进一步细化区TD业务实施方案，区医疗健康服务平台建设已初具规模，在区妇幼保健院实现了网络覆盖，率先实现了利用手机进行移动医疗，利用上网卡或上网笔记本进行移动体检等应用。

【“城市光网”建设】 2010年，积极响应国家七部委《关于推进光纤宽带网络建设的意见》，落实市政府和中国电信签署的《信息化领域战略合作协议》精神，积极协调电信升级小区楼宇的光纤高带宽接入，会同区房管局联合给各相关单位下发函件要求支持工程建设，为区内居民尽早享受到高品质的“城市光网”带来的全新体验创造条件。

【网络设施、无线网络建设】 截至2010年底，闵行区共有3G通信基站863个，小区覆盖建设261个，WiFi覆盖525个，城市光纤宽带改造完成12万户。

【网络宽带、互联网用户数等指标情况】 到2010年底，全区互联网用户数达到45.8万户，IPTV用户12.3万户，移动电话用户数311.5万户（其中2G用户270.7万户，3G用户40.8万户），通信运营总收入38.03亿元（其中移动公司19.03亿元，莘闵电信15.2亿元，联通公司3.8亿元）。

【社保卡发放工作】 2010年，全年共受理市民社保卡申领47 557张，发放社保卡39 650张；受理临时居住证申领新办236 243张，发放正式居住证9 168张。

【继续推进农村信息化】 2010年，"千村万户"农村信息化培训普及工程继续被列为市政府实事项目，按照市经济信息化委对农村信息化培训普及工程的统一要求和部署，闵行区全年完成农村基层管理者和居民培训655人（市下达指标数为600人），完成率109%；宣传普及工作完成22 318人（市下达指标数为16 000人），完成率139%。为充分调动各镇参与工作的积极性，积极申领专项经费用于推进，下发各镇"千村万户"农村信息化培训普及工作经费共计61 618元。

三、城市建设管理领域信息化

【城市道路监控项目建设】 根据2009年与上海电信莘闵局签署的租赁协议，2010年完成了城市道路监控项目利旧、新建6 000个点。

【道路交通智能化系统建设】 2010年，闵行区科委协助区发改委对区道路交通智能化系统的项目建设书、工程可执行报告、设计方案深化等进行了论证批复，财政已落实项目资金，并于11月开始进入招投标程序，预计2011年初开始实施。

四、信息基础设施建设

【信息管线集约化建设】 按照市经济信息化委信息管线建设要遵循"统一规划、统一建设、统一管理"的原则，2010年共完成信息管线集约化建设144沟公里、855孔公里。

【信息窨井盖被盗补盖等处理工作】 2010年全年共处理987起信息管道被盗窨井盖、信息交接箱破损、架空线坠落等案件（其中综合管理及应急联动平台158起，城市网格化管理系统829起），完成率100%。

五、社会诚信体系建设

【开展社会诚信体系建设】 2010年，闵行区积极开展诚信知识宣传活动：利用多种宣传平台和形式，大力倡导全社会诚信、守信观念。参加由区质监局和消保委牵头组织的"闵行区3.15国际消费者权益日宣传咨询活动"和"质量月宣传活动"，积极参与设摊宣传，共接受市民咨询80人次，发放《诚信知识一百问》、《个人诚信体系建设指引》等宣传资料和纪念品6 000余份，努力营造良好的社会诚信氛围。

按照《市经信委2010年度上海市社会诚信体系建设专项资金项目申报工作通知》的精神，在闵行区科技网站和闵行区信息协会网站转发了通知，有2家区内企业申报了专项资金。为进一步推进闵行区社会诚信体系建设，较好地发挥了专项资金的引导和推进作用。

闵行区企业信用信息共享平台二期建设顺利推进。2010年初，组织专家对二期平台进行了验收，平台试运行状态良好。为加强对平台的管理和监督，起草了平台运行管理规定（试行），发往11家项目参建单位广泛征求意见，并召开了闵行区企业信用信息共享平台推进会议。

（盛酉红）

第十三章　嘉定区信息化建设

概　述

2010年，嘉定区信息化工作在区委、区政府的领导下，紧紧围绕“两个融合”发展战略，深入贯彻科学发展观，牢牢把握信息化发展新机遇，推进电子政务建设和应用工作，提升社会管理和公共服务效能，培育高端信息产业，加快上海“智慧城市”嘉定示范区建设，发挥信息化在服务新农村、促进社会和谐方面的积极作用。

一、政务领域信息化

【升级电子政务应用平台】 嘉定区围绕建设政府效能最高、行政成本最低、政务环境最优的城市工作目标，按照“315+X”电子政务框架，通过完善体制机制，整合政务资源，加快信息化建设从分散建设向集成建设、集约共享阶段转变的步伐。2010年内，优化专送件、通知、日程等应用模块，提高沟通效率，拓宽沟通渠道，努力提供真正无障碍的办公交流平台。为保证系统在正常情况和极端情况下的运行稳定，对重要的应用服务器、数据服务器进行硬件升级，增加备用服务器，减少单点故障引起的应用障碍。

【推进电子政务办公平台应用】 嘉定区电子政务按照“统一规划、统一建设、统一管理”的要求，完成了以区政务中心机房为核心，连接各区级机关、各街镇及村居委的高速光纤骨干网络，基本实现全区政务一个网络“全覆盖”，用户接入数达6 000多人。2010年全年政务信息发布量6 715条，各类简报5 689份；通知发布量为7 333条；专送传阅件328 915条，电子公文1 389件。积极开展电子政务平台应用培训和推广，对70家机关单位、区管企业及其他单位开展了政务平台业务工作培训。开展全区信息化业务骨干培训和信息化知识技能讲座2次，共计培训140余人次。

【深化政府信息公开工作】 2010年全年政府信息主动公开条目1 438条，全文电子化公开信息1 438条；页面总浏览量约4533.6多万人次，日均浏览量超过12.4万次。举办“2 010两会新闻发布会”网上现场直播活动，畅通了公众与政府之间的沟通渠道。

【推动“上海嘉定”门户网站发展】 2010年，网站新闻中心栏目共发布重要新闻1 592条；先后设计制作了“2 010两会专题”、“2 010上海嘉定产学研合作”、“第三届科技兴农论坛”、“平安世博·平安卫士”等各类专题4个。网站共受理领导信箱、网上信访、监督投诉、建议咨询4 414件。民意征集活动方面，举办“政府评议”、“意见建议征集”、“推荐评选”、“知识竞赛”等活动10次，吸引24 351人次参与。网站全年报送信息5 129条，同比增长40.8%；采用4 532条，同比增长44%；总分23 277分，同比增长43.4%，录用总分、上报量和录用量全部位居全市各区县第一。“上海嘉定”政府门户网站被评为第五届中国特色政府网站评选特色提名奖，网站英文版获第四届中国政府网站国际化程度评测优秀外文版奖。

【开通手机报《嘉定快讯》】 2010年3月，“上海嘉定”政府门户网站开通手机报——《嘉定快讯》。《嘉定快讯》以政务网短信平台为发送渠道，通过无线传输方式将新闻和资讯送达用户手机，以发布快捷、时效领先等优势在区内各媒体新闻报道中脱颖而出，为宣传工作开辟了新阵地，拓展了新渠道，成为嘉定重要的新闻载体。年内共发布快讯196条。

【举办“区长在线话嘉定”活动】 2010年，成功举办了以“嘉定产业化和城市化融合发展”、“嘉定就业和劳动保障工作”、“打造生态嘉定，共建绿色家园”、“嘉定文化信息产业发展”、“防火安全”、“三农工作”等为主题的6期“区长在线话嘉定”，活动当场答复市民提问830条，吸引2.6万人次参与。

二、社会领域信息化

【推进社会信息化服务工作】 2010年，嘉定区开展“迎世博，争创一流服务”活动，提升服务水平和服务质量。年内，完成社保卡申领19 566人；敬老卡申领4 850人；临时居住证新办374 908人，补办21 902人，到期重办401 953人，离沪退证54 715人；正式居住证申领1 932人，发卡1 982人。嘉定区社会保障卡管理办公室获2010年度上海市社会保障和市民服务信息系统管理办公室先进集体，区社会保障卡补卡网点获上海市先进受理网点和迎世博争创一流服务“一星级服务窗口”。

【开展“千村万户”农村信息化培训普及工作】 联合区农委、区教育局、妇联和电信局，扎实开展“千村万户”农村信息化培训普及工作。2010年，9个乡镇及8所成人学校参加了“千村万户”农村信息化培训普及工作，培训学员2 952人，完成率为103%；宣传普及学员52 869人，完成率为117%；并完成100多个村级信息化带头人的培训及其行政村的网页制作工作。

三、城市建设管理领域信息化

【嘉定区城市网格化管理】 2010年，在区委、区政府领导下，嘉定区城市网格化管理配合各项城市建设和管理工作，积极拓展区域事部件调查，保障市政基础设施完好、工地文明施工和消除安全隐患。根据探索后世博时期城市管理模式的要求，采取实地调查、问卷调查和社会监督三种形式，对公共环境、居住环境、交通行为、场所秩序和服务环境等5大类16小类项目进行测评，努力探索后世博时期城市管理模式。万米网格和责任区域划分、终端地图更新和系统基础数据录入均已完成。同时，通过对未来五年嘉定区城市建设和管理的发展轨迹进行分析，制定了城市网格化管理未来五年的发展计划。年内，区城市管理监督受理中心平台发现案件24 137件，立案24 025件，结案24 402件，结案率为101.6%。

四、信息产业发展

【加速文化信息产业发展】 聚焦文化信息产业重点领域，大力发展电子商务及相关配套产业。通过举办、协办、参与等方式，放大电子商务产业资源、政策、服务上的优势，打造电子商务产业基地。3 131电子商务创新联盟线上服务平台启动，3 131电子商务学院成立。电子商务创业环境进一步完善，产业集聚度增强，我友网、东方风行、盖世汽车网、凡客诚品欢乐传媒、柯兰钻石、欧莱诺服装网、麦包包、也买酒、金蝶、慧聪等近四十家电子商务企业相继入驻。

【推进上海物联网中心建设】 依托区域内科研院所集聚和信息化基础雄厚的优势，重点加快物联网核心技术研发和关键产业链的发展。经市政府批准，上海微系统所和嘉定区人民政府在嘉定共建“上海物联网中心”。2010年3月2日，占地280亩、总投资8亿元人民币的上海物联网中心揭牌仪式在上海市政府内举行，上海市副市长艾宝俊为上海物联网中心揭牌。7月13日，上海物联网项目奠基仪式举行，中国科学院副院长、上海分院院长江绵恒，上海市副市长艾宝俊为奠基启动开工装置，中科院和上海市、嘉定区相关领导为项目培土奠基。

【编制出台《上海物联网中心三年行动计划（2011—2013）》】 明确产业定位、发展思路、主要目标和任务，基本建成上海物联网中心研发、产业、示范、交流基地、上海物联网中心产业化基地、上海“智慧城市”嘉定示范区。

【集聚物联网产业】 推出“上海物联网创业投资基金”，一期资金规模5亿元，吸引各类物联网研发、示范和产业化项目落户嘉定；左岸芯慧、吉奥欧、聚家、瀚讯、鸿维、睿见、中微感联、国脉互联、赛德斯、城际信息、网博会展等一批企业和上海市计算技术研究所嘉定分所、上海民用物联网商务研究所落户嘉定；组织高校、科研院所和区内企业召开座谈会、交流会、对接会，为科技研发成果转化、企业研发需求、创新商业模式搭建交流平台。

五、信息基础设施建设

【信息化基础设施集约化建设】 2010年，嘉定区信息基础设施集约化建设共受理审批124项，新建信息管道共计510.85孔公里，新建基站50个。国际互联网出口带宽81.73GG，用户23.7万户，比上年增加3.38万户。有线电视用户累计25.3万户，新增2 117户；手机用户达120.1万，新增14.9万。

【推进“无线城市”应用】 “嘉定 · 无线城市”保险行业合作试点应用正式启动，一期50台专为嘉定中国人寿保险公司定制的“中国人寿信息通”发放到各业务主管，通过信息通，可以方便地查询中国人寿的各类险种、用户信息等资料，并可以为用户详细、直观地介绍各类产品信息。

六、信息化环境建设

【举办2 010中国物联网创意和应用设计大赛】 首届“2 010中国物联网创意和应用设计大赛”历时三个月，共征集有效作品1 034个，其中个人作品928个、机构作品106个，参与覆盖面包括北京、上海、成都、广州、深圳、沈阳、西安、无锡等12个省市、地区，作品涉及安全、环境、家居、交通、商业、物流、医疗、教育、电力、金融、农业、体育等多个领域。

【助力平安世博】 2010年，嘉定区科委牵头协调区域内信息基础设施、电子政务、门户网站等相关单位，以“平安世博”为主线，统筹制定世博安保应急预案，组织世博安保演练，加强现场勘查指导，确保世博安保各项工作有效执行。

【协办2 010中国B2C电子商务峰会】 2010年4月28日，由中国互联网协会主办、上海市嘉定区人民政府协办的2 010中国B2C电子商务峰会在北京国际会议中心召开。会上，嘉定区副区长费小妹发表了“上海嘉定打造国际领先电子商务产业基地”的主题演讲，充分展示了嘉定区发展区域电子商务的战略、政策和服务优势。峰会设电子商务经验分享、主题演讲、互动论坛三大版块，围绕电子商务的发展环境和趋势、B2C企业的营销途径、发展思路等内容进行了深度互动交流和探讨，为广大从事B2C电子商务的企业提供了丰富信息和前瞻性观点。

【举办2 010电子商务产业上海峰会】 2010年5月28日，以“联合、创新、共赢”为主题的2 010电子商务产业上海峰会在嘉定区3 131创意产业园举行。上海市副市长艾宝俊、嘉定区区长孙继伟、市经济信息化委副主任邵志清出席会议，并发表重要讲话。众多知名电子商务、互联网行业企业家、资深投资人以及第一财经频道《头脑风暴》节目主持人袁岳悉数到场，会上20家企业签约入驻嘉定3 131创意产业园。来自全国各地的300余位企业家济济一堂，共话业界佳话。20大权威投资机构与企业近距离接触，为寻求突破与融资之道的中小企业与VC搭建零距离的交流与沟通平台。3 131创意产业园作为嘉定区政府重点扶持的电子商务产业集聚区，吸纳了大批优质电子商务企业入驻，并联合9家国内成长最迅速的专业B2C网商成立了3 131电子商务创新联盟。3 131电子商务创新联盟线上服务平台也在当天正式启动。同时，3 131创意产业园与上海交大海外教育学院、上海科学技术职业学院战略合作成立3 131电子商务学院揭牌成立。

（张　微）

三、经济领域信息化

【积极推进“两化融合”】 通过对松江区企业信息化水平的调研，根据市“两化融合”有关精神，制订了《松江区2010年推进工业化与信息化融合项目实践区工作方案》，申报并经市有关部门认定松江区为上海市“两化融合”首家实践区。2010年，积极申报市信息化专项资助项目，上报4个项目全部通过审批，获得政策倾斜和资金扶持209万，本区匹配54万元。

（胡 伟）

【做好企业行政审批区级平台建设前期调研论证】 2010年4月，响应市政府号召启动区级行政审批平台建设调研工作。4月8日在区监察局牵头下召开“企业设立并联与协同审批”汇报会，区法制办、企业服务中心和科委参加。在“一站式”系统基础上增加一口受理、并联审批、与市平台接口等功能模块，5月形成建设方案。

（吴 青）

四、信息产业发展

【完成软件和信息服务业统计】 2010年，松江区软件和信息服务业全区实现固定资产20.03亿元，同比增长20.5%。营业总收入18.128亿元，其中主营业收入17.897亿元，分别同比增长53%、51.1%（其中软件收入9.58亿元，同比增长22.3%）。实现利润总额1.85亿元，营业利润1.61亿元，分别同比增长40%、28.8%。

【做好软件企业年审初审工作】 2010年，松江区共有上海市认证的软件企业40家，其中32家企业按照年审的要求上报了年审材料，经过严格初审后，4家企业不符合市有关年审要求，不予通过。

（李为民）

五、信息基础设施建设

【加强信息基础设施管理】 联合区规土局编制《松江区信息基础设施规划》和《关于加强信息基础设施规划、建设和管理的实施意见》，作为加强松江区信息基础设施建设的主要依据。协调信息基础设施建设中的问题，2010年，共协调处理8起运营商间争端和居民投诉，召开了近20次协调会。加大无线信号覆盖薄弱地区的建设，协同区规土局、电信、移动和联通公司，到信号覆盖薄弱区域进行现场查看，最后确定在新城西南部由3家运营商共建6座基站。编制完成《松江区“十二五”信息基础设施规划》。

【继续推进“无线城市”建设】 2010年，继续进行“无线城市”三期建设，共计新增303个AP点。

（张毅伟）

六、信息化环境建设

【继续加强信息化项目管理工作】 2010年，组织了“松江区行政执法信息资源共享平台二期实施方案”、“上海市松江区人力资源和社会保障局公务网接入网建设方案”、“上海市松江区乐都医院信息化建设整体规划方案”、“松江区区域卫生信息化(Ⅲ期)建设方案”的专家评审，以及国资委“松江区国资监管系统二期项目”的验收，并牵头组织“2010年度松江区信息化建设合作协议”签约仪式。6月4日，在区科委、区公安分局、区教育局、区卫生局、区交通运输局和区食药监局6家单位，分别与上海电信公司松江局签署了“2010年度松江区信息化建设合作协议”。完成2011年信息化项目预算申报审核工作，共32家单位申报194个信息化预算项目，其中新建项目87个,运维项目107个。

(吴　青)

【圆满完成世博期间信息安全保障工作】 积极开展相关工作,拟发通知给各主要网站运营单位,传达市委、市政府对世博期间信息安全保障工作的要求。同时对区门户网站以及区政府各主要职能部门的网站进行全面的安全检查,要求及时做好整改工作。在整个世博期间,安排工作人员24小时值班,实时监测网站的运行情况,定时记录,一旦发现异常及时上报并快速处理,确保网站运行正常。距统计,2010年全年未发生一起重大和一级事故,发生二级事故1起(互联网出口故障,系电信故障)、三级事故6起(微小事故,不影响任何应用)。

(邱　为)

【继续推进社区、城镇信息化建设】 2010年,松江区继续深入推进社区、城镇信息化建设,共组织6次信息主管例会及多次专题讲座(社区管理、信息安全保障、无线城市建设、物联网等),在交流工作经验的同时,进一步增长了知识、拓宽了视野。同时,为加强街镇信息主管队伍建设,拟定了《关于加强镇、街道信息化队伍建设的通知》,明确了信息主管的地位、职责和保障等。

(张毅伟)

七、社会诚信体系建设

【信用户、信用村贴息工作有序开展】 根据《松江区信用户贷款操作办法(试行)》的文件精神,每年的7月和12月视信用户还贷情况进行贴息。2010年1月1日至6月30日,共有12户农户贷款到期,总贷款额为120万元,全部按时还款,还款率为100%;依据贷款用途分类,12户农户均可获得全额贷款贴息,贴息总额为64 140.49元。

【继续推广信用产品】 2010年,松江区共使用信用报告1 009份。其中,税务纳税信用等级:A类26份,财政会计信用等级:600份,工商守合同重信用:150份,人保个人信用报告:事业79份、公务员99份,科委创新资金申请:25份,建管所:30份。

(侯艳菲)

第十五章 金山区信息化建设

概 述

2010年,金山区科信委在区委、区政府的高度重视和市经济信息化委的关心指导下,认真贯彻落实国家信息化发展战略和"两化融合"发展精神,以服务世博、保障世博为工作抓手,推进信息技术在促进政府职能转变、促进经济发展与社会进步、改善民生,促进和谐社会和提高城市管理水平中的广泛应用,努力为金山区建设"创业金山、宜居金山、和谐金山"做出贡献。2010年,金山区被市经济信息化委、市农委、市教委、市妇联评为"千村万户"农村信息化培训普及工程2008—2010年度先进区县;金山区社会保障和市民服务信息系统管理办公室被上海市人口综合服务和管理领导小组办公室授予2010年度全市社会保障卡、居住证受理工作先进集体。

一、政务领域信息化

【推进信息安全基础设施建设】 一是对中心机房、镇级机房监控改造。对区中心机房机柜进行合理的规划(划分不同区域),同时,建立机房门禁系统、机房监视系统及机房温度监控系统。对各镇镇级机房进行机房设备(交换机、UPS)更新。二是网络安全建设。新增了网络入侵检测拦截系统(ips)、上网行为管理软件、流量控制设备、抗dDos攻击系统,以保证网络的安全;反垃圾邮件网关系统;更新了千兆防火墙;对镇村交换机管理软件进行了升级改造。三是系统安全建设。对瑞星防病毒软件用户数进行扩容,满足全区所有用户的需要,并且定期对操作系统进行补丁安装;在应用方面,区卫生系统、财政局财务系统都使用CA认证,进一步加强了系统的安全。四是托管网站安全管理。和托管单位签订"网站托管协议";配备了防火墙、抗dDos攻击网关等安全设备,对"防篡改防护软件"进行升级,增加了"防数据库修改软件"。

【推进全区资源共享库建设】 着手建立全区统一的信息资源共享平台,通过区级数据交换平台,将各业务系统的数据统一推送到区统一的信息资源数据库中,使领导能够方便地在领导工作台界面中查看到所有权限范围内的各业务系统报表和数据。

【区人民法院建设庭审标准化项目】 根据上海市高级人民法院的统一部署,金山区人民法院的庭审标准化项目于2009年9月开始建设,2010年4月完成建设,共耗资350万元,对区人民法院院部的20个法庭进行了改造。系统开通可对开庭的整个过程进行保存与重现,保存内容包括音像、多媒体证据展示、庭审笔录等内容。

【区公安分局启用110短信回访平台】 金山公安分局于2010年5月1日正式启用"110短信回访平台",通过开展"110短信回访",了解报警人对110接处警的意见和要求,进一步提升公安110接处警质量,更好地为群众服务。2010年,金山公安分局共有效回访14 534起,处警满意率为98.6%。

【区检察院开发建设扣押、冻结款物网络流转系统】 为更好地履行高检院关于人民检察院扣押、冻结款物的工作规定,金山区检察院信息中心自主研发扣押、冻结款物网络流转系统,对本院案件所涉及的扣押与冻结的款物实现网络流转、自动结算、预警、打印等功能,确保每个环节都正常运作,改变了以往运用纸张方式来实现,查找繁琐、监督响应较慢的弊端,实现了处理扣押、冻结款物工作的信息化,切实提高了工作质量与效率。

【区民防办建设公安实时监控信息接入项目】 2010

年5月14日，金山区民防办公室应急指挥图像监控系统建设项目通过竣工验收。项目建成后，民防指挥所可对公安1 130个治安监控点的实时监控信息进行随时调阅查看，与公安监控资源实现了共享，为领导应急指挥提供了迅捷信息，进一步提高了本区民防指挥调度、快速反应和应急处置能力。

【区民防办开展指挥辅助决策系统建设】 2010年7月，金山区启动了指挥辅助决策系统开发建设工作。整个系统建设经历三个阶段，一是组织调研阶段，在签订建设合同后，由承建方完成用户需求说明、系统原型设计并提交用户。二是系统开发和内部调试阶段。由承建方按照要求进行系统开发并提交建设方进行功能确认。三是试运行验收阶段。由承建方进行系统安装并协助开展试运行。截至2010年12月底，已初步完成系统建设安装调试，并通过了验收。系统建成后，可实现日常指挥基础地理空间数据和各类业务数据在GIS上的融合与展示。

【推进“金审”工程硬件基础建设】 2010年9月，金山区审计局完成2010年信息化项目建设，对金审OA管理系统一期工程进行一次硬件更新，由原来的5台IBM服务器改建成三台戴尔服务器，重新布置了服务器架构，大大提高了服务器的稳定性及系统运行的速度。

【建设统计数据仓库系统项目】 2010年，金山区统计局开发建设了统计数据仓库系统项目。项目实现了下级统计部门及统计对象通过远程网络登陆，从外网录入及发送《电子统计报表》到统计局各专业科室（农业、工业等）的系统数据库；使各专业科室可在内网进行数据审核、数据汇总等工作；为加强数据库的数据准确性，对于非网上直报的《书面统计报表》可进行人工数据填报，各科室的相关分析人员可对专业统计数据库的数据进行存取。

二、社会领域信息化

【深入推进农村中小学信息化应用工作】 举行学校信息综合管理平台系列培训，实现学生学籍数据的导入、查询，学生学籍全部进入学校信息管理系统，实现了学生学籍网络化管理。开展了视频摄像头安装和视频会议系统使用等的培训，大力开发视频会议系统应用工作。开展网上专题研讨、网上评课、网上答疑、网上咨询等工作，收集优质课件、优质视频课，提高教师的信息化应用水平。

【开发建设教育专网】 2010年5月1日，金山教育专网顺利建成。专网以全程裸光资源为链路，主干万兆，至学校接入层为千兆，至桌面为百兆。全区所有中小学和部分事业单位共64个单位接入专网，为深入开展教育信息化应用工作奠定了基础。

【开展“一拨通世博”活动】 2010年4月26日，“一拨通世博”——金山区“迎世博、知礼仪”热线有奖竞答活动顺利落下帷幕。该活动由上海世博会工作金山区领导小组宣传及媒体服务指挥部（区迎世博600天行动社会动员指挥部）、区电信局联合主办。全区市民可通过金山区固定电话、小灵通或CDMA手机拨打热线电话16 800 800参与世博知识、文明礼仪知识和“三五”集中行动日等相关知识的竞答。活动自2009年6月25日至2010年4月26日，历时10个月。期间共开出三十次旬奖，三次季奖，一次大奖。截至2010年4月25日晚24时，参与活动的人数达64 447人次，总计获奖人数达1 461人次。通过活动，进一步扩大了世博知识和文明礼仪知识的宣传面，调动了广大群众学习世博知识、掌握文明礼仪的积极性，营造了金山区浓厚的迎世博社会氛围，为宣博起到了积极的推动作用。

【启动并实施无线数字医疗项目】 2010年6月，金山电信局与金山卫生局签订了合作框架协议，按照协议，卫生局所属的12家社区卫生中心将全部使用“无线数字医疗”。“无线数字医疗”是中国电信以信息技术支持医疗卫生服务及管理全过程的医疗卫生行业信息化的整体解决方案。主要包含了在医疗机构、社区卫生服务机构中应用的移动医生工作站、移动护士工作站、医疗业务协同、医疗质量及安全警示、医疗业务实时信息查询、移动社区卫生信息采集、社区卫生服务计划任务及业务协同、心电图远程诊断、远程会诊及业务支持等系统。产品的主要用户是各级各类医疗机构的医护人员、医技人员、管理人员，社区卫生服务机构的全科医生、公卫医生、社区护士、社区卫生管理人员。截至2010年底，山阳社区服务中心、亭林社区服务中心、金卫社区服务中心医院等10家社区卫生服务中心共计885位医务人员已开始使用无线数字医疗终端。根据"十二五"规划要求，同时结合家庭责任医生制的推广，上门服务卡也将融合进"无线数字医疗"，通过社区卫生中心服务器平台进行身份识别，实现医院及家庭医疗信息的共享。

【"三电合一"农业信息服务项目通过验收】 通过对电话、电脑、电视等技术手段的应用，建立电话语音系统、计算机网络系统、电视节目制作系统和地方个性化数据库系统四大系统，有机整合各类信息资源，提升为农服务水平，使广大村民进一步享受到农业信息带来的便捷。2010年6月29日，由金山区农业信息服务中心承担的农业部"三电合一"农业信息服务试点项目，顺利通过专家验收。为进一步拓展为农信息服务新功能，5月21日，区农业信息服务中心联合市农委信息中心、市民信箱等单位在金山卫镇农建村，举行农业信息服务下乡活动，帮助村民现场办理了"市民信箱"的注册及各项服务功能的申请工作，使村民在"农民一点通"上可以实现水、电、煤等公共事业费用查询，个人银行对账单、养老金、医保卡资金等信息查询。与此同时，金山区"三电合一"服务热线下乡也在农建村举行，金山农科热线57965282正式对外推广并使用，将利用市、区两级服务平台共同为广大用户提供贴心、热情的咨询服务。此外，还组织本区的蔬菜、西甜瓜、奶牛生产等专家设摊提供咨询，对农民提的种养问题进行解答，并免费发放农业科技资料300多份。

【继续推进为农综合信息服务平台建设】 2010年，区农委完成金山区为农综合信息服务千村通工程项目验收。3月26日，邀请市农委科技中心、市农委信息中心、区科委、区财政局以及相关单位的领导和专家组成项目验收小组，对"金山区为农综合信息服务千村通项目"进行了验收。项目验收小组通过听取项目建设情况汇报，查阅项目承担单位提供的相关文件资料，现场实地查看了为农综合信息服务站，一致同意通过项目验收。从2006年底起，金山区建设了99个为农综合信息服务站，为99个村和1个镇农技服务站配置"农民一点通"。截至2010年12月，全区100家为农综合信息服务站已全部开通，基本达到金山区涉农行政村为农综合信息服务工作的全覆盖。

【推进社区卫生服务中心信息化建设】 2010年，金山区社区卫生服务中心信息系统进一步完善。工业区、干巷、金卫、石化四个社区卫生服务中心先后完成系统更新和切换工作。全区社区卫生服务中心均建立检查报告系统，实现心电图、B超、放射等医技科室的信息化管理。

【全面推行社区全科门诊医生工作站系统】 2010年，金山区全部社区卫生服务中心建立并启用了全科门诊医生工作站系统，实现医疗服务和社区卫生服务的有机结合。在全科门诊医生工作站模式下，门诊医生可为当前治疗对象直接建立新的或匹配原有居民健康档案，实现健康档案的动态更新；通过强制35岁以上首诊测压控制，提高了高血压的发现率；可直接为高血压病人建立高血压管理卡，对处于高血压随访期内的病人进行随访，提高高血压条线管理效率。

【推进合作医疗信息化建设】 2010年，金山区范围内全部社区卫生服务中心实现合作医疗门诊实时结算。通过这项工作，使合作医疗参保人在2009年享受住院实时结算支付自付费用的基础上，进一步降低了经济负担。同时，推广使用合作医疗社会保障卡，使参加合作医疗的人员凭社会保障卡就可在区内各医疗机构就诊，并且在系统的支持下，再造合作医疗住院流程，使合作医疗参保人入院时无需再回其所在镇合作医疗事务所办理《合作医疗入院凭证》，更加方便了合作医疗参保人员。

【启用门诊伤害报告系统】 建成全区社区卫生服务中心门诊伤害报告系统。门诊伤害报告系统通过拓展全科医生工作站系统实现：在门诊医生做出诊断后，如该诊断属于外伤，在医生计算机桌面上将直接弹出相应界面，由医生当场输入，完成填报后直接报送卫生局数据中心，并由疾控条线在相应管理系统中进行审核。

三、经济领域信息化

【推进电信业务在物流行业的应用】 2009年，金山电信局与上海新跃物流企业管理有限公司合作，为物流行业量身打造了专享服务套餐——"天翼物流汇"。套餐具有GPSONE（精确定位系统）、PTT（对讲手机）等功能，可为物流企业和货运司机提供无线移动通信、调度和货物配载服务，由此开创了3G技术在物流行业内的应用和发展,展示了通信技术与物联网结合的先例。2010年,金山电信局在取得成功的基础上,与上海新跃物流企业管理有限公司再次合作,推出了八方物流电调系统和呼叫中心服务功能。通过平台,为第三方中小型物流企业提供统一的客户服务和货运即时信息,24小时向客户主动报告货物即时信息,向物流企业及时汇报车辆运营状况,向货运司机提供交通路况和相关信息。这样,不但减少了物流企业自行建立呼叫中心和客户关系系统的投资和运营成本,提高了物流企业的客户服务质量,还实现了在灾害和紧急事件情况下,政府和相关部门能通过这个呼叫中心,有效了解情况,组织应急行动。在2010年"物流汇"第二届年会上,"天翼物流汇"作为亮点产品,全面展示了3G技术在物流行业内的应用和发展,展示了通信技术与物联网结合的精彩亮点,向社会各界宣传了电信业务在行业信息化应用领域里的新发展、新技术、新成果。同时,本案例还被中国物流与采购联合会评为"2010年中国物流与采购信息化优秀案例"。

【上海联通助推社会信息化建设】 2010年11月11日,上海联通与金山区人民政府签订战略合作框架协议。根据协议,未来三年,上海联通将在金山区政府的大力支持下,积极参与金山的信息化建设,在全区范围内推行基于光纤到楼、在部分区域实行光纤到户的接入网建设,打造覆盖全区的宽带无线网络,实现电信网、广播电视网和计算机网的高层次融合以及网络资源最大程度的共享。同时积极协助区政府加强政务网建设,拓展应用功能,构建一体化电子政务框架。在新农村建设方面,全面推进农村信息化,与相关部门联手,针对农村地广人稀的特点,推出移动手机、无线固话和3G无线宽带接入服务,使更多农村居民享受到信息化带来的便利,满足农村偏远用户的通信需求,最大化地做好群众的通信科普教育,推广宣传相关通信新技术、新产品、新业务,全面提升金山区的信息化水平。

【开展涉农补贴资金监管平台建设】 涉农补贴资金监管平台建设是探索涉农补贴资金监管的新方法、新途径,是进一步提高涉农补贴资金透明度的一项新举措。2010年8月,市纪委、市监察局、市农委、市财政局联合发布《关于推进涉农补贴资金监管平台建设工作意见》(沪纪(2010)109号文件)。根据文件精神,监管平台建设以"农民一点通"为载体,8月底进行相关部署,10—11月为组织实施阶段,重点做好人员培训和数据录入审核,12月正式运行。金山区农委积极做好硬件设备维护、网络通畅、数据采集及录入人员指导和培训等工作,使金山区涉农补贴资金监管平台建设工作走在全市前列。11月25日,市涉农补贴资金监管平台建设工作例会在金山召开,金山区农委分管领导就此项工作开展情况做专题汇报。至2010年12月,农民可以到所在村的"农民一点通"监管平台界面查询本人应得、本人实得各项涉农补贴。

【移动信息平台助力安全生产发展】 为了切实加强"安全生产月"的宣传教育工作,推动安全生产法律法规的贯彻落实,进一步营造安全发展的舆论环境和社会风尚,上海移动金山分公司与金山区安全生产监督管理局等单位合作,以"安全发展 预防为主"为主题,全面开展安全生产宣传教育。金山区安全生产监督管理局通过金山移动短信平台(企信通业务),对其名下几百家企业进行安全知识教育、安全主题宣传、会议通知、行业信息传达等。另外,该平台还进行了系统开发,通过软件集成,实现短信回复收集、数据统计、系统分析等功能。同时,移动信息平台在使用的同时,也将为金山移动提供渠道,鼓励下属企业办理移动企信通业务,加强安全生产,提高工作效率,降低工作成本。

【金山区电子商务服务协会召开2009年度工作总结会】 2010年3月25日下午,金山区电子商务服务协会在区科委召开了2009年度工作总结会,总结和回顾了2009年度区电子商务服务协会的主要工作,并对2010年协会的主要任务做了具体部署。区电子商务协会成员单位规模不断壮大,成员结构日趋合理,2009年度,协会致力于工业区信息化与企业电子商务应用等领域内的推进工作,取得了一定成效。金山区邮政局作为速递物流服务型单位也新加入了协会。会后,各协会成员还参观了位于经意实业展示厅的"金山区特色产品展示区",并对金山区特色产品电子商务的发展与协作做了进一步探讨。

四、城市建设管理领域信息化

【区环保局环境监测信息化稳步推进】 2010年,区环境保护局环境自动监控系统初具规模,建成环境网络委、市教委、市妇联评为“千村万户”农村信息化培训普及工程2008—2010年度先进区县。

【移动助力金山区委创办《金山手机报》】 为提高金山区时政信息的宣传效率，上海移动金山分公司为区委宣传部、金山报社筹办的《金山手机报》提供技术支持。《金山手机报》发送对象已超过2 200人，覆盖了全区副处级以上干部，区、镇级机关和部分事业单位副科级以上干部，以及全体村(居)主任、书记。《金山手机报》得到了区委、区政府的高度肯定，为政府行业信息化在金山区的应用拓展打下了坚实基础。

【金山区委书记一行赴上海移动开展“世博移动信息之旅”】 2010年6月18日，金山区委书记杨建荣一行赴上海移动开展“世博移动信息之旅”，先后参观了中国移动手机视频基地和世博信息通信馆。当日，杨建荣一行首先前往位于浦东金桥的中国移动手机视频基地，现场体验了手机视频互动、TD-LTE实时监控、手机视频垂直栏目等多项业务，随后又赴世博园区参观了信息通信馆。参观中杨建荣表示，信息化建设是新城镇建设过程中非常重要的环节，希望将中国移动新的信息技术应用到金山区新一轮城市建设中，真正将金山区打造成为上海“宜居”的无线信息化城区。

【金山区农村综合信息服务工作获全国先进】 2010年9月15日，工业和信息化部、科技部、农业部、商务部、文化部在北京联合召开了全国农村综合信息服务站和信息员考核评估工作总结会。会议通报了考核评估和公示结果，金山区金山卫镇农建村被评为全国先进农村综合信息服务站，廊下镇光明村信息员褚银花被评为全国优秀信息员。近年来，金山区农村信息化建设在国家和上海市有关部门的指导下，认真贯彻落实社会主义新农村建设的战略部署和总体要求，以服务“三农”为根本落脚点，大力推进农业农村信息化，规范农村综合信息服务站建设，不断提高信息服务水平。支持和鼓励社会各界参与农业农村信息化建设，探索适合金山区区情的为农综合信息服务模式，积极实施惠农信息化项目，在“全国文化信息资源共享工程”、“农村综合信息服务工程”以及农村信息化培训工作等信息化项目的带动下，农村信息基础设施建设进一步加强，涉农信息资源整合取得新进展。基层电子政务实现向农村延伸，信息技术在农民增产增收中发挥着越来越明显的作用。农村信息化建设取得了长足进展，涌现出了许多好的做法和典型，建立了覆盖全区的为农综合信息服务站，形成了一支活跃在基层的农村信息员队伍，为信息惠农、信息富农做出了重要贡献。

八、社会诚信体系建设

【积极开展诚信教育活动】 2010年5—6月，金山区钱圩中学在“世博风　金山情　少年行”主题教育活动中，开展了诚信好少年、礼仪好少年、世博小使者、世博风尚好少年的“四好少年”评比活动。11月，干巷学校开展了主题为“迎世博盛会，与诚信为友”的诚信教育主题月活动，举行了学生诚信宣誓、爱心助学募捐、诚信名言或诚信小故事交流、诚信小明星评选等活动。

【学习华峰诚信文化　促金山科技企业诚信管理水平提升】 科技企业诚信管理项目立项以来，金山区科委通过为企业组织多次培训以及深入企业调研指导，对各企业诚信建设产生了一定影响，使企业进一步明确了诚信建设的重要内涵。为了进一步提升金山区科技企业诚信管理水平，2010年7月30—31日，金山区科委组织了由《科技企业诚信管理项目》12家试点企业管理人员组成的考察团，赴温州瑞安华峰集团参观学习。参观了华峰集团的展示厅、氨纶生产车间以及生产厂区、标准化的生产车间、整洁优美的厂区环境。华峰集团在经营管理中始终秉承诚信为本的理念，以对客户的信用承诺打开温州市场，经过19年的发展，其三个主打产品在国内成为行业龙头，并打入国际市场，充分显示出诚信经营的效果；华峰注重诚信制度建设，并以此为基础推进企业的管理创新、文化创新，逐步提炼形成华峰“四个共同”（共同目标、共同创业、共同利益、共同发展）管理理念，这一理念在全国人大会议上广受企业关注。

【召开金山区科技企业诚信建设推进会】 2010年9月20日，由区科委牵头，区科技企业联合会组织的“金山区科技企业诚信建设推进会”召开。此次推进会是为了深化上阶段“诚信试点企业信用评估”工作，向全区科技企业进行推广，同时也为了衔接市征信办要求的“科技企业诚信管理体系”课题项目，并做具体探索。企业诚信建设的引导和推广是随着企业诚信意识和需求的不断演化而深入的过程，也是随着区域经济的持续发展而不断推进的过程。区科委在金山区企业诚信建设推进工作中致力于对企业意识的培养和应用的深化，从企业生产经营的实际需求出发，优化企业诚信环境，建立企业诚信管理制度。

【召开金山区社会诚信体系建设联席会议成员单位联络员会议】 2010 年 11 月 18 日，区科委组织召开金山区社会诚信体系建设联席会议成员单位联络员会议，区科委汇报了前一阶段“科技企业信用制度建设”试点项目的建设情况，并通报了“区科技企业诚信创建活动”先进企业名单；会议就上海市社会诚信体系建设专项资金项目申报工作的相关要求进行了说明，并对 2010 年度各成员单位诚信建设工作总结和 2011 年工作打算汇总工作进行了布置。会议还对拟建设区级征信平台的相关事宜进行了探讨。根据市征信办对金山区社会诚信体系建设的具体要求，区科委在完成科技领域诚信建设项目的基础上，积极推进区级层面及其他行业、条块上社会诚信体系建设的各项工作。

（奚朝阳）

三、城市建设管理领域信息化

【加强信息基础设施的建设和管理】 2010年，组织编制南桥新城信息基础设施专业规划，完成南桥新城72平方公里(包括奉贤区大型居住社区)信息基础设施的专项总体规划。对新城区域内通信管线、机房(局房)、无线基站、数据中心的集约化建设明确了近中期建设目标，提出了建设南桥新城智慧城市的基础设施建设要求。期间编撰《南桥新城智慧城市建设概要方案》，草拟《关于加强南桥新城信息基础设施工程集约化建设实施意见(试行)》，明确信息基础设施集约化建设先行，整合资源、形成合力，构建南桥新城云计算数据中心，大力推进在"安全防护、城市管理、数字生活和信息服务"等领域的各类应用项目建设，全面推进南桥新城"智慧城市"建设。同时对奉贤区境内移动通信基站已批在建、已批未建、未批已建、未批在建等情况进行调查排摸，对相关设施的建设进行抽查跟踪，切实加强对境内移动通信基站集约化建设的管理。

四、信息产业发展

【信息产业稳定发展】 电子信息制造业方面，2010年，奉贤区共有电子信息制造业规模以上企业(营业收入500万元以上)37家，完成产值85.02亿元。具有以下特点：首先，企业平均产值比全区平均水平大。电子信息企业数占全区规模企业数(1 913家)的1.93%，产值却占了全区规模以上企业产值的6.57%。平均每个企业产值2.30亿元，是全区规模企业平均产值6760.22万元的3.4倍。其次，产品种类较多。有创见询容的数码存储设备，如电脑优盘、数码相机存储卡；有先锋的汽车导航仪、汽车音箱；有芯哲微的电脑芯片加工；还有通信、电子、电视、音响配件等。

软件和信息服务业方面，截至2010年12月，奉贤区软件和信息服务业共有注册企业39家，其中上海市认定软件企业28家，非认定企业11家，绝大多数企业是注册型企业。39家企业2010年全年营业收入40 053万元，较2009年同期增加了86%，其中软件收入合计达到20 378万元，比2009年同期增加29%，主要增长点为系统集成与嵌入式系统软件收入。39家企业利润总额为4 901万元，比2009年同期增加121%。

五、信息化环境建设

【完成奉贤区信息化"十二五"规划的编制】 2010年，在奉贤区信息化"十一五"规划的基础上，组织编制了奉贤区信息化"十二五"规划。奉贤区信息化"十二五"规划以"两化融合"为契机，紧扣"三区一基地"跨越式发展战略，以"提升产业能级、促进产业转型发展"和"推进南桥新城建设实施城乡统筹发展"为重点，同时结合了奉贤区信息化建设和应用现状。

【信息化学会积极开展活动】 2010年，区信息化学会积极发挥学术交流主渠道、科普工作主力军、信息化科技工作者之家的作用，学术交流、教学科普、学会建设等工作都取得了较大成绩。年内，随着企业专委会和农业专委会的成立，着重发展了许多区内中小企业和企业内信息化工作人员入会，扩展学会的覆盖面，补充了学会的新鲜血液。学会新增个人会员42人，新增团体会员24家。学会共有10个专委会、169名个人会员、43家单位会员。

【推进"千村万户"农村信息化培训任务】 2010年，在全区范围内对广大农村居民进行了广泛的宣传普及和培训，共宣传人数36 402人，完成任务指标数104%；培训并通过考核的人员4 467人，完成任务指标144%，其中农村基层管理者752人，普通农民3 715人；另外还培训了专业农民300人。以上均超额完成了任务，同时还完成了"一村一网"建设154个，培训农村信息化带头人161名。特别是滑稽戏《橘树下的婚礼》在奉贤区的巡演收到了很好的成效。"奉贤区千村万户农村信息化培训普及工程”被评为市级“先进区县”，13所学校、16个人被评为市级“先进办学点”和“先进个人”。

【开展信息化应用培训】 为提高各单位信息化负责人的业务水平，促进部门间的业务交流，保障区政务网网络办公系统顺利升级改版，2010年6月25—26日，举办了2010年奉贤区信息化培训工作会议，各单位信息化负责人近70人参加了培训。会上，就区当前机关事业单位计算机终端管理情况、政务网办公系统管理情况、部门门户网站建设情况、信息化条件下的保密工作等进行了介绍和交流。

六、社会诚信体系建设

【诚信建设不断深入】 2010年，做好奉贤区诚信网的维护工作，及时摘录区内有关诚信建设的新闻、信息上传至奉贤诚信网；完成企业信用信息服务平台数据库，与区法人库进行对接，调用法人数据库的企业法人信息数据，实现企业法人信息的完整性和一致性。

（曹新国）

第十七章 青浦区信息化建设

概 述

2010年是青浦区信息化“十一五”规划的最后一年，也是青浦区信息化迈入“扩大共享，融合互动”阶段的一年。区信息化工作围绕“建设绿色青浦、构建和谐社会”的总体目标，通过“以信息化带动工业化”和“优先发展信息产业”的发展战略，构建“政府为先导、应用为基础、产业为核心、服务为重点、安全为保障”的发展机制。随着“十一五”规划目标任务基本完成，通过统筹兼顾长远和当前、全局和局部，加大网络、资源、平台、数据库的整合，形成信息化凸显重点、整体推进、综合应用的态势，把加快信息化建设作为推进“科教兴区”的重要手段，使信息化全方位、多领域地服务于青浦经济和社会的发展。

青浦区荣获2 010中国城市信息化发展进步奖。“上海青浦”政府网站在第一届最佳政府网站实践经验交流暨2009年中国优秀政府网站推荐与综合影响力评估颁奖大会上，获得2009年度中国政府网站优秀奖；在中国社会科学院信息化研究中心举办的中国政府网站绩效评估暨第五届中国特色政府网站评选发布会上，“上海青浦”政府网站获“服务创新”奖；在2010年上海市政府办公厅对全市政府网站测评中，“上海青浦”政府网站以网上访谈活动获“互动特色”栏目奖；在第四届中国政府网站国际化程度测评结果发布暨外文版网站发展趋势研讨会上获优秀外文版网站奖项；“网上访谈“栏目在2010年政府网站在线服务建设经验交流大会上被评为政民互动精品栏目。

一、政务领域信息化

【政务公开和政府信息公开】 青浦区各相关政府责任部门牢固树立“公开就是服务”的理念，不断充实、完善和深化政府信息公开内容。2010年全区主动公开政府信息2 695条，依申请公开信息317条，提供服务类信息1 581条，现场接待5 262人次，电话咨询5 638人次，全文电子化达100%。建设完成了16个社区（农村）信息公开服务示范点。“上海青浦”政府门户网站共发布各类动态类信息9 440条，访问量276.7万人次，点击数8.17亿次。区政府网站共开展8期以迎世博、助残等为主题的专题视频访谈，同时继续开展文字访谈，举办青浦体育、青浦规划、青浦水务等多次专题访谈，参与市民16 782人，收到提问（发言）216条，当场给予答复152条。

【加强电子政务建设】 加强电子政务，完善网站建设。建设区公务网系统，联接了73家区级部门和11个镇（街道），实现了区涉密信息系统与市公务网系统的互联。完善区政务外网系统，覆盖了全区116家区级部门和11个镇（街道），向上连接市政务外网，向下延伸至各区级部门所属事业单位、镇（街道），通过“光纤村村通”工程，与村（居）委会实现连通。深化区政府门户网站建设，包括区政府门户网站及下属62家子网站，通过统一的出口整体接入互联网，实时向社会公众提供各类应用服务。建设完成政务资源目录系统，并将法人基础库、人口基础库的数据编目入库。推动劳动力资源管理系统在全区的推广工作，2010年完成东部镇、街道的推广工作。建设了企业地理信息（GIS）系统、科技项目申报一点通、综合服务管理系统、技术经纪服务管理系统、科技人才库、科技专家库等7大数据库系统，特别是在全市率先建立和不断完善了青浦区科技企业地理信息GIS系统。在平台注册的571家科技型企业均能在GIS系统上查询信息，如企业介绍、资金状况、获专利及历年的科技成果等。电子政务建设进一步向信息共享和行政业务纵深发展，水务行业数据库、气象数据共享平台等进入试运行；固定资产投资管理系统、行政投诉管理系统、旅游信息管理系统、工会统计管理系统等业务系统陆续建设完成。

【加强网络舆情采集】 “上海青浦”政府网站不断完善网络舆情采集平台建设，设立网络舆情采集制度。通过采集平台主动、实时地监控、分析互联网上有影响力的新闻网站、论坛、博客等目标站点，第一时间收集、掌握网络舆情，为政府决策提供信息支持。2010 年平台共采集各类信息 8 975 万条，其中涉及青浦的信息 104.3 万条，向宣传部提供网络舆情简报 138 期。而且从 5 月 1 日开始每日二报，为区党委和政府科学决策、提高执政能力、推进社会舆情工作做出应有贡献。

【“上海青浦”政府网站服务功能不断完善】 为提高政府网站邮件服务的稳定性，增加政府邮箱及市民邮箱的容量，2010 年正式启动政府网站邮件系统扩容工作。政府用户及市民用户邮箱在容量扩充至 1G 的基础上，实现大容量附件收发、手机短信来信通知、网络硬盘共享等功能。新邮件系统上线后，网站在社会上进行了政府邮箱的推广工作，使更多的青浦市民使用政府邮件服务，同时也提高了“上海青浦”政府门户网站在市民中的知晓率。到 2010 年底，已有政府注册用户 5 204 个，普通市民用户 15 941 个。为了让市民通过手机轻松了解政府信息，2010 年“上海青浦”政府网站还正式启动了 WAP“上海青浦”手机门户建设，并于 11 月正式开通上线。WAP 版“上海青浦”是政府网站充分利用信息技术和移动互联网手段，整合政府服务资源、创新服务模式、建设服务型电子政府的重要举措。在内容上实现了对原有 WWW 互联网站点功能和新闻中心、信息公开等六大主要频道、50 多个二级栏目等内容的平移，让市民随时随地打开手机就能获取青浦区政府的最新信息。在功能上，WAP 版“上海青浦”与互联网门户的互动中心、区领导信箱、网上信访等互动功能版块实现了互联互通，市民只要用手机就能轻松给区领导写信提出建议和意见，有效拓宽了政府网站的服务覆盖面。

【工信部政府部门互联网安全接入试点工作会议在青浦召开】 2010 年 6 月 17 日，工业和信息化部在青浦区召开政府部门互联网安全接入试点工作会议。工信部信息安全协调司司长赵泽良，上海市经济信息化委副主任陈跃华，全国信息安全标准化技术委员会委员、政府部门互联网安全接入试点工作专家指导组副组长曲成义出席会议，会议由工信部信息安全协调司副司长杨春艳主持。青浦区委常委、副区长李跃旗在讲话中指出，近年来，青浦区委、区政府非常重视信息安全工作，把确保互联网接入安全作为政府网站建设的首要任务来抓，形成了具有青浦特色的政务网络及信息安全保障体系。信息安全事关国家安全和民生稳定，青浦区政府将进一步加强领导、健全机制、完善网络、强化管理，坚持技术防范与加强管理并重，继续扎实做好各项工作，保障数据和信息安全，为全区经济社会发展提供有序可靠的信息安全环境。会上，青浦区介绍试点工作情况并进行现场演示，北京、重庆、陕西等试点地区介绍试点工作情况，天津、河北、云南、新疆生产建设兵团等下一阶段试点地区汇报试点工作思路，试点工作专家指导组对试点工作进行技术指导，并对政府部门互联网安全接入标准规范进行了研究讨论。

二、社会领域信息化

【开拓创新，探索社保卡工作新模式】 青浦区社保卡、居住证工作以迎世博为契机，紧紧围绕“全面提高服务质量，改进工作作风，提升管理服务水平”的工作主线，社保卡、居住证工作有序开展。2010 年制发各类社保卡 9 701 张；制发中小学生学籍卡 13 809 张；制发 70 岁以上老人敬老服务专用卡 3 321 张；补换社保卡、学籍卡、婴幼儿卡和敬老服务专用卡等 7 109 张；制发正式居住证新办 967 张；临时居住证新办 186 080 张、补办 13 504 张、新证续签 175 404 张。随着使用社保卡人群日益增多，居民补换社保卡业务量不断上升，青浦区增设夏阳、朱家角、徐泾和赵巷 4 个补换卡网点，于 2010 年 10 月 8 日起正式对外受理各类社保卡的补换业务，方便市民就近办理相关业务。同时为进一步理顺社保卡工作管理、办理分离的新模式进行了有益探索。青浦区被上海市人口办、上海市社会保障卡服务中心评为 2010 年度上海市社保卡、居住证工作特色区县。

【“医卡通”项目服务范围不断拓展】 在青浦区委、区政府的领导和支持下，青浦区新型农村合作医疗在信息化保障方面形成了青浦特色，参合人员在区内农村合作医疗定点医疗机构(各二级医疗机构、社区卫生服务中心和分中心、中心村卫生室全)手持全区统一的

“金康卡”刷卡就医，通过青浦“医卡通”信息系统进行实时结算，实现“刷卡就医，实时报销，全区通用，人人保障”。2010年共有118 772人参加了青浦区农村合作医疗，投保率达99.43%，筹集资金8800.04万元。全年共有92.5万人次进行了门急诊实时结算，实报金额5048.06万元（占78.11%）；有8 967人次进行了出院实时结算，实报金额2740.75万元（占60.42%）。通过“医卡通”信息系统功能的完善，区合作医疗基金管理中心对全区各实时结算定点医疗机构和结报点的合作医疗结报资金进行网上监控，并与居民健康档案信息系统共享；同时又与区民政救助一站式服务信息系统相整合，实现了“一次结算、多项报销”的功能。2010年，青浦区各社区卫生服务中心开展了医生工作站建设，推进社区卫生服务中心门诊医生电子处方、住院电子病历和护理文书等信息化工作，并开展与首诊测血压、门诊伤害报告等业务协同工作，社区诊疗信息纳入了居民健康档案信息系统的管理。

【宣传世博 服务世博】“上海青浦”政府网站积极调动区内各类迎世博宣传资源，实时、准确发布动态信息，大力宣传青浦在迎世博行动中的先进典型、先进事迹、专项活动和具有典型意义的案例，努力形成全区广大市民和各行各业共同关注世博、参与世博的网络宣传氛围和良好舆论环境。专题内发布迎世博各类文字信息1 047篇（条）、图片信息131篇（条）、世博简报68期。同时通过“世博大家谈”、“改陋习，做可爱青浦人网上大讨论”、“我为世博做什么”等形式，让广大市民各抒己见，参与到世博各项活动中去，激发了市民通过网络共同关注世博、参与世博、奉献世博的热情，近10万人次访问了“精彩世博 你我同行”世博专题。“上海青浦”政府网站因此获得市文明委第五批“迎世博宣传教育贡献奖”表彰。

三、经济领域信息化

【举行电子商务“双推”活动】 2010年9月9日，市经济信息化委生产性服务业处、上海市电子商务协会、青浦区科委在上海西郊国际农产品展示直销中心举行电子商务“双推”试点平台推介会，吸引了青浦区不少中小企业参加。上海爱姆意机电设备连锁有限公司等8家企业向与会企业介绍了电子商务业务在本企业的发展情况以及电子商务能为企业带来的采购便利、采购成本下降、采购质量提高等方面的优势，8家电子商务“双推”试点平台企业还为与会企业提供了现场咨询等服务。试点平台通过“政府贴一点、平台让一点、企业出一点”的方式，推动了中小企业电子商务普及推广，同时促进第三方电子商务平台企业做大做强。

【加快发展电子商务，提升信息产业能级】 为加快“两化融合”，推进电子商务发展，组建青浦区信息化专家指导组，加强对青浦区“两化融合”的指导，加快“两化融合”的步伐，对16个企业信息化应用区级项目予以立项支持。完成青浦区中小企业信息化与工业化融合发展水平评估调查统计。启动电子商务资助资金项目的申报和受理以及中小企业应用电子商务平台试点工作，共有4个第三方电子商务平台申报项目，4家平台计划投资1 360万元，91家青浦企业参与电子商务应用，获得市经济信息化委补贴35万余元。

四、信息产业发展

【着力发展软件和信息服务业】 结合青浦区产业发展的实际，制定下发《青浦区促进软件和信息服务业发展若干意见》，推动软件和信息服务产业发展。青浦区共有软件和信息服务业企业2 000多家，2010年实现销售额110亿元，同比增长86.75%。充分发挥市认定“软件和信息服务业产业基地”的品牌作用，形成“一牌三基地”的发展格局，即以“五天产业园”为核心、包含赵巷商贸区、基于互联网的电子商务区；以科技创业中心为依托的中小软件企业孵化园；以龙头企业为核心的软件企业总部经济区。上海鹏博士安防工程有限公司、上海汉得软件技术有限公司、上海天玑信息科技有限公司等一批规模成熟企业落户青浦工业园区。

五、信息基础设施建设

【加强基础设施建设管理，推进通信基站集约共建】 青浦区2010年完成90个公用移动通信基站的集约化建设。实施“城市光网”建设，全面实施光纤化网络改造，完成2万用户光纤覆盖，为用户提供了“百兆进户，千兆进楼，T级出口”的网络能力。完成区重大工程——淀山湖大道通信基础设施集约共建任务、城中南北路和赵巷商务区（嘉松中路）口架空通信线入地工程的工作以及轻轨2号线徐泾东站通信基础设施共建工程。积极落实青浦新城、徐泾镇两个重点区域信息基础设施规划调整修编工作，完成“青城一站”大型社区的基础设施专业规划的编制。8月5日，市信息基础设施集约化建设和管理工作现场会议在青浦区召开，青浦区做了“以民为本，科学发展，大力推进集约化建设”的交流发言，基站信息化管理系统引起广泛关注。

六、信息化环境建设

【青浦区政府与上海联通就信息化建设签署战略合作框架协议】 青浦区政府与中国联通上海分公司就信息化建设签署战略合作框架协议书。根据协议内容，上海联通将把青浦作为重要的战略发展区域及业务发展、网络建设的重点区域，在2 009至2011年三年时间内投入3.9亿元，为青浦区城市建设和功能定位的落实提供优质可靠的综合信息服务。

【召开网络与信息安全协调小组扩大会议】 2010年4月7日，青浦区召开网络与信息安全协调小组扩大会议暨青浦区世博信息安全专题会议，全面部署世博期间信息安全保障工作。区委副书记胡燕平出席会议并讲话，区委常委、副区长李跃旗主持会议。徐泾镇、旅游局、电信局等单位就保障信息安全工作在会上做了交流发言。胡燕平指出，世博会时间跨度大，执行任务周期长，参与范围广，开放程度高，各部门、各单位要统一思想，提高认识，切实增强世博信息安全保障工作的责任感和紧迫感，全力以赴确保世博期间的信息安全。要落实两个责任，即责任单位的主体责任、区网安办的监管责任；突出三个重点，即突出重点领域、重点部门、重点人群；做好四项工作，即信息公开的保密审查、加强基础设施的安全保障管理、落实各项安全检查制度、完善信息安全应急预案。

【保障信息安全，确保电子政务系统安全运维】 有效优化区公务网、政务外网系统运维方案，成功升级政府网站安全系统，组织实施区政务外网和政府网站系统应急演练，保证了世博期间政府网站系统的安全稳定运行。积极深化政府部门互联网安全接入试点工作，切实增强政府信息系统防病毒、防攻击、防泄密和反窃密能力。

【“千村万户”培训出成效，农民群众生活深受益】 作为上海市政府实事项目，青浦区“千村万户”农村信息化培训普及工程自2008年开始实施以来，在区委、区政府领导的高度重视和关心下，在领导小组成员单位的具体组织实施下，共完成培训13 637人，宣传93 338人，超过了三年工程计划任务数（培训9 400人，宣传普及80 000人）。培训对象从当地农民逐步拓展到外来务工、务农人员，在改善农村生活环境、带动农业经济发展、提升农民文化素质方面取得了显著成效，被誉为是一条开阔农民视野、提高农民科学文化素质的有效途径。

七、社会诚信体系建设

【积极推进区社会诚信体系建设】 编制《青浦区社会诚信体系发展“十二五”规划》，继续推动政府带头使用信用产品，以应用带动区域信用制度的建立和完善；开展社会诚信宣传活动，通过诚信网及时报道青浦区社会诚信建设动态，公开社会、企业信用信息。

（殷　涛）

第十八章 崇明县信息化建设

概 述

2010年,崇明县科信委在县委、县政府的领导下,在市经济信息化委的指导下,紧紧围绕现代化生态岛建设这一主线,充分发挥信息化在加快推进生态岛建设中的助力器作用。2010年,"上海崇明"政府门户网站发布崇明新闻1 460条,向"中国上海"门户网站报送各类政务信息1 950条,被采用1 776条,采用率91%;对全县32个信息化项目进行了预审,确定了上述信息化项目建设资0金1 300万元,比原计划2 510万元节省了资金1 210万元;全县采集各类卡证126 573人次,完成各类卡证发放138 592张;"十二五"信息化规划编制顺利完成;2010年崇明县申报市级软件和集成电路专项3项,并对25家软件企业进行了统计管理。

一、政务领域信息化

【召开崇明县信息化工作会议】 2010年12月21日,崇明县信息化工作会议召开。会议回顾总结了2010年崇明县信息化工作的推进情况并部署下阶段重要工作。会议强调:要认清形势,统一思想,充分认识信息化建设的重大意义;要明确目标,措施得力,认真做好下一阶段信息化工作;要加强领导,形成合力,努力推动全县信息化建设再上新台阶。会上,县农委、县教育局和城桥镇就信息化建设方面的经验和做法做了交流发言。各乡镇、委办局、公司、园区分管领导和办公室主任,崇明电信、移动、联通公司相关负责人出席会议。

【首次开展政府网站考核测评活动】 2010年3月22日,崇明县委宣传部、县府办、县科信委联合下发了《崇明县乡镇、委局网站建设工作考核暂行办法》;12月14—15日,组织开展乡镇、委局网站建设工作考核,重点对政府网站的建设、运维和管理等三个方面进行考核。通过考核,有力推进了全县政府网站规范化建设和管理,使政府网站服务功能显著提升。

【政府网站统一平台迁移工作顺利推进】 2010年,崇明县科信委着手开展政府网站迁移工作,截至2010年10月8日,已在统一平台中管理和维护的网站共有30个,为进一步实现资源整合、资源共享,提高网站的信息安全,切实加强崇明县各类政府网站的管理打下基础。

【基础网络安全等级保护工作首次启动】 2010年,崇明县科信委制定了《崇明县信息安全等级保护工作方案》,修订和完善了崇明县网络与信息安全事件专项应急预案,并加强政府网站接入的安全管理。先后开展网络安全评估、网络应急演练,网络故障处理能力和信息安全保密水平均有所提高,有效保障了世博期间基础信息网络和重要信息系统运行安全。

【"上海崇明"门户网站英文版改版上线】 2010年12月15日,"上海崇明"门户网站英文版改版上线。改版后的英文版网站主要分为政府、旅游、投资、居住等几大版块,加强了信息发布工作,并增设了新闻动态信息,加强了政府工作对外宣传的力度。

【崇明党建网正式开通】 2010年4月12日,崇明党建网正式开通。崇明党建网的开通运行,标志着崇明县党建工作开启了网络化、信息化的新篇章,为新形势下推进崇明党建工作上新水平提供了一个全新窗口,为外界了解崇明、扩大崇明知名度搭建了又一个良好平台。

【东平镇建立综合创建指标体系管理库】 2010年,崇明县东平镇利用自身较为完善的电子网络协同办公环境,配备专用文件中心服务器,实施了综合创建指标体系应用管理工程；同时，设计开发了适应乡镇机关企事业单位绩效评估、符合各项创建工作开展统一要求、满足各层面管理应用于一体的东平镇经济社会建设指标管理系统软件。系统初始设定包括4个一级指标（形态文明、素质文明、功能文明、特色工作）、13个二级指标（基础设施、镇容镇貌、公共设施、经济发展等）以及92个三级指标，涵盖了各项创建工作所涉及的相关考核指标。

二、社会领域信息化

【新型农村合作医疗实现可实时报销】 实现新型农村合作医疗实时报销是2010年市政府延伸的实事项目，也是崇明县实施的农村合作医疗实时报销系统建设的二期工程。项目于2010年上半年建设并投入运行。截至2010年12月31日，崇明县共有18家社区卫生服务中心及11家分中心新型农村合作医疗实现可实时报销。

【崇明农业网改版上线】 2010年，崇明县农委对“崇明农业网”进行了整体改版。改版后的“崇明农业网”页面更加美观、栏目更加适用、内容更加实用、功能更加齐全，网站的生命力得到了提升。2010年1—11月底，网站累计访问量达99万次，平均每天约3 000次；栏目总点击数为565万次，平均每天约1.7万次。

【“社会公众远程查阅电子诉讼档案”服务平台开通】 2010年，上海市高级人民法院在崇明县举行上海法院“社会公众远程查阅电子诉讼档案”服务平台开通仪式，这也是全国法院系统首家开通面向社会公众、支持跨区县远程查阅电子诉讼档案的网络化信息服务平台。会上还播放了《跨越时空 记忆审判——上海法院档案信息化便民高效》电视宣传片。

【中兴镇农村综合信息服务培训教室正式启用】 2010年5月27日，由国家工信部赠送设备，崇明县教育局、中兴镇人民政府投入专项资金建设的农村综合信息服务培训教室，在中兴镇社区学校落成并投入使用。通过在农村建立信息化培训平台，可推进农村的信息化建设，提高农业生产经营和农民生活的信息化利用水平，帮助农民有效掌握信息服务工具，并为农村提供更先进的教学培训手段。

【开辟了重点地区开发建设动态的公开渠道】 2010年首次通过政府网站宣传报道了陈家镇公司、崇明新城、长兴产业基地等三大重点地区的开发建设动态，扩大了公众获取崇明重点地区开发建设信息的有效渠道；新开辟了2010年“崇明两会”、“崇明生态岛建设纲要”、“崇明县人民政府新闻发布专栏”等专题。

三、经济领域信息化

【企业并联审批系统平台建设基本完成】 2010年5月，由崇明县行政服务中心牵头，开展了崇明企业并联审批建设工作。通过系统平台的建设，推进了企业并联审批信息化工作，为崇明实现审批信息资源的交换和共享，促进服务政府、责任政府、法制政府和廉洁政府建设奠定基础。

【崇明农家乐刷卡基本实现无障碍】 2010年3月14日，“庆世博 游崇明 刷卡更轻松”暨崇明县受理市场共建活动启动仪式在崇明拉开帷幕，标志着崇明将被打造成为“银行卡受理示范区域”。截至2009年底，崇明已累计发展银行卡特约商户529家，POS机1 090台，年交易额达到6.1亿元，年增幅达到135%。

四、城市建设管理领域信息化

【“数字城管”应用合作框架协议签订】 2010年，崇明电信公司与县城市管理行政执法局签订“数字城管”应用合作框架协议。根据协议，崇明电信公司将帮助县城市管理行政执法局完成“数字城管”、固话、3G移动通信和宽带等信息化设施建设，为提高城管效率奠定基础。通过应用国内外先进的数字信息化手段，改变了传统的城市管理模式，使城市行政执法管理实现了便捷、高效、科学、完善。

五、信息产业发展

【崇明县旅游综合信息平台正式开通】 2010年5月23日，崇明旅游局与崇明电信局举办崇明县共建信息化"生态旅游"合作协议签约仪式暨旅游综合信息平台开通仪式。崇明县旅游局和中国电信上海崇明电信局在长期信息化共建的基础上，就共同利用信息化打造"生态旅游"品牌，以信息化手段进一步挖掘崇明旅游资源，提升崇明旅游形象，推进生态旅游信息化建设达成了共识。双方约定，加快推进崇明各旅游景点、餐饮宾馆等区域的信息化基础设施建设，积极推进崇明旅游行业内的各类信息化应用，全面深入发展"生态旅游"信息化的合作模式。

【崇明县为农综合信息服务站全面开通】 2010年，崇明县有255个行政村为农综合信息服务站开通，基本实现了面向农民的公共信息服务终端的覆盖。为农综合信息服务站的全部开通，为广大农民了解各种最新信息，享受有利于生产、生活的便捷，加快崇明农业现代化进程创造了条件。通过"一点通"平台建设，缩短了城乡数字鸿沟。

六、信息基础设施建设

【崇明县行政中心机房基本建成】 崇明县行政中心机房于2010年3月开始筹建，2010年底建设初步完成，为全县相关部门信息化建设提供了新平台。建成后的崇明县行政中心机房将按照"统一规划、统一标准、统一管理、资源共享"的原则，充分发挥网络机房的技术功能，为全县信息化建设服务。

【制订《崇明地区信息管线集约化建设实施细则(试行)》】 2010年，崇明县科信委制订了《崇明地区信息管线集约化建设实施细则(试行)》，进一步明确了崇明地区信息管线的集约化建设工作程序，规范和加强了通信管道、基站、局房等信息基础设施集约化建设的管理，崇明新城、陈家镇、长兴产业基地等地区的信息基础设施建设推进有序。

七、信息化环境建设

【竖新镇惠民村信息服务站荣获全国先进】 2010年，崇明县竖新镇惠民村农村综合信息服务站被正式批准为全国优秀农村综合信息服务站。

【继续推进"千村万户"农村信息化培训普及工程】 2010年，崇明县"千村万户"农村信息化培训宣传普及工程共培训各类农业人员1 358名，其中农村基层管理者380人，普通农民978人，并对35 371名农业人员开展了信息化宣传，建成了村级网站268个，培训了285名农村信息化带头人，农村信息化培训宣传工作受到了广大群众的热烈欢迎，并取得了显著成效。

【崇明县电子校徽平台投入正常运行】 为促进崇明县教育信息化发展，崇明电信局与上海工程技术管理学校共同合作，建成了一个可容2 000名师生、覆盖3个异地校区，包括门禁、考勤、就餐和家校互动等功能的电子校徽平台。平台可为校园内外部管理者、工作人员、学生和家长创建一个可控、安定、互动、和谐的校园环境。

【崇明县政府与中国联通上海分公司签订战略合作框架协议】 2010年6月2日，崇明县政府与中国联通上海分公司签订战略合作框架协议。根据协议，崇明将创造一切条件支持上海联通加快网络建设和业务发展，提升服务能力。协议的签订对优化崇明通信消费环境，促进产业结构调整和信息服务业发展,实现以信息化带动工业化,加快“两化融合”,不断提升崇明综合竞争力具有重大而深远的意义。

【崇明县政府与中国电信上海分公司签订战略合作框架协议】 2010年3月2日,崇明县人民政府与中国电信上海分公司签订《推进崇明县新一轮信息化建设战略合作框架协议》。根据协议,双方在共同推进城市光网、无线城市等基础设施建设、服务政府和企业、保障世博、服务三农等领域开展广泛合作,全面深入推进崇明县信息化建设。崇明县各委办局、相关部门以及大客户代表近70人参加了会议,崇明县公安局和崇明县旅游局作为大客户代表分别做了发言。

（郭　磊）

2010 年上海信息化建设大事记

1 月

1 月 6 日，市经济信息化工作党委召开系统党建信息化方案研讨会。市委宣传部副部长、社科院党委书记潘世伟，市委宣传部网宣办副主任谢海光等专家参加会议。党委书记潘志纯、纪委书记黄肇达、市经济信息化委副主任刘健和副巡视员施兴德出席研讨会。党委秘书长陈更主持会议。会议介绍系统党建信息化工作设想，提出要进一步完善现有系统党建网站、构建面向系统全体党员、覆盖党建全部业务的一体化党建信息平台。

1 月 9 日，由上海红神信息技术有限公司、国家数字交换系统工程技术研究中心等单位发起，十多家企业、大学、科研机构参与的“新型计算结构与应用产业技术创新战略联盟”在沪成立。该联盟将开发一种比现有“超级计算机”更节能、性能更高的计算系统。它是科技部与上海市“部市合作”的重点项目。

1 月 10 日，上海市紫竹新兴产业技术研究院正式成立。中共中央政治局委员、市委书记俞正声发来贺信，市委副书记、市长韩正为研究院揭牌，市委常委、常务副市长杨雄在揭牌仪式上讲话，市经济信息化委主任王坚及有关部门负责人参加仪式。三位中组部千人计划入选者加盟了研究院，其中新能源项目首席科学家、上海交通大学“长江学者”李杰教授已被任命为研究院院长。

1 月 12 日，市经济信息化工作党委召开 2010 年度组织、统战工作会议，传达市组织部长会议精神，总结 2009 年度系统组织、统战工作，部署 2 010 工作重点。党委副书记张金康出席会议并讲话，系统各单位组织、统战部门负责人参加会议。

1 月 14 日，第五届上海市信息化专家委员会成立，来自全国的 67 位专家将组成“智库”为本市新一轮发展献计献策。副市长艾宝俊到会讲话并向专家们颁发了聘书。市经济信息化委主任王坚等出席会议。聘任全国人大常委会委员吴启迪为第五届专家委主任，中国科学院何积丰院士、贺寿昌、高新民为副主任。

1 月 15—16 日，市经济信息化委召开 2010 年工作会议，传达学习市经济工作会议和九届市委十次全会精神，总结回顾 2009 年两委工作，部署 2010 年任务。市政府副秘书长肖贵玉出席会议并讲话。肖贵玉传达副市长艾宝俊的批示和讲话精神，党委书记潘志纯总结“两委”2009 年工作中的亮点，党委副书记、市经济信息化委主任王坚作工作报告，党委副书记张金康作党委工作报告。“两委”领导班子成员和机关处室负责人参加会议，并进行分组讨论。

1 月 19 日，“909”工程升级改造——12 英寸集成电路生产线项目启动仪式在上海举行。中共中央政治局委员、市委书记俞正声与原全国政协副主席胡启立共同启动项目启动装置。市委副书记、市长韩正与国家发展改革委副主任张晓强、工业信息化部副部长娄勤俭、科技部副部长曹健林共同为上海华力微电子有限公司揭牌。中科院副院长江绵恒，市委常委、常务副市长杨雄出席仪式，并分别代表中科院和上海市委、市政府对“909”工程升级改造——12 英寸集成电路生产线项目启动表示祝贺。副市长艾宝俊主持项目启动仪式，国家开发银行副行长郑之杰、原电子工业部副部长张文义、中国电子信息产业集团董事长熊群力出席仪式。

2 月

2 月 3 日，市经济信息化委召开第三届 2010 年世博信息化研讨会。本次研讨会以“可持续的世博信息化”为主题，重点探讨信息技术在中国 2010 年上海世博会的创新应用，以及对带动上海城市信息化建设、相关产业发展的作用和效应。市经济信息化委、市信息化专家委员会、上海世博局相关部门以及 IT 业界人员出席研讨会。

2 月 10 日，市经济信息化工作党委召开系统党建信息化项目方案研讨会，市委组织部副部长冯小敏、市经济信息化工作党委书记潘志纯、副书记张金康、副巡视员汪仲华、市经济信息化委副巡视员施兴德等领导出席会议，党委秘书长陈更主持会议。

2 月 24 日，市经济信息化委召开世博安保工作领导小组会议，专题研究世博安保应急预案工作。会议由党委书记潘志纯主持，市经济信息化委副主任刘健、党委秘书长陈更、国防科工办副主任沈庭忠出席会议。会议明确，市经济信息化“两委”世博安保应急预案由电力运行、成品油供应和运营安全、网络与信息安全、无线电管理、信息基础设施、物资储备供应、反恐事件、系统群体性事件、系统重点对象重点事件稳控和舆情研判等10个板块组成。

2月26日,在市政府举行的专题新闻发布会上,市经济信息化委副主任邵志清介绍上海加入联合国教科文组织“创意城市网络”的情况。2月10日,联合国教科文组织总干事依琳娜·博科娃向韩正市长发函,正式批准上海加入联合国教科文组织“创意城市网络”,颁发给上海“设计之都”称号。至此,在2010年上海世博会召开前夕,上海正式跨入全球创意城市网络行列。

3月

3月9日,市经济信息化委在金山区农建村召开市政府实事项目——“千村万户”农村信息化培训普及工程2009年总结表彰暨2010年启动大会。市政府副秘书长肖贵玉出席会议并讲话,市经济信息化委主任王坚主持会议。市经济信息化委副主任刘健在会上代表市农委、市教委、市妇联等四家单位,总结了实事项目2009年的实施情况,并对2010年工作做了部署。会上,表彰获得2009年度的先进区县、优秀培训点、优秀工作者、优秀学员以及村级网页示范单位;崇明县、金山区以及农民学员代表作了交流发言。

3月16日,“2 010上海国际信息化博览会”在新国际博览中心开幕,展期3天。副市长艾宝俊出席开幕式并致辞,中国电子商会会长曲维枝,市经济信息化委主任王坚、副主任刘健,工信部电子信息司副巡视员王勃华,中国印制电路行业协会理事长关建华、副理事长王龙基以及慕尼黑国际博览集团主席兼首席执行官Klaus Dittrich、国际半导体设备与材料协会主席兼首席执行官Stanley Myers等出席开幕式。市政府副秘书长肖贵玉主持开幕式。

3月18日,市经济信息化工作党委书记潘志纯赴上海移动公司检查指导世博安保工作。潘志纯一行实地考察了建设中的上海移动安全监控系统管理中心和世博综合保障指挥中心,并对长寿路旗舰店的安保工作提出要进一步做深做细各项工作,切实担负起政治责任。

3月18日,西藏自治区人民政府与工业和信息化部在人民大会堂隆重召开“藏文软件研发与推广应用工作总结报告会”,工业和信息化部副部长娄勤俭、西藏自治区政府副主席甲热·洛桑丹增出席会议并介绍了藏文软件的研发和应用情况,上海市经济信息化委副主任邵志清和西藏大学负责人交流了藏文软件研发和推广应用经验。

3月21日,由全国人大常委吴启迪教授主持召开了《上海市国民经济和社会信息化“十二五”规划》(以下简称“规划”)专家论证会。专家组总体认为,《规划》能从战略上把握上海创新驱动、转型发展的总体要求和“创建面向未来的智慧城市”的具体要求,提出的指导思想、发展主线、原则和目标符合“十二五”阶段特点和发展要求,重点任务和对策措施比较全面,具有较强针对性和操作性。

3月24日,市经济信息化委主任王坚带队到上海互联网络交换中心和上海市计算机病毒防范服务中心进行专题调研。王坚就全力做好世博会期间本市信息安全保障工作,确保4月15日前世博信息安全保障工作就绪,确保运营期间24小时值班制度的落实提出要求。

4月

4月13日,市经济信息化委组织召开产业和信息化“十二五”规划大讨论专家和企业家座谈会。副市长艾宝俊主持会议,市政府副秘书长肖贵玉和市经济信息化委主任王坚,市经济信息化工作党委副书记张金康、纪工委书记黄肇达,市经济信息化委副主任刘健、总工程师马静,市委研究室、市发展改革委、市国资委分管领导等出席座谈会。全国人大常委会委员、市信息化专家委主任吴启迪,中国商用飞机有限责任公司副总经理史坚忠,上海电气(集团)总公司董事长徐建国,盛大网络发展有限公司董事长兼首席执行官陈天桥等在沪央企、国企和中小企业的主要负责人、部分金融和研究咨询机构专家共11人参与研讨。

4月17日,市经济信息化委主任王坚带队检查世博会参观者预约服务信息系统运行准备工作。市经济信息化委副主任陈跃华,世博局信息化部部长、市无线电管理局局长周卫东,世博局信息化部副部长汪羽以及市经济信息化委信息安全处、办公室负责人参加检查。

4月20日,上海世博会迎来首场试运营。上海移动同步启动通信保障工作,通过系统实时监控、话务分析以及有效信息反馈,及时对高需求的热点区域进行参数优化调整。当日园区内全天总话务量达到3.34万ERL,峰值话务量达到9 632ERL,掉话率小于0.5%,达到演练预期目的。

4月27日,“2010年中国物联网创意和应用设计大赛”在上海嘉定正式启动。工信部信息化推进司司长徐愈、市经济信息化委副主任邵志清、中科院上海微系统所党委书记王曦等出席启动仪式,仪式由嘉定区副区长费小妹主持。来自各物联网企业的代表参加了仪式。大赛历时3个月,于9月进行“物联网高峰论坛及颁奖典礼”。

4月27日，市经济信息化委召开窗口服务行业世博银行卡刷卡无障碍保障工作动员会议暨“迎世博银行卡刷卡无障碍立功竞赛活动”总结会议。会议要求，本市各相关单位，加大工作力度，明确工作职责，细化工作方案，为海内外持卡人提供银行卡刷卡无障碍服务。各区县信息委、商务委，有关商业银行和商业集团分管负责人参加会议。

5月

5月18日，市信息化专家委员会举办“三网融合的发展与应用”专题报告会，市政府副秘书长肖贵玉出席会议并致辞，会议由市信息化专家委主任吴启迪主持。会上，国际电信联盟副秘书长、专家委成员赵厚麟，上海电信公司总经理、专家委成员张维华，东方明珠股份有限公司副总裁、专家委成员林定祥等业界专家分别从全球信息通信技术发展、应用、下一代广播网以及通信设备制造等角度作了主题演讲，阐述了“三网融合”对信息化及信息产业带来的机遇和挑战。

5月26日，市委、市政府召开上海创意城市工作推进会议。市委副书记殷一璀、副市长艾宝俊出席会议并讲话，市委副秘书长姚海同、市委宣传部副部长张止静出席会议，市政府副秘书长肖贵玉主持会议。市经济信息化委主任王坚作工作报告。会上，长宁、卢湾、杨浦、静安等区政府分管副区长作交流发言。上海张江文化科技创意产业基地等15家集聚区被授予本市首批示范创意产业集聚区称号。中国浦东干部学院、上海交大、同济大学、东华大学和上海亚太地区经济和信息化人才培训中心被认定为首批上海创意产业人才培训基地。

5月27日，工信部信息化推进司处长孙燕一行到崇明县考察“农村综合信息服务培训教室”建设情况。考察组前往中兴镇社区学校，详细了解培训教室建设、教学计划制订、教师配备、运行经费、学员来源和需求、农村信息化培训的实施等相关工作情况。孙燕对上海“农村综合信息服务培训教室”建设工作给予了充分肯定。市经济信息化委信息化推进处、崇明县信息委等领导陪同考察。

6月

6月8日，市经济信息化委分别与中国电信上海公司、中国移动上海公司和中国联通上海市分公司签署“调结构、促转型，提升产业能级、保障精彩世博”2010年度服务合作协议。共同为世博会顺利举行，促进本市经济转型保驾护航，尤其将大力推进宽带网络建设，为提升城市信息化运行能力提供有力支撑。

6月11日，由市经济信息化委、市新闻出版局共同主办上海市电子书产业发展联盟成立仪式暨上海市电子书产业发展合作对接会。同时，全国信息技术标准化技术委员会电子书标准工作组交互平台组落户上海。副市长艾宝俊出席仪式并为电子书发展产业联盟揭牌，市政府副秘书长肖贵玉出席仪式并为联盟成员单位代表颁发证书。市经济信息化委主任王坚、市委宣传部副部长张止静、市新闻出版局局长焦扬在仪式上致辞。市经济信息化委副主任邵志清主持仪式。

6月29日，市网安办召开上海市重要信息系统世博会信息安全保障工作会议，通报和总结前期保障工作情况，部署下阶段工作任务。市经济信息化委副主任陈跃华出席会议并讲话。会议要求，进一步加强本市重要信息系统世博会信息安全保障工作，圆满完成世博会信息安全保障任务，努力实现信息安全保障目标。

7月

7月1日～3日，市经济信息化委主办的第一期“两化融合”高级培训班在上海经济党校举办。工信部副部长杨学山出席开班仪式并作主题报告。来自18个区县政府，近20家企业、10余个行业协会，以及高校、科研院所等单位共130余人参加本次高级培训班，培训学员涵盖上海推进“两化融合”的10大重点产业领域。

7月2日，市经济信息化工作党委召开职能处室例会，总结上半年工作，研究下半年安排。党委书记潘志纯主持例会并讲话。党委领导班子成员和党委职能处室负责人参加会议。

7月8日，市经济信息化工作党委书记潘志纯、副书记张金康、市经济信息化委副主任陈跃华等一行赴上海世博局信息化部，向连续奋战在世博信息工作岗位的一线职工送去清凉和慰问。

7月12日，市经济信息化委在青浦区召开“千村万户”农村信息化培训普及工程推进会。市经济信息化委信息化推进处处长周正曙、市妇联妇女发展部、青浦区科委（信息委）领导出席会议。青浦区“千村万户”农村信息化培训普及工程领导小组成员单位，各镇、街道妇联主席、信息化专管员参加会议。

7月15日，长三角地区CA交叉互认工作座谈会在上海召开。工信部信息安全协调司副司长欧阳武、上海市经济信息化委副主任陈跃华出席会议并讲话。上海、浙江、江苏、安徽四地工业和信息化主管部门有关负责人和四地CA机构负责人参加会议。会议做出四项工作安排：一是形成工作制度，8月底成立工作组，筹备成立长三角地区CA联盟；二是重视电子签名和电子认证服务宣传工作，编辑出版内部刊物，加强相互联系、沟通，及时上报有关工作进展；三是开展CA交叉互认技术研讨，并选择一个典型应用开展试点；四是11月中旬四地CA签署合作协议，正式启动合作联盟。

7月19日，“上海市推动电子商务企业创新发展推动中小企业应用电子商务工作会议”在上海智力产业园举行。上海正在加大支持电子商务企业创新发展的力度，采用“政府贴一点、平台企业让一点、中小企业出一点”推动中小企业应用电子商务，以实现降低中小企业经营成本的同时，促进第三方电子商务平台企业扩大企业规模和用户资源“双赢”。目前，市经济信息化委启动“中小企业应用电子商务平台试点工作”。

7月25日，工信部部长李毅中，副部长奚国华、苗圩等一行来到世博园区，亲切慰问高温酷暑下坚守世博信息化运行和新能源车辆运行保障服务的一线员工。市政府副秘书长肖贵玉、市经济信息化工作党委书记潘志纯、市经济信息化委主任王坚等参加慰问。世博局信息化部作为专业保障和服务部门，对世博园区的信息通信服务总负责、总协调、总把关。该部16个业务组100多名人员分别来自70个单位。信息化服务保障共约4 000人，由近60家通信运营商和系统开发服务企业派出。

7月27日，市经济信息化委主持召开市农村资讯化培训普及工程工作小组年中工作会议。会议总结上半年工作情况，并讨论下半年工作计划。截至7月23日，全市已完成培训13 370人、宣传普及183 540人，分别占年度计划数102.9%和91.8%。下半年的培训普及工作，既要保质、保量完成实事专案的各项工作任务；又要著手开展农村资讯化培训普及工程三年总结，并举办资讯化竞赛活动，以展示资讯化培训工作的学习成效。

8月

8月10日，市农村信息化培训普及工程工作小组召开实事项目年中工作推进会。市经济信息化委、市农委、市教委和市妇联有关处室负责人，9个郊区(县0信息化主管部门、以及中国电信上海公司相关部门负责人、区县电信局负责人出席了会议。会议总结上半年工作情况，并部署下半年工作。

8月18日，市经济信息化委会同市政府新闻办组织举行“感知上海”智能电网产业发展系列采访活动，介绍上海推进智能电网产业发展三年行动方案。

8月20日，市经济信息化纪工委召开系统廉政文化建设推进会。市纪委常委黄建平、市经济信息化纪工委书记黄肇达出席会议。会上，华东电网公司、中国电信上海公司、中国移动上海公司、上海市电力公司和市工商外国语学校作交流发言。

8月27日，市网安办召集上海世博会信息安全决策咨询组专家开展“世博会信息安全中期评估”。市经济信息化委副主任陈跃华主持会议。原国家信息化专家委员会主任、国务院参事曲维枝，工程院院士沈昌祥、方滨兴，工信部信息安全协调司司长赵泽良，以及国家信息技术安全研究中心、国家计算机病毒应急处理中心、上海交大信息安全学院等领导出席会议。市网安办主要成员单位、三大电信基础运营商、世博信息化部的负责人等也参加会议。会前，各位专家实地察看世博信息安全防范工作，并进行认真地调研和了解。

9月

9月7日，市政府召开市无线电管理委员会全体会议。副市长艾宝俊出席会议并讲话。艾宝俊要求，各有关部门要抓紧总结前阶段形成的好机制、好做法，加强协同配合，形成合力，全力以赴做好世博会无线电安全保障工作，确保万无一失，确保年内重点任务顺利完成。同时要认真听取有关各方对无线电管理方面的意见建议，梳理共性问题，明晰下一步发展思路，做好无线电管理“十二五”规划编制工作。

9月7日，市经济信息化委召开在沪央企服务工作例会。市经济信息化委副主任周敏浩出席会议并讲话。会议通报上半年本市经济运行情况，分析下半年本市产业发展走势。46家重点在沪央企联络员参加会议，部分央企联络员在会上交流本单位经济运行、编制“十二五”规划等情况。

9月14日，市经济信息化委主任王坚带队赴国家信息安全成果产业化(东部)基地调研。市经济信息化委副主任陈跃华，以及办公室、信息安全处、上海市计算机病毒防范服务中心及张江集团、上海八六三信息安全产业基地公司等相关企业负责人陪同参加调研。

9月15日，工信部、科技部、农业部、商务部、文化部5部门在北京联合召开全国农村综合信息服务站和信息员考核评估工作总结会。工信部副部长杨学山等五部门领导，各省市、自治区、新疆生产建设兵团主管农业农村信息化工作的负责同志，全国先进农村综合信息服务站代表，优秀信息员代表出席会议。根据考核评估和公示结果，上海市崇明县竖新镇惠民村、金山区金山卫镇农建村、青浦区华新镇嵩山村、嘉定区马陆镇大宏村4个村级综合信息服务站被评为全国先进农村综合信息服务站；崇明县竖新镇惠民村陆素娟、金山区廊下镇光明村褚银花、青浦区赵巷镇方夏村孟莉莉、浦东新区曹路镇永丰村张丽明4名村级信息员被评为全国优秀农村信息员。

9月25日，以“信息化促进城市科学发展”为主题的2010全球城市信息化论坛在上海国际会议中心隆重开幕。全国政协副主席、科技部部长万钢到会作“用信息化促进现代化”主题演讲，联合国公共行政与发展司司长钱海燕代表联合国副秘书长沙祖康致辞，工信部副部长杨学山、上海市常务副市长杨雄出席大会并致辞，联合国助理秘书长卡洛斯·洛佩兹主持开幕式。来自全球五大洲40个国家、54个城市、49个国际组织的350多名专家和企业代表参加论坛。论坛是由联合国开发计划署、联合国经社事务部、原国家信产部、中科院和上海市政府共同发起的。

上海市经济信息化委主任王坚出席开幕式并参加“信息化与工业化融合，促进绿色经济发展”主题论坛，作“深入推进信息化应用，提升产业发展能级”的演讲；副主任陈跃华出席联合国训练研究所全球培训中心网络年会；副主任刘健出席开幕式、主题论坛及电信移动专题分论坛和电子商务创新发展论坛；副主任邵志清出席软件测试会议。

9月25日，首个“国家电子商务综合创新实践区”落户浦东新区，区内唐镇同时获批成为“国家电子商务创新试点镇”。工信部副部长杨学山，市委常委、浦东新区区委书记徐麟出席授牌仪式。市委副秘书长、浦东新区区长姜樑，市经济信息化委主任王坚等出席仪式。

9月26日，市经济信息化委召开上海信息化“十二五”规划专家咨询会，邀请国家和上海的知名专家围绕上海信息化“十二五”规划进行讨论，推动上海以“智慧城市”为方向，加快实施“信息港”向“智能港”转变。上海市信息化专家委员会主任吴启迪主持会议。市经济信息化委副主任刘健出席会议并介绍上海信息化“十二五”规划的制定情况；国家信息化专家委副主任兼两化融合与信息化推进专委会主任杨国勋、中国互联网协会常务副理事长高新民、中国电信上海分公司总经理张维华等11位专家参加讨论；市发改委、市教委等有关部门和部分区(县)信息化委有关负责人参加会议。

10月

10月12日，市经济和信息化工作党委召开系统党建信息化工作现场交流会。会议由纪工委书记黄肇达主持。会议运用信息技术和视频网络等手段，直观地总结、展示、交流上海电信、上海航天局805所、上海石化、上海商学院等党建信息化先行先试单位的经验和做法；党委副书记张金康通过视频会议系统参加上海电建第二分公司陈家港项目党支部网上组织生活；党委书记潘志纯用飞信的形式对上海商学院1700名“小白菜”、“小蓝莓”表达致意和慰问，并参与系统党建网“党员社区”论坛讨论。党委副巡视员汪仲华，系统央企、直属、市属单位党委领导和党委职能部门负责人参加会议。

10月26日，“上海市云计算创新基地”揭牌成立，这是上海落实“云海计划”，打造云计算产业集聚区的平台与载体。副市长艾宝俊为创新基地揭牌。在揭牌仪式上，市政府副秘书长肖贵玉对云计算基地的成立表示祝贺。市经济信息化委主任王坚、副主任邵志清，杨浦区区委书记陈寅、区长金兴明等领导，市相关委办以及云海产业联盟成员单位代表等参加仪式。

10月28日，市经济信息化委召开专题会议，研究本市“十二五”信息化应用规划及近期相关重点工作推进措施。市经济信息化委主任王坚、副主任刘健、副巡视员施兴德出席会议。

10月30日，市经济信息化工作党委副书记、市经济信息化委主任王坚走进“政风行风热线”，与市民听众共话上海经济和信息化发展工作。市经济信息化工作党委纪工委书记黄肇达、市经济信息化委副主任尚玉英及有关处室负责人一同参加“上线”活动。

11月

11月8日，首届全球物联网产业发展(上海)论坛在上海国际会议中心隆重举行。副市长艾宝俊出席会议作主旨演讲，并按启象征“智慧地球”的光球为上海物联网产业联盟鼓劲。市政府副秘书长肖贵玉为上海物联网产业联盟揭牌，国家工信部科技司司长闻库介绍国家对物联网产业发展的有关政策。市经济信息化委主任王坚主持主论坛。同时，论坛还邀请国内一批著名专家和企业介绍物联网先进技术研发和应用经验。

11月10日，中国联通在上海举行手机应用“沃商店”(wostore)上市发布会。市委副书记、市长韩正和中国联通董事长常小兵共同为中国联通手机应用商店揭牌，副市长艾宝俊、中国联通总经理陆益民出席并致辞。市政府秘书长姜平、副秘书长肖贵玉，市经济信息化委主任王坚、副主任刘健出席仪式。

11月10日，2010中国国际工业博览会—“移动互联网产业发展国际论坛”在上海召开。工信部副部长杨学山，全国政协常委、上海市经济团体联合会会长蒋以任出席论坛并致辞。市政府副秘书长肖贵玉、市经济信息化委主任王坚出席论坛。

11月23日，工信部在上海召开"第十二届信息技术领域专利态势发布会"。工信部党组副书记、副部长奚国华出席会议并讲话，市政府副秘书长肖贵玉出席会议并致辞，市经济信息化委总工程师马静及工信部、国家知识产权局等有关部门负责人出席会议。会上，工信部科技司发布2010年信息技术领域专利态势报告。来自各地工业和信息化主管部门、国内企事业单位、行业协会以及国外公司的代表参加会议。

11月28日，市经济信息化委与市工商联联合主办"2010上海中小企业发展论坛"。市委常委、市委统战部部长杨晓渡，副市长、市促进中小企业发展工作领导小组组长艾宝俊出席论坛并为"上海市中小企业发展服务中心"揭牌，市政协副主席、市工商联主席王新奎，工信部中小企业司副司长许科敏等领导为上海"2010品牌中小企业"代表和"上海市中小企业信息化应用示范企业"代表授牌。论坛开幕式由市政府副秘书长肖贵玉主持。市经济信息化委主任王坚、总工程师马静分别作"坚持创新驱动，完善服务体系，促进上海中小企业转型发展"和"激发中小企业创新创业热情，为高新技术产业化增添动力"的讲话。本市促进中小企业发展工作领导小组成员单位，各区(县)，"专精特新"中小企业代表，银行、担保、创投、行业协会负责人参加论坛。

11月30日，市政府召开上海市三网融合工作协调小组第一次全体会议。副市长、上海三网融合试点工作协调小组组长艾宝俊出席会议并讲话，市政府副秘书长肖贵玉主持会议。会上，市经济信息化委主任王坚就推进三网融合工作提出具体意见，副主任刘健汇报本市三网融合工作推进情况。会上，副市长艾宝俊还为上海交通大学副校长张文军等12位专家颁发上海市三网融合工作专家聘书。上海市三网融合工作协调小组由市委宣传部、市经济信息化委、市文广影视局、市通信管理局、市发改委、市科委等18个部门组成，协调小组办公室设在市经济信息化委。

12月

12月7日，"2010上海推进高新技术产业化软件和信息服务业活动周开幕式暨企业家高峰论坛"隆重举行。副市长艾宝俊出席开幕式并讲话，市经济信息化委主任王坚宣读26家应用创新的信息服务业新业态、新模式优秀企业名单，市政府副秘书长肖贵玉为企业颁证。工信部软件司司长陈伟及本市相关部门、区(县)政府领导出席开幕式。在企业家高峰论坛上，盛大集团、快钱公司、东软集团、金蝶软件、趋势科技等企业负责人先后发表演讲。本市软件和信息服务业相关行业协会会员，软件和信息服务业产业基地、产业园区及软件和信息服务业企业代表参加开幕式和论坛。

12月7日，上海市电力公司总经理周永兴、工会主席黄效喜、副总工程师沈兆新等一行专程来到市经济信息化委送上锦旗，对市经济信息化委在世博期间给予上海市电力公司的坚强领导和大力支持表示感谢。市经济信息化委副主任周敏浩与市电力公司总经理周永兴一行进行会谈。

12月13日，第九届"上海IT青年十大新锐"评选结果揭晓，卜广齐等十人当选，王正军等十人荣获提名奖。副市长艾宝俊、市经济信息化工作党委书记潘志纯出席颁奖典礼，并为选手颁奖；团市委书记潘敏，上海移动公司董事长、总经理郑杰在颁奖典礼上致辞；市经济信息化委副主任刘健宣布获奖名单；市经济信息化工作党委纪工委书记、机关党委书记黄肇达出席评选会和颁奖典礼。

12月19日，市经济信息化委在长宁区红坊创意产业集聚区举行"行动·派——2010上海青年创意日"活动。与此同时，主办方还举行"创意日盛典"和获选人才的颁奖仪式。市政府副秘书长、市文化及创意产业领导小组办公室主任肖贵玉、市经济信息化工作党委书记潘志纯、团市委书记潘敏等有关领导出席活动并为获选人才颁奖。

(王耀鑫)

2010 年度优秀软件产品获奖名单

1	上海晨阑数据技术有限公司	VE-I 企业信息集成管理软件 V3.0
2	上海复旦光华信息科技股份有限公司	光华 S_Audit 综合强审计系统
3	上海复旦光华信息科技股份有限公司	光华 DB_Audit 数据库安全审计软件
4	上海复旦光华信息科技股份有限公司	光华 T_Mamager 集中安全管理平台软件
5	上海长城电子信息网络有限公司	长城社区应急联动平台软件 v1.0
6	上海长城电子信息网络有限公司	长城综合经济信息管理软件 v1.0
7	上海征途信息技术有限公司	巨人游戏软件 V1.0
8	上海征途信息技术有限公司	征途游戏软件 V2.0
9	上海亨钧科技有限公司	亨钧铁路信号微机联锁控制软件 V8.0
10	上海亨钧科技有限公司	亨钧铁路运输生产调度指挥系统应用软件 V3.0
11	上海世范软件技术有限公司	世范新一代消息总线软件
12	上海世范软件技术有限公司	世范行政服务中心管理软件
13	上海飞旗网络技术有限公司	F7Optimal QoS 资源优化系统 V1.1.04
14	上海畅星智能系统有限公司	畅星 IIC 车载机软件 V1.0
15	上海普元信息技术股份有限公司	普元 EOS 软件
16	上海普元信息技术股份有限公司	普元 BPS 软件
17	万达信息股份有限公司	万达社会保障一体化平台软件 V2.0
18	万达信息股份有限公司	万达应用安全中间件软件 V3.0
19	万达信息股份有限公司	万达信息资源集成平台软件 V4.0
20	上海万得信息技术股份有限公司	Wind 资讯金融终端
21	上海万得信息技术股份有限公司	Wind 资讯经济数据库终端
22	国讯新创软件技术有限公司	电信业务资源管理软件
23	上海创图网络科技发展有限公司	创图三维网页系统开发软件 [Webmax]
24	上海幻维数码创意科技有限公司	幻维动画流程管理软件 v1.0
25	上海大智慧股份有限公司	大智慧证券行情分析系统 internet 经典版软件 V5.90
26	上海大智慧股份有限公司	大智慧新一代高速行情分析系统 internet level-2 版软件 V3.01
27	上海大智慧股份有限公司	大智慧金融交易终端(超赢专业版)软件 [简称：超赢专业版]V6.00
28	上海大智慧股份有限公司	大智慧证券信息港(DOS 版)软件 [简称：大智慧 DOS 版]
29	上海大智慧股份有限公司	大智慧金融交易终端(机构版)软件 V4.00
30	上海大智慧股份有限公司	大智慧金融交易终端(主力资金版)软件 V4.00
31	上海微创软件有限公司	微创政府应用服务基础平台软件 V2.0
32	上海辰锐信息科技公司	辰锐集中监控与管理软件 V2.2

续表

33	上海中智库玛市场研究有限公司	中智库玛在线市场研究软件 V1.0
34	上海新致软件有限公司	newtouchOne 新致应用系统开发框架软件 V3.0
35	上海新致软件有限公司	新致 EDW 产险数据分析管理平台软件 1.0
36	上海新致软件有限公司	新致基金托管业务管理平台软件 V2.0
37	上海华平信息技术股份有限公司	AVCON UCC 统一协同通讯软件 V6.0 [简称 AVCON UCC 系统]
38	上海华平信息技术股份有限公司	AVCON 企业版网络视频会议软件 V5.0
39	上海华平信息技术股份有限公司	AVCON 网络视频会议软件 V4.0
40	上海齐家网信息科技股份有限公司	齐家电子商务平台软件 V1.0
41	上海中信信息发展股份有限公司	光典档案信息资源管理软件
42	上海中信信息发展股份有限公司	数字档案馆业务综合管理系统
43	上海中信信息发展股份有限公司	数字化加工管理软件
44	上海智联腾华软件技术有限公司	智联腾华租赁业务综合服务平台产品软件 V3.0
45	上海智联腾华软件技术有限公司	智联腾华协同办公系统产品软件 V6.0
46	上海时代光华教育发展有限公司	时代光华势能企业大学软件 V1.0
47	上海石川科技有限公司	石川无线餐饮管理软件 V5.0
48	上海期货信息技术有限公司	NGES 交易监控软件 V1.0
49	上海普华科技发展有限公司	普华工程项目管理集成软件 PowerOn (V4.0、V3.5、V3.0)
50	上海普华科技发展有限公司	普华项目管理信息平台软件 PowerPiP (V4.0、V3.5、V3.0)
51	上海粱江通信系统股份有限公司	粱江短信防火墙软件
52	上海浪沙软件有限公司	RUNSA 分销管理软件 V259.1
53	上海众恒信息产业股份有限公司	众恒世博会证件监控管理软件 V1.0
54	上海盘石数码信息技术有限公司	盘石手机取证分析软件 SafeMobile
55	上海盘石数码信息技术有限公司	盘石介质取证分析软件 SafeAnalyzer
56	上海盘石数码信息技术有限公司	盘石计算机现场取证系统软件 SafeImager
57	上海中交海德交通科技股份有限公司	海德高速公路资产养护管理信息化软件 HEAD-AMS V1.0
58	上海中商网络股份有限公司	中商数码防伪及产品数字化管理软件 V3.0
59	上海互普信息技术有限公司	ViaControl 威盾网络保安软件 V3.0
60	上海利驰软件有限公司	利驰图档管理系统 Webpower
61	上海博超科技有限公司	SCMS8 000 监控中心管理软件 V6.0
62	上海博超科技有限公司	SDVR8 800 数字硬盘录像机监控软件 V1.0
63	上海安达通信息安全技术股份有限公司	安达通 TPN 安全软件 V1.0
64	上海安达通信息安全技术股份有限公司	安达通 VPN 安全软件 V1.0
65	上海安达通信息安全技术股份有限公司	ADT 安全客户端软件 V3.0

续表

66	上海新华控制技术（集团）有限公司	新华数码控制系统 XDC800 应用软件〔简称 OnXDC〕V1.0
67	上海澎博财经资讯有限公司	澎博财经资讯系统 V4.1
68	上海百林通信软件有限公司	百林 NeST 3G 网络规划工具软件 V3.5
69	上海网波信息技术有限公司	网波水环境质量评价决策支持系统 V1.0
70	上海锐道信息技术有限公司	DORADO 展现中间件软件
71	上海高德威智能交通系统有限公司	高德威标准模拟汽车牌照识别软件 V3.0
72	乐线软件开发(上海)有限公司	乐线网络游戏运营支撑软件 V1.0.11
73	发思特软件(上海)有限公司	FastCAM 自动编程套料软件 V5.10
74	唯智信息技术(上海)有限公司	唯智 E-Logistic 物流管理软件 V3.0
75	大道计算机技术(上海)有限公司	大道大屏幕指挥调度平台软件 Xwall V3.0
76	宝智坚思管理咨询(上海)有限公司	智达企业建设项目流程管理软件（简称 Greata）V2 008
77	说宝堂信息科技(上海)有限公司	Saybot 播放器软件 V2.0
78	上海飞田通信技术有限公司	飞田智能车辆调度软件 V2.0
79	上海亚太计算机信息系统有限公司	亚太 ETC 联网收费结算软件
80	上海亚太计算机信息系统有限公司	亚太医疗健康体检信息管理软件
81	上海亚太计算机信息系统有限公司	亚太医院综合信息管理软件
82	上海农业信息有限公司	上农信奶牛生产管理软件 V1.0
83	上海农易数字工程技术有限公司	上农信蔬菜生产管理软件 V1.0
84	上海农业信息有限公司	龙行为农综合服务信息平台软件 V1.0
85	上海泛微网络科技有限公司	泛微协同商务软件 V5.0
86	上海恒为信息科技有限公司	恒为 OptiWay 协议处理控制软件 V1.0
87	上海华腾软件系统有限公司	TOP CCHS 城市一卡通清算平台软件
88	上海鹏达计算机系统开发有限公司	鹏达 AUTOLearning 汽车仿真教学平台软件［简称：AUTOLearning 汽车仿真教学平台］
89	上海鹏达计算机系统开发有限公司	鹏达校园网应用系统管理软件［简称 :PantoSchool.Net 学分制版］
90	上海鹏达计算机系统开发有限公司	鹏达国际商务教学实训平台软件［简称：国际商务教学实训平台］
91	上海鹏达计算机系统开发有限公司	鹏达汽车拆装教学实训平台软件［简称：汽车拆装实训教学平台］
92	上海鹏达计算机系统开发有限公司	鹏达学分银行——终身学习网平台软件［简称：学分银行——终身学习网平台］
93	上海鹏达计算机系统开发有限公司	鹏达整车虚拟检测与排故系统管理软件［简称：虚拟检测与排故系统］
94	上海博科资讯股份有限公司	博科 Navigator 全面预算管理软件 V5.0
95	上海圣桥信息科技有限公司	圣桥 Storbridge S3 000 统一存储管理软件 V1.0
96	上海益盟软件技术有限公司	益盟操盘手主力版深度分析决策软件

续表

97	上海益盟软件技术有限公司	益盟操盘手趋势通证券分析软件
98	上海益盟软件技术有限公司	操盘手手机证券软件
99	上海百胜软件有限公司	BSERP 百胜服装 ERP 软件 V3.1
100	上海海鼎信息工程股份有限公司	海鼎多业态商业自动化管理软件(HDPOS)V4.5
101	上海思伟软件有限公司	商品砼自动化生产管理软件 V5.0
102	上海兴安得力软件有限公司	兴安得力预算定额计价软件 V4.5
103	上海兴安得力软件有限公司	兴安得力工程量清单计价软件 V1.6
104	上海佳克计算机软件有限公司	佳克固定资产条码管理软件
105	上海南自科技股份有限公司	SNP-2 000 微机保护测控装置
106	上海理想信息产业(集团)有限公司	理想固网支付软件 V1.0
107	上海理想信息产业(集团)有限公司	理想电信大客户 CRM 软件 V1.0
108	上海理想信息产业(集团)有限公司	理想电子政务协同办公软件 V2
109	上海理想信息产业(集团)有限公司	理想企业总机业务软件 V1.0
110	上海理想信息产业(集团)有限公司	理想统一信息采编软件 V1.
111	上海英孚思为信息科技股份有限公司	英孚思为车间透明管理软件 V1.0
112	上海可鲁系统软件有限公司	Rm^2S 远程监控与维护软件 V2.0
113	上海联鼎软件技术有限公司	联鼎核心业务容灾管理软件 V1.0LanderVault
114	上海联鼎软件技术有限公司	联鼎多节点集群软件 V1.0LanderCluster

2010 年度优秀软件企业家获奖名单

1	上海理想信息产业(集团)有限公司	富杰	总经理
2	上海微创软件有限公司	张河涛	总裁
3	上海南天电脑系统有限公司	周建华	总经理
4	银联数据服务有限公司	王炎方	总裁
5	上海众恒信息产业股份有限公司	高建强	董事长
6	花旗数据处理(上海)有限公司	李远刚	总经理
7	乐线软件开发(上海)有限公司	PARK KYUNG Hwan	总经理
8	思华科技(上海)有限公司	孙逸浪	总经理
9	上海三吉电子工程有限公司	周健	总经理
10	上海金仕达卫宁软件股份有限公司	刘宁	总经理

2010年度软件收入二十强企业

1	中国银联股份有限公司	11	上海克而瑞信息技术有限公司
2	上海贝尔软件有限公司	12	上海完美世界网络技术有限公司
3	盛趣信息技术(上海)有限公司	13	花旗软件技术服务(上海)有限公司
4	上海宝信软件股份有限公司	14	龙旗科技(上海)有限公司
5	上海巨人网络科技有限公司	15	上海理想信息产业(集团)有限公司
6	上海征途信息技术有限公司	16	上海微创软件有限公司
7	银联商务有限公司	17	携程旅游信息技术(上海)有限公司
8	百度(中国)有限公司	18	万达信息股份有限公司
9	上海久游网络科技有限公司	19	上海华腾软件系统有限公司
10	盛大计算机(上海)有限公司	20	卡斯柯信号有限公司

统计报表

软件及相关服务业调查表

2010 年 1— 月

表　　号：RCD202 表
制表机关：上海市经济和信息化委员会
批准机关：上海市统计局
批准文号：沪统审字〔2009〕30 号
有效期至：2011 年 1 月

组织机构代码：□□□□□□□□ - □　　行业代码：□□□□

填报单位名称（盖章）：

指标名称	代码	计量单位	本期实际	上年同期
单位个数	1 000	个		
资产总计	1 001	万元		
固定资产原价	1 002	万元		
本期固定资产折旧	1 003	万元		
营业收入合计	1 004	万元		
其中：主营业务收入合计	1 010	万元		
其中：软件收入合计	1 011	万元		
其中：软件产品收入	1 012	万元		
系统集成和支持服务收入	1 013	万元		
信息技术咨询和管理服务收入	1 014	万元		
信息技术增值服务收入	1 015	万元		
* 嵌入式系统软件收入	1 016	万元		
设计开放收入	1 017	万元		
其中：软件外包服务收入	1 025	万元		
其中：软件出口额	1 030	万美元		
其中：软件外包服务出口额	1 031	万美元		
* 嵌入式系统软件出口额	1 032	万美元		
营业成本	1 005	万元		
营业税金及附加	1 051	万元		
费用合计	1 006	万元		
应交增值税	1 052	万元		
利润总额	1 040	万元		

指标名称	代码	计量单位	本期实际	上年同期
营业利润	1 041	万元		
从业人员劳动报酬	1 060	万元		
从业人员平均人数	1 070	人		
研究与发展(R&D)经费支出	1 110	万元		
订单同比增长	1 111	%		——

单位负责人：__________ 填表人：__________ 联系电话：__________ 报出日期：_____年_____月_____日

注：①价值量指标请保留一位小数；②“单位个数”由综合单位填报，企业不用填报；③ 1016、1 032 仅限工业企业填报。

审核要点：(1) 1004 ≥ 1010；(2) 1010 ≥ 1011；(3) 1011 ≥ 1025；

(4) 1011 = 1012+1013+1014+1015；(5) 1030 ≥ 1031+1032；(6) 1011 ≥ 1030*6.8(参考)；

(7) 1025 ≥ 1031*6.8(参考)；(8) 1016 ≥ 1032*6.8(参考)。

信用服务企业基本情况

20 年

统计登记号：□□□□□□□□

组织机构代码：□□□□□□□□—□

企业(单位)名称(盖章)：______________________________

企业(单位)地址：______________________________

表　　号：01 表

制定机关：上海市经济和信息化委员会

批准机关：上海市统计局

文　　号：沪统审字 (2011)10 号

有效期至：2013 年 2 月

指标名称	代码	计量单位	本年
甲	乙	丙	1
年末从业人员数	01	人	
按学历分：1. 研究生及以上学历	02	人	
2. 大学本科学历	03	人	
3. 大专学历	04	人	
4. 高中及以下学历	05	人	
按从业年限分：1. 五年及以上	06	人	
2. 三年及以上五年以下	07	人	
3. 一年及以上三年以下	08	人	
4. 一年以下	09	人	
按专业技术职称分，其中：高级技术职称	10	人	
中级技术职称	11	人	
初级及以下技术职称	12	人	
按持有国内执业证书分，其中：注册会计师	13	人	
注册资产评估师	14	人	

指标名称		代码	计量单位	本年
	注册土地估价师	15	人	
	具证券执业资格人员	16	人	
	具证券从业资格人员	17	人	
	律师	18	人	
	企业法律顾问	19	人	
按持有国外证书分，其中：	特许金融分析师（CFA）	20	人	
	英国特许公认会计师（ACCA）	21	人	
	美国注册会计师（AICPA）	22	人	
	北美精算师（FSA）	23	人	
	国际注册信用分析师（CICA）	24	人	
	国际注册信用师 (ICCA)	25	人	
	国际信用管理师（ICM）	26	人	
	国际信用管理员（ICA）	27	人	
按持有国内培训证书分，其中：	信用管理师	28	人	
	获信用管理岗位证书人员	29	人	
	注册咨询师	30	人	
	信用分析师	31	人	
	信用评估师	32	人	
	信用调查师	33	人	
	商务调查师	34	人	
	商账管理师	35	人	

单位负责人：　　　　填表人：　　　　联系电话：　　　　报出日期：　　年　　月　　日

信用服务企业财务状况

20　年

统计登记号：□□□□□□□□　　　　表　　号：02 表
制定机关：上海市经济和信息化委员会
组织机构代码：□□□□□□□□－□　　　　批准机关：上海市统计局
企业（单位）名称（盖章）：＿＿＿＿＿＿　　　　文　　号：沪统审字 (2011)10 号
企业（单位）地址：＿＿＿＿＿＿　　　　有效期至：2013 年 2 月

指标名称	代码	计量单位	本年
甲	乙	丙	1
一、资产负债	—	—	—
固定资产原价（01 ≥ 02）	01	千元	

指标名称	代码	计量单位	本年
本年折旧	02	千元	
资产总计	03	千元	
负债合计	04	千元	
实收资本	05	千元	
二、损益及分配	—	—	—
营业收入合计（06 ≥ 07）	06	千元	
其中：主营业务收入	07	千元	
其中：资信评级业务	08	千元	
商业征信（或称企业征信）业务	09	千元	
个人征信业务	10	千元	
信用管理业务	11	千元	
其他业务	12	千元	
主营业务成本	13	千元	
税金	14	千元	
主营业务税金及附加	15	千元	
费用合计（营业费用、管理费用、财务费用）	16	千元	
营业利润（17 ≥ 06-13-15-16）	17	千元	
利润总额	18	千元	
三、从业人员劳动报酬	19	千元	
四、中高级技术职称人员人均年薪酬	20	千元	
五、劳动、失业、养老、医疗保险费	21	千元	
六、福利费	22	千元	
七、住房公积金和住房补贴	23	千元	
八、全部从业人员年平均人数	24	人	

以上财务数据＿＿＿＿＿（已 / 未）经审计。

单位负责人：　　　　填表人：　　　　联系电话：　　　　报出日期：　　年　　月　　日

信用服务企业业务情况

20　年

统计登记号：□□□□□□□□□　　　　表　　号：03 表

制定机关：上海市经济和信息化委员会

组织机构代码：□□□□□□□□－□　　　　批准机关：上海市统计局

企业（单位）名称（盖章）：＿＿＿＿＿＿＿＿＿＿＿＿＿＿　　　　文　　号：沪统审字 (2011)10 号

企业（单位）地址：＿＿＿＿＿＿＿＿＿＿＿＿＿＿　　　　有效期至：2013 年 2 月

业务类型	指标名称	代码	计量单位	本年
甲	乙	丙	丁	1
资信评级业务	资信评级报告	01	份	
	债项评级	02	笔	
	债项评级发债金额	03	千元	
	主体评级	04	户	
	主体评级对象贷款余额	05	千元	
商业征信(或称企业征信)业务	商业征信(或称企业征信)报告	06	份	
	客户数量	07	户	
	客户类型：内资企业	08	户	
	港、澳、台商投资企业	09	户	
	外商投资企业	10	户	
	政府部门	11	个	
	其他	12	户	
个人征信业务	个人信用报告查询	13	份	
	个人信用报告提供	14	份	
信用管理业务	咨询案例	15	项	
	培训人次	16	人次	
	应收账款管理金额	17	千元	

补充资料：

1. 科研活动__________项

2. 公开发表专著________项

3. 自主知识产权________项

4. 信用报告用途：

____

____

____

单位负责人：　　填表人：　　联系电话：　　报出日期：　　年　　月　　日

软件企业认定和产品登记名单

2010 年度上海市认定软件企业名单

序号	企业名称	序号	企业名称
1	上海鱼游网络科技有限公司	30	上海舜信通信科技有限公司
2	虎天信息技术(上海)有限公司	31	上海东富龙信息技术有限公司
3	卓行(上海)网络科技有限公司	32	上海矩子智能科技有限公司
4	上海信尔杰信息技术股份有限公司	33	上海英领机电科技有限公司
5	上海慧集信息技术有限公 司	34	上海创朗软件开发有限公司
6	上海展博软件科技发展有限公司	35	上海恒博自动化设备有限公司
7	上海九运通用软件有限公司	36	上海肯仪软件有限公司
8	上海仰邦软件科技有限公司	37	上海柏安信息安全技术有限公司
9	上海豹雪信息科技有限公司	38	上海凯东软件有限公司
10	知库软件技术(上海)有限公司	39	上海梦之路数字科技有限公司
11	上海和迅软件有限公司	40	上海丽正软件技术有限公司
12	上海汇怡科技发展有限公司	41	上海颐辉软件有限公司
13	上海汉勤信息技术有限公司	42	上海亿业网络科技发展有限公司
14	上海寰雷信息技术有限公司	43	上海缔一投资管理有限公司
15	上海中桓数字自动化设备科技有限公司	44	上海软波工程软件有限公司
16	上海移数通电讯有限公司	45	上海子墨国际文化传播有限公司
17	上海吉运软件技术有限公司	46	上海俊泽软件有限公司
18	上海乃嘉软件科技发展有限公司	47	上海微卡软件有限公司
19	上海数移信息技术有限公司	48	上海擎磐电子科技有限公司
20	上海金力信息技术有限公司	49	上海延展信息科技有限公司
21	上海商众科技有限公司	50	白藤信息科技(上海)有限公司
22	上海中科软科技有限公司	51	上海华钦软件技术有限公司
23	新浪(上海)企业管理有限公司	52	上海定智信息技术有限公司
24	上海横智市场营销策划有限公司	53	上海迪联信息技术有限公司
25	上海汉迦电子科技有限公司	54	上海嘉亮信息科技有限公司
26	上海坐井信息技术有限公司	55	浩擎(上海)信息科技有限公司
27	诺明软件(上海)有限公司	56	上海必行信息技术有限公司
28	润百计算机(上海)有限公司	57	上海神机软件有限公司
29	上海启态网络科技有限公司	58	上海华势信息科技有限公司

序号	企业名称	序号	企业名称
59	上海众人网络安全技术有限公司	94	上海埃奇彼电子科技有限公司
60	上海心通信息技术有限公司	95	上海容恒信息科技有限公司
61	上海南自科技股份有限公司	96	瑞寰网络科技(上海)有限公司
62	上海捷奥信息科技有限公司	97	上海恒桦可力科技发展有限公司
63	上海振坤实业有限公司	98	上海航隆电子科技有限公司
64	鼎举(上海)软件技术有限公司	99	上海寰创通信科技有限公司
65	上海乾隆网络科技有限公司	100	上海祺升信息科技有限公司
66	上海承功信息技术服务有限公司	101	上海雅海网络科技有限公司
67	上海祥殷信息技术有限公司	102	上海天会皓闻信息科技有限公司
68	上海全湾信息科技有限公司	103	上海佳希电子科技有限公司
69	上海邦信信息技术有限公司	104	上海美慧软件有限公司
70	上海东方数据广播有限公司	105	上海韬图动漫科技有限公司
71	上海天络科技有限公司	106	上海汉迈科技有限公司
72	东软集团(上海)有限公司	107	上海欣富软件技术有限公司
73	上海汉立信息技术有限公司	108	上海劲擎网络科技有限公司
74	上海阿耳法信息技术有限公司	109	上海乐顾网络技术有限公司
75	上海格银信息技术有限公司	110	上海科越信息技术有限公司
76	上海拜般网络科技有限公司	111	上海海丰信息技术有限公司
77	恩梯梯数据英特玛软件系统(上海)有限公司	112	上海奥盛软件科技有限公司
78	上海云蟾网络科技有限公司	113	医软信息科技(上海)有限公司
79	上海杰格信息科技有限公司	114	上海因致信息科技有限公司
80	上海共远信息技术有限公司	115	上海数聚软件系统有限公司
81	上海银硕软件技术有限公司	116	上海佳创信息科技有限公司
82	上海维响信息科技有限公司	117	民理达软件(上海)有限公司
83	上海秉誉信息科技有限公司	118	上海欧肯网络技术有限公司
84	上海盛亚信息技术有限公司	119	上海威浦自动化电气有限公司
85	上海若泰工程建设管理技术有限公司	120	上海瑞原信息技术有限公司
86	上海天晶电力科技发展有限公司	121	上海荆艺软件有限公司
87	上海艾特维通信科技有限公司	122	上海神建龙电脑科技有限公司
88	上海酷族信息技术有限公司	123	维坤智能科技(上海)有限公司
89	上海星鸟软件技术有限公司	124	上海灵鹫信息技术有限公司
90	上海永为信息科技有限公司	125	上海诺祺科技有限公司
91	上海东兰软件有限公司	126	上海航脉软件科技有限公司
92	上海钱坤信息科技有限公司	127	上海益同软件技术有限公司
93	上海璟华信息科技有限公司	128	上海展欣通信技术有限公司

序号	企业名称	序号	企业名称
129	上海杰亦特信息科技有限公司	164	上海上大海润信息系统有限公司
130	上海金榜智能科技有限公司	165	支付宝(中国)信息技术有限公司
131	上海羽裳信息科技有限公司	166	上海华东电集能源信息有限公司
132	上海六通信息科技有限公司	167	上海天缘迪柯信息技术有限公司
133	商埃曲网络软件(上海)有限公司	168	上海昊钰软件信息技术有限公司
134	上海显届数字科技有限公司	169	上海竞舟互联信息技术有限公司
135	上海聚财盆信息技术有限公司	170	上海柯慧网络科技有限公司
136	上海容之自动化系统有限公司	171	上海弥行软件技术有限公司
137	艾菲诗软件(上海)有限公司	172	上海礼之都信息科技有限公司
138	上海艾捷自动化设备有限公司	173	上海岳能软件有限公司
139	上海博堃信息科技有限公司	174	上海三盾信息技术有限公司
140	上海复大实业有限公司	175	上海无距科技有限公司
141	伦杰信息技术(上海)有限公司	176	上海鸿禹信息系统有限公司
142	上海汉水信息技术服务有限公司	177	上海求步申亚信息系统有限公司
143	上海启导教育研究有限公司	178	上海贝锐信息科技有限公司
144	上海医弘信息科技有限公司	179	上海杉兆网络科技有限公司
145	上海澳马车辆物资采购有限公司	180	上海艾麒信息科技有限公司
146	上海寰博数码科技有限公司	181	上海睿策网络科技有限公司
147	上海坤帝科软件科技有限公司	182	上海橡果好记星软件技术发展有限公司
148	上海嵌润信息科技有限公司	183	上海玛左实业有限公司
149	上海博笃信息科技有限公司	184	上海兆吉信息技术有限公司
150	上海天正智能数据服务有限公司	185	上海格瑞特信息技术有限公司
151	上海研亚软件信息技术有限公司	186	上海安纵信息科技有限公司
152	易安信信息技术研发(上海)有限公司	187	上海山丝信息科技有限公司
153	汉海信息技术(上海)有限公司	188	上海创识天沪信息科技有限公司
154	上海甲金通信科技有限公司	189	上海精通专用电讯器材厂
155	上海瑞质信息技术有限公司	190	鹏昆科技(上海)有限公司
156	上海唯星通信技术有限公司	191	上海艾文普信息技术有限公司
157	上海复尧计算机科技有限公司	192	上海侨爱信息科技有限公司
158	上海同邦睿图软件技术有限公司	193	上海睿动多媒体科技有限公司
159	巴克莱信息技术(上海)有限公司	194	上海嵘淼网络科技有限公司
160	上海乐立电气有限公司	195	上海华博数码科技有限公司
161	上海艾帕电力电子有限公司	196	沃勤网络科技(上海)有限公司
162	上海蓝思软件技术有限公司	197	上海盖讯信息技术有限公司
163	上海瑞浩信息技术有限公司	198	福兰(上海)商务咨询有限公司

序号	企业名称	序号	企业名称
199	上海清泽信息技术有限公司	234	上海博康智能信息技术有限公司
200	音墙网络科技(上海)有限公司	235	上海希普信息科技有限公司
201	上海卓领通讯技术有限公司	236	上海创图网络科技发展有限公司
202	上海亚萌数码科技有限公司	237	上海商国网络科技发展有限公司
203	上海科冠信息科技有限公司	238	上海尚娱网络科技有限公司
204	上海圣然信息科技有限公司	239	上海博英信息科技有限公司
205	上海科度信息科技有限公司	240	上海瑞软企业管理咨询有限公司
206	上海晟欧软件技术有限公司	241	汉军智能系统(上海)有限公司
207	上海为卓信息科技有限公司	242	上海为舟网络科技有限公司
208	上海矽思信息技术有限公司	243	上海盾力电子科技有限公司
209	上海伍德新建软件有限公司	244	上海友亚信息科技有限公司
210	上海东方通泰软件科技有限公司	245	上海云速网络科技有限公司
211	上海万得投资管理有限公司	246	起于凡信息技术(上海)有限公司
212	上海完美时空软件有限公司	247	上海申微软件有限公司
213	上海大智慧投资咨询有限公司	248	上海艾未软件科技有限公司
214	上海多维明软信息技术有限公司	249	上海赞同信息科技发展有限公司
215	柏视数码科技(上海)有限公司	250	上海龙泰信息技术有限公司
216	上海益邦网络通信工程有限公司	251	上海畅盟信息科技有限公司
217	上海明昊信息技术有限公司	252	上海华建电力设备股份有限公司
218	上海网达软件有限公司	253	上海速强信息技术有限公司
219	上海迈辉信息技术有限公司	254	上海中崛信息科技有限公司
220	上海皇家网络科技有限公司	255	上海同游消防科技有限公司
221	上海保浦乐软件有限公司	256	檀慕信息技术(上海)有限公司
222	上海斯凯普斯信息技术有限公司	257	杰脉通信技术(上海)有限公司
223	上海酷宇通讯技术有限公司	258	上海宏巍计算机软件有限公司
224	永凯软件技术(上海)有限公司	259	上海通立信息科技有限公司
225	上海龙引擎网络科技有限公司	260	上海图智通讯科技有限公司
226	上海互惠信息技术有限公司	261	上海合普信息科技有限公司
227	上海同风数码科技有限公司	262	上海育佳信息科技有限公司
228	上海长合信息技术有限公司	263	上海通琅信息技术有限公司
229	上海元宝软件技术有限公司	264	上海白虹软件科技有限公司
230	上海新朋程信息科技有限公司	265	上海智银信息科技有限公司
231	上海绿建信息科技有限公司	266	上海优控科技有限公司
232	上海三森软件有限公司	267	上海致昆网络科技有限公司
233	上海博康智能网络科技有限公司	268	上海天矶管理咨询有限公司

续表

序号	企业名称	软件产品名称
30	上海力铭科技有限公司	力铭商业汇票业务电子化综合处理平台SaaS版软件[简称:BBSP_SaaS]V1.0
31	上海坐井信息技术有限公司	坐井3G增值业务管理软件V1.0
32	上海天陇电力科技发展有限公司	天陇SF6便携式露点仪软件V1.0
33	鼎捷软件有限公司	神州数码协作管理软件V5.0
34	上海名之赫科技有限公司	名之赫食堂管理软件V1.0
35	上海名之赫科技有限公司	名之赫合同管理软件V1.0
36	上海慧集信息技术有限公司	慧集通信资源信息管理GIS/GPS软件V1.0
37	易保网络技术(上海)有限公司	易保团险核心业务软件V3.0
38	上海启态网络科技有限公司	启态Talkpal听读客户端软件V1.0
39	上海阿耳法信息技术有限公司	阿耳法全媒体复合采编软件V1.0
40	上海深邦电气有限公司	深邦电梯远程监控软件V1.0
41	上海数移信息技术有限公司	数移金融在线决策分析软件[简称:金融在线]V1.0
42	上海横智市场营销策划有限公司	横智电子商务联盟营销平台软件V1.0
43	新浪(上海)企业管理有限公司	新浪四、七层交换管理应用软件V1.0
44	上海吉运软件技术有限公司	吉运红十字会数字信息门户平台软件V1.0
45	上海金怡信息科技有限公司	金怡SigDet无线电信号侦测软件[简称:SigDet侦测软件]V1.0
46	长江计算机(集团)公司	长江网上协同平台软件V1.0
47	上海征途信息技术有限公司	巨人网络-绿色征途游戏软件V1.0
48	恒源祥(集团)有限公司	恒源祥服装MTM软件V1.0
49	上海豹雪信息科技有限公司	豹雪人力资源外包业务管理信息平台软件V2.0
50	上海柏楚电子科技有限公司	柏楚VS力反馈方向盘控制软件V1.0
51	上海鼎实科技有限公司	鼎实板坯连铸漏钢预报软件V1.0
52	上海子安计算机科技有限公司	子安IT运维管理报表软件V1.0
53	浩擎(上海)信息科技有限公司	Openfind Email Keeper管家邮-邮件归档搜索软件V1.0
54	浩擎(上海)信息科技有限公司	Openfind MailBase邮件备份管理软件V1.0
55	上海敏维软件技术有限公司	敏维iMon企业集成智能监管平台软件V1.0
56	亿添视频技术(上海)有限公司	天栢福建应用表现软件V3.0
57	亿添视频技术(上海)有限公司	天栢STB中间层(含多个CA)软件V2.1.5
58	亿添视频技术(上海)有限公司	天栢Leader下载软件V3.1
59	亿添视频技术(上海)有限公司	天栢SCN应用表现软件V3.0
60	栢视数码科技(上海)有限公司	天栢窄带通信系统R-UDP/MPE网关软件V2.9
61	栢视数码科技(上海)有限公司	天栢DASS浏览器软件V3.0
62	栢视数码科技(上海)有限公司	天栢DASS中间件软件V3.0

续表

序号	企业名称	软件产品名称
63	栢视数码科技(上海)有限公司	天栢窄带通信系统机顶盒驱动软件 V2.0.0.9
64	栢视数码科技(上海)有限公司	天栢 DASS 软件 V1.0
65	栢视数码科技(上海)有限公司	天栢窄带通信系统局端软件 V2.0
66	栢视数码科技(上海)有限公司	天栢窄带通信系统终端软件 V2.0
67	上海新致软件有限公司	新致网络路由器设置命令检查软件 V1.0
68	上海新致软件有限公司	新致物流业车辆管理软件 V1.0.0
69	上海莫克电子技术有限公司	莫克微水在线监测软件 V1.0
70	上海三高计算机中心股份有限公司	三高宏扬供水管网水力模拟软件 V8.0
71	上海三高计算机中心股份有限公司	三高给水管网 WEBGIS 软件[简称:三高 WEBGIS]V2.0
72	上海领道软件有限公司	领道仓储配送管理软件 V2.0
73	上海文思信息技术有限公司	文思企业培训管理软件 V1.0
74	上海文思信息技术有限公司	文思流通渠道管理软件 V1.0
75	硕琦(上海)信息科技有限公司	硕琦邮件安全管理软件 V8.0
76	上海域信测控技术有限公司	域信电参数数据采集软件 V1.0
77	结行信息技术(上海)有限公司	结行 SIM 卡多应用接入管理平台软件 V1.0.0
78	结行信息技术(上海)有限公司	结行手机支付 RFID-SIM 卡距离校准平台软件 V1.0.0
79	结行信息技术(上海)有限公司	结行手机支付业务 POS 服务平台软件 V1.0.0
80	诺明软件(上海)有限公司	诺明专业服务自动化管理软件 V6.1
81	乐线软件开发(上海)有限公司	乐线密保卡软件 V1.4.3.0
82	乐线软件开发(上海)有限公司	乐线门户广场软件 V1.0.1.3
83	乐线软件开发(上海)有限公司	乐线 PPS 推广商专用软件 V2.0.0.4
84	上海超捷系统集成有限公司	超捷 CRBT(MRBT/PRBT) 应用软件 V3.0
85	上海久娱网络科技有限公司	久娱科技点点达人游戏软件 V1.0
86	上海神机软件有限公司	神机妙算远程在线招投标管理软件 V10.0
87	上海坤帝科软件科技有限公司	Quintiq 铝行业高级计划与排程解决方案软件 V4.2
88	上海理想信息产业(集团)有限公司	理想电子政务协同办公软件 V2
89	上海亚经网络科技有限公司	亚经醇醚燃料生产经营管理软件 V1.0
90	上海仰邦软件科技有限公司	仰邦 LedshowGG 传媒信息集群编辑发布软件[简称:LedshowGG]V1.0
91	上海碧宝特电子科技有限公司	碧宝特 B POD 终端 Web 浏览软件 V1.0
92	上海银欣高新技术发展股份有限公司	银欣机房监控管理软件 V1.0
93	上海隆达软件有限公司	隆达模具制造敏捷管理软件[简称:LONDA-MMAMS]V5.0
94	上海西野信息科技有限公司	西野信息平台软件 V1.0
95	上海锐英信息安全技术有限公司	锐英互联网舆情监控软件 V1.4

续表

序号	企业名称	软件产品名称
96	上海阿尔卡特网络支援系统有限公司	SANSS IPTV 业务管理 4.5 期软件 V1.0
97	上海慧龙计算机系统有限公司	慧龙社区在线学习平台软件［简称：社区学习平台软件］V1.0
98	上海杰图软件技术有限公司	杰图三维全景展示制作软件［简称：造景师］V7.0
99	上海杰图软件技术有限公司	杰图虚拟漫游展示制作软件［简称：漫游大师］V3.00
100	上海浦东软件平台有限公司	STS 非对称多核嵌入式系统公共技术平台软件 V1.0
101	上海浦东软件平台有限公司	STS 面向行业的嵌入式共性技术服务平台软件 V1.0
102	上海浦东软件平台有限公司	STS 面向中小企业的嵌入式共性技术服务平台软件 V1.0
103	巴克莱信息技术（上海）有限公司	巴克莱假期管理软件 V1.0
104	上海凯东软件有限公司	凯东计算机辅助外科手术软件［简称：CAS］V1.0
105	上海熙菱信息技术有限公司	熙菱网络审计与监控软件［简称：SNAM］V2.0
106	上海迪道科技有限公司	迪道中小企业 ERP 软件［简称：SMEERP］V1.0
107	上海纪元微科电子有限公司	MMS 马达驱动电路测试软件［简称：马达驱动测试软件］V1.0
108	上海亿通国际股份有限公司	亿通国际特殊区域维修检测联网核销软件 V1.0
109	上海亿通国际股份有限公司	亿通国际保税仓储物流管理信息软件 V1.0
110	上海亿通国际股份有限公司	亿通国际数据查询管理软件 V1.0
111	上海亿通国际股份有限公司	亿通国际船舶载运危险品管理软件 V1.0
112	上海世范软件技术有限公司	世范企业供应商管理软件［简称：企业供应商管理软件］V1.0
113	上海世范软件技术有限公司	世范客户投诉管理软件 V1.0
114	上海起凡数字技术有限公司	起凡关隘争夺战游戏软件［简称：关隘争夺战］V1.0
115	上海起凡数字技术有限公司	起凡三国伏魔游戏软件［简称：三国伏魔］V1.0
116	上海用赢软件有限公司	用赢连锁行业管理软件［简称：用赢连锁］V1.0
117	上海君阳信息科技有限公司	君阳通讯管理软件 V1.0
118	上海易谷网络科技有限公司	Egoocall 多媒体联络中心软件［简称：Egoocall］V1.0
119	上海医疗器械厂有限公司	三叶高频高压发生器控制软件 V1.0
120	上海富远软件技术有限公司	富远大宗商品中远期电子交易系统应用软件 V3.0
121	上海富远软件技术有限公司	富远经营信息管理及风险控制软件 V1.0
122	上海创远信息技术股份有限公司	创远 TATS-BTS 基站自动测试系统应用软件 V1.0
123	上海永为信息科技有限公司	永为一卡多号业务软件 V1.0
124	上海永为信息科技有限公司	永为免打扰控制软件 V1.0
125	上海泰山软件技术有限公司	TSS TS-M 时钟时间同步网管软件 V1
126	鼎捷软件有限公司	神州数码客户关系管理软件 V6.1
127	鼎捷软件有限公司	神州数码 HR 管理软件 V2.2
128	鼎捷软件有限公司	神州数码工作流软件 V3.1
129	上海蓝鸟科技股份有限公司	蓝鸟锐泰生产管理软件 V1.0

续表

序号	企业名称	软件产品名称
130	上海吉运软件技术有限公司	吉运网站内容管理平台软件[简称：JYCMS]V1.0
131	上海华虹集成电路有限责任公司	华虹信息安全 PKI 应用 COS 软件 V0.9
132	上海华虹集成电路有限责任公司	华虹社会保障 IC 卡 COS 软件 V0.84
133	蓝沙信息技术(上海)有限公司	蓝沙《统一商城平台》软件 V3.4
134	蓝沙信息技术(上海)有限公司	蓝沙《游戏收入自动审计》软件 V1.0
135	蓝沙信息技术(上海)有限公司	蓝沙《网站用户行为分析》软件 V1.0
136	蓝沙信息技术(上海)有限公司	蓝沙《调查引擎》软件 V1.0
137	蓝沙信息技术(上海)有限公司	蓝沙《统一授权平台》软件 V1.0
138	蓝沙信息技术(上海)有限公司	蓝沙《统一应用管理平台》软件 V1.0
139	上海华腾软件系统有限公司	TOP BMS 商业汇票管理平台软件 V1.0
140	上海天雅信息科技有限公司	天雅身份识别软件 V1.0
141	上海亿贝网络信息服务有限公司	eBay 外贸门户网站软件 V3.0
142	上海大指头网络技术有限公司	大指头 GW7 750 中间件软件 V1.0
143	上海科企软件有限公司	科企 HyperServer 服务器虚拟化软件 V2.0
144	上海瑞原信息技术有限公司	瑞原 IBS 移动通信系统信令分析及数据业务优化软件 V1.0
145	上海智联腾华软件技术有限公司	智联腾华租赁业务综合服务平台软件 V3.0
146	上海百胜翼商网络科技有限公司	百胜 OpenShop 电子商务平台软件 V1.0
147	上海三高计算机中心股份有限公司	三高智能水表数据监管平台软件[简称：水表监管]V2.0
148	上海三高计算机中心股份有限公司	三高 DataLog 系列数据采集记录终端软件[简称：DataLog 终端软件]V2.0
149	白藤信息科技(上海)有限公司	白藤应用程序故障解析支援工具软件 V3.0
150	上海雷波信息技术有限公司	雷波实验室信息管理系统与仪器联结软件 V1.0
151	上海杰亦特信息科技有限公司	杰亦特销售团队管理软件 V1.0
152	上海心仪电子科技有限公司	心仪 PsyTech 体育选材软件 V1.0
153	上海昊沧系统控制技术有限责任公司	昊沧 Lab++ 化验室管理软件 V1.0
154	上海昊沧系统控制技术有限责任公司	昊沧 AVS 精确曝气流量控制软件 V2.0
155	上海祥网瑞电子科技有限公司	祥网瑞胶片采集工作站软件 V1.0
156	上海祥网瑞电子科技有限公司	祥网瑞医疗影响工作站软件 V1.0
157	上海华冠电子设备有限责任公司	华冠牌电力负荷管理终端软件 V1.0
158	上海嘉亮信息科技有限公司	嘉亮零售分销管理软件 V1.1
159	上海擎磐电子科技有限公司	擎磐骨密度分析测量软件 V1.0
160	上海必行信息技术有限公司	必行新农村养殖管理平台软件 V1.0
161	鼎举(上海)软件技术有限公司	鼎举 PhoneSuit 手机同步工具软件 V1.0
162	上海大智慧投资咨询有限公司	大智慧证券信息港(DOS)营业部版软件[简称：营业部版]V6.00

续表

序号	企业名称	软件产品名称
163	上海华虹集成电路有限责任公司	华虹公用交通 IC 卡 COS 软件 V2.0
164	上海麦戈信息科技有限公司	麦戈流媒体节点管理软件 V1.0
165	上海圣诺软件技术有限公司	圣诺大容量电子邮件软件[简称：CENO UMail-TX]V1.8.0
166	艾菲诗软件(上海)有限公司	IFS 应用软件 V7.5
167	钜林信息技术(上海)有限公司	钜林 PDA 餐饮点单软件[简称：ZENII PDA F&B POS]V1.0
168	上海风格软件有限公司	风格嵌入式列车之声接收软件 V1.0
169	上海风格软件有限公司	风格电台总控辅助一体化软件 V1.0
170	上海玉帛软件有限公司	玉帛大张产品数字动态管理软件[简称：大张跟踪软件]V1.0
171	胜科金仕达数据系统(中国)有限公司	金仕达石油交易管理软件[简称：石油二级交易系统]V1.0
172	上海优同科技有限公司	优同小词汇量普通话语音识别软件[简称：YT-MiniASR Mandarin]V1.0
173	上海优同科技有限公司	优同嵌入式普通话语音合成软件[简称：YT-MiniSpeech Mandarin TTS]V1.0
174	上海优同科技有限公司	优同嵌入式英文语音合成软件[简称：YT-MiniSpeech English TTS]V1.0
175	上海数慧系统技术有限公司	数慧国土资源数据交换平台软件 V1.0
176	上海天晶电力科技发展有限公司	天晶基于 J2EE/XML 的电力在建工程在线管理系统及施工协作软件 V1.0
177	上海颐通电子科技有限公司	颐通 3G 无线公网数据传输通讯软件 V2.0
178	上海阿法迪智能标签系统技术有限公司	RFID 软件自动升级软件 V1.0
179	上海硅知识产权交易中心有限公司	SSIPEX 企业专利信息管理软件 V1.0
180	上海硅知识产权交易中心有限公司	SSIPEX10 位 80M 采样率 ADC 测试软件 V7.01.00
181	上海欧肯网络技术有限公司	欧肯投资决策终端软件 V1.7
182	上海丫丫信息科技有限公司	丫丫宝宝主页后台软件 V2.0
183	上海遥薇(集团)有限公司	遥薇交通运输综合信息软件 V1.0
184	上海若泰工程建设管理技术有限公司	睿目地下工程风险管理软件 V1.00
185	上海埃奇彼电子科技有限公司	埃奇彼色彩印相控制软件 V1.0
186	上海希肯网络科技有限公司	希肯在线咨询平台软件 V1.0
187	上海红电自动化科技有限公司	REDFCS 现场总线监控软件 V7.1
188	上海晶瑞计算机科技有限公司	晶瑞 DLP 数字显示器控制软件 V1.0
189	上海天络科技有限公司	天络飞行参数综合译码分析处理软件 V2.0
190	上海伽兴电子科技有限公司	伽兴 Adacces 组态实时工业数据库软件 V1.0
191	上海三洲迅驰数字技术有限责任公司	三洲迅驰数字电视呼叫中心软件 V1.0
192	上海三洲迅驰数字技术有限责任公司	三洲迅驰数字电视用户管理软件 V4.0
193	上海三洲迅驰数字技术有限责任公司	三洲迅驰数字电视条件接收软件 V4.0
194	上海先致信息系统有限公司	先致科技创新服务软件 V1.0

续表

序号	企业名称	软件产品名称
195	上海先致信息系统有限公司	先致票据管理软件 V1.0
196	上海城市地理信息系统发展有限公司	城地 CityGIS_MDK 平台软件 V5.0
197	上海城市地理信息系统发展有限公司	城地 MCM 灵通出行软件 V1.0
198	上海裕舜科贸发展有限公司	裕舜互动感应软件 V1.0
199	上海贝尔阿尔卡特软件有限公司	贝尔无源光网络软件 V1.0
200	润百计算机(上海)有限公司	润百 DRP 零售分销管理软件 V2.0.1.8
201	润百计算机(上海)有限公司	润百 MII 智能营销整合平台软件 V2.0.1.8
202	上海东方数据广播有限公司	东方数据办公自动化软件 V1.1
203	上海东方数据广播有限公司	东方数据办公用品管理软件 V1.1
204	上海东方数据广播有限公司	东方数据招聘管理软件 V1.1
205	上海邦信信息技术有限公司	邦信云协同信息平台软件 V1.0
206	上海宇龙软件工程有限公司	宇龙机电控制仿真软件 V2.0
207	上海广大信息技术有限公司	广大制单软件 V1.0
208	上海奈凯电子科技有限公司	奈凯机器视觉定位数控软件 V9.0
209	上海奈凯电子科技有限公司	奈凯 4 轴雕刻机数控软件 V10.0
210	上海奈凯电子科技有限公司	奈凯点胶机数控软件 V9.0
211	上海奈凯电子科技有限公司	奈凯数控压片机控制软件 V9.0
212	上海奈凯电子科技有限公司	奈凯 5 轴磨床数控软件 V10.0
213	上海奈凯电子科技有限公司	奈凯三 Z 轴雕刻机数控软件 V8.0
214	上海奈凯电子科技有限公司	奈凯带法线追踪玻璃切割数控软件 V10.0
215	上海奈凯电子科技有限公司	奈凯绳锯切割机数控软件 V10.0
216	上海奈凯电子科技有限公司	奈凯玻璃切割机数控软件 V9.0
217	上海奈凯电子科技有限公司	奈凯火焰切割机数控软件 V9.0
218	支付宝(中国)信息技术有限公司	支付宝资金风险控制软件 V2.0
219	支付宝(中国)信息技术有限公司	支付宝交易管理软件 V2.0
220	支付宝(中国)信息技术有限公司	支付宝卡通软件 V2.0
221	支付宝(中国)信息技术有限公司	支付宝会员信息管理软件 V2.0
222	支付宝(中国)信息技术有限公司	支付宝账务结算软件 V2.0
223	上海盛亚信息技术有限公司	盛亚 EOS 劳务派遣管理软件[简称:盛亚 EOS]V1.0
224	上海振坤实业有限公司	振坤车牌识别软件 V1.0
225	上海银硕软件技术有限公司	银硕 SC 银行综合业务软件[简称:SC]V1.0
226	上海伯俊软件科技有限公司	伯俊 PORTAL 企业门户管理平台软件 V1.0
227	上海伯俊软件科技有限公司	伯俊 POS 店铺管理软件 V1.0
228	上海浮罗信息技术有限公司	FLO-EMS(HQ11) 能源计量管理软件 V1.0

续表

序号	企 业 名称	软 件 产 品 名称
296	上海德光电子技术有限公司	德光高清图像检视软件 V8.8
297	上海德光电子技术有限公司	德光自动套印控制和检视软件 V8.8
298	上海龙腾机械制造有限公司	龙腾灌装机控制软件 V3.0
299	上海龙腾机械制造有限公司	龙腾装盒机控制软件 V3.0
300	上海高机生物工程有限公司	高机喷雾干燥控制分析软件 V2.0
301	上海超量信息技术有限公司	超量 E-DMS 文档管理软件［简称：E-DMS］V7.5
302	上海长合信息技术有限公司	OTN 网络通信及视频集成管理软件［简称：OMS&OVS］V4.5
303	上海仁仁电子科技有限公司	仁仁烟机设备电子查询软件 V1.0
304	上海阿尔卡特网络支援系统有限公司	SANSS UDB 业务系统应用软件 V1.0
305	上海阿尔卡特网络支援系统有限公司	SANSS 天翼视讯全国业务管理平台软件 V2.0
306	上海阿尔卡特网络支援系统有限公司	SANSS 基于 EPON 接入业务开通和激活软件 V1.0
307	上海容恒信息科技有限公司	iPensee(随想)金融不良资产业务管理软件 V1.0
308	上海容恒信息科技有限公司	iPensee(随想)公文流转管理软件 V1.0
309	上海容恒信息科技有限公司	iPensee(随想)教育系统设备管理软件 V1.0
310	上海信颐电子科技有限公司	信颐高清播放软件 V1.0
311	上海南自科技股份有限公司	南自 SNP-2 611 矿用高开综合保护测控装置软件 V1.0
312	上海群雁信息技术有限公司	群雁网络设备性能数据采集软件 V1.0
313	上海群雁信息技术有限公司	群雁 IT 资源管理监控软件 V1.0
314	上海夏尔软件有限公司	夏尔超效工作流软件 V1.0
315	上海夏尔软件有限公司	夏尔法规遵从邮件归档软件 V1.0
316	上海夏尔软件有限公司	夏尔超效内容管理软件 V2.0
317	上海宝立自动化工程有限公司	宝立卡罗塞尔卷取机自动控制软件 V1.0
318	上海宝立自动化工程有限公司	宝立中试机组入口连续焊接自动控制软件 V1.0
319	上海宝立自动化工程有限公司	宝立碎边剪自动控制软件 V1.0
320	上海宝立自动化工程有限公司	宝立平整机延伸率控制软件 V1.0
321	上海宝立自动化工程有限公司	宝立焊缝跟踪控制软件 V1.0
322	上海宝立自动化工程有限公司	宝立废边卷球机自动控制软件 V1.0
323	上海宝立自动化工程有限公司	宝立自动厚度控制软件 V1.0
324	上海蓝鸟科技股份有限公司	蓝鸟轮胎快检管理软件 V1.0
325	富士通(中国)信息系统有限公司	富士通 EMMA 设备维护管理软件 V1.0
326	上海平安投资有限公司	平安投资 RFID 自动导航软件 V1.0
327	上海睿策网络科技有限公司	睿策综合应用服务框架软件 V1.2
328	上海玛左实业有限公司	玛左协同调度指挥平台软件 V3.0
329	上海克而瑞信息技术有限公司	CRIC2 009 房地产决策咨询软件 V3.0

续表

序号	企业名称	软件产品名称
330	上海交大慧谷信息产业股份有限公司	交大慧谷 Media Master 图形图像处理软件 V1.0
331	上海羽裳信息科技有限公司	羽裳多维可视化及形象进度管理软件 V6.0
332	上海乾隆网络科技有限公司	钱龙港股通点金版证券分析软件 V5.80
333	上海因致信息科技有限公司	因致制造执行系统应用软件 V1.0
334	上海鑫锦坤系统集成技术有限公司	鑫锦坤 E-POS 商业 IC 卡业务平台管理软件 V1.0
335	上海幻维数码创意科技有限公司	幻维动画流程管理软件 V1.0
336	上海济祥智能交通科技有限公司	济祥 J+iSignal 交通控制辅助设计软件 V1.0
337	上海宝景信息技术发展有限公司	宝景证券门户软件 V1.0
338	上海宝景信息技术发展有限公司	宝景资源管理软件 V1.0
339	上海宝景信息技术发展有限公司	宝景财务办公自动化软件 V1.0
340	上海宝景信息技术发展有限公司	宝景财务部门管理软件 V1.0
341	上海宝景信息技术发展有限公司	宝景临床信息管理软件 V1.0
342	上海共久电气有限公司	共久 Opmac1 600AL 控制软件 V1.0
343	上海共久电气有限公司	共久 QY3 核心控制软件 V1.0
344	上海浦宜亚软件有限公司	浦宜亚河网水利计算成果可视化软件 V1.0
345	上海迅研电子科技有限公司	迅研影像自动对位软件 V1.0
346	上海迅研电子科技有限公司	迅研航车自动控制软件 V1.0
347	上海能电信息技术有限公司	能电组件化电力地理信息软件 V1.0
348	上海科大智能科技股份有限公司	KDJC_SRMS 供电企业安全风险管理软件 V1.0
349	上海科大智能科技股份有限公司	KDJC_TEOS 配电变压器经济运行软件 V1.0
350	上海科大智能科技股份有限公司	KDDSS 配网管理决策支持软件 V1.0
351	上海科大智能科技股份有限公司	KDYGD 电力营销预购电管理软件 V1.0
352	上海科大智能科技股份有限公司	KDLSA 负荷饱和度分析与配电网规划软件 V1.0
353	上海艾特维通信科技有限公司	艾特维通信 A138 无线商话软件 V1.0
354	上海艾特维通信科技有限公司	艾特维通信 A139 标准模块软件 V1.0
355	上海艾特维通信科技有限公司	艾特维通信 T188 TD 商话软件 V1.0
356	上海艾特维通信科技有限公司	艾特维通信商话配置软件 V1.0
357	上海酷吧信息技术有限公司	酷吧手机封神演义软件 V1.0
358	上海酷吧信息技术有限公司	酷吧手机极品赛车软件 V1.0
359	上海酷吧信息技术有限公司	酷吧手机超级玛丽软件 V1.0
360	上海酷吧信息技术有限公司	酷吧手机生肖宝贝软件 V1.0
361	上海酷族信息技术有限公司	酷族手机开心花园软件 V1.0
362	上海酷族信息技术有限公司	酷族手机漫画大王软件 V1.0
363	上海酷族信息技术有限公司	酷族手机生化危机软件 V1.0

续表

序号	企业名称	软件产品名称
364	上海酷族信息技术有限公司	酷族手机星际宝藏软件 V1.0
365	维坤智能科技(上海)有限公司	维坤 UGUARD 远程统一智能监控平台软件 V5.13
366	上海展欣通信技术有限公司	展欣 Z5 938C 手机软件 V01.01.b11
367	上海展欣通信技术有限公司	展欣 Z82 手机软件 V0.6.3
368	上海展欣通信技术有限公司	展欣 Z988 手机软件 V01.02B04
369	上海展欣通信技术有限公司	展欣 Z2 610C 手机软件 V01.01.b19
370	上海展欣通信技术有限公司	展欣 Z868 手机软件 V01.01.b18
371	上海奥盛软件科技有限公司	王道网页游戏软件 V1.0
372	上海蓝势网络科技有限公司	蓝势信息安全管理软件 V1.0
373	上海千谱软件有限公司	千谱井下自燃火灾束管监测系统软件 V1.0
374	上海华腾软件系统有限公司	TOP CCHS 城市一卡通清算软件 V1.0
375	上海恩艾仪器有限公司	LabVIEW 高级信号处理工具包软件 V8.6
376	上海恩艾仪器有限公司	NI LabVIEW 数据记录和监控软件 V8.6
377	上海恩艾仪器有限公司	NI LabVIEW Unit Test Framework ToolkitV1.0
378	上海泰山软件技术有限公司	TSS GTS-II 控制软件 V1
379	上海泰山软件技术有限公司	TSS GTS 测试系统管理平台软件 V3
380	上海福建龙电脑科技有限公司	福建龙 - 微星工程造价软件 V3.0
381	上海唯星通信技术有限公司	唯星 JAK 卫星通信检测软件 V1.7
382	上海中兆信息技术有限公司	中兆价格监测软件[简称：价格监测监督系统]V1.0
383	上海惠晨信息技术有限公司	惠晨智能数字媒体播控软件[简称：媒体播控系统]V1.0
384	上海思巴得信息科技有限公司	思巴得 i-MCE9 全能型多媒体通信服务引擎软件 V1.0
385	上海思巴得信息科技有限公司	思巴得 i-SN3 SIP 核心通信控制器软件 V1.0
386	上海博科资讯股份有限公司	博科 Navigator 全面预算管理软件 V5.0
387	上海得元信息科技有限公司	得元 ProCOM 产品资源管理软件 V1.0
388	上海华伟信息技术有限公司	华途国际货代管理软件 V1.0
389	上海华伟信息技术有限公司	神图地理信息系统平台软件 V1.0
390	上海贝曼元脉信息技术有限公司	B-BBMS 定制终端业务管理软件 V2.0
391	上海深邦电气有限公司	深邦 SP-6 000-F3 型电梯控制软件 V1.0
392	上海振坤实业有限公司	振坤境外人员身份信息自动采集识别软件 V1.0
393	上海复深蓝信息技术有限公司	复深蓝 Intrain 企业在线学习软件 V1.0
394	上海复深蓝信息技术有限公司	复深蓝 FEIRP 软件 V1.0
395	上海渡凡计算机技术有限公司	渡凡新课改学生综合评估信息管理软件 V1.0
396	上海至纯洁净系统科技有限公司	至纯气体侦测监控软件 V1.0
397	上海至纯洁净系统科技有限公司	至纯注射水输送控制软件 V1.0

续表

序号	企业名称	软件产品名称
398	上海灵鹫信息技术有限公司	灵鹫集中认证管理软件 V1.0
399	上海益同软件技术有限公司	益同主力版深度分析决策软件[简称：益同主力版]V1.0
400	上海诺祺科技有限公司	诺祺金融客户忠诚度管理软件[简称：Sibas]V3.0
401	上海通商网络软件开发有限公司	通商网络基于 IMS 的信令网关软件 V1.0.0
402	上海超捷系统集成有限公司	超捷 App Store 应用软件 V1.0
403	上海超捷系统集成有限公司	超捷 NetMassage 应用软件 V1.0
404	上海超捷系统集成有限公司	超捷 UDB 应用软件 V1.0
405	上海岱嘉医学信息系统有限公司	岱嘉医疗影像存储与传输软件[简称：A-Site]V4.0
406	汇付天下有限公司	汇付信用支付软件 V1.0
407	汇付天下有限公司	汇付 PNR 钱管家软件 V1.0
408	汇付天下有限公司	汇付 PNR 支付窗软件 V1.0
409	上海显界数字科技有限公司	显界 S3D 智能互动电子商务平台开发软件[简称：显界数字]V1.0
410	上海天陇电力科技发展有限公司	天陇全自动 SF6 气体密度继电器校验分析仪软件 V1.0
411	上海六通信息科技有限公司	六通新一代行业电子商务平台软件 V1.0
412	上海金仕达卫宁软件股份有限公司	金仕达卫宁医院信息管理软件 V4.5
413	上海伍德新建软件有限公司	伍德电动执行器出厂寿命测试软件 V1.0
414	上海业高智能科技有限公司	业高 IDC365-CMS 计算机机房集中监控软件 V1.0
415	上海韬图动漫科技有限公司	海宝带我学汉字 -HaFaLa Chinese 汉字动漫学习软件 V1.0
416	金流软件(上海)有限公司	金流 (ABM)ERP 信息管理软件 V1.5
417	上海新朋程信息科技有限公司	新朋程试题库及试卷生成软件 V1.0
418	上海东青物流有限公司	东青集装箱物流运输信息管理软件 V1.0
419	商埃曲网络软件(上海)有限公司	3H 数字电视增值业务平台软件 V1.0
420	上海汉得信息技术股份有限公司	汉得人力资源管理软件[简称：HRMS]V3.0
421	上海汉得信息技术股份有限公司	汉得现代管理应用软件[简称：MAS ERP]V7.0
422	上海汉得信息技术股份有限公司	汉得营销渠道管理软件[简称：HAND FSMS]V2.0
423	上海汉得信息技术股份有限公司	汉得客户关系管理软件[简称：HAND CRM]V2.0
424	上海汉得信息技术股份有限公司	汉得协同制造软件[简称：HCM]V3.0
425	上海杉德金卡信息系统科技有限公司	杉德密码输入键盘嵌入式应用软件 V1.0
426	上海理想信息产业(集团)有限公司	理想统一身份认证软件 V1.0
427	上海理想信息产业(集团)有限公司	理想余额管理软件 V1.0
428	澳汰尔工程软件(上海)有限公司	澳汰尔 HyperWorks 工程分析软件 V10
429	澳汰尔工程软件(上海)有限公司	澳汰尔 PBS GridWorks 管理软件 V10
430	上海中智库玛市场研究有限公司	中智员工心声调查软件 V1.0

续表

序号	企业名称	软件产品名称
431	鼎捷软件有限公司	神州数码易杰管理软件 V6.0
432	上海锦江电子技术工程有限公司	锦江电子综合管线管理信息软件 V2.0
433	上海申瑞电网控制系统有限公司	申瑞 Super-2 000SCADA/EMS 软件 V3.0
434	上海锘钛通信科技有限公司	锘钛智能定呼软件［简称：ACC］V2.1
435	上海辰昊信息科技有限公司	辰昊数字实验室系统应用软件［简称：辰昊数字实验室］V1.0
436	徕卡测量系统（上海）有限公司	徕卡 GNSS Spider 软件［简称：GNSS Spider］V3.2
437	上海仁维软件有限公司	仁维供应链优化技术平台框架软件 (Supply C 仁维供应链优化技术平台框架软件 Supply Chain Optimization Technology Framework Software［简称：SCOtfs ］V1.0
438	上海慧龙计算机系统有限公司	慧龙律师协会在线培训平台软件 V1.0
439	上海慧龙计算机系统有限公司	慧龙拍卖管理软件［简称：WizAuction］V2.0
440	上海优控科技有限公司	优控中宽厚板轧制过程自动化离线软件［简称：PRAS ］V1.0
441	上海蓝瓦利智能技术有限公司	蓝瓦利陪伴机器人智能控制软件［简称：陪伴机器人软件］V1.0
442	上海讯实网络科技有限公司	讯实 MediaScan 互联网媒体监测分析软件［简称：MediaScan］V1.0
443	上海北辰软件有限公司	北辰生物反馈治疗软件 V9.0
444	上海北辰软件有限公司	北辰心理工作平台软件 V9.0
445	永凯软件技术（上海）有限公司	永凯 ERP 软件［简称：YUKON ERP］V1.0
446	永凯软件技术（上海）有限公司	永凯 APS 软件 V1.0
447	上海交大慧谷通用技术有限公司	慧谷法院执行案件管理软件［简称：慧谷法院执行管理软件］V1.0
448	上海交大慧谷通用技术有限公司	慧谷法院审判质量效率评估软件［简称：慧谷法院质效评估软件］V1.0
449	上海交大慧谷通用技术有限公司	慧谷法院网上立案管理软件［简称：慧谷法院网上立案软件］V1.0
450	上海通达信电子科技有限公司	通达信证券数据分析与智能交易软件 V1.0
451	上海同因信息科技有限公司	同因教育管理信息软件［简称：EMIS］V1.0
452	胜科金仕达数据系统（中国）有限公司	金仕达投资交易管理平台软件［简称：IDMP］V2.0
453	上海利驰软件有限公司	利驰电气 CAD 软件 SuperWORKS 供用电版软件 V2 009
454	上海摩软通讯技术有限公司	摩软 M580 MMI 软件 V2.0.5
455	上海摩软通讯技术有限公司	摩软 Q58 MMI 软件 V1.0.3
456	上海摩软通讯技术有限公司	摩软 V81 MMI 软件 V1.0.1
457	上海摩软通讯技术有限公司	摩软 L500 MMI 软件 V1.0.4
458	上海华勤通讯技术有限公司	华勤 M86 MMI 软件 V1.0.7
459	上海华勤通讯技术有限公司	华勤 F258 MMI 软件 V1.0
460	上海华勤通讯技术有限公司	华勤 Q60 MMI 软件 V1.1.3

续表

序号	企业名称	软件产品名称
461	上海华勤通讯技术有限公司	华勤 S100 MMI 软件 V1.0.4
462	上海华勤通讯技术有限公司	华勤 C280 MMI 软件 V1.0.5
463	上海华勤通讯技术有限公司	华勤 L18 MMI 软件 V1.2.4
464	上海华勤通讯技术有限公司	华勤 Q228 MMI 软件 V0.0.6
465	上海华勤通讯技术有限公司	华勤 M90 MMI 软件 V1.0.8
466	上海华勤通讯技术有限公司	华勤 E20 MMI 软件 V1.0.6
467	上海华勤通讯技术有限公司	华勤 C70 MMI 软件 V0.0.5
468	上海华勤通讯技术有限公司	华勤 Q300 MMI 软件 V1.0.7
469	上海华勤通讯技术有限公司	华勤 V200 MMI 软件 V1.0.3
470	京瓷信息系统(上海)有限公司	京瓷原价管理软件[简称:CMS]V1.0
471	京瓷信息系统(上海)有限公司	京瓷保税手册备案及销售运用管理软件[简称:KBOM]V1.0
472	上海白虹软件科技有限公司	白虹 SH-UBS 植入软件 V1.0
473	上海神开石油化工装备股份有限公司	SK 定向井应用软件 V1.0
474	上海埃测软件有限公司	埃测移动测量办公室软件 V1.0
475	上海阿尔卡特网络支援系统有限公司	SANSS 112NGCC 座席业务软件 V1.0
476	上海阿尔卡特网络支援系统有限公司	SANSS 类 A 接口信令汇聚平台软件 V1.0
477	上海全景数字技术有限公司	ODSP 中间件软件 V3.0
478	上海全景数字技术有限公司	ODSP PLUS 中间件软件 V3.0
479	上海开通数控有限公司	KT 全数字交流伺服驱动软件 V2.0
480	上海开通数控有限公司	KT 数控软件 V1.0
481	上海优捷信息技术有限公司	优捷能力素质测评软件 V1.0
482	胜科金仕达数据系统(中国)有限公司	金仕达期货交易平台软件[简称:期货 V8T]V8.0
483	上海协同科技股份有限公司	协同营配合一管理软件 V1.0
484	上海协同科技股份有限公司	协同多功能终端自动测试软件 V1.0
485	上海协同科技股份有限公司	协同公用配变监测软件 V1.0
486	上海协同科技股份有限公司	协同专变用户监控软件 V1.0
487	上海华通自动化设备有限公司	华通站用交流屏控制软件 V3.0
488	上海华通自动化设备有限公司	华通高频开关直流电源屏系统微机监控软件 V4.0
489	上海艾捷自动化设备有限公司	艾捷强力皮带智能探伤分析软件 V1.0
490	上海华通自动化设备有限公司	华通站用电自切装置通用控制软件 V3.0
491	上海华通自动化设备有限公司	华通组合信号通信控制软件 V3.0
492	上海华通自动化设备有限公司	华通继电器通用控制软件 V3.0
493	上海华通自动化设备有限公司	华通欠频继电器控制软件 V3.0
494	上海华通自动化设备有限公司	华通微机保护装置通用控制软件 V4.0

续表

序号	企业名称	软件产品名称
495	上海发电设备成套设计研究院	SPERI 600MW 锅炉过热器和再热器智能壁温管理软件 V1.0
496	上海发电设备成套设计研究院	SPERI 600MW 锅炉过热器和再热器热偏差在线监测软件 V1.0
497	上海同畅信息技术有限公司	同畅移动 / 便携式打印机软件 V1.0
498	上海博堃信息科技有限公司	博堃基于 DSP 的标清医疗录像仪软件[简称：标清医疗录像仪软件]V1.0
499	上海时盘信息科技有限公司	时盘准得资产管理软件 V1.0
500	上海龙照电子有限公司	彩云运维资源管理软件 V1.0
501	上海亚太计算机信息系统有限公司	亚太医院综合信息管理软件 V1.0
502	上海亚太计算机信息系统有限公司	亚太医疗健康体检信息管理软件 V1.0
503	上海云蟾网络科技有限公司	云蟾天尊之蜀门 ONLINE 游戏软件 V1.0
504	上海久娱网络科技有限公司	久娱科技封神榜大战游戏软件 V1.0
505	上海医弘信息科技有限公司	医弘综合业务处理软件 V1.0
506	上海医弘信息科技有限公司	医弘医院病案首页管理软件[简称：病案软件]V1.0
507	上海医弘信息科技有限公司	医弘中医监测数据统计软件[简称：统计软件]V1.0
508	上海先乔信息技术有限公司	先乔电力协同辅助设计软件 V2.0
509	上海睿则恩信息技术有限公司	睿则恩数字图书馆软件 V1.0
510	上海今远软件有限公司	今远网络自动化工具软件 V1.0
511	普华基础软件股份有限公司	普华 iMid 中间机软件 V1.0
512	普华基础软件股份有限公司	普华 iFileServer 文件服务器软件 V1.0
513	上海汉水信息技术服务有限公司	汉水海泰无盘工作站管理软件 V1.0
514	上海思群科技发展有限公司	思群界面软件 V2.0
515	上海联付电子科技有限公司	联付科技 e 指通客户端 Java 软件 V2.0
516	上海联付电子科技有限公司	联付科技 e 指通客户端 WM 软件 V2.0
517	上海联付电子科技有限公司	联付科技 e 指通移动商务平台软件 V2.0
518	上海联付电子科技有限公司	联付科技 e 指通支撑软件 V2.0
519	上海象形通讯科技有限公司	象形电话通讯软件 V1.0
520	上海默克高科技发展有限公司	默克 AUTO CAPP—全自动工艺生成软件 V1.0
521	上海华东电脑股份有限公司	华东电脑分布式信息协同控制系统应用软件 V1.0
522	上海华东电脑股份有限公司	华东电脑综合管理门户系统应用软件[简称：GMP]V1.0
523	上海澳马车辆物资采购有限公司	APEP 集中采购软件 V1.0
524	上海汉立信息技术有限公司	汉立体检管理软件 V1.0
525	上海无距科技有限公司	无距移动终端触摸屏驱动软件 V1.0
526	上海博笃信息科技有限公司	博笃高尔夫球场管理软件 V1.0
527	上海无距科技有限公司	无距移动终端多媒体播放软件 V1.0

续表

序号	企业名称	软件产品名称
528	上海无距科技有限公司	无距移动终端网络连接管理软件 V1.0
529	上海无距科技有限公司	无距移动终端 VGA 输出驱动软件 V1.0
530	好耶信息技术(上海)有限公司	好耶 iDigger 网络广告监控及分析软件 V8.0
531	上海经达实业发展有限公司	经达智能公交行业监管软件 V2.0
532	上海经达实业发展有限公司	经达智能公交调度和管理软件 V2.0
533	国信朗讯科技网络技术有限公司	国信朗讯电信综合调度软件 V1.0
534	国信朗讯科技网络技术有限公司	国信朗讯全息视图管理平台软件 V2.0
535	国信朗讯科技网络技术有限公司	国信朗讯综合网管软件 V6.0
536	国信朗讯科技网络技术有限公司	国信朗讯 TeleWorks 综合网络资源管理软件 V1.0
537	国信朗讯科技网络技术有限公司	国信朗讯固定资产实物管理软件 V2.0
538	上海哥瑞利软件有限公司	哥瑞利 MISwell 管理信息软件 V1.0
539	上海哥瑞利软件有限公司	哥瑞利 Watching System 软件 V1.0
540	上海兆吉信息技术有限公司	博尔证券量化分析软件[简称：博尔量化分析系统]V1.0
541	趋势科技(中国)有限公司	趋势科技防毒墙网络版 (OfficeScan) 软件 V10.0
542	上海科度信息科技有限公司	科度绿化信息调绘管理软件 V2.0
543	上海科商电子科技有限公司	科商测绘坐标转换软件 V1.0
544	上海通商网络软件开发有限公司	通商网络 CTI 电信中间件软件 V2.0.0.1
545	上海复旦微电子股份有限公司	复旦微电子远程 IC 卡操作虚拟终端软件 V2.0
546	上海游佳网络信息技术有限公司	舞型舞秀(Happy Boom)软件 V0.5
547	上海共久电气有限公司	共久 QY2N 起升控制软件 V4.00
548	上海征途信息技术有限公司	巨人网 络黄金国度游戏软件 V1.0
549	上海征途信息技术有限公司	巨人网 络我的小傻瓜游戏软件 V1.0
550	上海研亚软件信息技术有限公司	PAPAGO 卫星导航系统应用软件 V2.0
551	上海诺诚电气有限公司	NCC 神经电生理参数检测仪软件 V1.0
552	上海诺诚电气有限公司	NCC NTS3 006 床边机软件 V1.0
553	上海诺诚电气有限公司	NCC NTS3 006 中央机软件 V1.0
554	上海晋恒软件有限公司	晋恒信用卡增值服务收费管理软件 V1.0
555	上海复旦网络信息工程有限公司	复旦网络城市消防远程监控软件 V2.0
556	上海百瑞复医疗科技有限公司	百瑞复心导管室物资管理软件 V1.0
557	上海安擎信息科技有限公司	安擎红外线安全隔离与数据同步软件 V1.0
558	上海寰雷信息技术有限公司	寰雷 DNS 网络管理和监控软件 V3.0
559	起于凡信息技术(上海)有限公司	宏超 7FGame 3D 游戏引擎软件 V1.0
560	起于凡信息技术(上海)有限公司	起凡游戏编辑器软件 V0.95
561	上海强然数码科技有限公司	强然声像档案管理软件 V3.0

续表

序号	企业名称	软件产品名称
562	上海强然数码科技有限公司	强然影索通档案数字化加工流程管理软件 V3.0
563	上海新朋程信息科技有限公司	新朋程 i 校园教学互动(中心)软件 V1.0
564	上海高软软件系统有限公司	高达企业管理软件 V5.0
565	上海高软软件系统有限公司	高达星财务管理软件 V1.0
566	上海高软软件系统有限公司	高达星企业管理软件 V1.0
567	上海强然数码科技有限公司	强然影索通档案管理软件 V3.0
568	上海亚萌数码科技有限公司	亚萌多灾种早期预警软件 V1.0
569	上海英孚思为软件科技有限公司	英孚思为车间透明管理软件 V1.0
570	上海智图交通设备有限公司	智图嵌入式 200 道路交通信号机软件 V1.0
571	杰同信息技术(上海)有限公司	杰同工作流管理平台软件 V1.0
572	上海市软件评测中心有限公司	爱测 itesting 软件和信息服务业统计软件 V1.0
573	上海朗谷电子科技有限公司	朗谷数字音频信号处理软件 V1.0
574	上海弘视通信技术有限公司	弘视智能视频分析客户端软件 V2.1
575	上海弘视通信技术有限公司	弘视智能视频分析平台管理软件 V2.1
576	君岳信息科技(上海)有限公司	君岳网管内容过滤软件 V1.0
577	上海中信信息发展股份有限公司	光典电子文件封装(EEP)引擎及工具软件 V1.0
578	上海中信信息发展股份有限公司	光典电子文件中心管理软件 V1.0
579	上海中信信息发展股份有限公司	中信协同办公平台软件 V3.0
580	上海中信信息发展股份有限公司	光典档案信息资源管理软件(法院行业版)V1.0
581	网强信息技术(上海)有限公司	网强网络管理软件 V5.0
582	上海宏英智能科技有限公司	SMART 工程车辆控制软件 V2.3
583	上海弥行软件技术有限公司	弥行集团财务管理软件 V1.0
584	上海维因信息技术有限公司	维因智能运营管理软件 V3.0
585	上海强然数码科技有限公司	强然 RFID 电子管理软件 V3.0
586	上海强然数码科技有限公司	强然电子阅卷综合管理软件 V3.0
587	上海尔凌软件科技有限公司	20-20 家具生产管控软件 V2
588	上海尔凌软件科技有限公司	20-20 在线设计软件 V5
589	上海南天电脑系统有限公司	南天 IT 集成服务平台软件 V1.0
590	上海启导教育研究有限公司	启导个性化学习教练应用软件[简称:启导个性化学习教练软件]V1.0
591	上海复大实业有限公司	复大右脑王学习应用软件[简称:复大右脑王学习软件]V1.0
592	中国电子科技集团公司第三十二研究所	锐华高可靠嵌入式实时操作系统及开发环境软件 V1.0
593	中国电子科技集团公司第三十二研究所	锐华嵌入式实时操作系统及开发环境软件 V5.0
594	上海百誉科技有限公司	百誉危险品供应链管理软件 V1.0

续表

序号	企业名称	软件产品名称
595	上海为卓信息科技有限公司	为卓通用 GIS 应用中间件平台软件 V1.0
596	上海为卓信息科技有限公司	为卓通用公交指路服务软件 V1.0
597	上海瑞质信息技术有限公司	瑞质面状图形扩展实体转换工具软件 V1.0
598	上海飞信信息科技有限公司	飞信殡仪信息管理软件 V2.0
599	上海飞信信息科技有限公司	飞信骨灰寄存信息管理软件 V2.0
600	上海引成信息科技有限公司	引成 SDMS 在线培训管理系统应用软件 V1.0
601	上海百络信息技术有限公司	百络网警集团网络审计软件 V1.0
602	上海百络信息技术有限公司	百络内网管理软件 V1.0
603	上海百络信息技术有限公司	百络绿色上网过滤软件 V1.0
604	上海景格汽车科技有限公司	景格汽车专业考试软件 V2.0
605	上海甲金通信科技有限公司	甲金 GSM 双卡双待双通通信软件 V1.0
606	上海矽思信息技术有限公司	SMISYS SECURITY NET 安保集成软件 V3.0
607	上海山丝信息科技有限公司	山丝实验室信息管理软件 V6.0
608	上海乾隆高科技有限公司	钱龙深圳增强行情现场版软件 V1.0
609	上海乾隆高科技有限公司	钱龙网上交易软件 V6.1
610	上海乾隆网络科技有限公司	钱龙期指赢家标准版证券分析软件 V5.80
611	上海乾隆网络科技有限公司	钱龙期指赢家专业版证券分析软件 V5.80
612	上海乾隆网络科技有限公司	钱龙黄金眼超强版证券分析软件 V5.80
613	上海贝尔软件有限公司	贝尔移动通信核心网交换软件［简称：NSS12］V1.0
614	奥迪坚通讯系统（上海）有限公司	ALTI-CTOP 融合通信平台软件 V6.0
615	奥迪坚通讯系统（上海）有限公司	ALTI-MAXSPV 班长席管理许可软件 V6.0
616	奥迪坚通讯系统（上海）有限公司	ALTI-RECSESSION 录音资源许可软件 V6.0
617	奥迪坚通讯系统（上海）有限公司	ALTI-AGTGROUP 座席资源许可软件 V6.0
618	上海复大实业有限公司	复大长尾分账系统应用软件［简称：复大长尾分账系统软件］V1.0
619	上海克而瑞信息技术有限公司	CRIC CD 房地产市场顾问软件 V1.0
620	上海长城电子信息网络有限公司	长城农贸市场索证索票管理软件 V1.0
621	上海长城电子信息网络有限公司	长城社区数字图书馆管理软件 V1.0
622	上海长城电子信息网络有限公司	长城区县外事审批管理软件 V1.0
623	上海长城电子信息网络有限公司	长城不动产租售管理软件 V1.0
624	上海同邦睿图软件技术有限公司	同邦睿图通用连锁信息平台软件 V3.2
625	上海寰博数码科技有限公司	寰博多媒体内容管理软件 V1.0
626	上海寰博数码科技有限公司	寰博多媒体版本管理软件 V1.0
627	上海博为峰软件技术有限公司	博为峰 TestPlatform 测试平台软件 V1.0

续表

序号	企业名称	软件产品名称
691	上海起凡数字技术有限公司	起凡群雄逐鹿游戏软件 V1.0
692	上海网达软件有限公司	网达手机综合媒体运营管理软件 V1.0
693	上海现代通用识别技术有限公司	MGR 涉密设备的户籍化管理平台软件 V1.4
694	上海礼之都信息科技有限公司	礼之都 Popsys 电子商务管理软件 V8.2
695	上海海鼎信息工程股份有限公司	海鼎现代连锁商业企业协同管理服务平台软件 V2.0
696	上海海鼎信息工程股份有限公司	海鼎零售企业客户消费与忠诚度管理软件[简称：HDCRM] V1.0
697	上海宝东信息技术有限公司	Datatool 客服中心质量管理软件 V1.0
698	上海顶竹通讯技术有限公司	DZC SoftPhone 终端软件 V1.0
699	上海顶竹通讯技术有限公司	DZC iNMS 管理软件 V1.0
700	上海顶竹通讯技术有限公司	DZC SIP TestTool 测试工具软件 V1.0
701	上海顶竹通讯技术有限公司	DZC BRNC 分流软件 V1.0
702	上海昊钰软件信息技术有限公司	昊钰手机行情分析软件 V1.0
703	上海完美时空软件有限公司	完美降龙之剑网络游戏软件 V1.0
704	奇智(上海)信息科技有限公司	奇智数据库操作审计软件 V1.0
705	奇智(上海)信息科技有限公司	奇智 KVM 操作审计软件 V1.0
706	奇智(上海)信息科技有限公司	奇智运维操作管理软件 V3.0
707	上海企能软件科技有限公司	企能客户关系管理软件 V4.0
708	上海和道数字技术有限公司	和道数字电视广告应用软件 V1.0.1.1
709	上海普晓信息科技有限公司	普晓 Group Share 敏感信息保护软件 V2.0
710	上海南天电脑系统有限公司	南天自助发卡机软件 V1.0
711	上海玖业信息技术有限公司	玖业 GPS 智能监控管理软件 V1.0
712	上海麦杰环境科技有限公司	麦杰脱硫生产实时监测软件 V1.0
713	上海通用卫星导航有限公司	通用卫导 208BS 嵌入式计算机软件 V2.03
714	上海惠生通讯技术有限公司	惠生移动预付费用户离网分析软件 V1.0
715	上海软波工程软件有限公司	软波电磁兼容软件 V1.0
716	上海拓希信息技术有限公司	拓希墓园信息管理软件 V1.0
717	上海鸿禹信息系统有限公司	鸿禹 BPM 应用平台软件 V3.0
718	上海复星佰珞生物技术有限公司	BIOFOSUN 微生物鉴定药敏分析软件 V1.0
719	上海玛左实业有限公司	玛左协同呼叫中心平台软件 V5.0
720	上海盖讯信息技术有限公司	盖讯汽车营销管理软件 V1.0
721	上海多维明软信息技术有限公司	多维管理信息系统服务平台软件 V2.0
722	上海东方通泰软件科技有限公司	东方通通用数据传输平台中间件软件 V4.5
723	上海东方通泰软件科技有限公司	TongLINK/Q 消息中间件软件 V7.0

续表

序号	企业名称	软件产品名称
724	上海东方通泰软件科技有限公司	东方通应用服务器软件 V4.8
725	上海贝尔软件有限公司	贝尔 ngHLR 软件[简称：ngHLR]V3
726	上海景格汽车科技有限公司	景格 e-c 汽车教学软件 V1.0
727	上海国响信息技术有限公司	国响 NGB 接入网统一网管软件 V1.0
728	上海云蟾网络科技有限公司	云蟾天尊之蜀门 ONLINE 游戏软件 V2.0
729	上海科箭软件科技有限公司	科箭 Power WMS 仓储管理软件 V6.0
730	上海优熠电子科技有限公司	优熠多点触摸屏控制软件 V1.0
731	奥迪坚通讯系统(上海)有限公司	ALTI-FAXSVR 传真服务管理软件 V6.0
732	奥迪坚通讯系统(上海)有限公司	ALTI-VRM 高级录音管理软件 V6.0
733	奥迪坚通讯系统(上海)有限公司	ALTI-IVRMGR 高级 IVR 服务器软件 V6.0
734	奥迪坚通讯系统(上海)有限公司	ALTI-RPT 高级话务报表软件 V6.0
735	奥迪坚通讯系统(上海)有限公司	ALTI-EXLR 话务数据外部接口软件 V6.0
736	上海贝塔斯曼商业服务有限公司	贝塔斯曼客户关系管理软件[简称：MIRACLE CRM]V1.0
737	上海英雷红外水分系统科技有限公司	英雷水分仪 IMS-W8B 智能控制软件[简称：IMS-W8B]V2.5
738	上海万申信息产业股份有限公司	万申消防一体化服务平台软件 V1.4
739	上海橡果好记性软件技术发展有限公司	好记性同步英语教育应用软件 V1.0
740	上海橡果好记性软件技术发展有限公司	好记性翻译程序应用软件 V1.0
741	上海橡果好记性软件技术发展有限公司	好记性浏览记忆法应用软件 V1.0
742	上海橡果好记性软件技术发展有限公司	好记性多科同步教育软件 V1.0
743	上海橡果好记性软件技术发展有限公司	好记性轻松记忆法应用软件 V1.0
744	上海橡果好记性软件技术发展有限公司	好记性疑难搜索应用软件 V1.0
745	上海天玑科技股份有限公司	天玑电信计费软件 V4.0
746	上海天玑科技股份有限公司	天玑系统与网络监控软件 V3.0
747	上海天玑科技股份有限公司	天玑网络可用率监控软件 V1.0
748	卡斯柯信号有限公司	卡斯柯分散自律调度集中软件 V2.0
749	上海圣安信息工程有限公司	圣安主机监控与审计系统平台软件 V4.0
750	上海中程致硕信息科技有限公司	中程致硕医疗设备管理信息软件 V1.0
751	上海金曲信息技术有限公司	金曲项目管理软件 V6.0
752	上海交海信息科技有限公司	交海引航站生产管理软件 V1.0
753	上海泰信科技有限公司	泰信 APEX 网络管理软件[简称：APEX-ITM-NM]V5.5
754	上海泰信科技有限公司	泰信 APEX 运维管理软件[简称：APEX-ITM-OSS]V5.5
755	上海艾麒信息科技有限公司	艾麒数字电视应用软件 V1.0
756	上海艾麒信息科技有限公司	艾麒视频全能播放器应用软件 V1.0
757	上海艾麒信息科技有限公司	艾麒 K 歌王应用软件 V1.0

续表

序号	企业名称	软件产品名称
758	上海众达信息产业有限公司	STD.Net 智能建筑综合管理平台软件 V1.0
759	上海美华系统有限公司	美华仓储管理软件 V1.0
760	上海东篱信息科技有限公司	CMKN 医学学习考试管理平台软件 V5.0
761	上海克而瑞信息技术有限公司	CRIC 土地库软件 V1.0
762	上海克而瑞信息技术有限公司	CRIC 投资人版软件 V1.0
763	上海商银资讯有限公司	商银商务卡报表系统应用软件 V1.0
764	上海商银资讯有限公司	商银商务卡对账单系统应用软件 V1.0
765	上海商银资讯有限公司	商银银行卡制卡数据处理软件[简称：银行卡制卡程序]V1.1
766	上海商银资讯有限公司	商银商务卡交易信息统计软件[简称：交易信息统计]V1.0
767	上海商银资讯有限公司	商银商务卡清算系统应用软件 V1.0
768	德比软件(上海)有限公司	德比 DSwitch 旅游分销业务转换软件 V2.0
769	趋势科技(中国)有限公司	趋势科技 InterScan Web Security Virtual Appliance 软件 V3.1
770	趋势科技(中国)有限公司	趋势科技网络病毒墙软件 V2.1
771	趋势科技(中国)有限公司	趋势科技中小企业安全软件包软件 V6.0
772	上海东海电脑股份有限公司	东海高速公路 ETC 收费软件[简称：东海 ETC 软件]V1.0
773	上海航天技术研究院	八院新区门禁一卡通扩展应用软件 V1.0
774	上海航天技术研究院	八院院部车贴报销软件 V1.0
775	上海航天技术研究院	八院质量管理软件 V1.0
776	上海艾泰网络信息有限公司	艾泰网络操作系统和管理软件 V1.0
777	上海祥网瑞电子科技有限公司	祥网瑞文档管理软件 V1.0
778	上海祥网瑞电子科技有限公司	祥网瑞质量流程卡管理软件 V1.0
779	上海祥网瑞电子科技有限公司	祥网瑞评分采集管理软件 V1.0
780	上海祥网瑞电子科技有限公司	祥网瑞银行信贷扫描客户端软件 V1.0
781	上海祥网瑞电子科技有限公司	祥网瑞扫描辅助软件 V2.0
782	上海祥网瑞电子科技有限公司	祥网瑞扫描辅助软件 V3.0
783	上海友网科技有限公司	友网电话伴侣软件 V1.0
784	上海网穗数码科技有限公司	网穗文档通软件 V3.0
785	上海网穗数码科技有限公司	网穗文档通软件 V2.0
786	上海网穗数码科技有限公司	网穗文档大师软件 V1.0
787	耀欣数位科技(上海)有限公司	耀欣无线射频物流作业软件 V1.0
788	上海翰纬信息科技有限公司	翰纬维易 ITSM 软件 V3.0
789	上海杉兆网络科技有限公司	杉兆基于行为分析的网络监控软件 V1.0
790	上海诺诚电气有限公司	NCC NeuroCare 系列肌电图与诱发电位仪软件 V1.0
791	上海诚意电气有限公司	CYFTU-3 馈线自动化远方终端软件 V1.0

续表

序号	企业名称	软件产品名称
792	上海诚意电气有限公司	CY 直流电源监控软件 V2.0
793	上海诚意电气有限公司	CSA820 数字式变压器保护装置软件 V1.0
794	上海诚意电气有限公司	CSA810 数字式线路保护装置软件 V1.0
795	上海诚意电气有限公司	CY3 000 配网自动化系统软件 V1.0
796	上海诚意电气有限公司	CSA-8 000 变电站综合自动化系统软件 V1.0
797	上海金驰信息科技发展有限公司	金驰智能卡“一卡通”管理软件 V1.0
798	上海瑞浩信息技术有限公司	瑞浩电力市场辅助报价软件 V1.0
799	上海华东电集能源信息有限公司	电集移动平台软件 V1.0
800	上海哈诚电子科技有限公司	哈诚 HCH-RFC 系统 IC 卡读写器软件 V1.0
801	上海聚微计算机技术有限公司	聚微商业系统应用平台软件 V1.0
802	上海爱申科技发展股份有限公司	爱申 MRFUNIT7 000 操作软件 V1.0
803	上海葡萄城信息技术有限公司	葡萄城 InputMan for .NET 2.0J Web 软件 V2.0
804	上海葡萄城信息技术有限公司	葡萄城 InputMan for Java EE 软件 V1.0
805	上海文沥信息技术有限公司	文沥 Welink 业务集成网关软件[简称：Welink 网关]V2.0
806	上海杰轩电子科技有限公司	"全客通"(All-count)视频客流分析决策软件[简称：ACU100 视频客流分析决策软件]V1.0
807	杰脉通信技术(上海)有限公司	杰脉 TD-SCDMA 核心网模拟仪软件[简称：CNSim100]V2.0
808	上海埃帕信息科技有限公司	埃帕 EasyHIS 人事管理软件 V1.0
809	上海埃帕信息科技有限公司	埃帕 Cooling 输入法软件 V2.1
810	上海源中信息科技有限公司	源中 ATCA 平台机箱系统智能管理软件 V1.01
811	上海艾帕电力电子有限公司	IPER 电能质量综合治理装置 PC 监控软件[简称：PQC_PCSuite]V1.0
812	霍尼韦尔消防安防系统(上海)有限公司	霍尼韦尔 LCM-320 软件[简称：LCM-320]V3.0
813	霍尼韦尔消防安防系统(上海)有限公司	霍尼韦尔 MPS-350W 软件[简称：MPS-350W]V2.02
814	霍尼韦尔消防安防系统(上海)有限公司	霍尼韦尔 LEM-320 软件[简称：LEM-320]V3.0
815	亚银(上海)信息技术有限公司	亚银自助设备管理软件[简称：亚银 ATM 管理软件]V2.0
816	海告网络技术(上海)有限公司	海告多语种电子商务软件[简称：多语种电子商务软件]V1.0
817	上海捷奥信息科技有限公司	捷奥信贷审批软件[简称：信贷审批系统]V1.0
818	上海捷奥信息科技有限公司	捷奥影像平台软件[简称：影像平台系统]V1.0
819	上海捷奥信息科技有限公司	捷奥文档扫描软件[简称：文档扫描系统]V1.0
820	上海万象信息科技有限公司	万象铁血屠龙手机网络游戏软件[简称：铁血屠龙]V1.0
821	上海敏绪网络科技有限公司	敏绪物流智能终端软件[简称：敏绪物流]V1.0
822	上海魔迅信息科技有限公司	迅动家园体感游戏软件[简称：迅动家园软件]V1.0
823	上海飞雅信息技术有限公司	飞雅流通达人流通业管理软件[简称：流通达人]/V3.0
824	上海飞雅信息技术有限公司	飞雅流通大亨流通业管理软件[简称：流通大亨]V3.0

续表

序号	企业名称	软件产品名称
825	徕卡测量系统(上海)有限公司	徕卡全站仪机载罐体扫描检测软件[简称：罐体扫描检测软件]V1.0
826	徕卡测量系统(上海)有限公司	徕卡全站仪机载高铁轨道板精调软件[简称：高铁轨道板精调软件]V1.0
827	华亚微电子(上海)有限公司	华亚 MIPS4Kc 仿真器调试工具软件[简称：ICE]V2.0.2
828	华亚微电子(上海)有限公司	华亚 DMB-TH 高清双向外销简易型机顶盒软件 V1.0.2
829	华亚微电子(上海)有限公司	华亚 DVB-C 标清单向内销基本型机顶盒软件 V1.1.1.1
830	华亚微电子(上海)有限公司	华亚 ABS-S 增强型机顶盒软件 V1.0
831	大道计算机技术(上海)有限公司	大道 PGHawk 智能电网调度可视化平台软件[简称：PGHawk]V1.0
832	上海世范软件技术有限公司	世范行政效能电子监察软件 V1.0
833	上海麦杰科技股份有限公司	麦杰控制系统远程监控及分析软件[简称：RSA]V1.0
834	上海麦杰科技股份有限公司	麦杰 OPC 数据接口软件[简称：OPCDas]V1.0
835	上海络齐科技有限公司	络齐无线通讯模块应用平台软件 V1.0.0
836	理想能源设备(上海)有限公司	IE 低压化学气相沉积设备模拟软件[简称：Jett Simulator]V1.0
837	上海互联网软件有限公司	飞越比特新一代社区服务管理平台软件[简称：新一代社区服务管理平台]V1.0
838	上海互软信息科技有限公司	互软政务信息资源综合检索利用软件[简称：互软政务信息资源综合检索利用]V1.0
839	上海高德威智能交通系统有限公司	高德威数字高清尾牌车牌识别软件 V1.0
840	上海派拉软件有限公司	派拉云计算应用安全管理软件 V1.0
841	上海若雅软件系统有限公司	若雅企业综合信息机软件[简称：综合信息机]V1.0
842	上海若雅软件系统有限公司	若雅移动代理服务器软件[简称：MAS]V2.0
843	上海若雅软件系统有限公司	若雅移动 CRM 软件[简称：移动 CRM]V1.0
844	胜科金仕达数据系统(中国)有限公司	金仕达 Rinsight 投资风险管理与绩效评估软件[简称：Rinsight]V5.0
845	丰海技术咨询服务(上海)有限公司	丰海 TPWD 土坡稳定计算软件 V1.0
846	丰海技术咨询服务(上海)有限公司	丰海 JCGDL 基础轨道梁计算软件 V1.0
847	丰海技术咨询服务(上海)有限公司	丰海 ZLS-09 重力式码头计算软件 V1.0
848	丰海技术咨询服务(上海)有限公司	丰海 BZ-09 板桩计算软件 V1.0
849	上海阿尔卡特网络支援系统有限公司	SANSS Octopus 基于终端 QoS 的 IPTV 质量监测系统应用软件[简称：QoS 质量监测软件]V1.0
850	霍尼韦尔综合科技(中国)有限公司	霍尼韦尔 ComfortPoint Studio HVAC 编程配置软件 V1.0
851	霍尼韦尔综合科技(中国)有限公司	霍尼韦尔 HD-16DVR-D 数字硬盘录像机软件 V1.0
852	霍尼韦尔综合科技(中国)有限公司	霍尼韦尔 HICC-100P(日夜型)网络摄像机软件 V1.0
853	霍尼韦尔综合科技(中国)有限公司	霍尼韦尔 HUSS-E1 视频编码器软件 V1.2
854	霍尼韦尔综合科技(中国)有限公司	霍尼韦尔 HUSS-D1 视频解码器软件 V1.2

续表

序号	企业名称	软件产品名称
855	霍尼韦尔综合科技(中国)有限公司	霍尼韦尔智能家居 AMS 软件 V1.0
856	霍尼韦尔综合科技(中国)有限公司	霍尼韦尔门禁考勤软件 V1.3
857	霍尼韦尔综合科技(中国)有限公司	霍尼韦尔 NS2PB-WINSW 门禁配置软件 V1.0
858	霍尼韦尔综合科技(中国)有限公司	霍尼韦尔 HUSS-M 流媒体集成平台软件 V2.0
859	霍尼韦尔综合科技(中国)有限公司	霍尼韦尔安防 HUS 管理集成平台软件 V3.0
860	霍尼韦尔综合科技(中国)有限公司	霍尼韦尔 HomNet 智能家居软件 V1.0
861	霍尼韦尔综合科技(中国)有限公司	霍尼韦尔 Thunderbird API 服务器软件 V1.0
862	霍尼韦尔综合科技(中国)有限公司	霍尼韦尔网络接警机 IP-Receiver 软件 V1.1
863	霍尼韦尔综合科技(中国)有限公司	霍尼韦尔 HRIS-1 000 系列智能家居软件 V1.0
864	霍尼韦尔综合科技(中国)有限公司	霍尼韦尔 6 271 系列触摸屏键盘软件 V1.0
865	上海我要网络发展有限公司	51 云存储管理平台软件 V1.0
866	升东网络科技发展(上海)有限公司	升东网站内容监控平台软件 V1.0
867	联创汽车电子有限公司	联创发动机匹配数据分析软件 V1.0
868	联创汽车电子有限公司	联创汽车尾气测试仪控制软件 V1.0
869	沪东重机有限公司	HHM 船用柴油机自制件管理软件 V1.0
870	沪东重机有限公司	HHM 船用柴油机产品证书管理软件 V1.0
871	沪东重机有限公司	HHM 船用柴油机非工艺制造技术数据管理软件 V1.0
872	沪东重机有限公司	HHM 船用柴油机产品检验管理软件 V1.0
873	沪东重机有限公司	HHM 船用柴油机主生产计划管理软件 V1.0
874	沪东重机有限公司	HHM 船用柴油机标准基础数据转换库管理软件 V1.0
875	沪东重机有限公司	HHM 船用柴油机设计配套规格书软件 V1.0
876	沪东重机有限公司	HHM 船用柴油机工程编号管理软件 V1.0
877	沪东重机有限公司	HHM 船用柴油机采购物流管理软件 V2.0
878	沪东重机有限公司	HHM 船用柴油机制造清单管理软件 V1.0
879	上海鸣志自动控制设备有限公司	“小神探”设备综合管理信息平台软件 V1.0
880	上海鸣志自动控制设备有限公司	“小神探”点检定修信息管理软件 V1.0
881	上海禾心网络科技有限公司	禾心企业管理软件[简称：HCQYGLRJ]V1.0
882	上海迪伐自动化设备科技有限公司	迪伐层压机控制软件 V3.0
883	上海奇凯电气成套设备有限公司	奇凯直流电源屏控制软件 V2.0
884	上海精通专用电讯器材厂	精通智能多线电话控制软件 V2.0
885	上海集敏测试仪器有限公司	集敏硬度计控制软件 V2.0
886	上海维豪信息安全技术有限公司	维豪安全中间件软件 V1.6.7.0
887	上海维豪信息安全技术有限公司	维豪访问控制服务软件 V3.0.0.0
888	上海金自天正信息技术有限公司	Ari 转炉自动化软件[简称：AriLDA]V1.0

续表

序号	企业名称	软件产品名称
889	上海金自天正信息技术有限公司	Ari 套筒窑自动化软件[简称：AriDSK]V1.0
890	上海蕴鹊网络科技有限公司	蕴鹊大型多人在线游戏支持软件[简称：网络游戏引擎]V1.0
891	上海咔咻智能科技有限公司	咔咻毛绒玩具排版算料核价软件 V1.0
892	上海咔咻智能科技有限公司	咔咻激光抄版排版软件 V1.0
893	上海东欣软件工程有限公司	东欣造船物流管理软件 V3.0
894	上海集成通信设备有限公司	集成 HG-01 孕婴健康指南短信包软件 V1.00
895	上海集成通信设备有限公司	集成 IAP-03 门禁管理软件 V1.00
896	上海皇家网络科技有限公司	皇家网页防复制软件 V1.0
897	上海益创信息科技有限公司	益创无线电应急指挥软件 V1.0
898	上海益创信息科技有限公司	益创三维警卫应急指挥软件 V1.0
899	赛科斯信息技术(上海)有限公司	赛科斯 CTI 中间件软件 V1.0
900	上海知铭信息科技有限公司	知铭 RH 过程管理软件 V1.0
901	上海瑞软企业管理咨询有限公司	瑞软 R6-POS 软件 V1.0
902	上海安杰瑞电子科技发展有限公司	安杰瑞涉密文件(文本、传真文件、图片)扫描软件 V1.0
903	上海参泰软件科技有限公司	参泰会员互动管理软件[简称：CCis]V1.0
904	上海夏尔软件有限公司	夏尔归档服务软件 V2.0
905	上海夏尔软件有限公司	夏尔信息资产管理及防扩散软件 V1.0
906	上海圣然信息科技有限公司	圣然赛尔号精灵对战软件 V1.0
907	上海圣然信息科技有限公司	圣然赛尔号基础核心软件 V1.0
908	檀慕信息技术(上海)有限公司	檀慕单体结构设计软件 V1.0
909	上海鸣泽信息技术有限公司	鸣泽药品电子监管网赋码软件 V2.1
910	上海鑫东信息科技有限公司	新东风基金投资分析软件 V1.0
911	上海鑫东信息科技有限公司	新东风股票估值决策软件 V1.0
912	上海鑫东信息科技有限公司	新东风知识管理平台软件 V1.0
913	上海鑫东信息科技有限公司	新东风投资评级软件 V1.0
914	上海南自科技股份有限公司	南自 SNP-3 000 数字式保护测控装置软件 V1.0
915	上海华腾软件系统有限公司	TOP WSGP 基于 SOA 架构的服务管理平台软件 V1.0
916	上海华腾软件系统有限公司	TOP CMS 案件管理软件 V1.0
917	上海华腾软件系统有限公司	TOP WSESB 企业服务总线软件 V1.0
918	上海华腾软件系统有限公司	TOP WSMP SOA 服务监控平台软件 V1.0
919	上海宇龙软件工程有限公司	宇龙 PPT 接口软件 V1.0
920	上海宇龙软件工程有限公司	宇龙汽车维修仿真练习软件 V1.0
921	上海宇龙软件工程有限公司	宇龙汽车维修仿真考试软件 V1.0
922	上海宇龙软件工程有限公司	宇龙数控技能考核软件 V4.5

续表

序号	企业名称	软件产品名称
923	上海复高计算机科技有限公司	FUGLE 集成化电子病历软件 V4.0
924	上海佳克计算机软件有限公司	佳克实物资产全生命周期的数据分析管理软件 V8.0
925	上海龙盟信息科技有限公司	龙盟信息事件管理软件 V1.0
926	上海天律信息技术有限公司	马克威统计分析与数据挖掘系统应用软件 V5.0
927	上海农业信息有限公司	上农信菜篮子工程软件 V1.0
928	上海益邦网络通信工程有限公司	益邦售楼管理软件 V1.0
929	上海战诚信息技术有限公司	战诚 LK18-ATSC 平板电视操作软件 V1.0
930	上海紫归店视网络科技有限公司	紫归管理系统应用软件 V1.0
931	上海寰博数码科技有限公司	寰博数码餐饮预订软件 V1.0
932	上海寰博数码科技有限公司	寰博数码酒店预订软件 V1.0
933	上海贝尔软件有限公司	贝尔 GSM900/1 800 双频移动通信无线网络软件 B11
934	上海翼捷工业安防技术有限公司	翼捷智能报警控制软件 V1.0
935	上海翼捷工业安防技术有限公司	翼捷智能探测分析软件 V1.0
936	盛乐信息技术(上海)有限公司	盛乐《盛大锦书》软件 V1.0
937	上海泽汉无线技术有限公司	泽汉车载诊断无线管理系统应用软件 V1.0
938	上海派络软件科技有限公司	派络癌症关爱软件 V1.0
939	上海大智慧投资咨询有限公司	大智慧金融交易终端金色两点半股票池软件[简称:金色两点半]V6.02
940	上海合联电子科技有限公司	合联协同办公软件 V1.0
941	上海力融信息技术有限公司	力融门急诊电子病历软件 V1.0
942	上海力融信息技术有限公司	力融专科电子病历软件 V1.0
943	上海明昊信息技术有限公司	明昊移动终端中间件软件 V1.0
944	上海塞普克企业管理咨询有限公司	塞普克 DataFront 主数据管理软件 V01.500
945	上海时代光华教育发展有限公司	时代光华势能企业大学软件 V3.0
946	上海睿动多媒体科技有限公司	睿动触控多通道融合仿真投影桌软件 V1.0
947	上海灵慧软件技术有限公司	灵慧电信产品互联网营销平台网店的构建软件 V2.0
948	普华基础软件股份有限公司	普华 iCloud 云计算操作系统软件 V1.0
949	普华基础软件股份有限公司	普华 AutoCAN 汽车电子网络通信软件 V1.0
950	普华基础软件股份有限公司	普华 iNet 运维管理软件 V1.0
951	上海百瑞复医疗科技有限公司	百瑞复医用三维影像管理软件 V1.0
952	上海铱贝同机械科技发展有限公司	铱贝同核磁共振高分辨谱仪谱图采集处理一体化软件[简称:核磁谱仪集成软件]V1.0
953	上海卓领通讯技术有限公司	卓领 gis 通用服务器软件 V2.0
954	上海优思通信科技有限公司	优思手机小帮手电子服务器软件 V1.0
955	上海冠仪信息科技有限公司	冠仪教学信息网络智能终端软件 V1.0

续表

序号	企业名称	软件产品名称
956	首智资讯科技(上海)有限公司	首智纯软件语言实验室软件 V5.0
957	上海天好电子商务有限公司	天好健康档案管理软件 V3.1
958	上海天好电子商务有限公司	天好区域卫生信息平台软件 V3.1
959	上海天好电子商务有限公司	天好公共资源交易(招投标管理)平台软件 V5.1
960	知得信息科技(上海)有限公司	知得商务智能个性化交互式门户软件 V1.0
961	上海影莅弛电子有限公司	EnRich 准视频点播软件 V1.0
962	上海影莅弛电子有限公司	EnRich 导视频道软件 V1.0
963	上海影莅弛电子有限公司	EnRich 数据广播软件 V1.0
964	上海影莅弛电子有限公司	EnRich 增强型电视虚拟机软件 V1.0
965	上海影莅弛电子有限公司	EnRich DTV 综合广告软件 V1.0
966	上海影莅弛电子有限公司	EnRich EPG 电子节目指南软件 V1.0
967	上海影莅弛电子有限公司	EnRich 互动电视运营支撑软件 V1.0
968	上海怡力工程设备有限公司	怡力检票机应用软件 V1.0
969	上海影莅弛电子有限公司	EnRich 视频点播软件 V1.0
970	上海影莅弛电子有限公司	EnRich 股票软件 V1.0
971	喜科(上海)软件系统有限公司	喜科 COSWIN 维护管理软件[简称：COSWIN]V1.1.2
972	上海晟欧软件技术有限公司	晟欧二十一在线 Q&A 软件 V1.0
973	上海锐众信息科技有限公司	锐众面向服务架构的物流配送管理软件 V2.3
974	上海锐众信息科技有限公司	锐众战略绩效管理软件 V1.0
975	上海迈辉信息技术有限公司	迈辉网络微格教学软件 V3.0
976	上海乐升软件有限公司	乐升篮球旋风游戏软件 V1.0
977	上海嵘淼网络科技有限公司	嵘淼 M2M 域平台管理软件 V1.0
978	赛瓦软件(上海)有限公司	TWaver Flex 电信界面中间件软件 V1.0
979	上海东方明珠广播电视研究发展有限公司	东方明珠广播电视覆盖网规划软件 V1.0
980	上海东方明珠广播电视研究发展有限公司	东方明珠地铁电视覆盖系统远程监控软件 V1.0
981	上海英孚思为信息科技股份有限公司	英孚金字塔业务组建平台软件 V5.5
982	上海英孚思为信息科技股份有限公司	英孚数字化经销商精益车间管理软件 V2.0
983	上海宁盾信息科技有限公司	宁盾 DKEY 动态口令认证软件 V1.0
984	上海用宏信息技术有限公司	用宏客户行为挖掘应用软件 V1.0
985	上海天玑科技股份有限公司	天玑 REAL-TRACK 软件 V1.0
986	上海天玑科技股份有限公司	天玑企业 IT 服务流程支持平台软件 V2.0
987	上海天玑科技股份有限公司	天玑短信平台软件 V1.0
988	上海信尔杰信息技术股份有限公司	5C 安防综合管理平台软件 V2.0

续表

序号	企业名称	软件产品名称
989	上海中信信息发展股份有限公司	光典档案信息资源管理软件(企业通用版)V1.0
990	上海保浦乐软件有限公司	保浦乐连锁餐饮消费综合管理软件 V1.5
991	上海影莅弛电子有限公司	EnRich 嵌入式浏览器软件 V1.0
992	上海正辅信息技术有限公司	正辅基于电子商务平台的店铺优化管理软件 V1.0
993	上海为真网络技术有限公司	为真第三方网络电子商务信用聚合软件 V1.0
994	上海恒为信息科技有限公司	恒为 ExTAP 网络流量分路软件 V1.0
995	欧泰信息科技(上海)有限公司	AUCOTEC ELCAD Professional 电气设计软件 V7.5
996	欧泰信息科技(上海)有限公司	AUCOTEC Engineering Base 电气设计软件 V5.0
997	上海弗臣信息技术有限公司	弗臣应用分析工具软件 V2.0
998	上海君睿信息技术有限公司	君睿特种设备作业人员考核管理平台软件 V6.26.1
999	上海华统贸易有限公司	华统易点得直销软件 V3.0
1000	中国电子科技集团公司第三十二研究所	锐华汽车电子嵌入式实时操作系统及开发环境软件 V1.0
1001	上海迈向科技有限公司	迈向行政执法与刑事司法信息共享平台软件 V5.0
1002	上海迈向科技有限公司	迈向末管所岗位责任管理考核软件 V1.0
1003	上海通创信息技术有限公司	通创终端管理软件 V1.0
1004	上海通创信息技术有限公司	通创需求信息管理软件 V1.0
1005	上海通创信息技术有限公司	通创库存预警管理软件 V1.0
1006	上海通创信息技术有限公司	通创移动终端发布管理软件 V1.0
1007	上海牙木通讯技术有限公司	牙木网页内文关键词 ADKeyWord 软件 V1.0
1008	上海牙木通讯技术有限公司	牙木 WavePoint DNS 流量统计分析软件 V2.0
1009	上海德赛化纤工程技术有限公司	德赛聚合及熔体输送装置变频系统控制软件 V1.0
1010	上海益同软件技术有限公司	益盟操盘手乾坤版智能投资策略软件[简称：益盟乾坤版]V1.0
1011	上海永为信息科技有限公司	永为短信处理软件 V1.0
1012	上海永为信息科技有限公司	永为电信级高可靠控制软件 V1.0
1013	上海永为信息科技有限公司	永为呼叫控制软件 V1.0
1014	上海中为智能机器人有限公司	中为猎豹多自由度手臂控制软件 V1.0
1015	上海中为智能机器人有限公司	中为猎豹排爆机器人遥控操作软件 V1.0
1016	上海铭创软件技术有限公司	铭创新一代金融资产管理软件 V6.0
1017	上海铭创软件技术有限公司	铭创金融信用服务及风险控制管理软件 V5.0
1018	上海凌泽信息科技有限公司	凌泽 PowerGT 严肃游戏用户界面开发软件[简称：PowerGT 软件]V1.0
1019	上海欣国信息技术有限公司	欣国呼叫过滤系统应用软件(简称：CFS) V1.0.00
1020	上海欣国信息技术有限公司	欣国 GPRS 计费网关软件(简称：CG) V4.50
1021	上海大智慧股份有限公司	大智慧金融交易终端超赢百分百研究室软件[简称：超赢百分百研究室]V6.2

续表

序号	企业名称	软件产品名称
1022	上海大智慧股份有限公司	大智慧金融交易终端超赢机构版软件[简称：超赢机构版]V6.3
1023	上海大智慧股份有限公司	大智慧金融交易终端超赢买卖点决策软件[简称：超赢买卖点决策]V6.4
1024	上海大智慧股份有限公司	大智慧金融交易终端超赢智慧宝软件[简称：超赢智慧宝]V6.5
1025	上海大智慧股份有限公司	大智慧金融交易终端股指王版软件[简称：股指王]V6.6
1026	上海大智慧股份有限公司	大智慧金融交易终端专家版软件[简称：专家版]V6.7
1027	上海大智慧股份有限公司	大智慧金融交易终端专家超赢版软件[简称：专家超赢版]V6.8
1028	上海大智慧股份有限公司	大智慧金融交易终端深度机构版软件[简称：深度机构版]V6.03
1029	上海大智慧股份有限公司	大智慧港股实时行情分析软件[简称：港股通]V6.0
1030	上海宝信软件股份有限公司	宝信钢铁 MES 数据归档与再现软件[简称：MES 数据归档与再现]V1.0
1031	上海宝信软件股份有限公司	宝信交易中间件软件[简称：iMTOP]V1.0
1032	上海宝信软件股份有限公司	宝信 iCMS 内容管理软件[简称：iCMS 内容管理软件]V1.0
1033	上海宝信软件股份有限公司	宝信电文助手软件[简称：TeleAssist]V1.0
1034	上海宝信软件股份有限公司	宝信政务信息资源管理及开发利用软件[简称：政务信息资源管理及开发利用系统]V1.0
1035	上海宝信软件股份有限公司	宝信工程项目管理软件[简称：BPMSX]V2.0
1036	上海宝信软件股份有限公司	宝信 BS 高清卡口全拍监视软件[简称：SNAPALL/卡口全拍系统]V1.0
1037	上海宝信软件股份有限公司	宝信金属矿生产管控信息软件 V1.0
1038	上海宝信软件股份有限公司	宝信环保监测及应急处置平台软件[简称：iCV-BSEIS]V1.0
1039	上海宝信软件股份有限公司	宝信轨道交通综合监控平台软件[简称：iCV_RAIL]V1.1.0
1040	上海高德威智能交通系统有限公司	高德威视频电子警察视频触发软件 V1.0
1041	上海高德威智能交通系统有限公司	高德威数字多帧车牌识别软件 V1.0
1042	大道计算机技术(上海)有限公司	大道大屏幕指挥调度平台软件[简称：Xwall]V4.0
1043	上海可鲁系统软件有限公司	DAP Cegelec 104 驱动软件 V4.0
1044	创拓软件技术服务(上海)有限公司	创拓 OrgScape 组织架构管理软件[简称：OrgScape]V6.1.2
1045	上海互惠信息技术有限公司	互惠网络配线管理软件[简称：GLM]V2.1
1046	上海华岭集成电路技术有限责任公司	华岭蓝牙 RF SOC 芯片测试软件 V1.0
1047	上海华岭集成电路技术有限责任公司	华岭高性能数字视频编码芯片测试软件 V1.0
1048	上海万象信息科技有限公司	万象互动娱乐平台软件 V1.0
1049	上海敏绪网络科技有限公司	敏绪手机漫画播放器软件 V1.0
1050	上海龙引擎网络科技有限公司	龙引擎三维虚拟现实平台软件[简称：龙引擎]V1.0
1051	永凯软件技术(上海)有限公司	永凯 TRS 软件[简称：YUKON TRS]V1.0
1052	上海数讯信息技术有限公司	数讯资源支撑平台软件[简称：资源支撑平台软件]V1.0

续表

序号	企业名称	软件产品名称
1053	上海圣诺软件技术有限公司	圣诺手机数据无线备份软件[简称：CMBS]V2.0.0
1054	上海络齐科技有限公司	络齐智能移动平台应用软件 V1.0.0
1055	上海华勤通讯技术有限公司	华勤 Q68 MMI 软件 V1.0.7
1056	上海华勤通讯技术有限公司	华勤 S500 MMI 软件 V1.0
1057	上海华勤通讯技术有限公司	华勤 Q88 MMI 软件 V1.0.4
1058	上海摩软通讯技术有限公司	摩软 V71 MMI 软件 V1.0.3
1059	上海摩软通讯技术有限公司	摩软 L85 MMI 软件 V8.0.8
1060	上海摩软通讯技术有限公司	摩软 L109 MMI 软件 V1.0.1
1061	上海酷宇通讯技术有限公司	酷宇手机开放式应用运行环境软件[简称：酷宇 MORE]V2.5.0.0
1062	上海中岳计算机仿真控制系统有限公司	中岳城市轨道交通列车通行能力分析评估软件[简称：轨道交通列车通行能力分析评估软件]V1.0
1063	联合汽车电子有限公司	UAES 集中式 BCM 控制软件 V1.0
1064	联合汽车电子有限公司	UAES 中度混合动力 HEV 控制软件 1.0
1065	联合汽车电子有限公司	UAES 机械和电子节气门兼容的发动机控制软件 V1.0
1066	联合汽车电子有限公司	UAES 变速箱控制器嵌入式软件 V1.0
1067	联合汽车电子有限公司	UAES 发动机 K 线防盗器控制软件 V1.2
1068	上海柯华软件有限公司	柯华员工数据总线软件[简称：员工数据总线]V1.0
1069	上海金蝶软件有限公司	金蝶 KIS 理税王软件 V8.2
1070	上海金蝶软件有限公司	金蝶 KIS 财税王迷你版软件 V8.2
1071	上海神开石油化工装备股份有限公司	SK 全自动气相色谱软件 V1.0
1072	钜林信息技术(上海)有限公司	钜林总部报表软件[简称：ZENII HQ Report]V1.0
1073	上海斯凯普斯信息技术有限公司	斯凯普斯 SBO 扩展平台软件 V3.0
1074	上海迪沃信生物工程有限公司	迪沃信发酵控制分析软件 V3.0
1075	励元信息系统(上海)有限公司	励元分销管理软件 V2.0
1076	上海连际自动化控制系统有限公司	连际自动化监控软件 V1.0
1077	上海连际自动化控制系统有限公司	连际自动化应用软件 V1.0
1078	上海盖世网络技术有限公司	盖世汽车社区平台软件 V1.0
1079	上海现代科技发展有限公司	现代贴片机控制软件 V3.0
1080	上海纽盾科技发展有限公司	NEWDON 3G 多功能路由软件 V1.0
1081	万达信息股份有限公司	万达电子政务协同软件 V4.0
1082	万达信息股份有限公司	万达区域医疗信息整合共享与协同服务平台软件 V2.0
1083	上海众恒信息产业股份有限公司	众恒环境资源 GIS 共享平台软件 V1.0
1084	上海众恒信息产业股份有限公司	众恒社会化居家养老管理服务平台软件 V1.0
1085	上海天律信息技术有限公司	马克威统计分析与数据挖掘系统应用软件 V4.0

续表

序号	企业名称	软件产品名称
1086	上海埃肯电子科技有限公司	埃肯 SF6 微水监测仪软件 V1.0
1087	科亿尔数码科技(上海)有限公司	Corel WinDVD 2 010 软件 V10.0
1088	上海卓扬科技有限公司	Accella 网络视频监控平台软件 V1.0
1089	万达信息股份有限公司	万达土地交易系统应用软件 V1.0
1090	印孚瑟斯技术(中国)有限公司	Finacle 通用银行解决方案软件[简称：Finacle 汉化版]V1.0
1091	上海泛云信息科技有限公司	泛云 SimCloud 仿真云计算平台管理软件 V1.0
1092	艾维通信股份有限公司	艾维宽带无线指挥调度软件 V1.0
1093	汉军智能系统(上海)有限公司	汉军停车场管理软件 V3.5
1094	汉军智能系统(上海)有限公司	汉军门禁管理软件 V3.5
1095	上海泗博自动化技术有限公司	SiboTech DNetStart 网络组态软件 V1.0
1096	上海东焱信息技术有限公司	东焱水晶排班管理软件 V1.0
1097	上海米度测量技术有限公司	米度隧道精灵盾构施工测量软件 V2.0
1098	上海启导教育研究有限公司	启导 PSSP 应用软件[简称：启导 PSSP 软件]V1.0
1099	上海万方数据有限公司	万方数据库服务平台软件 V1.0
1100	上海尔凌软件科技有限公司	20-20 家具设计软件 V9
1101	上海紫越网络科技有限公司	紫越 ERP 软件 V1.0
1102	上海紫越网络科技有限公司	紫越教育资源库软件 V1.0
1103	上海锐封信息技术有限公司	锐封资产信息管理平台软件 V1.0
1104	上海凌鼎管理软件有限公司	凌鼎自动语音客户行为分析软件 V1.0
1105	上海今点软件有限公司	今点数据交换中间件软件 V1.0
1106	上海柏楚电子科技有限公司	柏楚全自动车床数控软件 V1.0
1107	上海悠悠理财信息科技有限公司	UU 股指期货模拟交易软件 V1.0
1108	上海悠悠理财信息科技有限公司	UU 商品期货模拟交易软件 V1.0
1109	上海久隆电力科技有限公司	久隆 V2G 后台管理软件 V1.0
1110	上海久隆电力科技有限公司	久隆电动汽车充放电管理软件 V1.0
1111	上海北塔软件股份有限公司	北塔应用服务管理软件 V1.0
1112	上海友亚信息科技有限公司	友亚业务流程设计软件 V1.0
1113	上海万得信息技术股份有限公司	Wind 资讯金融终端软件[简称：WFT]V2 010
1114	上海万得信息技术股份有限公司	Wind 资讯投资终端软件[简称：WIT]V2 010
1115	上海万得投资管理有限公司	万点理财终端软件[简称：WWT]V5.3
1116	上海同振信息技术有限公司	同振集群协同供应链管理软件 V1.0
1117	万达信息股份有限公司	万达区域就诊信息共享系统应用软件 V1.0
1118	万达信息股份有限公司	万达区域实验室检验信息共享系统应用软件 V1.0
1119	万达信息股份有限公司	万达区域检查报告共享系统应用软件 V1.0

续表

序号	企业名称	软件产品名称
1120	万达信息股份有限公司	万达区域医学影像信息共享系统应用软件 V1.0
1121	上海龙软信息技术有限公司	龙软金融衍生品交易软件[简称：DTS]V2.0
1122	上海神计信息系统工程有限公司	TeamEngine Messenger 即时通讯软件[简称：TeamEngine Messenger]V1.0
1123	上海尚娱网络科技有限公司	尚娱战争之王游戏软件 V2.0
1124	上海东方通泰软件科技有限公司	东方通交易中间件软件 V5.2
1125	普华基础软件股份有限公司	普华 AutoCAN 汽车电子网络诊断软件 V1.0
1126	上海威士顿信息技术有限公司	威士顿制造型企业信息门户平台软件 V1.0
1127	上海锐迅信息技术有限公司	锐迅数字化手术室触摸屏控制软件 V1.0
1128	上海中标软件有限公司	中标普华机顶盒系统软件 V1.0
1129	上海中标软件有限公司	中标普华病历通软件 V2.0
1130	上海中标软件有限公司	中标普华智能交通定制操作系统软件 V1.0
1131	上海中标软件有限公司	中标普华信息发布系统软件 V1.0
1132	上海爱数软件有限公司	爱数备份卫士软件 V3.1
1133	上海申腾信息技术有限公司	申腾园区物流引导调度软件 V1.0
1134	上海智理电子商务服务有限公司	智理第四方电子商务 DM 软件[简称：第四方平台 DM 管理中心]V1.0
1135	上海智理电子商务服务有限公司	智理第四方电子商务红利会员软件[简称：第四方平台红利会员管理中心]V1.0
1136	上海盾力电子科技有限公司	盾力机房动力及环境参数监控软件 V2.0
1137	上海盾力电子科技有限公司	盾力智能门禁数据采集软件 V1.5
1138	上海申微软件有限公司	申微自来水营业收费管理软件 V1.0
1139	上海蓝灯软件科技有限公司	Landa 协同商务软件 V8.0
1140	上海宝景信息技术发展有限公司	宝景综合医疗信息管理软件 V2.0
1141	上海威士顿信息技术有限公司	威士顿制造型企业信息门户应用软件 V1.0
1142	宇博信诚(上海)信息技术有限公司	宇博 iSeries 版本管理软件 V2.0
1143	上海久游网络科技有限公司	久游网神兵传奇 Online 网络休闲游戏软件 (Magical Weapons) V1.0
1144	上海期货信息技术有限公司	Futures Ideal 即时消息分发中心软件 V1.0
1145	上海期货信息技术有限公司	Futures Ideal 风险测算软件 V1.0
1146	上海期货信息技术有限公司	Futures Ideal 互联网行情软件 V1.0
1147	东方金盾科技有限公司	东方金盾车牌识别软件 V1.0
1148	上海博英信息科技有限公司	博英农村电网经济运行及网损管理信息软件[简称：电网管理软件]V1.0
1149	上海贝尔软件有限公司	贝尔多业务接入软件 V2.0
1150	上海贝尔软件有限公司	贝尔 WCDMA 移动通信无线网络软件[简称：WCDMA UTRAN SW]V2.0

续表

序号	企业名称	软件产品名称
1218	上海自动化仪表股份有限公司	上自仪 SiUMP 统一监控平台软件 V1.0
1219	上海自动化仪表股份有限公司	上自仪组态器软件 V2.0
1220	上海自动化仪表股份有限公司	上自仪 HART 协议的 3 151 系列差压 / 压力变送器软件 V7.0
1221	上海舜为电子科技有限公司	舜为门禁控制软件 V5.1.41
1222	上海舜为电子科技有限公司	舜为自助借还书应用软件 V1.05
1223	上海大唐移动通信设备有限公司	大唐移动自动路测后台分析软件[简称：SPAN ADS]V1.0
1224	上海大唐移动通信设备有限公司	大唐移动自动路测前台测试软件[简称：SPAN ADT]V1.0
1225	上海大唐移动通信设备有限公司	大唐移动基于 GIS 的 CDL-MR 海量智能分析软件[简称：EXPT CDG]V1.0
1226	上海移通网络有限公司	移通精营通软件 V1.0
1227	上海银联商务有限公司	银联商务 ATM 数据报表软件[简称：ATM 报表软件]V1.0
1228	上海银联商务有限公司	银联商务文件加密软件[简称：文件加密软件]V1.0
1229	上海银联商务有限公司	银联商务网络监控软件[简称：网络监控软件]V1.0
1230	上海晨路信息科技有限公司	第五纪网页游戏软件 V1.0
1231	展唐通讯科技(上海)有限公司	展唐无线固话平台软件 V1.0
1232	展唐通讯科技(上海)有限公司	展唐手机应用平台软件 V1.0
1233	展唐通讯科技(上海)有限公司	展唐无线网络终端通信平台软件 V1.0
1234	上海玖道信息科技有限公司	玖道企业资产管理软件 V1.5
1235	上海玖道信息科技有限公司	玖道客户服务软件 V2.0
1236	上海喜品购信息科技有限公司	喜品购仓储物流及协同办公软件 V1.0
1237	上海速强信息技术有限公司	速强销售支持软件 V1.0
1238	上海迈向科技有限公司	迈向行政执法与刑事司法信息共享平台软件 V3.0
1239	上海迈向科技有限公司	迈向行政执法与刑事司法信息共享平台软件 V4.0
1240	上海华虹计通智能卡系统有限公司	HHJT 自行车租赁读卡器嵌入式软件 V1.0
1241	上海华虹计通智能卡系统有限公司	HHJT 基于 GPRS 的公交实时通讯中间件软件 V1.0
1242	上海华虹计通智能卡系统有限公司	HHJT 地铁读卡器嵌入式应用软件 V1.0
1243	上海华虹计通智能卡系统有限公司	HHJT 基于 RFID 仓储物流管理软件 V1.0
1244	上海华虹计通智能卡系统有限公司	HHJT 门票专用验票机固化软件 V1.0
1245	上海领旗信息科技有限公司	领旗科技专业录音电话机主控 CPU 软件 V201001 001
1246	上海畅晟软件开发有限公司	畅晟外贸信息管理软件 V8.0
1247	上海澎博财经资讯有限公司	澎博财经资讯软件 V4.2
1248	上海赞同信息科技发展有限公司	赞同通讯服务平台软件[简称：SAFE]V3.0
1249	联芯科技有限公司	联芯科技 TD-SCDMA 无线上网卡嵌入式软件[简称：PhyFA] V2.0
1250	联芯科技有限公司	联芯科技 LARENA 平台流媒体软件[简称：PPplayer]V1.0

续表

序号	企业名称	软件产品名称
1251	联芯科技有限公司	联芯科技 TD-SCDMA 无线模块嵌入式软件[简称：Meco]V4.6
1252	麦康软件科技(上海)有限公司	麦康品质管理系统应用软件[简称：QMS Plus]V1.0
1253	麦康软件科技(上海)有限公司	麦康工厂管理系统应用软件[简称：MES Express]V1.0
1254	上海飞象信息技术有限公司	飞象医疗保险信息管理软件[简称：医保系统]V1.0
1255	上海青乾科技有限公司	青乾企业服务管理平台软件[简称：青乾 ESP]4.0
1256	上海为舟网络科技有限公司	为舟富英特网教学平台软件[简称：Vencoo RIA]V1.0
1257	上海芝馨网络科技有限公司	芝馨经销商管理软件[简称：InterSys DMS]V2 010.001
1258	上海霍莱沃电子系统技术有限公司	Hollywell 数字信道设计软件 V1.0
1259	上海烛龙信息科技有限公司	烛龙古剑奇谭游戏软件[简称：古剑]V1.0
1260	上海企望信息科技有限公司	企望纸板厂管理软件[简称：纸板厂管理软件]V10.0
1261	上海企望信息科技有限公司	企望生产管理接口软件[简称：生管接口]V2.1
1262	上海可鲁系统软件有限公司	DAP EthernetIP 驱动软件 V4.0
1263	上海可鲁系统软件有限公司	DAP CBM 服务器状态采集控制软件 V1.0
1264	捷玛计算机信息技术(上海)有限公司	捷玛车辆管理软件 V1.0
1265	上海动联信息技术有限公司	动联身份认证软件 V3.0
1266	上海帕奇网络技术有限公司	帕奇基于人本计算的大拇指数据录入网络服务平台软件[简称：TSPBHC]V0.1
1267	上海禹为通信技术有限公司	禹为信令采集控制处理软件 V1.0
1268	上海禹为通信技术有限公司	禹为语音识别控制处理软件 V1.0
1269	上海丽正软件技术有限公司	丽正流程化环境监测业务管理软件[简称：EMCLIMS]V1.0
1270	胜科金仕达数据系统(中国)有限公司	金仕达黄金交易管理系统客户端软件[简称：黄金交易客户端]V1.0
1271	胜科金仕达数据系统(中国)有限公司	金仕达黄金交易管理系统风险控制模块软件[简称：黄金交易风险监控系统]V2.0
1272	上海井力自动化科技有限公司	井力车牌识别软件[简称：井力车牌识别]V1.0
1273	上海海硕士软件有限公司	海硕士船舶管理信息系统应用软件(船舶版)V4.1
1274	上海海硕士软件有限公司	海硕士船舶管理信息系统应用软件(公司版)V4.1
1275	上海企源信息服务有限公司	畅享网 KNET 知识管理软件[简称：KNET]V6.0
1276	上海天缘迪柯信息技术有限公司	天缘迪柯车辆驾驶员档案库房管理软件 V1.0
1277	上海天缘迪柯信息技术有限公司	天缘迪柯道路施工安全管理软件 V1.0
1278	上海天缘迪柯信息技术有限公司	天缘迪柯交通事故欺诈防范分析软件 V1.0
1279	运筹信息科技(上海)有限公司	运筹数据 1 号精准挖掘引擎(SSB)软件[简称：数据 1 号]V3.0
1280	上海企顺信息系统有限公司	BizEcare 远程服务支撑平台软件[简称：BizEcare]V1.0
1281	上海阿尔卡特网络支援系统有限公司	SANSS PON 综合网管软件 V1.0
1282	霍尼韦尔综合科技(中国)有限公司	霍尼韦尔成本控制流程审批软件 V1.0

续表

序号	企业名称	软件产品名称
1283	霍尼韦尔综合科技(中国)有限公司	霍尼韦尔CPO冷机站先进控制软件V1.0
1284	霍尼韦尔综合科技(中国)有限公司	霍尼韦尔涡轮发动机生产规划管理软件V1.0
1285	霍尼韦尔综合科技(中国)有限公司	霍尼韦尔ULMS设备寿命管理软件V1.0
1286	上海禾心网络科技有限公司	禾心会所管理软件[简称:会所管理软件]V1.0
1287	恩斐凯司信息技术(上海)有限公司	BVRP通讯工具软件V5.0
1288	上海约翰芬雷自动化系统有限公司	JOHNFINLAY监控管理软件V6.0
1289	爱德威软件开发(上海)有限公司	爱德威情报通软件V2.0
1290	上海知铭信息科技有限公司	知铭RH真空控制软件V1.0
1291	上海伟凡数据系统有限公司	伟凡i-Marketingone电邮营销软件V1.0
1292	上海伟凡数据系统有限公司	伟凡通用企业信息门户软件V1.0
1293	广拓软件(上海)有限公司	广拓V3张力电子围栏主机软件V1.0
1294	广拓软件(上海)有限公司	广拓张力式电子围栏管理软件V1.0
1295	发思特软件(上海)有限公司	FastCAM半自动编程套料软件[简称:FastCAM Standard]V7.0
1296	发思特软件(上海)有限公司	FastCAM全自动共边套料软件[简称:FastCAM Professional]V7.0
1297	上海互联网软件有限公司	必优必达街道数据资源整合平台软件[简称:街道数据资源平台软件]V1.0
1298	上海互联网软件有限公司	必优必达村务权力公开管理软件[简称:村务公开软件]V1.0
1299	上海互联网软件有限公司	必优必达疫情应急数据报送软件[简称:应急数据报送软件]V1.0
1300	上海畅盟信息科技有限公司	畅盟信访绩效考核软件[简称:信访绩效考核软件]V1.0
1301	上海浪擎信息科技有限公司	浪擎.海量数据异地存储软件[简称:异地备份系统]V1.1
1302	盈趣信息技术(上海)有限公司	盈趣魔兽死亡骑士前传游戏软件[简称:魔兽死亡骑士前传]V1.0
1303	盈趣信息技术(上海)有限公司	盈趣幻兽吟游录游戏软件[简称:幻兽吟游录]V1.0
1304	盈趣信息技术(上海)有限公司	盈趣终极西游kapo伏魔传游戏软件[简称:终极西游kapo伏魔传]V1.0
1305	盈趣信息技术(上海)有限公司	盈趣金牌魔术团游戏软件[简称:金牌魔术团]V1.0
1306	盈趣信息技术(上海)有限公司	盈趣龙世界初章游戏软件[简称:龙世界初章]V1.0
1307	盈趣信息技术(上海)有限公司	盈趣降龙十八掌游戏软件[简称:降龙十八掌]V1.0
1308	盈趣信息技术(上海)有限公司	盈趣风云雷神录游戏软件[简称:风云雷神录]V1.0
1309	上海乾康医疗科技有限公司	乾康CVFT-MG2xx系列脑电仿生电刺激仪软件V4.01
1310	上海农业信息有限公司	上农信猪肉供应链安全信息平台软件V1.0
1311	上海格信软件股份有限公司	格信手机支付密钥管理软件V1.0
1312	欧唯特信息系统(上海)有限公司	欧唯特电子备件目录管理软件[简称:iParts]V1.0
1313	上海融亿信息技术有限公司	融亿监控管理软件[简称:监控软件]V1.0

续表

序号	企业名称	软件产品名称
1314	上海通导科技发展有限公司	TD手持停车场计时收费管理软件V1.0
1315	上海农易数字工程技术有限公司	上农信食用农产品安全信息追溯平台软件V1.0
1316	上海冈三华大计算机系统有限公司	冈三华大物业管理软件V1.0
1317	上海冈三华大计算机系统有限公司	华思集装箱储运管理软件V1.0
1318	上海驼铃信息技术有限公司	驼铃语音督察软件V1.0
1319	上海英迪信息技术有限公司	英迪化学危险品运输实时监控软件V1.0
1320	上海英迪信息技术有限公司	英迪航空运输单证管理软件V1.0
1321	上海合康科技发展实业有限公司	合康自助终端统一管理平台软件V1.0
1322	上海合康科技发展实业有限公司	合康统一监控视图平台软件V1.0
1323	上海合康科技发展实业有限公司	合康多媒体自助服务软件V1.0
1324	上海尚景信息技术有限公司	尚景运营级电子传真平台软件V6.0
1325	上海云杉信息科技有限公司	云杉血压计软件V1.0
1326	上海威能电力科技有限公司	威能C2E通讯管理软件V6.2
1327	上海南康科技有限公司	南康房地产WebGIS发布软件V1.0
1328	上海有孚计算机网络有限公司	有孚异地容灾海量存储管理软件V1.0
1329	亿康科技信息(上海)有限公司	eCOM Gentran集成软件[简称:GIS]V1.0
1330	亿康科技信息(上海)有限公司	eCOM Connect Direct软件[简称:C:D]V1.0
1331	上海容错信息科技有限公司	容错虚拟磁带库软件V3.0
1332	上海安酷信息科技有限公司	亿仕内网安全管控软件V3.0
1333	上海庆远软件有限公司	庆远固定资产网络化管理软件V5.0
1334	上海乾隆网络科技有限公司	钱龙恒指赢家标准版证券分析软件V5.80
1335	上海宏巍计算机软件有限公司	宏巍SHOPWARE电子商务网络营销软件V3.0
1336	上海华博泰富网络技术有限公司	华博泰富协作管理软件V1.0
1337	上海华博泰富网络技术有限公司	华博泰富通讯录管理软件V1.0
1338	上海中崛信息科技有限公司	中崛房管家ERP专业版软件V1.0
1339	上海申银万国证券研究所有限公司	申银万国CRM(客户关系管理)软件V1.0
1340	上海申银万国证券研究所有限公司	申银万国指数实时计算软件V1.0
1341	上海申银万国证券研究所有限公司	申银万国研究平台共享软件V1.0
1342	上海申银万国证券研究所有限公司	申银万国证券研究所海外盈利预测软件V2.1
1343	上海申银万国证券研究所有限公司	申银万国财务预测与估值模型软件V2.1
1344	上海申银万国证券研究所有限公司	申银万国证券研究所经纪人集中客户管理软件V1.2
1345	上海申银万国证券研究所有限公司	申银万国证券研究所衍生品套利套保软件V1.0
1346	上海申银万国证券研究所有限公司	申银万国证券研究所研究报告模板软件V3.0
1347	上海申银万国证券研究所有限公司	申银万国证券咨询平台软件V3.0

续表

序号	企业名称	软件产品名称
1348	上海爱信诺航天信息有限公司	爱信诺税控收款机管理信息软件 V1.0
1349	上海三零卫士信息安全有限公司	三零卫士网络安全监控管理软件 V1.0
1350	浩擎(上海)信息科技有限公司	Openfind Enterprise Search 企业搜索软件 V1.0
1351	浩擎(上海)信息科技有限公司	Openfind MailGates 邮件防护软件 V1.0
1352	浩擎(上海)信息科技有限公司	Openfind Mail2 000 电子邮件软件 V1.0
1353	上海奕兴网络技术有限公司	奕兴 Amadeus 平台整合 PAYPAL 支付方案适配器软件 V1.0
1354	上海尧辰网络科技有限公司	尧辰 STB-Loader 软件 V1.0
1355	上海绩儒贸易有限公司	绩儒企业视频培训软件 V1.0
1356	上海安硕软件有限公司	安硕工作流引擎软件 V1.0
1357	上海安硕软件有限公司	安硕工作流设计软件 V1.0
1358	上海安硕信息技术有限公司	安硕贷款核算软件 V1.0
1359	上海安硕信息技术有限公司	安硕预算管理软件 V1.0
1360	上海美宁计算机软件有限公司	证券之星 iPhone 专业版软件 V1.0
1361	上海美宁计算机软件有限公司	证券之星 iPhone 快捷版软件 V1.0
1362	上海华魏光纤传感技术有限公司	华魏分布式光纤测温软件 V3.0
1363	上海华腾数据信息科技有限公司	华腾数据商业支付卡平台软件[简称：TOP_CPC]V1.0.0
1364	上海维豪信息安全技术有限公司	维豪 SGS 安全认证网关软件 V5.4
1365	上海维豪信息安全技术有限公司	维豪电子印章制作软件 V1.5
1366	上海维豪信息安全技术有限公司	维豪电子印章管理软件 V1.5
1367	上海艾特维通信科技有限公司	艾特维 0 216 超低端手机软件 V1.0
1368	上海艾特维通信科技有限公司	艾特维 135 模块软件 V1.0
1369	上海帕科网络科技有限公司	帕科短信平台管理软件 V1.0
1370	上海帕科软件科技有限公司	帕科宽带业务支撑平台软件 V1.0
1371	上海晨路信息科技有限公司	梦幻坦克游戏软件 V1.0
1372	上海昕宝电子科技有限公司	昕宝高级光学人机交互式电子白板软件简称:[GREENBOARD] V1.0
1373	上海睿网电子有限公司	RT 安全防范视频监控综合管理平台软件 V2.0
1374	上海贝尔软件有限公司	贝尔 5 020 信令网关基本软件[简称：5020SG]V3.0
1375	上海泰山软件技术有限公司	TSS N7CSS 七号信令监测软件 V3
1376	上海幻影显示技术有限公司	幻影网络图像处理及控制软件 V3.2
1377	上海集灵信息技术有限公司	集灵磅房称重管理软件 V5.3
1378	汇众益智(上海)教育软件有限公司	汇众益智网络考试软件 V1.0
1379	上海中信信息发展股份有限公司	光典档案信息资源管理软件 V4.0
1380	上海中信信息发展股份有限公司	光典档案信息资源管理软件(建工行业版)V1.5

续表

序号	企业名称	软件产品名称
1381	上海中信信息发展股份有限公司	光典档案信息资源管理软件(单机版)V1.5
1382	上海中信信息发展股份有限公司	中信全文检索管理软件 V1.5
1383	上海宝钢安大电能质量有限公司	宝钢安大电力设备状态采集分析与故障诊断软件 V1.0
1384	上海一嗨汽车租赁有限公司	一嗨租车自驾在线预订软件 V4.0
1385	上海异锝高新技术有限公司	异锝资产(设备)管理软件 V1.0
1386	上海万欣计算机信息科技有限公司	万欣系统恢复卡软件[简称:万欣系统恢复卡]V7.0
1387	上海万欣计算机信息科技有限公司	万欣实验室综合管理软件[简称:万欣实验室管理系统]V2.0
1388	上海新朋程信息科技有限公司	新朋程 i 校园教学质量管理软件 V1.0
1389	上海新朋程信息科技有限公司	新朋程统一身份认证基础平台软件 V1.0
1390	上海合普信息科技有限公司	合普 Material Simulation Computation 软件 V1.0
1391	上海祥网瑞电子科技有限公司	祥网瑞执照采集识别软件 V1.0
1392	上海原动力通信科技有限公司	原动力 OP 平台软件[简称:OP]V1.20.00
1393	上海天道启科电子有限公司	IPAV 数字会议系统管理软件 V1.0
1394	上海天道启科电子有限公司	IPAV 数字审委会会议管理软件 V1.0
1395	思华科技(上海)有限公司	思华多模式服务分发软件 V3.3
1396	思华科技(上海)有限公司	思华多模式内容管理软件 V3.3
1397	思华科技(上海)有限公司	思华多模式会话与资源管理软件 V3.3
1398	思华科技(上海)有限公司	思华网页内容缓存软件 V3.3
1399	思华科技(上海)有限公司	思华流媒体内容缓存软件 V3.3
1400	思华科技(上海)有限公司	思华下载内容缓存软件 V3.3
1401	万达信息股份有限公司	万达高可用应用支撑平台软件 V2.0
1402	上海智联腾华软件技术有限公司	智联腾华融资租赁管理多语言软件 V1.0
1403	上海金自天正信息技术有限公司	Ari 中棒自动控制(AriZHB)软件 V1.0
1404	上海南康科技有限公司	南康面访专家软件 V2.0
1405	上海柏飞电子科技有限公司	柏飞 DMM 数据管理模块控制软件 V1.0
1406	上海金导电力科技有限公司	金导 JWB-200 微机综合保护测控装置嵌入式软件 V1.0
1407	上海金导电力科技有限公司	金导 JWB-600 系列微机综合保护测控装置嵌入式软件 V1.0
1408	上海金导电力科技有限公司	金导 JWB-800 系列微机综合保护测控装置嵌入式软件 V1.0
1409	上海育佳信息科技有限公司	育佳拆迁项目管理软件 V1.2
1410	上海汇怡科技发展有限公司	汇怡刑事照相自动制卷软件 V1.0
1411	上海汇怡科技发展有限公司	汇怡现场三维全景再现分析软件 V1.0
1412	守内安信息科技(上海)有限公司	守内安 SPAM SQR 邮件垃圾过滤管理软件 V2.8
1413	守内安信息科技(上海)有限公司	守内安 Mail SQR Expert 电子邮件保全专家软件 V2.6
1414	上海祥金工业机械有限公司	祥金工业炉控制软件 V1.0

续表

序号	企业名称	软件产品名称
1415	上海中远资讯科技有限公司	中远资讯集装箱班轮公司全球数据交换平台软件 V1.0
1416	上海新浪乐居信息科技有限公司	乐居搜索引擎优化系统管理软件 V1.0
1417	上海新浪乐居信息科技有限公司	乐居 B2B 房地产商务平台软件[简称：房商通]V1.0
1418	上海新浪乐居信息科技有限公司	乐居摄影作品数据库及专家评审平台软件 V1.0
1419	上海通琅信息技术有限公司	通琅多媒体管理平台软件[简称：freevision]V2.1.1.16
1420	上海时代亿信信息科技有限公司	时代亿信动态令牌身份认证软件[简称：SYOTP]V1.0
1421	上海硅知识产权交易中心有限公司	SSIPEX 专利信息协同软件 V1.0
1422	上海硅知识产权交易中心有限公司	SSIPEX 北斗 /GPS 卫星信息显示软件 V1.0
1423	上海恺英网络科技有限公司	"楼一幢" 游戏软件 V1.3
1424	上海优华系统集成技术有限公司	优华低温热系统监控与优化软件 V1.0
1425	得理电子(上海)有限公司	得理 PC 套件软件 V1.0
1426	民理达软件(上海)有限公司	民理达音乐助手软件 V1.0
1427	杰脉通信技术(上海)有限公司	杰脉 TD-SCDMA 协议一致性测试软件[简称：PSCOT]V1.0
1428	上海览逸信息科技有限公司	览逸金牛期货交易终端软件[简称：金牛期货交易终端]V1.0
1429	上海证券通信有限责任公司	证券通信服务管理软件 V2.0
1430	上海奇微通讯技术有限公司	奇微高精度网络授时协议栈软件[简称：PTPStack]V1.0.0.0
1431	上海宝英光电科技有限公司	宝英 C600 烟气连续监测软件[简称：CEMS 程序]V1.0.0.1
1432	上海证券通信有限责任公司	证通业务分发平台软件[简称：业务分发平台]V1.0
1433	上海弘元计算机科技有限公司	弘元强认证服务平台软件[简称:SSS]V1.0
1434	上海拓东软件有限公司	拓东试验室信息管理软件[简称:TLIMS]V4.00
1435	上海拓东软件有限公司	拓东压力机联网数据管理软件[简称:TMS]V3.00
1436	上海华之樱信息系统有限公司	华之樱协同工作管理平台软件[简称：协同工作管理平台软件]V1.0
1437	上海锐道软件有限公司	锐道 DORADO 图像处理库软件[简称：DORADO IMAGING LIBRARY]V1.0
1438	上海富策信息科技有限公司	富策全面预算管理平台软件[简称：全面预算管理系统]V1.0
1439	上海新区时空信息技术有限公司	时空 MTK 互联网地图服务软件 V2.0
1440	上海埃帕信息科技有限公司	埃帕 EasyNews 新闻推送软件 V1.0
1441	上海埃帕信息科技有限公司	埃帕 EasyMAIL 邮件管理软件 V1.0
1442	上海达美信息技术有限公司	达美 ERP 内控风险分析软件[简称：ERP Riskcontrol]V1.0
1443	上海语天信息技术有限公司	语天网络舆情监测与分析软件[简称：pomas]V1.0
1444	上海财汇信息技术有限公司	财汇金融分析平台软件[简称：FC station]V2.2
1445	上海财汇信息技术有限公司	财汇双路数据校验软件[简称：双路数据校验软件]V1.0
1446	上海财汇信息技术有限公司	财汇信用评估模型软件[简称：信用评估系统]V1.0
1447	上海财汇信息技术有限公司	财汇证券权益平台软件[简称：证券权益系统]V2.5

续表

序号	企业名称	软件产品名称
1448	东方钢铁电子商务有限公司	东方钢铁现货在线交易定价软件[简称:BSTEEL-E-TSP]V1.0
1449	东方钢铁电子商务有限公司	东方钢铁现货集合议价交易软件[简称:BSTEEL-E-CBT]V1.0
1450	东方钢铁电子商务有限公司	东方钢铁现货挂牌交易软件[简称:BSTEEL-E-NQT]V1.0
1451	睿行信息科技(上海)有限公司	睿行NextOSS IPTV运营支撑软件[简称:NextOSS]V7.0
1452	上海棕榈电脑系统有限公司	金棕榈旅行社业务流程软件V7.01
1453	上海棕榈电脑系统有限公司	金棕榈旅行社业务流程单团结算平台软件V7.01
1454	上海棕榈电脑系统有限公司	金棕榈旅行社业务流程产品策划及团队控制平台软件V7.01
1455	上海棕榈电脑系统有限公司	金棕榈旅行社业务流程供应商管理及资源采购平台软件V7.01
1456	上海棕榈电脑系统有限公司	金棕榈国内游组接团动态管理软件7.01
1457	上海棕榈电脑系统有限公司	金棕榈入境游动态管理软件V7.01
1458	上海棕榈电脑系统有限公司	金棕榈旅行社业务流程门店销售预定平台软件V7.01
1459	上海棕榈电脑系统有限公司	金棕榈出境游动态管理软件V7.01
1460	上海成生科技有限公司	成生GPS车辆监控管理软件V1.0
1461	上海华勤通讯技术有限公司	华勤K9 MMI软件V1.1.6
1462	上海华勤通讯技术有限公司	华勤M550 MMI软件V1.0.5
1463	上海华勤通讯技术有限公司	华勤M630 MMI软件V1.0.1
1464	上海华勤通讯技术有限公司	华勤L98 MMI软件V1.0.0
1465	上海华勤通讯技术有限公司	华勤Q80 MMI软件V1.0.9
1466	上海华勤通讯技术有限公司	华勤K8 MMI软件V1.1.0
1467	上海普华诚信信息技术有限公司	普华诚信客户端通用密码服务软件V1.0
1468	上海普华诚信信息技术有限公司	普华诚信服务端通用密码服务软件V1.0
1469	上海快逸行信息科技有限公司	逸游天下车载信息服务软件V1.0
1470	上海诚明融鑫科技有限公司	融鑫轨道交通三维实景地图软件[简称:轨交实景]V1.0
1471	上海诚明融鑫科技有限公司	融鑫在审对象工作系统管理软件[简称:在审对象]V1.0
1472	天旅翱越软件(上海)有限公司	天旅物联网3G模块嵌入式软件[简称:天旅嵌入式软件]V1.0
1473	天旅翱越软件(上海)有限公司	天旅翱越无线宽带客户端软件[简称:无线宽带]V1.0
1474	上海昊视信息科技有限公司	昊视图像处理库软件[简称:HSVL]V1.0
1475	上海惠为信息技术有限公司	惠为呼叫中心运营管理软件[简称:运营管理系统]V1.0
1476	上海飞旗网络技术有限公司	F7 OptimalIGS网络安全综合系统防御软件[简称:F7网络安全综合系统]V2.120
1477	捷玛计算机信息技术(上海)有限公司	捷玛仓库管理软件V1.0
1478	上海点击书实业有限公司	点点博创软件[简称:点点博创]V1.0
1479	上海智银信息科技有限公司	智银小额贷款业务管理软件V1.0
1480	胜科金仕达数据系统(中国)有限公司	金仕达资金风险管理软件[简称:资金风控]V1.0

续表

序号	企业名称	软件产品名称
1481	艾颂信息技术(上海)有限公司	艾颂流动人口信息管理软件[简称：人口管理]V1.0
1482	上海中交海德交通科技股份有限公司	海德高速公路机电设备管理软件[简称：HEAD-EMS]V1.0
1483	上海中交海德交通科技股份有限公司	海德高速公路营运收费管理软件[简称：HEAD-TMS]V1.0
1484	上海中交海德交通科技股份有限公司	海德公路工程计量支付管理软件[简称：HEAD-MPS]V1.0
1485	上海中交海德交通科技股份有限公司	海德投资控制管理软件[简称：HEAD-ICM]V1.0
1486	上海中交海德交通科技股份有限公司	海德综合信息管理软件[简称：HeadGMP]V1.0
1487	上海中交海德交通科技股份有限公司	海德纵横公路工程造价软件[简称：HEAD Smartcost]V8.0
1488	上海网达信息技术有限公司	网达内容管理软件[简称：WDCM]V5.0
1489	上海网达信息技术有限公司	网达信息网站内容保障平台软件[简称：内容保障]V1.0
1490	上海企望软件技术有限公司	企望纸箱厂管理软件[简称：纸箱厂管理软件]V10.0
1491	上海金仕达多媒体有限公司	金仕达多媒体自然教学课件软件 V1.0 [简称：多媒体教学课件]V1.0
1492	上海阿尔卡特网络支援系统有限公司	SANSS CDMA 用户感知测试系统平台建设工程软件 V1.0
1493	霍尼韦尔综合科技(中国)有限公司	霍尼韦尔 AV8OR 嵌入式航空地图导航软件 V2.0
1494	霍尼韦尔综合科技(中国)有限公司	霍尼韦尔 FMS-A&O 数据管理集成软件 V1.0
1495	霍尼韦尔综合科技(中国)有限公司	霍尼韦尔 MiniTiger 分析仪软件 V1.0
1496	上海外高桥造船有限公司	CSSC-SEM 海洋工程文控管理软件 V1.0
1497	上海外高桥造船有限公司	CSSC-SEM 设计图文档管理软件 V1.0
1498	上海外高桥造船有限公司	CSSC-SEM 涂装管理软件 V2.0
1499	上海外高桥造船有限公司	CSSC-SEM 完工管理软件 V1.0
1500	上海外高桥造船有限公司	CSSC-SEM 管系制造执行管理软件 V1.0
1501	上海外高桥造船有限公司	CSSC-SEM 钢板管理软件 V2.0
1502	上海文广互动电视有限公司	SiTV 节目编排系统 VPAS 软件 V2.0
1503	上海宏宙信息技术有限公司	宏宙高温监控软件 V1.0
1504	上海蓝科钢结构技术开发有限责任公司	MTS 结构设计软件[简称：MTS]V7.0
1505	上海复弘科技发展有限公司	Heal Force TOPLITE-F7 070 手术无影灯嵌入式软件 V2.2.0
1506	上海复弘科技发展有限公司	Heal Force TOPLITE-F7 060 手术无影灯嵌入式软件 V2.1.0
1507	上海复弘科技发展有限公司	Heal Force TOPLITE-F6 060 手术无影灯嵌入式软件 V1.1.0
1508	上海复弘科技发展有限公司	Heal Force TOPLITE-F7 272 手术无影灯嵌入式软件 V2.3.0
1509	上海复弘科技发展有限公司	Heal Force TOPLITE-F7 262 手术无影灯嵌入式软件 V2.4.0
1510	上海复弘科技发展有限公司	Heal Force TOPLITE-G7 060 手术无影灯嵌入式软件 V2.1.1
1511	上海复弘科技发展有限公司	Heal Force TOPLITE-G6 060 手术无影灯嵌入式软件 V1.1.1
1512	上海复弘科技发展有限公司	Heal Force TOPLITE-G7 000 手术无影灯嵌入式软件 V2.0.0
1513	上海复弘科技发展有限公司	Heal Force TOPLITE-G6 000 手术无影灯嵌入式软件 V1.0.0

续表

序号	企业名称	软件产品名称
1514	上海复弘科技发展有限公司	Heal Force TOPLITE-P7 060 手术无影灯嵌入式软件 V2.1.2
1515	上海复弘科技发展有限公司	Heal Force TOPLITE-P6 060 手术无影灯嵌入式软件 V1.1.2
1516	上海复弘科技发展有限公司	Heal Force TOPLITE-P6 000 手术无影灯嵌入式软件 V1.0.2
1517	上海金蝶软件有限公司	金蝶 KIS 商贸基础版软件 V3.0
1518	上海金蝶软件有限公司	金蝶 KIS 新丝路服装王软件 V12.1
1519	上海金蝶软件有限公司	金蝶 KIS 零售王软件 V3.0
1520	上海金蝶软件有限公司	金蝶 KIS 商贸标准版软件 V3.0
1521	上海金蝶软件有限公司	金蝶 KIS 商贸高级版软件 V3.0
1522	上海民航华东凯亚系统集成有限公司	华东凯亚 SMS 安全信息管理软件 V1.0
1523	上海民航华东凯亚系统集成有限公司	华东凯亚 DRP 数据报告软件 V1.0
1524	上海民航华东凯亚系统集成有限公司	华东凯亚 SMIS 安检信息管理软件 V1.0
1525	上海民航华东凯亚系统集成有限公司	华东凯亚 MIC 管理信息频道软件 V1.0
1526	上海钢联电子商务股份有限公司	钢联“我的钢铁”iPhone 平台应用软件 V1.0
1527	上海钢联电子商务股份有限公司	钢联“我的钢铁”呼叫中心 OA 软件 V1.0
1528	上海鸣志自动控制设备有限公司	JTMIS 电力生产系统管理网络软件 V1.0
1529	上海鼎频通信技术有限公司	SCE Transport 光纤传输子系统控制软件 V1.01
1530	上海合康科技发展实业有限公司	合康银行 ITSM 系统管理软件 V1.0
1531	上海康雷分析仪器有限公司	Canrex Smart Plus 纯水设备嵌入式软件 V1.0
1532	上海康雷分析仪器有限公司	Canrex Smart 超纯水系统嵌入式软件 V1.0
1533	上海奥特博格汽车工程有限公司	奥特博格机器人冲压自动化生产应用软件 V1.0
1534	上海奥特博格汽车工程有限公司	奥特博格机器人基于激光传感器自动搜索定位应用软件 V1.0
1535	上海奥特博格汽车工程有限公司	奥特博格机器人 Smart Tac 焊缝自动搜索应用软件 V1.0
1536	上海奥特博格汽车工程有限公司	奥特博格机器人 TCP 自动测量应用软件 V1.0
1537	上海奥特博格汽车工程有限公司	奥特博格机器人柔性自动化车身生产应用软件 V1.0
1538	上海纪元微科电子有限公司	MMS 放大器电路测试软件［简称：放大器电路测试软件］V1.0
1539	上海飞毯网络科技有限公司	飞毯旅游人生英文版(MagicCarpetTour365)软件［简称：旅游人生(Tour365)］V1.2
1540	上海世范软件技术有限公司	世范表单定制平台软件 V1.0
1541	上海大潮电子技术有限公司	大潮基于 CAN 总线的工程车辆监控管理系统客户端软件 V3.5
1542	上海大潮电子技术有限公司	大潮基于 CAN 总线的工程车辆监控管理系统通信管理软件 V3.5
1543	上海辰锐信息科技公司	辰锐可信边界安全网关软件 V2.2
1544	上海辰锐信息科技公司	辰锐公安数字证书在线管理软件 V1.2
1545	上海辰锐信息科技公司	辰锐公安数字证书驱动管理员工具软件 V1.0
1546	上海建坤信息技术有限责任公司	建坤大城市基础设施建设与维护项目管理软件 V1.0

续表

序号	企业名称	软件产品名称
1547	上海建坤信息技术有限责任公司	建坤大型园区综合指挥管理平台软件 V1.0
1548	上海建坤信息技术有限责任公司	建坤世博园区建设工程信息管理软件 V1.0
1549	上海建坤信息技术有限责任公司	建坤世博园区能源与环境监测软件 V1.0
1550	上海菱博电子技术有限公司	DIDcontrol 液晶电视墙控制软件[简称：DIDcontrol]V1.0
1551	上海广电光显技术有限公司	SVA LED 光源的背投影显示控制软件 V1.0
1552	上海丰汇医用仪器有限公司	FH 系列全自动生化分析仪软件 V2.0
1553	上海辰锐信息科技公司	辰锐公安数字证书驱动用户工具软件 V1.0
1554	上海西派埃自动化技术工程有限公司	西派埃重大装备管理软件 V1.0
1555	上海安科瑞电气股份有限公司	安科瑞 ARD2F 智能电动机保护器软件[简称：安科瑞 ARD2F 软件]V1.0
1556	上海安科瑞电气股份有限公司	安科瑞 ARD2F-90FL 显示单元软件[简称：安科瑞 ARD2F-90FL 软件]V1.0
1557	上海天矶管理咨询有限公司	天矶工程管理软件 V1.0
1558	上海优浪信息科技股份有限公司	优浪电话语音说话人识别软件 V5.0
1559	上海优浪信息科技股份有限公司	优浪电话语音说话人识别软件 V6.0
1560	中标软件有限公司	中标普华 Office 教育办公软件 V5.0
1561	上海雅海网络科技有限公司	雅海时移电视软件[简称：雅海时移电视]V1.0
1562	上海农业信息有限公司	上农信生猪安全生产管理软件 V2.0
1563	上海农业信息有限公司	上农信肉品零售终端溯源管理软件 V1.0
1564	上海农业信息有限公司	上农信生猪屠宰加工配送管理软件 V2.0
1565	上海华东电脑股份有限公司	华东电脑供博企业食品物流应急登记软件[简称：食品物流应急登记软件]V1.0
1566	上海华东电脑股份有限公司	华东电脑世博园区食品安全风险数据分析软件[简称：食品安全风险数据分析软件]V1.0
1567	上海华东电脑股份有限公司	华东电脑实时温度监控软件[简称：实时温度监控软件]V1.0
1568	上海东方亿付信息服务有限公司	东方亿付数字电视银行软件 V1.0
1569	上海东方亿付信息服务有限公司	东方亿付易付卡清算管理软件 V1.0
1570	上海亿马物流系统有限公司	亿马数字电视彩票天地软件 V1.0
1571	上海华御信息技术有限公司	华御威盾上网行为管理软件 V3.0
1572	上海信湾信息技术有限公司	信湾 GWG 仓库快手软件 V1.0
1573	银联数据服务有限公司	银联数据收单商户管理软件 V1.0
1574	银联数据服务有限公司	银联数据多币种卡软件 V1.0
1575	银联数据服务有限公司	银联数据准贷记卡软件 V1.0
1576	银联数据服务有限公司	银联数据发卡通讯前置软件 V1.0
1577	银联数据服务有限公司	银联数据作业调度软件 V1.0
1578	银联数据服务有限公司	银联数据网上服务平台软件 V1.0

续表

序号	企业名称	软件产品名称
1579	银联数据服务有限公司	银联数据商旅平台软件 V1.0
1580	银联数据服务有限公司	银联数据申请处理综合管理软件 V2.0
1581	上海南广电子技术有限公司	南广空管安全管理软件 V1.0
1582	上海网视广告传媒有限公司	网视移动传媒广告投放软件 V1.0
1583	互动通天图信息技术有限公司	互动通互联网广告投放软件 V2.5
1584	上海美沃精密仪器有限公司	美沃数字图像处理试验平台软件 V1.0
1585	上海皓维电子有限公司	皓维 ST-4 008R/SD 数字硬盘录像机软件 V1.0
1586	上海皓维电子有限公司	皓维网络设备管理软件 V1.0
1587	上海皓维电子有限公司	皓维高清数字摄像机 720P 软件 V1.0
1588	上海亚太计算机信息系统有限公司	亚太社会保障卡信息服务软件 V1.0
1589	上海亚太计算机信息系统有限公司	亚太 ETC 联网收费结算软件 V2.0
1590	上海博卡软件科技有限公司	S3 美容美发管理软件 V1.0
1591	上海酷族信息技术有限公司	酷族手机三国志赤壁传软件 V1.0
1592	上海酷族信息技术有限公司	酷族手机移动书城软件 V1.0
1593	上海酷族信息技术有限公司	酷族手机炸弹人软件 V1.0
1594	上海酷族信息技术有限公司	酷族手机在线视频软件 V1.0
1595	上海酷吧信息技术有限公司	酷吧手机合金装备软件 V1.0
1596	上海酷吧信息技术有限公司	酷吧手机马戏团软件 V1.0
1597	上海酷吧信息技术有限公司	酷吧手机王牌伞兵软件 V1.0
1598	上海酷吧信息技术有限公司	酷吧手机战火军旗软件 V1.0
1599	上海闻泰电子科技有限公司	WINGTECH5 836 手机软件 V1.0
1600	上海闻泰电子科技有限公司	WINGTECH5 837 手机软件 V1.0
1601	上海闻泰电子科技有限公司	WINGTECH8 532 手机软件 V1.0
1602	上海闻泰电子科技有限公司	WINGTECH7 035 手机人机界面软件 V1.0
1603	上海闻泰电子科技有限公司	WINGTECHW8 011 手机软件 V1.0
1604	上海闻泰电子科技有限公司	WINGTECH8 060 手机软件 V1.0
1605	上海闻泰电子科技有限公司	WINGTECH8 625 手机软件 V1.0
1606	上海闻泰电子科技有限公司	WINGTECH8 632 手机软件 V1.0
1607	上海闻泰电子科技有限公司	WINGTECH8 801 手机软件 V1.0
1608	上海闻泰电子科技有限公司	WINGTECHW8 165 手机软件 V1.0
1609	上海亚太神通计算机有限公司	亚太神通质量特性管理软件 V1.0
1610	上海博泰悦臻网络技术服务有限公司	博泰基于网络的生活信息管理软件 V1.0
1611	上海克拉底网络科技有限公司	Crates 医药销售管理软件 V1.0
1612	上海克拉底网络科技有限公司	Crates 绩效评估软件 V1.0

续表

序号	企业名称	软件产品名称
1613	上海久游网络科技有限公司	久游网流星蝴蝶剑 Online 网络休闲游戏软件[简称：流星蝴蝶剑 Online]V1.0
1614	上海久游网络科技有限公司	久游网勇士无敌网页游戏软件[简称：勇士无敌]V1.0
1615	上海超级计算中心	超算中心 Xfinity 高性能计算平台软件 V1.0
1616	鼎捷软件有限公司	神州数码易成管理软件 V7.0
1617	上海交海信息科技有限公司	交海集装箱电子封条手持机端操作软件 V1.0
1618	上海市保险同业公会	上海市保险同业公会联合信息平台交强险集中管理软件 V1.0
1619	上海思必诚信息科技发展有限公司	51epay(支付无忧)移动支付软件 V1.0
1620	上海亿狮摩信息技术有限公司	亿狮摩抽样调查分析软件 V2.0
1621	上海威乾视频技术有限公司	威乾 VS300 媒体服务器管理软件 V1.0
1622	上海金桥信息股份有限公司	金桥世博多媒体会务管理平台软件 V1.0
1623	上海金桥信息股份有限公司	金桥世博数字化多会场集控及应用平台软件 V1.0
1624	上海闻泰电子科技有限公司	WINGTECH8 803 手机软件 V1.0
1625	上海闻泰电子科技有限公司	WINGTECH8 615 手机软件 V1.0
1626	上海闻泰电子科技有限公司	WINGTECH8 825 手机软件 V1.0
1627	上海闻泰电子科技有限公司	WINGTECH8 227 手机软件 V1.0
1628	上海闻泰电子科技有限公司	WINGTECH8 225 手机软件 V1.0
1629	上海闻泰电子科技有限公司	WINGTECH5 838 手机软件 V1.0
1630	上海闻泰电子科技有限公司	WINGTECH5 831 手机软件 V1.0
1631	上海闻泰电子科技有限公司	WINGTECH5 830 手机软件 V1.0
1632	上海闻泰电子科技有限公司	WINGTECH5 805 手机软件 V1.0
1633	上海闻泰电子科技有限公司	WINGTECH5 801 手机软件 V1.0
1634	上海迪爱斯通信设备有限公司	DS 应急预案辅助决策平台软件 V1.0
1635	上海迪爱斯通信设备有限公司	DS 基于动态信息的智能交通调度指挥软件 V1.0
1636	上海迪爱斯通信设备有限公司	DS 综合警用地理信息平台软件 V1.0
1637	上海迪爱斯通信设备有限公司	DS 电话用户资料传送软件 V1.0
1638	上海迪爱斯通信设备有限公司	DS 省级公安指挥调度平台软件 V1.0
1639	上海畅星智能系统有限公司	畅 星 HMI Studio 软件 V1.0
1640	上海畅星智能系统有限公司	畅星企业信息采集管理软件 V1.0
1641	上海畅星智能系统有限公司	畅星 FAQ 信息管理软件 V1.0
1642	上海畅星智能系统有限公司	畅星便利店网站信息收集软件 V1.0
1643	上海维豪信息安全技术有限公司	维豪电子印章服务软件 V1.5
1644	上海欣诺通信技术有限公司	欣诺 DSLAM5 008 宽带接入操作软件 V1.002
1645	上海方正信息安全技术有限公司	方正流量控制网关软件 V3.0

续表

序号	企 业 名称	软 件 产 品 名称
1646	上海方正信息安全技术有限公司	方正综合网络安全管理软件 V3.0
1647	上海方正信息安全技术有限公司	方正综合审计管理软件 V3.0
1648	上海方正信息安全技术有限公司	方正入侵防御软件 V3.0
1649	上海悠悠理财信息科技有限公司	UU 基金模拟交易软件 V1.0
1650	上海华东电脑存储网络系统有限公司	华东电脑加密信息分析软件 V1.0
1651	上海市计算技术研究所	SICT 色谱数据分析管理软件 V1.0
1652	上海天地软件园数码科技有限公司	天地手机漫画发布软件 V1.0
1653	上海延展信息科技有限公司	延展供需链管理软件 V2.0
1654	上海中船船舶设计技术国家工程研究中心有限公司	中船船舶基本性能计算软件[简称：SafeShip]V1.0
1655	上海中船船舶设计技术国家工程研究中心有限公司	中船船舶马力估算软件 V1.0
1656	上海中船船舶设计技术国家工程研究中心有限公司	中船 NAPA 与 NUCAS 接口软件 V1.0
1657	中国船舶工业集团公司第七0八研究所	中船散货船配载软件 V1.0
1658	中国船舶工业集团公司第七0八研究所	中船船舶工时管理软件[简称：MAMS]V1.0
1659	中国船舶工业集团公司第七0八研究所	中船锚泊系统扰动力分析计算软件 V1.0
1660	中国船舶工业集团公司第七0八研究所	中船船舶技术性能数据库软件[简称：STPDBS]V1.0
1661	瑞庭网络技术(上海)有限公司	瑞庭中国网络经纪人软件 V1.0
1662	上海孚讯商务咨询有限公司	孚讯建设工程工地务工人员管理软件 V1.0
1663	上海寰创通信科技有限公司	寰创无线 MESH 路由器软件 V2.0
1664	上海寰创通信科技有限公司	寰创车地无线传输产品软件 V1.0
1665	上海德望信息科技有限公司	德望物流商务结算软件 V1.0
1666	上海睿策网络科技有限公司	睿策网络教学服务平台软件 V1.0
1667	上海双杨电脑高科技开发公司	双杨协同办公平台软件 V10.0
1668	上海久隆信息工程有限公司	久隆信息 ITSM 及 ISO20000 实施包软件 V1.0
1669	上海久隆信息工程有限公司	久隆信息协同套件软件 V2.0
1670	上海久隆信息工程有限公司	久隆信息供电企业经营分析和绩效评价软件 V1.0
1671	上海久隆信息工程有限公司	久隆信息安全监督管理平台软件 V4.0
1672	上海久隆信息工程有限公司	久隆信息网上大学软件 V3.0
1673	上海久隆信息工程有限公司	久隆信息绩效管理软件 V1.0
1674	上海久隆信息工程有限公司	久隆信息电力企业集成总线软件 V4.0
1675	上海理想信息产业(集团)有限公司	理想交互式在线客服软件 V1.0
1676	上海理想信息产业(集团)有限公司	理想客服中心业务通信助理软件 V1.0
1677	上海理想信息产业(集团)有限公司	理想掌上百事通应用软件 V1.0

续表

序号	企业名称	软件产品名称
1746	龙旗科技(上海)有限公司	龙旗手机优优音乐播放器功能软件 V1.0
1747	龙旗科技(上海)有限公司	龙旗科技星游城软件 V1.0
1748	龙旗科技(上海)有限公司	龙旗科技后段生产系统应用软件 V1.0
1749	龙旗科技(上海)有限公司	龙旗科技智能发布系统应用软件 V1.0
1750	龙旗科技(上海)有限公司	龙旗科技 E826A 手机软件 V1.0
1751	龙旗科技(上海)有限公司	龙旗科技 R580B 手机软件 V1.0
1752	龙旗科技(上海)有限公司	龙旗科技 N282A 手机软件 V1.0
1753	龙旗科技(上海)有限公司	龙旗科技 D660A 手机软件 V1.0
1754	龙旗科技(上海)有限公司	龙旗科技 TV375B 手机软件 V1.0
1755	龙旗科技(上海)有限公司	龙旗手机软件发布检查工具软件 V1.0
1756	龙旗科技(上海)有限公司	龙旗科技 N990E 手机软件 V1.0
1757	龙旗科技(上海)有限公司	龙旗科技 R616A 手机软件 V1.0
1758	上海诚丰财务服务有限公司	诚丰中小企业 ERP 财务管理平台软件 V1.0
1759	上海翔天软件技术有限公司	翔天设备信息管理软件 V1.0
1760	上海中仿计算机科技有限公司	康索多物理场分析软件 V4.1
1761	上海上大吉柴电子信息技术有限公司	上大吉柴酒店数字客房软件 V2.0
1762	柏视数码科技(上海)有限公司	柏视通条件接收软件 V6.0
1763	上海市软件评测中心有限公司	爱测 iTesting 嵌入式软件测试预算软件 V1.0
1764	上海市软件评测中心有限公司	爱测 iTesting 电子商务信息统计软件 V1.0
1765	上海市软件评测中心有限公司	爱测 iTesting 测试信息统计与工作量估算软件 V1.0
1766	上海市软件评测中心有限公司	爱测 iTesting 客户及项目信息管理软件 V1.0
1767	上海精视信息技术有限责任公司	精视编解码控制软件 V1.0
1768	上海瑭瑞软件有限公司	瑭瑞航空货运安全管理软件 V1.0
1769	上海德欧物流科技有限公司	德欧协同管理软件 V1.0
1770	上海携宁计算机科技有限公司	携宁金融投资研究平台模拟投资组合软件 V1.0
1771	上海兴候信息科技有限公司	兴候行车无线数传软件 V2.0
1772	上海三高计算机中心股份有限公司	三高供水管网压力记录软件[简称：压力记录软件]V1.0
1773	上海三高计算机中心股份有限公司	三高自来水智能数据监测软件[简称：智能数据监测软件]V2.0
1774	上海三高计算机中心股份有限公司	三高压力数据记录仪软件[简称：压力记录仪软件]V1.0
1775	上海三高计算机中心股份有限公司	三高智能数据采集终端软件[简称：采集终端软件]V2.0
1776	上海三高计算机中心股份有限公司	三高给水管网建模 WebModel 软件[简称：WebModel]V2.0
1777	上海三高计算机中心股份有限公司	三高 GDI 平台软件[简称：GDI 平台]V2.0
1778	上海哈德电力工程技术有限公司	哈德 2 398SF6 气体密度和微水综合监测软件 V1.0
1779	上海哈德电力工程技术有限公司	哈德 SF6 气体密度继电器校验分析仪软件 V1.0

续表

序号	企业名称	软件产品名称
1780	上海哈德电力工程技术有限公司	哈德 SF6 气体综合测试仪软件 V1.0
1781	上海哈德电力工程技术有限公司	哈德 2 088 激光成像 SF6 泄漏定位软件 V1.0
1782	上海哈德电力工程技术有限公司	哈德 SF6 浓度和氧气含量综合监测报警软件 V3.0
1783	上海英嵌信息技术有限公司	英嵌物联网教学平台软件 V1.0
1784	上海英嵌信息技术有限公司	英嵌 EmTeam RDM 研发管理软件 V2.1
1785	恩梯梯数据英特玛软件系统(上海)有限公司	英特玛应用软件开发平台软件 V7
1786	恩梯梯数据英特玛软件系统(上海)有限公司	英特玛工作流软件开发平台软件 V7
1787	恩梯梯数据英特玛软件系统(上海)有限公司	英特玛协同办公软件 V7
1788	恩梯梯数据英特玛软件系统(上海)有限公司	英特玛企业级应用软件开发平台软件 V7
1789	上海北塔软件股份有限公司	BTSM 北塔服务管理软件 V3.0
1790	希姆通信息技术(上海)有限公司	希姆通 F 系列手机软件 V1.0
1791	上海兴候信息科技有限公司	兴候真空泵控制软件 V1.0
1792	联芯科技有限公司	联芯科技 TD-SCDMA 终端基带芯片嵌入式软件 V2.0
1793	联芯科技有限公司	联芯科技手机应用软件 V3.0
1794	联芯科技有限公司	联芯科技 TD-SCDMA OPhone 智能手机软件[简称：SPS]V1.0
1795	联芯科技有限公司	联芯科技 TD-SCDMA 商用终端测试工具软件[简称：miniTT]V4.4
1796	联芯科技有限公司	联芯科技 TD-SCDMA 测试终端工具软件[简称：LTT]V1.0
1797	联芯科技有限公司	联芯科技 TD-SCDMA 终端播放器软件[简称：LARENA Player]V2.0
1798	联芯科技有限公司	联芯科技 TD-SCDMA 无线上网卡管理软件[简称：GSurf]V2.0
1799	联芯科技有限公司	联芯科技自动化测试套件软件[简称:ATS]V2.0
1800	上海付费通信息服务有限公司	付费通 ORAS 网上授权代扣公用事业费软件[简称：ORAS]V1.2
1801	上海付费通信息服务有限公司	付费通电子账单集中式呈递应用软件[简称：EBCPAS]V1.1
1802	杰脉通信技术(上海)有限公司	杰脉 TD-SCDMA iWAP 生产测试软件[简称：iWAP_FT]V1.0
1803	上海创至计算机科技有限公司	创至科技计算机设备户籍化管理平台软件[简称：户籍化管理]V1.0
1804	上海正泰自动化软件系统有限公司	正泰自动化 NRS6 600 电能管理监控软件[简称：NRS6 600 电能管理监控系统软件]V1.0
1805	上海今远软件有限公司	今远网络自动化工具软件[简称：NAT]V2.0
1806	上海澎博财经资讯有限公司	博易大师手机期货实时信息/交易一体化平台软件 V1.0
1807	上海华立软件系统有限公司	华立 PS6 000 电力实时监控软件[简称：PS6 000]V6.0
1808	上海国臣信息技术有限公司	国臣协同办公管理套件软件[简称：Webspace Suite]V6.0

续表

序号	企业名称	软件产品名称
1809	上海国臣信息技术有限公司	国臣协同人力资源管理软件[简称：Webspace eHR]V6.0
1810	上海国臣信息技术有限公司	国臣电子邮件管理软件[简称：Webspace Mail]V6.0
1811	上海百林通信软件有限公司	百林TD-SCDMA网络自动扇区优化工具软件[简称ACP TD-SCDMA]V2.0
1812	上海思伟软件有限公司	思伟管桩自动化生产管理软件[简称：GZL]V6.0
1813	上海思伟软件有限公司	思伟高速铁路混凝土配料控制和生产管理软件[简称：HTGL]V2.0
1814	上海思伟软件有限公司	思伟混凝土企业查询分析软件[简称：CXS]V1.0
1815	上海思伟软件有限公司	思伟铁路制梁场温度检测与预警软件[简称：WYGL]V1.0
1816	上海思伟软件有限公司	思伟干粉砂浆自动化生产管理软件[简称：SGL]V6.0
1817	上海思伟软件有限公司	思伟混凝土企业营销管理软件[简称：XSX]V2.0
1818	上海思伟软件有限公司	思伟混凝土原材料管理软件[简称：YCL]V3.0
1819	上海思伟软件有限公司	思伟混凝土生产调度管理软件[简称：SCDT]V1.0
1820	上海思伟软件有限公司	思伟建材检测试验室管理软件[简称：SYS]V2.0
1821	上海思伟软件有限公司	思伟铁路混凝土生产过程及质量检测网络化管理平台软件[简称：铁路混凝土生产过程及质量检测网络化管理平台]V1.0
1822	上海衡怡智能科技有限公司	衡怡无线智能设备服务器端管理和服务平台软件[简称：iMSP平台]V1.0
1823	上海网波信息技术有限公司	网波水文信息移动平台软件V1.0
1824	上海敢创水业科技有限公司	敢创给水排水管网建模软件[简称:WaterSim for GIS]V1.0
1825	胜科金仕达数据系统(中国)有限公司	金仕达期货机构之星软件[简称：机构之星]V1.0
1826	上海丽正软件技术有限公司	丽正土壤监测数据管理软件[简称：EMCSLS]V1.0
1827	上海丽正软件技术有限公司	丽正城市环境噪声监测数据管理软件[简称：EMCNIS]V1.0
1828	上海丽正软件技术有限公司	丽正污染源监测数据管理软件[简称：EMCPIS]V1.0
1829	上海丽正软件技术有限公司	丽正城市环境空气监测数据管理软件[简称：EMCAIS]V1.0
1830	上海丽正软件技术有限公司	丽正地表水监测数据管理软件[简称：EMCWIS]V1.0
1831	上海鼎源软件技术有限公司	鼎源网站宝虚拟门户服务器软件V6.2
1832	上海鼎源软件技术有限公司	鼎源建站宝网站运营管理软件V1.0
1833	上海诚明融鑫科技有限公司	融鑫公共场所人脸监控软件[简称：人脸监控]V2.0
1834	上海诚明融鑫科技有限公司	融鑫车牌自动识别软件[简称：车牌识别]V1.2
1835	上海纵天科技有限公司	纵天导航测速预警软件V1.0
1836	上海白虹软件科技有限公司	白虹SH-005远程信息获取软件V2.0
1837	上海白虹软件科技有限公司	白虹SH-111千兆网络信息获取软件V2.0
1838	上海白虹软件科技有限公司	白虹SH-Email邮件分析软件V2.0
1839	上海白虹软件科技有限公司	白虹SH-999互联网信息获取软件V2.0
1840	上海申石软件有限公司	申石监控报表管理平台软件V2.0

续表

序号	企业名称	软件产品名称
1841	上海申石软件有限公司	申石云计算 PaaS 平台安全管理软件 V1.0
1842	上海申石软件有限公司	申石 IT 运维安全管理软件 V1.0
1843	上海申石软件有限公司	申石云计算环境监控软件 V1.0
1844	上海菱桥信息技术有限公司	菱桥 GSM 协议分析仪软件［简称：LINQE GPAS］V1.0
1845	上海译舟信息技术有限公司	译舟翻译客户管理软 件 V1.0
1846	上海财汇信息技术有限公司	财汇金融数据库软件［简称：财汇金融数据库］V3.0
1847	上海伯之融数字技术有限公司	酷悦高端数字酒店管理及信息服务软件［简称：酷悦（Conviiee eRoom）酒店软件］V1.0.0
1848	艾德曼讯软件（上海）有限公司	艾德曼讯生产管控软件［简称：OSTrack］V2.0
1849	上海聚星仪器有限公司	聚星射频音频检测软件［简称：VISN-RFAF］V2.0
1850	上海网翔科技有限公司	网翔电信行业第三方营销费用管理平台软件［简称：营销费用管理平台］V1.0
1851	上海科意捷信息技术有限公司	科意捷驻看守所检察信息管理软件［简称：驻所检察信息管理系统］V1.0
1852	华院分析技术（上海）有限公司	华院保险业商务智能平台软件 V1.0
1853	华院分析技术（上海）有限公司	华院客户沟通管理软件［简 称 CCMS］V3.0
1854	华院分析技术（上海）有限公司	华院客户沟通管理软件［简 称 CCMS］V2.0
1855	华院分析技术（上海）有限公司	华院客户沟通管理软件［简 称 CCMS］V1.0
1856	上海圣桥信息科技有限公司	圣桥 StorView 网络存储管理软件 V2.0
1857	上海圣桥信息科技有限公司	圣桥 Storbridge 网络存储管理软件 V2.0
1858	上海艾诺电子有限公司	MOL-360 全自动生化分析仪软件 V1.0
1859	霍尼韦尔综合科技（中国）有限公司	霍尼韦尔 DL Automation 软件 V1.0
1860	上海民航华东凯亚系统集成有限公司	华东凯亚民航客货运输经营预警管理软件 V1.0
1861	上海鸣志自动控制设备有限公司	“小神探”点检仪驱动软件 V1.0
1862	上海天霆互联网络信息有限公司	天霆云桌面连接协议软件［简称：CDCA ］V2.0
1863	上海创正信息技术有限公司	创正信息 OV-SYS 业务平台软件 V1.0
1864	上海国茂数字技术有限公司	GMT 数字音视频终端接收解码软件 V1.0
1865	上海国茂数字技术有限公司	GMT 数字音视频系统编转码软件 V1.0
1866	上海全景数字技术有限公司	全景交互电视应用管理软件 V3.0
1867	上海全景数字技术有限公司	全景视频点播管理软件 V2.0
1868	上海全景数字技术有限公司	全景 DVT-5 505A-EU 基本交互型机顶盒软件 V1.0
1869	上海全景数字技术有限公司	全景 NGB 中间件 ODSP 软件 V6.0
1870	上海全景数字技术有限公司	全景哼唱检索平台软件 V1.0
1871	上海全景数字技术有限公司	全景 NGB DVT 3 020EU 高清机顶盒软件 V1.0
1872	上海全景数字技术有限公司	全景互动电视账单软件 V1.0

续表

序号	企业名称	软件产品名称
1873	上海全景数字技术有限公司	全景嵌入式数字媒体信息播放软件 V1.0
1874	上海实甲智能系统有限公司	实甲 RFID 人员及资产进出管理软件 V1.0
1875	上海世范软件技术有限公司	世范新一代应用系统整合平台软件[简称：NGAI]V1.0
1876	上海世范软件技术有限公司	世范 webservice 服务定制平台软件 V1.0
1877	上海东富龙信息技术有限公司	东富龙星轮式进料理瓶装置控制软件 V1.0
1878	上海东富龙信息技术有限公司	东富龙单通道进料理瓶装置控制软件 V1.0
1879	中国船舶重工集团公司第七一一研究所	SMDERI PMS-1 型电能管理软件 V1.0
1880	中国船舶重工集团公司第七一一研究所	SMDERI SAL-03 型机旁控制箱监控软件 V1.0
1881	中国船舶重工集团公司第七一一研究所	SMDERI 船用延伸报警装置软件 V1.0
1882	中国船舶重工集团公司第七一一研究所	SMDERI 船用综合显示模块软件 V1.0
1883	中国船舶重工集团公司第七一一研究所	SMDERI 32/40 柴油机机旁箱网关模块软件 V1.0
1884	上海埃德电子股份有限公司	埃德 RFID 发卡配置软件 V1.0
1885	上海埃德电子股份有限公司	埃德 SDH 管理软件 V1.0
1886	中国船舶重工集团公司第七一一研究所	SMDERI GZD-1 型柴油机故障诊断软件 V1.0
1887	上海浩方在线信息技术有限公司	《浩方电竞平台》软件 V5.4.4
1888	上海迅羽化工工程高技术中心	迅羽承压管件计算软件[简称：CalPiping]V2.0
1889	上海天正明日电力自动化有限公司	STS850 数字化变电站监控软件 V1.0
1890	上海天正明日电力自动化有限公司	STS850 数字化变电站监控软件 V1.0
1891	上海万得信息技术股份有限公司	Wind 资讯经济数据终端软件[简称：WET]V2.0
1892	上海泗博自动化技术有限公司	SiboTech PNE 嵌入式驱动软件 V2.0
1893	上海复旦网络信息工程有限公司	复旦网络照明监控软件 V1.0
1894	上海复旦网络信息工程有限公司	复旦网络消防控制室图形显示装置软件 V2.0
1895	上海爱数软件有限公司	爱数备份软件 V3.5
1896	上海阿法迪智能标签系统技术有限公司	RFID24 小时自助还书软件 V3.3.0.2
1897	上海阿法迪智能标签系统技术有限公司	RFID 中间件软件 V1.0
1898	上海阿法迪智能标签系统技术有限公司	RFID 馆外智能图书馆软件 V2.0.0
1899	上海光华印刷机械有限公司	光华嵌入式 PZ4 650 整机控制软件 V1.0
1900	上海光华印刷机械有限公司	光华嵌入式 BT428 整机控制软件 V1.0
1901	上海派芬自动控制技术有限公司	派芬连续墙液压抓斗机控制软件 V1.0
1902	上海金自天正信息技术有限公司	Ari 原料厂电气自动化软件[简称：AriMSY]V1.0
1903	上海金自天正信息技术有限公司	Ari 电渣炉自动化软件[简称：AriESR]V1.0
1904	凯龙财金软件(上海)有限公司	凯龙财金可转债评价暨分析软件 V5.0
1905	艾维通信股份有限公司	艾维通信陆军分队战术对抗训练辅助裁决软件 V1.0
1906	艾维通信股份有限公司	艾维通信数字化城市管理信息软件 V1.0

续表

序号	企业名称	软件产品名称
1907	上海南天电脑系统有限公司	南天村镇银行综合业务软件 V1.0
1908	上海杰狮信息技术有限公司	杰狮自来水供水管网综合管理软件 V2.0
1909	基信康信息技术(上海)有限公司	基信康 QSC6 270 手机产品软件 V1.0
1910	基信康信息技术(上海)有限公司	基信康 3.5G USB 接口无线数据网卡软件 V1.0
1911	基信康信息技术(上海)有限公司	基信康 MSM6 290 手机产品软件 V1.0
1912	上海今点软件有限公司	今点行政权力网上运行管理软件 V2.0
1913	上海沃克软件有限公司	沃克交易开发平台软件[简称:VFrame]V3.0
1914	上海宝立自动化工程有限公司	宝立 STEP1 辅助设计软件[简称:宝立 STEP1 辅助设计]V1.0
1915	上海宝立自动化工程有限公司	宝立板形控制监控系统应用软件[简称:宝立板形控制监控系统]V1.0
1916	上海宝立自动化工程有限公司	宝立带钢缺陷自动跟踪软件[简称:宝立带钢缺陷自动跟踪]V1.0
1917	上海宝立自动化工程有限公司	宝立知识库管理系统应用软件[简称:宝立知识库管理系统]V1.0
1918	上海宝立自动化工程有限公司	宝立传动数据离线分析系统应用软件[简称:宝立传动数据离线分析系统]V1.0
1919	万达信息股份有限公司	万达网页自动检测与恢复软件 V3.0
1920	万达信息股份有限公司	万达信息安全管理软件 V2.0
1921	万达信息股份有限公司	万达单点登录软件 V2.0
1922	万达信息股份有限公司	万达应用审计软件 V3.0
1923	上海复华保护神信息技术有限公司	复华公交模拟线路实时监控软件 V1.0
1924	上海完美时空软件有限公司	完美时空神鬼世界网络游戏软件 V2.01
1925	上海高伟达计算机系统工程有限公司	高伟达 EasyLoan 信贷管理系统应用软件 V5.0
1926	上海华腾软件系统有限公司	TOP WSDF 基于 SOA 轻量级开发框架软件 V1.0
1927	上海宝展信息科技有限公司	宝展高清车牌识别数据分析查询管理软件 V1.0
1928	上海灵慧软件技术有限公司	灵慧电信产品互联网营销平台网店的构建软件 V2.0
1929	欧泰信息科技(上海)有限公司	AUCOTEC KABI 线束设计软件[简称:KABI]V4.7
1930	上海巨浪信息科技有限公司	巨浪物流配载网络化管理平台软件 V1.0
1931	上海巨浪信息科技有限公司	巨浪移动供应链集成管理软件 V1.0
1932	上海东源计算机自动化工程有限公司	东源件杂货码头生产管理软件 V1.0
1933	上海东源计算机自动化工程有限公司	东源信息化管理 B/S 版软件 V1.0
1934	上海长江新成计算机系统集成有限公司	长江新成集中式运维管理平台软件 V2.0
1935	上海巨灵信息技术有限公司	巨灵设备跟踪无线射频管理软件 V2.0
1936	中标软件有限公司	中标普华 Office 藏文办公软件 V5.0
1937	上海杰图软件技术有限公司	杰图三维全景展示制作软件[简称:造景师]V8.0
1938	上海同豪土木工程咨询有限公司	同豪桥梁傻瓜软件 V1.0

续表

序号	企业名称	软件产品名称
2005	上海三旗通信科技股份有限公司	三旗通信 W662J 手机软件 V1.0
2006	上海三旗通信科技股份有限公司	三旗通信 WM215S 数据卡软件 V1.0
2007	上海三旗通信科技股份有限公司	三旗通信 WM6 711Z 数据卡软件 V1.0
2008	上海三旗通信科技股份有限公司	三旗通信 WM6 811 数字电视数据卡软件 V1.0
2009	上海三旗通信科技股份有限公司	三旗通信 WM7 251YB 数据卡软件 V1.0
2010	上海三旗通信科技股份有限公司	三旗通信 WM7 218 数据卡软件 V1.0
2011	上海三旗通信科技股份有限公司	三旗通信 AVS 手机播放器软件 V1.0
2012	上海三旗通信科技股份有限公司	三旗 WM72 数据卡升级工具软件 V1.0
2013	龙尚科技(上海)有限公司	龙尚科技 T3 201D 子母机软件 V1.0
2014	龙尚科技(上海)有限公司	龙尚科技 A7 000 带遥控拨号功能商话软件 V1.0
2015	龙尚科技(上海)有限公司	龙尚科技 A7 000 机动车防盗器软件 V1.0
2016	龙旗科技(上海)有限公司	龙旗科技 P600T 手机软件 V1.0
2017	龙旗科技(上海)有限公司	龙旗科技手机优优相册功能软件 V1.0
2018	龙旗科技(上海)有限公司	龙旗科技 Z130B 手机软件 V1.0
2019	龙旗科技(上海)有限公司	龙旗科技 Z150B 手机软件 V1.0
2020	龙旗科技(上海)有限公司	龙旗科技 X160B 手机软件 V1.0
2021	龙旗科技(上海)有限公司	龙旗科技 E860A 手机软件 V1.0
2022	龙旗科技(上海)有限公司	龙旗科技 R2 200A 手机软件 V1.0
2023	龙旗科技(上海)有限公司	龙旗科技手机 WIFI 模块测试软件 V1.0
2024	龙旗科技(上海)有限公司	龙旗科技 N890A 手机软件 V1.0
2025	龙旗科技(上海)有限公司	龙旗科技 N991E 手机软件 V1.0
2026	龙旗科技(上海)有限公司	龙旗科技 VB 浏览器软件 V1.0
2027	龙旗科技(上海)有限公司	龙旗科技手机海外计费系统应用软件 V1.0
2028	龙旗科技(上海)有限公司	龙旗科技工艺指导文件生成软件 V1.0
2029	龙旗科技(上海)有限公司	龙旗科技 M550B 手机软件 V1.0
2030	龙旗科技(上海)有限公司	龙旗科技 P260B 手机软件 V1.0
2031	龙旗科技(上海)有限公司	龙旗科技 E210E 手机软件 V1.0
2032	龙旗科技(上海)有限公司	龙旗科技 M180E 手机软件 V1.0
2033	上海空间推进研究所	空间推进管理软件 V1.0
2034	上海空间推进研究所	空间推进驱动器软件 V1.0
2035	上海空间推进研究所	空间推进金属膜片贮箱自动排放测试软件 V1.0
2036	上海空间推进研究所	空间推进控制驱动器软件 V1.0
2037	上海空间推进研究所	空间推进姿控动力装置单元测试仪软件 V1.0
2038	上海空间推进研究所	空间推进管理器软件 V1.0

续表

序号	企业名称	软件产品名称
2039	上海空间推进研究所	空间推进单元测试软件 V1.0
2040	上海空间推进研究所	空间推进单元测试软件 V1.0
2041	上海航天控制工程研究所	航天控制 S077C 速率陀螺仪测试软件 V1.0
2042	上海航天控制工程研究所	航天控制星地联试实时仿真软件 V1.0
2043	上海航天控制工程研究所	航天控制指令控制器测试软件 V1.0
2044	上海航天控制工程研究所	航天控制通用文件数据管理平台软件 V1.0
2045	上海航天控制工程研究所	航天控制平台自动化测试软件 V1.0
2046	上海航天控制工程研究所	航天控制反作用飞轮软件 V1.0
2047	上海航天控制工程研究所	航天控制质量四单管理软件 V1.0
2048	上海航天电子通讯设备研究所	航天电子综合测试控制软件 V1.0
2049	上海航天电子通讯设备研究所	航天电子弹上计算机老化台软件 V1.0
2050	上海航天电子通讯设备研究所	航天电子数管和姿轨控计算机管理软件 V1.0
2051	上海航天电子通讯设备研究所	航天电子数据管理综合处理软件 V1.0
2052	上海航天电子通讯设备研究所	航天电子弹上计算机测试台软件 V1.0
2053	上海航天计算机技术研究所	航天计算机星载统一开发平台函数库软件 V1.0
2054	上海航天计算机技术研究所	航天计算机固态存贮器控制软件 V1.0
2055	上海航天计算机技术研究所	航天计算机 Ada 语言的可视化开发环境软件 V1.0
2056	上海航天计算机技术研究所	航天计算机综合电子地面测试软件 V1.0
2057	上海航天计算机技术研究所	航天计算机阀门线路盒地面测试软件 V1.0
2058	上海航天测控通信研究所	航天测控外安显示软件 V1.0
2059	上海航天测控通信研究所	航天测控话音编解码软件 V1.0
2060	上海航天测控通信研究所	航天测控服务器 B 数据管理软件 V1.0
2061	上海航天测控通信研究所	航天测控加解密服务器软件 V1.0
2062	上海航天测控通信研究所	航天测控等效器仿真控制软件 V1.0
2063	百联电子商务有限公司	百联电子商务中石油 OK 卡交易 POS 终端软件[简称：中石油 OK 卡交易软件]V1.0
2064	百联电子商务有限公司	百联电子商务 IC 卡交易 POS 终端软件[简称：IC 卡交易软件]V1.0
2065	上海大梵数码科技有限公司	大梵管理服务平台软件 V2.0
2066	上海指通信息科技有限公司	指通 Ebus 网络平台软件 V3.0
2067	益玛信息技术(上海)有限公司	益玛 eMaster 电商管理软件[简称：eMaster]V6.5
2068	上海船舶工艺研究所	造船 PDM 系统开发平台软件 V1.0
2069	上海船舶工艺研究所	船舶工艺吊装顺序优化软件 V1.0
2070	上海船舶工艺研究所	造船精度管理软件 V1.0
2071	上海船舶工艺研究所	船舶产品设计虚拟评估软件 V2.0

续表

序号	企业名称	软件产品名称
2072	上海金桥信息股份有限公司	金桥数字会议显示控制软件 V1.0
2073	上海金桥信息股份有限公司	金桥多投影机边缘软融合软极爱你 V1.0
2074	上海金桥信息股份有限公司	金桥显示效果处理软件 V1.0
2075	上海华平信息技术股份有限公司	AVCON 即时通讯软件 V6.0
2076	上海华平信息技术股份有限公司	AVCON 网络视频会议软件 V6.0
2077	上海华平信息技术股份有限公司	AVCON 网络视频远程定损软件 V1.0
2078	上海华平信息技术股份有限公司	AVCON 金融集团交互式全数字互联网高清视音频会议软件 V1.0
2079	上海税友软件有限公司	税友开票精灵软件 V1.0
2080	上海久谛信息技术有限公司	久谛管理平台软件[简称：DreamCenter]V3.5
2081	上海久谛信息技术有限公司	久谛容灾备份软件[简称：DreamClone]V3.5
2082	上海翰卓信息科技有限公司	翰卓安全存储平台软件 V02.0 001
2083	上海群萃软件有限公司	群萃 ETKnowbot 文档管理软件 V3.0
2084	上海群萃软件有限公司	群萃 Extraction 应用构建平台软件 V3.0
2085	上海豪宙软件技术有限公司	豪宙波分复用控制软件 V1.0
2086	上海傲通网络科技有限公司	傲通邮件服务器软件[简称：MAILWALK]V1.0
2087	上海尔凌软件科技有限公司	20-20 易模式家具工艺软件 V9
2088	上海凌极软件有限公司	凌极数字语言实验室软件[简称：VIVO]V3.0
2089	上海匹绩姆数码科技有限公司	PGM 打版 CAD 软件 V10.3
2090	上海中晶科技有限公司	MICROTEK 快捷影像扫描处理软件[简称：Microtek Scan Wizard EZ]V1.0
2091	上海中晶科技有限公司	MICROTEK 自动图文扫描处理工具软件[简称：Mcirotek Scan Wizard DI]V3.1
2092	上海中晶科技有限公司	Microtek 医用胶片影像数字化工作站软件[简称：MiPAX-Xray]V2.0
2093	上海中晶科技有限公司	MICROTEK 专业影像扫描处理软件[简称：Microtek ScanWizard Pro]V7.2
2094	上海中晶科技有限公司	智慧型医疗影像管理软件[简称：ScanWizard Medi Smart]V1.0
2095	上海中晶科技有限公司	医疗影像管理软件[简称：Scan Wizard Medi]V1.0
2096	上海欣能信息科技发展有限公司	欣能电力资产保险管理信息软件 V1.0
2097	上海欣能信息科技发展有限公司	欣能企业通用数据仓库软件 V1.0
2098	上海欣能信息科技发展有限公司	欣能(TCM)移动作业软件 V1.0
2099	上海欣能信息科技发展有限公司	欣能(TCM)故障抢修管理软件[简称：TCM 系统]V1.0
2100	上海欣能信息科技发展有限公司	欣能电力企业调度工作管理软件[调度日志管理软件]V1.0
2101	上海欣能信息科技发展有限公司	欣能基建项目打分排序软件[简称：项目打分排序软件]V1.0
2102	上海雅正信息科技有限公司	雅正城市燃气管道风险评估软件 V2.0

续表

序号	企业名称	软件产品名称
2103	上海曼恒数字技术有限公司	曼恒飞机仿真软件 V1.0
2104	上海驰网工业科技有限公司	驰网智能纱线检测平台软件 V1.0
2105	乐线软件开发(上海)有限公司	乐线活动开发辅助软件 V1.0.0.0
2106	乐线软件开发(上海)有限公司	乐线网上商城软件 V3.1.0.0
2107	乐线软件开发(上海)有限公司	乐线游戏反外挂软件 V1.0.0.5
2108	乐线软件开发(上海)有限公司	乐线数据集成分析软件 V2.0.0.0
2109	乐线软件开发(上海)有限公司	乐线元数据管理软件 V1.0.0.0
2110	乐线软件开发(上海)有限公司	乐线银行交易接口软件 V1.0.0.0
2111	乐线软件开发(上海)有限公司	乐线工具平台软件 V1.0.0.0
2112	上海浪沙软件有限公司	RUNSA 分销管理软件 V267.0
2113	上海浪沙软件有限公司	RUNSA 订货管理软件 V1.0
2114	上海浪沙软件有限公司	RUNSA 协同工作软件 V1.0
2115	电信科学技术第一研究院	FRITT 卫星应急通信管理系统通信管理软件 V1.0
2116	电信科学技术第一研究院	FRITT IP 自助语音应答软件 V1.0
2117	电信科学技术第一研究院	FRITT 无线通信系统互调干扰计算软件 V1.0
2118	电信科学技术第一研究院	FRITT 通信保障指挥调度综合应用软件 V1.0
2119	电信科学技术第一研究院	FRITT 卫星应急通信管理系统网络管理软件 V1.0
2120	电信科学技术第一研究院	FRITT 卫星应急通信管理系统终端管理软件
2121	上海过河兵软件科技有限公司	Elite 预测拨号软件 V2.0
2122	上海过河兵电子商务有限公司	Elite 网络客服软件 V2.0
2123	上海北辰软件有限公司	北辰韦氏智力测验软件 V9.0
2124	上海美慧软件有限公司	美慧基于无线通信网络的实时交通信息采集软件 V2.0
2125	上海梅花信息有限公司	梅花市场营销知识库软件 V1.0
2126	上海梅花信息有限公司	梅花全国媒体记者资料实时查询软件 V1.0
2127	上海梅花信息有限公司	梅花中国营销服务商信息库实时查询软件 V1.0
2128	上海梅花信息有限公司	梅花中国媒体信息实时查询软件 V1.0
2129	上海力铭科技有限公司	力铭商业汇票业务电子化综合处理平台 Smart+ 版软件[简称:BBSP Smart+]V2.0
2130	上海力铭科技有限公司	力铭商业汇票业务电子化综合处理平台软件[简称:BBSP]V2.0
2131	上海力铭科技有限公司	力铭商业汇票业务电子化综合处理平台 SaaS 版软件[简称:BBSP_SaaS]V2.0
2132	上海力铭科技有限公司	力铭商业汇票业务电子化综合处理平台 Smart 版软件[简称:BBSP Smart]V2.0
2133	上海博康智能信息技术有限公司	博康智能视频检测识别软件 V3.0
2134	上海新浩艺软件有限公司	新浩艺信佑网吧经营管理软件 V2.0

续表

序号	企业名称	软件产品名称
2135	上海新浩艺软件有限公司	新浩艺迅闪游戏更新软件 V2.0
2136	上海艺为网络科技有限公司	艺为就爱游戏网用户中心软件 V1.0
2137	上海东欣软件工程有限公司	东欣造船 ERP 软件 V4.0
2138	上海新朋程信息科技有限公司	新朋程 i 校园教务管理软件 V1.0
2139	上海新朋程信息科技有限公司	新朋程 i 校园学校综合管理平台软件 V1.0
2140	上海库达数字信息技术有限公司	CUDAMI.CIM 客户信息管理软件 V1.0
2141	上海曼恒数字技术有限公司	曼恒 Bonzai3d 中文版建筑自由设计大师软件[简称：曼恒 Bonzai3d 中文版]V1.0
2142	上海金辰软件科技有限公司	金辰 KinTime 内网安全管理软件 V2.0
2143	上海邦购信息科技有限公司	邦购信息化门店销售与分销管理系统应用软件 V1.0
2144	上海邦购信息科技有限公司	邦购多用户实时动态产品信息发布与电子订货管理系统应用软件 V1.0
2145	上海邦购信息科技有限公司	邦购无线非接触式自动识别配货管理系统应用软件 V1.0
2146	上海迪爱斯通信设备有限公司	DS 警情分析与智能决策系统应用软件 V1.0
2147	上海迪爱斯通信设备有限公司	DS 运维管理监控系统应用软件 V1.0
2148	上海迪爱斯通信设备有限公司	DS 城市日常管理系统应用软件 V1.0
2149	上海动联网络科技有限公司	动联手机认证令牌软件 V1.0
2150	上海动联网络科技有限公司	动联 SIM 卡令牌软件 V1.0
2151	上海汉翔信息技术有限公司	TouchPal 输入法软件 V4.0
2152	沃勤网络科技(上海)有限公司	沃勤游戏平台软件 V2.0
2153	遨骋电脑软件(上海)有限公司	遨骋疯狂老鼠我的野猫女友手机游戏软件 V1.0
2154	上海驿烽信息科技有限公司	驿烽实验室管理平台软件 V1.0
2155	析数软件(上海)有限公司	析数统计分析软件 V18.0
2156	析数软件(上海)有限公司	析数数据挖掘软件 V13.0
2157	上海金榜智能科技有限公司	KingWeb 机房监控集成平台软件 V1.0
2158	上海源致信息技术有限公司	源致智能型电动执行机构人机界面软件 V1.0
2159	上海影响力网络科技发展有限公司	影响力 EAP 岗位能力通培训平台软件 V2.0
2160	上海影响力网络科技发展有限公司	影响力 EAP 大学生就业能力通培训平台软件 V1.0
2161	上海影响力网络科技发展有限公司	影响力 EAP 企业网络学院培训平台软件 V2.0
2162	上海才扬软件科技有限公司	才扬基于 BPM 及产品数据的项目管理软件 V1.0
2163	上海正尔智能科技有限公司	正尔电力监控软件 V1.0
2164	上海预言软件有限公司	预言凡仙传游戏软件 V1.0
2165	上海预言软件有限公司	预言瞄瞄弹游戏软件 V1.0
2166	上海预言软件有限公司	预言节奏骑士游戏软件[简称：节奏骑士]V1.0
2167	上海预言软件有限公司	预言跨平台网络 3D 应用平台软件[简称：跨平台 3D 软件]V1.0

续表

序号	企业名称	软件产品名称
2168	韵礴诗软件技术(上海)有限公司	韵礴诗时间序列分析软件[简称:Time Series Analysis]V1.0
2169	上海天玑科技股份有限公司	天玑地铁自动售检票系统线路计算机软件V1.0
2170	上海英锐计算机科技有限公司	英锐人力资源管理软件[简称:iHead Hunting]V1.0
2171	上海拓锦信息技术有限公司	拓锦四国军旗竞技游戏平台软件V1.0
2172	上海路歌信息技术有限公司	路歌影像DIY制作软件V1.0
2173	上海路歌信息技术有限公司	路歌自助终端控制软件V1.0
2174	上海哲远信息科技有限公司	哲远电子文档安全管理软件V1.0
2175	网强信息技术(上海)有限公司	网强流量分析软件V1.0
2176	上海东欣软件工程有限公司	东欣造船成本管理和核算软件V3.0
2177	上海东欣软件工程有限公司	东欣管子生产管理软件V3.0
2178	上海名图信息技术有限公司	名图CubicParking车辆智能门警系统应用软件V1.5
2179	上海晟东电力科技有限公司	晟东馈线自动化仿真测试软件V1.0
2180	上海晟东电力科技有限公司	晟东智能自愈馈线自动化软件V1.0
2181	远翔信息技术(上海)有限公司	远翔费差信息管理软件V1.0
2182	上海泽众软件科技有限公司	泽众TestCase Designer测试用例设计软件V1.0
2183	上海领意信息技术有限公司	领意国际收支申报软件V1.0
2184	上海瑞星软件有限公司	《零售动力》物流中心信息管理软件V1.0
2185	上海瑞星软件有限公司	《零售动力》无线射频终端应用控制软件V1.0
2186	上海瑞星软件有限公司	《零售动力》智能灯号辅助拣货软件V1.0
2187	上海高迪亚电子系统有限公司	高迪亚HWAC空调智能控制软件V1.0
2188	上海软中信息技术有限公司	软中集团计划预算管理软件V1.0
2189	上海高智软件系统有限公司	高智Alcatel HLR备份数据稽核软件V1.0
2190	上海高智软件系统有限公司	高智归属用户服务器前置机V1.0
2191	上海铂蓝信息科技有限公司	铂蓝城市房屋征收与拆迁电子协议管理软件(上海版)V2.0.0
2192	上海天宸信息科技开发有限公司	天宸协同办公软件V1.0
2193	上海文广科技(集团)有限公司	文广VOD视频服务器软件V1.0
2194	上海新赛达信息技术有限公司	新赛达视频协同办公软件V1.01
2195	上海协赢软件有限公司	协赢校务管理平台软件V1.0
2196	上海协赢软件有限公司	协赢招生平台软件V1.0
2197	上海协赢软件有限公司	协赢资产管理平台软件V1.0
2198	上海协赢软件有限公司	协赢应急事务上报平台软件V1.0
2199	高律科(上海)信息系统有限公司	高律科JSCAST铸造软件[简称:JSCAST铸造软件]V9.0
2200	上海派博软件开发有限公司	派博Pubwin计费软件V3.0
2201	上海派博软件开发有限公司	派博Pubwin连锁中心软件V1.0

续表

序号	企业名称	软件产品名称
2202	上海维赛特科技实业有限公司	VSAT资讯通—价值分析资讯平台软件V2.39
2203	纳显(上海)自控技术有限公司	纳显智能流量测控软件[简称:智能测控软件]V1.0
2204	花旗软件技术服务(上海)有限公司	花旗集团信誉风险减记计算和报表软件[简称:CVA]V2.0
2205	花旗软件技术服务(上海)有限公司	花旗集团运营风险事件录入管理和风险模型高级模拟计算软件[简称:Operational Risk EDCS & AMA]V2.5
2206	花旗软件技术服务(上海)有限公司	花旗集团支付清算风险管理软件[简称:PSRM]V2.5
2207	花旗软件技术服务(上海)有限公司	花旗项目测试报告自动化软件[简称:TRAS]V2.1.1
2208	花旗软件技术服务(上海)有限公司	花旗供应商外派员工请假申请管理软件[简称:VTOA]V1.0
2209	花旗软件技术服务(上海)有限公司	花旗信用卡项目开发管理软件[简称:IPMS]V1.1
2210	花旗软件技术服务(上海)有限公司	花旗Brokered CD金融产品交易平台软件[简称:Brokered CD]V1.0
2211	花旗软件技术服务(上海)有限公司	花旗测试数据管理软件[简称:TDMS]V1.0
2212	上海华勤通讯技术有限公司	华勤V220MMI手机软件V8.1.4
2213	上海华勤通讯技术有限公司	华勤L160MMI手机软件V1.0.3
2214	上海华勤通讯技术有限公司	华勤Q265MMI手机软件V1.0.5
2215	上海华勤通讯技术有限公司	华勤M350MMI手机软件V1.0
2216	上海华勤通讯技术有限公司	华勤M660MMI手机软件V8.0.9
2217	上海华勤通讯技术有限公司	华勤L180MMI手机软件V1.0.4
2218	上海华勤通讯技术有限公司	华勤V61MMI手机软件V8.0
2219	上海华勤通讯技术有限公司	华勤Q83MMI手机软件V0.2.6
2220	上海华勤通讯技术有限公司	华勤M860MMI手机软件V1.0.5
2221	上海华勤通讯技术有限公司	华勤K6MMI手机软件V1.0.9
2222	上海摩软通讯技术有限公司	摩软W91MMI手机软件V1.0
2223	上海摩软通讯技术有限公司	摩软L70MMI手机软件V8.0.1
2224	上海摩软通讯技术有限公司	摩软M361MMI手机软件V1.0.0
2225	上海摩软通讯技术有限公司	摩软S300MMI手机软件V1.0.4
2226	上海大全赛奥法电气科技有限公司	大全赛奥法框架断路器特性控制软件[简称:ACB特性控制]V1.0
2227	上海大全赛奥法电气科技有限公司	大全赛奥法经济型电表通讯测试软件[简称:ME600]V1.0
2228	上海聚鸣信息技术有限公司	聚鸣数字社区综合信息管理软件[简称:数字社区管理系统]V1.0
2229	上海柏安信息安全技术有限公司	柏安舆情监控软件V1.0
2230	上海柏安信息安全技术有限公司	柏安预警管理软件V1.0
2231	上海大汉三通网络通信有限公司	大汉三通移动应用平台软件V1.0
2232	上海大汉三通网络通信有限公司	新一代移动阅读服务平台软件V1.0
2233	上海大汉三通网络通信有限公司	大汉三通增值业务服务平台软件v1.0

续表

序号	企业名称	软件产品名称
2234	上海朗之德能源科技有限公司	朗之德低压无功补偿软件［简称：低压无功补偿］V1.0.0.1
2235	上海朗之德能源科技有限公司	朗之德五防自动化后台软件［简称：五防自动化后台］V1.0.0.6
2236	上海金仕达多媒体有限公司	金仕达外事管理软件［简称：外事管理软件］V1.0
2237	上海金仕达多媒体有限公司	金仕达多媒体教学课件软件(数学四年级第二学期])［简称：多媒体教学课件］V1.0
2238	上海金仕达多媒体有限公司	金仕达数字化校园软件［简称：数字化校园软件］V1.0
2239	上海金仕达多媒体有限公司	金仕达多媒体学习软件(数学四年级第二学期)［简称：多媒体学习软件］V1.0
2240	上海金仕达多媒体有限公司	金仕达多媒体教学课件软件(数学五年级第一学期)［简称：多媒体教学课件］V1.0
2241	上海金仕达多媒体有限公司	金仕达多媒体学习软件(语文四年级第二学期)［简称：多媒体学习软件］V1.0
2242	上海金仕达多媒体有限公司	金仕达多媒体学习软件(英语四年级第二学期)［简称：多媒体学习软件］V1.0
2243	上海科泰华捷科技有限公司	Kortide Elastos Widgets 软件［简称：ELWidgets］V1.0
2244	上海吉贝克信息技术有限公司	吉贝克基金公司信息披露标准化报送软件 V1.0
2245	上海吉贝克信息技术有限公司	吉贝克内部评级软件［简称：IRS］V1.0
2246	上海吉贝克信息技术有限公司	吉贝克证券公司客户综合分析管理软件［简称：SCAMA］V1.0
2247	上海中商网络股份有限公司	中商汽配行业机修工数字化有奖促销软件 V1.0
2248	上海中商网络股份有限公司	中商鉴码辨彩防伪软件 V1.0
2249	上海中商网络股份有限公司	中商数字化产品促销及物流管理软件 V1.0
2250	盈趣信息技术(上海)有限公司	盈趣三国恋姬魂武天下游戏软件［简称：三国恋姬魂武天下］V1.0
2251	盈趣信息技术(上海)有限公司	盈趣魔戒之精灵公主游戏软件［简称：魔戒之精灵公主］V1.0
2252	盈趣信息技术(上海)有限公司	盈趣铁道游击队游戏软件［简称：铁道游击队］V1.0
2253	盈趣信息技术(上海)有限公司	盈趣仙侠传－弑魔屠神录游戏软件［简称：仙侠传－弑魔屠神录］V1.0
2254	盈趣信息技术(上海)有限公司	盈趣百变 kapo 七宝奇谋游戏软件［简称：百变 kapo 七宝奇谋］V1.0
2255	盈趣信息技术(上海)有限公司	盈趣新蜀山未了情游戏软件［简称：新蜀山未了情］V1.0
2256	上海引跑信息科技有限公司	INTPLE POMELO 知识管理平台软件［简称：知识管理系统］V3.0
2257	上海引跑信息科技有限公司	INTPLE LEMON 统一通信平台软件［简称：统一通信系统］V3.0
2258	上海引跑信息科技有限公司	INTPLE BizOne 云计算平台软件［简称：云计算平台］V3.0
2259	上海步科自动化有限公司	CD 交流伺服驱动器软件［简称：CD 伺服］V1.0
2260	上海鲁班软件有限公司	鲁班钢筋(施工版)软件［简称：鲁班钢筋(施工版)］V8.0
2261	捷玛计算机信息技术(上海)有限公司	捷玛医药连锁信息管理软件 V1.0
2262	上海可鲁系统软件有限公司	NAC 证书管理服务软件［简称：CA Service］V1.0

续表

序号	企 业 名称	软 件 产 品 名称
2263	上海可鲁系统软件有限公司	NAC 访问控制服务软件［简称：NAC Service］V1.0
2264	上海可鲁系统软件有限公司	NAC 系统资源管理服务软件［简称：SYSRDA Service］V1.0
2265	上海可鲁系统软件有限公司	NAC 审计日志服务软件［简称：Audit Service］V1.0
2266	上海可鲁系统软件有限公司	NAC 身份认证权限管理服务软件［简称：PKIPMI Service］V1.0
2267	上海可鲁系统软件有限公司	NAC 资源定位服务软件［简称：URI Service］V1.0
2268	上海中兴软件有限责任公司	中兴 A292GSM 移动通信软件 V1.0
2269	上海中兴软件有限责任公司	中兴 R220GSM 移动通信软件 V1.0
2270	上海中兴软件有限责任公司	中兴 R230GSM 移动通信软件 V1.0
2271	上海中兴软件有限责任公司	中兴 A661GSM 移动通信软件 V1.0
2272	上海中兴软件有限责任公司	中兴 R630GSM 移动通信软件 V1.0
2273	上海中兴软件有限责任公司	中兴 R231GSM 移动通信软件 V1.0
2274	上海中兴软件有限责任公司	中兴 N281GSM 移动通信软件 V1.0
2275	上海中兴软件有限责任公司	中兴 S213GSM 移动通信软件 V1.0
2276	上海中兴软件有限责任公司	中兴 A205GSM 移动通信软件 V1.0
2277	上海中兴软件有限责任公司	中兴 A833GSM 移动通信软件 V1.0
2278	上海中兴软件有限责任公司	中兴 A611+GSM 移动通信软件 V1.0
2279	上海中兴软件有限责任公司	中兴 S319GSM 移动通信软件 V1.0
2280	上海中兴软件有限责任公司	中兴 S309GSM 移动通信软件 V1.0
2281	上海中兴软件有限责任公司	中兴 V246GSM 移动通信软件 V1.0
2282	上海中兴软件有限责任公司	中兴 R352GSM 移动通信软件 V1.0
2283	上海中兴软件有限责任公司	中兴 P726UMTS 移动通信软件 V1.0
2284	上海中兴软件有限责任公司	中兴 C78CDMA 移动通信软件 V1.0
2285	上海中兴软件有限责任公司	中兴 G540GoTa 移动通信软件 V1.0
2286	上海中兴软件有限责任公司	中兴 G652GoTa 移动通信软件 V1.0
2287	上海中兴软件有限责任公司	中兴 G660GoTa 移动通信软件 V1.0
2288	上海中兴软件有限责任公司	中兴 G682GoTa 移动通信软件 V1.0
2289	上海中兴软件有限责任公司	中兴 G780GoTa 移动通信软件 V1.0
2290	上海中兴软件有限责任公司	中兴 U500TD 移动通信软件 V1.0
2291	上海中兴软件有限责任公司	中兴 U112TD 移动通信软件 V1.0
2292	上海中兴软件有限责任公司	中兴 U218TD 移动通信软件中兴 U720TD 移动通信软件 V1.0
2293	上海中兴软件有限责任公司	中兴 U720TD 移动通信软件 V1.0
2294	上海双宇软件有限公司	双宇智能生产管理软件［简称：SUMES］V7.0
2295	上海聚星仪器有限公司	聚星仪器音频分析软件［简称：VISN-SIAT］V1.0
2296	上海聚星仪器有限公司	聚星嵌入式数采记录软件［简称：VISN- DATALOGGER］］V1.0

续表

序号	企业名称	软件产品名称
2297	上海数讯信息技术有限公司	数讯域名信息登记查询软件[简称:SDS Whois server]V1.0
2298	上海数讯信息技术有限公司	数讯智能域名索引选择软件(Data Solution Wise Domain-name Index select Software [简称:WDIS]V2.0
2299	上海火速网络信息服务有限公司	火速B2M环境下的第三方电子商务托管服务平台软件[简称:HOTB2M]V1.5
2300	上海火速网络科技有限公司	火速基于3G的商机信息管理软件[简称:商机宝移动版]火速基于3G的商机信息管理软件[简称:商机宝移动版]V1.0
2301	上海火速网络科技有限公司	火速网站建设管理信息软件[简称:HOTWBS]V2.0
2302	上海火速网络科技有限公司	火速数字网络营销联盟信息管理平台软件[简称:CDMU]V1.5
2303	上海火速网络科技有限公司	火速基于整合营销的商机信息管理软件[简称:商机宝]V1.0
2304	上海爱可生信息技术有限公司	爱可生分布式数据库智能管理平台软件V1.0
2305	上海帜讯信息技术有限公司	一信通信息服务平台软件[简称:一信通]V1.0.5
2306	上海魔迅信息科技有限公司	魔迅体感引擎开发包软件[简称:魔迅体感引擎]V1.0
2307	上海浩方信息技术有限公司	浩方网络内容安全检测软件[简称:安全检测系统]V1.0
2308	上海恒融数码科技有限公司	恒融客服聊天接入软件[简称:WebChat]V1.0
2309	上海恒融数码科技有限公司	恒融信用卡综合业务平台软件[简称:HURO-BISC]V1.0
2310	霍尼韦尔综合科技(中国)有限公司	霍尼韦尔安全产品网上测试申请软件V1.0
2311	霍尼韦尔综合科技(中国)有限公司	霍尼韦尔安全产品新产品开发项目管理软件V1.0
2312	霍尼韦尔综合科技(中国)有限公司	霍尼韦尔财务数据与SAP系统接口转换软件V1.0
2313	霍尼韦尔综合科技(中国)有限公司	霍尼韦尔TPPM-Shell厂级性能监控软件V2.0
2314	上海全景数字技术有限公司	全景数字媒体推送软件V1.0
2315	上海企立软件有限公司	企立SH-3 000操控软件V1.0
2316	上海英迈吉东影图像设备有限公司	Eastimage-X射线安全检查设备软件V5.0
2317	上海英迈吉东影图像设备有限公司	英迈吉东影液体CT检测软件V2.0
2318	上海霍莱沃电子系统技术有限公司	Hollywell多通道综合校准测试系统软件V1.0
2319	鼎亿数码科技(上海)有限公司	FlingPC瑜伽软件V1.0
2320	鼎亿数码科技(上海)有限公司	FlingPC健美训练软件V1.0
2321	鼎亿数码科技(上海)有限公司	FlingPC波波数学软件V1.0
2322	鼎亿数码科技(上海)有限公司	FlingPC身体测试软件V1.0
2323	上海新干通通信设备有限公司	新干通地铁消防无线通信网管软件V1.0
2324	前锦网络信息技术(上海)有限公司	前锦CallCenterCRM软件V1.0
2325	前锦网络信息技术(上海)有限公司	前锦网才简历过滤器软件V1.0
2326	前锦网络信息技术(上海)有限公司	前锦网页制作软件V1.0
2327	上海团结普瑞玛激光设备有限公司	团结普瑞玛激光切割焊接工艺数据软件V2.0
2328	上海团结普瑞玛激光设备有限公司	团结普瑞玛圆柱形管材激光切割编程软件V2.0

续表

序号	企业名称	软件产品名称
2392	上海金蝶软件有限公司	金蝶 KIS 财税王迷你版软件 V8.6
2393	上海金蝶软件有限公司	金蝶 KIS 财税王标准版软件 V8.6
2394	上海金蝶软件有限公司	金蝶 KIS 理税王软件 V8.6
2395	上海金蝶软件有限公司	金蝶 KIS 专业版软件 V11.0
2396	上海金蝶软件有限公司	金蝶 KIS 专业版业务包软件 V11.0
2397	上海金蝶软件有限公司	金蝶 KIS 专业版财务包软件 V11.0
2398	上海竞天科技股份有限公司	竞天高清数字视频系统管理软件 V1.0
2399	上海交技发展股份有限公司	交技电子不停车收费软件 V1.0
2400	上海交技发展股份有限公司	交技高速公路 RFID 联网收费软件 V1.0
2401	励元科技（上海）有限公司	励元防伪码软件 V2.0
2402	上海赞同信息科技发展有限公司	赞同前端系统整合软件 V1.0
2403	上海固泰科技有限公司	CAN 总线干扰发生器软件［简称：CANspider］V1.4
2404	上海集宏汇信息技术有限公司	集宏汇 wcdma 数据卡应用管理软件［简称：应用管理软件］V1.0
2405	上海集宏汇信息技术有限公司	集宏汇 wcdma 数据卡生产测试软件［简称：CHH-ATS］V1.0
2406	上海熵启软件科技有限公司	熵启 Entropy 网络行为在线协同分析软件［简称：Entropy 协同分析软件］V1.0
2407	上海剑阁信息技术有限公司	剑阁金融机构报表平台软件［简称：剑阁报表软件］V1.01.0 024
2408	上海乃嘉软件科技发展有限公司	乃嘉儿童托管信息管理软件［简称：乃嘉 CareControl］V2.0
2409	上海茂源软件科技有限公司	茂源货运铁集货运管理软 件［简称：铁集货运］V3.0
2410	联芯科技有限公司	联芯科技 TD-SCDMA 专业测试模块软件［简称：PTMS］V1.0
2411	上海光原谷信息技术有限公司	光原谷易得薪软件［简称：易得薪］V1.0
2412	上海光原谷信息技术有限公司	光原谷 HRO 核心业务管理软件［简称：HRO］V1.0
2413	上海光原谷信息技术有限公司	光原谷核心业务管理系统客户端软件［简称：客户端］V1.0
2414	上海盖奇信息科技有限公司	盖奇信息互联网统一网关软件［简称：互联网统一网关］V1.0
2415	上海安科瑞电气股份有限公司	安科瑞 PZ 直流多功能表测控软件［简称：安科瑞 PZ 直流软件］V1.0
2416	上海安科瑞电气股份有限公司	安科瑞 ARCM200 剩余电流式电气火灾探测器软件［简称：安科瑞 ARCM200 软件］V1.0
2417	上海金戈马软件有限公司	金戈马条码软件 V1.0
2418	上海御恒信息科技有限公司	御 恒 G-WIN 集成软件 V1.0
2419	上海泛云信息科技有限公司	泛云 Cloud.Framework 云计算中间件软件 V1.0
2420	上海万得投资管理有限公司	万点理财手机终端软件 V1.0
2421	上海炎翔通信科技有限公司	炎翔全球眼统一客户端软件 V1.0
2422	上海炎翔通信科技有限公司	炎翔全球眼家庭监控客户端软件 V1.0
2423	上海诺构软件技术有限公司	诺构 XBM 业务基础架构平台软件 V3.0

续表

序号	企业名称	软件产品名称
2424	上海寰博数码科技有限公司	寰博设备集中控制软件 V1.0
2425	上海寰博数码科技有限公司	寰博应急预案软件 V1.0
2426	上海寰博数码科技有限公司	寰博资产管理软件 V1.0
2427	上海寰博数码科技有限公司	寰博导览服务软件 V1.0
2428	上海寰博数码科技有限公司	寰博故障处理软件 V1.0
2429	上海寰博数码科技有限公司	寰博人员管理软件 V1.0
2430	上海寰博数码科技有限公司	寰博设备监控软件 V1.0
2431	上海寰博数码科技有限公司	寰博信息交换总线平台软件 V1.0
2432	上海柯斯软件有限公司	柯斯大容量高速闪存 GSM S-SIM 卡软件 V1.0
2433	上海天脉聚源文化传媒有限公司	天脉电视资讯搜索综合服务软件 V1.0
2434	上海柏飞电子科技有限公司	柏飞高速数据通讯监控软件 V1.0
2435	上海柏飞电子科技有限公司	长城 ideal 基于 WAP 技术的社区电子政务平台软件 V1.0
2436	上海海基业高科技有限公司	海基业 SJY71 客户理财软件 V1.0
2437	上海亚太计算机信息系统有限公司	亚太社保医疗保险服务软件 V1.0
2438	上海佳盟计算机系统有限公司	佳盟数字化审讯监控指挥管理软件 V6.0
2439	上海金鑫计算机系统工程有限公司	长江金鑫 i-MUSE 藏品信息管理软件 V3.0
2440	上海金鑫计算机系统工程有限公司	金鑫 i-Libs 跨库检索软件 V1.0
2441	上海长江数码科技有限公司	长江农产品批发市场综合结算平台软件 V1.0
2442	上海长江科技发展有限公司	长江国有资产监督管理信息软件 V1.0
2443	长江计算机(集团)公司	长江参观者援助服务信息管理软件 V1.0
2444	长江计算机(集团)公司	长江预约服务管理系统应用软件 V1.0
2445	长江计算机(集团)公司	长江自助预约服务应用软件 V1.0
2446	敏创软件(上海)有限公司	敏创远程异地备份软件 V2.0
2447	汇付天下有限公司	汇付天下电话支付软件 V1.0
2448	上海乾隆高科技有限公司	钱龙金融服务平台软件 V2.0
2449	上海市保险同业公会	上海市保险同业公会联合信息平台“车船税”代收代缴管理软件 V1.0
2450	上海市保险同业公会	上海市保险同业公会联合信息平台机动车辆保险“见费出单”管理软件 V1.0
2451	上海市保险同业公会	上海市保险同业公会联合信息平台商业险集中管理软件 V1.0
2452	上海泛型网络科技有限公司	Gentek 游戏开发解决方案软件 V1.0.0.0
2453	上海释锐教育软件有限公司	释锐云计算教育平台软件 V6.0
2454	上海欧勤电子科技有限公司	欧勤 AC-MCD 摩托车底盘测功机软件 V1.0
2455	上海索辰信息科技有限公司	索辰结构仿真软件 V5.0
2456	上海索辰信息科技有限公司	索辰需求分析软件 V5.0

续表

序号	企业名称	软件产品名称
2457	上海索辰信息科技有限公司	索辰数据转换软件 V5.0
2458	上海索辰信息科技有限公司	索辰气爆分析软件 V5.0
2459	上海索辰信息科技有限公司	索辰电磁模拟软件 V5.0
2460	上海索辰信息科技有限公司	索辰流体力场软件 V5.0
2461	上海微创软件有限公司	微创网站群软件 V2.0
2462	上海微创软件有限公司	微创政府审批软件 V3.0
2463	上海微创软件有限公司	微创邮件组管理软件 V2.0
2464	上海微创软件有限公司	微创工作流引擎软件 V3.0
2465	上海微创软件有限公司	微创数字化校园软件 V3.0
2466	丹华水利环境技术(上海)有限公司	DHI MIKE SHE 地下水模拟软件 V2 011
2467	丹华水利环境技术(上海)有限公司	DHI MIKE 3 三维水模拟软件 V2 011
2468	丹华水利环境技术(上海)有限公司	DHI MIKE FLOOD 洪水模拟软件 V2 011
2469	丹华水利环境技术(上海)有限公司	DHI MIKE 11 一维水模拟软件 V2 011
2470	丹华水利环境技术(上海)有限公司	DHI MIKE URBAN 城市管网模拟软件 V2 011
2471	丹华水利环境技术(上海)有限公司	DHI LITPACK 海岸线变迁模拟软件 V2 011
2472	丹华水利环境技术(上海)有限公司	DHI MIKE BASIN 水资源规划模拟软件 V2 011
2473	丹华水利环境技术(上海)有限公司	DHI MIKE 21 二维水模拟软件 V2 011
2474	上海复高计算机科技有限公司	FUGLE 医院信息平台软件 V4.0
2475	上海景格汽车科技有限公司	景格汽车仿真教学软件 V5.0
2476	易保网络技术(上海)有限公司	易保产险核心业务软件 V3.3
2477	易保网络技术(上海)有限公司	易保寿险核心业务软件 V3.3
2478	上海腾程医学科技信息有限公司	腾程孕期胎儿唐氏综合征产前筛查软件 V1.2
2479	仟游软件科技(上海)有限公司	仟游 NBA 2K11 PSP 游戏软件 V1.0
2480	仟游软件科技(上海)有限公司	仟游 NHL 2K11 iPhone 游戏软件 V1.0.0
2481	仟游软件科技(上海)有限公司	仟游 Civilization iPad 游戏软件 V1.0.0
2482	国讯新创软件技术有限公司	国讯新创电信资源服务平台软件 V2.0
2483	国讯新创软件技术有限公司	国讯新创电信全业务激活服务平台软件 V2.0
2484	国讯新创软件技术有限公司	国讯新创 WDM 网络管理应用软件[简称：NetguardWDM]V7.0
2485	国讯新创软件技术有限公司	国讯新创电信业务资源管理软件 V3.0
2486	上海哥瑞利软件有限公司	哥瑞利 Labelwell 标签软件 V1.0
2487	上海哥瑞利软件有限公司	哥瑞利 SPCwell 统计过程质量控制软件 V1.0
2488	上海卓越睿新数码科技有限公司	卓越 G2school 外语教学中心软件 V2.0
2489	上海卓越睿新数码科技有限公司	卓越课程中心软件 V3.0
2490	上海文思信息技术有限公司	文思 UTF8 版图书馆软件 V1.0

续表

序号	企业名称	软件产品名称
2491	上海文思信息技术有限公司	文思基于“云存储”的企业级软件服务平台软件 V1.0
2492	上海思群科技发展有限公司	思群贷记卡软件 V2.0
2493	上海思群科技发展有限公司	思群贷记卡呼叫中心软件 V1.0
2494	上海思群科技发展有限公司	思群小贷公司信贷业务管理软件 V1.0
2495	上海城市地理信息系统发展有限公司	城地 CY 大型群众活动疏散仿真模拟软件 V1.0
2496	上海城市地理信息系统发展有限公司	城地 CY 智能楼宇虚拟管理软件 V1.0
2497	上海城市地理信息系统发展有限公司	城地 CY 大型群众活动安全仿真管理软件 V1.0
2498	亿迅(中国)软件有限公司	亿迅 IP 分布式一体化呼叫中心应用软件 V1.0
2499	亿迅(中国)软件有限公司	亿迅网络实时互动通讯应用软件 V7.7
2500	上海天下易生活网络有限公司	天下易易付宝手机支付软件 V1.0
2501	上海复旦光华信息科技股份有限公司	光华互联网信息分析软件 V1.0
2502	上海复旦光华信息科技股份有限公司	光华网络爬虫软件 V1.0
2503	上海复旦光华信息科技股份有限公司	光华虚拟身份软件 V2.0
2504	上海复旦光华信息科技股份有限公司	光华互联网域名备案管理软件 V1.0
2505	上海复旦光华信息科技股份有限公司	光华通信工程审价管理软件 V1.0
2506	上海复旦光华信息科技股份有限公司	光华教材管理软件 V1.0
2507	上海复旦光华信息科技股份有限公司	光华 LED 集中控制软件 V1.0
2508	上海复旦光华信息科技股份有限公司	光华电力集中监控管理软件 V1.0
2509	上海复旦光华信息科技股份有限公司	光华被盗被抢计算机信息比对软件 V1.0
2510	上海复旦光华信息科技股份有限公司	光华互联网基础数据库软件 V1.0
2511	上海维响信息科技有限公司	visTeam 图档加密软件 V1.0
2512	上海自动化仪表股份有限公司	上自仪智能控制单元软件 V1.0
2513	上海海量电子有限公司	Seacom M2CLUSTER 大屏幕拼接融合视频引擎软件 M1.0
2514	上海公共交通卡股份有限公司	SPTCC 交通卡清算软件 V1.0
2515	上海拓新计算机科技有限公司	拓新 DAY 设计魔方软件 V2.0
2516	上海卫盾信息科技有限公司	卫盾信息系统与数据库审计软件 V3.0
2517	上海紫光机械有限公司	紫光嵌入式 SXZ400 自动锁线机软件 V1.0
2518	上海紫光机械有限公司	紫光嵌入式 ZXJD450/22 平装胶定自动线软件 V1.0
2519	上海亚华印刷机械有限公司	亚华数据库转换管理软件 V1.0
2520	上海邦达电子系统工程有限公司	邦达嵌入式特种车辆车载终端软件 V1.0
2521	上海奕驰鎏华计算机科技有限公司	EC 客户评价软件[简称：客户评价]V1.0
2522	上海奕驰鎏华计算机科技有限公司	EC 电子派单排队信息管理软件 V2.0
2523	上海奕驰鎏华计算机科技有限公司	EC 排队系统集中管理控制平台软件 V2.0
2524	上海东方金盾科技发展有限公司	东方金盾特种行业场所综合信息管理平台软件 V1.0

续表

序号	企业名称	软件产品名称
2525	上海东方金盾科技发展有限公司	东方金盾社区流动人口管理信息平台软件 V1.0
2526	上海嘉软计算机信息技术有限公司	嘉软船舶服务行业信息管理软件[简称：MTS]V6.0
2527	上海孚奈电子有限公司	孚奈电扶梯控制软件 V1.0
2528	上海欣诺通信技术有限公司	欣诺 AM1 000 宽带接入管理软件 V1.0
2529	上海数字位图信息科技有限公司	数字位图 LBSGridMap 快速发布引擎软件 V1.0
2530	上海海基盛元信息科技有限公司	海基实验室管理软件 V3.0
2531	上海杰星船舶科技有限公司	杰星船舶应急响应服务软件 V1.0
2532	东方财富信息股份有限公司	东方财富手机金融终端软件 V1.0
2533	东方财富信息股份有限公司	东方财富手机金融终端 WindowsMobile 版软件 V1.0
2534	东方财富信息股份有限公司	东方财富手机金融终端 J2ME 版软件 V1.0
2535	东方财富信息股份有限公司	东方财富手机金融终端 Android 版软件 V1.0
2536	上海先锋商泰电子技术有限公司	先锋商泰 AV 接收器软件 V1.0
2537	上海先锋商泰电子技术有限公司	先锋商泰便携式 GPS 导航仪欧美版软件 V1.0
2538	上海先锋商泰电子技术有限公司	先锋商泰 GPS 导航仪 light 欧美版软件(PSET CarNavi Light Oversea Software)V2.0
2539	商泰软件(上海)有限公司	商泰车载导航器人机交互界面开发软件 V3.1
2540	商泰软件(上海)有限公司	商泰车载导航器人机交互界面开发软件 V4.0
2541	商泰软件(上海)有限公司	商泰专业级 DJ 数码多媒体音乐播放器软件 V1.0
2542	上海携宁计算机软件有限公司	携宁“金融终端”软件 V1.0
2543	上海市东方海事工程技术有限公司	东方海事空气预热器红外热点探测软件 V1.0
2544	上海申达自动防范系统工程有限公司	申达周界报警监控软件 V1.0
2545	上海芯域微电子有限公司	芯域电力线以太网适配器速度测试软件[简称：SpeedTest]V1.0
2546	上海欣诺通信技术有限公司	欣诺 DSLAM5 048 宽带接入软件 V1.0
2547	上海欣诺通信技术有限公司	欣诺 DSLAM5 024 宽带接入软件 V1.0
2548	上海欣诺通信技术有限公司	欣诺 DSLAM5 016 宽带接入软件 V1.0
2549	上海三盟软件有限公司	三盟网站建设平台软件 V1.0
2550	绚视软件科技(上海)有限公司	绚视移动网络媒体播放器软件 V1.0
2551	上海管易软件科技有限公司	管易 EC-ERP 电子商务管理软件 V1.0
2552	上海电通信息服务有限公司	电通租赁基干业务管理软件 V1.0.0.4 104
2553	上海传知信息科技发展有限公司	传知数字出版跨媒体文档库软件 V1.0
2554	上海南自科技股份有限公司	南自 SNP-200M 智能电动机保护控制器软件 V1.0
2555	上海南自科技股份有限公司	南自 SNP-200R 智能测控仪表软件 V1.0
2556	上海特易信息科技有限公司	特易全球外贸资讯平台软件 V1.0
2557	上海软杰智能设备有限公司	软杰停车场系统管理软件 V1.0

续表

序号	企业名称	软件产品名称
2558	上海寰博数码科技有限公司	寰博图像拼接融合校正软件 V1.0
2559	上海亮普计算机有限公司	亮普企业安全生产监管软件 V3.0
2560	上海集通数码科技有限责任公司	集通字库软件 V3.2
2561	上海佳依佳信息科技有限公司	佳依佳不定期租船模拟软件 V1.0
2562	上海百胜软件有限公司	百胜 BStyle 协同供应链平台软件 V1.0
2563	上海百胜软件有限公司	百胜 iPOS 商店管理软件 V1.0
2564	上海百胜软件有限公司	iOM 百胜订货会管理软件 V1.0
2565	上海越通软件科技有限公司	越通金融行业电销客户管理软件 V3.0
2566	上海金蝶软件科技有限公司	金蝶 K/3 MES 管理软件[简称：Kingdee MES]V1.0
2567	上海证券之星综合研究有限公司	证券之星战上海实战内参软件 V1.0
2568	上海美宁计算机软件有限公司	金师爷－上市公司董秘软件 V1.0
2569	上海淘米网络科技有限公司	淘米功夫派基础游戏软件 V1.0
2570	上海上月信息科技有限公司	上月播放器软件 V1.0
2571	上海莜缘电子技术有限公司	莜缘双向数据同步软件 V1.0
2572	上海莜缘电子技术有限公司	莜缘便携式电子证件查验软件 V1.0
2573	上海莜缘电子技术有限公司	莜缘电子证件查验软件 V1.0
2574	上海众毅工业控制技术有限公司	众毅外来人员管理软件 V1.0
2575	上海复高软件开发有限公司	复高互联网行为感知引擎软件 V1.0
2576	上海日出科技有限公司	日出 IT 服务流程管理 OTRS 软件 V2.4.7
2577	上海汽车集团股份有限公司	上汽汽车制造执行软件 V1.0
2578	上海亨钧科技有限公司	亨钧全电子执行单元控制应用软件 V1.0
2579	上海亨钧科技有限公司	亨钧机车安全控制软件 V1.0
2580	上海华东电脑存储网络系统有限公司	华东电脑 ICCS-P 集成化云计算与存储平台软件 V1.0
2581	上海华东电脑存储网络系统有限公司	华东电脑 ICCS-E 云仿真终端软件 V1.0
2582	上海华东电脑存储网络系统有限公司	华东电脑 ICCS-M 云服务管理平台软件 V1.0
2583	上海捷惠达软件有限公司	惠银通网络支付平台软件 V1.0
2584	上海同是工程科技有限公司	同是手持设备风险巡检软件 V1.00
2585	上海合明软件科技有限公司	合明 Purus 流程管理软件 V6.0
2586	上海理想信息产业(集团)有限公司	理想 NETCARE 软件 V2.0
2587	上海理想信息产业(集团)有限公司	理想面向大型企业 IT 基础设施的外包服务软件 V1.0
2588	上海理想信息产业(集团)有限公司	理想移动应用集成中间件软件 V1.0
2589	上海理想信息产业(集团)有限公司	理想基于 WM 通用客户端应用软件 V1.0
2590	上海理想信息产业(集团)有限公司	理想汽车后服务连锁管理(汽配)软件 V1.0
2591	上海理想信息产业(集团)有限公司	理想维护作业管理软件 V1.0

续表

序号	企业名称	软件产品名称
2592	上海理想信息产业(集团)有限公司	理想营业厅运营管理门户软件 V1.0
2593	上海理想信息产业(集团)有限公司	理想云计算基础管理平台软件 V1.0
2594	上海理想信息产业(集团)有限公司	理想全文检索应用软件 V1.0
2595	上海商哲信息技术有限公司	好易管客户关系管理软件 V3.16
2596	上海锐视清信息技术有限公司	HDVISION N2 高清播放机软件 V1.5.10
2597	上海睿策网络科技有限公司	睿策内容管理软件 V1.1
2598	上海天跃科技股份有限公司	天跃点播存储服务器软件 V1.02
2599	上海天跃科技股份有限公司	天跃柜面操作客户识别防范软件 V1.0
2600	上海天跃科技股份有限公司	天跃服务器平台标准版软件 V1.24
2601	上海天跃科技股份有限公司	天跃服务器平台企业版软件 V1.2
2602	上海佰冠信息科技有限公司	佰冠 LIMS One 实验室信息管理软件 V1.0
2603	上海坤朋软件技术有限公司	坤朋综合业务管理平台软件[简称：KPIBMS]V1.0
2604	腾龙计算机软件(上海)有限公司	腾龙项目管理软件 V1.0
2605	腾龙计算机软件(上海)有限公司	腾龙 CMMB 数字广播接收终端软件 V1.0
2606	上海华腾智能系统有限公司	华腾智能[PBOC2.0 LEVEL2-qPBOC 应用]的读卡器软件 V1.0
2607	运软网络科技(上海)有限公司	运软虚拟化服务器和虚拟机管理软件 V1.0
2608	上海青杉软件有限公司	青杉轨道交通综合监控与调度软件 V1.0
2609	上海瑞示电子科技有限公司	RScan-X 射线安全检查设备软件 V1.0
2610	上海托科软件有限公司	托科企业管理软件 V1.0
2611	上海同磊土木工程技术有限公司	同磊大型钢结构施工过程分析设计软件 V1.0
2612	上海创宏信息技术有限公司	创宏三维一体教育平台软件 V1.0
2613	上海奕通信息科技有限公司	奕通数字展板管理软件 V2.0
2614	上海智翔信息科技股份有限公司	Ultrawise 集成电路技术开发系统平台软件 V1.0
2615	上海携恒物流技术有限公司	携恒运输管理软件 V1.0
2616	上海携恒物流技术有限公司	携恒仓储管理软件 V1.0
2617	上海悠技信息技术有限公司	悠技 U-MRMS 物料需求管理软件[简称：U-MRMS]V1.0
2618	新华控制工程有限公司	OC6 000e I/O 模 块 IONET-EGD 的信息处理软件 V1.0
2619	新华控制工程有限公司	XDPS-400e 实时控制软件[简称：XDPS]V6.0
2620	上海普华科技发展有限公司	普华工程项目管理集成软件[简称：PowerOn]V5.0
2621	上海普华科技发展有限公司	普华项目管理信息平台软件[简称：PowerPIP]V4.1
2622	上海普华科技发展有限公司	普华企业多项目管理基础业务平台软件[简称：PBP]V3.0
2623	上海普华科技发展有限公司	普华企业多项目管理信息门户软件[简称：PEP]V3.0
2624	上海普华科技发展有限公司	普华工程项目管理集成软件手机版软件[简称：PowerOn Mobile]V1.0

续表

序号	企业名称	软件产品名称
2625	上海普华科技发展有限公司	普华施工项目综合管理平台软件[简称：PowerStart]V1.0
2626	上海达映机电科技有限公司	Target-LD 染色打样机控制软件 V1.01
2627	上海蓝核信息技术有限公司	蓝核 ExCore 网络协议分析软件 V2.0
2628	上海宽文是风软件有限公司	宽文电信行业经营分析门户平台软件 V1.0
2629	上海瀚唐软件科技有限公司	瀚唐餐饮娱乐业管理软件 V9.0
2630	上海与德通讯技术有限公司	与德文本编辑放大镜软件 V1.0
2631	上海华彩科技有限公司	华彩智能分类学习软件[简称：ICT]V1.0
2632	上海澳马信息技术服务有限公司	澳马协作平台软件 V1.0
2633	上海皓钧智能网络科技有限公司	皓钧智能安全管理软件 V1.0
2634	上海中信信息发展股份有限公司	中信食品流通安全信息追溯数据中心管理平台软件 V1.0
2635	上海庞翎智能信息科技发展有限公司	庞翎 OXE 统一通信智能平台软件 V1.0
2636	上海大量光电科技有限公司	TROOP 四轴数控激光加工软件 V1.0
2637	英华达(上海)电子有限公司	英华达 SAGA EBook 输入法软件 V1.0
2638	上海企全信息技术有限公司	企全企业呼叫中心软件 V1.0
2639	上海维塔士电脑软件有限公司	维塔士跨平台赛车游戏引擎软件 V1.0
2640	上海维塔士电脑软件有限公司	维塔士 Wii 平台赛车游戏引擎软件 V1.0
2641	上海维塔士电脑软件有限公司	维塔士 DS 平台赛车剧情游戏引擎软件 V1.0
2642	上海维塔士电脑软件有限公司	维塔士 DaVinci 游戏引擎软件 V1.0
2643	上海维塔士电脑软件有限公司	维塔士粒子编辑器软件 V1.0
2644	上海有利软件有限公司	有利集团分销软件 V1.0
2645	上海复深蓝信息技术有限公司	复深蓝网上商城软件 V1.0
2646	上海复深蓝信息技术有限公司	复深蓝 J2EE 应用开发平台软件 V1.0
2647	上海复深蓝信息技术有限公司	复深蓝内容管理软件 V1.0
2648	上海起航教育信息咨询有限公司	起航学习管理软件 V1.0
2649	上海飞为自动化系统有限公司	飞为斜立式放板机控制软件 V1.0
2650	上海飞为自动化系统有限公司	飞为中心定位机控制软件 V1.0
2651	上海飞为自动化系统有限公司	飞为小板件收板机控制软件 V1.0
2652	上海飞为自动化系统有限公司	飞为小板件放板机控制软件 V1.0
2653	上海飞为自动化系统有限公司	飞为转角转向机控制软件 V1.0
2654	上海飞为自动化系统有限公司	飞为斜立式收板机控制软件 V1.0
2655	上海飞为自动化系统有限公司	飞为履带式翻板机控制软件 V1.0
2656	上海飞为自动化系统有限公司	飞为自动压膜机控制软件 V1.0
2657	上海飞为自动化系统有限公司	飞为清洁机控制软件 V1.0
2658	上海飞为自动化系统有限公司	飞为预热机控制软件 V1.0

续表

序号	企业名称	软件产品名称
2659	上海飞为自动化系统有限公司	飞为二次压膜机控制软件 V1.0
2660	上海飞为自动化系统有限公司	飞为暂存机控制软件 V1.0
2661	上海飞为自动化系统有限公司	飞为水平式收板机控制软件 V1.0
2662	上海飞为自动化系统有限公司	飞为水平式放板机控制软件 V1.0
2663	上海飞为自动化系统有限公司	飞为冷却翻板机控制软件 V1.0
2664	上海飞为自动化系统有限公司	飞为篮筐拆纸式放板机控制软件 V1.0
2665	上海飞为自动化系统有限公司	飞为篮筐垫纸式收板机控制软件 V1.0
2666	上海飞为自动化系统有限公司	飞为垫纸式收板机控制软件 V1.0
2667	上海飞为自动化系统有限公司	飞为板架式收板机控制软件 V1.0
2668	上海飞为自动化系统有限公司	飞为板架式放板机控制软件 V1.0
2669	上海飞为自动化系统有限公司	飞为悬臂式放板机控制软件 V1.0
2670	上海飞为自动化系统有限公司	飞为悬臂式收板机控制软件 V1.0
2671	上海飞为自动化系统有限公司	飞为薄板放板机控制软件 V1.0
2672	上海飞为自动化系统有限公司	飞为薄板收板机控制软件 V1.0
2673	上海思普信息技术有限公司	思普汽车行业产品全生命周期管理软件 V1.0
2674	上海菱通软件技术有限公司	菱通供应链金融服务业务管理软件[简称：LT-SCMF]V1.0
2675	上海菱通软件技术有限公司	菱通融资租赁管理软件[简称：LT-eLeasing]V1.0
2676	上海广野软件有限公司	广野基于通用连续时空数据模型的 4DGIS 开发软件 V1.0
2677	上海预言软件有限公司	预言暗夜破晓传说游戏软件[简称：暗夜破晓传说]V1.0
2678	泰思通软件(上海)有限公司	TS-PQCTS 生产质量监控及溯源软件[简称：TS-PQCTS(TideStone Production Quality Control & Trace Software)]V1.0
2679	上海新华控制技术(集团)有限公司	新华大型压缩机控制系统应用软件[简称：XTMC]V1.0
2680	上海新华控制技术(集团)有限公司	新华智能过程控制系统 E1 000 应用软件[简称：OnEDC]V1.0
2681	上海中信信息发展股份有限公司	中信食品流通安全信息追溯码查询软件 V1.0
2682	上海中信信息发展股份有限公司	光典食品流通安全信息追溯档案管理软件 V1.0
2683	上海中信信息发展股份有限公司	中信信息平台软件 V4.0
2684	上海中信信息发展股份有限公司	光典电子文件和数字档案登记备份软件 V1.0
2685	上海中信信息发展股份有限公司	光典档案信息资源管理软件(高校行业版)V1.0
2686	上海感信信息科技有限公司	Infecon 医院消毒供应中心可追溯管理软件 V1.0
2687	上海高通半导体有限公司	高通多国文字软件 V1.0
2688	上海天泰茶业科技有限公司	乐泡杯识别软件 V1.0
2689	上海天泰茶业科技有限公司	乐泡智能冲泡软件 V1.0
2690	上海天泰茶业科技有限公司	乐泡茶知识软件 V1.0
2691	上海博康智能网络科技有限公司	博康车辆智能交通软件[简称：Bocom Vits]V1.0

续表

序号	企业名称	软件产品名称
2692	上海博康智能网络科技有限公司	博康高性能存储软件［简称：BOCOM VStor］V1.0
2693	上海联夏信息科技有限公司	联夏交易系统仿真机测试工具软件 V1.0
2694	上海会通信息有限公司	会通短信合作方管理软件 V1.0
2695	上海会通信息有限公司	会通短信监控平台软件 V1.0
2696	上海掌铃通网络科技有限公司	掌铃通用户权限管理平台软件 V1.0
2697	上海埃帕信息科技有限公司	埃帕 Egg 非结构化数据库软件 V1.0
2698	上海埃帕信息科技有限公司	埃帕 Cooling 云桌面软件 V1.0
2699	上海德布森电气有限公司	德布森 SPC 远程测控和调试软件［简称：SPC 远程测控软件］V1.0
2700	上海锐道软件有限公司	锐道 DORADO 业务表单管理中间件套件软件［简称：DORADO BFM SUITE］V1.0
2701	上海联志软件科技有限公司	联志食品安全信息追溯软 件 V3.0
2702	杰脉通信技术（上海）有限公司	杰脉 3G 家庭基站网关及核心网模拟仪软件［简称：FGCNSim］V1.0
2703	上海傲融软件技术有限公司	傲融 35CRM 企业管理软件［简称：35CRM 企业管理软件］V2.0
2704	上海中远资讯科技有限公司	中远资讯船员管理通用软件 V1.0
2705	上海中远资讯科技有限公司	中远资讯船舶管理软件 V1.0
2706	上海中远资讯科技有限公司	中远资讯 IT 服务综合管理软件 V1.0
2707	上海中远资讯科技有限公司	中远资讯监控管理平台软件 V1.0
2708	上海中远资讯科技有限公司	中远资讯支线船舶运输管理平台软件 V1.0
2709	上海桑锐电子科技有限公司	桑锐无线路由自组物联网软件［简称：桑锐自组物联网］V1.0
2710	上海欣业船舶海洋工程设计有限责任公司	SYMED 油船总体性能计算软件 V1.0
2711	薪得付信息技术(上海)有限公司	CDP EasyHRO 管理软件［简称：EasyHRO ］V3.8
2712	麦网信息技术(上海)有限公司	麦考林电话行销管理平台软件 V1.0
2713	上海力申科学仪器有限公司	Heal Force HF100 三气培养箱嵌入式软件 V6.12
2714	上海力申科学仪器有限公司	Heal Force EST-1 综合手术台嵌入式软件 V1.00
2715	上海力申科学仪器有限公司	Heal Force Neofuge1 600R 离心机嵌入式软件 V1.00
2716	上海力申科学仪器有限公司	Heal Force HFease400 综合手术台嵌入式软件 V1.00
2717	上海力申科学仪器有限公司	Heal Force Neofuge1 600 离心机嵌入式软件 V1.00
2718	上海高威科电气技术有限公司	高威科 16A 型数控弯箍机控制软件 V2.0
2719	上海华电源信息技术有限公司	AHU 组合式空调选型软 件［简称：HDY-AHU］V1.0
2720	上海爱韦讯信息技术有限公司	爱韦讯《DO-178B 标准文档生成器》软件［简称：ASIDE 软件计划模块］V1.0
2721	上海晨炎信息技术有限公司	晨炎 AC-130 手机游戏软 件［简称：AC-130］V1.0
2722	上海宇龙软件工程有限公司	宇龙多轴数控加工仿真软件［简称：多轴数控加工仿真软件］V1.0

续表

序号	企业名称	软件产品名称
2723	上海晨炎信息技术有限公司	晨炎 iSniper3D 手机游戏软件[简称：iSniper3D]V1.0
2724	上海晨炎信息技术有限公司	晨炎 iPuppy World 手机游戏软件[简称：iPuppy World]V1.0
2725	上海宇龙软件工程有限公司	宇龙机电控制仿真软件[简称：机电控制仿真软件]V3.3
2726	上海钢软自动化技术有限公司	钢软钢材生产管理软件[简称：钢软生产软件]V2.0
2727	上海双宇云信息技术有限公司	双宇云管道生产管理软件[简称：SUYMES]V2 010
2728	上海早讯信息技术有限公司	早讯采矿管理软件 V1.0
2729	上海企顺信息系统有限公司	企顺家庭电脑管理软件[简称：BizCyborgFamily]V2.0
2730	上海企顺信息系统有限公司	企顺网上办公软件[简称：BizOA]V2.0
2731	上海企顺信息系统有限公司	企顺电子相册软件[简称：BizPhoto]V2.0
2732	上海企顺信息系统有限公司	企顺销售管理平台软件[简称：BizSales]V1.0
2733	上海大智慧股份有限公司	大智慧金融投资家专业版软件[简称：金融投资家专业版]V7.00
2734	上海大智慧股份有限公司	大智慧金融投资家机构版软件[简称：金融投资家机构版]V7.02
2735	上海大智慧股份有限公司	大智慧分析家软件[简称：分析家]V7.00
2736	上海大智慧股份有限公司	大智慧金融投资家专家版软件[简称：金融投资家专家版]V7.01
2737	上海大智慧软件开发有限公司	大智慧证券分析家手机版软件[简称：大智慧分析家手机版]V5.61
2738	上海大智慧软件开发有限公司	大智慧证券手机超赢专业版(JAVA/S60/Windows Mobile/iPhone/android/黑莓/MID)软件[简称：大智慧手机超赢专业版]V5.61
2739	上海大智慧软件开发有限公司	大智慧证券手机超赢决策版(JAVA/S60/Windows Mobile/iPhone/android/黑莓/MID)软件[简称：大智慧手机超赢决策版]V5.61
2740	上海大智慧软件开发有限公司	大智慧证券手机 Level-2 版(JAVA/S60/Windows Mobile/iPhone/android/黑莓/MID)软件[简称：大智慧手机 L2 版]V5.61
2741	上海浦东软件园信息技术股份有限公司	浦软办公自动化软件[简称：浦软办公]V1.0
2742	上海麦杰科技股份有限公司	麦杰管控一体化平台软件[简称：管控一体化]V1.0
2743	上海麦杰科技股份有限公司	麦杰在线性能计算软件 V1.0
2744	上海麦杰科技股份有限公司	麦杰负荷分配软件[简称：负荷分配]V1.0
2745	上海麦杰科技股份有限公司	麦杰在线热力试验软件 V1.0
2746	上海麦杰科技股份有限公司	麦杰在线耗差分析软件 V1.0
2747	上海埃林哲软件系统有限公司	皆得益 B2C 销售管理软件 V1.0
2748	上海浦东软件园信息技术股份有限公司	浦软猎鹰网站发布安全保护软件[简称：浦软猎鹰]V2.8
2749	上海纵天科技有限公司	纵天交通安全警示器软件[简称：纵天安全警示]V1.0
2750	上海百林通信软件有限公司	百林 NeST TD-SCDMA 网络规划工具软件[简称：NeST TD-SCDMA]V3.5
2751	上海百林通信软件有限公司	百林 ACP CDMA 网络自动扇区优化工具软件[简称：ACP CDMA]V2.0

续表

序号	企业名称	软件产品名称
2752	帝特汽车技术(上海)有限公司	DEP Meshworks/Morpher 软件[简称：Morpher]V5.0
2753	上海派拉软件有限公司	派拉云计算 SAML 联邦认证软件 V1.0
2754	上海派拉软件有限公司	派拉 IT 运维安全控制与审计管理软件 V1.0
2755	上海普元信息技术股份有限公司	普元 EOS 软件[简称:EOS]V6.3
2756	上海讯望信息技术有限公司	讯望电子商务平台智能生成软件[简称：讯望商务平台]V1.0
2757	上海讯望信息技术有限公司	讯望集团在线培训考试软件[简称：在线培训考试软件]V1.0
2758	上海华和得易信息技术发展有限公司	得易基层医疗监管平台软件[简称：DEMSMP]V1.0
2759	说宝堂信息科技(上海)有限公司	爱乐奇世界客户端软件[简称：爱乐奇客户端]V2.0
2760	上海源略数据服务有限公司	源略在线竞争情报软件 V1.0
2761	上海源略数据服务有限公司	源略排班调度软件 V1.0
2762	上海动联信息技术有限公司	动联软件令牌软件 V1.0
2763	上海动联信息技术有限公司	动联动态密码软件 V2.0
2764	上海宝信软件股份有限公司	宝信企业高性能实时数据库软件[简称：iHyperDB]V1.0
2765	上海宝信软件股份有限公司	宝信企业高性能实时数据库内核软件[简称：iHyperDB-Core]V1.0
2766	上海宝信软件股份有限公司	宝信信息系统平台业务流程管理软件[简称：iPlat-BPM]V1.0
2767	上海宝信软件股份有限公司	宝信信息系统平台内容管理软件[简称：iPlat-EC]V1.0
2768	上海宝信软件股份有限公司	宝信冷轧过程控制系统维护助手软件[简称：RollingAssist]V1.0
2769	上海宝信软件股份有限公司	宝信基于.NET/C 技术的信息系统平台软件[简称：iPlat4C]V1.0
2770	上海宝信软件股份有限公司	宝信一体化监控指挥平台组态展示软件[简称：iCV-HMI]V5.0
2771	上海宝信软件股份有限公司	宝信一体化监控指挥平台应急联动软件[简称：iCV-CR]V5.0
2772	上海宝信软件股份有限公司	宝信技术创新管理平台软件[简称：IM Software]V1.0
2773	上海宝信软件股份有限公司	宝信 RFID 中间件软件[简称：BS-RFIDWare]V1.0
2774	上海宝信软件股份有限公司	宝信运行点监控软件[简称：OPEWARE]V1.0
2775	上海宝信软件股份有限公司	宝信铁钢动态调度扰动分析与决策软件[简称：铁钢动态调度决策软件]V1.0
2776	上海宝信软件股份有限公司	宝信钢铁冷轧作业计划排程软件[简称：宝信钢铁冷轧作业计划排程]V1.0
2777	上海宝信软件股份有限公司	宝信 BM2(有色版)作业计划软件[简称：宝信 BM2(有色版)作业计划]V2.0
2778	上海宝信软件股份有限公司	宝信冷轧基础自动化模拟软件[简称：SimuRolling]V1.0
2779	上海宝信软件股份有限公司	宝信有色金属 MES 制造规范管理软件[简称：有色金属 MES 制造规范管理]V1.0
2780	上海宝信软件股份有限公司	宝信 BM2 有色金属工器具管理软件[简称：有色金属工器具管理]V1.0
2781	上海宝信软件股份有限公司	宝信信息系统平台业务规则管理软件[简称：iPlat-Rules]V1.0

续表

序号	企业名称	软件产品名称
2782	上海宝信软件股份有限公司	宝信基于物联网的智慧酒店软件［简称：BS-IntelliHotel］V1.0
2783	上海普元信息技术股份有限公司	普元 BFS 软件［简称 :Primeton BFS］V6.2
2784	上海普元信息技术股份有限公司	普元 BPS 软件［简称 :Primeton BPS］V6.2
2785	上海普元信息技术股份有限公司	普元 ESB 软件［简称 :Primeton ESB］V6
2786	上海迅图数码科技有限公司	Q-MAP 互联网地理信息及图形软件［简称：Q-MAP 系统］V3.0
2787	上海巴士拓华科技发展有限公司	巴士拓华公交 GPS 企业运营调度管理软件 V1.0
2788	上海智森航海电子科技有限公司	智森航海雷达 /ARPA 应用软件 V3.0
2789	如冈自动化控制技术（上海）有限公司	Trivers 多用途脉冲控制校调软件［简称：TH80 系列控制软件］V2.0
2790	上海高晶影像科技有限公司	高晶 X 射线安全检查设备增值服务软件 V4.26
2791	上海高晶影像科技有限公司	高晶 X 射线安全检查培训软件 V4.26
2792	上海嘉翎仪表材料科技研究所	嘉翎全自动检测软件 V2.0
2793	上海宏赛自动化电气有限公司	宏赛螺杆空气压缩机控制软件 V2.3
2794	上海宏赛自动化电气有限公司	宏赛空压机综合智能控制软件 V2.0
2795	上海埃威航空电子有限公司	埃威图形界面设计系统应用软件 V1.0
2796	中国船舶重工集团公司第七一一研究所	SMDERI 船舶动力系统方案设计软件 V1.0
2797	中国商用飞机有限责任公司上海飞机设计研究院	SADRI 油量测量仿真验证软件 V1.0
2798	中国商用飞机有限责任公司上海飞机设计研究院	SADRI 人事管理系统 HR 软件 V1.3
2799	中国商用飞机有限责任公司上海飞机设计研究院	SADRI 全机测量系统仿真软件 V1.0
2800	中国商用飞机有限责任公司上海飞机设计研究院	SADRI 环境控制系统仿真计算平台软件 V1.0
2801	中国商用飞机有限责任公司上海飞机设计研究院	SADRI 工作管理系统应用软件 V1.0
2802	中国商用飞机有限责任公司上海飞机设计研究院	SADRI 工资管理系统应用软件 V2.0
2803	中国商用飞机有限责任公司上海飞机设计研究院	SADRI 标准化文件取号系统管理软件 V1.0
2804	中国商用飞机有限责任公司上海飞机设计研究院	SADRI 飞机外场技术通知单管理软件 V1.0
2805	中国商用飞机有限责任公司上海飞机设计研究院	SADRI 在线测试管理软件 V1.0
2806	中国商用飞机有限责任公司上海飞机设计研究院	SADRI 飞机标准件系统管理软件 V1.0
2807	中国商用飞机有限责任公司上海飞机设计研究院	SADRI 虚拟传感器特性数据表生成软件 V1.0
2808	中国商用飞机有限责任公司上海飞机设计研究院	SADRI 飞机标准件用户管理软件 V1.0

续表

序号	企业名称	软件产品名称
2809	中国商用飞机有限责任公司上海飞机设计研究院	SADRI 测试项目管理平台软件 V1.0
2810	中国商用飞机有限责任公司上海飞机设计研究院	SADRI 通知公告系统管理软件 V1.0
2811	中国商用飞机有限责任公司上海飞机设计研究院	SADRI 复合材料结构快速设计软件 V1.0
2812	中国商用飞机有限责任公司上海飞机设计研究院	SADRI 文件搜索引擎软件 V1.0
2813	中国商用飞机有限责任公司上海飞机设计研究院	SADRI AFDX 端系统配置生成软件 V1.0
2814	中国商用飞机有限责任公司上海飞机设计研究院	SADRI AFDX 载荷生成软件 V1.0
2815	中国商用飞机有限责任公司上海飞机设计研究院	SADRI 部门日常管理平台软件 V1.0
2816	中国商用飞机有限责任公司上海飞机设计研究院	SADRI C919 工程样机超差偏离管理软件 V2.0
2817	中国商用飞机有限责任公司上海飞机设计研究院	SADRI 计算机及相关设备管理软件 V2.0
2818	中国商用飞机有限责任公司上海飞机设计研究院	SADRI ARJ21 管控中心平台软件 V3.0
2819	中国商用飞机有限责任公司上海飞机设计研究院	SADRI 项目测试管理软件 V1.0
2820	中国商用飞机有限责任公司上海飞机设计研究院	SADRI 物资设备及物业报修管理软件 V1.0
2821	中国商用飞机有限责任公司上海飞机设计研究院	SADRI 人员管理系统应用软件 V1.0
2822	中国商用飞机有限责任公司上海飞机设计研究院	SADRI 质量特性批量提取工具软件 V2.3
2823	中国商用飞机有限责任公司上海飞机设计研究院	SADRI 情报档案网站软件 V1.0
2824	中国商用飞机有限责任公司上海飞机设计研究院	SADRI 标准化文件管理软件 V1.0
2825	中国商用飞机有限责任公司上海飞机设计研究院	SADRI IDEAL 科研计划管理软件 V1.0
2826	中国商用飞机有限责任公司上海飞机设计研究院	SADRI ICE3D 带冰翼身尾计算软件 V1.0
2827	中国商用飞机有限责任公司上海飞机设计研究院	SADRI ICE2D 带冰翼型计算软件 V1.0
2828	中国商用飞机有限责任公司上海飞机设计研究院	SADRI 发动机选优系统计算软件 V1.0
2829	中国商用飞机有限责任公司上海飞机设计研究院	SADRI 传感器优化布局与合理性验证软件 V1.0
2830	中国商用飞机有限责任公司上海飞机设计研究院	SADRI 飞机标准件检索系统管理软件 V1.0

续表

序号	企业名称	软件产品名称
2831	上海航天设备制造总厂	SAEM 工票系统管理软件 V1.0
2832	上海航天设备制造总厂	SAEM 机构设置系统管理软件 V1.0
2833	上海航天设备制造总厂	SAEM 计划管理软件 V1.0
2834	上海航天设备制造总厂	SAEM 工艺过程卡系统管理软件 V2.0
2835	上海航天设备制造总厂	SAEM 工装查询软件 V3.0
2836	上海机电工程研究所	SEMEI 知识产权管理软件 V1.0
2837	上海发电设备成套设计研究院	SPERI 输煤系统控制软件 V3.0
2838	上海航天设备制造总厂	SAEM 企业统计数据发布平台软件 V4.0
2839	上海机电工程研究所	SEMEI 机电设备仿真软件 V1.0
2840	上海航天设备制造总厂	SAEM 锥杆式对接机构控制驱动器软件 V2.0
2841	上海航天设备制造总厂	SAEM 组合夹具与计算机辅助拼装软件 V1.0
2842	上海机电工程研究所	SEMEI 采购系统管理软件 V2.0
2843	上海机电工程研究所	SEMEI 分布式基础人员系统管理软件 V1.0
2844	上海机电工程研究所	SEMEI 供应商管理软件 V1.0
2845	上海机电工程研究所	SEMEI 信息系统管理服务平台软件 V1.0
2846	上海机电工程研究所	SEMEI 后勤系统管理软件 V3.0
2847	上海机电工程研究所	SEMEI 接收传真网上流转、处理管理软件 V1.0
2848	上海机电工程研究所	SEMEI 控制机构测试软件 V1.0
2849	上海机电工程研究所	SEMEI 控制系统自动应答软件 V1.0
2850	上海机电工程研究所	SEMEI 实时曲线显示软件 V1.0
2851	上海航天设备制造总厂	SAEM 转位机械臂控制驱动器软件 V1.0
2852	上海航天设备制造总厂	SAEM 单轴弹簧机构测试设备控制软件 V2.0
2853	上海机电工程研究所	SEMEI 合同管理软件 V3.0
2854	上海航天设备制造总厂	SAEM 单向传动机构测试软件 V1.0
2855	上海航天设备制造总厂	SAEM 电动气活门测试软件 V1.0
2856	上海航天设备制造总厂	SAEM 发控系统组合单元软件 V1.0
2857	上海航天设备制造总厂	SAEM 枪式微型电阻点焊设备控制软件 V1.0
2858	上海航天设备制造总厂	SAEM 丝杠安装组合测试软件 V3.0
2859	上海航天设备制造总厂	SAEM 液位传感器探头筛选实验软件 V1.0
2860	中国航空无线电电子研究所	CARERI AFDX 网络监控软件 V1.0
2861	上海航天控制工程研究所	航天 1 553B 总线仿真试验软件 V1.0
2862	中国航空无线电电子研究所	CARERI 1 090ES 接收机系统应用软件 V1.0
2863	中国航空无线电电子研究所	CARERI 工艺管理系统与 Windchill 系统集成平台软件 V1.0
2864	上海航天控制工程研究所	航天大力矩飞轮控制软件 V1.0

续表

序号	企业名称	软件产品名称
2865	中国航空无线电电子研究所	CARERI FC 网络管理软件 V1.0
2866	中国航空无线电电子研究所	CARERI 串行总线通用测试应用软件 V1.0
2867	中国航空无线电电子研究所	CARERI 地面站仿真加载软件 V1.0
2868	中国航空无线电电子研究所	CARERI 多路数据传输总线测试单元软件 V1.0
2869	中国航空无线电电子研究所	CARERI 标准座舱显示系统内核软件 V1.0
2870	中国航空无线电电子研究所	CARERI 机载防撞系统防撞算法仿真软件 V1.0
2871	中国航空无线电电子研究所	CARERI 脉冲与并行总线信号测试单元应用软件 V1.0
2872	中国航空无线电电子研究所	CARERI 企业统一网络门户平台管理软件 V1.0
2873	中国航空无线电电子研究所	CARERI 数控程序生成和管理软件 V1.0
2874	中国航空无线电电子研究所	CARERI 图像几何变换 IP 核验证软件 V1.0
2875	上海航天控制工程研究所	航天 1 553B 实时总线监视软件 V1.0
2876	中国航空无线电电子研究所	CARERI 座舱显示系统与观瞄系统仿真软件 V1.0
2877	中国航空无线电电子研究所	CARERI 员工个人信息系统管理软件 V1.0
2878	上海新跃仪表厂	新跃伺服机构测试仪软件 V1.0
2879	中国航空无线电电子研究所	CARERI 通用总线数据分析软件 V1.0
2880	中国航空无线电电子研究所	CARERI 软件配置管理工具软件 V1.0
2881	上海新跃仪表厂	新跃涉密信息系统终端信息收集与管理软件 V1.0
2882	上海大众科技有限公司	大众出租车调度显示屏控制软件 V1.0
2883	上海大众科技有限公司	大众租赁车业务管理软件 V1.0
2884	上海大众科技有限公司	大众地图数据编辑软件 V1.0
2885	上海大众科技有限公司	大众租赁车电子商务网站软件 V1.0
2886	上海大众科技有限公司	大众公交 POS 机操作软件 V3.0
2887	上海新跃仪表厂	新跃多航天器姿态轨道动力学软件 V1.0
2888	上海新跃仪表厂	新跃电液伺服控制系统测试软件 V1.0
2889	上海新跃仪表厂	新跃控制组合测试软件 V1.0
2890	上海新跃仪表厂	新跃位标器图像测试软件 V1.0
2891	上海新跃仪表厂	新跃日常域管理系统工具软件 V1.0
2892	上海新跃仪表厂	新跃光纤惯组 1 553B 总线测试软件 V1.0
2893	上海新跃仪表厂	新跃微惯测组合测试软件 V1.0
2894	上海航天控制工程研究所	航天减载姿态控制系统设计软件 V1.0
2895	上海新跃仪表厂	新跃常温综合测试软件 V1.0
2896	上海新跃仪表厂	新跃微惯测组合信号处理电路软件 V1.0
2897	上海新跃仪表厂	新跃高精度单轴温控速率转台实时控制软件 V1.0
2898	上海新跃仪表厂	新跃 CCD 高精度星敏感器试验验证软件 V1.0

续表

序号	企 业 名称	软 件 产 品 名称
2899	上海新跃仪表厂	新跃光纤陀螺串行通讯自动化测试软件 V1.0
2900	上海大众科技有限公司	大众房产业务管理软件 V1.0
2901	上海发电设备成套设计研究院	SPERI 汽轮机转子寿命管理软件 V3.0
2902	上海发电设备成套设计研究院	SPERI 双电压变频器控制软件 V1.0
2903	上海发电设备成套设计研究院	SPERI 汽水管道多参数计算软件 V3.0
2904	上海发电设备成套设计研究院	SPERI 挡板风门 CAI 设计软件 V2.0
2905	上海发电设备成套设计研究院	SPERI 汽轮机内缸寿命管理软件 V3.0
2906	上海发电设备成套设计研究院	SPERI 煤化工系统控制软件 V2.0
2907	上海发电设备成套设计研究院	SPERI 生产、质量和材料管理软件 V1.0
2908	上海发电设备成套设计研究院	SPERI 材料高温性能试验系统监控软件 V2.0
2909	上海发电设备成套设计研究院	SPERI 300MW 机组主变压器绝缘老化寿命评估软件 V1.0
2910	上海发电设备成套设计研究院	SPERI 300MW 电站机组除氧器储水量变化计算软件 V1.0
2911	上海新跃仪表厂	新跃自动驾驶仪综合测试系统实时管理与控制软件 V1.0
2912	上海新跃仪表厂	新跃仪器仪表收发信息系统管理软件 V2.0
2913	上海新跃仪表厂	新跃新一代电动伺服系统测试软件 V1.0
2914	上海新跃仪表厂	新跃相对目标星近程逼近与伴飞 GNC 软件 V1.0
2915	上海发电设备成套设计研究院	SPERI 电厂中央空调控制软件 V1.0
2916	上海发电设备成套设计研究院	SPERI 超临界 600MW 机组协调控制软件 V1.0
2917	上海西派埃仪表成套有限公司	西派埃气体流量标定装置系统控制软件 V3.0
2918	上海工业自动化仪表研究院	SIPAI 交通事故现场多功能测试仪软件 V1.0

特别鸣谢

《2011 上海信息化年鉴》组稿与撰稿单位

中共上海市委组织部
中共上海市委宣传部
上海市人民政府办公厅
上海市人民代表大会常务委员会办公室
“中国上海”门户网站
上海市经济和信息化委员会
上海市科学技术委员会
上海市劳动和社会保障管理局
上海市公安局
上海市国家保密局
上海市人民检察院
上海市司法局
上海市高级人民法院
上海市财政局
上海市城乡建设和交通委员会
上海市农业委员会
上海市环境保护局
上海市水务局上海市海洋局
上海市文化广播影视管理局
上海市卫生局
上海市统计局
上海市人民政府外事办公室
上海市国有资产监督管理委员会
上海市地税局
上海市工商行政管理局
上海市质量技术监督局
上海市统计局
上海市新闻出版局
上海市旅游局
上海市绿化和市容管理局
上海市交通运输和港口管理局
上海市民防办公室
上海市民政局
上海市人口和计划生育委员会
共青团上海市委员会
上海市审计局
上海市商务委员会
中国人民银行上海分行
上海市住房保障和房屋管理局
中国保险监督管理委员会上海监管局
中国证券监督管理委员会上海监管局
上海市城乡建设和交通委员会
上海市知识产权局
上海市通信管理局
上海市无线电管理局
上海市计算机病毒防范服务中心
上海市互联网经济咨询中心
上海市数字证书认证中心有限公司(上海 CA 中心)
上海市信息服务外包发展中心
上海市东方互联网络交换中心
上海集成电路研发中心
上海市社会保障卡服务中心
上海世博会事务协调局
上海市文广影视集团
文汇新民联合报业集团
解放日报报业集团
上海博物馆
上海市图书馆上海科学技术情报研究所
上海科技馆
上海远程教育集团
复旦大学
交通大学

上海市社会保障卡服务中心
上海超级计算中心
上海市企业信息化促进中心
上海互联网络交换中心
上海市社区服务中心
浦东新区经济和信息化委员会
徐汇区科学技术委员会(信息化委员会)
长宁区科学技术委员会(信息化委员会)
普陀区科学技术委员会(信息化委员会)
闸北区科学技术委员会(信息化委员会)
虹口区科学技术委员会(信息化委员会)
杨浦区科学技术委员会(信息化委员会)
黄浦区科学技术委员会(信息化委员会)
卢湾区科学技术委员会(信息化委员会)
静安区科学技术委员会(信息化委员会)
宝山区经济和信息化委员会
闵行区科学技术委员会(信息化委员会)
嘉定区科学技术委员会(信息化委员会)
松江区科学技术委员会(信息化委员会)
金山区科学技术委员会(信息化委员会)
奉贤区科学技术委员会(信息化委员会)
青浦区科学技术委员会(信息化委员会)
崇明县科学技术委员会(信息化委员会)
上海市集成电路行业协会
上海市信息服务业行业协会
上海市软件行业协会
上海市通信制造业行业协会
上海市信息家电行业协会
上海市光电子行业协会
上海市信息安全行业协会
上海市交通电子行业协会
上海市信息法律协会
上海信息化发展研究协会
上海市信息系统质量技术协会
上海市信用服务行业协会
上海印制电路行业协会
上海市计算机行业协会
上海市计算机用户协会
上海市电子商务行业协会
上海市信息管线有限公司
上海理想信息产业(集团)有限公司
上海亿通国际股份有限公司
上海信投股份有限公司
长江计算机(集团)公司
上海金桥信息工程有限公司
中国电信股份有限公司上海分公司
中国移动通信集团上海有限公司
中国联通(集团)有限公司上海市分公司
中国铁通集团有限公司上海分公司
宝钢集团有限公司
上海汽车工业(集团)总公司
上海纺织控股(集团)公司
中国石化上海石油化工股份有限公司
上海公共交通卡股份有限公司
上海启明软件有限公司
上海贝尔股份有限公司
上海大唐移动通信设备有限公司
上海全景数字技术公司
上海高清数字科技产业有限公司
上海文广互动有限公司
上海联合光盘有限公司
上海热线信息网络有限公司
上海证券信息有限公司
上海易趣网络信息服务有限公司
上海漕河泾开发区发展总公司
东方航空有限公司
上海贝尔阿尔卡特股份有限公司

上海大学 SHANGHAI UNIVERSITY

上海大学是上海市属、国家“211工程”重点建设高校之一。现任党委书记是于信汇教授、常务副校长是周哲玮教授。

上海大学是上海市重要的人才培养基地，学校建立了以学分制、选课制、短学期制为核心的特色鲜明的人才培养模式。现设有26个学院和2个校管系；设有71个本科专业、34个硕士学位一级学科授权点、176个硕士学位二级学科授权点、13种硕士专业学位（其中工程硕士含18个工程领域）、16个博士学位一级学科授权点、82个博士学位二级学科授权点、19个自主设置二级学科博士点、13个博士后科研流动站；拥有4个国家重点学科、9个上海市重点学科；拥有2个科技部与上海市共建的国家重点实验室培育基地，1个国家体育总局体育社会科学重点研究基地，1个教育部重点实验室，1个教育部省部共建重点实验室，1个教育部工程研究中心，3个教育部特色专业建设点，2个上海市高等学校人文社会科学重点研究基地，1个上海市社会科学创新研究基地。

上海大学已制定学校中长期发展战略规划，提出了更高的奋斗目标，即发扬自强不息精神，构建绿色、文明、信息化校园，建立与上海现代化国际大都市地位相适应的高层次人才教育体系和科技创新体系，成为国内一流的综合性研究型大学。

地址：上海市宝山区上人路99号　邮编：200444　总机：021-96928188

上海思博职业技术学院

信息化护理实训基地

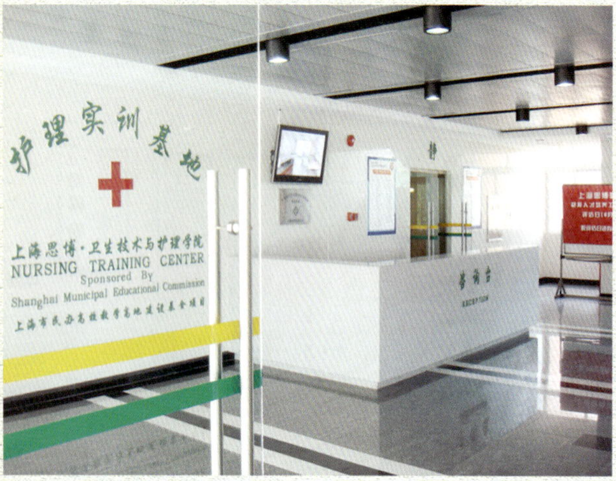

◆ 信息化护理实训基地模拟医院大厅

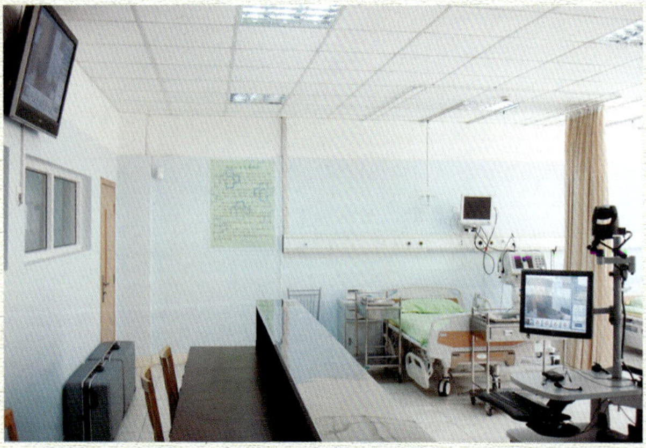

◆ 网络直播式ICU实训病房

◆ 护理专业新生入学宣誓

2006年和2007年，卫生技术与护理学院两次荣获上海市政府“上海市民办高校教学高地建设基金”共560万元，加上学校配套资金总投入870万元，建成了国内一流的信息化护理实训基地。基地建筑面积达5700平方米，布局上分为基础医学实验中心、基础护理实训中心、临床护理实训中心、网络化护理示教中心、医院信息管理中心五大模块，全部配置高速局域网系统。所有教室拥有先进的网络化多媒体教学系统，并建有8室网络化课堂联播/远程Centra教学系统、2间HIS医院信息管理系统实训室、2套网络化手术直播系统/重症监护病房，1套智能化语音实训室和信息发布系统等。

2008年正式挂牌成为上海市及长三角地区唯一的“全国医疗卫生信息技术培训与考证基地”，2009年学院被破格授予“全国医疗信息技术普及教育推广工程优秀组织单位奖”。信息化护理实训基地的建立以及护理人才培养的创新模式在国内相关领域受到广泛的关注和认可，研究课题《建设一流信息化护理实训基地，探索创新护理人才培养模式》荣获2009年“高等教育上海市级教学成果二等奖”，信息化护理实训基地教学团队荣获2010年“上海高等学校市级教学团队”称号，《病理学》荣获2010年“上海高等学校市级精品课程”。2011年又获得中央财政资助项目，成为国家级重点建设信息化护理实训基地。

上海市长宁区卫生局

长宁区卫生信息化工作，以建设覆盖全区的医疗卫生机构的卫生健康信息网为主，有机地整合公共卫生、基本医疗、卫生经济等信息系统，实现多种信息模式的协同，通过区域数据中心管理交互门户和居民健康在线资讯门户，从而实现医院、卫生机构、社区卫生服务中心、居民家庭的卫生健康信息的互联互通。满足居民健康管理服务需求、满足医疗卫生机构业务建设需求、满足卫生行政机关和卫生机构决策管理和评估分析的需求。

搭建一个平台，实现区域健康云的共享和交换

以国家科技部、市科委、市经济信息化委等研究和应用项目开展为契机，通过 1 个区域卫生数据中心——区域健康云的建设，建立覆盖区域内公立所有医疗卫生机构的长宁健康信息网，实现了对区域 18 家医疗卫生机构的医疗信息整合共享、健康档案信息整合、医疗与健康档案信息整合、异构医院 HIS 系统整合，与区各医院、卫生机构、社区卫生服务中心、社区卫生服务站点、以及与外部机构（市卫生局、市医保局、市申康公司等）之间的信息资源交换共享、应用集成，及业务流程的协同管理和医疗机构内部医疗信息与健康档案信息的互通整合、更新和利用，通过 1+18 个数据云、信息网络覆盖面超过 70 万人口，实现区域卫生健康云的共享和交换。

开放二个门户，拓展健康信息业务管理和健康服务功能

开放区域数据中心管理交互门户：任何一位患者在区属所有医疗卫生机构、社区卫生服务中心就诊过程中，患者电子健康信息、诊疗信息都能被医务人员调阅，通过掌握既往病史，提高诊疗水平，减少医疗差错。慢性病患者指标全程监控，各级医院慢性病患信息及时自动传递到家庭医生，提高慢性病管理率。每个医生工作站实现的近期重复检查和用药信息的智能提醒，减少不必要的重复医疗，减轻百姓负担。

开放长宁区域居民健康在线资讯平台门户：居民在全市医疗机构、社区卫生服务中心就诊等相关的诊疗和健康档案信息，通过区域数据中心的汇聚，做到自动建档、自动更新，“人人拥有、记录一生、管理一生、服务一生”。居民通过约定的方式，登录 www.shcnhealth.com 长宁医健通服务平台，可以随时随地全面查看自己的健康信息：包括个人健康档案、慢性病控制情况、既往病史、检查检验报告、处方记录、出院小结等信息。这样如果在医院做了检验检查，只要坐在家里就可以查看报告，不再需要再到医院取报告，节省了往返奔波。门户网站帮助居民找到家庭医生、根据慢性病控制情况提供个性化的健康提醒服务、设置自助健康提醒、提供提醒及时服药、与家庭医生进行健康互动、开通医疗健康知识的“医健通”搜索引擎医疗健康一键即通、设置网上预约服务方便诊疗服务，以及“健康教育”、“健康资讯”、“健康杂志”等功能，作为个人的健康大管家，为居民提供了近在咫尺的个性化、智能化的健康服务。

开发三大应用系统，提升信息服务水平、管理能力和决策效能

服务水平的提升：通过区域居民健康服务应用子系统的开发，全科团队依托通过诊疗信息所整合激活的完整的健康档案为居民提供服务。结合网站、短信和市民邮箱等手段，实现居民健康档案特别是诊疗检验结果的查询和使用，实现居民健康自主管理。在诊疗环节提供健康档案调阅、提醒及建档；床位管理、预定；不合理用药判断示警。在挂号收费环节提供挂号收费的前端显示；在发票空白处的诊断、处方及健康教育打印等各种服务，居民也可以通过这个渠道对全科医生、全科团队的服务情况进行评价。通过区域居民健康服务应用子系统提升服务水平实现“服务人性化”目标。

管理能力的提升：通过妇幼保健业务协同管理系统、精神卫生业务管理集成应用、慢病干预信息化业务联动系统、双向转诊管理协同系统、计划免疫业务协同管理系统、社区卫生服务中心—兰卫检验协同管理系统的开发，实现专业机构与社区卫生服务中心、医院与社区卫生服务中心、医院与专业机构之间业务管理工作的信息化联动。

决策效能的提升：通过区域经济决算管理系统开发，为对社区卫生服务中心收支情况进行全面预算管理，建立统一的经济管理平台；通过绩效考核管理系统的开发，对区域内各项卫生、管理等数据指标进行统计、分析、评估与展现，为领导决策提供数据支持；通过传染病协同管理及预警 GIS 系统的开发，实现了开展传染病监测、调查分析与研究传染病在人群中发生发展规律和流行因素，制定控制与预防对策措施，预防控制全市急性传染病发病的目的，为疾病的预防控制提供辅助支持。

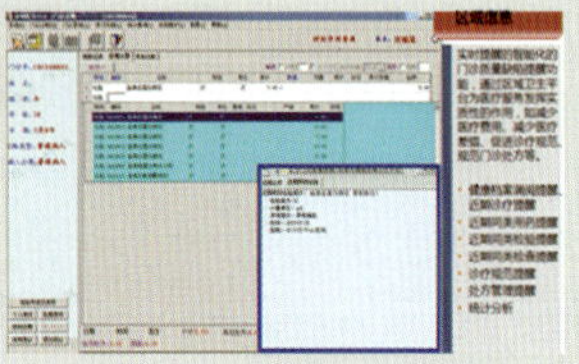
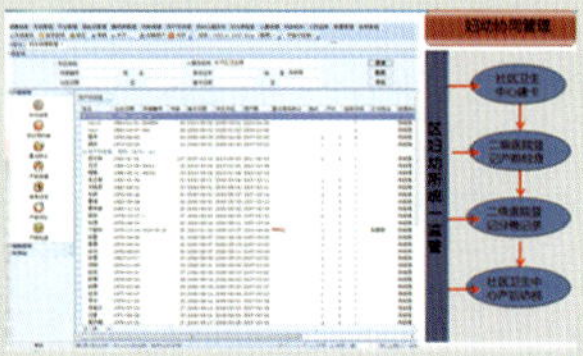
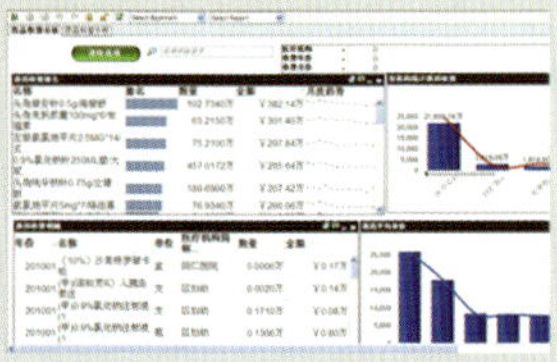

拓展系统四大功能，提高公共卫生、基本医疗、社区卫生和卫生经济管理水平

公共卫生功能的拓展：根据疾控系统急性传染病信息化的要求，建立了传染病个案报告、管理、监测，实现开展传染病监测、调查分析与研究传染病在人群中发生发展规律和流行因素，制定控制与预防对策措施，预防控制全市急性传染病发病的目的；通过移动百分位数模型和自动预警域值计算，达到对疾病、症状预警的效果。根据精神病管理、慢性病干预、妇幼保健需要，减少了业务人员的纸质工作量和不同系统数据重复输入的工作量，三网监测、报表管理、业务信息共享、互动等功能。

基本医疗功能的拓展：出院病人随访系统利用平台实现了二级医院出院病人（长宁区辖区内）信息自动识别传输到相应的社区卫生服务中心，实现社区卫生服务中心根据二级医院出院病人信息进行出院随访工作。实现了包括住院医生调研、二级医院出院、社区医院接受、社区医生随访、统计分析等功能。

社区卫生功能的拓展：以 CHSS 系统为基础，与社区服务信息同步，实现了社区卫生服务状况的动态管理，实现了社区卫生服务综合管理，自动生成各类信息统计报表，提高社区卫生服务管理水平。对健康档案、诊疗档案的信息进行统计分析和 GIS 展示，并实现预警预测。

卫生经济功能的拓展：通过收支管理平台、收支监管平台、收支决策平台的建设，政府可以实时掌握各社区卫生服务中心的收支状况、收支合理情况、预算执行情况等，为收支两条线的贯彻执行情况提供分析依据。管理平台包括财务管理、出纳管理、固定资产管理、成本核算管理、全面预算管理、审计项目管理、存货管理等模块；监管平台包括财务监管、资金监管、固定资产监管、指标监管、预算执行监管、审计监管等功能；决策平台则提供决策支持、财务分析、成本分析、指标分析、预算分析和绩效分析功能。

上海市第七人民医院

SHANGHAI SEVENTH PEOPLE' S HOSPITAL

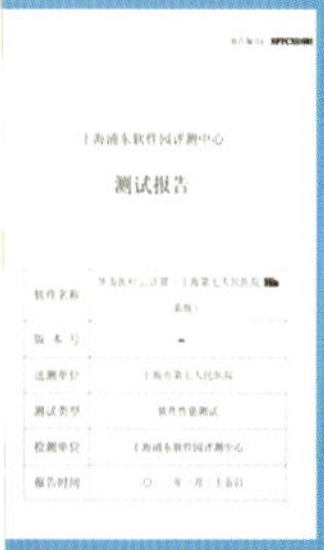

测试报告

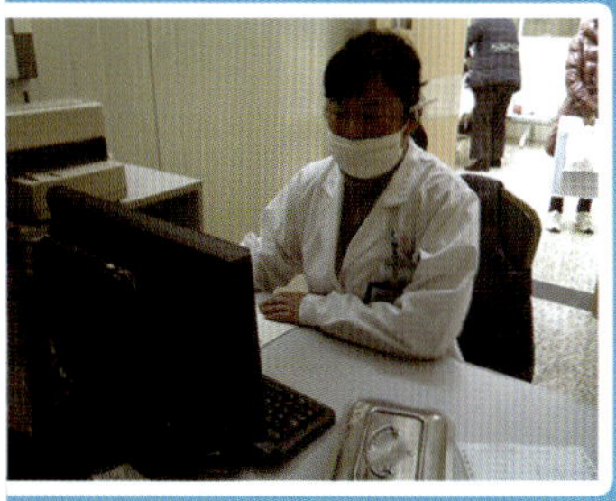

上海市第七人民医院始建于1946年，位于浦东外高桥区域，是集医疗、预防、科研、教学功能为一体的综合性医院、二级甲等医院、上海市区县中心医院之一、区域医疗中心。是第二军医大学、上海同济大学医学院、上海中医药大学等8所医学院校的教学医院。是卫生部命名的国际紧急救援网络医院之一。医院历经了六十年的励精图治，发展成为浦东新区一所医疗技术较为精湛、医疗服务以人为本、医疗设施先进精良、中西医服务体系较完善的区域性医疗中心。

医院占地面积约38 600平方米、建筑面积约55 000平方米（扩建后将达80 000平方米）；核定床位420张，开放床位678张；有一级临床（医技）科室33个；诊疗人次约93.48万、年门急诊人次约91.88万、住院人次逾1.53万；年手术人次约1.7万。年业务收入约3.24亿元、总收入3.69亿元；固定资产逾3.59亿，其中医疗设备价值约1.75亿元。拥有最先进的GE1.5双梯度核磁共振、GE16排螺旋式C T、东芝数字C臂心血管造影机（DSA）等160台中大型医疗设备。

医院现能开展冠脉腔内成形术（PTCA）及支架置入术、胃肠道癌根治术、脑瘤摘除术、椎管肿瘤摘除术、腔镜肾肿瘤切除、腔镜下全子宫切除术、全髋翻修人工关节置换术等二甲医院应具备的诊疗技术及部分具有三级医院水平的诊疗项目。

2004年与二军大附属长海医院建立了“长海、市七医院医学发展协作中心”，协作内容涵盖技术、科研、教学、研究生委培等诸多领域。凭借高等医学院校雄厚的医教研、技术与人才力量，提高内涵质量与技术水平。

医院地址：上海市浦东新区高桥大同路358号
联系电话：58670561 58611047
邮政编码：200137
医院网址：http://www.hosno7.com

医疗云服务上海市第七人民医院

黄浦区教育信息化建设

升级完善视频监控系统。从 9 月起实施的“黄浦区教育视频通（GIS 子系统）”第三期工程，增加了监控点使其能覆盖中小学和幼儿园等所有教育单位；增加指挥中心和学校间双向语音功能，加强校园安全工作的日常巡视、及时反馈和应急处置等方面的能力；视频系统通过专线与区公安局内保科对接，实现校园安全信息的实时双向监控和互动，配合公安部门及时了解学校治安状况，多渠道联手整治校园及周边治安环境。

对我区校园网络进行全面的现场调研。为了进一步推进黄浦区教育信息化工作发展，总结我区“十一五”期间的教育信息化工作经验，研究制定“十二五”期间新的发展规划，9—12 月对全区各级各类教育单位的校园网络现状进行一次全面的现场调研。主要涉及设施设备、技术应用和管理措施等三个方面的内容。教育信息中心协调组织了“中学”、“小学”、“幼儿园”、“校外机构”共四个调研小组，以看（状态）；问（技术）；记（数据）；谈（需求）的方式，深入各校实地采集信息，以调研小结、表格量化、照片说明的形式汇编成册，希望能准确如实反映第一手真实情况，供本区教育行政领导规划决策参考。

我区教师作品在全国多媒体教育软件大赛中获得佳绩。代表上海参赛的 10 件我区教师作品中有 4 件作品从全国 3111 件作品中脱颖而出，获得 3 个全国二等奖，1 个全国三等奖。

◆ 研讨会

◆ 网络调研

◆ 视频通监控画面

国家电网公司
STATE GRID
CORPORATION OF CHINA

上海市电力公司

SHANGHAI MUNICIPAL ELECTRIC POWER COMPANY

上海市电力公司是负责上海地区电力输、配、售、服的特大型企业。公司统一规划、建设和调度上海电网，为上海的经济社会发展提供安全、经济、清洁、可持续的电力供应和服务，并对全市安全和节约用电进行监督和指导。公司供电区域覆盖整个上海市，供电面积6 340.5平方公里，是国内负荷密度最高的地区。

国家电网公司首批信息系统实用化评价验收会在沪召开。上海、福建、浙江、河北、河南、青海、华东、西北等八家单位首批通过验收，其典型示范意义，是国家电网公司信息化发展的一个重要里程碑，有力地引导和推动了信息系统实用化，使国网公司信息系统深化应用迈上了良性健康发展轨道。国家电网公司总信息师吴玉生，总部财务部、营销部、生技部、物资部负责人，以及八家单位的领导和代表出席了会议。上海公司党委书记赵义亮致辞，副总经理胥传普及相关部门负责人出席。

“上海市电力公司在灾备中心工程建设中体现了‘世博速度’，希望你们继续发扬世博精神，把灾备中心建设成‘百年工程’。”国家电网公司总信息师吴玉生在上海灾备中心工地现场了解工程进展时做上述表述。

以ERP提升精细管理水平 用信息化改变传统管理模式

中建八局ERP系统介绍

中建八局ERP系统功能模块

中建八局ERP系统是在梳理、规范集团业务流程的基础上，建立了面向建筑总承包行业的企业资源管理系统。解决了施工企业因建设项目分布广、管理层级多、业务流程不统一等因素而造成业务数据收集不规范、不及时、不准确等问题。有效地将工程项目的工期、合约、采购、成本、财务等经济类数据关联起来，形成标准的业务流程，达到了对物流、资金流、信息流统一管理的目的。

中建八局ERP系统围绕项目管理、物资管理、财务管理、人力资源管理等模块，包涵了工期管理、项目协同、合约管理、集中采购、库存管理、成本归集、核算管理等主要功能，涵盖了施工企业主要管理业务，实现建筑项目生命周期的全过程管理，形成了业务、财务一体化。

中建八局ERP系统对所有在建工程和已完工程的资源实时管理和监控，缩短了管理链条，实现了项目管理标准化，职责权限更加清晰，促进项目管理的制度和措施真正落地生根，提供的决策数据更真实准确，为资金集中支付提供了基础数据，为物资集中采购提供了数据支持，达到了法人管项目的目的。

中建八局ERP系统的应用开创了建筑总承包施工企业的先河，为建筑施工企业信息化起到了示范作用。

中建八局信息化管理系统

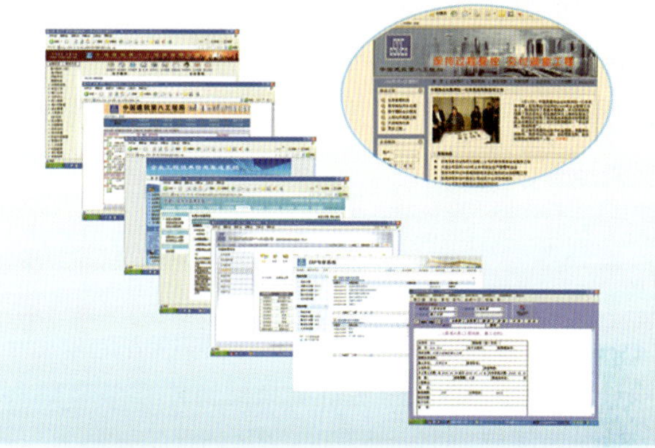

ERP系统分级管理

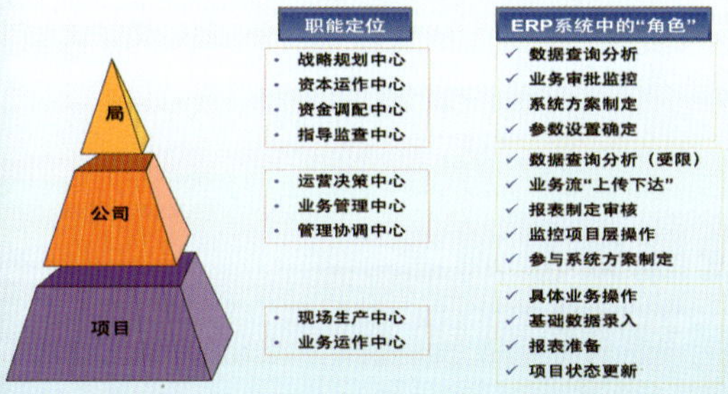

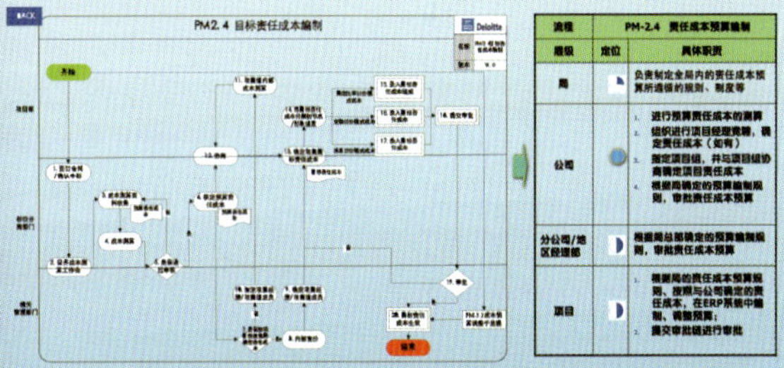

ERP模块的关联关系

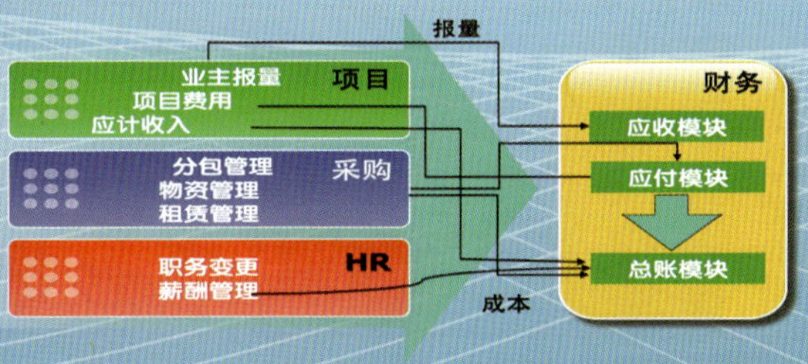

中建八局简介

中国建筑第八工程局有限公司，简称中建八局，为中国建筑工程总公司（世界500强企业，世界最大承包商第6位）的全资下属机构，企业总部位于上海。

中建八局主营各种房屋建筑、路桥、市政、石油化工、机电、电力等建筑与土木工程的承包管理与专业施工，是国家建设部核准的房屋建筑总承包特级资质企业。

企业服务网络遍布全国并远及东南亚、中东、北非及西欧。籍其卓越的管理品质、专业经验及系统高效的服务，在行业内拥有首屈一指的信誉与地位。曾创造了中国内地最大的国际枢纽机场广州白云国际机场航站楼工程、中国第一座由国内建筑商总承包施工的超高层钢结构大连远洋大厦工程、东盟10+1论坛的永久性会址南宁国际会展中心工程、中国国家疾病预防控制中心工程、名列2003年度中国十大建设成就之首并荣获中国建筑施工领域第一项国家科技进步一等奖的酒泉卫星发射基地火箭垂直总装测试厂房工程等一大批具有时代影响力的经典建筑。

中建八局下辖10个控股子公司，2个甲级设计院和8个地区事业部。先后荣获"五一劳动奖状"等多个荣誉称号。创"鲁班奖"61项（主承建34项），国家优质工程奖45项（主承建29项），詹天佑奖6项（大奖4项），国家科技进步奖3项（一等奖1项）。2008年合同额517亿元，主营业务收入283亿元，2009年合同额660亿元，主营业务收入403亿元。

中建八局先后应用了信息管理平台、物资管理系统、劳务管理系统、项目管理系统、财务集中管理系统、ERP系统等企业级的管理软件，达到了集中管控和精细管理的目的。

上海临港保税港经济发展有限公司

上海临港保税港经济发展有限公司（下文简称“临港保税港公司”）位于浦东新区业盛路188号（洋山国贸大厦）6楼，是上海临港（集团）经济发展有限公司下属全资子公司，负责洋山保税港区（陆域）和临港物流园区的建设、招商和开发工作。临港保税港公司成立于2005年，注册资本人民币3亿元，于2005年12月与洋山码头同步开港运作。目前，临港保税港公司主要负责开发建设21.4平方公里的临港物流园区和洋山保税港区（陆域），重点发展以“航运物流、贸易展示、先进制造型服务产业和离岸金融业”为主体的现代服务产业。

区内的洋山保税港区（陆域）总体开发面积6平方公里，是国务院批准的中国第一家保税港区，也是上海推进“四个中心”建设的重点区域，肩负着建设“国际航运发展综合试验区”的历史重任。几年来，临港保税港公司积极把握上海建设“四个中心”和浦东“三港三区”联动发展的战略机遇，以“功能破瓶颈、贸易扩总量，服务创品牌”发展理念，突破了航运物流的单一业态的限制，在港区形成了以“航运物流及相关服务业、保税展示与国际贸易、先进制造型服务产业和离岸金融业”为主的四大现代服务业集群，使港区业态的发展实现了历史性的突破。其中，在贸易展示领域，以“洋山机电交易中心”为依托，重点实现了“进口汽车保税展示、航空设备保税展示、大宗物资贸易及仓储分拨”三大业务功能的创新；在航运物流领域，在国内率先试点以“水水中转集拼”和保税金属期货交割等新业务模式；在先进制造型服务产业领域，公司以“数据保税区”项目为核心，积极打造离岸服务外包产业基地，相关规划已经完成。

区内临港物流园区（包括国际物流园区和仓储转运区）总体开发面积8.92平方公里，是“十二五”期间上海市重点建设的五大物流园区和五大装备制造业物流基地之一。园区以打造国内外知名航运巨头后方基地为主，集口岸物流、第三方物流、中转物流、特种物流、区域配送物流等为一体的，服务于全市及周边地区的综合型、枢纽型物流园区。

六年多来，临港保税港公司坚持以高起点、高标准、高质量的标准进行开发建设，洋山保税港区和临港物流园区的价值正在被越来越多的国内外大型航运和物流产业集团所认可。目前，包括泛拿班达、DHL、法国乔达物流、马士基、卡特彼勒、日本邮船、东方海外、世天威、GKE、Caterpillar、施洁、丰树、中远、中海、中储、怡亚通、礼才物流、叶水福物流、元初物流、盟联物流、意大利Acacia、花期银行等国内外知名航运物流企业和国际贸易商已经入驻洋山保税港区和临港物流园。面向未来的洋山保税港区和临港物流园区，朝气蓬勃，正以海纳百川的胸怀，迎接来自全球的产业转移，为打造上海国际航运中心和国际金融中心，为全球产业构筑一体化的供应链提供独特价值和巨大的空间。

地　址：上海浦东业盛路 188 号 6 楼

电　话：38298600

传　真：20950604

网　址：www.linganglogistics.com

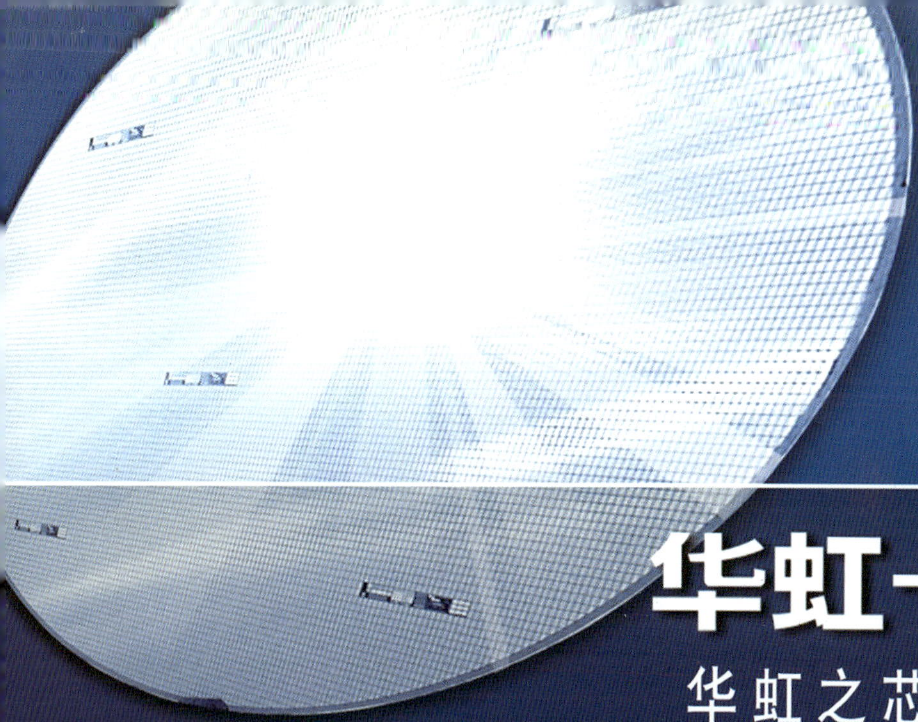

中通服软件科技有限公司

中通服软件科技有限公司（以下简称“中通服软件”）是业界领先的电信运营商OSS系统供应商，致力于为电信运营商提供OSS领域的整体解决方案、相关软件及系统的设计、开发、生产安装与服务。是运营商面对复杂的市场竞争及变革时成熟稳固的合作伙伴，为其可以构建更加广泛的用户关系及实现更加创新的用户体验在支撑领域提供完备的产品和服务支持。

中通服软件的产品和服务覆盖全国，拥有全国性的营销渠道和服务体系，重要战略合作伙伴包括中国移动、中国联通、中国电信三大运营商集团公司和全国数百个本地网用户。此外，公司的产品和服务同时也在包括东南亚市场在内的广泛海外业务中得到应用。

中通服软件是由中国通信服务股份有限公司（HK.0552）控股，并与埃森哲国际有限公司于2009年底合资成立的下属专业公司。公司总投资额4 500万美元，注册资本2 500万美元，现有员工总数近千人，其中专注于电信软件研发、系统实施、现场服务的技术人员超750人，本科学历占比超过90%，硕士及以上占比超过30%。公司总部设在北京，不仅在上海、广州等地拥有技术人才基地，还在众多省会城市建立了分支机构。

中通服软件是以中国通信服务股份有限公司旗下国信朗讯科技网络技术有限公司和天讯瑞达通信技术有限公司的OSS业务团队为核心组建的高科技企业。公司已通过ISO、CMM3等多项认证，拥有先进的研发和服务流程管控、严格的质量管理、开放的企业文化。

展望未来，我们将继续秉承“科技领先，精益求精，持续改进，用户满意”的理念，与客户、员工共同成长，为信息服务运营商运营支撑系统能力的持续改善与提升而不懈努力，力争成为运营商在OSS领域最值得信赖的战略合作伙伴。

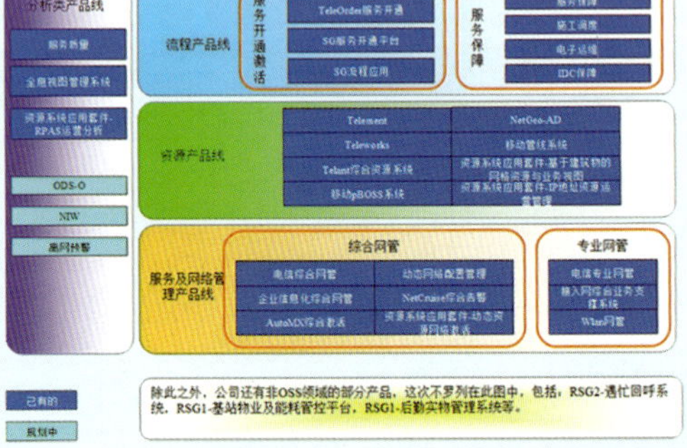

LEADCORE
联芯科技

企业简介

联芯科技有限公司2008年3月成立于上海，是一家拥有1 000余名员工的芯片设计企业。作为大唐电信科技产业集团下的核心企业之一，公司秉承大唐集团在TD-SCDMA领域核心技术成果及产业优势，致力于向终端厂商提供满足3G和B3G/4G用户需求的终端芯片及整体解决方案，同时为最终用户、行业用户及运营商提供模块和专业测试终端及3G应用平台产品。

公司从TD-SCDMA标准产生之日起，坚持走自主创新之路，拥有TD-SCDMA国际技术标准的核心知识产权，截止2010年12月，以累积申请发明专利278个，已授权20个，先后创造了多个TD领域的世界第一。目前公司的TD-SCDMA芯片及整体解决方案已涵盖功能手机、智能手机和融合终端产品，为全球40余家终端制造商提供成熟稳定、全面细分的终端解决方案。公司2010年实现销售收入超8亿，同比增长74%。

未来联芯科技将在保持TD-SCDMA技术领域优势的同时，还将在4G TD-LTE技术领域持续领先，并向物联网、三网融合等领域发展，建设芯片设计产业中国自主品牌的“国家队”。

2010年公司重大项目

联芯科技目前为止已承担了工信部“新一代宽带无线移动通信网”重大专项、电子信息产业发展基金、国家发改委高新技术产业化项目、国家科技部863项目等数十个国家、上海市重大项目的研发及产业化工作。

主要产品介绍

DTivy™ L1710 FWT 低成本无线固话解决方案

DTivy™ L1710FP 低成本功能手机解决方案

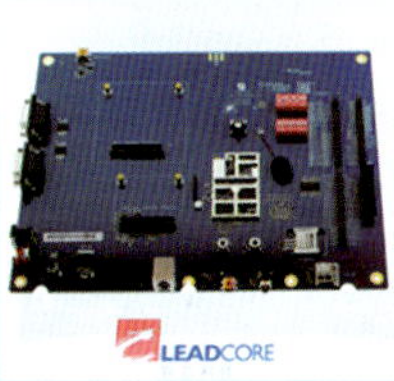

DTivy™ L1711 MS 智能手机及模块类产品 Modem 解决方案

DTivy™ L1760 TD-LTE TD-HSPA 双模终端解决方案

DTivy™ L1808B 全系列功能手机解决方案

DTivy™ L1809 单芯片 Android 智能手机解决方案

2010-2011年大事记

2010年联芯科技已取得集成电路设计企业资质，是上海市高新技术企业、2010年上海市科技小巨人企业，同时，还成为国家重点实验室“无线移动通信系统芯片（SoC）研究中心”、及“新一代移动通信无线网络与芯片技术国家工程实验室”。联芯科技2010-2011年公司大事记如下：

2010年4月，发布INNOPOWER™原动力™系列芯片及解决方案；

4月，推出TD-SCDMA手机应用软件平台LARENA 3.0™；

10月，联芯科技入驻大唐电信集团上海产业园；

10月，国家重点实验室及国家工程实验室在联芯科技揭牌；

10月，在中国移动TD手机集采招标中，联芯系产品赢取58%市场份额；

12月，联芯科技推出业界首款TD-SCDMA/TD-LTE双模基带芯片。

2011年4月，联芯科技正式发布最新INNOPOWER™系列芯片：LC1710，LC1711，LC1760；

第一季度，Android2.2版本单芯片智能手机解决方案DTivy™L1809正式商用；

第二季度，低成本功能手机/无线固话解决方案DTivy™L1710FP/FWT正式商用；智能手机及模块类产品Modem解决方案DTivy™L1711MS正式商用。

上海华谊天原化工物流有限公司

上海华谊天原化工物流有限公司成立于2003年9月28日，是由上海天原（集团）有限公司与上海氯碱化工股份有限公司等合资组建的一家专业化工物流公司。2010年6月28日，上海华谊（集团）公司与上海化学工业区发展有限公司签订物流合作项目协议，以上海华谊天原化工物流有限公司为合作平台，由上海天原（集团）有限公司、上海氯碱化工股份有限公司和上海化学工业区企业发展有限公司、上海化学工业区投资实业有限公司四家公司共同出资组建新的公司。新公司注册资金2.63亿元人民币，净资产额达5亿元人民币，是华谊集团旗下具有中国领先地位的专业化工物流服务供应商。

公司拥有上海质量体系审核中心质量、环境、职业健康安全（ISO9001，ISO14001，OHSMS18000）三合一证书，并具有危险化学品经营许可证、危险品货物港口作业资质认定、企业信用评价AAA级信用等级证书、危险品海运集装箱装箱资质证书等多项资质证书。公司还获得国家AAAA级综合服务型物流企业、全国杰出危险品物流服务企业、中国危险品物流企业模范单位、全国先进物流企业等荣誉称号。

公司承揽各类化工液体剧毒品、危险品和固体物流业务，拥有严密的安全环保及信息管理控制系统。为各大化工企业总揽和承揽第三方包装、掺混、气流输送等物流服务；为专业化工公司提供仓储业务、槽罐储存业务、码头装卸业务（含危险品、海关监管）、铁路运输服务；各类化工危险品（含剧毒品和温控）的全国配送业务；国际货物运输代理业务、会展业务；各类液体、气体集装罐的清洗；起重机械的安装、改造及维修、车辆维修业务等。

公司紧紧依托华谊集团及化工区发展公司，强强联手，优势互补，以专业化工物流为主线，有效整合化工区物流资源，加速推进物流一体化进程，努力提升核心竞争力，实现扩张性发展规划，做大、做强、做优上海制造业化工物流品牌，致力于成为全国最具影响力的专业化工物流企业。

地址：上海市金山区漕泾镇合展路155号

邮编：201507

电话：86-21-57252555

传真：86-21-57255111

网址：Http://www.hyty56.com

泛亚汽车技术中心有限公司(PATAC)成立于1997年6月12日，注册资金6 900万美元，由上海汽车集团股份有限公司、通用汽车（中国）公司各出资50%组建而成，是中国首家合资设立的专业汽车技术与设计中心。

本着“成为面向未来，国内领先，国际上有竞争力的汽车开发公司”的愿景，泛亚将通用汽车的先进技术和专业管理能力，与上汽对中国市场的充分了解和丰富经验完美结合，提供世界级的汽车工程服务。

十多年来，泛亚一直走在中国汽车设计开发的最前沿，别克、雪佛兰、凯迪拉克等系列车型的引进和开发，均取得辉煌成功，还陆续推出了“麒麟”、“凤凰”、“鲲鹏”、“畅意“、“别克未来”和“别克商务”共计六款概念车型，为未来产品的设计方向做出了有益的探索。

泛亚至今已拥有一支一千九百多人的员工队伍。公司位于浦东金桥王港地区，占地面积约18万平方米，其中车辆安全试验室、欧五排放试验室，虚拟现实中心、动力总成试验室、底盘运动与动力学参数测量试验室、振动噪声试验室、结构试验室、材料试验室、电子电气试验室等各项开发设施一应俱全。国内规模最大、功能最全、占地面积5.6平方公里的试车场也正在建设之中，将完全按照国际试车场的标准建设完成。由此，泛亚的开发能力将得到持续的提升，以更好地满足客户车辆开发的需要。

泛亚汽车技术中心有限公司

上海中国弹簧制造有限公司
CHINA SPRING CORPORATION LIMITED

中国弹簧——张弛有度 成功之道

上海中国弹簧制造有限公司，始建于1937年，是世界500强企业——上海汽车工业（集团）总公司的全资子公司，公司专业生产汽车悬架弹簧、发动机弹簧、稳定杆，以及其他各类弹簧与弹性件，是中国规模最大的弹簧制造企业，是中国弹簧专业协会理事长单位，是中国弹簧行业的引领者。公司下属企业共13家，在华东、华北、华南、西南等地均设有生产基地。公司在“十二五”期间，将逐步形成减震器弹簧3 000万件、稳定杆1 400万件、发动机弹簧15 000万件的生产能力，以更具优势的综合竞争力，跻身世界弹簧行业五强之列。

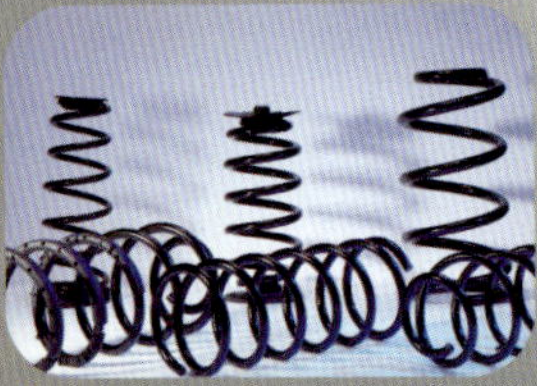

在企业经营发展的同时，公司更关注于如何提升企业内部管理能力，并确立公司在“十二五”期间，以深入推进“两化融合”为主线的企业信息化建设总体战略规划。通过信息化建设项目的分类推进和有序实施，建立一个覆盖公司及下属投资企业，涉及公司生产经营各个业务领域，以Oracle ERP系统为基础，附加以企业门户、财务控制、设备管理、人力资源、产品研发、供应商门户、条码追溯、商务智能，客户关系、预算管理，10个业务功能性系统，体现集团化、标准化、一体化的信息平台。从而强化公司总部的信息化管控能力，全面提升企业的整体信息化管理水平，实现工业化和信息化的有机融合，以信息化发展促进企业的转型和升级。

申通快递有限公司

申通快递有限公司，创建于1993年，公司致力于民族品牌的建设和发展，在全国各省市有独立加盟网点750余家，服务站点3 000余家；快件分拨中心58个；主干线、支干线网络车以及各类派送车辆达2万余辆；2010年，申通全网快件业务量达到6亿余票，日最高业务量达到260万票；全年营业额75亿元；全网共有员工9万余人。申通快递已经成为国内快递网络最完整、规模最大的民营快递企业。

经过十多年的发展，申通快递在全国范围内形成了完善、流畅的速递网络。2001年，开始规划和搭建申通的“快递系统信息平台”，截止目前为止，申通的“快递系统信息平台”每天支持数百万票快件海量数据扫描、结算、统计、客服、分析服务。“申通快递和申通快递信息系统平台”，始终致力于民族品牌的信息化发展道路，做最好的快递服务和快递信息服务供应商，也在行业中处于技术领先地位：目前申通是率先使用基于ORACLE RAC架构集群平台的民营快递企业；率先使用基于SAN光交换存储技术的民营快递企业；率先大规模（近30000支）成功应用基于GPRS网络手持终端的民营快递企业；率先成功应用车辆GPS地图定位技术和快递单号查询技术的民营快递企业；率先成功申办95短号的民营企业。

在未来，申通快递将不断完善终端网络、中转运输网络和信息网络三网一体的立体运行体系，立足传统快递业务，全面进入电子商务物流及3PL物流领域，以专业的服务和严格的质量管理来推动中国物流和快递行业的发展，成为对国民经济和人们生活最具影响力的企业之一。

同济大学软件学院

上海市经信委领导来学院调研

外国专家来软件学院讲课

苹果开发技术实验室师生赴美参加 WWDC

软件学院学生在 IBM 主机技术竞赛中获得佳绩

软件学院 2010 世博会学生志愿者

同济大学软件学院成立于 2001 年 9 月，是国家教育部与原国家计委联合批准成立的国家示范性软件学院。中国科学院院士、我国首台银河巨型计算机主机系统总设计师周兴铭教授任院长。同济大学软件学院设有软件工程、软件工程（媒体艺术与科学）两个本科专业，招收软件工程工程硕士专业以及计算机应用技术工学硕士和博士研究生。2010 年 11 月，由软件学院负责组织实施的“服务与软件工程博士创新试点项目”开始招生，该项目是同济大学按照教育部“卓越工程师”教育计划指导精神，在计算机应用技术学科点下开展偏向工程型博士研究生的培养项目，是与企业联合培养高端技术创新人才的博士研究生培养模式创新试点。主要研究方向有可视化软件、企业级服务与软件、嵌入式软件和网络信息服务。

学院拥有一支以专职教师为核心，专职与兼职相结合，高校与企业相结合，国内与国外相结合的结构多元化的特色师资队伍。同时，学院致力于国际交流和企业合作，与瑞典、丹麦、西班牙、美国、英国、德国等多所高校建立合作关系，先后与 100 多家国内外 IT 企业建立院企合作关系，并与其中近 20 家企业建立实习基地。学院注重教学和实验环境的建设，拥有 IBM 大型机和中小型商用服务器在内的各类主机 10 台、高配置 PC 机 800 多台、Apple 计算机 30 台、其它各类实验装置 180 台。学院注重发挥国家示范软件学院的办学优势和特色，在学科建设、师资培养、课程建设、企业合作、国际化办学等方面不懈地探索和努力，取得了一定的成绩。

同济大学软件学院将一如既往地在人才、学术、质量以及国际化等方面努力耕耘、积极探索，按照周兴铭院士提出的“前沿化、工程化、国际化、基础理论与实践技能协调发展”的办学指导思想，以培养高层次、实用型、复合型、国际化人才为目标，秉承同济大学“同舟共济、求真务实”的传统，以坚持质量第一、素质与技术并重、理论与实践结合、可持续发展为建院宗旨，力争将学院建设成为有一定国际知名度的软件学院。

地　址：中国上海曹安公路4800号同济大学软件学院
邮　编：201804
电　话：86-21-69589585
传　真：86-21-69589332

sse.tongji.edu.cn

上海市检测中心
SHANGHAI ACADEMY OF PUBLIC MEASUREMENT

上海市检测中心是统一规划、建设和管理资源集聚效应显著、专业检测优势明显、公共服务功能完备的市级综合实验基地。

上海市检测中心为提高企事业单位实验室信息化管理水平，提升社会公共检测服务支撑能力，经过多年研发推出新一代 LIMS ASP 实验室云管理系统。该系统基于智慧实验室云海理念，采用先进的 ASP 应用服务商形式运作，整体遵循 ISO17025 规范，对实验室的检测业务数据进行全面信息化管理。系统具有功能覆盖全面、实施周期短、成本灵活可控等特点，能为社会各类检测实验室提供先进可靠的业务平台。

上海团结普瑞玛激光设备有限公司

UNITY PRIMA

SHANGHAI UNITY PRIMA LASER MACHINERY

上海团结普瑞玛激光设备有限公司由国际激光界极富盛名的意大利普瑞玛工业公司与中国最具影响力的激光加工成套设备供应商——上海团结百超数控激光设备有限公司合资组建而成,是目前中国最大的大功率激光切割与焊接设备制造商，国内市场占有率达到50%以上，并集中、意两大专业激光加工设备制造商之优势，凭借国际领先的专业制造技术及管理经验和品牌优势，成为中国激光加工装备行业中产品品种最全、技术最优、规模最大的高科技股份制企业之一。

上海团结普瑞玛激光设备有限公司现为国家高新技术企业，并获得英国质量保证公司（NQA）关于ISO9000质量体系及CE的认证，是国内同行业中唯一具有大功率激光切割机企业标准、焊接机企业标准的产业化公司。公司连续十年销量第一，投放市场近2 000台大功率激光加工成套设备。2010年在行业内实现了五项第一：销售量第一、发货量第一、验收量第一、资金周转率第一、利润第一。

上海芯邦泰智能科技有限公司

SPTi®

一、公司基本情况

上海芯邦泰智能科技有限公司成立于 2007 年 4 月，是一家股份制电子信息产业类高新科技企业，位于上海漕河泾经济开发区内。

公司注册资金 500 万人民币。公司基本定位是立足于汽车电子和智能卡行业的电子信息类产品应用领域，努力开发出安全、可靠、有竞争力的产品，为汽车电子和智能卡行业服

公司以软件研发见长，已拥有 CPU 卡各类嵌入式操作系统软件（COS），智能卡应用系统软件等；构建了基于 Linux 操作系统＋ARM9 的产品研发平台，并开发了相关产品。

二、研发成果

已有成果：CPU 卡各类嵌入式操作系统、智能卡应用系统软件、适合银行应用的多功能、全功能读卡器和多系列的读卡器产品、POS 机、车载硬盘录像机（DVR）等产品。

高素质的研发团队，充足的科研经费投入，配合公司行之有效的科技创新机制和激励机制，取得了多项科研成果并已投入市场，赢得了良好的经济效益和社会效益。

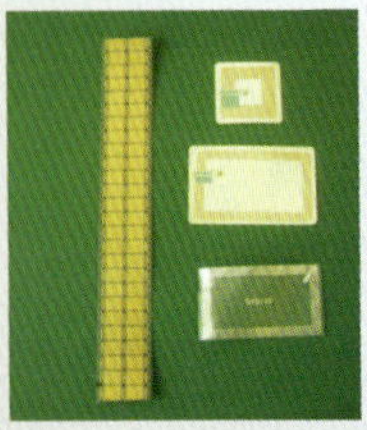

三、荣誉证书

2007 年公司被认定为“ 徐汇区第十批导向性科技产业类企业 ”（电子信息类）。

2007 年公司取得国家版权局颁发的多项计算机《软件著作权登记证书》。

2007 年公司通过《ISO9001 质量管理体系认证》审核和注册，并取得英国经 UKAS 认证机构认可的具有 UKAS 标志的 NQA 管理体系认证证书。

2008 年公司获得多项“ 软件产品证书 ”。

2008 年公司经国家知识产权局审批已获得三项实用型专利证书。

2009 年公司 5 月被认定为“ 双软企业 ”。

2010 年公司经国家知识产权局审批已获得二项发明型专利正式申请号。

2011 年公司取得由上海软件行业协会颁发的《上海软件行业协会会员单位证书》。

四、公司主要产品

公司业务范围：专业从事通信、系统集成、计算机软硬件、集成电路产品应用设计、开发、销售和提供系统解决方案。

1. 硬件类：接触式智能卡读写器；非接触式智能卡读写器；适合银行应用的多功能、全功能读卡器；POS 机；读写器模块；车载硬盘录像机；
2. 软件类：CPU 卡各类嵌入式操作系统；车载电子设备嵌入式操作系统等；
3. 系统类：接触式卡应用系统软件及解决方案；非接触式卡应用系统软件及解决方案；车载安防系统解决方案；
4. 代理销售产品：各种接触式、非接触式智能卡芯片、RFID 芯片机相关产品。

通讯地址：上海市徐汇区宜山路 705 号 C 座 303 室　联系电话：61509856　传真：61919850　邮政编码：200232

市场第一 客户满意 以人为本 和谐共赢 立足本职 科学创

上海汽车信息产业投资有限公司

Shanghai Automotive Information Systems Co.,Ltd.

上汽信息：中国一流汽车信息电子产品与ICT服务提供商

上海汽车信息产业投资有限公司（SAIS），由上海汽车工业（集团）总公司（简称“上汽集团”）于 2000 年投资成立，是一家投身汽车工业的信息技术和服务公司。上汽集团是中国三大汽车集团之一，2011 年 7 月，《财富》杂志世界 500 强企业排名第 351 位，第七次进入 500 强，也是中国唯一进入 500 强的车企。

秉承上汽集团的核心价值观：满足用户需求、提高创新能力、集成全球资源、崇尚人本管理。依托上汽集团全球领先的技术实力和卓越的工业能力，上汽信息以“IT 行业的汽车专家，汽车行业的 IT 专家”专业出身的背景，集全产业链的能力，与全球最大的供应商结成全球战略合作伙伴，共同致力于企业信息化和汽车信息化各项业务领域的研究与开发。通过我们的资源、丰富的行业背景、专家技术为快速发展的国内汽车行业和各大企业提供高质量专业化的服务和 IT 技术支持。

主营领域：

- 产业信息化：
  - 云计算、物联网应用
  - 汽车行业系统集成解决方案
  - 企业相关软件咨询、实施和培训
  - 企业信息化管理
  - CAD/CAE/CAM软件销售与培训
  - PDM/PLM项目咨询与实施
  - 企业ERP及其延伸业务解决方案
  - 智能楼宇设计、总包、实施、咨询系统集成商
- 信息产业化：
  - Telemtatics车载信息服务平台
  - 车载智能终端
  - 电子地图及下一代地图编译格式等增值业务
  - 基于Android平台的嵌入式及移动应用软件开发和软件平台化
  - 基于CANBUS的汽车电子产品

安悦 | SAIS

上海汽车信息产业投资有限公司

Shanghai Automotive Information Systems Co.,Ltd.

地址：上海市江浦路1000号8楼　邮编：200092
电话：021-60591888　传真：021-60591800

上海信息化

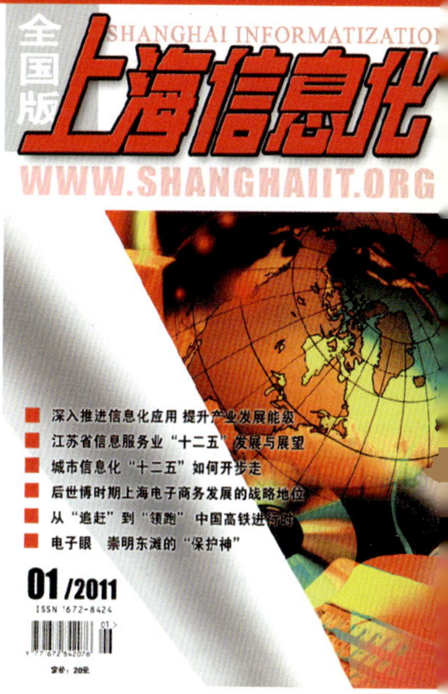

《上海信息化》杂志是全面反映政府、企业信息化建设的综合类公开出版刊物。杂志定位为政府信息化的窗口，企业信息化的舞台，IT从业人员的讲坛。创刊以来，杂志立足长三角，面向全国，以创新开放的理念、丰富贴切的内容、广泛深入的触角，以及鲜活生动的人物报道，在业界产生了较大影响。

同时，杂志也创办专刊专版，为不同的客户度身打造，进行全方位、深层次的宣传报道。

杂志社地址：上海市复兴中路593号21楼　　邮编：200020

编辑部电话：021-54668995　　传真：021-54668995

发行部电话：021-24028279　　传真：021-24028279

杂志社网站：www.shanghaiit.org

E-mail:　shxxh@sheitc.gov.cn

全年12期，每期订价20元，全年订价240元。

《上海信息化》数字出版综合服务平台（www.shanghaiit.org），是杂志社利用得天独厚的背景优势和行业优势，在新媒体领域寻求拓展而构建的网络基础平台。

www.shanghaiit.org

中标软件

STANDARD SOFTWARE

中国操作系统旗舰

中标软件有限公司

中标软件有限公司（原名：上海中标软件有限公司，以下简称“中标软件”）由中国软件与技术服务股份有限公司、普华基础软件股份有限公司、华东计算技术研究所三方共同投资，公司注册资金 2.5 亿元。公司总部位于上海，并分别在北京、广州设分公司和办事处。

中标软件旗下拥有“中标麒麟”、“中标凌巧”、“中标普华”三大产品品牌。中标麒麟操作系统系列产品主要以操作系统技术为核心，重点打造自主可控、安全可靠等差异化特性、旗下产品包括：中标麒麟安全操作系统、中标麒麟桌面操作系统、中标麒麟通用服务器操作系统、中标麒麟高级服务器操作系统、中标麒麟安全云操作系统、中标麒麟安全邮件服务器、中标麒麟高可用集群软件等核心产品。中标凌巧移动终端操作系统根植于行业领域应用，为企业、行业客户提供高效、便捷、安全的移动业务新体验。中标普华以办公软件为核心，满足不同行业与领域特定需求，凸显差异化竞争优势，是少数民族语言办公软件领先者，旗下产品包括：中标普华 Office 专业版、专用版、教育版、藏文办公软件、维哈柯文办公软件、中标普华病历通等。

目前，中标软件系列核心产品已经在政府、金融、教育、财税、公安、审计、交通、医疗、制造等行业得到深入应用，应用领域涉及我国信息化和民生各个方面，应用地域覆盖北京、上海、山西、陕西、西藏等全国三十多个省市自治区，建立和拥有了国内外众多战略合作伙伴。

1

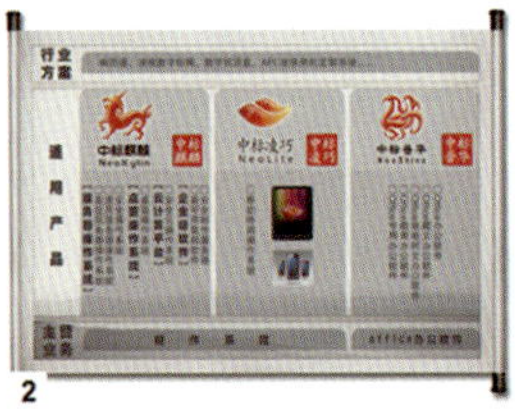
2

3

4

❶ 中标软件办公区

❷ 中标软件核心产品体系

❸ 中标软件旗下中标普华 Office 藏文版办公软件发布并赠送藏区中小学

❹ 中标软件旗下中标麒麟品牌于 2010 年 12 月 16 日正式发布

图书在版编目(CIP)数据
2011上海信息化年鉴/《上海信息化年鉴》编纂委员会编. -上海：上海文化出版社，2011.10
ISBN 978-7-80740-756-0
Ⅰ.①2... Ⅱ.①上... Ⅲ.①信息工作-上海市-2011-年鉴
Ⅳ.①G202-54
中国版本图书馆CIP数据核字(2011)第186197号

出版人
王 刚
责任编辑
周莺燕
装帧设计
蔡 惟

书名
2011上海信息化年鉴
出版、发行
上海文化出版社
地址：上海市绍兴路74号
网址：www.shwenyi.com
印刷
上海文艺大一印刷有限公司
开本
787×1092 1/16
印张
34.25
插页
36
字数
1040,000
版次
2011年10月第1版 2011年10月第1次印刷
国际书号
ISBN 978-7-80740-756-0/2·26
定价
300.00元